LA

TRIBUNE JUDICIAIRE.

Paris. — Imprimerie de L. MARTINET, rue Mignon, 2.

LA
TRIBUNE JUDICIAIRE

RECUEIL

DES PLAIDOYERS ET DES RÉQUISITOIRES

LES PLUS REMARQUABLES

DES TRIBUNAUX FRANÇAIS ET ÉTRANGERS

PAR

J. SABBATIER,

Ancien sténographe des chambres pour le *Moniteur universel.*

TOME PREMIER.

PARIS

BORRANI ET DROZ, LIBRAIRES-ÉDITEURS,

RUE DES SAINTS-PÈRES, 9.

1855

TRIBUNE JUDICIAIRE

RECUEIL

DES PLAIDOYERS ET DES RÉQUISITOIRES LES PLUS REMARQUABLES DES TRIBUNAUX FRANÇAIS ET ÉTRANGERS,

PAR

J. SABBATIER,

Ancien Sténographe des Chambres pour le *Moniteur universel.*

PROSPECTUS.

La *Tribune judiciaire* a pour objet d'ouvrir des annales à l'éloquence du barreau ; d'offrir des modèles aux jeunes talents et de favoriser leur essor et leurs progrès en leur offrant un organe de publicité spéciale qui les fera connaître. Avec la publicité incomplète telle qu'elle existe, un jour viendrait où l'on chercherait sans les trouver, autrement qu'épars, mutilés et défigurés, les titres des magistrats et des avocats qui illustrent aujourd'hui nos prétoires. Le mérite naît partout ; mais, pour se propager, il a besoin d'espace et de lumière, et Paris, on le sait, est un foyer d'où rayonne en France tout le bruit des renommées. Une Tribune consacrée aux monuments de la discussion et de l'éloquence judiciaire nous paraît donc un service rendu à la fois et aux vétérans de l'art oratoire dont Paris est si justement fier, et aux nouveaux orateurs qui se révèlent dans les départements, et aux justiciables dont la fortune, la vie et, plus que cela, l'honneur, dépendent souvent de la parole de l'avocat et de sa publicité. L'honneur ne sort pas toujours sans dommage du débat même où il triomphe. Plus d'une fois, un compte-rendu sceptique et railleur a paralysé l'effet moral de la justice, en n'excitant que la malignité du lecteur là où déroulant la fatalité et les variétés infinies du malheur qui semble s'attacher à certaines familles, la voix émue du défenseur avait frappé l'auditoire de terreur et rempli tous les yeux de larmes.

Mais est-il facile d'élever cette Tribune où chacun puisse se faire entendre dans la mesure de son éclat et de l'importance des questions au triomphe desquelles il s'attache ? A notre époque où la vie est triplée en mouvement, en activité, et, pour ainsi dire, en étendue, on n'écrit plus, on improvise. Or, à côté de ses avantages, l'improvisation a ses inconvénients. La parole n'a ni la correction, ni la fermeté de la plume ; elle est au discours écrit ce que le négligé est à la parure, et peu d'hommes peuvent se montrer ainsi en public sans trop de désavantage. Bien des débutants dans la carrière ont compromis un brillant avenir en s'imaginant que l'art d'improviser, qu'il ne faut pas confondre avec la faculté physique de parler, était un don naturel; en ne réfléchissant pas que les dispositions même les plus heureuses ne sont qu'une des conditions nécessaires pour acquérir cet art; que le talent naturel a besoin d'être développé, assoupli, mûri par l'exercice; que savoir improviser, c'est avoir contracté l'habitude de penser juste du premier coup, et de s'exprimer avec netteté, avec simplicité, surtout avec sobriété; qu'indépendamment de longues études préparatoires, chaque sujet à traiter demande une étude spéciale très-sérieuse; qu'on doit en un mot, en se présentant à la barre, pouvoir dire comme Mithridate, au moment de marcher sur Rome :

« Je sais tous les chemins par où je dois passer. »

C'est ainsi que procédaient les anciens (1), c'est ainsi qu'ont procédé les contemporains que nous admirons.

Si rien n'est plus difficile que d'être orateur en improvisant, il n'est pas aisé non plus de reproduire fidèlement une improvisation. Le sténographe a le désavantage de ne pouvoir connaître d'avance le sujet du discours qu'il est appelé à recueillir. En supposant sa main toujours sûre, son ouïe toujours infaillible, ses voisins toujours silencieux et la voix de l'orateur suffisamment soutenue, il lui resterait la difficulté d'écrire correctement les noms propres, les dates et les chiffres qui, dans la chaleur du débat, sont rarement énoncés sans variantes. Le sténographe parfait serait celui qui, à une habileté consommée dans son art, joindrait une grande sagacité, des connaissances variées et étendues et un assez grand talent d'écrire, car, dans beaucoup de cas, il est obligé d'élaguer, de

(1) Cicéron employait une méthode assez singulière que les pères de l'Église ont seuls imitée depuis. Il avait un secrétariat à peu près organisé comme l'ancienne sténographie du *Moniteur*. Sept ou huit secrétaires exercés dans les *notes tironiennes* (a), ainsi appelées du nom de Tiron qui les avait perfectionnées, étaient distribués, par cet affranchi, dans l'appartement de l'orateur, au sénat et au forum, de façon à bien entendre et à se relayer. Cicéron ébauchait plusieurs fois devant eux les discours qu'il devait prononcer en public, et corrigeait chacun de ces essais avec le plus grand soin. Lorsque le jour de l'improvisation définitive devant le sénat ou le peuple romain était venu, sa parole était encore recueillie et corrigée de nouveau. C'est après avoir été pour ainsi dire *tamisées* de la sorte que ses plus belles oraisons nous sont parvenues. Est-ce à dire que Cicéron récitait? Non, mais son cadre bien arrêté, ses idées bien en ordre, il pouvait, sans craindre d'écart, se livrer à toute la fougue de son imagination, s'abandonner à toute l'impétuosité de la passion qu'excite la vue d'un auditoire nombreux et frémissant, et qui fait naître soudainement cette véhémence, cette rapidité de mouvements, cette énergie d'expression, cet éclat de coloris qui sont tout ce qu'il soit possible d'improviser, mais qui ne viennent jamais à froid, dans la solitude du cabinet.

(a) Espèce de sténographie, ou plutôt d'écriture mnémotechnique très-imparfaite, importée d'Athènes à Rome.

suppléer, de remplacer, de souder. Mais toutes ces difficultés, qui se rencontrent rarement réunies, ne sont pas insurmontables. D'ailleurs, une sténographie même imparfaite, est très-supérieure à la meilleure analyse, espèce de squelette aride qui donnerait la plus fausse idée ou de notre goût ou des discours que nous avons applaudis.

La *Tribune Judiciaire* est destinée à conserver à chaque orateur sa forme, son allure, la physionomie qui lui est propre, tout en ôtant à la parole improvisée, ce négligé, cet abandon absolu que ne permet pas le grand jour de l'impression. Nous publierons un choix scrupuleusement fait des meilleures plaidoiries que nous aurons recueillies ou qui nous seront envoyées, sans acception de ressort ou de réputation préétablie. Toutes seront soumises à la révision préalable de leurs auteurs; et lorsque nous n'aurons à donner que le premier jet qui est souvent comme le feu accompagné de la fumée, nous en avertirons le public.

Notre recueil ne correspondrait pas à toute sa destination, il serait très incomplet si, à côté des grandes causes qui sollicitent et émeuvent les esprits, il ne réservait pas une large place aux questions civiles, à ces profonds débats de la jurisprudence et du droit où l'éloquence austère n'est plus que la dialectique et la science, mais qui impliquent en quelque sorte la vie du citoyen et les intérêts des familles, le droit privé. Tous les jours, dans ce cercle, qui est celui de la société elle-même, de nouvelles lumières brillent. Dans ces causes civiles et qui sont l'aliment quotidien du barreau, que d'arguments, que d'éclat, que d'aperçus fins, ingénieux, féconds sont restés éteints sous les échos stériles de nos salles d'audience ! Quel arsenal d'armes ! quel choix de recherches toutes faites ne formerait-on point par une collection intelligente et substantielle de ces discussions, ou neuves ou vastes, dans lesquelles deux orateurs expérimentés, ayant fouillé les principes, pénétrés de leur sujet, viendraient alternativement le présenter sous toutes ses faces, le critiquer, l'affirmer, le démontrer sous ses différents aspects, départagés ensuite par la parole plus magistrale et plus impartiale du ministère public ! Un tel recueil, certes, manque à la fois à la science et aux curiosités du Droit. La *Tribune judiciaire* aura aussi pour but de faire cesser cette lacune.

Nous nous proposons de donner de loin en loin des articles littéraires, des études sur les plus célèbres orateurs contemporains, et des notices biographiques sur quelques-uns des magistrats et des avocats morts dans l'année.

Enfin, notre recueil vient compléter et non essayer de remplacer ou d'amoindrir en quoi que ce soit les journaux des Tribunaux. Ces journaux embrassent l'ensemble des débats judiciaires, au point de vue de l'intérêt ou de la curiosité qu'ils excitent; tandis que nous attachant principalement à la question d'art, nous n'avons d'autre but que de conserver et d'offrir comme modèles les plaidoiries remarquables qui sont rarement insérées en entier dans les feuilles quotidiennes, où elles ne vivent d'ailleurs qu'un jour. Les journaux des Tribunaux s'adressent à la masse du public ; nous nous adressons à l'élite du public : à la magistrature, aux élèves des écoles de droit, au barreau, à la chaire, aux professeurs d'éloquence, aux amis des lettres.

Bien que dans ce projet de publication nous soyions moins l'auteur d'une idée nouvelle que l'écho d'un désir souvent exprimé, nous n'avons pas cru devoir répandre notre Prospectus sans en soumettre les épreuves aux membres les plus éminents du Barreau de Paris. Voici les lettres que nous avons reçues d'eux ; nous les classons par ordre alphabétique (1) :

Monsieur, l'œuvre que vous entreprenez sera utile au Barreau certainement, mais sera aussi, je le crois, d'une utilité générale. Vous parlez dans votre Prospectus des difficultés de la sténographie comme un maître en cet art, et dans plus d'une circonstance, j'ai vu que ces difficultés, si vous savez les juger, vous savez aussi les vaincre. En reproduisant les discours sérieux et savants que font naître les luttes judiciaires, et qui souvent resteraient ignorés parce qu'ils offrent peu d'attraits à la curiosité publique, vous rendrez de véritables services soit à la science du droit, soit même à l'art oratoire. Ceux dont vous serez le sténographe auront à s'applaudir que vous l'ayiez été, parce que nul ne peut mieux que vous conserver à la parole improvisée tous les avantages que le talent a pu lui donner, en faisant disparaître les taches inévitables qui toujours la déparent. J'ai confiance dans le succès de votre entreprise, et je vous dis volontiers que ma confiance se fonde sur votre mérite que j'ai vu souvent à l'épreuve. Agréez, etc.

BETHMONT,
Bâtonnier.

Monsieur, le recueil que vous vous proposez de publier sous le titre de *Tribune Judiciaire* sera d'une incontestable utilité pour tous ceux qui, jeunes ou vieux, exercent la profession d'avocat. Rien n'est plus fugitif, rien ne laisse moins de traces que les œuvres de l'improvisation et toute plaidoirie serait perdue pour ceux qui ne l'entendent pas, pour celui même qui la prononce, s'il n'existait un art qui fixe en quelque sorte la parole, et qui reproduit avec une intelligente fidélité la physionomie de l'improvisation. Cet art est le vôtre, Monsieur : j'ai pu souvent apprécier l'exactitude et l'habileté de vos reproductions sténographiques. Je souhaite à votre publication tout le succès qu'elle mérite. Elle obtiendra certainement les sympathies de tous ceux qui s'intéressent de près ou de loin aux débats judiciaires. Comptez tout particulièrement sur les miennes.

CHAIX D'EST ANGE,
Ancien Bâtonnier.

Monsieur, l'œuvre que vous voulez entreprendre sera éminemment utile ; et comme vous êtes passé maître dans l'art si difficile de la sténographie, vous réussirez certainement ; nous vous devrons de pouvoir lire nos grands orateurs judiciaires qu'il ne nous est pas toujours possible d'entendre. C'est donc de grand cœur que j'applaudis à la pensée que vous avez de fonder une tribune judiciaire, et je vous prie, etc.

DE LA BOULIE,
Ancien Bâtonnier.

Bonne pensée, Monsieur, et dont l'exécution sera parfaite, puisque c'est vous qui vous en chargez. Les avocats improvisateurs vous sauront gré de reproduire leurs plaidoyers dont il ne reste rien après l'audience. Comme vous ne recueillerez que les bons, leur renommée y gagnera, le public aura quelques belles pages à lire, les jeunes orateurs quelques beaux modèles à dépasser. Hélas ! hélas ! le barreau seul, dans l'enceinte des intérêts privés, voilà

(1) Nous en avons reçu beaucoup d'autres, mais l'espace ne nous permettant pas de les insérer toutes, nous nous bornons, armi les premières arrivées, à celles qui émanent de membres actuels ou d'anciens membres du Conseil de l'Ordre.

de nos jours le dernier refuge de l'éloquence ! Qui sait ? quelquefois encore une lueur de droit public viendra briller au milieu des vifs débats que le droit privé soulève : *Sub tutelâ juris privati jus publicum latet.* La grande lice est close, mais la carrière est encore vaste à la barre. Quand la tribune fut fermée du côté de la mer aux orateurs athéniens, ils eurent encore de magnifiques discours à la tribune qui s'ouvrit du côté de la ville. Démosthène ne voyait ni le Pyrée, ni Salamine, et les hautes montagnes lui dérobaient Marathon et Platée ; mais il avait devant lui les fils de ceux qui avaient illustré la Grèce et le souvenir des victoires populaires qui ne s'efface pas.

AD. CRÉMIEUX,
Membre du Conseil de l'Ordre.

Les encouragements, les approbations pleuvent sur vous, mon cher Sabbatier, et c'est justice. Je joins d'autant plus volontiers ma voix à ce concert de favorable augure, que, vous le savez, c'est la voix d'un ami. En vous voyant commencer une œuvre, à laquelle vous convenez si bien, je me rappelle qu'un hasard, dont je me félicite, m'a plusieurs fois mis à même de vous apprécier, et que toujours je vous ai vu atteindre le but que vous poursuiviez, grâce à votre résolution d'esprit et de cœur. Je vous envoie ce souvenir comme un présage.

E. DESMAREST,
Membre du Conseil de l'Ordre.

Monsieur, vous croyez que nos débats judiciaires peuvent vous fournir la matière d'une Revue où vous vous occuperez de l'art de bien dire, plus que de la science du droit. Vous voulez recueillir, avec les merveilleuses ressources de la sténographie, des plaidoiries que l'on n'écrit plus, mais que ne distinguent pas moins une diction correcte et élégante, des sentiments élevés, et quelquefois l'expression vive et colorée de passions sincères dont un homme de bien peut se rendre l'organe. Nous ne pourrons pas tous avoir l'honneur de concourir à votre ouvrage, mais nous pouvons tous nous féliciter d'une entreprise qui, si elle réussit, doit contribuer à mettre en estime la pureté et la dignité de langage qui conviennent au barreau, et faire mieux sentir à quiconque veut s'y distinguer, l'éternelle utilité d'associer à l'étude approfondie des lois les fortes études philosophiques, historiques et littéraires. Je souhaite sincèrement, Monsieur, que le succès réponde à vos efforts. Agréez, je vous prie, etc.

J. DUFAURE,
Ancien Bâtonnier.

Mon cher sténographe, vous tentez une entreprise qui doit réussir ; il est bien rare que l'année judiciaire ne produise pas des débats pleins d'intérêt. Je crois que Labruyère avait raison, *le Palais est l'endroit où l'éloquence est en sa place,* car les passions y parlent et d'une façon toute débridée. Il est certain du moins que c'est aujourd'hui le seul endroit où l'éloquence ait une place. Profitez-en ; vous possédez si bien le talent de prendre la parole au vol, que les orateurs du Barreau seront reproduits dans toute leur vérité. Prenez sur le fait les réparties, le vif du débat, l'imprévu où brille le don si rare de la présence d'esprit, et ce pétillement de tirailleurs qui plaît tant dans les harangues improvisées. L'improvisation a cela de bon qu'elle force l'originalité à se montrer. *Cùm res animus occupavit, verba ambiunt* Au surplus, éditez les maîtres de l'art comme vous éditez Victorin Fabre et son frère, et vous ferez un bon livre. Agréez, etc.

LÉON DUVAL,
Membre du Conseil de l'Ordre.

Monsieur, j'ai d'abord douté, je l'avoue, non du mérite et de l'utilité de votre publication, mais de son succès. La réflexion m'a ensuite convaincu qu'elle devait réussir. Tous ceux que leurs intérêts ou leurs études rendent attentifs aux discussions judiciaires (et ils sont nombreux), comprendront l'avantage et l'attrait d'un ouvrage comme le vôtre. Quiconque a l'amour de l'art ou le désir de s'instruire, sera heureux d'avoir un recueil dans lequel seront reproduites avec une intelligente fidélité les improvisations brillantes, les discussions sérieuses qui ne s'adressent qu'à quelques rares auditeurs. Vous rendrez aux magistrats, au

Barreau et aux plaideurs un vrai service. J'en ai toujours été persuadé, et maintenant j'ai la certitude que ce service sera apprécié comme il doit l'être.   DUVERGIER,
Ancien Bâtonnier.

Je vous ai vu à l'œuvre, mon cher monsieur, et je puis me porter garant de l'habileté avec laquelle vous saisissez la parole sur les lèvres de l'orateur pour la faire immortelle, de fugitive qu'elle était. Hélas! il en est bien peu qui vaillent ce dangereux honneur! mais si le décerner c'est inviter à en être digne, vous rendrez un véritable service; vous répandrez les germes d'une émulation utile, vous déconcerterez l'école du sans-gêne qui nous menace de plus en plus, vous nous ramenerez à l'amour des lettres que nous oublions trop. Je fais des vœux sincères pour que ce monument élevé par vous à la science du droit, à l'art de bien dire ou plutôt de bien penser, fortifie parmi nous le goût des saines études. Le culte du vrai et du beau n'est-il pas notre dernier refuge, la consolation et l'espérance de nos âmes blessées, le gage certain de jours meilleurs! Marchez donc avec confiance dans la voie que vous ouvrez, les hommes de cœur et d'intelligence seront avec vous.
                    Jules FAVRE,
Membre du Conseil de l'Ordre.

Monsieur, votre Prospectus et votre caractère me garantissent une œuvre impartiale et sérieuse : j'approuve donc celle que vous projetez, comme devant tourner à l'honneur du Barreau et au profit de l'éloquence judiciaire. Cette pensée d'utilité permanente et générale, s'exécutant consciencieusement en dehors de toute influence d'amour-propre ou d'intérêt du moment, sera goûtée de tous ceux qui, dans le tableau fidèle de nos débats, cherchent mieux que la satisfaction d'une vaine curiosité. Pour cette louable tâche, Monsieur, le talent seul du sténographe ne suffirait pas; vous êtes trop judicieux pour vous y méprendre. Le discours improvisé n'est bien reproduit que s'il a été bien compris : il faut donc posséder, presqu'à l'égal de l'orateur, le sujet qu'il traite, la langue qu'il parle, les notions si variées dont il s'inspire. Voilà beaucoup de conditions pour le succès d'une entreprise. Heureusement, Monsieur, vous êtes en fonds pour y satisfaire, et bientôt, grâce à vous, nous aurons un bon livre de plus. Veuillez recevoir, etc.   HÉBERT,
*Ancien Bâtonnier, ancien Procureur-général à la Cour de cassation,
ancien Garde des Sceaux.*

Mon cher Monsieur, j'apprends avec joie que vous réalisez enfin ce projet mûri depuis si longtemps. Le succès en est assuré. Les maîtres de l'éloquence judiciaire trouveront dans votre *Tribune* un écho puissant qui doublera leur gloire. Leurs jeunes disciples y verront des modèles précieux qui hâteront leurs progrès. D'autres, que nous connaissons bien tous deux, ne peuvent être ni maîtres par le talent, ni disciples par l'âge. A ceux-là vous offrez encore le contrôle le plus utile. Vous aiguillonnerez leur esprit par la certitude d'être écoutés, vous modérerez leur débit par le désir d'être recueillis, vous perfectionnerez leur méthode par la nécessité d'être lus. — Une pareille œuvre, entre des mains comme les vôtres, ne peut que prospérer. Vous savez que mes vœux ne pouvaient vous faire défaut.
                    VICTOR LEFRANC,
Ancien Membre du Conseil de l'Ordre.

Oui, certes, cher Monsieur, j'approuve votre projet, et j'applaudis de tout cœur à votre œuvre future. — Ouvrez votre tribune et faites-y monter l'élite du barreau. Popularisez ces discours que, jusqu'à présent, l'audience a renfermés dans son étroite enceinte. Vos lecteurs y trouveront le fonds et la forme, la discussion solide et hardie, l'expression convenable et pittoresque, l'amour du droit, le sentiment du juste, la ferme volonté de soutenir le faible qui a raison et de combattre à outrance le puissant qui a tort : ils y trouveront ce qu'il y a de plus beau et de meilleur au monde : l'éloquence et la liberté! Que le succès vous accompagne! C'est mon vœu et mon espoir. A vous cordialement,
                    Félix LIOUVILLE,
Membre du Conseil de l'Ordre.

Monsieur, votre pensée est bonne; elle doit trouver bon accueil auprès du barreau, et, pour ma part, je m'y associe bien volontiers. Bien des idées courent aujourd'hui le monde, qui ne méritent guère qu'on s'y arrête. Abstractions nées subitement sous les inspirations de cette folle qu'on a appelée la folle du logis, elles s'effacent et s'évanouissent aussitôt qu'on veut leur donner un corps; la vôtre, Monsieur, n'est pas de ce nombre; elle a fait ses preuves et se présente, tout armée, dans le monde de la réalité. Elle se recommande bien, d'ailleurs, sous votre patronage, et ceux qui vous connaissent et vous ont vu à l'œuvre croiront, sans hésiter, à la vérité de vos promesses et au succès de votre entreprise. Veuillez, etc.

MARIE,
Ancien Bâtonnier.

Mon cher compatriote, c'est une idée juste, heureuse et nouvelle que celle de votre projet. Jusqu'à présent la sténographie n'avait été appliquée en France aux débats judiciaires que d'une manière exceptionnelle; pour étudier les maîtres il fallait les entendre; désormais, grâce à votre initiative, les modèles ne manqueront plus à ces jeunes phalanges qui, avec un égal courage, abordent sur des théâtres divers la pratique du plus difficile des arts. Quant aux élus admis à l'honneur de votre publicité, combien ne vous devront-ils pas d'inappréciables avantages! la réputation, la gloire peut-être, l'émulation que la comparaison fait naître, et cette *connaissance de soi-même* que sans la sténographie eût vainement conseillée à l'improvisateur la sagesse de tous les âges. Votre publication va confondre, au point de vue de l'art, tous les barreaux de France dans une fraternelle et profitable unité; je la crois, pour ma part, destinée en province, non moins qu'à Paris, à un véritable succès, j'en ai pour garant votre talent et votre mérite non moins que l'utilité de l'entreprise.

Agréez, etc.

DU MIRAL,
Ancien Avocat-général.

Monsieur, je suis bien involontairement en retard avec vous. Je regrette de n'avoir pu vous dire plus tôt combien je souhaite que pour votre recueil, la *Tribune Judiciaire*, vous puissiez passer promptement du projet à l'exécution. Le plan et le but indiqués dans votre Prospectus vous assurent d'avance les sympathies, les encouragements, le concours de tous ceux qu'une telle œuvre intéresse, et le nombre en est grand. La sténographie y jouera naturellement le principal rôle, et nous savons tous au Palais vos succès en ce genre. Pour moi, j'ai souvent admiré ces tours de force de l'intelligence et de la main, et j'avoue humblement que je suis encore à les comprendre. Aussi quand vous donnez la définition du *parfait sténographe,* on vous prendrait pour un peintre qui fait lui-même son portrait (1). Je profite de cette occasion, etc.

A. PAILLET,
Ancien Bâtonnier.

Monsieur, j'approuve pleinement votre projet et je fais des vœux sincères pour que votre succès soit complet. L'œuvre que vous entreprenez, dans les conditions de perfection où mieux que personne vous pouvez l'accomplir, rendra un véritable service à l'éloquence judiciaire, non-seulement en conservant pour l'étude et comme modèles les belles improvisations qui se produisent avec éclat au Palais, mais aussi parce qu'elle donnera aux orateurs un souci plus grand de leur renommée. L'improvisation, telle qu'elle est pratiquée de nos jours, affecte des formes de plus en plus négligées. L'accroissement des affaires et le besoin d'aller vite, pour suffire à toutes, ont entraîné tout le monde dans cette voie funeste pour l'art. Puissent renaître, sous l'influence de votre publication, l'amour, le culte et la pratique du beau dans l'art oratoire!

Recevez, Monsieur, etc.

DE GAUJAL,
Avocat-général à la Cour impériale.

---

(1) On comprendra que le respect que nous professons pour les honorables auteurs de ces lettres, ne nous permet pas de supprimer même les choses beaucoup trop bienveillantes qu'ils veulent bien nous dire.

Parmi les membres du Barreau de Paris que nous avons consultés, les uns voudraient que nous donnassions deux très-forts volumes par an, en élevant le prix de l'abonnement; les autres, que nous fissions descendre l'abonnement au plus bas chiffre possible, en donnant moins de matières. Quelques-uns pensent que nous devrions publier autant de plaidoiries inédites, remontant à huit ou dix ans, que de plaidoiries actuelles, et faire ainsi une sorte de suite aux *Causes célèbres*, aux *Annales du Barreau*, etc.

Pour concilier provisoirement toutes les opinions, et sans rien compromettre dans l'avenir, nous avons décidé que le deuxième semestre de 1855 ne formerait qu'un volume moyen de 400 pages environ, dans lequel nous insérerons quelques plaidoiries anciennes, à côté d'un plus grand nombre de plaidoiries actuelles, et qu'à dater du 1er janvier 1856, nous nous conformerions scrupuleusement au désir de la majorité de nos lecteurs.

Nous commençons par l'affaire de Célestine Doudet, qui a donné lieu devant la Chambre des appels de police correctionnelle à l'un des plus beaux tournois oratoires auxquels nous ayions assisté, entre MM. Berryer, Chaix d'Est Ange, Nogent-Saint-Laurens, et M. l'avocat-général de Gaujal.

La 1re livraison paraîtra dans les premiers jours de juin.

La Tribune judiciaire, qui tient autant du livre que du journal, donnera tous les mois un cahier de 4 feuilles raisin, formant, à la fin du semestre, un grand in-8e compact de 400 pages, caractère et justification de la *Revue des Deux-Mondes*.

Le prix de l'abonnement pour le 2e semestre de 1855 est de 6 francs pour Paris, et de 7 francs pour les départements.

À partir du 1er janvier 1856, la souscription sera annuelle, au prix de 12 fr. pour Paris, et de 14 fr. pour les départements, à moins que la majorité de nos souscripteurs ne demande plus de matières.

On s'abonne chez MM. BORRANI et DROZ, libraires-éditeurs, rue des Saints-Pères, 9, à Paris; en province, chez tous les libraires et aux Bureaux des Messageries, ou en envoyant un bon sur la poste à MM. Borrani et Droz.

Écrire, pour tout ce qui concerne la rédaction ou la sténographie, à M. J. SABBATIER, rue Saint-Nicolas-d'Antin, 59. — Toute la sténographie de la *Tribune judiciaire* est faite par d'anciens sténographes du *Moniteur*.

Ce prospectus étant plus étendu que nous ne l'aurions voulu, ne pourra être adressé qu'à MM. les bâtonniers et à MM. les présidents de Chambres d'avoués, qui voudront bien, nous les en prions, le communiquer à leurs confrères. Si notre recueil est accueilli dans les départements avec la même faveur qu'il l'est à Paris, des souscriptions collectives dans chaque chef-lieu d'arrondissement, plus encore que des souscriptions individuelles, en assureront promptement le succès, en multipliant nos lecteurs.

Paris.—Imp. de BLONDEAU, rue du Petit-Carreau, 26.

LA
TRIBUNE JUDICIAIRE.

PROCÈS

DE

MLLE CÉLESTINE DOUDET

DEVANT LA COUR IMPÉRIALE DE PARIS,

Chambre des appels correctionnels.

Présidence de M. ZANGIACOMI.

Audience du vendredi 13 avril 1855.

L'audience est ouverte à onze heures.

M. DE GAUJAL, avocat général, occupe le siége du ministère public.

Me CHAIX D'EST ANGE assiste la partie civile; M. Marsden, absent, est représenté par Me Huart, avoué.

Me BERRYER et Me HENRI CELLIEZ assistent la prévenue. Me NOGENT-SAINT-LAURENS, qui doit également concourir à la défense, est retenu à la Cour d'assises.

M. LE PRÉSIDENT, à la prévenue. — Dites votre nom, votre âge, le lieu de votre naissance, votre profession.

LA PRÉVENUE. — Célestine Doudet, 37 ans, née à Rouen, institutrice.

RAPPORT.

M. le conseiller THÉVENIN prend la parole en ces termes (1) :

Monsieur le président et messieurs,

Au moment où nous nous disposons à vous présenter le rapport de cette lamentable affaire, peu s'en faut que nous ne nous prenions à douter de son utilité, devancé qu'il est, et depuis longtemps déjà, par les organes multipliés

---

(1) Ce rapport, y compris la lecture des pièces, a duré près de deux heures. Nous le donnons en entier. Seulement, pour ne pas faire double emploi, nous renvoyons ces pièces aux plaidoiries où elles ont été reproduites ; autrement la discussion ne serait pas intelligible.

d'une publicité peu commune et dont il semble, au premier abord, ne pouvoir être que l'écho attardé et très affaibli. En y réfléchissant mieux, cependant, nous nous disons qu'au contraire, et précisément en raison du retentissement antérieur et répété de l'affaire, le rapport, la loi ne le prescrivît-elle pas, serait encore ici une impérieuse nécessité. Plus il se peut, en effet, que le bruit des salons et les comptes rendus de la presse aient jeté dans vos esprits d'hommes du monde des impressions vives, des notions préconçues et aujourd'hui devenues confuses, plus il importe d'y substituer, dans vos consciences de magistrats, la froide et actuelle connaissance des faits, les documents positifs, certains, exclusivement juridiques, et de vous faire, en un mot, pénétrer, par une récapitulation d'ensemble, au cœur de ces tristes et nombreux détails dont la surface seule, au moment où nous parlons, peut encore affecter vos souvenirs.

Ceci soit dit, du reste, pour ce qui constitue, et uniquement pour ce qui constitue le fond du procès, le corps même du délit relevé par la prévention. Quant aux accessoires préliminaires, ils sont d'une extrême simplicité, et nous montrent le docteur Marsden, resté veuf en Angleterre, avec cinq filles à élever, dont l'aînée n'avait pas quatorze ans, les confiant d'abord, en mars 1852, et dans son propre domicile, aux soins d'une institutrice qui lui avait été recommandée (c'était Célestine Doudet), puis, un peu plus tard, au mois de juin, les envoyant, sous la conduite et la surveillance de la même personne, à Paris, où elles vinrent s'établir avec elle dans la cité Odiot.

Ce qui a pu se passer dans cette résidence, voilà ce que nous avons eu principalement pour mission de demander à la volumineuse procédure ouverte en ce moment devant nous, et cela à partir du mois de juin 1852, époque de l'installation, jusqu'au mois d'août 1853, époque où le docteur Marsden, par des motifs qui, depuis, ne se sont que trop clairement formulés, crut devoir reprendre avec lui tous ses enfants... *Tous*, c'est malheureusement trop dire : l'une des demoiselles Marsden, la jeune Mary-Ann, ne devait pas répondre à cet appel : le mois de juillet qui venait de finir avait été le dernier de sa vie !

Morte ! Si jeune ! Et de quelle maladie, ou par l'effet de quel accident ? C'est, messieurs, ce que nous ne saurions préciser ; et, après avoir salué ce malheur d'un regret que tout cœur de père éprouvera comme le nôtre, nous passerons outre avec le respect silencieux auquel a droit la chose irrévocablement jugée Il n'est en effet que trop vrai, et vous ne l'ignorez pas, Célestine Doudet s'est trouvée devant une autre juridiction dans la formidable situation d'avoir à rendre compte de cette tombe si prématurément ouverte. Oublions-le, messieurs, croyons, car un jury l'a déclaré, que Dieu, que Dieu seul a rappelé vers lui la pauvre Mary-Ann, ou bien disons, dans un langage plus judiciaire s'il est moins consolant, que Célestine Doudet ne fut pas reconnue coupable du crime dont elle était alors accusée ; et puis, circonscrivons-nous désormais dans le cercle (il n'est que trop triste encore et que trop étendu) de la prévention déférée aux premiers juges, et de la condamnation qui, prononcée par eux, a donné lieu à l'appel qui nous saisit :

Célestine Doudet a-t-elle ou n'a-t-elle pas, en 1852 et 1853, volontairement porté des coups et fait des blessures à Lucy, à Émily, à Rosa et à Alice Marsden ? C'est là toute la question du procès ; question bien simple, bien vulgaire en apparence, et dans le laconisme de laquelle l'imagination la plus cruellement inventive aurait peine à deviner le nombre, la nature, le raffinement des mauvais traitements, des sévices, des privations, des tortures de tout genre, dont Célestine Doudet, au dire de la prévention, aurait, en quelque sorte, trouvé l'odieux secret.

Elle s'en défend, et cela se conçoit sans peine ; elle s'en défend avec persistance et énergie ; et si, sur quelques points, elle se hasarde dans la voie des concessions, c'est avec une réserve, nous pourrions dire avec une avarice extrême, et en expliquant d'ailleurs les torts, plus apparents que réels, dont elle consent à se charger par là nécessité de sévir, dans le but de les réprimer, contre ces funestes habitudes dont il a été, dans la cause, si souvent et beaucoup trop souvent parlé ; explications, a dit la prévention, insuffisantes si elles sont vraies, et qui, si elles étaient mensongères, constitueraient par cela même, à la charge de Célestine Doudet, une atroce aggravation ne permettant à ses juges ni pitié ni merci.

Or, messieurs, le compte que nous avons à vous rendre n'est, à vrai dire, que le tableau de cette lutte animée, ardente, et (nous nous en excusons d'avance) démesurément prolongée, entre les assertions de la prévention, d'une part, de l'autre les dénégations ou les excuses que Célestine Doudet y a constamment opposées. Les accusateurs, les défenseurs, les auxiliaires de toute sorte abondent dans l'un et l'autre camp, et notre tâche va consister à vous montrer aux prises, sinon tous (la durée de cette audience y suffirait à peine), au moins les principaux d'entre ceux qui ont pris part à l'action.

Ce que nous trouvons tout d'abord, c'est la plainte déposée au parquet de M. le procureur impérial, et dans laquelle le docteur Marsden dénonce les faits à son point de vue de *plaignant* et de *partie civile*, double qualité qui exclut chez lui celle de témoin proprement dit. Aussi vous épargnerons-nous, messieurs, la lecture de cette plainte, avec d'autant plus de raison que ce qu'il importe de vous faire connaître, c'est bien moins ce qu'elle contient *in extenso* que les témoignages dans lesquels peut se trouver, soit la confirmation, soit la dénégation de tel ou tel des griefs qu'elle signale aux rigueurs de la justice.

M. le rapporteur donne lecture d'un certain nombre de dépositions, parmi lesquelles figurent notamment celles de mesdames Espert, Maling, Howe, Poussielgue, Dowmann, de la femme Liébault, des concierges Tassin, des voisins et des locataires de la cité Odiot ; puis il reprend en ces termes :

Ici, messieurs, nous nous arrêterons un moment pour vous dire que les documents que nous venons d'extraire çà et là du dossier, pour les réunir et les grouper sous vos yeux, constituent aux nôtres ce que nous appellerons la série des témoignages complétement désintéressés.

La prévenue leur conteste pourtant cette qualification. Elle prétend qu'ils ne sont, aussi bien que tous les autres, que les éléments d'une trame ourdie pour la perdre par des ennemis dont elle se dit la victime.

Ces ennemis, ce concert malveillant, nous avons vainement compulsé toute la procédure pour essayer d'en découvrir la trace, et surtout d'en apercevoir le mobile ; rien n'a pu nous les indiquer, et nous devons laisser à la défense le soin de vous édifier, s'il y a lieu, sur ce point.

L'appelante ajoute, et c'est un de ses principaux arguments, que les lettres mêmes à elle adressées par ses jeunes élèves contiennent (et une correspondance de cette nature existe effectivement aux pièces) l'aveu des mauvaises habitudes que vous savez, et aussi, avec l'expression de leurs sentiments tendres et affectueux, la preuve de la bonté, de la douceur, des soins tout maternels par lesquels elle avait su se les concilier.

A quoi le sieur Marsden de répondre que la correspondance est menteuse, qu'elle a été écrite sous la dictée ou l'inspiration de celle qu'il appelle le bourreau de ses filles, et qu'elle n'est qu'une preuve de plus de la terreur sous la pression de laquelle ces enfants gémissaient. De ce conflit si nettement tranché entre les productions faites par l'accusée et les assertions de l'accusateur, surgit comme une désespérante énigme, dont de nouveaux documents vont peut-être, messieurs, vous aider à trouver le mot.

Après avoir fait connaître un grand nombre de témoignages dont on retrouvera la teneur dans la discussion des plaidoiries, et entre lesquels on remarque ceux de Zéphyrine Doudet, sœur de la prévenue, de Léocadie Bailleul, son ancienne domestique, du docteur Gaudinot, du révérend Rashdall, oncle des demoiselles Marsden, et des demoiselles Marsden elles-mêmes, M. le rapporteur poursuit :

Ce que nous devons relever encore et mettre en regard de tous ces documents, mais ce que nous devons nous dispenser de vous lire, parce qu'ici les faits spéciaux du procès ne jouent plus aucun rôle, c'est la quantité remarquable de lettres, de dépositions, de certificats attestant à l'envi la douceur de caractère, la mansuétude, la complète honorabilité dont, en toute occasion, et en dehors des griefs qu'on lui impute, Célestine Doudet se serait montrée invariablement douée. Elle a trouvé sous ce rapport des cautions dans notre haute société, dans les rangs distingués de notre barreau, et surtout au sein de l'aristocratie anglaise, dont elle a pu, vous le savez, invoquer le patronage jusque dans ce que nous appellerons sa suprême personnification.

En voyant rayonner autour d'elle cette apologie presque universelle, en considérant combien elle contrastait moralement avec les résultats matériels de la procédure, on a pu, on a dû se demander s'il n'y avait pas là comme une nouvelle complication du problème né de ce bizarre non moins qu'affligeant procès. La prévention a cru pouvoir en indiquer la solution par une date, celle du second mariage du docteur Marsden, date à partir de laquelle se seraient tout particulièrement produits les faits imputés à Célestine Doudet, dont la conduite n'aurait fait à ce compte que réaliser une fois de plus le *furens quid femina possit.*

Sur ce point, messieurs, nous n'avons personnellement rien à vous dire ; il est tout entier du domaine de la discussion, et, à ce titre, ne nous appartient pas. Mais ce qui nous reste à mentionner, c'est l'envoi qui vient de nous être fait, seulement hier, au nom et dans l'intérêt de la prévenue, du dossier d'une procédure que nous ne savons trop comment qualifier. Il s'agit d'une sorte d'enquête officieuse ouverte en Angleterre, à la diligence du *solicitor* de Célestine Doudet, dans les formes toutes spéciales usitées de l'autre côté du détroit, échappant conséquemment à tout contrôle de ce côté-ci, et dont nous vous aurons suffisamment indiqué le but et la portée en vous lisant l'intitulé de la chemise qui recouvre les pièces de cette espèce de contre-enquête d'outre-mer et jusqu'ici complétement inédite. Il est ainsi conçu :

Enquête opérée légalement en Angleterre, établissant par les témoignages des domestiques et des amis voisins : 1° que les enfants étaient pervertis, méchants, menteurs, avant l'arrivée de mademoiselle Doudet ; 2° que le père était violent et les battait ; 3° que M. Marsden a cherché à corrompre un témoin pour le faire cacher et l'empêcher de déposer.

Encore une fois, messieurs, nous n'avons pas (ce sera l'office de la défense) à vous entretenir de cette procédure, qui n'a rien de commun avec celle dont notre mission se bornait à vous rendre compte, que vous connaissez maintenant parfaitement, nous en avons la conscience, dans toutes ses parties susceptibles d'être mises en relief, et sur les résultats de laquelle s'est basée la mise en prévention. A la date de l'audience où cette prévention devait aboutir, et où nous voici enfin arrivés, nous trouvons les notes tenues par le greffier, conformément aux prescriptions de la loi, des principales déclarations des témoins entendus par les premiers juges. La lecture servile de ces notes ne pourrait ici que faire double emploi avec les nombreuses dépositions que nous venons de faire passer sous vos yeux, moins les développements, que l'analyse du plumitif a nécessairement écourtés, moins aussi la physionomie du témoignage oral, que de pareilles notes, avec quelque soin qu'elles aient été recueillies, sont toujours impuissantes à reproduire.

Nous avons toutefois signalé dans celles-ci quelques indications nouvelles sur un point que la procédure n'avait fait qu'effleurer en quelque sorte, et qui n'a acquis que plus tard toute sa consistance ; nous voulons parler du mobile sous l'influence duquel, dans l'hypothèse de sa culpabilité, Célestine Doudet pourrait avoir agi, et qui se résume en cette alternative : Fut-ce de sa part méchanceté de cœur instinctive et spontanée ? Fut-ce mécompte, espérance déçue, qui en brisant ce cœur naturellement bon, l'aurait tout à coup et instantanément perverti ?

M. le rapporteur extrait des notes d'audience, la déposition d'un témoin entendu d'office, et pour la première fois, sur la demande de la partie civile, et qui déclare avoir appris sans étonnement les inculpations élevées contre la prévenue, dont le caractère cruel lui était depuis longtemps connu. Puis viennent quelques autres dépositions touchant les marques de dépit et de chagrin que Célestine Doudet aurait données à l'occasion du mariage du docteur Marsden.

M. le rapporteur lit ensuite les protestations que la prévenue a fait entendre, notamment sur ce dernier point, et par lesquelles s'est clos le débat de première instance, et il donne lecture du jugement prononcé, le 12 mars 1855, par la sixième chambre du tribunal correctionnel de la Seine :

« Le Tribunal,

» Attendu qu'il résulte de l'instruction et des débats que Célestine Doudet, à laquelle avait été confié par le sieur Marsden, en mars 1852, le mandat d'institutrice de ses cinq filles mineures, s'est acquittée de cette mission pendant les huit premiers mois environ d'une manière satisfaisante ;

» Qu'il est constant qu'à partir de cette époque et sous l'empire d'un sentiment que le Tribunal n'a pas à qualifier, les procédés d'éducation de Célestine Doudet envers les mineures Marsden ont été sensiblement modifiés, qu'à une sévérité raisonnable a succédé une dureté extrême dont les effets se sont constamment aggravés jusqu'à la fin de juillet 1853, époque du décès de la jeune Mary-Ann ;

» Qu'il est prouvé que Célestine Doudet, pendant cette période de huit à neuf mois, a maintes fois, et sous les prétextes les plus futiles, employé envers ces jeunes enfants transportées dans un pays dont elles ignoraient la langue, et auxquelles elle interdisait toute communication directe avec leur famille, des châtiments et corrections qu'il est permis de qualifier de cruels ;

» Que la privation de nourriture qu'elle a fait subir à ces enfants a été accompagnée de sa part de coups et de sévices qui ont laissé sur la personne des mineures Marsden des traces dont l'existence a été constatée ;

» Qu'il est établi que ces voies de fait multipliées, excessives, que ces privations d'aliments qui ont gravement altéré la santé des cinq mineures Marsden, ont été notamment exercées envers Lucy, Emily, Rosa et Alice, dont le tribunal doit exclusivement s'occuper ;

» Attendu que Célestine Doudet, qui a méconnu ses devoirs comme institutrice en substituant, aux corrections maternelles toujours tempérées par l'amour, un système de répression impitoyable, de châtiments inouïs, a aggravé notablement ses torts en employant, comme moyen de défense personnelle, la divulgation de son aveu, sans aucune réserve, de certaines habitudes qui ne sont aucunement justifiées et dont elle n'a pas craint de souiller l'honneur et l'avenir de ces jeunes orphelines ;

» Attendu que, dans de telles circonstances, et à raison de la nature tout exceptionnelle des faits, la pénalité édictée par la loi dont l'application est requise doit être épuisée ;

» Par ces motifs,

» Et attendu que Célestine Doudet a, en 1852 et 1853, volontairement porté des coups et fait des blessures à Lucy, à Emily, à Rosa et à Alice Marsden ; lesquels coups ou blessures n'ayant pas occasionné une maladie ou une incapacité de travail personnel de plus de vingt jours ; lesquels faits constituent le délit prévu et puni par l'article 311 du Code pénal ;

» Condamne Célestine Doudet à deux années d'emprisonnement, 200 fr. d'amende et aux dépens. »

Après cette lecture, M. le conseiller termine ainsi :

L'appel dont cette sentence a été frappée rendait malheureusement inévitable une nouvelle divulgation de tous ces détails si bien faits pour navrer le cœur et pour attrister la pensée. Nous regrettons, messieurs, d'avoir eu pour mission d'en prendre, et surtout si longuement, la pénible initiative ; ce que nous regrettons plus encore, c'est d'avoir à nous dire que l'enceinte de ce prétoire n'en aura pas aujourd'hui du moins retenti pour la dernière fois.

INTERROGATOIRE.

M. LE PRÉSIDENT. — Célestine Doudet...

La prévenue se lève.

M. LE PRÉSIDENT. — Non, restez assise. Vous venez d'entendre le rapport de M. le conseiller, avez-vous quelque observation à faire sur ce rapport ? Il contient, comme vous l'avez entendu, l'exposé de votre système de défense... Ce système est-il toujours le même ?

CÉLESTINE DOUDET. — Oui, monsieur le président, je suis parfaitement innocente.

M. LE PRÉSIDENT. — Vous êtes parfaitement innocente... Nous ne pouvons pas alors ne pas vous rappeler ces témoignages si nombreux, qui, tous isolément et dans leur ensemble, mettent à votre charge les faits qui ont motivé votre condamnation ; ainsi le témoignage de votre sœur, de votre sœur Zéphyrine, pour ne parler que de celui-là, comment l'expliquez-vous ? C'est elle qui, la première, signale des faits d'une bien grande gravité ; direz-vous qu'elle se livre au mensonge pour vous perdre ? Mais alors qu'elle faisait ces confidences, elle était bien loin de supposer qu'il y aurait une instruction.

LA PRÉVENUE. — On a dénaturé son langage ; on a voulu faire jouer à ma sœur un rôle disgracieux ; mais les choses dont on m'accuse sont impossibles, elles sont en dehors de la nature d'une femme.

M. LE PRÉSIDENT. — Vous dites que les faits qui vous sont reprochés sont contraires à la nature et aux sentiments humains, ce n'est malheureusement que trop vrai ; mais dites-nous alors pourquoi votre sœur se sépare de vous ; pourquoi, après avoir dit à bien des personnes qu'elle ne pouvait s'habituer au spectacle des souffrances de vos élèves, qu'elle vous quitterait, et elle vous quitte en effet ?

LA PRÉVENUE. — On a mal représenté les choses. Ma sœur m'a quittée, c'est vrai, mais ce n'est nullement par le motif qu'on met en avant ; ma sœur cherchait depuis longtemps une position personnelle ; elle savait que je ne devais conserver l'éducation des enfants de M. Marsden que six mois.

M. LE PRÉSIDENT. — Mais votre sœur avait annoncé son départ et lui avait elle-même assigné un motif vingt fois répété, c'est qu'elle souffrait trop de vous voir maltraiter les enfants. Il est vrai que votre sœur est en partie revenue sur ses déclarations ; c'est là un point d'appréciation qui n'échappera pas à la justice. Et puis rappelez-vous qu'il n'y a pas que votre sœur qui dépose de votre conduite cruelle : Léocadie Bailleux, votre servante, dit la même chose. Comment donc ces diverses personnes s'accorderaient-elles dans l'invention de faits si odieux ?

LA PRÉVENUE. — Je n'ai jamais craint le témoignage de mes domestiques ; la preuve, c'est que je ne me cachais pas d'elles, n'ayant rien à dissimuler. Si j'avais eu peur de Léocadie, je ne l'aurais pas renvoyée.

M. LE PRÉSIDENT. — Vous savez cependant ce qu'elle a dit ? L'a-t-elle inventé ? Dans quel but ?

LA PRÉVENUE. — Je ne sais ; ce dont je suis sûre c'est qu'elle n'a pas dit vrai.

M. LE PRÉSIDENT. — Mais les époux Tassin, vous savez ce mot qui leur échappait : Ah ! les pauvres petites, elles sont plus malheureuses sous leur robe de soie que la dernière enfant des rues sous la robe de bure ? C'est une parole bien significative ; et ce sont encore eux qui disent que les jeunes Marsden dévoraient des yeux les aliments dont eux, modestes concierges, se nourrissaient. Pouvez-vous faire croire que ce soient là des mensonges, des propos inventés à plaisir, imaginés pour perdre une innocente ?

LA PRÉVENUE. — Je n'en sais rien.

M. LE PRÉSIDENT. — Vous n'en s'avez rien ! C'est précisément ce qui rend votre position d'autant plus grave. Si vous pouviez dire le motif qui aurait animé ces témoins, la justice l'examinerait et en tiendrait compte ; mais vous êtes réduite à nous répondre que vous ne savez comment expliquer de pareils propos. Comment alors ne pas les supposer vrais, quand vous ne savez pas nous dire pourquoi ils seraient faux ?

LA PRÉVENUE. —N'étant pas sûre des causes qui ont fait agir les témoins, je n'ai pas le droit de faire des suppositions.

M. LE PRÉSIDENT. —Très bien ; vous n'avez pas le droit de faire des suppositions ; remarquez bien aussi qu'il ne suffirait peut-être pas, pour détruire un témoignage, d'apporter des suppositions. Du reste, votre défense est là pour développer toutes ces nuances. Seulement il ne faut pas oublier qu'il ne s'agit pas d'un, de deux, mais de plus de vingt témoignages, de ceux, en un mot, de toutes les personnes qui vous approchaient ; il est vrai que vous avez parlé de complot, que vous avez prononcé même, si nous ne nous trompons, le mot de gageure... C'était peut-être dans la situation un mot assez mal placé, en tous cas bien invraisemblable ; on ne trouverait guère vingt personnes pour s'associer à un complot ou à une gageure de ce genre...

LA PRÉVENUE. —Mais, monsieur le président, si vous voulez prendre la peine d'examiner de près quelques-uns de ces témoignages, vous verrez qu'il est des personnes qui ont parlé de choses, de détails que véritablement elles ne pouvaient pas connaître. Ainsi, il y a madame Sudre qui non-seulement a dit, mais qui a écrit que chez moi, le pain, la viande manquaient, que les enfants avaient froid, avaient faim, et remarquez bien que jamais cette dame n'a mis les pieds chez moi ; que je l'ai vue pour la première fois à la Cour d'assises.

M. LE PRÉSIDENT. —Eh bien ! soit ; acceptons cette observation en ce qui concerne madame Sudre, réservons cette déposition ; mais toutes les autres, mais l'ensemble des faits n'est pas détruit par cela seul ; reste, par exemple, la déposition de cette couturière qui fut si blessée, si offensée de ce qu'elle voyait dans votre intérieur, qu'elle refusa d'aller travailler chez vous... Ce sont là autant de faits qui, n'ayant pu être détruits, ont dû, vous le comprenez, déterminer les juges. Je vous les rappelle, je vous les signale sommairement, pour vous mettre à même, avant de donner la parole à votre défenseur, de les expliquer, de les réfuter si c'est possible, d'une manière satisfaisante pour la conscience de tous ?

LA PRÉVENUE. — Quant à cette femme, à la déposition de laquelle vous faites allusion en ce moment, c'est la femme Many, je crois. Eh bien ! je vous dirai que cette femme n'est venue qu'à une seule époque chez moi, c'était pour faire des robes de soie aux enfants ; elle dit qu'elle les a trouvées fort maigres, si maigres qu'elle a refusé de leur faire d'autres robes, mais M. Marsden a vu ses enfants à la même époque, pendant son séjour à Paris. Il est parti content, et il a décidé alors qu'il me les laisserait plus longtemps qu'il n'avait été convenu d'abord.

M. LE PRÉSIDENT. — Oui, mais écoutez : tout à l'heure, je vous demandais quel était l'intérêt qui aurait porté les témoins à se parjurer ?... Eh bien, si cette couturière avait un intérêt, c'était de travailler, c'était de continuer à être votre ouvrière... Or, elle sacrifie, au contraire, son intérêt.

LA PRÉVENUE. — Je vous demande bien pardon, je n'ai fait faire que deux robes aux enfants, une en étoffe de laine, au mois de décembre, et une en soie, lors du séjour à Paris de M. Marsden. Je n'ai plus commandé de robes depuis; l'ouvrière n'a donc pas eu l'occasion de refuser de travailler.

M. LE PRÉSIDENT.—Ce sont là autant de points qui seront examinés, discutés, appréciés... Disons un mot d'un autre ordre de faits : il est d'autres preuves, vous le savez, ce sont celles que ces pauvres enfants portaient sur leur corps, ce sont ces traces nombreuses de coups, ces contusions, ces noirs, ces cicatrices; ce sont là des témoignages qui ne peuvent être inventés et qui semblent confirmer singulièrement les propos nombreux que nous vous rappelions?

LA PRÉVENUE. — Mais ces traces sont bien postérieures au départ des enfants de chez moi; je ne les avais plus sous ma surveillance, je ne puis être responsable de cela. Personne ne les a vues au moment où elles m'ont quittée.

M. LE PRÉSIDENT.—Prenez garde, ces traces ont, au contraire, été constatées très peu de temps après que les enfants avaient quitté la cité Odiot, et il n'y avait pas à s'y méprendre, ces traces étaient celles de cicatrices déjà anciennes, qui remontaient évidemment à une époque contemporaine de leur séjour chez vous?

LA PRÉVENUE. — Je n'ai jamais connu aux enfants que deux cicatrices : une qu'avait Alice; elle se l'était faite en tombant un jour que je n'étais pas auprès d'elle; l'autre était une assez large cicatrice que portait Rosa et qui remontait à l'époque où elle habitait Great-Malvern, avant mon arrivée. J'en fis la remarque alors, et il me fut répondu que c'était une blessure que sa sœur Alice lui avait faite; je ne sais plus si c'était avec un couteau, un canif ou avec des ciseaux.

M. LE PRÉSIDENT. — C'est là votre explication? Soit. Reste aussi le témoignage des enfants eux-mêmes; vous cherchez à le détruire en disant que, placées sous l'influence de leur père, elles ont pu être amenées à mentir. Pensez-vous donc qu'il soit facile de croire que si vous aviez toujours été pour ces enfants ce que vous deviez être, ce que doit être une institutrice, c'est-à-dire une seconde mère, ces enfants eussent pu jamais dire de vous les faits inouïs, monstrueux, si en désaccord, selon votre expression, avec la nature et les sentiments d'une femme jeune, instruite, intelligente? Mais, outre que ces faits sont de ceux qui ne sauraient être inventés, surtout par des enfants, est-ce que la reconnaissance, le souvenir de vos bontés n'eussent pas glacé leur langue? Voyons, expliquez-nous cela?

LA PRÉVENUE. — Ce qui est encore plus inexplicable, ce me semble, c'est que les enfants, ainsi maltraitées, aient toujours demandé à rester avec moi. Pendant que leur père était à Paris, je les ai très souvent conduites chez lui, où je les laissais. Elles auraient pu se plaindre alors, s'il y avait eu lieu. On ne peut pas dire qu'elles étaient sous mon influence, lorsqu'elles habitaient la rue de Rivoli, et moi barrière de l'Étoile.

M. LE PRÉSIDENT. — Elles étaient sous votre influence, parce qu'elles devaient y retomber le soir; elles étaient terrifiées.

LA PRÉVENUE. — Mais, monsieur, cela n'est pas. Au contraire, elles ne devaient rester que jusqu'au mois de juin, et un soir que j'allais les chercher chez leur père, elles m'apprirent qu'il avait décidé qu'elles resteraient encore six mois. Elles tapaient des mains ; elles étaient enchantées.

M. LE PRÉSIDENT. — Il est certain qu'il y a là un point mystérieux : même après les investigations de la justice, tout n'est pas également lumineux dans une affaire. Nous espérons que sur ces points la défense jettera des lumières, nous les attendrons, et nous recueillons par avance les explications que vous nous donnez. Ce qui semble au moins acquis sans contestations au débat, c'est que, de votre aveu, vous avez été sévère, bien sévère envers ces jeunes enfants?

LA PRÉVENUE. — Je n'ai pas été sévère, j'ai été stricte.

M. LE PRÉSIDENT. — Stricte ! Cela ressemble beaucoup à de la sévérité.

LA PRÉVENUE. — J'ai corrigé Alice et Rosa quelquefois avec la main. Je ne leur ai jamais donné de coups violents. J'ai suivi en cela les instructions de M. Marsden.

M. LE PRÉSIDENT. — Écoutez, vous êtes une femme qui avez de l'intelligence, de l'éducation, de l'expérience, et vous ne pouvez vous dissimuler que des corrections physiques, manuelles, exercées sur de si jeunes filles, ne soient bien près déjà des faits qu'on vous reproche. Il y a du plus ou du moins, sans doute ; restera à rechercher la mesure dans laquelle vous vous êtes tenue. Il est un autre point plus délicat encore et qu'il nous faut bien aborder... Nous vous demanderons, et ici nous ne saurions oublier que nous nous adressons à une femme qui devait avoir les entrailles et la délicatesse d'une mère, nous vous demanderons comment vous avez pu divulguer, comme vous l'avez fait, ces habitudes détestables que vous supposiez à ces enfants, dont la garde et l'honneur vous étaient confiés. N'avez-vous donc pas compris que s'il est quelque chose qui doive demeurer voilé à tout regard étranger, c'est précisément cette infirmité... Il y allait de l'avenir et de la réputation de ces jeunes filles... Comment avez-vous pu oublier cela et en parler à tout le monde?

LA PRÉVENUE. — Je n'en ai pas parlé à tout le monde, j'ai été dans une position bien embarrassante.

M. LE PRÉSIDENT. — Vous divulguez ces tristes confidences jusque dans la loge du portier : domestiques, voisins, tous le savent?

LA PRÉVENUE. — Oh ! pardon, monsieur le président, je n'en ai pas parlé au portier. Je n'en ai jamais parlé à des hommes excepté, au commissaire de police, quand il est venu chez moi, et aux médecins, lors de la maladie des enfants.

M. LE PRÉSIDENT. — Vous en avez parlé avant la maladie. Que depuis votre arrestation, et comme moyen extrême de défense, vous eussiez soulevé ce voile, peut-être cela pourrait-il être excusé jusqu'à un certain point ; mais, encore une fois, on ne saurait s'expliquer tout ce qui a été dit auparavant. Vous devez bien comprendre aujourd'hui que, dans les motifs qui ont poussé les premiers juges à la sévérité, ces derniers faits ont dû être d'un grand poids ; c'est là, sans aucun doute, une considération qui a dû déjà toucher le plus directement votre cœur et votre intelligence.

LA PRÉVENUE. — Que le docteur Marsden ne m'accuse pas d'avoir flétri ses enfants. C'est lui-même qui l'a fait, à la face de tout Paris. Quand j'ai vu mon élève, une jeune fille de quinze ans, avancer au milieu de deux rangs p'avocats à droite, de jurés à gauche, et les juges en face, le père tout auprès,

j'ai été tellement peinée que j'ai détourné la tête.; c'est bien alors que
M. Marsden a flétri sa fille, car dans ce moment même il lui faisait oublier la
pudeur d'une femme !

M. LE PRÉSIDENT. — Ce que vous dites là n'est pas bien utile à votre
défense et ne révèle pas une grande délicatesse.

LA PRÉVENUE. — Monsieur le président ! daignez vous mettre à ma place...
persécutée comme je le suis depuis si longtemps...

M. LE PRÉSIDENT. — Persécutée ! c'est un mot que nous n'admettons pas
complétement; il y a eu à votre égard une information...

M. L'AVOCAT GÉNÉRAL. — Ne dites pas qu'on vous a persécutée; dites
qu'on vous a poursuivie.

LA PRÉVENUE. —Il est possible que je n'emploie pas le mot juste. Mais auparavant, pendant près d'un an, ces femmes m'ont persécutée jusque chez moi.

M. LE PRÉSIDENT. — Vous avez été poursuivie judiciairement. On a même
eu, en ce qui vous concerne, des ménagements que vous ne devriez pas
oublier. Nous ne voulons pas encore une fois entrer dans des détails, nous
tenions seulement à constater si vos moyens de défense étaient restés les
mêmes, et recevoir vos explications sur les témoignages. Reste cette sorte d'aveu
que vous aviez été au moins stricte; reste l'état physique des enfants tel qu'il
a été constaté. Votre appel sera justifié d'ailleurs par votre défenseur.

M. LE PRÉSIDENT, s'adressant au défenseur. — Nous croyons savoir,
M⁰ Berryer, que vous n'êtes pas préparé à prendre la parole.

M⁰ BERRYER. — Je prierais monsieur le président de vouloir bien fixer
un jour.

M. LE PRÉSIDENT. — Il a été parlé d'un Mémoire.

M⁰ BERRYER. — Oui, monsieur le président, mais l'impression n'en est pas
entièrement terminée, elle ne le sera que dimanche.

M. LE PRÉSIDENT. — Ce Mémoire sera communiqué à la partie civile.

M⁰ BERRYER. — La défense se propose de produire ce Mémoire, uniquement pour la Cour, pour le ministère public et pour la partie civile.

M. LE PRÉSIDENT. — Très bien ! Nous croyons qu'un délai assez long est
nécessaire. Nous remettons la cause au mardi 24 avril, à dix heures du
matin.

Audience du mardi 24 avril.

L'accusée est introduite.

M. DE GAUJAL, avocat général, occupe le siége du ministère public.

M⁰⁰ BERRYER, HENRI CELLIEZ, auteur d'un Mémoire distribué à la Cour,
et NOGENT-SAINT-LAURENS, sont assis au banc de la défense.

M⁰ CHAIX D'EST ANGE, organe de la partie civile, occupe un siége en face.

La Cour prend séance.

M. LE PRÉSIDENT, à la prévenue. — Célestine Doudet, vous savez que le
ministère public a interjeté appel ?

LA PRÉVENUE. — Je le sais, monsieur le président.

M. LE PRÉSIDENT. — En avez-vous reçu notification ?

LA PRÉVENUE. — Oui, monsieur le président.

M. LE PRÉSIDENT. — Avez-vous quelque observation à faire sur cet appel?

LA PRÉVENUE. — Aucune.

M. LE PRÉSIDENT. — Nous avons reçu de Mᵉ Berryer communication d'une lettre d'Angleterre qui contient des renseignements utiles à l'affaire. M. le conseiller rapporteur a la parole pour en donner lecture à la Cour.

M. LE CONSEILLER THÉVENIN. — Cette lettre est de madame Schwabe :

Ayant appris que le jugement de mademoiselle Célestine Doudet, devant la Cour impériale, va sous peu avoir lieu, je ne puis m'empêcher de vous adresser ces lignes et de répéter ce que j'ai dit devant la Cour d'assises : que mademoiselle Doudet avait été plus de dix-huit mois dans ma maison, et que je suis moralement convaincue qu'elle est totalement incapable du crime atroce dont elle est accusée. Mademoiselle Doudet ne m'a pas quittée par sa propre faute, mais uniquement par la raison que, comme mes fils grandissaient, mon mari pensait qu'il valait mieux prendre un instituteur allemand et garder, en même temps, la gouvernante anglaise, afin que nos enfants apprissent à parler leur langue maternelle sans accent. Ces derniers restèrent pendant trois mois seuls aux soins de mademoiselle Doudet, pendant mon voyage sur le continent, et quoique je n'aie jamais entendu parler que de l'amitié et de la douceur que miss Doudet montrait à mes enfants, je trouvais cependant nécessaire, en entendant cette triste affaire, de questionner ma fille aînée, âgée de quinze ans, et mon fils âgé de quatorze, si mademoiselle Doudet n'était pas très violente, à quoi tous deux m'assurèrent du contraire et ne purent assez me dire de sa douceur. Je fus vivement touchée de la sympathie qu'ils montrèrent pour leur ancienne institutrice. Lorsque je les instruisis du motif de mes questions, ma fille me pria de la mener avec moi à Paris, pour parler aux juges de la bonté de mademoiselle Doudet, et elle ajouta : Si je ne puis pas lui aider, je peux du moins la consoler ; et mon fils aîné désira lui écrire, pour lui prouver que dans son malheur il lui restait encore des élèves qui n'étaient ni injustes, ni ingrats. Je n'aurais pas hésité de prendre mes enfants avec moi, à Paris, si je n'avais craint la vue de pareilles scènes pour leurs jeunes âmes. Ma vieille bonne, une femme très pieuse, dont l'amour pour mes enfants est presque de l'adoration, et qui était déjà à mon service du temps de mademoiselle Doudet, ne put revenir de son indignation, et me dit la veille de mon départ : « Oh ! madame, que je suis contente que vous alliez assister cette pauvre mademoiselle Doudet, je suis sûre qu'elle ne peut jamais être cruelle envers des enfants, pour cela elle a des principes trop religieux et le caractère trop doux. » Tout cela me fortifia pour concourir de tout mon pouvoir à faire connaître la vérité. En dernier lieu, et pour prouver ma conviction complète de son innocence, je déclare que mon intérêt pour mademoiselle Doudet n'est pas commisération, mais amour de la vérité, et cette conviction est si complète, si entière que, lorsque je visitai mademoiselle Doudet, à Saint-Lazare, le jour avant mon départ, je lui offris de la recevoir aussitôt qu'elle serait acquittée, comme autrefois, au sein de ma famille, de lui confier momentanément mes petites filles, l'institutrice que j'ai engagée ne pouvant se rendre chez moi avant le mois de juillet. J'aime certainement mes enfants, qui sont la seule consolation qui me reste, et si j'avais des doutes je n'agirais pas de la sorte, risquant à la fois l'âme et le corps de ce que j'ai de plus cher au monde.

Agréez, etc.   *Signé* : J.-S. SCHWABE.

M. LE PRÉSIDENT. — Nous avons également reçu une pièce qui a trait à l'affaire ; monsieur le conseiller rapporteur, veuillez en donner lecture.

M. LE CONSEILLER THÉVENIN. — Cette pièce a été envoyée par M. le procureur général : c'est un procès-verbal rédigé par M. l'avocat général Croissant.

« L'an mil huit cent cinquante-cinq, le 23 avril, nous, avocat général près la Cour de Paris, informé qu'au moment de sa condamnation, la demoiselle Célestine Doudet aurait tenu à l'audience même un propos fort grave, et de nature à jeter quelque jour sur les motifs qui ont donné naissance aux faits dont elle a été appelée à rendre compte à la justice :

» Que ce propos, lorsqu'il a été tenu, aurait été entendu par M. le docteur Bonnet, médecin de la Conciergerie ;

» Avons mandé devant nous M. Bonnet, lequel, sur nos interpellations, nous a fait la déclaration suivante :

» J'ai été chargé, par M. le procureur général, de surveiller la demoiselle Doudet, lorsqu'elle a été appelée devant la Cour d'assises. Comme les débats du procès soumis au jury paraissaient devoir durer longtemps, on craignait que son état de santé s'y trouvât compromis. La veille du jour où la décision du jury a été rendue, au moment de se présenter à l'audience, la demoiselle Doudet, qui s'était trouvée mal, avait été momentanément placée dans une salle d'attente, et j'étais auprès d'elle lui donnant les soins que réclamait son état, lorsque la conversation s'engagea sur l'affaire Marsden. Après quelques phrases indifférentes, la demoiselle Doudet me dit : « Je suis innocente, mais si je suis condamnée, je souffrirai moins » en pensant que M. Marsden souffrira aussi dans l'honneur de ses enfants. »

» Si ce ne sont pas les paroles textuelles de la demoiselle Doudet, c'en est le sens exact. Je ne pus m'empêcher de lui dire qu'un tel langage était mauvais, et qu'elle avait tort de le tenir ; mais elle ne m'a rien répondu.

» Madame Chaudot, sous-inspectrice à la Conciergerie, qui assistait aussi la demoiselle Doudet, a entendu notre conversation et, sans doute, il lui sera possible de la reproduire, ainsi que je viens de le faire. »

» Lecture faite à M. le docteur Bonnet de sa déclaration, il y a persisté et a signé avec nous, ajoutant qu'elle était sincère et exactement reproduite.

« Signé : BONNET, CROISSANT. »

M. LE PRÉSIDENT, à la prévenue. — Reconnaissez-vous le propos qui est consigné dans le procès-verbal dont il vient d'être donné lecture ?

CÉLESTINE DOUDET, à voix basse. — J'étais dans un tel état de souffrance que je ne me rappelle pas ce qui s'est passé.

M. LE PRÉSIDENT. — Ainsi vous n'admettez ni ne niez ce propos ?

(La réponse de la prévenue n'arrive pas jusqu'à nous.)

M. LE PRÉSIDENT. — M. l'avocat général a la parole.

RÉQUISITOIRE DE M. L'AVOCAT GÉNÉRAL DE GAUJAL.

Je ne connais pas, messieurs, de mission plus noble et plus belle que celle de l'institutrice : non-seulement elle doit former le cœur, féconder l'intelligence, ouvrir l'âme à tous les bons sentiments ; mais avant tout, elle a pour devoir de couvrir les enfants qui lui sont confiés partout et toujours d'une main protectrice, et d'assurer leur bien-être à tous les points de vue. Sa mission se résume en un seul mot qui dit tout : C'est une seconde mère !

Telle était la mission de Célestine Doudet envers les enfants de M. le docteur Marsden. Le docteur Marsden avait mis en ses mains ce qu'il avait de plus cher, ses cinq filles. Il avait laissé ces cinq enfants passer la mer et s'expatrier avec Célestine Doudet ; et il avait confié à celle-ci le soin de les élever loin de leur pays, sans surveillance et sans contrôle.

Cette mission, comment Célestine Doudet l'a-t-elle remplie ? A-t-elle répondu à tant de confiance ? Qu'a-t-elle fait des enfants ?

Suivant la prévention, au lieu d'être une seconde mère, l'institutrice n'a été qu'un bourreau ; et au lieu d'être aimés et protégés, les enfants ont été des victimes.

Je ne vous introduirai pas, messieurs, dans la cité Odiot, et je n'essaierai pas de vous peindre les tortures abominables que, pendant de longs mois, ces malheureux enfants ont eu à subir. Pendant les six premiers mois, tout allait bien : les enfants étaient arrivés pleins de santé, de gaieté, de fraîcheur ; ils s'instruisaient en conservant leur santé et l'enjouement de leur âge.

Mais au bout de six mois, c'est-à-dire après le mariage du docteur Marsden, es choses changèrent bien.

Jusque-là, Célestine Doudet, quoique sévère, était restée juste et affectueuse. A dater de ce moment, elle devint par degrés dure, impitoyable, cruelle. A dater de ce moment, la vie de chacun des cinq enfants devint un long martyre. Ils furent incessamment voués aux punitions les plus extrêmes. Soumis à une alimentation toujours insuffisante ; nourris parfois avec du pain trempé dans de l'eau bouillante sans sel ni graisse ; souvent privés même de cette nourriture pendant des jours entiers ; enfermés pendant des nuits entières dans les lieux d'aisances ; ou bien encore pendant des nuits entières, attachés au pied de leur lit, les pieds nus et en chemise ; privés de feu pendant tout l'hiver ; séquestrés ; frappés sans pitié ni merci ; battus à outrance ; la tête cognée contre les murs ; les cheveux arrachés ; les mains déchirées avec des pointes de ciseaux ; les pieds meurtris, écrasés, ensanglantés ! Telle fut la vie des cinq enfants du docteur Marsden.

Au milieu de ces tortures de tous les jours et de tous les instants, leur santé s'altéra. La gaieté, la fraîcheur disparurent. Non-seulement la résistance, mais la plainte même, était impossible ; leur esprit et leur volonté étaient asservis aussi bien que leur corps. Ce régime produisit bientôt les ravages les plus profonds.

Mary-Ann est morte à la peine entre les mains de Célestine Doudet. Jetons un voile et fermons les yeux, en passant près de cette tombe. Le jury, dans son omnipotence, a définitivement statué sur les causes immédiates de la mort de Mary-Ann : respectons sa décision. C'est la première et la dernière fois que j'ai prononcé, dans cette discussion, le nom de Mary-Ann.

Rendue à son père, Lucie, que cette vie de tortures avait épuisée, ne tarda pas à succomber à son tour !

Recueillie chez sa tante, Alice avait la tête tellement endolorie, qu'elle ne pouvait pas même l'appuyer contre un oreiller !

Rosa portait sur elle, tout récemment encore, les traces visibles des mauvais traitements qui lui avaient été infligés !

Voilà, messieurs, la prévention dans son ensemble.

Si elle est fondée, si les faits sont vrais, il n'y a pas de paroles assez énergiques pour les flétrir. Si les faits sont vrais, c'est abominable et odieux. Les prévisions de la loi pénale ont été dépassées ; la répression, quoi qu'il arrive, sera nécessairement inférieure à la gravité du délit. Les premiers juges ont épuisé la pénalité restreinte du § 1er de l'art. 311 du Code pénal : la pénalité épuisée même dans les conditions d'aggravation que je viens vous demander par mon appel, ne peut donner satisfaction ni à la morale outragée, ni au sentiment public qui se passionne, non sans raison, devant le tableau des faits que je viens de résumer si incomplétement devant vous.

Les faits sont-ils vrais ? C'est sur ce point que porte le dissentiment essentiel entre la prévention et la défense.

Devant les autres juridictions et dans les plaidoiries antérieures, on a beaucoup parlé des commérages de la cité Odiot, d'excitations, de surexcitations, de bavardages grossis, d'exagérations de toute nature. Laissons là ces récriminations vagues, et abordons l'examen attentif et réfléchi des principaux éléments qu'a recueillis l'instruction.

Cet examen, je le ferai rapidement et à grands traits ; car les preuves abondent : jamais procès, je n'hésite pas à le dire, n'en a fourni en aussi grand nombre et d'une aussi incontestable valeur.

Et d'abord, les violences ont laissé sur les enfants leur empreinte visible, de telle sorte que l'effet constaté devient la vivante preuve de la cause.

Le docteur Black, après leur retour en Angleterre, constatait qu'ils portaient de nombreuses traces de violences sur les diverses parties de leur corps ; et le docteur Tessier à Paris, lorsque après plus de six mois écoulés, on lui représentait les enfants, constatait à son tour qu'ils avaient encore des cicatrices assez graves. Ces constatations ont bien apparemment quelque valeur.

Mais il y en a de bien plus décisives :

Lorsque les enfants entraient, le 16 juin 1852, dans la cité Odiot, ils étaient dans le meilleur état de santé : c'est attesté par de nombreux témoins ; par madame *Espert*, madame *Maling*, la femme *Pacault*, la veuve *Poussielgue*, madame *Sudre*, miss *Howe*, la femme *Many*.

Or, les mêmes témoins attestent que plus tard, le changement était complet, non pas pour un seul, non pas pour quelques-uns des enfants, mais pour tous les cinq à la fois ! Tous les cinq à la fois étaient affectés d'un dépérissement visible et affreux. Leur tristesse était désolante, leur abattement, chose navrante à voir. Cette situation, les témoins l'ont peinte avec un sentiment profond, et ils ont trouvé, pour la rendre, les expressions les plus énergiques.

Au dire de madame Maling, *c'étaient de véritables cadavres vivants.*

Le docteur Tessier, un homme grave, un homme d'expérience et de science, disait : *Ils avaient un aspect particulier qu'on peut appeler état cadavéreux. Ils étaient dans un état de dépérissement dont rien ne peut donner l'idée. C'étaient de véritables squelettes.*

Et madame Espert : *C'étaient de petites ombres qui passaient sans un rire et sans un cri.*

Oui, la vie avait cessé dans ce petit monde; chez ces enfants, on avait tout anéanti, cris, rires, joie et jusqu'à la plainte. Comprenez-vous ce qu'il avait fallu de compression pour étouffer la vivacité enfantine qui est la vie de cet âge, la joie instinctive et sans cause, les espiègleries, l'expansion naturelle, et jusqu'au sourire qui ne se montrait plus sur ces petites lèvres décolorées! Oui, la vie avait cessé. *C'étaient comme de petites ombres qui passaient et glissaient sans un rire et sans un cri !*

Cet état de choses faisait scandale. Quand les enfants sortaient, l'émotion se faisait autour d'eux ; les voisins en avaient pitié ; ils se préoccupaient de ce qu'ils voyaient, car ils en devinaient la cause.

Ceux qui pénétraient dans l'intérieur de Célestine Doudet étaient non moins émus. La femme Many, une simple ouvrière, une couturière, refusait de confectionner des robes pour ces malheureux enfants, par l'unique motif qu'elle ne voulait pas revoir, en les essayant, le spectacle affreux de leur corps amaigri qui lui faisait pitié !

Voilà donc un premier fait avéré, le dépérissement des enfants, de tous les cinq à la fois, entre les mains de Célestine Doudet !

Or, il ne faut pas équivoquer sur les causes de ce dépérissement. Ne parlons pas de coqueluche. Tous les enfants dépérissaient, et tous n'ont pas eu la coqueluche ! Lucy, notamment, n'avait pas la coqueluche, puisqu'on la séquestrait sous prétexte de l'en préserver. La coqueluche, d'ailleurs, c'est la maladie, c'est-à-dire un motif de plus d'user de ménagements envers des enfants affaiblis. Comment concilier, avec la maladie, le système d'impitoyables rigueurs qu'on a appelé si improprement le système anglais, mais qui n'est ni le système français, ni le système anglais, et que j'appelle, moi, le système de gens dénaturés et cruels ! Il faut surtout écarter bien loin la pensée que ces enfants auraient été livrés avec frénésie à des vices honteux.

De mauvaises habitudes ! Le fait est faux. C'est un moyen de défense plus infâme encore que les faits incriminés. C'est une atroce calomnie. C'est une abominable torture morale, infligée au père et aux enfants, et ajoutée aux tortures physiques que ceux-ci ont eu à subir.

Qui donc atteste les mauvaises habitudes? — Le père? Oui, un instant abusé, il y a cru, parce qu'il avait confiance dans l'institutrice de ses enfants, et que celle-ci les affirmait. Comment aurait-il soupçonné d'inventer de pareilles choses, celle qu'il avait instituée la seconde mère de ses enfants? — Le docteur Gaudinot? Mais il n'a énoncé le fait que pour un seul des enfants, Alice. Et comme le père, il a été induit en erreur; il n'a pas, par des observations suivies et sérieuses, contrôlé la déclaration qui lui avait été faite à cet égard par Célestine Doudet. — Serait-ce le témoin Riffaut? Quelle confiance mérite le témoignage d'un homme qui, spontanément, sans que rien l'y ait provoqué, ose formuler devant le juge d'instruction cette hypothèse, que le père a bien pu précipiter artificiellement l'engrais de ses enfants, pour se faire de leur embonpoint un argument à l'appui de sa plainte contre Célestine Doudet?

L'enquête anglaise? — Il me serait facile de montrer qu'elle est bien loin d'avoir produit les constatations qu'on veut y voir. Mais je ne veux pas même l'examiner, et je la repousse en elle-même d'une manière absolue. Elle a été faite suivant les formes légales usitées en Angleterre; soit. Devant le magistrat compétent; soit encore. Mais qui l'a faite? Vous, partie intéressée, à votre point de vue intéressé, et non pas la justice, à un point de vue impartial. Si l'affaire se jugeait en Angleterre, à l'enquête de votre *solicitor*, on opposerait la contre-enquête du *solicitor* de votre adversaire. Les témoignages contraires seraient en présence devant le juge anglais, conformément à la loi anglaise. Mais ici, M. Marsden n'a pas de *solicitor*, et il n'apporte pas de contre-enquête. Il n'a pas pu, il n'a pas dû se préoccuper de votre enquête. M. Marsden, en s'adressant à la justice française, s'est par cela même soumis à nos lois, et il a dû se conformer aux règles de notre procédure. Il a déposé sa plainte; puis il a attendu avec confiance, et il a laissé la justice, comme cela se fait en France, faire l'information elle-même à un point de vue impartial. Vous, Célestine Doudet, en faisant votre enquête en Angleterre, vous avez choisi les témoins, vous avez dirigé les investigations, vous avez inspiré les déclarations, vous avez posé les questions. Vous avez fait tout cela loyalement, je le suppose et je le veux : mais vous l'avez fait en obéissant malgré vous, nécessairement, par la force des choses, à la préoccupation du besoin de vous défendre. S'il y a des témoins dont les déclarations eussent été contraires et inconciliables avec celles que vous nous avez apportées, qui croira que vous n'avez pas laissé ces témoins en dehors de votre enquête? Pour vos témoins eux-mêmes, si vous avez craint leurs réponses sur certaines questions, qui croira que vous n'avez pas eu le soin de mettre ces questions de côté! En France, la justice procède autrement. Elle procède par ses officiers, par ses juges d'instruction. Quand elle envoie des commissions rogatoires, elle précise et circonscrit le terrain de l'information. Elle indique le point à éclaircir; elle désigne les témoins; elle inspire et dirige les investigations; elle cherche la vérité absolue, rien de plus, rien de moins, et non pas la culpabilité ou la justification de l'inculpé en se plaçant au point de vue exclusif de cette culpabilité ou de cette justification. En un mot, elle fait son œuvre comme elle doit être faite, à un point de vue impartial.

Votre enquête évidemment n'a rien de commun avec une telle œuvre : je la repousse.

Je dis que le fait des mauvaises habitudes, est un fait faux !

En effet, si les mauvaises habitudes existent; si elles sont invétérées et ardentes, comme on le dit; si tous ces enfants sont incorrigibles à ce point qu'il ait fallu les châtier sans mesure et sans pitié, et que tant d'impitoyables châtiments soient restés impuissants; si les choses sont ainsi, que va-t-il arriver?

Le dépérissement va continuer : il ira toujours croissant; il va tout au moins persister pendant un temps plus ou moins long.

Eh bien! non.

A peine de retour en Angleterre, tous ces enfants renaissent à vue d'œil. En quinze jours, les trois qui survivent étaient entièrement remis. L'état florissant d'autrefois était revenu : et plus tard, représentés au docteur Tessier, ils n'étaient pas reconnus, tant leur état était profondément changé !

Je vis, a dit le docteur Tessier, *de belles jeunes filles, avec une magnifique carnation et de vives couleurs, respirant dans toute leur physionomie la pureté. Elles ne portaient, ni aux yeux ni aux paupières, les traces que laissent invariablement les pratiques occultes que leur avait prêtées Célestine Doudet. Je n'en pouvais croire mes yeux ; je réfléchis beaucoup à ce que je voyais, et de ces réflexions, comme aussi des observations de toute ma vie de praticien, il est résulté pour moi la conviction absolue qu'il était impossible que ces jeunes filles aient été jamais infestées du vice et de la contagion qui m'avaient été signalés.*

Tel a été le langage du docteur Tessier.

Célestine Doudet a donc inventé les mauvaises habitudes ! Oui, elle a inventé la faute, pour expliquer et justifier les inexplicables et les injustifiables châtiments !

Faut-il aller plus loin ?

Les actes ont parfois plus de logique que les raisonnements. Or, je dis que la conduite de Célestine Doudet prouve qu'elle n'a jamais cru elle-même aux mauvaises habitudes.

Comment admettre que l'institutrice ait cru aux mauvaises habitudes, si elle n'a rien fait pour les combattre, et si au contraire elle a tout fait pour les donner ?

Or, il est établi que, sous l'influence et à l'instigation de Célestine Doudet, le père a fait faire pour ses enfants des caleçons préservateurs. Les caleçons ont été confectionnés ; ils ont été livrés : mais il est certain qu'ils n'ont jamais été portés ; on les a trouvés intacts et neufs en la possession de Célestine Doudet. L'inapplication du remède mis à sa disposition ne démontre-t-elle pas que le mal avait été par elle mensongèrement affirmé, et qu'en réalité il n'existait pas ?

Ce n'est pas tout : le docteur Tessier avait formulé de certaines prescriptions. Il avait formellement interdit tous les moyens coercitifs : il avait ordonné la gymnastique ; il avait surtout ordonné de traiter les enfants moralement et non par la rigueur.

Or, aux prescriptions du docteur Tessier, Célestine Doudet opposait invariablement la volonté du père. En ce qui touche la gymnastique notamment, elle affirmait que le père avait répondu que c'était trop cher. Et il est maintenant établi que c'était un mensonge, le père n'ayant jamais été consulté à cet égard, et ayant au contraire, dès l'origine, compris la gymnastique parmi les éléments de l'éducation qu'il entendait donner à ses filles.

Non-seulement elle échappait ainsi par le mensonge et la dissimulation aux prescriptions du docteur Tessier ; non-seulement elle manifestait ainsi la volonté de ne rien faire pour combattre le vice ; mais elle faisait avec obstination et persévérance ce qui était défendu et ce qui était de nature à l'entretenir ou à l'aggraver ; elle avait incessamment recours aux moyens coercitifs, et elle faisait tout ce qui pouvait inoculer le vice, même à des enfants innocents : elle les attachait ensemble dans le même lit ; elle les affaiblissait ; elle les énervait ; elle les livrait, pendant des nuits entières, à la solitude, en état d'insomnie. Elle allait jusqu'à souiller leur imagination avec un cynisme qui révolte, et elle leur enseignait le mal pour leur apprendre des aveux qui sont, ai-je besoin de le dire, sans aucune valeur, puisque c'étaient des aveux dictés ou faits par ordre.

En résumé, elle n'a rien fait pour combattre les mauvaises habitudes. Elle a tout fait au contraire pour les faire naître ; à ce point que si elles étaient avérées, nous serions en droit de les lui reprocher, à elle, et non pas aux enfants.

N'ai-je pas raison de dire qu'elle-même n'a pas cru aux mauvaises habitudes, et que ses assertions sur ce point sont une infâme calomnie ajoutée à toutes les autres indignités que la prévention lui reproche !

Le dépérissement des enfants, leur prompt retour à la santé après leur départ pour l'Angleterre, restent donc des faits acquis avec leur incontestable caractère, et sans qu'il soit possible d'en dénaturer les causes.

Les enfants dépérissaient ; ils marchaient lentement et par degrés à une mort inévitable et fatale, parce qu'ils étaient indignement maltraités ; ils sont revenus à la santé, dès que les mauvais traitements ont cessé.

N'y eût-il que ce fait matériel : n'est-ce pas là, à l'appui de la prévention, une preuve d'une immense valeur ?

Mais elle est bien loin d'être isolée.

Des témoins *de visu*, il y en a plus de vingt, et tous plus honorables et plus irrécusables les uns que les autres.

Le premier de tous, est la sœur de Célestine Doudet, Zéphyrine.

Zéphyrine Doudet a du cœur. Elle a souffert en voyant souffrir : elle a eu pitié ; elle est intervenue ; elle a pris le parti des victimes. Mais dans la lutte, elle a été vaincue. Désolée de son impuissance, elle a exhalé ses plaintes ; elle a parlé autour d'elle. Elle a parlé avec émotion, avec précision. Elle a articulé les faits qui la révoltaient. Elle était impressionnée ; elle devait impressionner ; elle a impressionné. Ses relations et ses plaintes ont été recueillies, non point par des commères et des bavardes, mais par des amies de la famille, femmes respectables et noblement inspirées : par madame *Espert*, madame *Maling*, la veuve *Poussielgue*, miss *Howe*. Elles ont été également recueillies par *Léocadie Bailleux*, la femme *Many*, la femme *Chardonnot*.

Les révélations de Zéphyrine sont donc un fait acquis. Recueillies et transmises à la justice, par tant de bouches pures, elles n'ont pas besoin d'être confirmées par elle.

Elles sont confirmées d'ailleurs bien mieux que par des déclarations renouvelées ; elles sont confirmées par la conduite même et par les actes de Zéphyrine.

Zéphyrine avait dit maintes fois autour d'elle qu'elle ne pouvait pas assister au spectacle de tant de cruautés ; elle souffrait de voir cette immolation froide et prolongée qui s'accomplissait chaque jour. Elle n'y pouvait plus tenir. Elle éprouvait un invincible besoin de s'écarter et de fuir. — En effet, elle a quitté la place comme elle l'avait annoncé ; et les cruautés alors se sont accrues, parce qu'elles se sont exercées sans contre-poids et sans contrôle.

Ce ne sont pas seulement les paroles de Zéphyrine, rétractées depuis (je viendrai tout à l'heure aux rétractations), ce ne sont pas seulement ses actes; ce sont aussi ses lettres aux enfants qui prouvent la prévention.

Le 9 août 1853, elle écrivait des Eaux-Bonnes à Lucy, une lettre où on lit cette phrase : *J'ai fait tout ce que j'ai pu pour vous rendre heureuses, et si cela eût été en mon pouvoir, vous l'auriez été.*

Or, ces paroles prouvent deux choses : 1° que les enfants n'ont pas été heureuses chez Célestine Doudet; et 2° que Zéphyrine a fait, en sens opposé contre sa sœur, des efforts qui sont restés impuissants.

C'est là précisément ce qui résulte des confidences et des révélations recueillies par les témoins nombreux dont les déclarations sont consignées au dossier.

Que peuvent donc valoir les rétractations de Zéphyrine ?

Ces rétractations, en elles-mêmes, sont bien loin d'être énergiques : elles sont, au contraire, excessivement timides.

Il est possible, a dit Zéphyrine, *que sous l'influence de la maladie, j'aie tenu certains propos allant au delà de ma pensée.*

Vous voyez qu'elle ne nie pas précisément; seulement elle essaie d'expliquer, de transformer, de dénaturer ses confidences. Mais elle ne proteste pas; elle ne contredit pas; elle ne se révolte pas contre des témoignages qui seraient essentiellement mensongers. Le pas qu'elle cherche à faire en arrière, je le comprends; elle est sœur : je respecte ses efforts dans leur mobile. Mais je ne puis pas en tenir compte, parce que sa propre conduite et ses lettres ont donné le véritable sens de ses confidences, et parce que surtout les témoins qui les ont recueillies méritent la confiance la plus absolue de la justice.

Quels sont en effet ces témoins ?

Ne parlons pas de bavardages, de sentiments d'envie ou de jalousie, de haine sans cause, ou de passions vulgaires.

Les témoins ! C'est d'abord madame Espert, c'est-à-dire une femme de soixante ans, qui a depuis longtemps passé l'âge où l'on subit les entraînements des voisins. Elle ne connaît d'ailleurs personne dans la cité Odiot, excepté votre famille. C'est votre ancienne amie; elle était aussi l'amie de Zéphyrine; elle a été l'amie de votre mère. Depuis 1848, elle a vécu avec toute votre famille dans la plus grande intimité. Dans ses démarches, dans son attitude envers vous, elle s'est montrée digne, prudente, réservée. Elle a cru d'abord, en entendant Zéphyrine, que celle-ci ne se rendait pas un compte exact des choses et qu'elle exagérait en se trompant elle-même. Elle a voulu voir par ses propres yeux; elle a observé; elle vous a questionnée. Et puis, quand son opinion a été formée, quand elle a eu une conviction personnelle, elle est intervenue près de vous, et elle vous a suppliée d'être plus humaine envers ces enfants.

C'est le bien qu'elle voulait et non pas votre perte. Elle a essayé d'assurer le bien par ses conseils et ses prières. Elle vous a écrit une lettre pleine des meilleurs sentiments, digne, affectueuse autant qu'elle était énergique et ferme. Votre amitié, elle ne la repoussait pas; elle la souhaitait au contraire. Mais elle la voulait honorable et loyale, fondée sur l'estime avant tout; et elle la trouvait inconciliable avec l'opinion que lui avaient donnée de vous les faits qu'elle avait entrevus ; et elle vous le disait sans détour en vous donnant à choisir entre cette amitié et le système d'impitoyables rigueurs que vous pratiquiez. Elle vous menaçait d'avertir le père : en cela elle agissait bien ; car elle accomplissait un devoir d'humanité.

Voilà, messieurs, le premier témoin.

Est-il possible d'en trouver qui soient dans des conditions meilleures et plus honorables ?

Et madame Maling !

C'est une femme respectable aussi ; c'est une amie de votre mère. Madame Maling, comme madame Espert, offre toute espèce de garanties à la justice par son éducation, par son rang dans le monde. C'est la tante d'un diplomate éminent, qui a laissé d'excellents souvenirs parmi nous, lord Normanby, ex-ambassadeur de la reine d'Angleterre, à Paris.

Comme madame Espert, madame Maling a procédé avec la plus grande prudence. De concert avec madame Hooper, elle a voulu vérifier ; elle a fait une enquête, elle a interrogé ; elle a provoqué des justifications. Ce n'est qu'après avoir fait tout cela sans succès qu'elle s'est décidée à écrire au père. Évidemment, en agissant ainsi, elle n'a obéi à aucune mauvaise passion, à aucune suggestion, à aucun entraînement. Comme madame Espert, elle a rempli un devoir d'humanité ; et elle l'a fait sans haine comme sans faiblesse.

Voilà les témoins examinés au point de vue de leur indépendance et de l'autorité de leur témoignage.

Ils sont nombreux, et je pourrais continuer l'examen. A quoi bon ? Tous peuvent être aussi facilement défendus ; tous sont placés dans des conditions de dignité et d'impartialité identiques ou analogues.

Parmi eux, il y a les domestiques, par exemple : *Marie Liébaut*, la femme *Perrette*, *Léocadie Bailleux*. Ce sont aussi des témoins *de visu*, et ils confirment tous ce qu'avait révélé Zéphyrine.

Ce sont des domestiques renvoyés, a-t-on dit et dira-t-on ! soit. Mais ne voit-on pas que ce renvoi même est un argument de plus pour la prévention ! car il n'a pas eu d'autre motif que leur intervention en faveur des enfants, et il prouve, par conséquent, tout à la fois jusqu'à quel point cette intervention était nécessaire, et jusqu'à quel point elle était impatiemment supportée par Célestine Doudet.

Du reste, ce sont d'honnêtes filles contre lesquelles on n'a rien à dire et contre lesquelles on ne dit rien.

Croit-on qu'elles viendraient se parjurer pour se venger ? Rien n'indique qu'elles en soient capables. Mais on le prouverait, que la preuve ne serait pas pertinente. Car les révélations de ces témoins ont précédé leur renvoi, de sorte qu'il faudrait aboutir à cette conséquence que la vengeance aurait précédé l'existence même des motifs de vengeance.

Léocadie, notamment, a parlé, bien avant d'être renvoyée ; elle a parlé à bien des gens. Ses confidences se produisaient partout au dehors pendant qu'elle était chez Célestine Doudet. Elles ont été recueillies par les époux *Tassin*, par la veuve *Poussielgue*, par miss *Howe*, par la femme *Many*, par la femme *Chardonnot*, par madame *Galway*.

Les déclarations des domestiques ont donc une grande valeur, elles ont la même autorité que les autres témoignages.

Deux ouvrières aussi, la femme *Many* et la femme *Chardonnot*, qui avaient pénétré dans cet intérieur, n'ont pas voulu y rentrer pour ne pas être témoins des cruautés qui s'y commettaient.

Et les enfants de madame Martin, la femme du pharmacien! Après avoir vu le spectacle navrant de ce groupe d'enfants mornes, misérables, abattus, dans un abominable état de marasme et de maigreur, leur émotion fut telle, qu'en rentrant chez eux ils se jetaient au cou de leur mère en pleurant, et la suppliaient de ne plus les conduire dans cette maison pour y être témoins d'un état de choses aussi douloureux.

Enfin, il y a le témoignage des enfants eux-mêmes, c'est-à-dire le témoignage le plus direct et le plus pertinent qu'on puisse invoquer dans de pareils procès.

Or, tous ces témoignages nombreux et divers quant au caractère et à la situation de ceux qui les apportent, tous ces témoignages concordent ; tous se fortifient les uns par les autres; tous sont uniformes, précis, nettement formulés; pas une contradiction ne se montre. Le mensonge ne saurait avoir une telle précision.

Je sais bien que le témoignage des enfants n'est pas pris par la défense au sérieux. Les enfants, dit-on, sont les échos de leur père. Leurs paroles sont inspirées et dictées. C'est une leçon qu'ils récitent.

Quant à moi, messieurs, si la défense doit continuer de rester sur ce terrain, je déclare que je proteste de toute mon énergie. Il y a assez de monstruosités prouvées dans ce procès, pour que nous n'en admettions pas gratuitement et sans preuves de nouvelles qui seraient cent fois pires.

Quoi! le père aurait dressé ses enfants à ce rôle de mensonge et de calomnie! Quoi! le père qui écrivait à Célestine Doudet, au sujet de ses enfants : *La morale est au-dessus de toute chose*, ce même père aurait dressé ses enfants à se jouer de la vérité et de la justice, et à mentir une fois, deux fois, trois fois, en plein prétoire judiciaire, à la face d'un public immense, qui du dedans et du dehors les écoute avec anxiété, et sous l'image de Dieu qui les voit!

Y a-t-on bien réfléchi?

Quel père serait capable d'une telle infamie?

Je sais qu'on fait bon marché de la moralité de M. Marsden, si incontestable et si bien établie d'ailleurs qu'elle soit. Elle sera défendue tout à l'heure par une autre bouche que la mienne, et j'en suis bien convaincu, avec autant de précision que de puissance.

Quant à moi, messieurs, négligeant un moment la question de moralité, je me place au point de vue plus austère de la logique, et je dis : Pour qu'on pût admettre l'hypothèse dans laquelle la défense s'est toujours placée jusqu'à présent, il faudrait au moins qu'on nous montrât de bien fortes passions. Il faut un intérêt bien puissant pour étouffer à ce point le cœur paternel et pour réduire à néant dans ce cœur le sentiment de la responsabilité, de l'affection, du devoir.

Où donc cet intérêt? Où donc ces passions? Montrez-les; je vous attends.

Persécuter Celestine Doudet... voilà un beau plaisir ! Et pourquoi?...

Ou bien ne pas lui payer 1,500 fr. qu'on lui devait... Voilà un bel intérêt!

Et pour cela, quitter avec toute sa famille ses affaires, son pays, non pas une fois, mais maintes fois en un an, suivant toutes les nécessités de l'instruction, en se conformant à toutes les exigences des diverses phases de ce procès compliqué ! Et pour cela, jeter ses enfants, leur pudeur, leur honneur, son propre honneur en pâture à l'émotion publique, et à toutes les passions grandes ou petites qui s'agitent avec tant d'ardeur autour de ce procès.

Allons donc ! c'est absurde, et personne ne croira à tant d'efforts pour si peu !

Il faut donc tenir pour certain que le témoignage des enfants a été libre et spontané, autant qu'il est sincère, concluant et précis.

Mais on ne s'arrête pas là : ces malheureux enfants, on les diffame sans pitié, on les signale comme corrompus et menteurs ; et à leur témoignage actuel on oppose les contradictions qui semblent résulter de toutes les manifestations de tendresse et d'affection qu'ils ont tous données à leur institutrice, soit par leurs lettres, soit par leur attitude à l'époque où les faits se seraient accomplis.

Les lettres et l'affection des enfants ! Ah ! n'en parlons pas : car ces deux faits, attentivement observés et bien compris, deviennent votre plus grande honte et sont votre condamnation.

Les lettres ! Nous savons ce qu'il faut en penser : c'est vous qui les avez dictées.

Pour en être convaincu, il suffit de les lire.

J'en prends une, par exemple celle du 28 juillet, adressée par Lucy à Zéphyrine, pour lui annoncer la mort de Mary-Ann.

Le moment est solennel ! c'est le jour même de la mort de Mary-Ann. C'est la sœur qui annonce la mort de sa sœur. L'émotion, la douleur, les larmes, tout cela, c'est la nature même ; je n'ai pas besoin d'en parler. J'indique seulement la situation.

Maintenant prenez la lettre ; il n'y a qu'un sentiment, qu'une seule pensée dans cette lettre : exploiter la mort de Mary-Ann, pour écraser Zéphyrine d'un remords à l'occasion de son départ. Du reste, pas un sentiment d'enfant, pas une manifestation de chagrin personnel ; pas une expression de pitié ; pas une larme pour la pauvre petite sœur éteinte. Tout est pour *Mademoiselle*, c'est-à-dire pour Célestine Doudet ; c'est ainsi que les enfants l'appellent.

Jugez, dit l'enfant, *jugez maintenant de l'isolement de Mademoiselle.*

Puis elle fait sur tous les tons l'apologie de Mademoiselle ; et il n'est question que de Mademoiselle dans la lettre. C'est sa personnalité qui domine, parce que c'est elle qui dicte, et que la passion qui l'inspire ne lui laisse pas assez de sang-froid pour dissimuler son action.

Vous avez la lettre au dossier, lisez-la, et vous verrez si j'exagère.

Dans une autre lettre d'Émily à Zéphyrine, les reproches amers de la sœur à la sœur sont résumés et adressés avec beaucoup plus d'artifice qu'un enfant ne peut en avoir. *Humiliez-vous d'abord*, dit l'enfant, *et demandez pardon à Dieu et à Mademoiselle.*

Voyez-vous cette enfant de douze ans parlant avec ce ton de hauteur, en s'adressant à la sœur de son institutrice ! *Humiliez-vous d'abord, et demandez pardon à Dieu et à Mademoiselle !* Tout est monté à ce diapason dans la lettre.

A la fin de la lettre, il est dit : *Peut-être croirez-vous cette lettre dictée.*

Je le crois bien : comment en pouvoir douter ?

Mais elle ne sait pas seulement que j'écris.

Elle ne sait pas seulement que j'écris ! Or, lisez le post-scriptum. La vérité va s'y faire jour, et l'écrivain s'y met en contradiction avec lui-même : *Mademoiselle m'a priée de vous dire qu'elle vous écrira plus tard.*

Enfin, dans ce même post-scriptum, on lit encore ces phrases :

J'oubliais de vous dire que papa disait que Mademoiselle n'avait pas tenu son engagement, comme vous étiez toutes deux ensemble en arrivant à Paris; qu'il n'était donc pas nécessaire qu'il tînt le sien. Et il a même diminué les conditions pour la pension ; et il lui a laissé sur les bras les deux loyers de l'appartement pour six mois de plus.

Encore un remords jeté à la sœur par la main des enfants !

On voit que tous les événements sont artificieusement exploités pour donner cours aux ressentiments, aux rancunes, aux reproches amers de la sœur à sa sœur qui l'a délaissée.

Ce ne sont certainement pas les enfants qui disaient spontanément de telles choses.

Je pourrais prendre toutes les lettres une à une, et dans toutes, je pourrais vous montrer sous la main des enfants l'inspiration et la pensée de l'institutrice.

Mais à quoi bon ? Est-ce que Zéphyrine ne dit pas elle-même qu'elles sont dictées dans sa lettre du 9 août à Lucy ? Est-ce que l'habitude à cet égard n'est pas suffisamment indiquée par cette précaution oratoire dans la lettre de Lucy : *Peut-être croirez-vous cette lettre dictée ?*

Tenons donc pour certain que les lettres ont été dictées, et voyons-y une preuve de plus de l'oppression qui écrasait ces enfants.

Quant aux témoignages incessants d'affection que les enfants ont donnés à leur institutrice pendant leur séjour dans la cité Odiot, ou aux époques qui ont suivi de près ce séjour, qui ne comprendrait cela ?

Il s'agit ici d'enfants échelonnés entre huit et quatorze ans; c'est-à-dire d'êtres essentiellement faibles, — faibles de corps, — mais plus encore, — faibles de volonté.

Qui ne sait combien peut être absolu l'empire exercé sur les êtres faibles, notamment sur les enfants ?

Les enfants subissent tout sans se plaindre.

Quand ils sont entre les mains d'une institutrice, ils savent que celle-ci a autorité sur eux ; mais ils ne savent pas et ne peuvent savoir jusqu'à quelles limites cette autorité peut légitimement s'exercer. Pour se plaindre, ou seulement pour s'indigner, il faut juger, c'est-à-dire avoir une certaine expérience.

On ne juge que quand on a observé, comparé et formé sa raison. Quand on n'a pas encore formé sa raison, la souffrance, même la plus extrême, on la subit comme une chose fatale, et l'on ne peut pas même avoir le sentiment de l'excès. Il y a plus, on caresse la main qui l'inflige, non pas précisément parce qu'elle l'inflige, mais parce qu'elle est l'autorité, et que l'autorité, c'est la force inévitable qui peut à son gré graduer la souffrance.

Voilà ce qu'on pourrait dire en général de tous les enfants.

Mais ceux-là, combien leur situation était plus difficile encore. Hors de leur patrie, sans mère, loin du père, sans parents, absolument isolés, livrés tout entiers à Célestine Doudet! Jusqu'à quel degré ne devaient-ils pas subir la compression, quand ils entendaient bourdonner à leurs oreilles des paroles telles que celles-ci : *J'ai pouvoir absolu sur votre corps et sur votre cœur; même quand je serais morte, je viendrais vous chercher et vous saisir!*

Aussi, quel était le vrai de leur situation?

C'étaient de pauvres victimes écrasées, tremblant toujours sous la main de leur bourreau ; mais léchant et caressant cette main, parce que c'était la seule action qui s'exerçât sur elles, et qu'elles sentaient par instinct qu'il fallait modérer et tempérer cette action.

Madame Sudre peignait cette situation avec autant de vérité que d'énergie, quand elle écrivait au père : *Vos enfants sont terrifiés; comme de jeunes chiens ils lèchent la main qui les fouette pour l'adoucir.*

Quand leurs parents étaient passagèrement à Paris, quand leur oncle, le révérend Rasdhall, est venu les voir, même quand on les a recueillis à Chaillot, tous ces enfants tremblaient encore. Les paroles de leur institutrice résonnaient toujours à leurs oreilles ; et cette pauvre Lucy est morte dans d'effroyables terreurs, voyant sans cesse devant ses yeux le fantôme de Célestine Doudet, qui semblait s'approcher pour la saisir : son âme la fuyait quand elle brisait ses liens pour mourir; elle demandait asile à Dieu, et se réfugiait dans son sein.

Laissons, messieurs, laissons à l'écart toutes les objections qu'on essaie d'opposer aux témoignages des enfants. Elles n'altèrent pas ces témoignages, qui restent debout, précis, énergiques, pleins d'autorité, à l'égal au moins de tous les autres témoignages dont l'instruction a étalé sous vos yeux le faisceau.

A cet ensemble de preuves : les constatations matérielles, les révélations de Zéphyrine, les déclarations des témoins, les déclarations des enfants; à tout cet ensemble si complet, si puissant, si décisif, qu'oppose-t-on?

Jusqu'à présent la défense a fait deux objections générales :

1° L'indignité du père et des enfants, les longues hésitations qui ont précédé la plainte, les incertitudes qu'elles impliquent en ce qui touche sa légitimité!

Et, 2° L'impossibilité morale!

L'indignité du père et des enfants! Je ne sais pas ce que Célestine Doudet fera plaider sur ce point. Mais ce que je sais, c'est que M. Marsden est bien représenté dans cette enceinte, et qu'il sera dignement et éloquemment

défendu. Son honneur et celui de ses filles sont en bonnes mains : je n'ai donc
pas à m'en préoccuper.

Quant à ses hésitations avant de se plaindre, je les comprends à merveille.
La plainte, en effet, comportait par elle-même des inconvénients qui étaient
bien de nature à faire réfléchir un père honorable. Des voyages à multiplier
au delà du détroit; d'abominables calomnies contre des enfants à discuter
devant le public; la nécessité d'aborder une justice étrangère, procédant
suivant des formes qui ne lui étaient pas familières et comportant par cela
même des périls d'autant plus redoutés qu'il ne pouvait pas en mesurer la
portée; enfin, nécessité d'engager la lutte contre une femme entourée de pro-
tecteurs puissants, qu'il faudrait combattre au siége même de leur considération et de leur puissance.

Toutes ces raisons et d'autres encore étaient sérieuses.

Je comprends donc l'hésitation.

Non-seulement je la comprends, mais je dis qu'il a fallu s'armer d'un
grand courage pour couper court aux hésitations et affronter les périls.

Le docteur Marsden n'a pu évidemment s'y résoudre que pour obéir à l'impulsion d'un mobile puissant, le sentiment d'un grand devoir paternel à remplir.

Or, ce mobile étant admis, et il ne peut pas y en avoir d'autre, devient un
argument de plus pour démontrer l'existence même des faits incriminés.

La seconde objection de la défense, c'est l'impossibilité morale. Il y a, dit-
on, impossibilité morale que Célestine Doudet ait commis les indignités qu'on
lui reproche.

Le passé de Célestine Doudet, son caractère, les honorables témoignages
qui l'ont accompagnée et protégée dans toutes les phases du procès protestent
suffisamment en sa faveur. La prévention n'est pas vraie, parce qu'elle est
moralement impossible.

Quelques fautes toujours précèdent les grands crimes.

Ici, messieurs, il faut un moment faire abstraction des faits du procès, et
apprécier Célestine Doudet dans son caractère et dans les éléments consti-
tutifs de sa nature morale.

Elle comparaît devant la justice, escortée, j'en conviens, des témoignagnes
les plus honorables : mesdames de Chabaud-Latour, madame Erskine, madame
Schwabe; madame Schwabe! qui vient plusieurs fois du fond de l'Écosse pour
essayer de la sauver, et qui offre, sans hésiter, 50,000 francs pour obtenir
sa mise en liberté sous caution !

Je dis avant tout : Honneur et respect à ces témoins ! Ils sont convaincus,
sincères, loyalement inspirés. Le dévouement qu'ils manifestent a évidemment sa source dans les sentiments les plus droits et les plus purs.

Je reconnais cela.

Mais après tout, je fais remarquer que ces témoignages ne sont pas précisément pertinents, et qu'ils ne s'attaquent pas directement à la prévention.
Sur les faits mêmes de la prévention, les témoins dont je parle ne savent absolument rien.

Ils ne croient pas à la prévention, parce que dans le passé de Célestine Doudet, ils n'ont jamais rien vu d'analogue. En d'autres termes, ils apportent à la justice une opinion raisonnée, rien de plus.

Or, ce que la justice demande aux témoins, ce ne sont pas des opinions, mais des faits. Quant aux opinions, elle s'en charge, et c'est elle seule qui les formule par ses décisions et ses arrêts : elle n'a pas besoin qu'on lui apporte sa besogne toute faite.

Les témoignages dont je m'occupe en ce moment peuvent donc être considérés comme des témoignages vains. Il n'y a pas même à choisir entre les témoins de la prévention et ceux de la défense ; car il n'y a pas, à proprement parler, de contradiction entre eux. Ce qui ressort, en un mot, des témoignages de la défense, c'est l'*invraisemblance* de la prévention, rien de plus.

La valeur et la portée des témoignages ainsi expliqués, je pourrais me borner à répondre avec le poëte, en m'appuyant d'ailleurs sur les témoignages contraires, qui affirment avec netteté et précision :

Le vrai peut quelquefois n'être pas vraisemblable.

Mais je veux aller plus loin, et je repousse l'invraisemblance elle-même.

En première instance, et devant la Cour d'assises, on a plaidé l'invraisemblance par deux motifs :

1° Les antécédents ;

2° L'absence de mobile.

Or, si en fouillant dans la vie passée de Célestine Doudet, je montre des raisons de croire à sa cruauté ; et si en même temps je signale un mobile qui peut expliquer sa conduite actuelle ; si je fais ces deux choses, j'aurai détruit l'argument.

Voyons d'abord les antécédents.

Il ne faut rien exagérer.

Je fais remarquer ceci : Célestine Doudet aura bientôt accompli sa trente-huitième année ; et il y a douze ans qu'elle est institutrice.

Eh bien ! je lui demande quelle éducation elle a faite? Quelle éducation a-t-elle commencée, continuée et conduite à fin? Quelle jeune femme ou jeune fille est venue dire : *Dans ma valeur morale je suis l'œuvre de mademoiselle Doudet. Elle a été ma seconde mère. Elle a formé mon cœur. C'est à elle que je dois ce que je vaux. Voyez et jugez-la par son œuvre.*

Je comprendrais l'argument dans ces conditions ; il pourrait avoir quelque puissance.

Mais personne n'a fait cela.

Non-seulement, Célestine Doudet n'a achevé aucune éducation, soit en France, soit en Angleterre, mais en France, on n'a pas cité une seule famille dans laquelle elle ait pénétré pour y élever des enfants, et dont les membres se soient levés en sa faveur comme madame Schwabe.

En Angleterre, deux ou trois familles lui ont ouvert leur maison, depuis 1848 ; mais elle n'a fait qu'y passer. Elle y a séjourné un an, dix-huit mois tout au plus.

Après tout, voilà ce passé dont on a voulu lui faire un piédestal ; il ne prouve pas grand'chose ; et on l'avait singulièrement exagéré.

Faut-il aller plus loin, et chercher à pénétrer ce caractère ? Voyons et jugeons les choses avec sang-froid, comme elles sont.

Nous connaissons assez maintenant Célestine Doudet pour savoir qu'elle possède une certaine force morale, et qu'elle sait très bien se maîtriser, quand il le faut. Nous en avons eu de nombreuses preuves dans les diverses phases de ce procès. Elle a donc une nature intérieure, forte et habituellement contenue. Or, ne savons-nous pas qu'il y a souvent dans ces natures des mystères profonds, et que ce n'est pas facilement qu'on les pénètre ?

Les enfants qui lui ont été précédemment confiés, elle les a soignés sous le contrôle et sous les yeux des parents.

Ici, quelle différence ! Les jeunes Marsden lui étaient livrées sans contre-poids et sans contrôle.

Comment, avec une telle nature, pourrait-on conclure d'une situation à l'autre ? N'est-il pas évident qu'il n'y a pas de logique à le faire !

On voit que les antécédents ne prouvent pas grand'chose, pas même l'invraisemblance de la prévention.

Non-seulement l'invraisemblance de la prévention n'est pas prouvée, mais on peut trouver dans le passé de Célestine Doudet des indices graves qui sont d'accord avec la prévention et la confirment jusqu'à un certain point.

Ainsi, il y a un témoin, madame Gallway, qui la connaît depuis dix-neuf ans. Or, madame Gallway déclare qu'elle, ainsi que sa mère, la connaissaient pour être *très cruelle*.

On sait aussi que c'est le jugement sur son compte de sa propre sœur Zéphyrine, puisque c'est là le seul motif qui a déterminé la séparation des deux sœurs.

Le pasteur Rasdhall s'est enquis sur elle auprès de M. l'amiral Elliot, dont elle a eu la nièce entre les mains ; et M. Elliot lui a dit : *Elle est tellement excentrique que je ne la crois pas en possession de ses esprits.*

Et quant à mademoiselle Robertson, son élève, voici ce qu'elle en a dit : *Elle a parfois des fureurs extrêmes, et quand elle est dans le paroxysme de la fureur, elle n'a rien d'humain.*

Après tout, voilà le passé !

Il a été bien superficiellement exploré, sans doute, et l'on aurait pu pénétrer plus avant. On aurait pu rechercher notamment les éducations ou les commencements d'éducation qu'elle a faits en France ; on ne l'a pas fait, et je le regrette ; on eût certainement trouvé dans cette voie des indications précieuses. Mais il ne faut pas qu'on en triomphe ; car s'il y avait de bonnes choses à produire ou de bons souvenirs à recueillir de ce côté, vous pouvez être certains que Célestine Doudet n'eût pas manqué d'en parler.

En résumé, on est bien loin d'avoir prouvé par les antécédents l'invraisemblance de la prévention.

Au point de vue du mobile, on ne l'a pas prouvée davantage.

La défense nous demande le mobile qui a pu déterminer Célestine Doudet à se montrer si cruelle envers les enfants du docteur Marsden ; elle nous somme et nous met en quelque sorte au défi de l'indiquer.

Avant tout, sur ce point, je fais une observation : l'indication du mobile qui a pu inspirer le délit, je ne vous la dois pas. Pour la justification de la prévention, il suffit que je vous montre le délit et l'intention mauvaise qui a présidé à sa perpétration. Mais un délit commis sans motif et sans mobile, pour le seul plaisir de le commettre ; un délit illogique, en un mot, ne cesse pas pour cela d'être un délit. Il doit être puni comme les délits intéressés, plus, peut-être, parce qu'il implique une plus grande perversité.

L'intérêt, la passion, le mobile qui poussent au crime ne peuvent pas toujours être déterminés. Cet intérêt, cette passion, ce mobile, ils sont au fond des cœurs, souvent cachés dans leurs replis les plus impénétrables ; c'est le secret des consciences.

Or, un seul juge peut pénétrer avec sûreté jusqu'au fond des consciences : c'est le juge qui ne siége pas dans le prétoire de la justice humaine, et qui seul a le regard assez puissant pour déchirer tous les voiles et dissiper toutes les obscurités.

Quant à nous, messieurs, dont la sagacité a pour limites nécessaires les conditions mêmes de notre nature, nous devons nous borner à apprécier et à juger les actes extérieurs : nous pouvons rarement pénétrer au delà.

Je pourrais donc, à la rigueur, me borner à vous dire : Le délit est avéré dans ses conditions constitutives et essentielles ; ne m'en demandez pas davantage. Cela doit suffire.

Je ne le ferai pas ; l'instruction me fournit assez d'éléments pour que je puisse indiquer avec une certaine précision le mobile qui a pu, qui a dû inspirer Célestine Doudet.

Célestine Doudet a une bonne origine, et par sa naissance, elle est placée dans de bonnes conditions sociales : elle est fille d'un ancien officier de marine. Elle a une grande dignité de mœurs, beaucoup de tenue ; elle a reçu une éducation distinguée. Elle a donc, à un certain point de vue, beaucoup de valeur, et constitue ce qu'on est convenu d'appeler une personne d'élite. Cela suffit et au delà pour expliquer les amitiés dont elle est entourée et qui l'ont accompagnée jusque dans cette enceinte.

Seulement elle a eu un malheur : elle est née sans fortune ; et de cette complication, il est résulté pour elle une grande difficulté dans la vie : elle n'a pas pu se marier.

Qu'est-il arrivé ? Elle s'est vouée à l'éducation ; et, dans sa carrière d'institutrice, à l'âge de trente-cinq ans, elle a rencontré un beau jour, sur son chemin, M. le docteur Marsden.

Quelle était la situation du docteur Marsden ? Il avait trente-six ans ; il était veuf ; et il y avait aussi, à côté de lui, une circonstance qui pouvait être un obstacle à un second mariage : il avait sept enfants du premier lit.

Au point de vue du mariage, on voit qu'il y avait quelque chose d'analogue dans les situations respectives, en ce sens que l'un et l'autre pouvait être dans l'obligation de faire quelque concession.

Il est évident que Célestine Doudet a pu ne pas trouver extravagant de rêver un mariage avec le docteur Marsden.

Dans cet état de choses, le docteur Marsden lui confie cinq de ses enfants, ses cinq petites filles. Célestine Doudet va donc devenir la seconde mère de ces enfants ! Or, de la mère à l'épouse, il n'y a qu'un pas. Dans la situation donnée, franchir ce pas a pu paraître à Célestine Doudet un rêve possible : ce rêve, elle a pu le caresser.

Qu'on ne dise pas que si telle eût été sa pensée, elle n'aurait pas quitté l'Angleterre, et qu'au contraire elle y serait restée pour y établir et assurer son empire sur l'esprit et le cœur du père.

Il ne faut pas dénaturer les conditions de son voyage en France.

Il est avéré que le voyage de l'institutrice et des enfants ne devait pas d'abord dépasser le terme de six mois. Après six mois de séjour en France, l'institutrice et les enfants devaient être de retour au foyer paternel.

Le départ ne prouve donc pas que le rêve n'a pas été caressé.

Voici maintenant les indices du rêve.

D'abord, quand Célestine Doudet entre chez le docteur Marsden, à Great Malvern, l'ancienne gouvernante des enfants dit au père :

C'est bien singulier : mademoiselle Doudet sait toutes vos affaires, et connaît toutes vos relations aussi bien que vous-même.

C'était en effet bien singulier ! On peut se demander quel sentiment étrange avait pu diriger des investigations de cette nature de la part de celle qui allait entrer dans la maison comme simple institutrice. Sans beaucoup de témérité, il est bien permis de voir là l'indice d'une certaine arrière-pensée très marquée.

Quoi qu'il en soit, Célestine Doudet arrive en France, le 16 juin 1852, avec le portrait du docteur Marsden. Sur la possession du portrait, je n'ai rien à dire : le fait s'explique très facilement et très simplement. Le portrait du père accompagnait les enfants sur le sol étranger, pour que sa pensée leur fût toujours présente pendant le séjour qu'ils allaient y faire.

Mais en arrivant en France, et en montrant le portrait, Célestine Doudet parlait du docteur Marsden avec respect, avec estime, avec affection.

A madame Espert, elle en faisait les plus grands éloges. *Si vous saviez,* disait-elle, *comme il est aimable ! Si vous saviez comme il est bon !*

Voilà, messieurs, quels étaient les sentiments et quelle était l'attitude de Célestine Doudet vis-à-vis du docteur Marsden, avant le mariage de celui-ci.

A l'époque de son mariage, tout change.

Les sentiments secrets de Célestine Doudet vont se trahir par la transformation de son langage, déterminée par cet événement, et ses émotions vont se faire jour.

Madame Espert nous fait connaître qu'en apprenant cette nouvelle, elle a pleuré si fort qu'elle n'en pouvait parler. Elle disait en même temps, que les enfants étaient décidés à ne jamais appeler *maman* leur belle-mère.

Cette émotion, ces pleurs, ces sentiments prêtés aux enfants, tout cela devait paraître assez étrange. Madame Espert en parle à Zéphyrine, et Zéphyrine lui répond : *Les enfants n'ont pas ces sentiments; c'est ma sœur qui leur fait dire cela.*

A dater de ce moment, Célestine Doudet ne manque pas une occasion de diffamer le docteur Marsden, et même madame Marsden, ce qui est bien plus significatif encore.

A madame Hooper, elle dit : *C'est un homme léger* ; elle disait aussi que madame Marsden avait vécu pendant deux ans avec son mari avant le mariage.

Et tout cela, chose étrange ! elle le disait même en présence des enfants, tant il y avait en elle un sentiment vif qui la poussait !

Elle disait à peu près la même chose à madame Martin, qui, s'étonnant de l'extrême maigreur des enfants, la questionnait sur le père. *Le père*, disait-elle, *il ne s'en occupe pas.*

Au docteur Tessier, elle tenait le même langage : *Le père, c'est un homme très léger, qui a des succès auprès des femmes, qui ne s'occupe que de ses plaisirs ; il vient de se remarier, et s'inquiète fort peu de ses enfants.*

Le docteur Tessier ne s'y est point trompé, lui ! C'était la première fois qu'il voyait Célestine Doudet. Un tel langage dans une première entrevue lui parut singulier ! Les faits que nous connaissons aujourd'hui n'avaient point encore éclaté. Et cependant, en dehors de toute appréciation relative à ces faits, le docteur Tessier n'hésitait pas à voir un accès de jalousie dans l'attitude et le langage de Célestine Doudet au sujet du docteur Marsden.

Ceci étant expliqué, on peut comprendre maintenant les faits odieux qui nous occupent, les mauvais traitements infligés aux enfants du docteur Marsden, et les abominables cruautés dont Célestine Doudet s'est rendue coupable envers eux.

Zéphyrine disait à Léocadie Bailleux : *Il faut que ma sœur ait une vengeance pour agir envers les enfants comme elle le fait.*

Zéphyrine connaissait bien sa sœur ; un tel propos dans sa bouche a évidemment une immense portée !

Oui, Célestine Doudet avait une vengeance à exercer. Elle l'a exercée pendant huit mois, en faisant mourir à petit feu, froidement, lâchement, ces cinq martyrs, dont trois seulement survivent à l'heure qu'il est. Elle l'exerce encore, sa vengeance, avec une audace et une obstination sans égales, en poursuivant jusque dans cette enceinte les enfants et le père, de ses odieuses et abominables calomnies !

Au surplus, que Célestine Doudet ait agi par vengeance, c'est-à-dire avec la volonté froidement arrêtée de se venger, ou que ses mécomptes ayant aigri son esprit et son cœur, elle ait fait tomber sur ces pauvres victimes les effets de la mauvaise humeur et du ressentiment qu'elle en avait conçus contre le père, dans toutes les hypothèses, sa conduite a été infâme. Elle a dépassé tout ce qu'on peut imaginer en ce genre, et de quelque sévérité que votre arrêt soit empreint, Célestine Doudet ne sera jamais aussi énergiquement punie qu'elle a mérité de l'être. C'est l'observation et le sentiment de tout ce qu'ont eu d'excessif ses procédés et ses pratiques, c'est là, avant tout, ce qui a déterminé mon appel *a minima*. Mais un autre motif, je l'avoue, m'a entraîné dans cette voie ; c'est le système de défense adopté par Célestine Doudet.

Les faits incriminés sont assurément bien abominables et bien odieux en eux-mêmes ; mais il y a dans le procès quelque chose de plus abominable encore et de plus odieux, c'est le système de défense. Les efforts de Célestine Doudet ne tendent pas seulement à repousser la prévention : elle se fait accusatrice à son tour, et elle ose jeter l'infamie à la face tout à la fois de ce père, dont le seul tort a été de lui donner trop aveuglément sa confiance, et de ces pauvres jeunes filles qu'il ne lui suffit pas d'avoir indignement martyrisées dans le passé, dont elle voudrait encore, par une tache indélébile, rendre l'avenir à jamais impossible. Elle a fait cela de sang-froid, méchamment, avec une perversité inouïe et une persévérance obstinée. L'état du débat ne permet plus que sur ce point on se méprenne ; les sentiments les plus secrets de son cœur se sont trahis. La constatation, faite hier par M. l'avocat général Croissant, a mis à nu le fond de ce cœur, et elle jette sur le procès une lumière éclatante et inattendue. Célestine Doudet était sur le banc de la Cour d'assises, haletante encore sous les émotions du débat qui venait de finir, épuisée de forces, soutenue par le bras du médecin qui l'assistait. Eh bien ! là, dans cet instant suprême, où la justice allait prononcer son arrêt, où elle attendait son sort avec anxiété, au milieu même de ses défaillances, la préoccupation de sa destinée était secondaire ; le sentiment qui la dominait avant tout, c'était la satisfaction de la vengeance assouvie. *Si je dois être condamnée, disait-elle, je m'en consolerai, par la pensée que M. Marsden aura du moins à souffrir dans l'honneur de ses filles !*

J'avoue, messieurs, que le spectacle d'une telle attitude m'indigne et me rend impitoyable envers Célestine Doudet.

Les violences dont elle s'est rendue coupable ont été préméditées : comment, désormais, pourrait-on le méconnaître ? Avant de s'attaquer à l'honneur des jeunes Marsden, par les mêmes motifs et blessant le père dans ses enfants, elle s'était attaquée à leur santé et à leur corps.

La loi, messieurs, dans l'article 311 du Code pénal, distingue deux catégories de violences : 1° les violences spontanées, passagères et accidentelles, fruit d'un premier mouvement d'emportement et de colère, et 2° les violences accomplies de sang-froid, réfléchies, fruit du calcul et des combinaisons d'une perversité plus ou moins raffinée. Les premières sont considérées comme violences simples, et punies de six jours à deux ans de prison ; c'est dans cette catégorie que les premiers juges ont classé les faits de la prévention. Ils auraient dû les classer dans la seconde, celle des violences commises avec préméditation, et punies par la loi de deux à cinq ans de prison. En effet, les actes de violence accomplis par Célestine Doudet ont été commis avec préméditation.

Avant tout, que faut-il entendre au point de vue légal par le mot *préméditation ?*

Les auteurs de la théorie du Code pénal s'expriment ainsi :

La préméditation ne suppose pas nécessairement que le crime ait été combiné de sang-froid ; elle suppose seulement que la réflexion l'a précédé, et qu'il n'est pas le résultat d'un premier mouvement... Toute action réfléchie est une action préméditée.

Telle est sur ce point la doctrine des commentateurs les plus accrédités de la loi.

S'il en est ainsi, comment contester le caractère légal de préméditation aux faits incriminés ?

Il s'agit en effet de faits lents et successifs, continués et prolongés, chaque jour renouvelés pendant plus de huit mois, impliquant un système, de la réflexion, de l'esprit de suite, une volonté froide, permanente, persistante.

Quand les enfants étaient enfermées pendant des nuits entières, quand elles étaient attachées au pied de leur lit des nuits entières, quand elles étaient privées, pendant des jours entiers, de nourriture, si la volonté qui a infligé ces abominables punitions n'était pas réfléchie, et elle l'était ; mais par hypothèse, si elle ne l'était pas, comment contester ce caractère à la volonté qui les a maintenues et qui les a fait subir jusqu'à la fin ?

En fait, la préméditation est donc incontestable.

Si je suis bien informé, on entend me contester le droit de relever devant la Cour cette circonstance aggravante, et d'ajouter ainsi une aggravation à la qualification qu'on prétendrait avoir été définitivement fixée par l'ordonnance de la chambre du conseil.

Si cette prétention doit se manifester, je n'hésite pas à dire dès à présent qu'elle est mal fondée.

Les ordonnances de la chambre du conseil n'ont qu'un but, déterminer s'il y a des indices suffisants de l'existence des faits à la charge des inculpés.

Elles prononcent définitivement le renvoi à raison de ces faits.

Elles saisissent le juge de la connaissance des faits.

Voilà l'unique objet des ordonnances de la chambre du conseil.

Sur tous les autres points, la compétence, la culpabilité, la qualification, l'ordonnance est purement indicative ; elle n'a rien de définitif, et elle ne peut rien avoir de définitif.

Je pourrais citer vingt arrêts qui proclament ces principes ; ils sont incontestables.

Une fois saisi, le juge peut apprécier et qualifier les faits comme il l'entend, à la seule condition qu'il n'appréciera et ne qualifiera que les faits qui lui ont été déférés expressément.

Ainsi, un individu est renvoyé par ordonnance devant le tribunal correctionnel, pour banqueroute simple ; le tribunal peut décider que le fait incriminé constitue non le délit de banqueroute simple, mais celui d'escroquerie, et appliquer les peines de l'escroquerie, à la condition qu'il n'appliquera la qualification nouvelle qu'aux seuls faits qui lui ont été déférés par l'ordonnance.

Ainsi, un individu est renvoyé devant le tribunal pour tromperie sur la nature de la marchandise vendue ; il peut être condamné pour escroquerie.

Ainsi encore, un individu est renvoyé devant le tribunal, pour outrages publics à la pudeur ; il peut être condamné pour attentat aux mœurs, en excitant, favorisant ou facilitant la débauche de la jeunesse mineure.

Je cite ces espèces, parce que tout cela est jugé par des arrêts de la Cour de cassation. Telle est, messieurs, la jurisprudence.

Si ce principe est vrai pour la qualification en elle-même, dans son ensemble, quand il s'agit de la transformer tout entière ; à plus forte raison cela est-il vrai, quand il ne s'agit que de la modifier dans l'une de ses parties secondaires, et d'y ajouter ou d'en retrancher une circonstance accessoire.

Si vous êtes saisis, par une ordonnance de renvoi, de la connaissance d'un vol commis dans une maison habitée, et que vous reconnaissiez qu'il a été commis non-seulement dans une maison habitée, mais la nuit, vous avez le droit de reconnaître l'existence de cette dernière circonstance aggravante négligée par l'ordonnance, et de vous déclarer incompétents ; le fait, par cette modification, se transformant en crime, et excédant, par conséquent, votre compétence.

Dans ces conditions, vous n'hésitez jamais à faire cela, quand vous en êtes requis.

De même, si vous reconnaissez que les faits dont vous êtes saisis impliquent, sans perdre leur caractère de délit et sans excéder votre compétence, une circonstance aggravante, négligée dans l'ordonnance de renvoi, vous constatez cette aggravation, et vous appliquez les peines qu'elle comporte.

C'est ce que vous faisiez, le 29 novembre dernier, dans l'affaire Robert.

Robert, détenu à Poissy, avait été condamné, pour violences envers un gardien, au maximum des peines portées par l'art. 230 du Code pénal, c'est-à-dire à deux ans de prison.

Vous avez reconnu que les violences avaient été préméditées ; vous avez modifié la qualification en ce sens, et faisant application du § 2 de l'art. 314, vous avez condamné Robert à cinq ans de prison.

C'est ce que vous faisiez aussi, le 25 février dernier, dans l'affaire Dédot.

Dédot avait été renvoyé en police correctionnelle pour mendicité simple, et il avait été condamné à trois mois de prison, par application de l'art. 274 du Code pénal. Dédot s'étant introduit dans les maisons sans permission des propriétaires, vous avez reconnu que le fait de mendicité avait été accompagné de cette circonstance aggravante, négligée tout à la fois par l'ordonnance de renvoi et par la décision des premiers juges. Vous avez modifié la qualification du fait en ce sens, et par application de l'art. 276, vous avez condamné Dédot à treize mois de prison et cinq ans de surveillance.

C'est ce que vous faisiez encore, le 17 février dernier, dans l'affaire Régnier.

Régnier avait été condamné, par les premiers juges, pour injures publiques envers un simple particulier. Or, vous avez reconnu que la personne injuriée était un employé de chemin de fer, c'est-à-dire un agent de l'autorité publique. Il en résultait une circonstance aggravante que vous avez constatée et relevée pour la première fois dans votre arrêt.

Je pourrais multiplier indéfiniment ces exemples.

Mais c'est assez pour vous montrer que ce n'est pas seulement la loi et les principes que j'invoque à l'appui de mon appel. J'invoque, en même temps, votre propre doctrine et votre jurisprudence incontestée jusqu'à ce jour, et consacrée par de très nombreux précédents.

Je ne prévois pas, je l'avoue, les objections qu'on pourra faire à cette doctrine : j'attendrai donc la défense pour entrer plus avant dans la discussion sur ce point.

J'ai fini, messieurs. Ce procès a vivement excité le sentiment public ; mais vous n'avez point écouté les rumeurs du dehors. La justice ne se préoccupe jamais de ces éléments. La justice se recueille. Elle étudie les faits dans la procédure. Elle discute les preuves : elle les juge avec indépendance, avec impartialité, avec calme ; c'est à ces conditions seulement qu'elle est la justice. Elle pourrait autrement devenir involontairement l'instrument des passions irréfléchies du dehors.

J'ai fait comme vous, messieurs. Pour former ma conviction, c'est dans les éléments judiciaires, c'est dans la procédure que j'ai puisé, et non pas ailleurs.

Mais cet examen attentif et scrupuleux étant fait, je partage, je l'avoue, toutes les indignations qui ont éclaté au dehors ; les faits étant avérés, toutes ces indignations sont légitimes. Il n'y a pas de père, il n'y a pas de mère qui n'aient frémi en apprenant tout ce que nous a révélé ce procès. La conduite de Célestine Doudet a été monstrueuse. Ne craignez pas de vous montrer sévères envers elle. Quelle que soit votre sévérité, votre arrêt ne s'élèvera jamais par ses rigueurs jusqu'au niveau de la culpabilité.

PLAIDOIRIE DE Me BERRYER.

Messieurs, au commencement de cette audience, on a donné lecture d'une pièce dans laquelle est rapporté un propos attribué à mademoiselle Doudet. Je ne sais pas bien dans quels termes exprès ce propos aurait été en effet tenu ; mais il précise l'état de la cause que vous avez à juger... Oui, mademoiselle Doudet a pu dire : « Je suis innocente ; mais, si je suis condamnée, je souf- » frirai moins que M. Marsden, car le procès a porté une grave atteinte à » l'honneur de sa famille ! » Cela peut avoir été dit, cela n'est que trop vrai ; car c'est là le problème affligeant, pénible, que nous avons à résoudre.

Un père de famille verra-t-il peser sur l'avenir des siens les conséquences des tristes révélations que le débat suscité par lui a rendues inévitables ? Une femme serait-elle, au contraire, pour relever une famille du poids de ces révélations, condamnée, condamnée injustement, condamnée à subir non pas seulement la privation de sa liberté, mais la perte de son honneur, que dis-je ? à devenir l'objet du mépris, de la haine, de l'exécration publics qui doivent la frapper à jamais si les faits de la cause étaient établis, étaient prouvés, si l'accusation pouvait être justifiée un moment !

L'indignation ! Il n'y en a pas assez, il n'y en a pas assez dans le cœur de l'homme le plus délicat, pour répondre à ce qu'il y a d'infâme dans les faits qui sont articulés.

Eh quoi ! une femme se présente comme institutrice, elle veut remplacer une mère, elle reçoit cinq enfants qui lui sont confiés pour nourrir leur esprit, pour éclairer et fortifier leur cœur, pour leur préparer un heureux avenir ; et ces enfants, elle les livre aux tortures morales les plus abominables ! Tout fait horreur dans le détail des méfaits dont elle se serait rendue coupable. C'est la faim qu'elle fait sentir, le froid qu'elle fait endurer pendant des nuits entières à ces pauvres créatures ; elle les enchaîne à leur lit, les pieds nus ; elle les enferme des nuits entières dans une cave, dans des latrines. Ils sont privés de nourriture, ils sont meurtris de la manière la plus violente ; des coups chaque jour leur sont prodigués sur la tête, sur la poitrine ; on déchire leurs mains avec des pointes de ciseaux, leur poitrine et leurs jambes à coups d'ongles et d'épingles ; on écrase leurs pieds jusqu'à ce que le sang jaillisse ; et, enfin, deux de ces pauvres êtres succombent à cette longue suite de tortures et de supplices ; l'une meurt à Paris, l'autre chez son père. Les dernières se relèvent à peine, et elles ne se relèvent pas dégagées de toutes les influences de ces odieux traitements, car il leur reste d'avoir été calomniées par leur institutrice, d'avoir été accusées par elle d'habitudes, de vices honteux !

Oh ! messieurs, je comprends à merveille que, quand la cause se présente ainsi, il n'est que trop facile de soulever l'indignation publique ; je comprends sans peine que le ministère public ne trouve, pour traduire son impression, que des mots dédaigneux. Et ce n'est point dire assez : le sentiment public a été si profond, l'émotion générale si vive, en présence de ces articulations odieuses, qu'il semblait que la réflexion ne devait pas trouver de place, si les faits articulés étaient vrais.

La défense elle-même, après une étude approfondie de toutes les pièces, de tous les documents de cette longue et volumineuse procédure, la défense, arrivée à la conviction intime qu'il n'y a que suppositions, exagérations, mensonges, impossibilités dans l'accusation, a semblé hésiter. L'éloquent et généreux défenseur de mademoiselle Doudet, après avoir fait rendre à son innocence un éclatant témoignage par le jury, effrayé de la sentence prononcée par les premiers juges, a douté un instant de la puissance de son talent éclairé par une étude approfondie de la cause, et, inspiré par une conviction profonde, il m'a appelé ; et moi-même, éclairé par sa conviction, éclairé par un travail persévérant, obstiné, de trois semaines, avec le concours de l'honorable confrère qui siége à côté de moi, bien éclairé désormais, je n'ai pas hésité à me charger de la cause, et je viens avec conviction dire : Tout est mensonge, tout est imposture ; il n'y a rien dans cette cause qui ne doive être renversé, anéanti par la gravité même des accusations.

Si, froidement, si, résistant aux impressions douloureuses que les articulations font naître, on en examine la source, l'origine, on voit que tout tombe, que tout s'efface, et que mademoiselle Doudet est à l'abri des reproches exécrables qui sont dirigés contre elle. Or c'est une grande entreprise en face de l'état de l'opinion publique, après le jugement rendu, après la persévérance des magistrats, lorsque le ministère public sollicite une peine plus forte que celle que les premiers juges ont prononcée, c'est une grande tâche que de venir dire : Tout est faux, tout doit être renversé dans l'accusation.

J'aborde la cause, messieurs, et il me sera bien permis d'invoquer, dans cette affaire, ce qu'on a le droit d'invoquer toujours : une vie entière ; d'opposer à l'accusation ce qu'on oppose tous les jours à un accusé auquel, en cas d'insuffisance de preuves, on reproche ses antécédents, ses mœurs, son caractère, les actes antérieurs de sa vie, lorsque, par des analogies saisissantes, on est arrivé à le convaincre qu'il a pu, qu'il a dû se rendre coupable du fait qu'on lui impute. Or le même droit appartient incontestablement à la défense de rapprocher ce qui, dans la famille, dans les mœurs, est la sauvegarde, la garantie des honnêtes gens qui peuvent être surpris par des accusations, d'opposer à ces accusations leur vie tout entière.

Quelle a été, jusqu'au jour du procès, la vie entière de mademoiselle Doudet ? On vous l'a dit : elle est née d'une honorable famille, elle a reçu la meilleure éducation ; son père (cela est contesté, m'a-t-on dit, mais j'ai en mains les preuves) était officier de marine. Il a été attaché à la marine hollandaise pendant que la Hollande et la France étaient réunies, en quelque sorte, sous le même sceptre. Il a été longtemps prisonnier en Angleterre. En sortant des prisons d'Angleterre, c'est comme capitaine de frégate qu'il est revenu en France.

Le capitaine Doudet est mort le 18 janvier 1839. Il laissait trois filles. Ces trois filles, je le répète, avaient reçu la plus honorable, la plus brillante éducation ; il ne leur laissait pas d'autre fortune, c'en est une. Elles se dévouèrent toutes trois à l'instruction. Hommage est rendu à la vie des deux sœurs de Célestine Doudet ; il n'en est pas moins pour elle-même. On dit qu'il n'y a aucune trace d'éducation à laquelle elle se soit livrée en France même. C'est une erreur. Après la mort de son père, peu de temps après, elle a été chargée d'une éducation à Paris. Il est vrai que cela n'a pas duré longtemps. Il s'agissait d'une petite fille de sept ans. Les parents de cette jeune fille trouvèrent que Célestine Doudet avait trop de douceur, trop de complaisance pour l'enfant, et ils changèrent l'institutrice. Cela est exact. Il n'y a aucune pièce du procès à cet égard, et je ne puis pas me constituer témoin ; mais j'affirme le fait qui est à ma connaissance, et je le maintiens comme positif.

Célestine Doudet, vivement recommandée par des Anglais qui étaient en France, passa bientôt en Angleterre. On songeait à lui être utile. La position d'institutrice est pénible, très pénible ; on voulut lui en procurer une autre. On la fit entrer chez la reine d'Angleterre, et la reine d'Angleterre lui a donné de sa main une déclaration dans laquelle elle écrit que mademoiselle Doudet a des qualités trop distinguées, que les fonctions d'institutrice lui conviennent plus et mieux que celles de fille de garde-robe, même dans la maison royale (1). Cette déclaration ayant été mise en doute, et la reine d'Angleterre en ayant été informée, elle a donné ordre à un de ses officiers de la confirmer. Nous avons cette pièce dans les mains ; je la communiquerai au défenseur de M. Marsden.

En sortant de chez la reine, mademoiselle Doudet est entrée dans une des premières maisons d'Angleterre, chez lady Hastings. Il y a deux lettres de lady Hastings, et comme il y a beaucoup de pièces à lire dans cette affaire, et

---

(1) *Certificat de la reine d'Angleterre.*

« Je trouve mademoiselle Célestine Doudet une excellente personne, d'une disposition parfaite et DOUCE et d'un caractère aimable ; mais son éducation a été trop soignée pour sa situation de fille de garde-robe, et je crois que celle d'institutrice lui conviendrait mieux. Je la crois d'une probité parfaite, digne de confiance. « VICTORIA. »

« Buckingham-Palace, 8 mars 1842. »

que je ne puis pas donner lecture de toutes, je ne ferai qu'indiquer ces deux lettres de lady Hastings (1).

Mademoiselle Doudet a conservé non-seulement les lettres de lady Hastings, mais les lettres de ses enfants. Ces lettres les voici ; elles sont pleines d'affection, de tendresse, de reconnaissance. Ce sont de petites lettres écrites par les enfants de lady Hastings comme celles des enfants de M. Marsden que nous apportons au procès.

Et puis il y a une foule d'attestations, de certificats qui, comme ces lettres, sont conçus dans les termes les plus affectueux et les plus honorables du monde, émanant de M. le pasteur Coquerel (2), de lady Adam et de madame Smith (3), de miss Hay (4), etc., etc.

---

(1)   *Certificat de lady Hastings.*

« J'ai beaucoup de plaisir à certifier que pendant les dix-huit mois que mademoiselle Célestine Doudet est restée auprès de mes enfants, sa conduite a toujours été digne de ma plus haute recommandation. Elle est à même d'instruire les enfants sous tous les rapports. Sa méthode est excellente, et elle ne cesse de veiller à leurs intérêts moraux et physiques.

» 16 sept. 1847.   » Marquise de HASTINGS, née baronne GREY. »

(2) « Il est de mon devoir de vous déclarer que je connais depuis plus de quinze ans les trois sœurs Doudet, que je ne les ai jamais perdues de vue, depuis que leurs père et mère, personnes parfaitement honorables, me les ont confiées pour leur instruction religieuse, et que, durant ces quinze années, il n'est rien venu à ma connaissance qui donne dans mon esprit une ombre de probabilité à une accusation si extraordinaire.

» Je crois Célestine Doudet incapable des faits qu'on lui impute, et s'ils venaient à être prouvés, ma surprise serait aussi profonde que ma douleur.   » A. COQUEREL, pasteur. »

(3)   « CHÈRE MADEMOISELLE DOUDET,

» J'ai été avec mademoiselle Stirling chez le juge d'instruction l'autre jour, pour dire ce que je savais relativement à votre sœur, à laquelle je porte un véritable intérêt. Il a refusé d'écrire mon témoignage et m'a dit d'écrire moi-même à son avocat.

» Ma sœur, madame Georges-Robert Smith, chez laquelle mademoiselle Doudet a été institutrice, a répondu à ma lettre, celle que je vous envoie ; elle est étonnée et bien peinée qu'une personne dont elle conservait une si bonne opinion, se trouve dans une aussi triste position.

» Votre sœur était liée avec une personne qui a été chez nous onze ans, la nièce d'un ancien préfet de Saint-Louis, et elle en disait toute espèce de bien. Elle sera désolée de la savoir dans la peine. Une ouvrière qui travaillait pour mademoiselle Doudet quand elle était chez M. Robertson, et qui a travaillé pour votre famille depuis plus de trente ans, ne tarissait pas en faisant ses éloges, et disait qu'elle était un modèle de charité, se privant du nécessaire pour le donner aux autres.

» Je ne puis vous exprimer, chère mademoiselle Doudet, la peine que cette affaire nous cause, et avec quelle anxiété nous attendons sa mise en liberté.

» Croyez à mes sentiments d'intérêt et d'affection.   .   » A. ADAM. »

        « MA TRÈS CHÈRE KATHARINE,

» Je ne perds pas de temps pour répondre à votre lettre. Je n'ai pas eu de nouvelles de Marguerite (Margaret) Notten, mais je serai bien aise si mon témoignage peut être de quelque utilité à mademoiselle Doudet. Je suis aussi étonnée qu'émue d'apprendre l'étrange accusation qui a été formulée, et je ne puis pas comprendre qu'il y ait possibilité qu'elle soit vraie. On a dû la faire par suite de quelque erreur. Tout ce que je puis dire, c'est que mademoiselle Doudet a toujours été très bonne (*gentle*) et aimable dans la manière dont elle a enseigné mes enfants, il y a peu d'années, lorsqu'elle se rendait tous les jours auprès d'eux comme une gouvernante. Elle me fut hautement recommandée par quelques amis qui l'avaient bien connue, et j'ai eu bien raison d'être parfaitement satisfaite d'elle. Je suis sûre que je l'aurais été totalement si elle avait montré plus de sévérité ; mais elle paraissait toujours de bonne humeur et aimable et patiente, et nous étions fâchés lorsqu'elle fut obligée d'abandonner l'enseignement de mes enfants à sa sœur cadette afin d'entrer dans une place permanente en Angleterre, comme gouvernante. Je serai très désireuse (*anxious*) d'apprendre qu'elle serait sortie de sa présente position extraordinaire et pénible, et j'ai la confiance que vous serez bientôt à même de me faire savoir qu'il en a été ainsi. Veuillez faire tout usage qu'il vous plaira de ce renseignement que l'on me demande. J'ai dit à Margaret que je signerais avec plaisir tout papier pour attester ma propre opinion ; — mais elle ne m'en a jamais envoyé aucun, et toute l'affaire m'a paru si extraordinaire, que lorsque j'y ai pensé, il y a quelques jours, je m'imaginais qu'elle avait été arrangée.   » Signé : JANE SMITH. »

        (*Traduit de l'anglais.*)

(4) « Miss Hay présente ses compliments à M. Treillard. Elle a appris avec un grand regret la malheureuse

Plus tard, elle est entrée chez madame Schwabe, la même dont on a lu une lettre au commencement de ce débat. Le fils de madame Schwabe, qui a été l'élève de mademoiselle Doudet, lui a écrit une lettre où il exprime tous les témoignages du respect et de la tendresse de l'élève envers sa maîtresse. Ce jeune homme écrit à la date du 8 avril 1855. Il écrit spontanément pour la défense de son ancienne institutrice. Vous trouverez au dossier deux lettres qui se rapportent au séjour chez madame Schwabe (1).

Pourquoi mademoiselle Doudet n'est-elle pas restée plus longtemps chez madame Schwabe ? La famille Schwabe habitait alors Paris. La révolution de 1848 éclata. Elle voulut retourner en Angleterre et emmener l'institutrice. Mais bientôt le fils Schwabe, arrivant à l'âge où un garçon ne peut plus recevoir l'instruction d'une femme et doit passer sous la direction d'un précepteur, madame Schwabe donna un précepteur à son fils. Quoi qu'il en soit des sentiments de madame Schwabe, son zèle, sa reconnaissance profonde pour mademoiselle Doudet, voilà un fait positivement établi et qu'on ne contestera pas, j'imagine.

De là, mademoiselle Doudet est entrée chez madame Robertson pour l'éducation de sa fille, et y est restée trois ans. Je produis à la Cour les lettres de la mère et de la fille, qui sont, comme toutes celles qui ont été adressées à mademoiselle Doudet, des témoignages irrécusables de la bonté, de la tendresse, des soins, de la douceur, des excellents procédés de cette institutrice envers ses élèves (2).

---

position où se trouve mademoiselle Célestine Doudet, actuellement accusée d'avoir maltraité quelques enfants confiés à ses soins. Miss Hay, d'après la connaissance qu'elle a de mademoiselle Doudet, est si sûre que l'accusation doit être mal fondée (*futil*), qu'elle pense qu'il n'est que juste de faire savoir à M. Treillard la haute opinion que sa mère, la feue lady Hay, avait de mademoiselle Doudet lorsque celle-ci venait tous les jours chez ses jeunes filles pendant l'hiver et le printemps de 1844-1845. Miss Hay se rappelle distinctement combien ses sœurs affectionnaient mademoiselle Doudet, qui était un professeur excellent (*efficient*) sous tous les rapports, et qui a toujours traité ses élèves avec bienveillance. Miss Hay espère que M. Treillard l'excusera de ce qu'elle l'importune avec la présente lettre, mais elle est anxieuse de donner son témoignage en faveur de mademoiselle Doudet, qu'elle regarde comme entièrement incapable d'avoir tenu la conduite qui lui est reprochée.   » Signé : MARY-ANNE HAY. »

(Traduit de l'anglais.)

(1)   « MONSIEUR,

» Ayant appris, par quelques-uns de mes amis, revenus récemment de Paris, la grave accusation qui pèse sur mademoiselle Doudet, je ne puis résister au mouvement de mon cœur et ne pas vous informer que cette demoiselle a vécu près de moi en qualité de gouvernante de mes enfants pendant plus d'un an, et que, d'après la connaissance que j'ai de son caractère, je la tiens pour totalement incapable d'être devenue ce qu'elle m'a été dépeinte ; j'ai la conviction qu'elle ne peut que se conduire d'une manière irréprochable vis-à-vis de toute personne qui lui serait confiée.

» Cette attestation m'est dictée uniquement par humanité, et j'ai la conviction qu'il ne s'écoulera pas beaucoup de temps avant que j'apprenne qu'on a rendu justice à mademoiselle Doudet, qui, seule et sans appui dans le monde, a grand besoin de la sympathie de tous. Elle triomphera, j'en suis certaine, des perfides insinuations que la calomnie a inventées contre elle.

» J'ai l'honneur d'être, etc.   » JULIE-SALIS SCHWABE. »

« Je l'ai connue intimement pendant le temps qu'elle était institutrice dans la famille de madame Schwabe, Brumissal-House, Manchester.

» J'ai passé plusieurs semaines dans la maison, la moitié du temps en société de mademoiselle Doudet et des enfants, et j'ai eu mille occasions de juger de sa conduite à leur égard. Je l'ai toujours trouvée bonne, aimable et douce, et je sais que mademoiselle S.... en a été contente et l'a beaucoup estimée. Aussi les enfants m'ont souvent dit, depuis qu'elle les a quittés, qu'elle était bien bonne.

                                                            » Signé : CURTIS. »

(2)   « CHÈRE DEMOISELLE DOUDET,

» Je suis charmée d'apprendre que vous venez de contracter un engagement qui paraît avoir rencontré

Ce ne sont pas seulement des lettres, des correspondances, des certificats, que je dois ici indiquer, c'est le fait, ou plutôt ce sont les faits, les faits nombreux du zèle ardent de ces demoiselles dans l'intérêt de mademoiselle Doudet ; du zèle ardent de la part des honorables, des grandes et respectables familles qui l'avaient connue et auprès desquelles elle avait vécu. On est venu du fond de l'Angleterre, du fond de l'Écosse, on a offert, on vous le disait tout à l'heure, plus de cinquante mille francs pour sa mise en liberté. On a protesté, on a écrit des lettres, les magistrats en ont reçu, il y en a plein le dossier, et ce sont autant de témoignages de cette amitié reconnaissante, de ce sentiment d'affection tendre qui ont succédé aux services rendus et résisté à toutes les épreuves par lesquelles a dû passer l'institutrice. Quand on voit la position et l'honnêteté des personnes qui montrent tant d'attachement, tant de dévouement que rien n'a pu affaiblir ni ébranler, et ce passé si honorable, ce passé constaté par les déclarations d'un zèle si affectueux, il est difficile, il est impossible de ne pas s'étonner d'abord de l'accusation.

On a dit tout à l'heure que dans la famille Robertson, le grand-père, si je ne me trompe, M. Elliot, avait écrit : « Mais cette femme est folle, » à l'occasion de mademoiselle Amélie Robertson. On a dit que M. Elliot avait parlé des fureurs dont mademoiselle Doudet était capable.

Il faut prendre les choses dans leur véritable sens, il faut dire comment ce langage a été tenu. M. Marsden et M. Rashdall, qui témoignent de ce fait, ont provoqué le grand-père de mademoiselle Amélie Robertson, M. Elliot, en venant lui dire (1) : Mademoiselle Doudet a accusé votre petite-fille, Amélie Robertson, d'avoir eu les mêmes défauts que les jeunes filles de M. Marsden, et M. Elliot a répondu : « Comment ! mais elle est folle. » Certainement, cette réponse ne vient pas détruire les témoignages antérieurs d'estime, d'attachement et de confiance de la jeune fille pour son ancienne institutrice. Et si cette accusation a retenti jusqu'à elle, si M. Rashdall, comme il le prétend, a obtenu de M. Elliot une exclamation contre mademoiselle Doudet, c'est que celui-ci se révoltait contre ce fait qu'il pouvait fort bien caractériser de folie, contre ce fait qu'on imputât à sa petite-fille les mêmes vices honteux, les mêmes détestables habitudes dont il n'est que trop prouvé qu'étaient atteintes les filles de M. Marsden.

Rien donc n'altère le passé de mademoiselle Doudet.

---

l'approbation de votre famille, et avec le temps, j'espère apprendre de vous tous les détails que j'ignore en ce moment.

» Amélie est toujours avec sa grand'maman (madame Elliot), et il faudra qu'elle y demeure encore quelques jours.

» Le joli cadeau que vous envoyez sera, je n'en puis douter, accepté avec reconnaissance. Si nous avons, d'ici à quelque temps, des commissions à faire faire à Paris, je ne manquerai pas d'avoir recours à votre obligeance, puisque vous voulez bien m'y autoriser.

» Recevez nos vœux pour que la traversée soit agréable. Je me réjouis d'avance du bonheur que vous allez éprouver en vous retrouvant avec votre sœur et avec madame votre mère, à qui je vous prie de me rappeler.

» Sincèrement à vous,

» H. ROBERTSON. »

(1) Lettre de M. Marsden à M. le juge d'instruction, en date du 6 septembre 1854, pièce 167 au dossier.

Ce n'est pas le propos de madame Gallois, qui se présente spontanément devant le tribunal de première instance, elle qui n'a pas figuré au procès, et qui vient dire qu'elle sait depuis longtemps que mademoiselle Doudet est cruelle. Cette femme, d'abord, ne s'appelle pas Gallois, mais Gallway ; elle est la femme d'un Anglais. Je n'ai pas à pénétrer plus avant dans l'intérieur de sa vie ; seulement il y a une réponse à lui faire. Mademoiselle Doudet était si peu cruelle, à ses yeux, que, lors de l'arrivée à Paris de M. Marsden, madame Gallway lui a confié ses jeunes filles. Elle n'avait donc pas alors cette opinion qu'elle a émise depuis le procès. Ajoutons qu'elle a pu conserver un certain ressentiment de ce qu'au bout de six semaines, mademoiselle Célestine et mademoiselle Zéphyrine Doudet reconnurent que ces jeunes filles n'avaient pas des manières assez distinguées pour être conservées auprès des filles de M. Marsden. Voilà le fait, voilà ce qui est vrai. Et maintenant, que madame Gallway vienne déclarer que mademoiselle Doudet est une femme cruelle, quand il y a, à côté de ce témoignage, le témoignage rendu par les personnes qui l'ont accompagnée toute sa vie, et qui, toutes, vantent la douceur de son caractère et les soins maternels (ce sont les expressions prodiguées partout) qu'elle a apportés à l'éducation des enfants qui lui ont été confiés !

Il demeurera donc dans la cause, justifié par des pièces nombreuses, que la vie entière de mademoiselle Doudet, jusqu'à l'époque que nous allons préciser, a été celle d'une personne entourée de respect, d'affection, de reconnaissance, et que, dans toutes les maisons où elle a été appelée, auprès de tous les enfants qu'elle a dirigés, qu'elle a soignés, elle a conquis l'estime, l'affection, l'amitié des parents et la reconnaissance des enfants qui sont demeurés en correspondance avec elle.

Voilà sa vie entière jusqu'à l'âge de trente-cinq ans, voilà ce qui est incontestable depuis la mort de son père jusqu'au jour de ses rapports avec la famille Marsden.

Je veux aller plus loin : nous produirons, dans le cours du procès, des preuves, des témoignages importants que ce caractère de la vie entière de mademoiselle Doudet ne s'est pas même démenti pendant les premiers temps au moins pendant lesquels elle fut auprès des enfants de M. Marsden. Comme les premiers juges l'ont reconnu, Célestine Doudet, à laquelle le sieur Marsden avait confié, en 1852, le mandat d'institutrice de ses cinq filles, s'est acquittée de cette mission, pendant les huit premiers mois environ, d'une manière satisfaisante.

Ainsi, voilà une conduite de toute la vie, voilà un caractère connu qui excite, je le répète, l'affection et la reconnaissance, qui pas un jour ne s'est trahi ou ne s'est présenté sous un autre aspect que celui que tout le monde a respecté et aimé, voilà encore ce caractère qui se montre dans les habitudes, dans la conduite, dans la direction donnée aux enfants mêmes de M. Marsden.

D'où vient donc le changement subit signalé par l'accusation ? Qu'est-ce qui a dénaturé cette femme ? Qu'est-ce qui a converti une personne bien née, de bonne éducation, ayant été constante avec elle-même depuis le commencement de sa vie jusqu'à l'âge de trente ou trente-cinq ans, cette personne qui, chargée de l'éducation à la fois de cinq jeunes filles, ne les a sous sa direction que pendant un an et quelques mois, et qui a, durant huit mois, rempli encore selon ses mœurs, selon son éducation, selon son caractère, sa mission d'une manière satisfaisante? Qu'est-ce donc qui, subitement, a tout changé en elle? De quelle étrange maladie a-t-elle été affectée? Quelle passion a été suscitée dans son cœur? Quel changement pour que la personne que nous connaissons, que l'on respecte, que l'on honore, pour qui l'on manifeste tant de reconnaissance, devienne un bourreau, une mégère systématique?

Qu'est-il survenu? On l'a cherché. Le ministère public disait tout à l'heure : « Je n'ai pas besoin de connaître votre mobile, je n'ai pas besoin de savoir quel est l'intérêt, quel est le principe du changement qui s'est opéré en vous, quelle en est la cause ; je vous montre le délit, le délit est patent, et me faut-il aller rechercher quelle pensée secrète vous avez eue? Dieu seul pénètre jusqu'au fond des consciences. Dans ma sagacité, limitée à la condition de la sagacité humaine, disait M. l'avocat général, je n'ai pas besoin de me demander quelle raison vous avez eue de changer ainsi subitement de conduite ; tout prouve que votre conduite a été changée. »

On ne s'arrête pas à cette doctrine étrange. Non, non, ce n'est pas inutilement qu'on aura été une femme respectable pendant la plus grande partie de sa carrière, et mademoiselle Doudet aura toujours le droit, quand vous lui imputerez un fait affreux qu'elle nie, qu'elle repousse, d'opposer toute sa vie à cette imputation. Vous en devez tenir compte, et vous devez désormais dire à quoi vous attribuez ce changement si entier, si absolu, qui s'est fait en elle.

On l'a reconnu et l'on a fait des efforts pour créer dans le cœur de mademoiselle Doudet un sentiment qui, s'élevant tout à coup, aurait suscité ce système de cruautés perverses, inouïes, qui est l'objet de l'accusation.

Ce n'est pas au commencement de l'instruction, ce n'est pas pendant le cours de l'instruction, que l'on a découvert ce principe de l'accusation, cette cause qui a changé entièrement mademoiselle Doudet ; non c'est depuis, c'est très récemment qu'on a eu cette idée. C'est qu'on sentait bien la vérité de ce que je viens de dire devant vous : qu'il faut expliquer humainement les actions humaines ; qu'il n'est pas possible que subitement une personne d'un caractère doux, facile, soigneux, maternel, devienne un monstre de fureur et de cruauté, si l'on n'en trouve pas une cause, et une cause raisonnable. On l'a donc cherchée. M. le rapporteur vous l'a bien dit : c'est depuis l'instruction qu'on a fait cette découverte. Et je dois dire que quand le ministère public citait tout à l'heure des témoins relatifs à ce sentiment nouveau ou aux manifestations de ce sentiment, ces témoins ont été entendus depuis les débats de la Cour d'assises, depuis qu'on a essayé de faire comprendre qu'un sentiment de jalousie cruel, féroce, avait pu naître dans le cœur de mademoiselle Doudet ; *avait pu*, car il n'y a aucune preuve, il n'y a aucune indication ; c'est une possibilité, c'est une supposition, rien autre chose.

Tout à l'heure on disait : Elle est bien née, elle n'a pas de fortune, elle a reçu une grande et belle éducation, elle ne se marie pas. Elle a dû aspirer au mariage, et il est *possible* qu'en voyant le docteur Marsden veuf, malgré les sept enfants qu'il avait de son premier mariage, elle ait eu la pensée ambitieuse de devenir madame Marsden.

Il est bien difficile, avec le respect du jugement supérieur de Celui qui seul sonde les consciences, de venir, avec un peu d'autorité, dire : « Je suis sûr que ce sentiment est né dans son cœur. »

Comment établir un débat quand il n'y a aucune base, aucune trace, aucun fait ? La possession du portrait de M. Marsden ! Quand on était institutrice de ses cinq enfants, quand on les avait amenés d'Angleterre en France et que pour les enfants on avait apporté le portrait de leur père, le ministère public le reconnaît, ce n'est assurément pas là une indication. Je ne saurais donc à quoi recourir pour combattre cette hypothèse, si ce n'est à dire : Vous la produisez sans avoir aucune preuve. Je suis plus avancé que cela. Non, vous n'en avez pas, vous n'avez pas d'indices, vous n'avez rien qui vous ait autorisé à dire que cette femme convertie en furie, en mégère, ait été poussée à ces excès par la jalousie née dans son cœur ; vous n'avez rien qui vous autorise à le dire ; ce n'est qu'une supposition, et une supposition détestable, car elle motive la plus cruelle des accusations : il ne s'agit en effet ni de deux ans, ni de cinq ans de prison ; il s'agit de devenir, comme je le disais en commençant, l'objet de l'exécration générale si l'on est reconnu coupable des faits qui sont imputés. Vous n'avez rien pour accuser, et moi je vais vous donner des preuves contraires ; elles ressortent de la cause, elles sont évidentes.

M. Marsden a publié en Angleterre, sous la date du 23 septembre 1854, — publié, je me trompe, — a fait circuler en manuscrit dans plusieurs maisons et a envoyé, entre autres, à madame Schwabe, un Mémoire que voici. Cela n'est pas contesté. Dans ce Mémoire il y a à la page 2 une insinuation qui a été, je n'en doute pas, le principe de la prétendue découverte faite après toute l'instruction terminée. Je conjure la Cour de ne pas perdre de vue que l'idée, que la pensée de cette jalousie, de ce sentiment, né chez mademoiselle Doudet, est postérieure à la clôture de l'instruction (1) ; il n'en avait pas été dit un mot. Mais dans le Mémoire qu'il avait fait circuler, en Angleterre, pour expliquer sa conduite, pour disculper ses enfants, pour rétablir complétement ainsi qu'il le voulait leur honneur, M. Marsden dit :

« Ce fut sur les pressantes recommandations de madame Erskine et de madame de Chabaud-Latour... (je n'hésite pas à les nommer, parce que leur nom retentit, et toutes les pièces du procès sont remplies des témoignages de ces dames en faveur de mademoiselle Doudet...)

» Ce fut sur les pressantes recommandations de madame Erskine et de madame de Chabaud-Latour que je me décidai à charger une de mes parentes de conclure un arrangement avec elle. Il *paraît* que, de *plus d'un côté*, elle *avait entendu parler de moi* comme d'un veuf qui avait de la fortune. *On a tout lieu de croire* qu'elle s'était *rendue à Malvern avec le projet de se rendre indispensable* auprès de moi. »

Tout est faux dans ce que dit là M. le docteur Marsden. Voici comment les choses se sont passées et nous allons voir s'il n'y a pas, dans l'enchaînement des faits, une preuve qu'à aucune époque mademoiselle Doudet n'a eu la

---

(1) L'ordonnance de la chambre du conseil est du 15 juillet 1854.

pensée de s'attacher à la personne de M. Marsden et, comme il le dit, de se rendre *indispensable* auprès de lui.

Et d'abord, est-il vrai que mademoiselle Doudet eût, *de différents côtés*, entendu parler de M. Marsden, comme d'un veuf ayant de la fortune et duquel il pourrait lui être utile de se rapprocher ; auprès duquel elle voulait plus tard se rendre indispensable ? Il n'y a pas un mot de vrai, et en voici la preuve fournie par M. Marsden lui-même dans sa déposition écrite. Voici les faits.

M. Mardsen était à Paris. M. Marsden songeait à trouver une institutrice pour ses filles qui étaient en Angleterre. La présence d'une institutrice dans sa maison était devenue nécessaire. Il y en avait une qui était établie ; il n'en paraissait pas satisfait, ou il trouvait qu'elle avait une charge trop grande en ayant sous sa direction cinq jeunes filles à la fois. C'était la demoiselle Adélaïde Burnell, si je ne me trompe. M. Marsden vient donc à Paris ; il se présente chez une institutrice du faubourg Saint-Honoré, chez madame Leclerc, et il demande à cette dame Leclerc, qu'il connaissait je ne sais comment, si elle ne pourrait pas lui indiquer une institutrice à qui il voudrait confier particulièrement l'éducation de ses deux filles aînées. Madame Leclerc lui promet de chercher avec le soin qu'on doit apporter à de pareilles recherches ; et, en effet, madame Erskine, madame de Chabaud-Latour, qui connaissaient cette dame Leclerc, lui parlent de mademoiselle Doudet, et l'on dit à M. Marsden à Paris : Il y a en Angleterre une personne très distinguée, excellente, institutrice admirable et éprouvée. Madame de Chabaud-Latour dit et écrit plusieurs fois :

« J'ai contribué à la recommander dans différentes maisons où elle est entrée à ce titre, je n'ai jamais eu qu'à m'en louer, comme les parents eux-mêmes qui avaient eu confiance en elle, et comme les enfants qui lui avaient été abandonnés. »

Madame de Chabaud-Latour répète donc à madame Leclerc, pour que M. Marsden en soit instruit, tout ce qu'elle pense de mademoiselle Doudet.

Où était mademoiselle Doudet à cette époque ? Elle était encore en Écosse chez M. Elliot, au moment de quitter son élève, mademoiselle Amélie Robertson.

M. Marsden retourne en Angleterre ; on lui avait dit qu'il trouverait mademoiselle Doudet à Londres, et il va à Londres pour la chercher. Elle est absente ; il laisse chez elle le billet que voici, heureusement conservé, dans lequel il lui dit :

« Le docteur Marsden présente ses compliments à mademoiselle Doudet. Il vient d'arriver de Paris, où il a entendu parler de mademoiselle Doudet par madame Leclerc, madame la comtesse de Chabaud, qui en parlent dans les termes les plus favorables (*in the highest possible terms*), et qui lui ont appris qu'elle accepterait un engagement pour ce pays-ci. Le docteur Marsden s'est arrêté à la ville pour voir mademoiselle Doudet, et désirerait beaucoup apprendre son arrivée aussitôt qu'elle sera de retour. Il est logé avec sa belle-sœur, chez miss Hughes, 164, Sloane Srect.

» *Signé :* MARSDEN. »

En effet, quand mademoiselle Doudet revient à Londres, elle trouve cette lettre du docteur Marsden. Alors, avec la belle-sœur de ce docteur, il y eut des pourparlers, on discuta beaucoup pour les conditions, et je trouve une lettre du docteur Marsden du mois de février 1852 :

« CHÈRE MADAME,

» J'ai appris de miss Hughes qu'elle avait eu une entrevue avec vous, et que vous pensiez qu'il pourrait vous convenir de venir prendre la charge (*Take charge*) de plusieurs de mes enfants. Je puis seulement dire que je m'efforcerai de vous rendre le séjour confortable et heureux, et que je serai charmé de vous voir aussitôt que possible.

» J'ai l'honneur, etc.

» Signé : J. MARSDEN. »

Il n'est donc pas vrai, et c'est là le premier pas dans la cause, que mademoiselle Doudet, avertie *de différents côtés qu'il y avait un homme veuf et riche*, l'ait recherché et se soit approchée de lui ou ait cherché à pénétrer chez lui. Elle venait de faire l'éducation de mesdemoiselles Robertson, elle était absente de Londres ; c'est de Paris qu'elle a été recommandée par mesdames Erskine et de Chabaud-Latour ; c'est de Paris que M. Marsden a été la chercher à Londres, que ne la trouvant pas à Londres, il lui a laissé une lettre pour la prier de s'adresser à sa belle-sœur, et c'est à Londres que les conditions de cet engagement ont été froidement débattues, discutées entre la belle-sœur de M. Marsden et mademoiselle Doudet. Enfin M. Marsden promettait à mademoiselle Doudet de lui faire aussi bon traitement dans l'intérieur de sa famille qu'il lui serait possible et qu'elle pourrait le désirer.

Voilà les faits quant au premier point de contact entre mademoiselle Doudet et la famille du docteur Marsden, et voilà la réfutation d'un premier mensonge écrit par M. Marsden dans le Mémoire qu'il a fait circuler en Angleterre.

Il y a plus : maintenant voyons, à défaut, je le répète, de toute preuve, de toute indication produite par vous et qu'il m'appartiendrait de discuter, voyons ce qui s'est passé de la part de cette personne entrée dans la maison de M. Marsden, non pas ainsi qu'il le prétend faussement, parce qu'elle l'a recherché, mais parce qu'elle a été recherchée par lui ; voyons de la part de cette personne quelle a été la conduite pour se faire goûter, se rendre précieuse, se rendre indispensable dans la maison.

Elle y est entrée dans le cours du mois de mars ; il y avait moins de six semaines qu'elle était dans la maison lorsqu'elle apprit la maladie de sa mère, et alors elle pensa à venir à Paris. Dès lors elle avait manifesté le désir de venir en France : M. Marsden, ainsi qu'il le dit en d'autres endroits, avait l'habitude de faire voyager ses filles tous les ans en France. L'année précédente, elles étaient allées passer quelques mois à Dunkerque, où elles furent malades ; on a parlé de la fièvre typhoïde et de tous les accidents de leur santé délicate. Dès le mois d'avril il est donc question du retour de mademoiselle Doudet en France à cause de la maladie de sa mère, et aussi du voyage que les enfants vont faire en France. C'est-à-dire que mademoiselle Doudet va se séparer du docteur Marsden et venir habiter Paris. Cela résulte d'une lettre qu'on ne dira pas avoir été dictée : c'est une lettre d'Émily Marsden adressée à mademoiselle Doudet antérieurement au mois de mai, car la mère de mademoiselle Doudet est décédée à Paris le 3 mai 1852, ce qui est parfaitement établi par les actes mortuaires aussi bien que par les actes relatifs à ses funérailles, et voilà ce qu'écrit Emily :

« Je suis bien aise que votre maman aille mieux... J'aimerais beaucoup aller à la France. »

Et plus loin : « Si nous irons à la France, je prendrai très peu de mes petites choses, mais je prendrai tous mes choses pour travailler. » Et puis d'autres détails enfantins (1).

Il résulte de cette lettre qu'avant le 3 mai, c'est-à-dire pendant le mois d'avril, mademoiselle Doudet pensait à revenir en France et qu'il était question de savoir si les enfants ne viendraient pas en France avec elle.

Est-ce là la conduite d'une personne qui, à peine entrée dans une maison, y convoite la position de dame et maîtresse souveraine et veut se rendre indispensable ? Évidemment non.

Il y a plus, mademoiselle Doudet arrive à Paris, le 5 mai seulement ; sa mère était décédée, elle n'a pu qu'assister à ses funérailles. Mais cette personne ambitieuse, rêvant de partager la fortune, l'existence du docteur Marsden, obligée de venir en France, — je laisse de côté le projet déjà conçu de s'y fixer et d'y amener les enfants avec elle, il paraît évidemment connu, d'après la lettre d'Emily qui en parle, dans le mois d'avril 1852, — cette personne ne va pas rester longtemps à Paris ; elle a eu le malheur de perdre sa mère, elle va retourner en Angleterre. Pas du tout. Sa sœur était souffrante, malade ; elle reste auprès de sa sœur, et ce n'est que le 21 mai qu'elle rentre en Angleterre, après être restée, tant en route qu'à Paris, dix-sept jours absente.

Voilà d'étranges commencements pour une personne qui veut s'installer dans cette maison. On lui substitue même pendant son absence une personne qui va la représenter, une demoiselle Dowmann, qui, pendant qu'elle est

---

(1) « MA CHÈRE MADEMOISELLE DOUDET,

» Je suis bien aise que votre maman est mieux, et j'espère que vous aurez une longue lettre ce soir avec de très beaucoup mieux de bonne nouvelle. J'aimerais beaucoup *aller à la France*. Aurai-je *écrit à cher papa cette après midi*. Si vous sortirez encore, puis-je marcher avec vous. Je vous envoyez quatre sous, et je veux vous donnerai les dix sous bientôt. Si *nous irons à la France*, je ne prendrai que très peu de mes petites choses, mais je prendrai toutes mes choses pour travailler. Vos yeux sont-ils mieux à présent qu'ils étaient ce matin. Aurez vous to pach vos choses ce soir avant le poste arriva. J'indend à mettre tous mes petits choses dans ma pupître. Si vous allez à votre chambre de coucher cette après-midi pour rester là, puis je allais avec vous. Je vous remerci pour donné moi un congé aujourd'hui. Je vais travailler encore bien tôt. Puis je lire un jour vos trifles dans vos magasins de familles. Il faut que je vous dis bonjour. Croyez moi votre affectionnée élève.   ÉMILY MARSDEN.

» Sur l'autre page se trouve un petit devoir écrit en français, avec ces mots au coin : Written without looking at the book. Et l'adresse est écrite dans cette forme enfantine :

» Tobe *delivered immediately*.
» Mademoiselle Doudet,
n° 2, second landing in
colswold house
The care of D' Marsden
» Paid.   Malvern   Worcestershire. »

absente, est chargée de l'éducation des enfants, et qui est aujourd'hui institutrice définitivement au lieu et place de mademoiselle Doudet. La demoiselle Adélaïde Burnell, qui a vu mademoiselle Doudet introduite dans la maison, qui voit introduire mademoiselle Dowmann, reçoit son congé au moment même où mademoiselle Doudet est absente de Malvern, au moment où elle va revenir en Angleterre, le 21 mai. Elle avait cru que mademoiselle Doudet avait contribué à la faire renvoyer : il y avait eu de sa part ce qu'il y a trop souvent dans ces relations d'intérieur, de la part des étrangers qui cherchent à se maintenir dans la maison où ils ont été appelés, il y avait eu une espèce de plainte contre mademoiselle Doudet, et voici la lettre d'excuse que mademoiselle Burnell adresse à mademoiselle Doudet en partant :

« Chère demoiselle,

» Je crains bien que je ne vous reverrai plus ! Cependant je ne perds pas entièrement espoir !

» J'ai été bien souvent très injuste à votre égard... pardonnez-moi ?

» Recevez ici l'aveu de mon sincère repentir, et consentez, je vous en conjure, à oublier le passé...

» C'est du plus profond de mon cœur que je vous offre l'expression bien sentie de ma gratitude, surtout pour toutes ces marques de bonté et d'intérêt que vous m'avez données durant le cours de la triste semaine qui vient de s'écouler, et dont je garderai le plus affectueux souvenir. Que Dieu vous bénisse et vous récompense...

» Lorsque *tous* ont été durs, vous *seule avez été bonne*. — Je ne puis en douter, vous trouverez au ciel la récompense digne de tant de bonté.

» Je suis jusqu'ici sans robe de nuit et sans coiffe, et ma malle n'arrive pas ! Serait-ce trop de vous prier de vouloir bien veiller à ce qu'elle me parvienne.

» Je suis *calme*, mais toutefois *très souffrante*...

» Croyez, je vous prie, à ma bien sincère amitié et aux vœux que je fais afin que Dieu vous protége !

» *Signé* : Adélaïde.

» Veuillez me rappeler avec bienveillance à la cuisinière, à Caroline, ainsi qu'à Maria. Je n'eus pas le temps de leur faire mes adieux, ni de les remercier de la bonté qu'elles me témoignèrent. »

On est donc au mois de mai, une institutrice est renvoyée, et mademoiselle Doudet est arrivée le 21 mai. De quoi est-il question ? Pas d'autre chose que de venir en France ; et en effet, dès le 7 juin, voyez comme les choses se précipitent : on signe la convention par laquelle devait être réglé l'engagement de mademoiselle Doudet pour son séjour en France avec les filles de M. Marsden. Nous en avons la copie entre les mains. La voici telle qu'elle a été envoyée depuis par le docteur Marsden. C'est un arrangement pour six mois qui a été conclu le 7 juin.

Ainsi, voilà mademoiselle Doudet présentée faussement comme ayant cherché à s'introduire dans la maison du docteur Marsden : elle a été cherchée par lui à son insu, c'est sur des recommandations données à Paris pendant qu'elle était en Écosse, que M. Marsden a couru après elle. Elle est à peine entrée dans la maison du docteur Marsden qu'elle en part ; elle prolonge son séjour à Paris pendant une partie du mois de mai, et à peine arrivée à la fin de mai, on conclut le traité par lequel mademoiselle Doudet va rentrer en France, pour y être chargée, au moins pendant six mois, de l'éducation des demoiselles Marsden.

Oh! dit-on, c'est qu'elle ne savait pas encore le projet de mariage.

Au contraire, ce projet était connu, c'était une malade confiée aux soins du docteur Marsden qui devait être l'objet du prochain hyménée, il s'est marié six mois plus tard. Mais mademoiselle Doudet avait si peu la pensée de se rapprocher de M. Marsden, qu'on ne peut pas se prévaloir de ce que la convention de voyage en France avait été faite pour six mois, car dès le mois d'octobre, c'est-à-dire trois mois après, une nouvelle convention vint proroger de six mois le séjour des enfants en France avec mademoiselle Doudet. Elle est constatée par la correspondance (1). Ainsi, ce n'est pas seulement une absence de six mois, c'est une absence d'une année qui était déjà convenue avant qu'en effet M. Marsden n'ait contracté son second mariage.

Tels sont les faits. Je le demande, ces faits résistent-ils à la supposition que vous introduisez et que nous retrouvons tout entière dans l'insinuation portée par M. Marsden dans le Mémoire répandu en Angleterre? Ne prouvent-ils pas que mademoiselle Doudet n'avait aucune intention ni de se faire valoir, ni de se rendre indispensable, ni de conquérir une autorité sur la personne de M. Marsden?

Elle ne songe qu'à rentrer en France, à y rester auprès de sa sœur, et c'est M. Marsden qui va nous donner, en d'autres termes, une nouvelle preuve appuyée par la déclaration d'une dame Espert dont on a parlé. M. Marsden dit, dans sa plainte, et madame Espert certifie le même fait, que mademoiselle Doudet, après la mort de sa mère, voulait rentrer en France, et y rester pour fonder, avec sa sœur, un petit pensionnat. Était-ce un plan bien arrêté dans son esprit? Ce n'est pas la question. Ce qui est certain, c'est qu'elle en a manifesté la pensée, en même temps que la prolongation du séjour des filles de M. Marsden en France était réglée.

Voilà des actes qui, tous, sont des preuves que la combinaison du mariage n'est jamais entrée dans sa tête. Vous n'invoquez que vos propres insinuations, que des possibilités, quand il vous faut, pour soutenir l'accusation, trouver un principe, une cause, aller chercher au fond de son cœur une fureur, une colère, une jalousie, une passion aveugle qui le dénature complétement, qui, d'une femme douce, honnête, tendre, polie, maternelle, va faire une mégère, un bourreau. Quand je vous demande de me signaler quelle cause terrible, s'imposant à mon esprit, à mon intelligence, est survenue, vous cherchez, après une instruction de plusieurs mois, quel prétexte vous pouvez donner à l'accusation, sur quelle base vous pouvez la fonder. Vous ne trouvez qu'une possibilité, et cette possibilité, qui ne pourrait jamais être un fondement suffisant pour justifier la déplorable métamorphose qui est tout le système de votre accusation, elle est renversée de la manière la plus démonstrative par les faits, par leur en-

---

(1) Lettre de M. Marsden, du 15 octobre 1852, au dossier, pièce 13. Cette lettre est transcrite ci-après.

chaînement et par la réfutation de vos insinuations mêmes, dans les termes mensongers où elles ont été produites.

Mademoiselle Doudet avait eu la pensée de venir fonder en France un petit pensionnat. M. Marsden le dit (1); Madame Espert le dit. Quoi ! vous n'y pensez pas. Au premier mot, dans la cause, vous renversez tout le système de l'accusation. Vous voulez supposer qu'il est entré dans son cœur un système de vengeance, de cruautés, de supplices incessants pratiqués sur des enfants, et elle est là avec sa sœur après la mort de sa mère pour fonder, dans leur commun intérêt, peut-être un petit établissement, un pensionnat. Et que laisseront-elles comme traces de leurs premiers efforts pour arriver à cette position ? Elles laisseront le bruit, le vacarme dans tout le quartier, la réputation établie de supplices exercés envers les enfants, de mesures violentes, de procédés atroces. C'est par là que Célestine Doudet va débuter ? Non.

M. Marsden ne s'est marié qu'au mois de décembre, et l'on veut que ce ne soit qu'à dater du mois de décembre que mademoiselle Doudet ait été animée par cette jalousie : il y avait six mois alors qu'elle avait quitté le docteur Marsden, qu'elle avait à peine entrevu un moment pendant le cours du mois d'avril et quelques jours du mois de mai ; elle venait de faire la convention par laquelle, durant six autres mois, elle devait être éloignée de M. Marsden qui se mariait. Jusque-là sa conduite a été irréprochable. Je montre que vous n'expliquez pas la transition, que vous lui donnez une cause fausse, une cause qui n'est justifiée en rien ; et mademoiselle Doudet se trouve en face de votre accusation sans qu'il vous soit possible de l'expliquer en aucune manière.

La défense se trouve donc, pour cette partie au moins, fort soulagée, quand il est impossible à l'accusation d'expliquer le motif qui aurait déterminé mademoiselle Doudet à ce rôle de bourreau.

Malgré l'appel *à minimâ* et les conclusions que nous venons d'entendre de la part du ministère public, malgré les développements de son réquisitoire, il faut prendre la cause dans l'état où elle est ; car, après tout, s'il y a eu une grande émotion de l'opinion publique, si des cris d'indignation ont retenti de toutes parts en face des faits articulés contre mademoiselle Doudet, il faut pourtant voir où l'on en est arrivé. Mademoiselle Doudet a comparu devant la Cour d'assises sous une accusation terrible : l'accusation d'avoir porté à un enfant des coups qui auraient entraîné la mort. On a plaidé, elle a été acquittée ; le jury a prononcé non-seulement que les coups n'avaient pas entraîné la mort, mais, répondant à deux questions distinctes, il a déclaré qu'elle n'avait pas porté de coups ni fait de blessures.

Toutes les parties de l'accusation sont liées ; les faits qui vont nous occuper tout à l'heure sont connexes, sont étroitement engagés dans tous les actes relatifs au système des mauvais traitements qu'elle aurait employés vis-à-vis de Mary-Ann.

---

(1) « Mademoiselle Doudet, *dans cette occasion* (son retour de Paris après la mort de sa mère), me parla de ses affaires personnelles ; de la nécessité où elle se trouvait de vendre son mobilier à Paris ; de son désir de fonder à Paris un petit pensionnat …» (*Plainte du 8 mai 1854.*)

Vous n'aviez pas la pensée, vous, ministère public, quand vous étiez devant la Cour d'assises, de soutenir qu'il y avait eu exceptionnellement pour Mary-Ann tout un plan et toute une pratique accoutumée de procédés atroces ; que c'était vis-à-vis de Mary-Ann seule qu'on avait usé de mauvais traitements, qu'on était entré dans cette combinaison d'affamer et de faire périr les enfants de faim et de souffrances ; que c'était vis-à-vis de Mary-Ann seule qu'on avait eu le procédé de les enfermer, et la nuit et le jour, pendant des journées entières, dans des latrines, dans des caves. Vous ne disiez pas qu'il s'agissait de Mary-Ann toute seule ; que le système n'était appliqué qu'à elle : vous disiez que Mary-Ann était une des victimes, et, comme seconde question, que les mauvais traitements, pratiqués sur Mary-Ann comme sur les autres enfants, avaient eu pour elle la conséquence d'entraîner la mort. C'est sur ce point qu'il y a chose jugée. Mais la connexité des faits et ce que vous appelez la préméditation, c'est-à-dire le système préconçu d'être le bourreau de ces enfants, d'être la mégère placée à côté d'eux pour les tourmenter et les faire mourir à petit feu par les tortures de chaque jour, ce système-là est indivisible, ce système-là est étroitement lié.

Il est impossible que la cause ne soit pas ébranlée dans ses fondements quand il y a une décision judiciaire que les coups et blessures n'ont pas été commis sur Mary-Ann. Les actes de violence n'ont pas été établis à l'égard de Mary-Ann, cela est jugé, ou il n'y a rien de jugé dans le monde.

Mais on a des expressions pour cela. Il faut pourtant bien prendre garde à cette facilité de laisser équivoques, incertaines les décisions de la justice. On a, dans la bouche du ministère public, tout dit de manière à se faire comprendre, quand on a dit : l'omnipotence du jury. Il y a à réfléchir. Le jury, on ne le dit pas, mais cela se comprend, c'est un juge tout-puissant, plus ou moins intelligent, plus ou moins aveugle ; il a son omnipotence !

Prenez-y garde. D'abord je maintiens que judiciairement, que moralement, que rationnellement, nous devons respecter en France l'autorité de la chose jugée, de quelque pouvoir judiciaire que vienne la décision. · Eh quoi ! permettez-moi, j'ai le droit de restituer à la décision du jury toute son autorité...

M. L'AVOCAT GÉNÉRAL. — Je la respecte.

Mᵉ BERRYER. — Vous la respectez dans les mots.

M. L'AVOCAT GÉNÉRAL. — Et dans la pensée.

Mᵉ BERRYER. — Dans la forme. Elle n'est pas respectée suffisamment dans le fond des choses...

M. LE PRÉSIDENT. — Si.

Mᵉ BERRYER. —J'en suis bien aise. Nous aurons les bénéfices de ce respect des décisions judiciaires ; je les attends des magistrats.

Vous avez parlé tout à l'heure des limites de la sagacité humaine. Vous avez eu raison : le juge doit les reconnaître comme nous les reconnaissons, et je l'attends de vous, messieurs. Il n'y a pas dans l'esprit d'un magistrat, il n'y a pas chez un homme qui a appliqué son intelligence et sa conscience à la recherche de la vérité, de ces témérités, de ces présomptions qui se donnent pour infaillibles, pour prépotentes ; et, lorsque d'autres hommes ont étudié, écouté, délibéré, jugé, il n'y a pas un de nos magistrats à qui il reste dans la conscience un doute sur l'autorité qui doit être laissée à cette décision souveraine. Cela est donc acquis.

Or je montrerai que, dans la cause, c'est un bénéfice déjà que les faits soient connexes; je montrerai qu'il est impossible d'admettre raisonnablement qu'il y aurait un jugement respecté disant qu'il n'y a eu, à l'égard de Mary-Ann, aucun système de violence, qu'il n'y a pas eu, à l'égard de Mary-Ann, de coups portés, pendant qu'un autre jugement viendrait dire ensuite qu'il y a eu, à l'égard des filles de M. Marsden, un système de violences et de mauvais traitements! Les violences, les privations de tous genres, tout ce qui faisait l'objet de la première question, tout cela a été répondu négativement par le jury à l'égard de Mary-Ann. Eh bien! je dis que cette question ne peut plus être posée; que la connexité de ces faits, que l'unité du système pratiqué à l'égard des cinq sœurs à la fois est la base du système de votre accusation. Cela est jugé, et cela doit être respecté par l'opinion de tout le monde, par tous les magistrats en France; c'est là l'autorité, l'*omnipotence* du jury. Poser de nouveau la question des mauvais traitements, ce serait aller contre la raison, contre le bon sens, contre la vérité de la cause.

Ce n'est pas tout : je n'ai pas seulement le bénéfice, dans cette cause, d'en trouver une partie matériellement jugée à l'égard d'un enfant, et moralement à l'égard de tous; je l'ai encore déchargée immensément, et vous allez le comprendre, d'une grande partie de l'accusation, de la plus grande partie, par les premiers juges eux-mêmes; et ce n'est pas sur le fond même de leur jugement, ce n'est pas sur leur appréciation de la conduite de mademoiselle Doudet que vous avez interjeté appel, c'est sur la qualification des faits; c'est parce que les faits n'ont pas été considérés comme des faits prémédités que vous avez interjeté appel. Quant au reste, vous n'attaquez pas la sentence, et quand les premiers juges viennent dire que, pendant les huit premiers mois, mademoiselle Doudet s'est acquittée de sa mission d'une manière *satisfaisante*, vous ne demandez pas à la Cour de prononcer le contraire. Cette première partie de la décision nous est acquise, nous demeure.

Mais voyez donc, à côté de l'indivisibilité des faits relatifs à Mary-Ann et à ses quatre sœurs, placées dans les mêmes conditions chez mademoiselle Doudet, voyez à côté de cela la déclaration des premiers juges que la conduite de cette institutrice a été satisfaisante pendant les huit premiers mois; faites-y attention, nous allons retrouver cela tout à l'heure.

Les événements de cette époque se sont accomplis pendant la période que Zéphyrine a passée auprès de sa sœur. Et les premiers juges ont déclaré que pendant ces huit mois mademoiselle Célestine Doudet avait rempli sa mission d'une manière satisfaisante. Nous verrons plus tard quelle conséquence on en doit tirer sur la valeur des propos attribués à Zéphyrine contre sa sœur, pendant ces huit premiers mois déclarés irréprochables par les premiers juges.

Mais ce n'est pas tout de montrer ce qu'il y a déjà dans la cause de jugé en faveur de mademoiselle Doudet, moralement, par la Cour d'assises comme par la décision des premiers juges; il faut arriver au véritable point de l'accusation, à ce qui en est la question grave, dominante, et que je voudrais bien pouvoir traiter ici avec toute liberté de langage. Il faut entrer dans des détails qui sont pénibles.

M. le rapporteur a dit que mademoiselle Doudet, pour expliquer le dépérissement, la pâleur, la maigreur de ces enfants, a présenté un système plus odieux encore que tous les faits qui lui sont imputés, si, en effet, tout cela n'a été de sa part qu'une supposition. M. le rapporteur a eu raison, mademoiselle Doudet, expliquant l'état de langueur, d'amaigrissement, de pâleur, d'abrutissement presque, où étaient tombées les petites filles de M. Marsden, l'expliquant comme elle l'explique (si ce qu'elle dit est faux) elle s'est rendue plus coupable par cette imputation mensongère que par les tortures mêmes qu'elle aurait exercées sur ces enfants ; je n'hésite pas à le dire, ce système de défense serait odieux. Mais ici, quand je reconnais le caractère qu'aurait la défense si l'explication n'était pas vraie, il faut bien que j'entre au fond, dans les preuves, et que je rétablisse la vérité des faits.

M. Marsden a dit qu'à cet égard il n'avait jamais eu le *plus léger indice* du vice attribué à ses enfants ; c'est l'expression dont il se sert. Il va plus loin, il dit que cette imputation (je prends les mots mêmes de la plainte) est une *infâme invention.*

Voyons, messieurs, en pénétrant dans la cause, si M. Marsden, partie civile, celui vis-à-vis duquel nous nous débattons sur la vérité ou le mensonge de part ou d'autre, voyons si M. Marsden dit la vérité quand il dit qu'il n'a jamais eu le *plus léger indice* que ce vice existât chez ses enfants. Quand il dit que ce vice, ces habitudes, sont, de la part de mademoiselle Doudet, une pure invention, dit-il le moins du monde la vérité ? N'avons-nous pas contre lui, dans ses écrits mêmes, la preuve qu'il trompe la justice quand il tient ce langage ?

Je la cherche d'abord faible cette preuve, ou du moins faiblement encore exprimée dans l'instruction écrite. Plusieurs témoignages avaient été reçus lorsque M. Marsden, dont la plainte avait été déposée le 8 mai 1854, est interpellé par le magistrat instructeur. Voici les objections qui lui sont faites et voic ses réponses (26 mai 1854).

« *Demande.*—Dans la plainte que vous avez adressée à M. le procureur impérial, vous dites que, pour expliquer jusqu'à un certain point l'état de maigreur et de dépérissement de vos enfants, mademoiselle Doudet les avait accusées faussement d'être sujettes à de mauvaises habitudes. Il semble résulter cependant de la déposition de plusieurs témoins que vous auriez reconnu vous-même l'existence de ces mauvaises habitudes chez vos enfants. Quelles explications avez-vous à donner à cet égard ?

» *Réponse.* — *Peu de mois avant l'entrée* de mademoiselle Doudet dans ma maison, la gouvernante de mes filles me dit un jour qu'elle craignait que la petite Émily ne fût adonnée à de mauvaises habitudes.

» Cette communication me bouleversa et, dans le premier moment, comme j'avais une *petite baguette sous la main, j'en donnai quelques coups* à l'enfant par-dessus ses vêtements. La sœur de la gouvernante s'interposa, et me dit que j'avais tort, et que ce que sa sœur avait remarqué n'était que la conséquence de la disposition de l'enfant aux fleurs blanches. La chose n'eut pas d'autre suite.

» Peu de temps après l'entrée de mademoiselle Doudet, et *avant son départ* pour la France avec mes enfants, elle me dit un jour que *la bonne* lui avait fait part de l'existence de ces mauvaises habitudes *chez Émily et Mary-Ann.* Je fus désespéré de cette nouvelle révélation, à laquelle j'étais loin de m'attendre, car rien dans l'extérieur ni dans la manière d'être des enfants ne m'y avait préparé.

» *Je fis toutes les recommandations possibles* à mademoiselle Doudet, qui me parut avoir plus d'expérience que moi-même pour surveiller des enfants dans un cas pareil, et je lui recommandai de faire tout ce qui dépendrait d'elle pour faire cesser ces habitudes. Mais, encore une fois, je ne savais à cet égard que ce qu'elle m'avait dit elle-même. »

« Il n'est pas d'accord avec lui-même dans ces derniers mots, car il a commencé par l'aveu, qu'avant l'arrivée de mademoiselle Doudet, la gouvernante lui avait révélé les habitudes d'Emily, et il a dit ensuite que peu de temps avant son départ pour la France, mademoiselle Doudet lui avait dit qu'elle avait reçu cette confidence de la part de la bonne, Caroline Matthews.

Déjà, je n'admets pas que M. Marsden ait dit la vérité, quand il a dit qu'il n'avait pas le *plus léger indice* que ses enfants se livrassent à de telles habitudes. C'était déjà un indice que la révélation qui lui avait été faite par la gouvernante, avant l'arrivée de mademoiselle Doudet ; c'était encore un indice que la révélation qui lui avait été faite par mademoiselle Doudet, lorsque peu de jours après son entrée chez lui, elle lui dit qu'elle avait reçu cette confidence de la bonne. Est-ce que ce n'est pas là un indice ?

Il n'est pas de bonne foi, l'homme qui dit après cela, qui écrit dans sa plainte, qu'il n'avait *aucun indice*.

Mais arrêtons-nous encore un moment ; vous prétendez que ce qu'a dit mademoiselle Doudet, elle l'a dit pour excuser ou expliquer le dépérissement des enfants en 1853, dépérissement qui serait le résultat des traitements détestables qu'elle a fait subir à ces enfants, depuis le départ de sa sœur, à l'expiration des huit premiers mois, c'est-à-dire depuis le 7 avril 1853 ! Vous prétendez que pour expliquer le dépérissement de ces enfants dans ce court intervalle, mademoiselle Doudet a inventé l'excuse calomniatrice des mauvaises habitudes ! Mais où en sommes-nous donc ? Je cherche le lien de vos idées. Comment ! en Angleterre, mademoiselle Doudet en aurait menti, en disant faussement que la bonne lui avait parlé du vice des enfants ? Mais on était alors six ou sept mois avant l'époque de ce mariage qui, dites-vous, devait allumer dans son cœur ces fureurs jalouses qui ont tout amené. Comment ! elle préparait déjà, en avril 1852, le système qui devait excuser plus tard les événements issus des fureurs qui devraient lui naître après le mois de décembre 1852, et se manifester seulement en avril 1853 ! !

Voilà votre système : il est révoltant d'absurdité. Comment ! elle est dans la maison de M. Marsden, elle vient d'arriver, elle va être chargée des enfants, elle révèle ce que la bonne vient de lui déclarer, ce qu'elle lui a fait connaître touchant les mauvaises habitudes des enfants ; et vous dites qu'elle en a menti ! Dans quel but ? dans la pensée de ce mariage ? Or, le mariage ne s'est fait qu'au mois de décembre suivant. Il n'y avait donc pas encore dans son cœur, vous le reconnaissez, les sentiments de vengeance qui n'y ont pris naissance que quand la jalousie a éclaté à la suite de ce mariage et après le départ de sa sœur, en avril 1853. Quand elle a parlé en 1852, elle a donc parlé selon la vérité, selon ce qu'elle savait. Vous y avez fait attention, vous en avez tenu compte; vous n'avez pas été trompé, car déjà vous avez battu, pour ce fait, votre fille Emily, vous l'avez frappée avec une baguette !

Médecin et père, vous venez nous dire que vous avez été trompé, quand des révélations de cette nature vous ont été faites et par la précédente gouvernante, et par mademoiselle Doudet au moment où elle vous disait qu'elle en recevait la confidence de la bonne. Médecin et père, quand vous y avez attaché quelque importance, quand vous avez battu l'enfant, vous n'étiez pas abusé, vous ne pouviez pas l'être, c'est une révélation qui devait pénétrer trop avant dans votre cœur. Médecin et père, je le répète, vous ne pouviez pas être trompé, pas plus pour cela que pour la question du mensonge. Eh bien ! dites que vos filles, accusées par plusieurs personnes d'avoir malheureusement contracté l'habitude du mensonge, n'ont pas menti, que vous avez été trompé à cet égard, parce que, avant de partir pour la France, on leur avait imputé d'avoir caché un bijou, je ne sais lequel, une broche, je crois, sans avoir voulu dire ce qu'elles en avaient fait; dites qu'elles n'ont pas menti, vous qui reconnaissez si bien le fait dans cette lettre que vous adressez le 5 octobre 1853 à M. Gabriel :

« Je lui écrivis : Prenez-la sur vos genoux et *fouettez-la* quand elle le fait; ce qu'elle prétend faire tourner en un ordre de les battre; elle (mademoiselle) accuse Rosa d'avoir pris une broche qui lui appartenait, avant son départ, ce que Rosa n'a pas avoué. J'étais déterminé à vaincre de telles habitudes qui me dégoûtaient et m'affligeaient; pour la première fois de ma vie je *la fouettai avec une petite cravache plusieurs fois* pendant deux ou trois jours de suite, afin de la faire avouer; ce qu'elle explique comme une autorisation par mon exemple à de pareils mauvais traitements.

» A présent, que pensez-vous à ce sujet? Je pense qu'il est juste de dire que j'ai raison de croire que la pauvre enfant n'a jamais pris une broche, et que par conséquent elle ne pouvait pas avouer où elle était. Mademoiselle Doudet accusera encore les enfants de.....

» Ceci est complétement faux; mais *probablement* la pauvre petite Mary-Ann *l'a fait comme mille jeunes filles le font, l'ont fait et le feront.* »

Voilà son langage avec M. Gabriel, l'homme chargé d'apprécier si l'on doit ou si l'on ne doit pas faire un procès. Pendant ses hésitations, il en parlait bien légèrement, le docteur : « Les jeunes filles l'ont fait, le font et le feront. » N'ai-je pas le droit d'être surpris qu'il vienne dire ensuite, — après ce que la première gouvernante lui a révélé, après ce que mademoiselle Doudet lui avait raconté d'après la bonne, après ce qu'il a écrit lui-même, — qu'il vienne dire qu'il n'en avait pas le moindre indice, que tout cela est une pure invention? Il faut aller plus loin; il est indispensable de voir le langage de M. Marsden lui-même et sa conduite, en 1852.

Je ne reviens pas sur les déclarations qui sont dans l'enquête anglaise où cette bonne, cette Matthews, qui dépose, dit formellement, dans sa déclaration, ce qu'elle-même avait dit à mademoiselle Doudet sur les habitudes des enfants, elle le dit de la manière la plus positive. Je maintiens l'autorité de l'enquête anglaise; la Cour n'accueillera pas le système de M. l'avocat général; c'est une preuve faite devant le juge compétent, dans la forme légale en Angleterre. Mais nous sommes ici, dit-on, sous la juridiction française, sous la juridiction criminelle. J'entends à merveille que s'il s'agissait d'une question civile, vous me dissiez : C'est la juridiction anglaise, et la juridiction anglaise ne peut rien devant les tribunaux de France; mais de quoi s'agit-il? Il s'agit de faits nés en Angleterre, nous venons les constater en Angleterre dans la forme usitée en Angleterre; nous ne pouvons pas faire autrement, nous procédons comme il appartient à tout le monde de procéder. Il n'y a pas de ministère public là; celui qui se plaint, se plaint de sa personne, il est « *plaintif* » devant la Cour de justice, il va, il présente ses témoins avec lui; celui qui se défend en agit de même, il a son défenseur. Il y a des formes régulières pour la réception des témoignages, pour les enquêtes à faire, dans l'intérêt de la recherche, de la manifestation d'un fait. Toutes ces formes, on les a observées; le consul a examiné les pièces, et il a dit que les pièces que nous produisons sont parfaitement régulières; qu'il n'y a aucune Cour de justice où elles ne fussent admises en *évidence*, c'est-à-dire en témoignage (1).

Voilà les déclarations; nous avons le droit de nous en emparer. Que prouvent ces déclarations formelles? que le vice existait chez les jeunes Marsden, que ce vice avait été signalé. Il y a même, dans les lettres, l'indication de circonstances dans lesquelles les enfants avaient été surpris s'abandonnant à ces détestables habitudes. Comment voulez-vous que je prouve ces faits qui se sont passés à l'étranger, autrement que par les moyens en usage dans le pays même où ils se sont accomplis, et en recourant aux formes établies dans ce pays? Si l'on avait à juger en Angleterre une affaire dans laquelle il s'agirait de faits consommés en France, évidemment on procéderait à une enquête dans les formes de la juridiction française. On procède différemment en Angleterre qu'en France : le plaignant fait l'enquête lui-même par un homme préposé à ces sortes de recherches.

Eh bien ! nous avons procédé dans les formes voulues en Angleterre, et il résulte de notre enquête que la domestique Caroline Matthews articule de la manière la plus nette, la plus positive ce qui était déjà à la connaissance de M. Marsden par les révélations d'Adélaïde Burnell. Caroline Matthews le déclare, une autre bonne le déclare également. Et enfin nous avons sur ce point, si vous ne voulez pas des témoignages juridiques, légaux comme ils sont faits en Angleterre, nous avons les correspondances de la famille Candler; la famille Candler, je dois l'avoir dit, était propriétaire de la maison qu'habitait M. Marsden, et elle demeurait à côté de lui. Eh bien ! voici la lettre de miss Hester Candler, la traduction en est donnée par un traducteur assermenté. Cette lettre est à la date du 28 novembre 1854, quelques jours après l'arrêt de la

---

(1)   « *Certificat d'authenticité délivré par M. le consul d'Angleterre.*

» Le consul de Sa Majesté britannique à Paris certifie avoir examiné les six pièces qu'il a parafées en encre rouge sous la date de ce jour, lesquelles sont rédigées selon les formes légales usitées en Angleterre, où elles seraient admises en évidence par toute cour ou tribunal du pays.

» Signé : THOMAS PICKFORT. »

chambre d'accusation, qui renvoyait mademoiselle Doudet devant la Cour d'assises; c'est au défenseur anglais qu'elle s'adresse :

« Great-Malvern. — Alberley-House, novembre 28, 1854.

» MONSIEUR,

» Je suis fort au regret de ne vous avoir pas dit tout ce que je savais, lorsque vous étiez à Cheltenham cet été, touchant cette pénible affaire de mademoiselle Doudet ; et je crois que je l'aurais fait dès lors, si je n'avais suivi que mes propres impressions ou mes opinions personnelles ; mais aujourd'hui qu'on s'adresse à moi, quelque désagréable que ce soit de s'avancer de cette manière, pour flétrir en quelque sorte ces malheureux enfants, je sens qu'il ne faut pas sacrifier la réputation, peut-être même la vie d'un de nos semblables, à des scrupules de pudeur qui seraient déplacés en cette circonstance.

» Or, comme je puis affirmer d'une manière positive que les déplorables habitudes (que l'on ne saurait nommer) existaient, en effet, chez les enfants du docteur Marsden, je sens qu'en le déclarant ici je ne fais qu'accomplir un devoir, et je laisse le reste entre les mains du Tout-Puissant.

» Je suis, monsieur, sincèrement à vous.

» *Signé* : HESTER CANDLER. »

Dans une autre lettre à la date du 30 novembre, elle entre dans des détails que je ne veux pas lire à l'audience publique, mais enfin il y a dans les dernières phrases de la lettre de mademoiselle Candler, qui était la plus proche voisine de M. Marsden, des descriptions dans lesquelles l'habitude est constatée par des faits positifs.

Voilà pour les antécédents des enfants avant de quitter l'Angleterre. Ainsi se trouve confirmé l'aveu que fait à moitié M. Marsden, quand il répond au juge dans l'interrogatoire que j'ai déjà cité.

Voyons maintenant, messieurs, quand les enfants sont en France, où ils sont arrivés vers la fin de juin (ils étaient partis de Great-Malvern le 15 juin), voyons la correspondance du père.

Il écrit, le 10 août 1852, à mademoiselle Doudet ; remarquez l'époque, messieurs, elle est bien rapprochée du départ :

« MA CHÈRE DEMOISELLE,

» Je vous remercie de votre lettre, que j'attendais déjà depuis quelque temps ; cela me fait de la peine que *Lucy* soit si méchante, il *faut la traiter comme une petite fille*, il ne faut pas la consulter sur quoi que ce soit : elle est tout à fait enfant et il faudra agir envers elle comme telle.

» *Pour la petite Alice*, faites-vous *obéir* et à l'instant ; *si elle refuse, mettez-la sur votre genou, fouettez-la ferme*, je vous réponds qu'elle ne refusera pas une seconde fois. *Ne lui permettez pas de sortir avec les autres*, voilà une punition qui lui conviendra.

Je suis fâché que vous ayez manqué n° 7 ; j'*espère que vous parviendrez à vaincre les habitudes d'Émily*, sinon consultez M. Jobert : c'est une chose de dernière importance. »

C'est de M. Jobert de Lamballe qu'il s'agissait. Voilà donc un père qui dit n'avoir jamais eu *aucun indice* de l'accusation dirigée contre ses enfants, que c'est une *infâme invention !*

Indépendamment des révélations de la première gouvernante et des confidences de la bonne rapportées par mademoiselle Doudet, indépendamment des témoignages anglais qui constatent des faits analogues, — à peine ses filles sont-elles à Paris, qu'il écrit sur ce sujet, sur lequel on est toujours sobre et réservé, surtout quand on parle de ses enfants : « J'espère que vous parviendrez à vaincre ces habitudes, sinon consultez M. Jobert. » Telle est la première lettre du 10 août.

Il y en a une autre très voisine encore du moment où l'on est arrivé en France, pendant que mademoiselle Doudet, suivant le jugement, était irréprochable, pendant ces premiers huit mois durant lesquels elle a rempli sa mission d'une manière satisfaisante, pendant les mois qui ont précédé le mariage, lequel, dit-on, a fait naître la jalousie qui l'a poussée à créer le système infâme qu'on lui impute (la jalousie n'a pu venir qu'après le mois de décembre, puisque le mariage est du mois de décembre ; c'est là tout votre système accusateur). Eh bien ! voyez quelles étaient les inquiétudes du père à cet égard, et en quels termes il écrivait à sa propre fille, le 16 août 1852 :

« MA CHÈRE EMILY,

» Votre oncle et moi nous avons reçu et lu vos lettres avec beaucoup de plaisir ; nous sommes heureux d'apprendre que mademoiselle Doudet fait un bon rapport de vos progrès et de votre conduite. Je vous supplie dans votre propre intérêt de faire les plus grands efforts pour suivre les avis et les directions que je vous donnai *avant de vous quitter.* »

Nous allons voir ce que portaient ces directions.

« Si vous ne l'avez point fait, j'en éprouverai une vive douleur quand je vous reverrai ; ni le français, ni la musique, rien en un mot, ne pourrait compenser, si vous négligiez de faire ce que je vous ai recommandé de faire *sur ce sujet ;* et la maladie, un cou goîtreux, un dos voûté, des pieds tendres, et tout l'amour-propre absorbant, cette maladie morale qui détruit toutes les bonnes qualités que vous avez, vous ferait sentir personnellement et, oh ! amèrement, lorsque vous vieillirez, que vous aurez *forcé les lois de la nature à votre propre destruction* et que vous avez désobéi à mes désirs, à votre propre ruine. »

Comment ! c'est un père qui, à la date du 16 août 1852, écrit dans ces termes à sa fille, et qui vient dire hardiment devant la justice française, dont il invoque l'autorité : « Je n'avais aucun indice, je ne soupçonnais rien, je n'ai su que par mademoiselle Doudet, rien que par elle, c'est une imposture, une *infâme invention !* » Qu'écriviez-vous à votre propre fille ? Vous lui écriviez sur ce dont vous lui aviez *parlé en Angleterre,* sur ce que vous saviez *avant* qu'elles fussent arrivées en France, dans ces mois mêmes où l'on dit que la conduite de mademoiselle Doudet était irréprochable, où elle remplissait sa mission « d'une manière satisfaisante. » Vous écriviez à votre fille dans les termes que je viens de lire, vous lui disiez : « Ni le français, ni la musique,

» rien, en un mot, ne pourrait compenser, si vous négligiez de suivre la direc-
» tion que je vous ai donnée *avant de quitter l'Angleterre!* » Vous vous serviez
des termes si énergiques que je viens de rappeler pour caractériser « cette
» maladie morale qui détruirait chaque bonne qualité que vous avez et vous
» ferait sentir amèrement que vous avez *forcé les lois de la nature* à votre
» propre destruction ; » vous avez devancé l'âge, vous vous ruinez la santé
d'avance, la maladie vient : un cou goîtreux, un dos voûté, des pieds tendres, etc.
Je dis que c'est là, constatée de la main du père, la manifestation la plus
authentique que sa fille était infectée de ce vice. Et non-seulement il le savait
par les révélations qui lui avaient été faites quand elles étaient en Angleterre,
non-seulement il le savait assez pour céder à ce mouvement de brusquerie de
frapper avec une baguette Alice ou Rosa, qu'on lui avait dit s'abandonner à
ce penchant exécrable ; il le savait assez pour avoir eu des conversations avec
Emily, sa seconde fille, conversations qui ont été suivies d'une correspondance
aussi positive.

L'année 1852 doit se remplir par des preuves encore plus fortes, à mesure
que nous avançons dans la manifestation claire de l'imposture de l'accusation
dirigée aujourd'hui contre mademoiselle Doudet.

Pendant le mois d'août, les enfants (sur la demande du père, la preuve
est dans une lettre que nous avons là), les enfants vont à Saint-Cloud,
passer un mois dans la maison d'un M. Sévin, qui donne la meilleure et la
plus formelle déclaration sur la manière dont elles étaient traitées par leur
gouvernante (1), et vous trouverez trois ou quatre témoins qui sont allés faire
des visites dans cette maison de Saint-Cloud. Eh bien ! la plainte dit que,
pendant le séjour à Saint-Cloud, il y a eu une scène pareille à celle qu'on a
articulée, dans laquelle Mary-Ann aurait été renversée dans le salon, le 24 mai
1853. A Saint-Cloud aussi, une des petites filles, violemment frappée, aurait
été jetée à terre avec le tabouret sur lequel elle était assise.

Ce fait n'est pas seulement contredit par les témoignages, il est contredit
par le système même de l'accusation, qui suppose que les fureurs de mademoiselle Doudet n'ont commencé qu'après le mariage. Il est repoussé par le
jugement qui dit que, pendant plusieurs mois, l'institutrice avait rempli sa
mission d'une manière satisfaisante. Il est vrai qu'au jour de la plainte,
8 mai 1854, on n'avait pas encore inventé cette division d'époque, et cette
hypothèse de l'influence du mariage de M. Marsden sur la conduite de mademoiselle Doudet.

Voilà donc la plainte formellement contredite sur le fait de 1852.

Ce n'est pas tout : M. le docteur Marsden a un beau-frère, le frère de sa
femme, le révérend Rashdall. Le révérend Rashdall est venu à Paris voir ses

---

(1) « Je certifie que mademoiselle Célestine Doudet est restée chez moi pendant un mois, en août 1852,
à Saint-Cloud, rue Royale, n° 20, avec cinq demoiselles, ses élèves, qu'elle en a eu le plus grand soin,
qu'elles étaient très heureuses et bien nourries, car j'ai toujours vu entrer suffisamment d'approvision-
nements pour leur nourriture, et je ne crois pas qu'elles puissent avoir eu à se plaindre.

 (Pièce 116 au dossier.)   » *Signé :* ALFRED SÉVIN. »

nièces; il les aime comme un père. Ses nièces ont pour lui la tendresse la plus vive, la plus soumise; c'est répété à chaque mot. Il vient, au mois de septembre 1852..., nous n'en sommes pas encore là; j'ai un long circuit de faits à parcourir encore...; mais enfin, au mois de septembre 1852, le révérend Rashdall vient, il voit ses nièces. Il s'en retourne en Angleterre; il dit (nous en avons la déclaration écrite) à plusieurs personnes qu'il a été parfaitement satisfait de la conduite de mademoiselle Doudet à l'égard de ses nièces, et, dans le monde, il ne parle que de l'état favorable de ses nièces, telles qu'il les a trouvées pendant son voyage.

Nous allons voir d'autres lettres du père, arrivées pendant les mois d'octobre et de novembre; mais que la Cour me permette d'en finir avec le premier voyage du révérend Rashdall au mois de septembre 1852, et d'en tirer les conséquences. Ces conséquences sont écrites dans une lettre que voici, qui est tout entière de sa main, et qui a été envoyée par la poste; elle est à la date du 29 décembre 1852. Pendant que M. Marsden était en France avec sa nouvelle épouse, et qu'il se disposait à partir avec elle pour l'Italie, le révérend Rashdall, resté à Great-Malvern, écrit à ses nièces, et vous allez voir ce qu'il pensait de leur santé, après être venu les voir au mois de septembre. Voici son langage :

« Je vais seulement vous adresser une parole qui vous concerne personnellement vous et vos sœurs (*yourselves*), car vous devez savoir qu'une des raisons principales qui m'empêchent de songer à aller vous faire une *nouvelle visite*, c'est le rapport qu'on nous fait sur votre compte, rapport qui nous remplit, votre père et moi, d'inquiétude, de chagrin, et de regret.

» J'ai peine à concevoir comment des enfants, comblés de bontés comme vous l'avez été, pour lesquels papa vient de faire un arrangement si agréable, afin de vous procurer le plaisir de passer *une année entière à Paris;* comment, dis-je, vous pouvez être si ingrates, au point de permettre qu'il reçoive sur votre *compte un rapport aussi peu favorable.* Je ne saurais vous dire combien tout cela a déjà refroidi l'intérêt que je vous portais. Cela change complétement les projets que je formais quant à mes rapports personnels avec vous pour l'avenir. Un des motifs principaux qui m'avaient décidé à venir me fixer à Malvern, c'était afin de me rapprocher de vous toutes; mais, et désormais, votre conduite me fait comprendre que je serais plus heureux si j'étais éloigné de nièces qui me donnent si peu de satisfaction. Votre faute est d'autant plus grave que vous en savez toute la portée: vous savez comment vous devez vous conduire pour plaire à Dieu et à votre père terrestre.

» Donnez-moi donc la fervente espérance de vous voir commencer le nouvel an par une humble prière au Seigneur, pour le supplier de vous accorder la grâce de commencer une nouvelle manière de vivre. »

(Traduit de l'anglais.)

Vous voyez que, tout en rendant hommage à l'institutrice, comme il l'avait fait à son retour en Angleterre, son attention était éveillée sur la conduite de ses nièces. Vous voyez, malgré les termes très réservés que le révérend devait employer; vous voyez dans la nature des plaintes qu'il leur adressait, dans les supplications où il leur disait qu'elles arriveraient, par la prière à Dieu, à une autre manière de vivre, vous voyez qu'il avait pénétré assez avant dans des sentiments qui ne sont pas différents de ceux du père, écrivant à sa fille Emily.

Ce père va venir à Paris, et avant d'y venir, lui qui n'a jamais eu le *moindre indice* sur les vices de ses enfants, et qui dit que l'imputation de ces vices est, de la part de mademoiselle Doudet, une *infâme invention*, ce père écrit à mademoiselle Doudet une très longue lettre. C'était au mois d'octobre, au moment où l'on était convenu qu'à l'expiration des six mois le séjour à Paris serait prolongé de six mois, lesquels ont été prolongés plus tard de six autres mois encore. Au mois d'octobre 1852, après les renouvellements successifs du premier engagement, mademoiselle Doudet avait dit qu'elle était un peu à l'étroit dans l'appartement de sa mère. Il y avait de grandes pièces vacantes au rez-de-chaussée (nous parlerons de l'appartement tout à l'heure); elle voulait les louer, et M. Marsden lui écrit :

« Je donnerai quelque chose de plus pour le rez-de-chaussée, mais je vous serais infiniment obligé si vous vouliez bien permettre à Émily de ·coucher avec vous. Ceci est le seul *moyen de surveillance* que je puisse employer (1). »

Et c'est là un père qui n'a pas le moindre indice du vice de ses filles, et qui

---

(1)   « Great Malvern, 15 octobre 1852.

» Chère mademoiselle Doudet,

» Je pense qu'il y a eu quelque erreur de la part du bureau des postes, car, dans une lettre que j'ai reçue la semaine dernière d'un monsieur qui se dit votre cousin, je lis que je n'ai pas répondu à vos lettres, et que cela vous rend très inquiète et incertaine, relativement au séjour des enfants à Paris et à la non-réception de la copie de notre convention. Je n'ai jamais reçu que deux lettres de vous depuis que les enfants ont quitté, et je pense que la présente est ma troisième (lettre) à vous. Et à votre dernière, j'ai répondu dans une lettre à Lucy, laquelle lettre avait pour objet de dire que je vous écrirais dans peu de jours, mais que vous pourriez être tranquille quant à un séjour de six autres mois à Paris. Je vous envoie maintenant la copie de notre convention, et j'aurais répondu à la lettre de votre cousin, relativement à votre inquiétude, si, par une remarque dans la lettre d'Emily, je n'avais pas appris que votre cousin a dû vous quitter et retourner en Angleterre. Veuillez donc être assez bonne pour lui dire que c'est là la raison pourquoi je n'ai pas répondu à sa lettre, mais que je le ferai s'il veut me faire savoir son adresse. J'espère que vous n'oublierez pas de vous rappeler que vous ne m'avez donné que deux jours pour prendre une décision quant au séjour des enfants, et que pendant ce temps je ne pouvais pas communiquer avec leurs parents, à ce sujet, et pour cela, vous devez vous faire des reproches à vous-même et non pas à moi. Je vous allouerai quelque chose pour l'appartement supplémentaire (extra), mais je vous serais grandement obligé si vous vouliez *permettre à Emily de coucher avec vous; ce serait le seul moyen de surveillance* que je puisse imaginer. Sa composition est très jolie; mais, je vous en prie, tenez-la pour une enfant; traitez-la comme telle, ne la consultez pas et ne lui parlez pas comme si elle était une femme; car, autrement, elle sera, bien que gentille, la créature la plus intolérable par son impertinence et son extravagance; et travaillez-la bien, il n'y a pas de danger à la trop travailler. Elle a une forte tête (*alarge brain*) qu'il faut empêcher de faire du mal.

» Le billet de la pauvre Lucy et son jeu (*play"*) me plaisent beaucoup, ce sont deux choses très estimables, parce qu'elles montrent qu'elle fait des efforts pour apprendre. Faites en sorte qu'elle soit la première, puisqu'elle est l'aînée. Je désire que Emily voie que la conduite, la bonté et le désintéressement ont un rang bien au-dessus des dons de l'esprit, et je me réjouis d'apprendre qu'elle cultive ses qualités morales. Apprennent-elles à danser ? Y a-t-il quelque école de danse pour dames? S'il y en a, ce sera pour elles le meilleur moyen d'apprendre ce que je désire qu'elles fassent, afin qu'elles aient un maintien aisé et gracieux. Je compte qu'on ne leur permet pas de parler une autre langue que la langue française. Leurs lettres, en effet, étaient très bien. Je pense que j'irai les voir dans le mois de décembre, avec mon affection et mes baisers pour chacune. Avez-vous reçu une lettre adressée à madame de Perpignan? Sont-ils jamais venus? J'ai été étonné de n'avoir pas entendu quelques-unes des enfants les mentionner. Je serais bien aise d'avoir de vos nouvelles un peu plus fréquemment, et je suis très sincèrement à vous.

» Signé : J.-S. Marsden. »

(*Traduit de l'anglais.*)

a le droit de dire que c'est une *infâme invention !* Ce même père écrit encore à mademoiselle Doudet le 27 novembre, et voici en quels termes :

« Malvern, le 27 novembre 1852.

» MA CHÈRE DEMOISELLE,

» Vos lettres et celles des enfants ne donnent pas un rapport très favorable de leur discipline, ni de leur obéissance. Il n'est pas nécessaire de vous dire que le contenu de ces lettres m'a causé un vif chagrin. Je les ai lues et les ai jetées aussitôt dans le feu, pour les refouler du moins dans un oubli physique. Les consigner à un oubli moral est une tâche plus difficile, et je ne puis que dire qu'à moins que leur conduite ne change vraiment bientôt pour le mieux, que ma conduite envers elles changera pour le pis ; elles sont trop âgées à présent pour continuer de cette manière. Que *ce poids de ne pas bien faire tombe sur leur propre tête !* mais moi je ne me sentirai pas bien plus longtemps porté à faire des *sacrifices* personnels de toute espèce pour des enfants qu'il *ne paraît pas possible d'élever.* Bientôt je cesserai de gronder, je les placerai dans quelque pensionnat ordinaire, *peu coûteux,* et je leur promettrai de suivre leurs propres penchants et leurs *propres risques.* Voulez-vous, s'il vous plaît, dire ceci à celles d'entre elles qui puissent le comprendre ?

» *Signé :* MARSDEN. »

Et M. Marsden vient nous dire qu'il a été trompé ! Pourquoi l'aurait-il été, nous le répétons, les mois qui ont précédé le mariage, qui ont précédé le système pervers dont les calomnies de mademoiselle Doudet seraient désormais l'excuse, ou du moins l'explication, le voile, le manteau ? C'est dans les mois qui ont précédé le mariage où sa conduite était simple et naturelle ; pourquoi aurait-il, lui qui, *avant* que ses filles quittassent l'Angleterre, leur a donné *ses directions,* lui qui a écrit à Emily ce que nous avons lu, lui qui a indiqué *le seul moyen de surveillance* à employer sur la seconde de ses filles, pourquoi aurait-il été dans l'ignorance ? Oh ! assurément, c'est un homme qui a plus que des indices, et il n'a pas le droit de dire que mademoiselle Doudet a fait une infâme invention, quand elle a parlé de cette circonstance... J'aurai tout à l'heure une question à adresser à M. Marsden ; mais poursuivons l'enchaînement des faits...

Il arrive bientôt à Paris ; il y arrive le 18 décembre 1852. Il descend à l'hôtel Mirabeau ; il arrive avec sa jeune épouse, dans des sentiments de peu de satisfaction de la conduite de ses filles. Le premier jour, il manifeste, en venant visiter mademoiselle Zépyhrine Doudet, qu'il ne veut pas les voir. Il est dit ; nous n'en avons pas de preuves écrites, mais le fait est vrai. Il reste quelques jours à Paris ; ses filles, le lendemain de son arrivée, viennent prendre le thé à l'hôtel Mirabeau chez leur père et leur mère.

Nous n'anticipons pas sur cette question du silence gardé par les enfants, à cette époque de décembre 1852, quant aux plaintes qu'elles auraient pu avoir à élever contre leur institutrice. Elles ont vu leur père. Au mois de juin, elles avaient quitté Great-Malvern. Dans l'intervalle, elles ont vu M. Mason, madame Hayne, M. et madame Baker ; elles ont vu plusieurs amis de la famille auxquels le père les avait recommandées ; elles ont vu leur oncle, et enfin elles ont vu leur père et leur belle-mère au mois de décembre 1852. Puis le père et la belle-mère partent pour l'Italie.

Quel jour ont-ils été de retour à Paris ? Nous avons consulté le registre de l'hôtel Windsor, où ils étaient descendus : ils sont arrivés le 7 février et repartis le 30 mars 1853.

Voilà donc le père, marié à une personne qui n'est pas mademoiselle Doudet, le voilà qui va passer deux mois à Paris quand il sait (suivant l'accusation) que ce mariage doit avoir soulevé dans le cœur de mademoiselle Doudet une passion jalouse, qui va expliquer les tortures qu'on lui impute ; et, je le répète, il est médecin et père, il est auprès d'enfants à l'égard desquels il a appris certaines choses qui sont les plus graves du monde, avec qui il a eu des entretiens et même, un moment, une correspondance relativement à ce sujet si délicat ; le voilà en présence d'enfants sur le compte desquels il a reçu des lettres qu'il a, dit-il, jetées au feu pour qu'il ne restât pas trace du fait qu'elles racontaient ; le voilà à Paris du 7 février au 30 mars 1853. Que lisons-nous dans sa plainte (1)? Qu'il vient avec sa nouvelle épouse, « celle-ci ayant désiré » voir de près les enfants, » saisissez ce mot, il le déclare formellement : « nous » les vîmes presque *tous les jours* ; nous ne les faisions sortir que rarement, » parce que l'institutrice disait (ce que disent toutes les institutrices) : cela » nuit à l'avancement de leurs études. » Ils ne sortaient donc que rarement.

Voilà un père et une mère qui sont venus à Paris pour voir leurs enfants « de près, » qui sont venus y passer deux mois avec ces préoccupations, avec les renseignements qui avaient été donnés au père, avec la correspondance relative à ces mauvaises habitudes.

J'admets un moment que mademoiselle Doudet ait écrit ce qui n'était pas, qu'elle ait accusé injustement les jeunes filles de cette affection ; le voilà médecin et père, à Paris ; il y passe deux mois ; il y voit ses enfants *tous les jours*, lui qui, plus que personne, est à même d'étudier les symptômes des ravages si affreux et si reconnaissables de cette maladie, qui en a déjà parlé à sa fille dans la lettre qu'il lui a écrite le 16 août 1852... Il reste à Paris jus-

---

(1) « Je revins à Paris au *commencement* de février 1853. Ma femme tenait à *voir de près mes enfants,* et à se faire connaître d'elles. Nous restâmes en effet *environ un mois* à Paris, et nous *les vîmes presque tous les jours,* mais nous ne les faisions sortir que rarement, parce que mademoiselle Doudet nous disait qu'elles ne le méritaient pas, qu'elles n'étaient pas sages, qu'elles ne lui donnaient pas de satisfaction, et qu'il valait mieux dans leur intérêt ne pas les détourner de leurs études ; il m'arrivait même quelquefois de me présenter pour les voir, et de n'être pas reçu sous le prétexte que les enfants étaient sortis, alors qu'ils y étaient réellement, et qu'ils entendaient et reconnaissaient ma voix.

» Cependant, et à ce moment encore, *rien ne me faisait supposer* que mes enfants couraient *les plus graves dangers* dans les mains de mademoiselle Doudet. Emily et Lucy, les deux aînées, étaient *un peu maigres,* mais on attribuait cette maigreur à leur âge où elle est ordinaire chez les enfants. Quant aux trois plus jeunes, elles avaient une assez *bonne apparence.*

» Chez toutes seulement je remarquai une gêne de manière et de maintien que ma femme et moi nous ne pouvions expliquer. Nous étions aussi frappés de l'habitude qu'avaient mes enfants de répéter tout de suite et mot pour mot ce que nous disait l'une d'elles.

» Enfin ce que nos souvenirs nous rappellent très exactement, c'est qu'elles avaient toutes un appétit, ou plutôt une voracité insatiable, que mademoiselle Doudet attribuait à la gourmandise, ce que nous croyions en effet, n'ayant aucune raison d'en douter, et les *enfants n'ayant pour mademoiselle Doudet que des paroles d'éloges,* au point que lorsque nous leur demandions si elles *voulaient venir avec nous,* elles nous *suppliaient,* les larmes aux yeux, *de les laisser avec mademoiselle.*

» Je retournai en Angleterre dans le *courant de mars* 1853. »

(Extrait de la plainte du 8 mai 1854.)

qu'au 30 mars; eh bien! ce père, ce médecin, qui a vu ses enfants tous les jours, qui affirme n'avoir jamais eu aucun indice, et que c'est de notre part une infâme invention, que fait-il dans les premiers jours de mars?

Il va consulter, qui? une somnambule, madame Gavelle, qu'il connaissait, chez laquelle il s'était fait traiter de je ne sais quoi, on lui avait mis des vésicatoires sur les reins; qui avait eu comme pensionnaire un M. Gardon, si je ne me trompe, un beau-frère de M. Marsden. Voilà ce père, éveillé par sa tendresse, éclairé par la pratique de sa profession, averti du vice de ses enfants de toutes les manières, ayant étudié ses enfants dans les visites journalières qu'il leur a faites depuis le 7 février jusqu'au 30 mars, qui va chez une somnambule, pourquoi faire? Pour la consulter sur ce qu'il doit faire pour guérir ses enfants de ce vice déplorable. Et puis, l'on accusera mademoiselle Doudet d'avoir divulgué ces honteuses habitudes! Le père va consulter madame Gavelle, il lui parle du vice de ses enfants; il y a, au moment où il en parle, un témoin dont la présence ne l'arrête pas, c'est le docteur Carteron; il dit, en présence de ce docteur, qui en dépose, que ces enfants étaient entachés de ce vice « avant de quitter l'Angleterre, qu'il n'a que des craintes à l'égard de l'une d'entre elles, de l'aînée, mais que pour les quatre autres ces habitudes étaient antérieures à leur arrivée à Paris, » et il demande à madame Gavelle un moyen préservatif, parce que les remontrances, les prières, les supplications, les menaces, les violences même, rien n'a pu vaincre ce vice malheureux; il demande à madame Gavelle ce qu'il est possible de faire, et madame Gavelle lui explique alors qu'il y a une jeune fille qu'elle a connue, qui s'abandonnait à ces habitudes meurtrières, et qu'on a employé un appareil, que cet appareil a été fait par les soins de M. Riffaut. En conséquence, M. Marsden donne l'ordre immédiatement à madame Gavelle de lui faire faire des appareils semblables.

On va trouver une madame Walter qui doit faire les caleçons, on lui donne les explications nécessaires; il est convenu que les jeunes filles iront bientôt chez elle pour qu'on prenne la mesure; les appareils sont commandés par le père. La déclaration de madame Gavelle est formelle, c'est le père qui est venu faire la commande, c'est le père qui a voulu que les appareils fussent faits, qui les a commandés pour ses filles. Et c'est ce même père qui, après la correspondance que nous venons de voir, après un séjour de deux mois à Paris, ose dire qu'il n'a eu aucun indice que ses filles fussent infectées de ce vice honteux! lui qui, après les avoir observées durant tout ce temps, a commandé des appareils constricteurs pour combattre, pour comprimer, pour contraindre ce que la raison, les bons conseils, les prières, les châtiments même ne pouvaient pas arrêter; car tel est le malheur affreux attaché à ce vice que quand une fois il s'est emparé d'un enfant, et surtout d'une jeune fille, trop souvent il ne lâche sa proie que sur le bord de la tombe.

Le docteur Marsden a-t-il en effet déclaré, devant les personnes que je viens de nommer, le vice de ses enfants? Est-ce lui qui a commandé les appareils constricteurs? Vous lirez les dépositions si formelles à cet égard et dont les termes sont désagréables à reproduire à l'audience; vous lirez la déposition si formelle de madame Gavelle, dans les pièces cotées 91, 92, et 95; vous lirez la déclaration du docteur Carteron.

Je pourrais invoquer encore la déclaration de Zéphyrine, telle qu'elle a été faite et telle que vous l'avez dans les mains, mais je m'arrête à ce point. Voilà le docteur Carteron, voilà M. Riffaut, voilà madame Gaveile qui déclarent que M. Marsden, s'adressant à elle, lui a écrit et a écrit à madame Walter, pour charger cette dernière de confectionner les caleçons, pour la presser d'en expédier la confection ; voilà qui est constant.

Eh bien, en faut-il davantage à la Cour ? Si je n'entre pas à l'audience dans tous les détails des déclarations, elles ne vous échapperont pas ; pour vous éclairer, vous les lirez attentivement, et vous verrez que rien n'est plus certain, plus incontestable que ce point de la cause, que les enfants étaient atteints d'un vice honteux : lisez les déclarations des médecins, lisez celles du docteur Gaudinot, qui, pendant la maladie de Mary-Ann, pendant qu'elle était gisante sur son lit, a été obligé de détourner sa main à différentes reprises ; elle se donnait lentement la mort à elle-même : c'est le docteur qui en dépose.

Et l'on viendra dire que mademoiselle Doudet est coupable d'imposture, d'infâme invention, que le père a tout ignoré, qu'il a été trompé, qu'il n'a pas eu le plus léger indice ! Je dis que le fait est là, et que, malheureusement, il n'est que trop vrai.

Maintenant, mademoiselle Doudet a-t-elle eu le tort d'en parler elle-même ? Nous allons voir dans quelle situation on l'a mise, quelles accusations sont portées contre elle. Lorsque le commissaire de police vient l'interroger, lorsque madame Espert, ancienne institutrice, s'arrogeant certaine autorité, vient blâmer certains châtiments qu'elle trouve exagérés ; lorsque madame Espert, une femme grave, respectable, comme vous le dites, signale le dépérissement des enfants surtout après la maladie de Mary-Ann ; lorsqu'elle écrit cette lettre du 31 mai, dont j'aurai à parler tout à l'heure ; lorsque madame Espert, cette voisine qui demeure au-dessus, fait des observations sur la pâleur, sur la maigreur, sur le dépérissement des petites filles ; eh bien ! mademoiselle Doudet a dit pour s'expliquer à la matrone, à la vénérable, puisque c'est ainsi qu'on l'appelle, à la très respectable madame Espert : Vous vous effrayez du dépérissement de ces enfants, mais, ma chère dame, ma chère voisine, ils ont un vice, un vice affreux. Elle donne cette explication, elle confie ce secret à une personne d'âge, amie de sa mère, qu'elle ne devait pas supposer indiscrète. Elle en parle aussi à trois médecins ; il faut bien qu'elle en parle aux médecins chargés par le père de veiller sur la santé de ses filles. Elle en a donc parlé aux médecins, mais c'était nécessaire ; elle en a enfin averti le commissaire lorsqu'il est venu faire des investigations chez elle. C'était une justification indispensable ; elle y a bien été forcée, puisqu'elle était obligée de se disculper elle-même ; il a bien fallu qu'elle expliquât un amaigrissement, un dépérissement qui n'était pas naturel. C'est dans ces circonstances qu'elle a parlé et qu'elle a dit ce qui était incontestable, ce qui était connu, ce qui avait préoccupé le père, ce qui lui avait fait faire toutes les recommandations, toutes les commandes que vous savez.

Maintenant, on vient dire qu'elle n'y croyait pas elle-même, et c'est M. l'avocat général qui a dit cela, car elle n'a pas employé les appareils coercitifs.

Messieurs, les appareils ont été livrés, en voici la facture. M. Marsden avait écrit pour en presser la confection, comme madame Walter le déclare, mais les appareils ne sont livrés que le 18 juillet, et tout à l'heure j'aurai occasion de mettre sous vos yeux une lettre du 15 juillet que M. le docteur Marsden adressait à sa fille Emily, dans laquelle il la chargeait de dire à mademoiselle Doudet de ne pas employer les appareils dont il avait été question à Paris.

C'est le 18 juillet seulement que les appareils ont été livrés ; mais ils n'ont pas servi. Vous savez que c'est à la fin de juillet que les enfants ont quitté la maison de mademoiselle Doudet par suite des circonstances dans l'examen desquelles nous allons entrer.

Messieurs, la cause est ici, elle y est tout entière. Rien ne s'explique mieux que le dépérissement des enfants ; nous allons voir qu'elles étaient toutes atteintes de la coqueluche.

La coqueluche ne peut pas être niée. M. l'avocat général commettait une erreur quand il disait que ni Lucy, ni Rosa n'en avaient été atteintes. Nous avons heureusement les ordonnances du docteur Tessier : toutes prescrivent le traitement de la coqueluche, et portent qu'elles sont pour Lucy, Emily, Rosa et Alice. Voilà ce qui répond à l'accusation que la coqueluche n'a pas été l'une des causes de ce dépérissement.

Oui, oui ! sur ces corps énervés, fatigués, déjà appauvris, la coqueluche a fait les ravages que vous savez qu'elle fait trop souvent sur les enfants les plus robustes.

Dans cet état de la cause, que reste-t-il au procès ? Vous venez dire que le dépérissement attribué au vice des enfants et à la coqueluche qui est malheureusement survenue au mois de mai ; vous venez dire que ce dépérissement ainsi expliqué a été, de la part de mademoiselle Doudet, une odieuse supposition. Mais si les faits sont démontrés, l'existence de la coqueluche, les mauvaises habitudes pratiquées avec frénésie par ces enfants, si cela est constant, évident, par les précautions mêmes que le père voulait prendre, mademoiselle Doudet a tout expliqué sur le dépérissement des enfants ; et maintenant c'est une calomnie dirigée contre elle que la supposition que ce fait est une invention de sa part ; cette prétendue invention est une réalité, un fait matériel, un fait acquis.

Messieurs, j'avance dans la cause lentement, trop lentement ; mais il faut aller pas à pas quand on se trouve en présence de détails immenses comme ceux qui sont le fond de ces insinuations, de ces accusations. Mademoiselle Doudet a invoqué tous les antécédents de sa vie, permettez-moi d'invoquer le témoignage de tous ceux qui l'ont approchée pendant qu'elle était avec les enfants dans la cité Odiot. Quelle a été cette existence ?

Vous avez le plan de la maison sous les yeux.

Cette maison est parfaitement aérée ; elle est située sur la croupe de la colline qui s'élève dans le haut du faubourg Saint-Honoré.

Quoique bien bâtie elle n'est pas construite en murs fort épais. C'est la maison la plus retentissante que je connaisse.

La distribution en est simple : c'est une collection de maisons les unes à côté des autres, disposées pour de petits logements. La partie n° 1 est adossée à la partie n° 2. Elle donne au couchant sur une longue cour ; à l'est elle domine la rue de Berry. On entre, et l'on trouve un vestibule assez large où l'on parvient par neuf marches de 7 pouces de hauteur (je les ai mesurées), ce qui forme une hauteur de 5 pieds au-dessus du sol du côté de la cour. Au rez-de-chaussée, à droite, il y a deux grandes pièces qui se relient entre elles, l'une donnant sur la cour, l'autre sur le derrière. De l'autre côté, comme le terrain est extrêmement bas, ce qui forme le rez-de-chaussée du côté de la cour est un premier du côté de la rue de Berry, et, à une grande hauteur au-dessus du niveau de cette rue ; tout le monde a vu un escalier très roide par lequel on atteint, de la rue de Berry, le sol de la cour de la cité Odiot.

Les neuf marches aboutissent à un corridor, large, ouvert et fort éclairé, dans lequel sont deux portes à droite et deux portes à gauche, au fond l'escalier. Le premier est la répétition du rez-de-chaussée, sauf que la partie correspondante au vestibule forme une espèce d'antichambre. Si l'on ferme la porte sur l'escalier, cette antichambre sert de petite salle, de cabinet de toilette. A droite est la cuisine ; de l'autre côté est la salle à manger, derrière le salon, et ensuite une chambre à coucher.

Mademoiselle Doudet logeait au rez-de-chaussée, dans la chambre qu'on a considérée depuis comme la prison de Lucy, chambre qui est à côté de la loge du concierge de la cité Odiot. Zéphyrine demeurait en haut. Quand elle est partie, mademoiselle Doudet a cédé sa chambre à Lucy, et la chambre de derrière au rez-de-chaussée, dans le fond, qui a sa fenêtre du côté de Paris, a a été occupée par Emily, la deuxième fille. Les autres enfants étaient réunis dans la chambre voisine de celle qu'avait occupée Zéphyrine, et où couchait mademoiselle Doudet elle-même. Voilà la description de l'appartement.

Mais il y avait d'autres locataires : au rez-de-chaussée, un homme fort respectable, dont nous allons parler tout à l'heure, M. Rapelli, docteur en théologie, secrétaire attaché à la légation de la Sardaigne ; il occupait la partie gauche du rez-de-chaussée, c'est-à-dire deux pièces semblables à celles de l'appartement des enfants. Au second, est un appartement où logeait madame Espert ; au troisième, un autre appartement où logeait madame Pacault.

Un grand escalier fait communiquer tous ces appartements ensemble, et les enfants le montaient et descendaient sans cesse, du rez-de-chaussée au premier, et allaient jouer dans la cour, aux yeux de tout le monde, dans cet espace très ouvert.

Je dois ajouter que la maison de l'institutrice se trouve précisément à côté de la grille qui donne sur l'escalier qui descend du côté de la rue Neuve-de-Berry, en telle sorte que la loge du portier fait presque vis-à-vis à la chambre occupée d'abord par mademoiselle Doudet, et plus tard par Lucy ; elle n'en est pas à 12 ou 14 pieds de distance.

Il n'y avait donc rien qui fût moins propre à renfermer des enfants pour les livrer à une vie de supplices, de tortures de casernement, d'emprisonnement, à cette incarcération perpétuelle, que l'appartement dans sa distribution matérielle. C'est la maison la plus ouverte, dont les communications sont le plus faciles ; c'est, en outre, la maison la plus retentissante, une maison dont la construction est extrêmement légère. On entend du second tout ce qui se dit, tout ce qui se passe au premier. C'est une maison qui semble avoir été construite pour que tout s'y passe au grand jour. Elle est, du reste, parfaitement saine, parfaitement éclairée. Elle a des vues de tous les côtés.

Un grand nombre de personnes ont vu mademoiselle Doudet dans cette maison, dans son logement. L'audience se remplirait si je lisais tout ce que j'ai noté en faits, en noms, en témoignages. Recherchons si, dans ces témoignages, rien n'indique que mademoiselle Doudet, à une époque quelconque, se soit livrée à ce système de mauvais traitements par une excitation de sa jalousie.

Il y a d'abord les témoins habitant la maison. M. Rapelli, le locataire du rez-de-chaussée, a écrit une lettre que vous lirez (1). C'est un homme respectable : si vous invoquez la respectabilité de madame Espert, vous ne contesterez pas celle de ce personnage honorable par ses fonctions, et plus considérable par sa personne et l'estime dont il jouit dans le monde. Il n'a jamais rien vu, lui qui habite le rez-de-chaussée dans lequel tout se passe. Dans cette maison où se trouvent un couloir au milieu, un appartement ici, là le portier, où chaque appartement se compose de deux pièces... comprenez-vous des incarcérations, des violences, des coups, des meurtrissures, tout ce qui est dans l'enquête?... Eh bien ! M. Rapelli n'a jamais rien vu, jamais rien entendu.

Madame Espert, qui est au-dessus, au second étage, n'a rien vu non plus, rien entendu... Elle ne parle que sur la foi d'autrui.

---

(1)   *Lettre de M. Rapelli.*

« J'habite depuis 1847 jusqu'à présent l'appartement situé au rez-de-chaussée du n⁂ 1, cité Odiot, à côté ou en face de celui qu'y occupait mademoiselle Doudet, au rez-de-chaussée, et au-dessous de son appartement du premier. Le vestibule qui sépare les deux petits appartements n'a que 2 mètres 20 centimètres de largeur, et la hauteur des chambres est la même. Chaque chambre a une porte sur le vestibule, et les quatre portes sont tout à fait en face l'une de l'autre. En entrebâillant la porte de la chambre, je vois ceux qui entrent dans l'appartement en face ; qui montent l'escalier ou qui descendent à la cave. J'entends tous les bruits qui se font au-dessus de moi et à côté.

» Je déclare que j'ai entendu tousser les enfants Marsden, que j'ai très bien distingué le hoquet propre de la *coqueluche*, et cela en mai et juin de 1853 ; que j'en ai parlé avec la femme Tassin, concierge, qui m'a dit que ces enfants avaient la coqueluche, que le médecin, que je voyais arriver tous les jours, venait pour cela.

» Ni la concierge, ni autre personne ne m'a jamais parlé de coups portés par mademoiselle Doudet.

» Lorsque la jeune Mary-Ann Marsden est morte, la même concierge m'a dit qu'elle était morte par suite de convulsions ; en sorte que j'ai été tout étonné, lorsque j'ai entendu parler des accusations portées contre mademoiselle Doudet.

» En effet, pendant 1852 et 1853, je les ai vues (ces jeunes filles) tous les jours descendre dans la cour, jouer sous ma fenêtre, ou bien dans le vestibule tout près de la porte de mes deux chambres, et je n'ai jamais entendu aucune plainte, aucun cri, je n'ai jamais remarqué des pleurs ou des soupirs plaintifs. Quant aux mauvais traitements exercés sur les enfants, personne ne m'en a jamais parlé, et moi je ne m'en suis pas aperçu.

» J'ajouterai que lorsque mademoiselle Lucy Marsden occupait jour et nuit la chambre du rez-de-chaussée, j'ai vu maintes fois mademoiselle Doudet y entrer, et que moi, me promenant en pantoufles sous le vestibule, et tout à fait à portée d'être témoin de la moindre scène de violence, je n'ai jamais rien entendu. Et, cependant, j'entendais cette jeune fille tousser assez souvent. Je dois dire, enfin, que j'ai vu ces jeunes demoiselles Marsden *arriver* à Paris, descendre de voiture, et que j'ai remarqué que les trois aînées étaient très maigres, et qu'ayant vu mademoiselle Émilie Marsden, dans le mois de février 1855, avec son père et ses sœurs, je ne l'aurais pas reconnue pour l'une des jeunes filles arrivées en juin 1852.

» Tel est le témoignage que je dois à la vérité. Quant à mademoiselle Célestine Doudet, je n'ai jamais eu l'honneur de lui parler, et je me suis borné à la saluer lorsque je la rencontrais sous le vestibule.

» Agréez,   ·   Signé : CH. JOSEPH RAPELLI,

  » *Docteur en théologie et ancien secrétaire à la légation de Sardaigne à Paris.* »

Madame Pacault, la locataire du troisième étage, vient déclarer aussi qu'elle n'a jamais vu ni entendu de violences dans la maison ; qu'elle a, au contraire, été témoin des soins maternels de mademoiselle Doudet pour ses élèves, et de la tendresse des enfants pour mademoiselle Doudet. Mademoiselle Doudet a toujours été bonne.

Il y a d'autres habitants dans la cité Odiot. Je vous prie, quand vous vous reporterez aux témoignages, je ne veux pas vous fatiguer par des lectures, je vous prie de faire ce choix que j'ai fait : Prenez les habitants de la cité Odiot, sous les numéros 6, 4, 2, tous ceux-là vous diront ce qu'ils savent parfaitement : qu'ils ont vu jouer les enfants, qu'ils les ont vus dans leurs épanchements d'affection pour mademoiselle Doudet.

Et quand nous entendrons une rumeur partir du dehors, elle partira des étrangers, et ce sera une femme qui n'a jamais vu mademoiselle Doudet, qui n'a jamais vu les élèves de mademoiselle Doudet, qui n'a jamais mis les pieds dans sa maison, ce sera cette femme-là qui viendra fournir les chefs d'accusation qui iront se développer dans ce volumineux dossier que nous avons ici. Mais pour les habitants de la cité, ils n'ont jamais vu aucun mal, et tous disent que les enfants ont toujours paru affectueux pour leur institutrice.

Ces témoignages de gens qui ont quitté leur maison pour savoir ce qui se passait chez le voisin, qui, s'ils ont vu les enfants, ne les ont vus que jouant dans la cour, et qui racontent néanmoins les prétendus sévices de mademoiselle Doudet, ne sont pas des témoignages probants.

Ce qui devient des témoignages probants, c'est ceci : Mademoiselle Doudet pouvait avoir d'autres élèves, et nous en voyons sans interruption chez elle ; ce sont d'abord les enfants de cette madame *Galway*, qui sont restés six semaines ou deux mois ; puis madame *Lebey*, qui faisait donner chez elle des leçons à ses enfants par Zéphyrine, les a plus tard envoyées avec les petites Anglaises, deux heures le matin et deux heures le soir.

Notre confrère, M. *Nicollet*, envoyait son enfant tous les jours chez mademoiselle Doudet à dix heures du matin, pour y rester jusqu'à quatre heures du soir. Cela a duré depuis le mois de février ou de mars 1853, jusqu'à la fin de juillet, où M. Nicollet est parti avec ses enfants de Paris, pour aller prendre ses vacances. Ainsi il y avait des enfants en demi-pension qui venaient passer la journée chez mademoiselle Doudet, et qui tous témoignent, ainsi que leurs parents, des bontés et des bons procédés de mademoiselle Doudet.

D'autres enfants sont encore venus : madame *Bernard* déclare qu'au mois de juillet, elle se proposait de mettre ses enfants chez mademoiselle Doudet ; madame *Geoffroy* fait la même déclaration ; madame *Bruce*, une personne que nous connaissons, une personne du monde, et d'un monde certainement très vigilant en pareille matière, madame Bruce a envoyé ses enfants jouer chez mademoiselle Doudet ; madame *Vidal* a de même envoyé les siens. Tous ces témoins attestent les bons rapports de l'institutrice avec ses élèves.

Tous ces enfants venaient précisément à l'époque où l'on place le système infernal de mademoiselle Doudet, tandis qu'elle tenait les enfants en prison trente-six heures de suite, sans leur donner à manger, et même, dit-on, du mercredi matin au vendredi soir ; tandis qu'elle les enfermait à la cave, sans nourriture et nu-pieds, etc. Et pendant que ces excès épouvantables se seraient commis, mademoiselle Doudet avait des pensionnaires du dehors, des enfants qui venaient jouer avec les jeunes Anglaises, et les jeunes Anglaises n'ont fait aucune communication de ce genre ; elles ne se sont jamais plaintes de rien, elles ont toujours déclaré au contraire que mademoiselle Doudet était bonne pour toutes ! Quand on interroge la petite Lebey, quand le juge lui demande : Mademoiselle Doudet avait-elle bien soin de vous ? L'enfant s'écrie, et le juge a la grande sagesse de reproduire l'expression naïve de l'enfant, l'enfant s'écrie : « Oh ! » oui, monsieur, elle était bien bonne, elle disait quelquefois des paroles quand » elles les méritaient, pour les gronder, mais elle ne les battait jamais. » Voilà ce que dit une enfant âgée de six ans et demi, sept ans. Ce qu'elle a remarqué chez mademoiselle Doudet, c'est sa bonté : Oh ! oui, monsieur, elle est bien bonne.

Ce n'est pas tout, on recevait des visites qui non-seulement voyaient les enfants jouer dans la cour, mais qui les voyaient dans l'intérieur. Et à qui persuaderait-on d'ailleurs que des enfants viennent tous les jours, se trouvent tous les jours à côté des petites Anglaises, partagent tous leurs jeux, et ne voient rien des supplices affreux qui sont infligés à ces jeunes enfants tous les jours enfermées ou privées de nourriture, rouées de coups, traînées par les cheveux, frappées sur la poitrine, renversées à terre, foulées aux pieds, les pieds écrasés pour en faire jaillir le sang ? Tout ceci se sera commis journellement dans la maison de mademoiselle Doudet, des camarades des petites filles seront venues passer les journées, et elles n'en auront rien vu ! Et il y aura eu des captivités de trente-six heures ! Et les enfants qui venaient jouer avec les captives n'auront rien vu de ce qui se passait dans cet appartement dont le développement est si simple, où il n'y a pas de lieu caché ! S'il y a une chambre noire où l'on met les enfants en pénitence, tous les enfants la connaissent, ce n'est pas un endroit caché ; elle est entre la salle à manger et le salon. Ils s'en seraient aperçus quand ils faisaient leurs repas. Où aurait eu lieu la captivité que n'auraient pu voir les enfants venant partager les jeux des petites Anglaises et la plupart des travaux des élèves de mademoiselle Doudet ?

Ce n'est pas tout. Il y avait des maîtres aussi, il y avait un maître de langue, une maîtresse de piano qui venaient trois fois par semaine ; il y avait madame Pacault, une artiste qui demeurait au-dessus, et qui déclare qu'elle voyait habituellement les enfants.

Voici maintenant les observations qui sont faites quand les rumeurs arrivent. Pourquoi ? Parce que la coqueluche a amené de tels résultats, que tout le monde est frappé du dépérissement des enfants, car le dépérissement est rapide chez des enfants livrés à ce vice, à ces détestables habitudes. Je n'apporte pas ici des documents techniques, mais les conséquences de ce vice sont fort connues : on n'a pas lu Tissot, on n'a pas lu le *Dictionnaire des sciences médicales* sans savoir combien est rapide le dépérissement de la santé ; mais une amélioration se manifeste dans la santé aussitôt qu'il y a cessation de l'habitude. On trouve dans ces ouvrages les explications les plus claires, et sur la nature du mal, et sur les précautions qu'il faut prendre, et sur le développement que reçoit ce vice insatiable, cette irritation implacable à laquelle on finit par ne pouvoir plus résister, même dès l'âge le plus tendre. On a des exemples de petites filles de quatre ans mourant victimes de cette déplorable habitude à laquelle elles cédaient jusque dans les bras de la mort, comme la pauvre enfant que le docteur Gaudinot, il le déclare, ne pouvait pas arracher à ce vice quand elle était gisante sur son lit, à moitié paralysée.

Eh bien, tous les enfants étaient adonnés à ce vice lorsque la coqueluche s'est déclarée chez eux. On a chercher à le contester ; M. Marsden le nie formellement : il dit que les enfants n'ont pas eu la coqueluche. Nous opposons les déclarations des médecins et leurs ordonnances qui constatent le fait, et nous opposons la rumeur publique qui s'était établie dans le quartier à cette époque parmi toutes les personnes qui les visitaient. A ces certificats, à ces ordonnances, à cette rumeur, a-t-on opposé quelque témoignage ? En aucune manière.

Arrivons enfin au terrible événement du 24 mai. Cet événement est expliqué de la manière la plus cruelle par un témoin sur lequel il faudra que vous nous écoutiez plus tard. C'est mademoiselle Doudet qui a jeté par terre la malheureuse Mary-Ann à trois reprises, et qui, enfin, lui a donné une contusion telle qu'elle est tombée en paralysie, en hémiplégie, qu'elle a eu la moitié du corps prise. C'est à cette époque que commence l'agitation, que paraissent des lettres anonymes émanant d'anciennes institutrices, et vous allez voir même une lettre importante qui part d'une dame dont la fille est institutrice à Bristol, tout près de chez M. le docteur Marsden. Voilà les rumeurs qui se répandent. Une servante est chassée ; dans quelles circonstances ? Je néglige les déclarations données par les servantes qui n'étaient dans la maison qu'en 1852, car quand elles viennent attester des faits qui sont repoussés, qui sont déclarés par tout le monde se rattacher à une époque durant laquelle il n'y a aucun reproche à faire à mademoiselle Doudet, je n'ai pas besoin de m'attacher à leur témoignage.

Quant à Léocadie, elle est sortie le 5 juin 1853. Pourquoi ? Parce que le docteur et le commissaire de police avaient fait connaître qu'elle répandait de mauvais propos et qu'elle avait attribué la chute de Mary-Ann à une violence de sa maîtresse. Cette fille chassée part en disant qu'elle se vengera ; elle dit dans sa déposition : « J'ai promis de décharger ma conscience en disant tout ce que j'avais à dire. » Elle accuse sa maîtresse au moment où elle sort, et elle lui dit devant Tassin, comme nous le verrons plus tard : « Vous êtes la cause de la mort de Mary-Ann. »

J'effraie la Cour en disant « plus tard, » mais je ne puis pas me dispenser d'entrer dans les explications nécessaires à la cause.

Les rumeurs se répandent. On dit donc que les enfants sont maltraités, c'est alors que madame Espert va écrire la lettre du 31 mai. Quel est le fondement de cette lettre ? Veuillez la lire avec attention, comme tous les témoignages de madame Espert.

Il y avait une question qui se débattait souvent entre les deux sœurs. Il est parfaitement vrai que mademoiselle Doudet se conformait à des usages très réprouvés aujourd'hui en France, mais qui étaient très fréquents il n'y a pas longtemps, il ne faut pas toute une vie d'homme pour avoir connu la pratique de ces usages dans notre pays, les corrections manuelles en un mot. Elles ont été pratiquées plusieurs fois, conformément aux ordres du père ; mademoiselle Zéphyrine a manifesté à sa sœur, que ce n'était pas un système d'éducation qui lui convînt, qu'elle avait pour ce système une grande répugnance, elle a dit aux dames avec qui elle en raisonnait, à l'ancienne institutrice madame Espert, qu'elle blâmait tout à fait la sévérité dont on usait dans cette éducation.

C'est la sévérité dans le système d'éducation, veuillez y faire attention, qui est l'objet unique de la lettre de madame Espert. Des faits, des violences, des actes quelconques, madame Espert n'a rien su, n'a rien vu, et elle ne parle que de la sévérité de l'éducation. Dans cette lettre, elle dit : « J'espère, madame, que vous modifierez ce système et que vous reconnaîtrez que le système d'éducation trop sévère ne peut avoir que des dangers pour ces jeunes filles et pour vous-même ; vous auriez à vous en repentir. » Voilà la lettre de madame Espert (1).

Mais au moment où madame Espert écrivait cela, elle était blessée de ce que mademoiselle Doudet n'envoyait plus les enfants chez elle ; le père en effet le lui avait défendu par lettre du 9 mai 1853, à raison des questions déplacées

---

(1)   *Lettre de madame Espert à mademoiselle Doudet.*

« Cité Odiot, 31 mai 1853.

» CHÈRE DEMOISELLE,

» Vous avez semblé désirer une liaison avec nous, et nous n'avons eu qu'à nous louer de vos procédés à notre égard, mais il faut absolument que nous ayons une explication très franche avant d'aller plus loin.

» *Il circule des bruits* tellement chagrinants sur la manière dont vous traitez les pauvres enfants confiés à vos soins, que cela nous inquiète et nous indigne.

» La *séquestration* de Lucy, depuis un mois, est une chose tellement grave, que j'ai besoin d'avoir un éclaircissement à ce sujet avant de vous traiter encore en amie.

» Ce n'est pas pour la soustraire à la *coqueluche*, comme vous me l'avez dit, que vous l'enfermez ainsi toute seule. C'est une punition, et l'*on dit* même que Poppy ne doit le cruel accident qu'elle a éprouvé qu'à des traitements trop rigoureux.

» *Il y a des personnes* qui ont entendu battre ces malheureux enfants, et *leur mine dit* assez qu'elles vivent sous un régime de terreur ; et quand tout cela se rapporte à ce que dit votre sœur, qui ne vous a quittée que pour ce motif, ne pouvant être témoin de votre dureté à leur égard, puis à ce qu'*ont dit* les domestiques qui vous ont quittée, le cœur se déchire et se révolte à l'idée d'une *apparence de bonté* et de sensibilité extrême avec une sévérité aussi soutenue et aussi cruelle.

» J'aime à croire, chère demoiselle, que c'est un faux système d'éducation ; mais, croyez-moi, il vous sera fatal comme aux enfants qui en sont les victimes, et si vous êtes chrétienne, ramenez la joie et la confiance autour de vous, sans cela vous compromettrez la santé, l'intelligence et la moralité de vos élèves, et vous cesserez vous-même d'être une personne digne d'estime et de considération.

» C'est une si grande et belle tâche que celle d'élever des enfants, et surtout lorsqu'il s'agit de remplacer une mère près de pauvres orphelines! Vous devez comprendre cette mission, dont vous parlez si bien, et je laisse à votre conscience le soin de répondre à cette question : Votre mère vous a-t-elle traitée ainsi ? Eh bien, vous qui semblez la regretter beaucoup, c'est en son nom que je vous engage à rentrer dans une voie d'éducation plus conforme à celle que vous avez reçue de vos parents.

» *Autrefois les enfants venaient nous voir* quelquefois: pourquoi n'en est-il plus ainsi ?

» Mademoiselle Doudet, croyez-moi, je vous parle encore en amie, adoucissez votre système d'éducation, où je serai obligée de cesser de vous voir, parce que je ne veux pas autoriser une pareille conduite en ayant l'air de l'approuver par une liaison avec vous.

» Réfléchissez à tout ce que je vous dis et à ce que vous voulez faire. Mais il faut que Lucy rentre en grâce et que je la trouve près de vous, ou je ne vais plus chez vous, et, je ne vous prends pas en traître, *j'écrirai au père des enfants* ; car il est impossible qu'il autorise de pareilles rigueurs, et s'il les autorisait, honorablement vous ne devriez pas vous charger d'une telle mission.

» Je regrette, chère demoiselle, de vous écrire une lettre aussi pénible pour l'une que pour l'autre, mais je vous dois la vérité, et j'espère que vous la prendrez bien. En ce cas, croyez à l'affection que je vous porterai.   Signé : V° ESPERT. »

qu'adressaient aux enfants « ces vieilles dames ». De plus les lettres anonymes circulaient, et vous voyez arriver madame Maling, tante ou non tante de lord Normanby, ce que je ne sais pas, ce qui peut être, mais madame Maling est la personne que M. l'avocat général présentait comme une amie de la famille Doudet, et qui a la franchise de déclarer qu'elle avait à se plaindre de la famille Doudet, à cause de son ingratitude. Elle ne va pas chez mademoiselle Doudet ; mais enfin cette dame prétend pouvoir faire demander des explications après l'accident arrivé à la petite Mary-Ann. Mademoiselle Doudet répond par le récit qu'elle a fait à tous les instants, à toutes les époques. Mary-Ann était sur sa chaise, elle a eu une quinte de coqueluche violente, mademoiselle Doudet était dans un coin de la chambre qui tenait la tête de l'autre, d'Alice, qui avait aussi une quinte de coqueluche ; Mary-Ann tombe dans les convulsions de la quinte et se frappe la tête, ou par terre, ou sur l'angle du buffet, d'une manière dangereuse. C'est alors que tout éclate, c'est alors aussi que des explications arrivent, que les lettres sont lancées. On attribue tout à la sévérité de mademoiselle Doudet. La lettre du 31 mai est bientôt suivie de lettres anonymes qui courent la France, qui vont en Angleterre ; madame Maling envoie madame Hooper faire des questions, elle veut qu'on lui rende compte et elle veut même que madame Hooper emmène mademoiselle Doudet chez le commissaire de police. Mais ce magistrat était déjà venu spontanément, sur une lettre anonyme qu'il avait reçue.

Le commissaire de police a donc examiné les faits, il a tout vérifié. Vous avez son rapport (1) entre les mains. C'est dans la journée du 4 juin qu'il

---

(1)   *Rapport de M. Collomp, commissaire de police.*

« 25 septembre 1853.

» Au commencement du mois de juin dernier, je reçus une lettre anonyme dans laquelle on me disait qu'une demoiselle Doudet, demeurant cité Odiot, traitait d'une façon cruelle cinq jeunes filles anglaises qui lui avaient été confiées par leur père, demeurant en Angleterre, et qu'*en ce moment* elle tenait une de ces enfants enfermée *dans la cave.*

» Le lendemain matin, je fus de bonne heure chez la demoiselle Doudet. Je trouvai deux jeunes filles prenant une leçon de leur professeur de français ; deux autres étaient couchées chacune dans une pièce séparée ; une de ces dernières étant prise de la coqueluche, de manière à faire croire qu'elle ne pouvait guère survivre à cette maladie ; la cinquième de ces enfants, l'aînée, âgée de quinze ou seize ans, était dans une chambre du rez-de-chaussée ; elle me dit qu'elle avait été isolée de ses sœurs à cause de la coqueluche, dont mademoiselle Doudet craignait pour elle la contagion. C'est celle-ci, sans doute, que l'on supposait enfermée dans la cave.

» Elle était dans une chambre fort propre donnant sur la cour de la cité, auprès de la loge du concierge ; la fenêtre était ouverte et les persiennes étaient poussées contre.

» La demoiselle Doudet, à laquelle je fis connaître l'inculpation dont elle était l'objet, me répondit qu'elle savait, par des rumeurs de la cité Odiot, que des lettres anonymes avaient été écrites au père des demoiselles confiées à ses soins, que tous ces bruits étaient répandus par des Anglaises qu'elle ne voulait plus recevoir, parce qu'elles voulaient toujours intervenir dans les soins à donner aux enfants, prétendant que les médecins français les soignaient mal ; qu'elle ne s'était jamais préoccupée de cela, sachant que le père connaissait très bien comment elle élevait ses enfants.

» Ce qui, ajoutait-elle, avait accrédité ces bruits, grossis, exagérés par la malveillance, c'était l'apparence maladive, la grande maigreur des enfants, maigreur produite surtout par de honteuses habitudes, qu'elle cherchait à combattre par une surveillance incessante.

» La demoiselle Doudet m'apprit que les enfants étaient soignés par le docteur Gaston, que je connaissais beaucoup. *L'aînée* des demoiselles, à laquelle je fis diverses questions sur la façon dont elle et ses sœurs étaient traitées par mademoiselle Doudet, *me dit que cette dernière était très bonne pour elle, que jamais elle n'avait été mise dans un endroit obscur, et qu'elle ignorait où était la cave de la maison ;* elle m'apprit qu'elle *pouvait écrire directement à son père lorsque cela lui était agréable.*

» Cette première visite ne me laissa aucune impression fâcheuse sur le compte de la demoiselle Doudet,

est venu vérifier toutes choses, et qu'il a reconnu que les dénonciations faites par la lettre anonyme étaient sans fondement. Quelle en est la source ? Madame Hooper et madame Maling, du moins madame Maling dit qu'elle a écrit à M. Marsden, en Angleterre, nous n'avons pas cette lettre.

Je m'arrête ici pour présenter à la Cour une réflexion sur le procès, qui est générale et que je dois poser au moment où il est question de la lettre que madame Maling, aurait adressée, ainsi quelle le déclare à M. Marsden.

Il est question de beaucoup de lettres dans cette affaire. Mademoiselle Doudet écrivait sans cesse au docteur Marsden, nous le voyons par les réponses du docteur. Les enfants écrivaient à leur père, et l'on dit que ces lettres étaient remplies d'éloges de mademoiselle Doudet et d'éloges exagérés ; elles écrivaient évidemment à leur père pendant la maladie de Mary-Ann. Vous avez la lettre où le docteur Marsden remercie M. Gaudinot des rapports journaliers que ce docteur lui envoyait sur l'état de la maladie : « Je vous » remercie des rapports que je reçois tous les jours... » Je demande à M. Marsden de mettre à l'appui de toutes ses assertions une seule des lettres, un seul des rapports qu'il a reçus. Peut-il y avoir bonne foi de la part du père, qui vient dire : On m'a trompé par des lettres, par des rapports ; mes enfants m'écrivaient des lettres exagérées qui leur étaient dictées, les médecins m'envoyaient des rapports qui me trompaient sur l'état de la maladie, et qui ne communique rien à la justice ?

Il dit le contraire de sa propre correspondance, et, il faut, en effet, voir ce qu'il écrivait lui-même en raison des nouvelles qui lui arrivaient, quand il remerciait le docteur, et quand il définissait la maladie (1).

---

qui, loin d'avoir intérêt à maltraiter ses élèves, devait tenir beaucoup à les conserver jusqu'à l'achèvement de leur éducation ; elle devait rester avec elles à Paris jusqu'à la fin de cette année, et retourner en Angleterre avec ses élèves, auprès de leur père.

» Le docteur Gaston, auquel je parlai de cette affaire, se montra fort étonné de tous ces bruits, et m'affirma qu'il n'y avait rien de fondé là-dessus, que *la coqueluche et les suites de mauvaises habitudes étaient seules la cause de la maladie et de la maigreur de ces enfants ;* que celle que j'avais remarquée comme plus prise que les autres de la coqueluche, laissait peu d'espoir de guérison.

» Bien que convaincu que, si la demoiselle Doudet élevait sévèrement, à la façon anglaise, les jeunes filles dont s'agit, elle n'usait à leur égard d'aucune violence coupable, comme le bruit des mauvais traitements avait pris une grande consistance dans la cité Odiot, je crus devoir écrire à M. Marsden, médecin, père des jeunes filles, et lui envoyer la lettre anonyme que j'avais reçue ; je l'engageai à venir à Paris ou à envoyer quelqu'un qui pût, autant dans l'intérêt de la demoiselle Doudet que des enfants, savoir si dans tous ces bruits de mauvais traitements il y avait quelque chose de fondé.

» Quelques jours après, je reçus de M. Marsden une lettre dans laquelle, en me remerciant beaucoup de mon intention, il m'informait qu'il allait envoyer son beau-frère pour s'assurer si mademoiselle Doudet avait ou non pour ses enfants tous les soins qu'elle leur devait.

» J'appris ensuite que l'oncle de ces enfants était venu à Paris, et qu'il en était *reparti les laissant toujours aux soins de la demoiselle Doudet ;* je cessai dès lors de m'occuper de cette affaire.

» *Le commissaire de police,* signé : Collomp. »

(1) *Lettre de M. Marsden à M. Gaston Gaudinot.*

« Great Malvern. — Angleterre, le 13 juin 1853.

» Monsieur,

» Je vous remercie infiniment des *bulletins que vous avez eu l'obligeance de m'envoyer* sur la santé de ma petite fille ; l'attaque me paraît être une apoplexie, un épanchement sanguin résultant d'une détention prolongée du sang dans les vaisseaux du cerveau pendant une quinte de toux. Ai-je raison, et quel pronostic en donnez-vous ? J'en suis fort inquiet, et je serais venu la voir, mais il m'est impossible de quitter ma clientèle, qui a déjà beaucoup souffert de la longue absence que j'ai dernièrement faite ; et je ne vois

Il écrivait d'ailleurs le 29 mai 1853 :

« Voulez-vous bien remercier le médecin de ses bons rapports, que nous atten-
» drons impatiemment chaque jour, jusqu'à ce que tout danger soit passé. »

M. Marsden ne dépose que la lettre du 29 juillet et les lettres qui ont été renvoyées par Zéphyrine ; il doit avoir la correspondance de l'institutrice, la correspondance de ses élèves, la correspondance des médecins ; il est en relations avec le docteur Tessier. De toutes ces lettres, il n'y en a pas une qui soit produite par lui.

Il y a plus, M. Marsden a envoyé son beau-frère, le révérend Rashdall à Paris, au mois de juin, M. Rashdall est arrivé le 21 juin, il lui a rendu compte, par des lettres, de ce qu'il voyait. Sa belle-sœur, madame Rashdall est venue à Paris vers le commencement de juillet, elle est restée à Paris tout juillet et une partie d'août ; c'est elle qui était préposée à la surveillance des enfants ; probablement elle aura écrit à son frère ; elle lui aura dit quelque chose. Quand on accuse de mensonge, quand on accuse le système de mademoiselle Doudet et toute la conduite des enfants, qu'on produise une lettre, une seule. Qu'a-t-il dit? J'ai été trompé sur le vice, sur la maladie, sur les affections, sur les procédés ; tout cela, par des correspondances dont il se garde bien de rien produire.

Et vous croyez que vous pouvez vous porter accusateur, même en votre nom de père, avec les déclarations dont nous avons à dire un mot, sur des rapports qui ont eu lieu, sur des relations qui ont existé entre la France et l'Angleterre? On ne produit aucune lettre ! Nous rapportons celles que nous avons reçues de vous; rapportez-nous celles que vous avez reçues des différentes personnes auxquelles vous écriviez; montrez-nous dans quels termes on vous écrivait. Si nous avions les indications de la correspondance, nous aurions la vérité palpable.

Il a tout caché, parce que tout est contraire au système d'accusation qu'il soutient aujourd'hui.

Maintenant, il y a à se résumer sur cette vie intérieure. Elle se termine, après avoir été ouverte aux yeux de tous, vue de tout le monde, après n'avoir été cachée à personne, elle se termine, malheureusement, par les deux événements funestes : la coqueluche et l'accident du 24 mai. Alors arrivent les médecins, vous avez leurs déclarations, elles sont aux pièces du dossier (1).

---

pas que ma présence serait le moindre du monde utile. Si vous aviez un moment de temps à me donner, une lettre de vous me soulagerait beaucoup et je vous en rendrais mille grâces. Veuillez, monsieur, agréer mes remercîments de l'attention et de la bonté que vous avez déjà eu pour mes enfants, et recevez, je vous prie, l'assurance de ma plus grande considération.

                              « Signé : J. MARSDEN, m. d. »

(1)   *Lettre de M. le docteur Tessier.*
                                        « Paris, 11 octobre 1853.

   » MONSIEUR,

   » Ayant été appelé, il y a quelques mois, à donner des soins aux enfants du docteur Marsden, sur l'invitation d'un confrère, je me suis rendu chez mademoiselle Doudet, rue de l'Oratoire, et j'ai été frappé, dès ma première visite, de l'aspect particulier des jeunes filles qui me furent présentées.

   » Avant même toute question relative à leur maladie actuelle, je demandai la raison de ce *facies amaigri,*

Lisez-les avec attention, je m'en rapporte à votre justice, je n'en veux pas faire le commentaire à l'audience ; mais lisez, et je le demande à la loyale intelligence de mon adversaire, lisez avec attention la déclaration de M. Tessier, et après l'avoir lue, lisez la déclaration qu'a faite postérieurement ce même M. Tessier, après avoir reçu la visite de M. Marsden huit jours avant de déposer, par conséquent, dans le mois de mai 1854. Je dis qu'il y a lieu d'être affligé et humilié de la différence d'esprit des deux déclarations. Dans le temps voisin des événements, lorsque en quelque sorte il pouvait sentir encore le battement du pouls des enfants malades, quand il était sous l'impression de toutes les circonstances récentes, voyez dans quels termes M. Tessier parle et de l'affection et des soins maternels de mademoiselle Doudet pour ses élèves ; voyez son langage à l'égard des mauvaises habitudes dont il fait le portrait ; quand il donne le facies des malheureuses petites filles, il signale précisément les traits qui révèlent le plus les pratiques détestables dont ces enfants étaient victimes : « ce facies amaigri, plombé, rachitique, avec pincement de nez, coloration foncée des paupières. »

Recherchez partout, chez tous ceux qui ont décrit les signes extérieurs apparents, ces signes qui sont des diagnostics certains de ces pratiques honteuses, vous trouverez que ce sont précisément ceux-là.

Après, lorsqu'il en parle comme d'une chose à laquelle il attache peu d'im-

---

plombé, rachitique avec pincement du nez, coloration foncée des paupières, il me fut répondu, par mademoiselle Doudet, que ces malheureux enfants étaient livrées avec une véritable frénésie à de mauvaises habitudes.

» Je donnai de suite à ce sujet quelques avis aux enfants, qui n'hésitèrent pas à confirmer ce que m'avait dit leur maîtresse.

» *Les enfants étant affectés de la coqueluche*, j'allai les voir de temps en temps, et leur donnai chaque fois des conseils paternels sur leur conduite. Elles les comprenaient fort bien à demi-mot.

» Une de ces jeunes filles fut frappée d'une hémorrhagie intercranienne dans une quinte, et un médecin du quartier lui ayant donné les premiers soins, je la laissai complétement à sa direction. Néanmoins, je la voyais à chaque visite et m'informais de son état.

» Au bout d'un certain temps, *une dame*, que je ne connaissais pas, et que je ne connais point encore, *vint me dénoncer* mademoiselle Doudet comme exerçant sur ces malheureuses jeunes filles les traitements les plus inhumains. Je lui fis observer que, jusque alors, je n'avais rien constaté de pareil, et que même la maison, ainsi que les enfants, étaient fort bien tenus, et que les enfants ne paraissaient éprouver aucun sentiment de crainte ou d'aversion vis-à-vis de leur maîtresse. Je considérai cette démarche comme un effet de la malveillance, et les propos qui m'avaient été tenus comme de purs commérages.

» Néanmoins, le père m'ayant désigné pour soigner ses enfants, *je résolus d'exercer une surveillance spéciale* sur leurs rapports avec leur maîtresse ainsi que sur leur régime en général. Je fis des visites à des jours et à des heures *imprévus*, et je dois affirmer que *je n'ai jamais pu constater la trace du plus petit désordre ni de la moindre négligence*, soit dans la tenue, soit dans *le régime*, soit dans l'administration des médicaments, à plus forte raison je ne découvris aucun indice *ni de sévices*, ni de mauvais traitement. *Si la chose m'eût paru possible même*, j'en aurais instruit le père.

» Voilà, monsieur, ce que je dois, en mon âme et conscience, déclarer comme la vérité, dans la mesure où il m'a été donné de la connaître.

» Veuillez agréer, etc.

» Signé : J.-P. Tᴇssɪᴇʀ, médecin à l'hôpital Beaujon. »

Extrait de la déclaration de M. le docteur Tessier devant M. le juge d'instruction (2 juin 1854).

« Il y a huit jours, j'ai vu arriver chez moi le docteur Marsden avec deux jeunes filles que j'ai reconnues parce qu'elles étaient avec lui, mais que je n'aurais jamais reconnues tant elles sont changées d'une manière absolue. Ce sont aujourd'hui des jeunes filles dans le meilleur état de santé possible. Je n'hésite pas à déclarer que si ces deux jeunes filles avaient eu réellement les funestes habitudes que leur attribuait mademoiselle Doudet, et dont elles s'accusaient elles-mêmes, elles n'auraient pu, au bout de quelques mois, se trouver complétement rétablies. »

portance, lui, médecin homœopathe (je respecte parfaitement l'homœopathie, mais il est, par ce système, confrère avec M. Marsden), quand il l'a vu, quand huit jours après il dépose, c'est sous une influence tout autre.

Quant au docteur Gaudinot, vous avez sa déclaration entre les mains (1).

---

(1)   *Lettre de M. le docteur Gaudinot.*

«Paris, 1ᵉʳ octobre 1853.

» MONSIEUR,

» Après la longue conversation que j'ai eu l'honneur d'avoir avec vous ces jours derniers dans votre cabinet au sujet de mademoiselle Doudet, j'éprouve aujourd'hui le besoin de compléter les renseignements que je vous ai déjà donnés, paragraphe par une lettre précise, paragraphée.

» Lorsque j'ai été appelé pour la première fois, le 24 mai dernier chez mademoiselle Doudet, cité Odiot, *je ne connaissais aucunement* cette demoiselle; une de ses élèves, mademoiselle Mary-Ann Marsden, venait d'être atteinte d'une attaque d'apoplexie, qui avait amené la paralysie de tout le côté droit, en tombant de sa chaise sur le parquet. Comme vous le jugez, monsieur, on s'empressa d'aller chercher l'adresse d'un *médecin le plus voisin*, et M. Martin, pharmacien, à deux pas de la cité Odiot, voulut bien me désigner.

» Je trouvai la jeune malade dans un état voisin de la mort, et tout me faisait craindre une fin prochaine.

» J'ordonnai immédiatement une application de sangsues derrière les oreilles et une médication fortement révulsive et dérivative qui amenèrent, au bout de quelques heures, une légère amélioration, comme je pus m'en convaincre à ma seconde visite du soir, où je trouvai le fils du pharmacien, M. Martin jeune, occupé à arrêter l'écoulement du sang produit par les sangsues.

» Le lendemain matin, je fis ma troisième visite. Je m'occupai alors de compléter les renseignements ou plutôt d'obtenir tout ce dont j'avais besoin pour le traitement de ma jeune malade.

» Une dame, que l'on m'a dit depuis s'appeler Rapert ou Espert, et habitant la même maison que mademoiselle Doudet, assistait à cette visite, comme elle assista depuis à mes quatrième, cinquième et sixième, s'il m'en souvient bien.

» J'appris que ma jeune malade, qui, ainsi que ses sœurs, était dans un état de maigreur effrayante, était atteinte d'une violente *coqueluche*, et sujette à la malheureuse passion de l'........; je sus même également qu'on s'occupait en ce moment de leur confectionner des appareils contre ce défaut.

» Je m'inquiétai de leur régime alimentaire, qui me parut n'être pas conforme au régime que nous avons l'habitude de faire suivre en France aux enfants.

» Je fis l'observation à mademoiselle Doudet que ce régime, qui pouvait convenir en Angleterre, devait être changé, et elle le fit aussitôt.

» Toutes ces jeunes filles ne parurent *pas en être satisfaites, et l'aînée surtout me bouda* pendant quelques jours.

» Au bout d'une quinzaine, une lettre de M. Marsden, dont je pris connaissance, désapprouva le régime que j'avais ordonné, et voulut qu'on revint au premier régime.

» Je me conformai à cet ordre paternel et ne m'en occupai plus. Du reste, je n'avais pas à m'occuper de donner mes soins à ces jeunes filles; par ordre de leur père, c'était un médecin homœopathe qui s'en acquittait.

» Pendant tout le temps que j'ai donné mes soins à mademoiselle Marsden, qui succomba plus tard à une deuxième attaque, comme je le présume, je n'ai eu qu'à me louer de la manière dont j'ai été secondé par mademoiselle Doudet, *à laquelle je ne passais rien,* car la *clameur publique,* comme vous le savez, monsieur, *était contre elle,* et elle avait besoin véritablement de tout le zèle et de tout le dévouement qu'elle a montré à cette jeune fille pendant sa maladie pour se mettre bien dans mon esprit. N'importe à quelle heure je me présentais chez ma malade, j'étais certain de rencontrer mademoiselle Doudet au chevet du lit de son élève ; et j'ai eu la conviction qu'elle passait même toutes les nuits auprès d'elle.

» Le mieux qui se manifestait de jour en jour chez la jeune malade, quoique à peine sensible, nous faisait espérer cependant de la conserver. Voilà pourquoi une consultation n'a pas été jugée nécessaire, quoique plus d'une fois j'aie été sur le point de faire appeler M. le docteur Andral en consultation.

» J'ai été à même de questionner en particulier toutes les filles de M. Marsden, et toutes m'ont témoigné *la plus vive affection pour mademoiselle Doudet.*

» Médecin du quartier depuis 1830, où je fus appelé à donner mes soins dans l'hôpital du roi Louis-Philippe, pour les gens de sa maison, j'habitais cet hôpital, qui était alors au coin de la rue de Berri, à l'ancien hôtel des Pages de Charles X.

» J'ai été le médecin de cet hôpital pendant dix-sept années, et à même, par conséquent de connaître tout ce quartier du faubourg du Roule, qui a tous les inconvénients d'une petite ville, et, comme vous devez le penser, la cité Odiot n'est pas non plus exempte de ces petites passions.

» Plusieurs fois on est venu me dire ce qu'on vous a dit aussi au sujet de mademoiselle Doudet. Alors j'ai fait observer que c'était l'affaire du commissaire de police ; mais, pour mon compte, je n'avais pas à

Le docteur Shrimpton écrit dans les mêmes termes (1).

Toutes ces déclarations vous mettent dans l'intérieur de la maison, et vous montrent la nature des soins, des procédés de mademoiselle Doudet envers ses élèves.

---

m'occuper de tous ces bavardages, et que, du reste, comme j'ai eu l'honneur de vous le faire observer, *je n'ai jamais été à même de lui faire le plus petit reproche.*

» A l'époque où je soignais mademoiselle Marsden, je donnais également des soins dans une famille anglaise, 114, Champs-Élysées, mesdames Ernestine. Je crois qu'elles sont en Angleterre en ce moment. Plusieurs fois, connaissant par moi l'accident de mademoiselle Marsden, elles m'en ont demandé des nouvelles. Ces dames connaissaient particulièrement mademoiselle Doudet, et elles m'ont paru animées de bons sentiments pour elle.

» Je n'ai jamais entendu rien dire de contraire à la moralité de mademoiselle Doudet, qui m'a paru être excessivement honorable dans toutes ses relations.

» Voilà, monsieur, à peu près, je crois, les renseignements que je puis vous fournir sur les circonstances qui m'ont fait appeler près de vous.

» J'ai appris depuis peu la mort de mademoiselle Marsden aînée, par suite d'une affection de poitrine, cela ne m'étonne aucunement, par rapport à l'excessive débilité de cette jeune fille, par la suite d'une violente *coqueluche*, et surtout par la passion de l'........ Tout cela est bien fait pour amener une fin prochaine.

» Quant à l'incident relatif à madame Hooper, qui prétend que je l'avais éloignée assez sévèrement du lit de la malade, je dois dire que cette dame a eu toute liberté de visiter l'enfant, que je l'ai trouvée à mes visites plusieurs fois, et que si un jour je lui ai parlé assez sévèrement, *c'est qu'elle insistait pour faire une médication intempestive* à ma malade.

» Cette dame voulait frictionner la tête avec du rhum et du gros sel.

» J'ai été à même de visiter la jeune Alice, qui portait des marques locales de sa passion pour l'........

» Quant à la cause de la mort de mademoiselle Marsden, elle peut être attribuée tout naturellement, selon moi, à l'excessive débilité de cette jeune fille, aux efforts produits *par la coqueluche,* qui peuvent produire une rupture artérielle dans le cerveau; de là la paralysie.

» Veuillez agréer, etc.   Signé : GASTON GAUDINOT. »

(1)   *Lettre de M. le docteur Shrimpton.*

« Paris, le 2 octobre 1853.

» MONSIEUR,

» Conformément à vos désirs, je m'empresse de vous donner par écrit les détails de mes rapports avec mademoiselle Célestine Doudet.

» J'avais déjà, *depuis longtemps,* donné mes soins à sa sœur et à sa mère, quand, pendant la dernière maladie de celle-ci, j'ai entendu parler d'elle pour la première fois. J'ai appris alors qu'elle demeurait en Angleterre, comme institutrice, dans une famille anglaise, et que de là elle envoyait une partie de son traitement pour subvenir aux besoins de sa vieille mère.

» On m'a dit aussi que les meubles de l'appartement occupé par sa mère et sa sœur étaient sa propriété.

» J'ai continué à donner mes soins à sa sœur après la mort de sa mère, et quand mademoiselle C. Doudet est arrivée à Paris avec les demoiselles Marsden, elle est venue me remercier des soins que j'avais donnés à sa mère en les réclamant pour elle-même.

» Ces demoiselles Doudet sont venues me consulter dans mon cabinet, et mademoiselle Célestine était quelquefois accompagnée des demoiselles Marsden. Elle m'exprimait ses regrets de ce qu'elles étaient soumises au traitement homœopathique.

» Dans mes relations avec ces demoiselles Doudet, je me suis trouvé souvent obligé de leur faire des visites à leur domicile, et je dois dire que dans ces moments de souffrance et de maladie grave, quand rien ne peut être caché au médecin, il m'est arrivé d'être conduit à travers les pièces où se trouvaient les demoiselles Marsden, et je les ai toujours vues occupées de leurs études ou à leurs repas. Ces petites demoiselles me paraissaient toujours pâles, maigres et chétives. J'ai appris que M. Tessier, docteur homœopathe, les visitait par la direction de leur père, docteur homœopathe lui-même.

» Je ne devais nullement m'immiscer dans les affaires de M. Marsden, dont je ne partage ni les opinions ni la manière d'être; aussi ai-je conseillé à mademoiselle Doudet de suivre exactement les instructions qu'elle avait reçues.

» Il y a quelques mois, je fus appelé en toute hâte chez mademoiselle Doudet, et j'y ai trouvé une des demoiselles Marsden dans un état de stupeur et atteinte de paralysie d'un côté; son état de maigreur était extrême, et mademoiselle Doudet était dans la nécessité de me dire qu'elle était réduite à cet état par par suite de l'........

» Un autre médecin, M. le docteur Gaston, avait vu cette pauvre malade avant mon arrivée. J'ai parfaitement approuvé ses prescriptions, et le lendemain j'ai renouvelé ma visite, dans l'espoir de rencontrer M. Gaston; le surlendemain, je m'y suis rendu, à l'heure convenue d'avance par M. Gaston, mais, désap-

Maintenant les témoignages du dehors, le bruit, la rumeur, tout cela éclate en se référant à deux personnes seulement. Voici madame Sudre qui va paraître et qui écrit une lettre sous la date du 29 juin 1853, à M. Marsden en Angleterre (1). On lui avait déjà écrit, il avait déjà eu des lettres parties de

---

pointé encore, j'ai dû discontinuer mes visites, d'autant plus que j'avais trouvé toutes les indications que la position de la malade réclamaient parfaitement remplies. J'ai pourtant fait deux ou trois visites depuis, sur les instances de mademoiselle Doudet, et, après cela, je me suis complétement retiré jusqu'au moment du décès. Quand mademoiselle Doudet me fit demander de nouveau, j'ai toujours trouvé mademoiselle Doudet très bienveillante dans tout ce que j'ai vu de ses rapports avec ses élèves, et elle était certainement très affligée quand je l'ai vue auprès de sa petite malade. Je sais aussi qu'elle n'a jamais cessé de lui donner les soins les plus affectueux, pendant la nuit et le jour, jusqu'au moment de sa mort. Je regrette, monsieur, que mes occupations m'aient empêché de vous écrire plutôt, mais j'espère que les détails que je viens de vous donner seront parfaitement en rapport avec ceux que vous avez déjà reçus, car j'ai l'honneur de vous les présenter avec toute la simplicité de la vérité.

    » Veuillez agréer, monsieur, etc.   Signé : SHRIMPTON, d. m. »

(1)   *Lettre de madame Sudre à M. Marsden.*
                                      « 29 juin 1853.

    » MONSIEUR,

    » Le Rév. Rashdall a dû vous rendre compte de son entrevue chez madame Smith avec l'ouvrière qui témoigne de l'infâme conduite de mademoiselle Doudet à l'égard de vos enfants. Appelée par cette respectable dame pour assister à cette entrevue, c'est moi qui ai traduit le témoignage que cette honnête femme offre de donner par écrit et se déclare prête à confirmer devant la justice de Dieu et celle des hommes. Le Rév. R. m'a paru désirer, par-dessus tout, éviter le scandale d'une procédure ; ce n'est pas moi qui l'engagerai à réparer un scandale par un autre.

    » Mais il faut que je m'explique à cœur ouvert avec vous. *Il y a longtemps que mon opinion est fixée à* l'égard de l'indigne créature à laquelle vous avez eu le malheur de confier vos enfants l'année dernière ; je savais que mademoiselle Doudet était une mercenaire au-dessous de la mission que vous lui avez confiée.

    » Il y a quatre mois que je sais qu'elle en est indigne. Les observations de mes respectables amies, en premier lieu ; ensuite la sœur, fuyant après des scènes de violences inouïes, deux servantes renvoyées, une ouvrière ne voulant plus travailler pour *ce monstre.*

    » Voilà ce qui m'a démontré son indignité. J'ajouterai que vous devez vous rappeler qu'une femme qui a servi chez vous comme gouvernante, et qui se nomme, je crois, Barnell, vous a écrit dans ce même sens, il y a déjà longtemps. Si j'avais su votre nom plus tôt, je me serais adressé à madame Wabotveer, car je comprenais qu'une lettre signée par un nom français et inconnu aurait *le sort des autres*, sans l'intervention de cette honorable dame.

    » Le Rév. R. a terminé les explications qu'il a cru devoir vous donner par une prière de ne plus ébruiter cette pénible affaire.

    » J'ai parfaitement compris les ménagements que l'on doit à l'intéressante madame Mersden ; j'ai parfaitement compris que comme homme d'église, le Rév. R. n'ait pas cru devoir jeter mademoiselle Doudet par la fenêtre ; mais ce que je n'ai pas compris, *et ce que personne ne comprend, c'est qu'il ne l'ait pas mise à la porte.* Dans les circonstances forcées, l'énergie est de la prudence, elle sauvegarde l'avenir. *Vos enfants sont terrifiés ;* comme de jeunes chiens, ils lèchent la main qui les fouette pour l'adoucir. Jamais vous ne saurez d'eux la vérité, tant qu'une influence perverse les dominera.

    » Quant à l'explication de l'état déplorable auquel ils sont réduits tous les cinq par une coqueluche qui a été à peine d'un mois, et dont Lucy n'était pas atteinte *quand j'écrivis*, s'il se trouvait un médecin assez complaisant pour prêter son autorité à cette assertion, je lui dirais en face qu'il en a menti : *sous des robes de soie vos enfants ont souffert ce que souffrent les enfants des pauvres : la soif et la faim.*

    » Je conclus par respect pour une famille honorable ; je me tairai sur tout ce qui peut affliger le père et le gentleman, mais je n'entends pas que notre silence (je parle pour moi et pour nos amis) puisse servir à la glorification future de mademoiselle Doudet. *A Paris, elle est perdue.*

    » *Votre appui ne lui servirait à rien et vous déshonorerait ; mais j'ose espérer que le père et le gentleman ne poussera pas la peur du scandale jusqu'à donner* à cette odieuse mégère, soit en paroles, soit par écrit, la possibilité de faire de nouvelles victimes en Angleterre.

    » Je vous le dis, monsieur, un tel acte émanant de vous ou de toute autre personne de votre famille serait une *insigne lâcheté.*

    » Satisfaite devant Dieu d'avoir accompli un grand devoir de chrétienne et de mère, je suis, monsieur, etc.

                     » Signé : E. SUDRE ,
                » 142, faubourg Saint-Honoré. »

France plus ou moins anonymes, et M. Marsden avait envoyé, pendant le courant de juin, M. Rashdall qui était venu faire un second voyage en France. Elle lui écrit, dans quels termes lui écrit-elle? Elle parle de mégère, de bourreau, il n'y a pas d'apostrophe injurieuse qui ne soit prodiguée à chaque ligne de la lettre de madame Sudre adressée au docteur. Et pourquoi? pour le déterminer à porter une plainte et à faire un procès criminel à mademoiselle Doudet. Sur quoi se fonde-t-elle? Y a-t-il de la part de madame Sudre un seul fait qui lui soit personnellement connu? Il n'y en a pas un. Elle a dit qu'elle tenait tout de la dame Poussielgue, ou de Léocadie, ou de la demoiselle Howe, ou de quelque autre personne encore, de la dame Chardonnot (1). Maintenant, si j'examine et si vous voulez examiner ce qu'ont dit toutes ces personnes, nous voyons d'abord que la demoiselle Howe n'a rien su par elle-même. Elle déclare qu'elle a entendu dire à Zéphyrine qu'elle a vu les enfants dans l'hiver précédent, et qu'on les aurait prises pour des squelettes, époque à laquelle au contraire, le père était ici et disait qu'il n'y avait rien d'inquiétant dans l'état des enfants. Mademoiselle Howe n'a rien su par elle-même, elle le déclare formellement (2). C'est sur la foi de Tassin qu'elle témoigne, et Tassin invoque le témoignage de Léocadie, qui, elle-même, a proféré cette accusation dans la colère qui l'animait au moment où elle a été chassée.

Ainsi, madame Sudre par elle-même ne sait rien, elle ne sait que par la déclaration de mademoiselle Howe; mademoiselle Howe ne sait rien par elle-

---

(1)   *Déclaration de madame Sudre au commissaire de police.*

« Continuant nos investigations, nous nous sommes transporté rue du Faubourg-Saint-Honoré, nᵒ 142, au domicile de la dame Sudre, auteur de la lettre datée du 29 juin 1853, jointe à celle adressée par M. Marsden à M. le préfet, et dans laquelle cette dame signale au plaignant les sévices graves dont ses enfants ont été l'objet de la part de la demoiselle Doudet.

» Où étant, et parlant à ladite dame Sudre, elle nous a déclaré *n'avoir été témoin que d'un fait matériel en ce qui concerne les jeunes filles* de M. Marsden, c'est-à-dire qu'elle les a d'abord vues dans un état de santé parfait, et peu après réduites à une position de marasme telle, qu'elles semblaient avoir peine à se mouvoir et avoir été privées de nourriture depuis fort longtemps.

» Quant aux particularités relatées dans sa lettre, madame Sudre *a dit les tenir*, soit de madame Poussielgue, soit de la demoiselle Chardonnot, soit de la nommée Léocadie, ou enfin de la demoiselle Howe, qui a été appelée, pendant la maladie de Marianne, pour donner des soins à cette enfant. »

(2) *Déclaration de mademoiselle How devant M. le commissaire de police* (20 septembre 1853).

« La demoiselle Howe (Brigitte), âgée de quarante-cinq ans, couturière, demeurant rue du Faubourg-Saint-Honoré, nᵒ 180.

» Laquelle a dit : *J'ai su par mademoiselle Zéphyrine* Doudet, sœur de l'institutrice des enfants de M. Marsden, que cette dernière maltraitait gravement les enfants qui lui étaient confiés, qu'elle les laissait manquer de nourriture, et qu'elle, Zéphyrine, était obligée de leur donner des vivres en secret pour les empêcher de mourir de faim.

» C'est pour échapper à ce spectacle pénible que Zéphyrine, qui n'avait pu obtenir que sa sœur apportât plus d'humanité dans l'exercice de ses fonctions, quitta sa maison et partit pour la Suisse.

» Un jour, mademoiselle Doudet vint me prier de venir donner des soins à la jeune Marianne, qui était fort malade. J'y fus; elle me dit que le *commissaire de police était venu pour prendre des renseignements* sur elle et sur les enfants qui lui étaient confiés, et ajouta qu'elle ne voulait plus rester seule avec la malade, dans la crainte qu'elle ne fût compromise si cette jeune fille venait à mourir.

» Je passai la nuit auprès de cette enfant, qui était sans connaissance, et lorsque je me retirai le matin, *le concierge de la maison me dit* que la maladie de Marianne avait été occasionnée par les coups que mademoiselle Doudet avait portés à cette fille. Je parlai de cette conversation à l'institutrice, qui ne répondit rien pour se justifier.

« Je sais que Lucy a été enfermée pendant deux mois dans un logement au rez-de-chaussée. »

même, elle ne sait que par Zéphyrine pour un temps où il n'y a rien à reprocher, puisque pendant le temps du séjour de Zéphyrine tous les faits sont reconnus ou mal fondés ou complétement innocents; elle ne sait que par Tassin, lequel ne sait rien que par Léocadie.

Madame Sudre qui n'a rien vu, qui n'a pas mis les pieds dans la maison, et qui écrit la lettre violente, passionnée que vous avez entre les mains, s'est fondée aussi sur le témoignage de la dame Poussielguc. Vous l'avez à la page 83 du Mémoire, et même nous avons fait imprimer sur deux colonnes les déclarations de madame Poussielgue avec les rétractations de la même dame. Il semble dans sa première déposition qu'elle a tout vu, tout su par elle-même, et dans la confrontation, elle reconnaît qu'elle n'a rien su que par d'autres. Comparez les déclarations de madame Poussielgue à ces deux époques, ainsi qu'elles sont rapportées dans les colonnes de ces pages 83, 84 et 85, et vous reconnaîtrez que madame Poussielgue est le témoin le plus incertain, qui ne sait rien par lui-même, qui ne sait que par les déclarations qu'il a reçues de différentes personnes.

Il faut donc trouver d'autres autorités. Une des autorités de madame Sudre est un témoin qui a travaillé huit jours chez mademoiselle Doudet, en décembre 1852, qui a fait des robes qu'on préparait aux jeunes filles pour l'arrivée de leur père à Paris. Le témoin, madame Chardonnot, le dit et fait des déclarations desquelles il résulte qu'elle n'a jamais été témoin des violences exercées contre elles :

« *J'entendis seulement des plaintes*, et lorsque je demandai à la sœur de made-
» moiselle Doudet qui les proférait, elle me répondit que c'étaient les jeunes filles
» de M. Marsden, que leur institutrice maltraitait.
» Je sais que mademoiselle Doudet négligeait de faire du feu dans les jours
» d'hiver les plus rigoureux, et je suis certaine qu'elle n'a pas usé plus de 200 de
» charbon, pendant la durée de la mauvaise saison. »

Qu'est-ce que cela veut dire? Aura-t-on donné le fouet avec la main, ainsi que cela n'est pas nié, à un de ces enfants, et l'enfant aura-t-il crié ? Cela est possible : mais enfin elle dit :

« J'ai travaillé pendant quelque temps comme ouvrière (l'époque est fixée au
» mois de décembre, époque qui n'est pas inculpée) chez mademoiselle Doudet ;
» mais comme les enfants se tenaient ordinairement au rez-de-chaussée, et que ma
» place était au salon, *je ne fus jamais témoin des violences* exercées contre
» elles.
» J'ai aussi assisté aux repas du matin des enfants, et je puis affirmer qu'ils se
» composaient toujours de *pain et d'eau.* »

Quant aux repas des enfants, j'ai laissé de côté, dans la rapidité de la marche, une lettre du père qui a été écrite pendant la maladie. Cette lettre est importante, parce quelle s'explique elle-même sur le système de nourriture. Pendant la maladie, le docteur Gaudinot avait conseillé de faire manger des soupes aux enfants, et de ne pas se contenter de leur donner du thé aux différents repas. Le père écrit, le 13 juin 1853, à sa fille et lui dit :

« MA CHÈRE ÉMILY,

» Je ne m'inquiète nullement qui blâme ou approuve l'homœopathie. Je serais cependant fâché qu'il y eût un sujet quelconque de rupture avec le docteur Tessier. Ci-inclus un billet pour le docteur Gaston. Je pense que vous feriez mieux de vous en tenir à votre manière habituelle de vivre. Je ne m'opposerai pas à quelques additions que le docteur Gaston pourrait suggérer : par exemple une *soupe au lieu de lait et eau à déjeuner*, si cela vous plaisait. »

Ainsi, le déjeuner qu'on accuse tant, était parfaitement conforme aux prescriptions du père.

« Nous envoyons bien des tendresses (*Our bes love*) et des baisers à la pauvre petite Mary-Ann. J'irais bien la voir, mais je pourrais à peine rester un jour ; et encore cette courte absence me serait très nuisible, au point qu'elle est presque impossible. James revient de sa pension à la fin de cette semaine ; je compte l'envoyer chez M. Taylor, dont vous pouvez vous rappeler d'avoir vu ici la famille. Il a maintenant un pensionnat très convenable d'à peu près dix garçons, de l'âge de James. J'apprends que vous devez vous attendre à voir, un de ces jours, votre tante Fanny, qui voyage avec quelques amis ; j'espère qu'elle vous trouvera meilleure mine que vous n'aviez toutes, la dernière fois que je vous ai vues. La grand'maman Rashdall est retournée aujourd'hui à Cheltenham. L'oncle Jean et *votre maman* se joignent à moi pour envoyer nos compliments à mademoiselle Doudet, et nos tendresses pour vous toutes,

» Et je suis votre père affectionné,

» MARSDEN. »

Voilà donc le régime qui se pratiquait. On a dit qu'on manquait de nourriture ; vous avez entre les mains toutes les déclarations des témoins sur les subsistances.

Le porteur de pain constate qu'avant la maladie et pendant que Zéphyrine était dans la maison, dans cette maison où il y avait cinq petites filles, la maîtresse et la bonne, il apportait de dix à douze livres de pain chaque jour, et que plus tard, quand la maladie a éclaté, il en apportait de huit à neuf livres. Voilà la consommation.

On dit qu'on ne mangeait pas de viande. Il y a deux rôtisseurs qui constatent qu'on faisait cuire deux ou trois fois par semaine de la viande chez l'un ou chez l'autre dans la proportion de quatre à cinq livres, l'un d'eux disait même, dans sa déclaration, qu'on faisait cuire des pâtés. Il y a différents marchands. Une maison dans laquelle il y a un assez grand nombre de personnes, dans laquelle on dépense tout au plus un millier d'écus pendant six mois (et l'on ne devait même pas les dépenser pour la nourriture seule, car il y a le loyer, etc.), vit petitement, ne peut pas avoir des habitudes de grande maison, et ne peut avoir un boucher attitré. Il y a deux bouchers et deux rôtisseurs qui constatent qu'ils fournissaient alternativement les morceaux, que par conséquent on prenait la viande qu'on jugeait à propos de prendre plusieurs fois par semaine. J'ai donc rectifié ce qu'a dit M. l'avocat général, que la nourriture manquait ; on voit, en lisant ces déclarations, dans quelle quantité la viande entrait dans la maison chaque semaine.

Il y a une servante qui a succédé à Léocadie : c'est la femme Félicité Desitter.

La femme Desitter constate que la nourriture était abondante, était suffisante, était ce qu'elle devait être.

Mais enfin, c'est le régime qui a déterminé toutes ces plaintes; ce tapage est la suite de ce fait intérieur, saisissant les imaginations, de l'appauvrissement, du dépérissement des enfants; c'est là ce qui détermine les lettres anonymes allant en Angleterre et les instances de madame Sudre, qui n'est qu'une personne se fondant sur des témoins qui n'ont rien vu par eux-mêmes et n'ayant rien vu par elle-même.

Quand madame Sudre a fait cette correspondance, dans quelle circonstance se trouvait-on? M. Rashdall était venu à Paris; il était à Paris depuis le 21 juin, il y est resté jusqu'au 5 juillet. C'est à cette époque qu'elle trouve que le révérend est un « homme faible (1), » qu'il ne se passionne pas comme elle. Il s'en va satisfait de ce qu'il a vu du gouvernement de la maison.

Pourtant, M. Marsden est accablé de dénonciations, de lettres anonymes. Le commissaire de police lui envoie la lettre anonyme qui l'a déterminé à faire la visite du 4 juin. Ces lettres sont entre les mains de M. Marsden, comment ne les présente-t-on pas? On ne présente ni la correspondance de M. Collomp, ni la lettre anonyme qu'il a transmise; aucune lettre n'est produite par M. le docteur Marsden, à notre connaissance. La surveillance est donc exercée par l'autorité elle-même, car c'est le commissaire de police qui a donné à M. Marsden l'idée d'envoyer un parent à Paris pour vérifier la bonne conduite de mademoiselle Doudet et la bonne conduite des enfants.

Le révérend Rashdall s'en va, la surveillance va être continuée par la demoiselle Rashdall. Elle aura une correspondance, elle aussi probablement, avec son beau-frère. Pas une lettre d'elle ne nous est communiquée pour que nous puissions voir le compte rendu instantané, contemporain, de ce qui se passait dans la maison.

La situation de M. Marsden, à cette époque où il avait envoyé sa belle-sœur à Paris, sa situation d'esprit, de cœur, de quiétude, de sécurité, que lui donnent tout le passé et l'expérience qu'il avait faite de mademoiselle Doudet, est troublée par les dénonciations qui lui viennent de toutes parts, une certaine inquiétude entre dans son esprit. Une lettre que nous tenons en original est adressée par lui à sa fille Émily, sous la date du 15 juillet 1853. Veuillez en peser les termes :

« MA CHÈRE LUCY ET ÉMILY,

» J'ai reçu vos deux lettres dont le contenu n'ajoute pas peu à l'anxiété et aux angoisses que j'endure à cause de vous. Ainsi que je l'écrivais hier à Mademoiselle, vous n'avez pas l'air de vous douter que je reçois de jour en jour, pour ainsi dire, des lettres provenant de personnes qui me sont parfaitement inconnues, et de France et de l'Angleterre, contenant des récits au sujet de vos « mines affreuses, » et blâmant Mademoiselle comme étant cause de tout cela, et l'accusant en outre de vous faire mourir de faim, etc., etc. Le commissaire de police de votre quartier m'a lui-même écrit touchant vous autres. *Je suis contraint par la nécessité* soit

***

(1) Déposition de madame Sudre, devant M. le juge d'instruction, pièce 25 du dossier.

de vous retirer immédiatement de chez Mademoiselle, que l'un de mes correspondants m'engage à « jeter par la fenêtre, » ou bien de placer auprès de vous quelques parents pour vous surveiller de près, *ainsi que le commissaire de police m'a prié de le faire.* La seule personne qui ait pu se rendre auprès de vous est la tante Fanny ; elle est là pour *exercer cette surveillance sur vous comme sur Mademoiselle.* Il se peut qu'elle n'y mette pas tout le tact désirable ; mais toujours est-il qu'elle est vivement impressionnée de l'idée de vous voir toutes dans une telle position, qui est faite pour jeter de la déconsidération sur toute votre famille et sur tout votre entourage. Dans ces circonstances, *je n'ose pas être rassuré* et je ne serais pas justifié aux yeux de qui que ce soit, si je n'autorisais pas la seule parente que j'aie pour ainsi dire sous la main, à être présente à tous vos repas, du moment où elle le juge convenable, pour le déjeuner, le dîner, le thé et le souper. Et je vous engage ici à communiquer cette autorisation à Mademoiselle, et à lui dire que j'exige que vos repas aient lieu à des heures réglées d'avance, et que la tante Fanny en soit prévenue, précisément dans le but de lui faciliter le moyen de se trouver présente si elle le juge convenable. Dans le cas actuel, on ne peut pas lui supposer d'autres motifs à sa ligne de conduite, que le désir de voir que justice vous soit faite par Mademoiselle. De son côté, Mademoiselle devrait se réjouir de ce qu'en présence d'accusations aussi excessivement graves portées conte elle, il se trouve là quelqu'un qui veuille prendre la peine de venir voir que ces rapports ne sont pas justes ; elle devrait être charmée de tout soumettre ouvertement nuit et jour à ces investigations.

» Vous ne devez pas supposer que dans tout ceci on fasse tort soit à vous ou à Mademoiselle, c'est la seule chose que je puisse faire ; je n'ai pas d'alternative après les lettres qu'on a écrites. J'espère que la tante Fanny et Mademoiselle pourront s'entendre mieux à l'avenir ; il est certain que, d'après vos lettres, vous semblez toutes en désarroi complet. A l'égard de vos rapports avec la tante Fanny, vous n'avez qu'à vous comporter avec franchise et sans contrainte. Vous voudrez bien dire à Mademoiselle, que je ne désire pas que vous vous rendiez pour le moment à Auteuil, *ou que vous adoptiez les mesures de précaution* dont je vous parlais à Paris. Je suis toujours fort content lorsque vous m'écrivez franchement et sans détours sur tous les sujets, et j'espère que vous comprendrez la première partie de cette lettre, où je vous donne strictement les détails de cette affaire tels qu'ils sont.

» Si votre mère et moi pouvions être auprès de vous, les choses iraient autrement, cela va sans dire ; mais elle n'est pas en état d'entreprendre un voyage, et je ne puis pas la quitter en ce moment. — Je suis bien aise que *l'oncle John vous ait parlé clairement à toutes;* l'affaire est tellement grave que, même à des enfants telles que vous, je me vois obligé de vous écrire comme je viens de le faire. J'ai été fort en peine de l'état où se trouve la pauvre Mary-Ann. Le rapport du médecin n'est que trop juste. Alice aussi paraît être dans un fort triste état et fort peu rassurant ; le seul rayon de soleil dans tout cela, c'est de savoir que vous faites tout votre possible pour faire des progrès et pour vous corriger de vos défauts ; si vous continuez à le faire, vous pourrez toujours compter que je prendrai le plus grand intérêt à vos études, à vos récréations (amusements) et à tout ce qui vous touche. Je crois et j'espère que la tante Fanny verra la nécessité pour vous de poursuivre vos études, que sa présence ne doit pas interrompre. Si vous voulez seulement vous bien conduire, rien ne manquera de ma part en tout ce qu'il me sera possible. Votre mère vous envoie mille tendresses et baisers, et je suis, ma chère Lucy et Émily, votre père affectueux.

» Signé : J.-L. MARSDEN. »

(*Traduit de l'anglais.*)

Vous voyez qu'il n'est pas vrai qu'on lui envoyât des rapports rassurants, satisfaisants. Il n'est pas vrai non plus que le docteur Marsden tenait ses filles dans l'éloignement de tout ce qui se disait à l'égard de mademoiselle Doudet. Il a voulu, au contraire, que ses filles en fussent instruites. Il savait tout ce qui se passait dans le voisinage, tous les commérages, tout le retentissement de témoins en témoins ; tout cela est à la connaissance des enfants, et le père leur explique très complétement, comme on peut le faire à de grandes personnes de treize et de quatorze ans, tout ce qui se passe et tout ce qu'il a entendu dire à cet égard.

Mais voyons un moment. Quand les choses en sont là, quand les enfants sentent auprès d'elles la protection paternelle ; quand on vient nous dire qu'elles étaient sous le coup de la tyrannie, et quand elles savent que leur oncle est là, quand elles écrivent à leur père que « cet oncle leur a parlé clairement à toutes », quand elles ont une surveillante à côté d'elles (par la lettre du père la position de madame Rashdall était parfaitement expliquée), vont-elles se plaindre ? Quelle est la correspondance de madame Rashdall avec son beaufrère ? C'est ce que je ne puis m'empêcher de demander sans cesse. Quand a-t-elle rendu compte de sa mission ? Entendons-là elle-même.

Voici madame Rashdall appelée devant le commissaire de police M. Boudrot pour déclarer ce qu'elle sait ; elle dit :

« Je me rendis donc, *souvent*, chez la demoiselle Doudet, et *je vis plusieurs fois* Alice et Rosa couchées dans le même lit, les pieds attachés à l'extrémité de la couchette, et les bras levés perpendiculairement et fixés, à l'aide de cordes, à la flèche du lit.

» Ayant demandé à mademoiselle Doudet pourquoi elle en usait ainsi, elle me répondit qu'elle suivait les instructions de son médecin, et employait ce moyen pour empêcher les enfants de.....

» *Je vis plusieurs fois* ces dernières prendre leur repas, et je m'aperçus qu'elles étaient nourries d'une manière sordide et ne mangeaient pas de viande.

» *Je ne fis pas d'observation* à cet égard à la demoiselle Doudet, car je craignais qu'en mon absence elle ne redoublât ses mauvais traitements, et que les enfants ne fussent victimes des bons sentiments qu'ils m'avaient inspirés. »

Ainsi mademoiselle Rashdall articule qu'elle a vu les enfants attachées. Cela est dit de la manière la plus formelle. Mais ici s'élève contre elle une objection. N'était-ce pas une précaution nécessaire ? Voyez les précautions qui sont prises pour les enfants qui ont les habitudes qu'avaient ces jeunes filles ; allez chez un marchand d'appareils ; j'y suis allé, j'ai vu comment sont faits les caleçons pour les deux sexes ; ils ont des anneaux disposés de manière à pouvoir attacher les jambes, surtout pour les jeunes filles. La raison en est donnée partout : consultez le *Dictionnaire des sciences médicales*, consultez *Tissot*, il faut tenir les jambes écartées en même temps que les mains le plus souvent tenues en l'air. Voilà la disposition ordinaire des appareils.

Les jambes ont été attachées, oui certainement, cela n'est pas nié, c'est une précaution que le vice trop réel dont les enfants étaient atteintes rendait nécessaire. On attachait les jambes en même temps que les bras étaient liés autant que possible. Aussi mademoiselle Rashdall l'a trouvé bon.

C'est là l'objection qui vient. Comment! surveillante préposée par la famille, elle les a vues plusieurs fois dans cet état, et elle n'a fait aucune observation, et elle s'est contentée de la réponse très vraie, très exacte qui lui était faite ; elle n'a pas regardé comme un mal que cela se renouvelât. S'en est-elle plainte ? l'a-t-elle dit dans sa correspondance avec son beau-frère ? Apportez-nous ces lettres. Demande-t-elle à voir cesser cet état de choses ? Non.

L'objection est trop forte, trop accusatrice contre mademoiselle Rashdall, qui exagère toutes choses quand elle entre dans le système de l'accusation. Et vous allez la voir bientôt comprendre qu'elle a commis une faute en déclarant qu'elle a assité aux repas, qu'elle a vu les enfants dans cet état. C'est le 16 septembre 1853 qu'elle a fait cette déclaration, et quand elle est appelée devant le juge d'instruction, en juin 1854, elle la rétracte en ces termes :

« Ce n'est pas moi qui ai vu les pieds des enfants attachés dans leur lit, c'est ma femme de chambre. »

Ainsi elle avait commis une grande imprudence en déclarant le 16 septembre 1853 qu'elle avait vu plusieurs fois les enfants dans cet état, qu'elle avait supporté le maintien de cet état de choses, maintien nécessaire comme moyen curatif et préservatif. Elle l'avait reconnu bon en le tolérant ; elle en sent l'inconséquence, et près d'un an plus tard elle déclare : « Ce n'est pas moi qui ai vu les enfants. »

Elle avait assisté aux repas ; elle aurait pu et elle aurait dû demander que les repas fussent composés autrement qu'ils ne l'étaient, si elle les avait trouvés *sordides*. Dans sa déclaration postérieure elle revient sur ce fait et, après avoir dit : « Je vis plusieurs fois ces dernières prendre leur repas, » elle déclare formellement :

« Je n'ai jamais été témoin des repas des enfants. »

Sont-ce là des démentis considérables ? Combien ne le deviennent-ils pas, soit par l'absence des lettres qui ne sont pas produites, soit par la déclaration devant le juge d'instruction qui contredit la déclaration devant le commissaire de police ?

C'est bien grave, surtout lorsqu'on rapproche ces tardives modifications, de la déclaration de M. le docteur Campbell. M. Campbell a été prié le 16 septembre de donner un certificat de l'état dans lequel était Alice. Voici la déclaration de M. Campbell :

« Je me nomme John Campbell, âgé de quarante-trois ans, docteur-médecin d'Edimbourg, demeurant à Paris, rue d'Angoulême-Saint-Honoré, n° 13.

» Dépose : Vers la fin d'août 1853, une dame anglaise dont le mari est italien, madame Rampalli, me pria d'aller visiter une jeune Anglaise qui demeurait dans la rue de Chaillot, chez sa tante, miss Rashdall. J'y suis allé, et j'ai, en effet, visité cette enfant.

» Quelque temps après, le 16 *septembre*, *miss Rashdall*, accompagnée d'une dame *Hooper*, a amené chez moi cette même jeune personne, me priant de la visiter de nouveau et de constater par un certificat le résultat de cet examen. J'y ai consenti et je lui ai donné le certificat que vous me représentez et que je reconnais bien parfaitement.

» Je me souviens que ces *deux dames ont insisté* près de moi pour *me faire rédiger mon certificat*, de manière à le *faire tourner*, autant que possible, à la *charge de mademoiselle Doudet*.

» Cette insistance m'a paru aussi *inconvenante qu'injuste* et contraire aux devoirs de ma profession.

» J'ai été tellement *indigné* que j'ai été sur le point de prier ces dames de sortir de chez moi. En définitive, je leur ai remis un certificat constatant l'état extérieur de l'enfant. »

Voilà les personnes respectables sur la foi desquelles on fonde une accusation tout invraisemblable, tout odieuse qu'elle soit dans son articulation, toute combattue qu'elle soit par la vie entière de mademoiselle Doudet ! C'est sur ces témoignages et sur la déclaration de cette surveillante infidèle à sa mission (car on ne nous produit pas une seule ligne d'elle à son beau-frère sur tout ce qui se passe), de cette surveillante qui se donne un démenti aussi grave que celui-là, rapportant qu'elle a vu plusieurs fois les enfants attachés, et qu'elle a assisté à leurs repas, tandis que plus tard elle dit que ce n'est pas elle qui a vu les enfants, que c'est sa femme de chambre, qu'elle n'a pas assisté aux repas ; —de cette même personne qui se donne à elle-même un démenti révoltant, et que nous voyons aller chercher M. Campbell, solliciter de lui un certificat, insister pour qu'il le rédige de manière à ce qu'il puisse être accusateur pour mademoiselle Doudet ; — c'est sur ces témoignages qu'on vient s'appuyer ! Je dis que c'est jugé. Qu'il n'y a aucune espèce de foi à ajouter à ces témoignages.

Nous trouvons, en définitive, dans la plainte de M. Marsden lui-même, les éléments sur lesquels M. Marsden a dû se décider, c'est la lettre de madame Sudre ; c'est la lettre anonyme qui lui a été renvoyée par le commissaire de police, et qu'il ne produit pas ; c'est le compte rendu probablement, que nous ne connaissons pas non plus, de madame Rashdall, laquelle est coupable de cette fausse déclaration et de cette tentative de subornation du témoin Campbell. Voilà dans quelles conditions se présente l'accusation. Y en a-t-il qui soit moins digne d'être accueillie par la justice ? Comment ! c'est sur des témoignages aussi téméraires que celui de madame Sudre, qui n'a jamais mis les pieds dans la maison de celle qu'elle accuse ; c'est sur des témoignages de gens qui ne font que répéter ce qu'ils ont entendu dire à d'autres, qui n'ont jamais été témoins par eux-mêmes ; c'est sur le témoignage incertain, au moins, de madame Rashdall, qui se donne des démentis à elle-même, qui a vainement cherché à entraîner M. Campbell à faire un certificat plus accusateur ; c'est sur tout cela que M. Marsden doit se décider !

Comme père, il hésite beaucoup. Il a reçu la lettre de madame Sudre du 29 juin, il est resté deux mois sans y répondre. Enfin, il cède à l'obsession des personnes qui font naître le système de l'accusation, en disant : C'est une calomnie qui pèse sur vos enfants, qui nuira à ces jeunes filles, il faut la détruire, en portant plainte, et en accusant mademoiselle Doudet de mensonge, en l'accusant d'avoir fait dépérir les enfants par ses violences. C'est là le système qui est conseillé à M. Marsden dans les lettres qu'il reçoit incessamment.

Il écrit alors au préfet de police pour le consulter, le 7 septembre. Cette lettre est portée vers le 15 septembre à M. le préfet de police, qui confie à l'un de MM. les commissaires chargés ordinairement des délégations judiciaires, le soin de faire une information. L'information a lieu, vous en avez les procès-verbaux. Ce sont les dames de la cité Odiot, ou pour mieux dire les dames du voisinage de la cité Odiot, qui déposent et qui font leurs déclarations à peu près dans les mêmes termes où elles les ont obstinément reproduites plus tard. Léocadie aussi, dont je vous parlerai tout à l'heure, a été entendue.

C'est alors aussi que M. le commissaire de police, complétant son instruction, reçoit un si grand nombre de témoignages favorables qui rectifient complétement les faits qui avaient été énoncés dans les lettres anonymes, aussi bien que dans la lettre de madame Sudre. Le préfet de police a répondu à M. Marsden. M. Marsden nous rapportera-t-il la lettre de M. le préfet de police? Il dit qu'il ne sait pas pourquoi le préfet de police ne donne pas suite à sa plainte.

A une certaine époque, M. Gabriel devait être le conseil des accusatrices madame Hooper, madame Sudre, madame Poussielgue particulièrement. Lisez, je vous en conjure, la déclaration de M. Gabriel (1) en ce qui touche madame Poussielgue, qui a beaucoup d'affaires, qui a des entreprises de 400,000 fr. en Angleterre, qui a sollicité beaucoup de procès, et qui a été s'agiter auprès de Gabriel pour qu'il donnât la vie, le mouvement à l'accusation dirigée contre mademoiselle Doudet. M. Gabriel reçoit de M. Marsden des lettres dans lesquelles celui-ci témoigne de ses hésitations, et il en donne plusieurs raisons, parmi lesquelles il faut nous rappeler celle-ci : « que mademoiselle Doudet » pourrait facilement donner des explications. »

M. Gabriel le dit dans sa déclaration, c'est le 3 novembre, par la lettre qui est au dossier, et qui est la dernière, que M. Marsden lui a écrite pour décidément lui dire qu'il n'entendait pas faire de procès et qu'il y renonçait com-

---

(1)   *Déposition de M. Gabriel* (29 novembre 1853).

« S'est présenté M. Gabriel Guy, âgé de cinquante-neuf ans, homme de loi, demeurant à Paris.

» Il y a environ trois mois que madame Poussielgue, instruite de mes relations avec l'Angleterre, est venue m'entretenir d'une réclamation d'environ 400,000 fr. exercée contre le gouvernement anglais, en qualité de donataire de son mari, pour laquelle je fis un voyage en Angleterre.

» Bientôt après elle vint m'entretenir d'une seconde affaire avec M. de Montalembert, mais à laquelle je ne donnai aucune suite.

» Dans l'intervalle, madame Poussielgue me parla de plusieurs affaires auxquelles je restai étranger. Entre autres, celle d'un bijoutier du Palais-Royal, et celle d'un ecclésiastique, lorsque, dans le courant de septembre dernier, elle m'exposa, à son point de vue et d'une manière très dramatique, les griefs que M. le docteur Marsden avait à imputer à mademoiselle Doudet, à l'occasion des sévices qu'elle lui reprochait envers les enfants Marsden, en me demandant si, comme parlant et écrivant l'anglais, je consentirais à me charger de la direction de l'affaire.

» Mon premier mouvement, et particulièrement celui de ma femme, fut de rejeter cette proposition, en lui représentant que madame Doudet et ses filles ayant demeuré dans notre maison, il me répugnait de diriger cette affaire.

» Néanmoins, madame Poussielgue insista tellement, que je consentis à ce qu'elle m'amenât miss Rasdhall, ce qu'elle fit huit ou dix jours après.

» Cette demoiselle se plaignait d'abord que M. Marsden, auquel elle avait dit de m'écrire, ne l'eût pas fait, et me pressa vivement de lui écrire de suite, et de lui envoyer les pièces que je jugerais nécessaires pour l'impulsion à donner à cette affaire.

» Je dressai donc une nouvelle plainte à M. le procureur impérial, et lui adressai en même temps un modèle de procuration pour miss Rashdall et pour moi.

» En réponse à l'envoi de ces pièces, le docteur Marsden m'écrivit qu'il fallait qu'il examinât avec soin la

plétement. M. Gabriel a déclaré, devant M. le juge d'instruction (pièce 77), que madame Rashdall et madame Hooper se sont dit : « Nous pouvons nous passer du docteur, et porter la plainte nous-mêmes. » Qu'y a-t-il au procès? Que voyons-nous dans les pièces? Que dans les premiers jours de novembre, il a été envoyé une plainte contre mademoiselle Doudet. Il y a au dossier, à la date du 14 novembre 1853, une lettre de M. le procureur général (pièce n° 2, dans une liasse intitulée : *affaire classée*) qui transmet au procureur impérial la plainte faite au nom de M. Marsden. M. le procureur impérial l'a reçue, et il y a une note du parquet qui constate la transmission de cette plainte, qui était envoyée postérieurement à la lettre du 3 novembre par laquelle M. Marsden disait qu'il ne voulait pas faire de procès par des considérations de toute nature.

Le 3 novembre donc, M. Marsden est parfaitement décidé à ne pas faire de procès. M. Gabriel communique cela à M. Rashdall et à madame Poussielgue, ou à madame Hooper qui l'accompagne. Alors ces dames disent : Nous pouvons faire le procès, et nous passer du docteur. Et elles portent, sous le nom de M. Marsden, une plainte postérieure à cette déclaration qu'il ne veut pas faire de procès. Cela est évidemment étranger à M. Marsden, qui ne s'est déterminé à porter plainte que le 8 mai 1854.

A ces témoignages des dames que nous avons rapportés, il faut en ajouter deux : ce sont le témoignage de Léocadie, invoqué pour la première fois le 26 octobre, et le témoignage de Zéphyrine.

Le témoignage de Léocadie : je ne veux pas entrer dans trop de développements ; mais je crois que quelques mots suffiront pour fixer l'attention de la cour sur ce témoin. La fille Léocadie raconte comment elle a été congédiée.

Vous me permettrez cette réflexion : c'est à la date du 5 juin qu'elle est

---

question, attendu qu'aux griefs articulés mademoiselle Doudet ne manquerait pas de répondre : « que j'a-
» vais moi-même fouetté les enfants en sa présence pour diverses fautes commises, et que les faits de........:
» pouvaient, jusqu'à un certain point, être admis pour quelques-unes de ses filles. »

» Je m'empressai de donner communication de la réponse de M. Marsden à miss Rashdall et à madame Poussielgue, et bientôt après je répondis au docteur pour lui donner mon opinion. Il paraît qu'il s'y rendit, puisque, dans une seconde lettre, il m'annonça l'envoi des pièces nécessaires.

» Je me disposais à écrire à M. Marsden pour lui réclamer les pièces annoncées, lorsque, dans une troisième lettre, il me dit qu'ayant consulté son *sollicitor*, et mettant à part tout sentiment paternel, il était déterminé à ne pas suivre. Le fatal passé ne pouvant être rétabli, le scandale d'une audience publique pouvant nuire à l'établissement de ses filles, les frais coûteux comme partie civile, un déplacement avec ses enfants ; tous ces motifs réunis le déterminaient à abandonner l'action intentée contre mademoiselle Doudet.

» La communication de cette lettre aux dames Rashdall et Poussielgue les *indisposa vivement*, ne s'expliquant pas l'indifférence du père de famille.

» Ces dames me prièrent de récrire de nouveau dans des termes plus énergiques à M. Marsden ; mais, sur mon observation que devant une pareille détermination, je n'avais pas à la combattre, je priai miss Rashdall de m'écrire en conséquence, ce qu'elle fit, et, en envoyant sa lettre avec la mienne, je cherchai, mais inutilement, à faire revenir M. Marsden de sa décision, qu'une quatrième lettre ne fit que confirmer.

» Ce fut alors que j'envoyai ma note à M. Marsden, mais au lieu d'y satisfaire, il me renvoya auprès des personnes qui, disait-il, avaient été me consulter. Il ne me fut pas difficile de lui démontrer que c'était lui et miss Rashdall qui étaient les seuls consultants, et que s'il ne me payait pas, je chargerais un *sollicitor* à Londres de lui faire ma réclamation. Ce que je fis, en effet, mais, dans l'intervalle, ayant reconnu la justesse de ma demande, il m'adressa à une dame Hooper pour obtenir mon payement, laquelle, ne tenant pas compte de son mandat, se permit de m'adresser des observations que je trouvai déplacées. »

congédiée, le lendemain de la visite du commissaire de police. C'est au moment où la lettre du 31 mai a déjà été écrite à mademoiselle Doudet, et où, par conséquent, elle sait de quelles investigations elle est l'objet ; c'est au moment où le commissaire de police a écrit à M. Marsden pour qu'il envoyât un membre de sa famille à Paris ; c'est au moment où les lettres anonymes abondent, où les accusations sont multipliées contre mademoiselle Doudet. Cependant elle n'hésite pas, sur ce que lui disent le docteur Gaudinot et le commissaire de police, à mettre Léocadie à la porte.

Je le demande tout d'abord, si Léocadie a été témoin des faits qu'elle a déclarés (et nous allons voir en quels termes elle les déclare), si mademoiselle Doudet a la crainte, dans sa conscience, que s'échappent de la bouche de Léocadie ces faits vrais, accusateurs contre elle, la mettra-t-elle à la porte dans ces circonstances d'alarme et d'inquiétude que devaient lui donner à la fois et la visite du commissaire de police, et la circulation des lettres anonymes qui ne lui étaient pas inconnues, et la lettre qu'elle avait directement reçue, le 31 mai, de la main de la dame Espert? Assurément, quand elle met Léocadie dehors, elle ne craint rien d'elle.

Cette absence de crainte est d'autant plus significative que Léocadie l'a menacée, ainsi qu'elle en convient. Lisez attentivement sa déclaration : elle dit qu'elle « se promet de décharger sa conscience » aussitôt qu'elle sera dehors, « en faisant connaître la conduite de mademoiselle Doudet. » Et en effet, en sortant, Léocadie, devant le portier Tassin, accuse sa maîtresse d'être la cause de la mort de Mary-Ann, parce qu'elle l'a frappée. C'est le premier mot dans le procès sur cette accusation ; ce mot a retenti : c'est la colère de Léocadie expulsée qui la fait parler devant Tassin. Encore une fois, mademoiselle Doudet se serait-elle exposée à cette colère si elle s'était sentie coupable ?

Maintenant elle peut venir, cette Léocadie, qui a promis qu'elle parlerait ! Elle s'est trouvée, ce jour-là même, dans une situation grave. M. Gaudinot, le médecin, est venu rendre compte des bruits qu'on faisait courir au dehors, des propos de Léocadie contre sa maîtresse. M. Gaudinot les lui a reprochés ; Léocadie a-t-elle fait une observation? A-t-elle insisté? A-t-elle, devant sa maîtresse, osé dire quelque chose? A-t-elle justifié ses propos d'une manière quelconque devant M. Gaudinot? Non, et M. Gaudinot, dans sa déclaration, s'étonne du silence qu'elle a gardé quand il lui reprochait les bavardages qu'elle avait portés méchamment au dehors.

Léocadie a été plusieurs fois entendue sur le fait principal, dont nous ne pouvons pas nous séparer, sur le fait du 24 mai, c'est-à-dire sur la chute de la petite Mary-Ann. Ici il importe de suivre ses déclarations. N'oubliez pas qu'en sortant de la maison, elle a dit à sa maîtresse en présence du portier : « C'est vous qui êtes la cause de la mort de Mary-Ann ; c'est vous qui avez frappé Mary-Ann. » Tassin déclare ne rien savoir, d'ailleurs, à cet égard que par Léocadie. Maintenant Léocadie va être entendue. Elle est entendue pour la première fois le 26 octobre 1853. Comment raconte-t-elle cette scène. Le voici ; les moindres circonstances ici sont nécessaires à saisir.

« Un jour, vers la fin du mois d'avril dernier (c'est le mois de mai, elle se trompe, mais cette erreur peut échapper), un jour, vers la fin du mois d'avril dernier, mademoiselle Doudet alla se promener au jardin des Plantes, en compagnie d'Alice, d'Emily et de moi. A notre retour, mademoiselle Doudet alla délivrer la jeune Mary-Ann ou Poppy, qui avait passé environ cinq heures dans la cave-cuisine, située au-dessous du rez-de-chaussée.

» Elle la fit remonter au premier étage pour prendre son thé ; puis, sans motif apparent, elle la frappa. *J'étais alors dans ma cuisine. En entendant le bruit d'un corps tombant sur le parquet fort lourdement, je m'avançai* dans le moment même que mademoiselle Doudet m'appelait auprès d'elle. »

Voilà donc le fait, dans la première déclaration, bien énoncé : Elle la frappa ; j'étais dans ma cuisine, et je suis sortie de ma cuisine en entendant le bruit d'un corps tombant sur le parquet.

Elle dépose de nouveau, le 29 octobre, devant le même commissaire de police, au moment d'une confrontation. Elle est obligée de se rectifier :

« Confrontée avec les demoiselles Zéphyrine et Célestine Doudet, la nommée Léocadie Bailleux déclare qu'elle persiste dans ses dires ; néanmoins elle reconnaît qu'elle *n'a pas vu frapper* la demoiselle Mary-Ann, le jour où elle a *entendu sa chute* sur le plancher. Elle ajoute qu'elle tient de mademoiselle Zéphyrine la *majeure partie des faits* mentionnés dans sa déclaration, — Ce que celle-ci nie d'une manière affirmative. »

Nous restons donc dans cette situation, aux premiers pas de l'instruction, que Léocadie n'a pas vu frapper, c'est le dernier état de sa déclaration, et qu'elle n'a rien entendu que la chute du corps sur le plancher.

Elle dépose le 11 mai 1854 devant M. le juge d'instruction, et vous allez voir qu'elle dit avoir entendu autre chose, et cela était nécessaire au système de l'accusation.

En sortant de la maison, comme je vous le disais tout à l'heure, elle avait imputé à sa maîtresse d'avoir frappé Mary-Ann et d'avoir déterminé sa chute ; c'est ce qu'elle a dit devant le portier. Le portier a répété de tous côtés cette accusation de Léocadie contre mademoiselle Doudet. Le bruit que Mary-Ann est tombée parce qu'elle a été frappée, a été l'objet de la rumeur dans tout le quartier. Léocadie était logée, lors de l'instruction, en mai 1854, chez madame Hooper, dans la cité Odiot. Toutes ces dames se tiennent de fort près. Quand elle a été interrogée pour la première fois, le 26 octobre, on avait eu quelque peine à trouver sa demeure.

Elle avait d'abord répondu qu'elle n'avait pas autre chose à dire, si ce n'est que, n'ayant pas vu frapper, elle avait *entendu le bruit d'un corps qui tombait*. Entendue par le juge d'instruction, voici comment elle fait le récit :

« Je persiste dans la déclaration par moi faite le 26 octobre.

» Je n'ai *point vu* mademoiselle Doudet *frapper* la petite Mary-Ann, à notre retour du jardin des Plantes. Mais comme je l'avais *entendu gronder* cette enfant, au moment où elle la faisait remonter, j'ai eu la curiosité de savoir ce qui allait se passer, et *j'ai écouté à la porte*. Alors j'ai *entendu les coups* redoublés que mademoiselle Doudet portait à l'enfant, et j'ai *entendu la chute que ces coups ont produite*. »

Vous voyez qu'il ne s'agit plus seulement de la *chute* du corps. Elle a entendu les *coups redoublés*, parce qu'elle a écouté à la porte. Elle se met ainsi d'accord avec son accusation que c'est *par suite des coups* de mademoiselle Doudet que la petite Mary-Ann *est tombée*. Mais il y a ici, il peut y avoir une incertitude, car elle dit : J'ai *écouté à la porte ;* ce qui n'est pas d'accord avec sa première déclaration qu'elle *était dans sa cuisine* quand elle a entendu la chute d'un corps. En effet, la cuisine ne donne pas dans la chambre où était Mary-Ann au moment de la chute. Voyons donc sa déclaration du 5 septembre 1854, lors du supplément d'instruction.....

M. LE PRÉSIDENT. — Attachez-vous beaucoup d'importance à cela ? Ces circonstances se rapportent beaucoup plus aux faits qui sont désormais jugés, qu'à ceux que la Cour a à juger.

M. BERRYER. — Je sais très bien que dans la cause actuelle la question de savoir si mademoiselle Doudet a frappé ou non Mary-Ann, est jugée, il est jugé qu'elle n'a pas frappé ; mais il m'importe d'apprécier la déposition de Léocadie ; et si je prouve qu'elle a varié dans le système combiné qui devait venir à l'appui des bruits faussement répandus, des faits qui ont été racontés par le portier, j'aurai établi une discussion importante pour faire apprécier le témoignage de Léocadie. Que dit-elle donc, le 5 septembre 1854 ?

« En rentrant, mademoiselle Doudet alla prendre Mary-Ann et la fit remonter tout en la grondant ; l'enfant avait sous son bras gauche des papiers et des livres, et au moment qu'elle arrivait près de la porte de ma cuisine, derrière laquelle je me tenais, mademoiselle Doudet, qui montait derrière elle, lui donna un coup de genou dans le derrière et lui fit tomber ses livres.

» La petite les ramassa, et mademoiselle Doudet et les trois enfants entrèrent par *la porte du palier* dans la salle à manger, où le thé était presque entièrement servi. *Cette porte* resta un moment *entr'ouverte*, et comme j'entendais que mademoiselle Doudet continuait à quereller l'enfant, *je m'en* approchai pour voir ce qui se passait.

» A ce moment *la porte* fut repoussée, sans doute afin que je ne pusse ni voir ni entendre ; alors, j'approchai mon œil du trou de la serrure. Je ne pus rien voir, mais j'entendis très distinctement mademoiselle Doudet qui continuait à gronder l'enfant. Je *l'entendis* ensuite qui *la frappait* et distinguai très bien le *bruit des coups*.

» J'entendis *ensuite* comme le *bruit d'une chute* extrêmement violente. Alors pensant que mademoiselle Doudet allait peut-être ouvrir la porte, et ne voulant pas être surprise à écouter, je suis rentrée dans ma cuisine, et m'y suis enfermée. Peut-être deux minutes après, je m'entendis appeler à grands cris par mademoiselle Doudet, je passai directement de ma cuisine dans le cabinet à porte-manteau dans la chambre à coucher, et je trouvai dans l'antichambre mademoiselle Doudet, tenant dans ses bras la petite Mary-Ann. Je crois bien qu'avant d'arriver là, j'avais rencontré Emily qui venait me chercher. »

Elle change encore complétement de système : Elle était dans la cuisine, elle a entendu du bruit, elle a voulu voir, elle a *vu* frapper *en montant l'escalier*, ce qui est le contraire de sa déclaration précédente. Elle dit là qu'elle a vu les trois petites filles qui montaient et qui sont entrées ensemble dans la salle à manger par le palier, que mademoiselle Doudet avait été chercher

Mary-Ann à la cave, qu'elle lui a donné un coup de genou et a fait tomber les livres que Mary-Ann avait sous son bras. Cette fois-ci, elle prétend donc *avoir vu* des coups : Elle s'est approchée de la porte. On a poussé la porte lorsqu'elle s'est approchée. Elle a cherché à voir par le trou de la serrure, elle n'a pu voir, mais elle a entendu des coups redoublés.

C'est là une combinaison de témoignage qui a pour but de confirmer le mensonge qu'elle a dit au portier, que mademoiselle Doudet avait porté des coups, mensonge que le portier avait colporté de toutes parts.

Je ne dis rien sur la fin de la déclaration de Léocadie, qui s'en rapporte au témoignage de Tassin, lequel Tassin renvoie à la déclaration de Léocadie elle-même, tout cela combattu par des témoignages postérieurs, par d'autres témoignages et par l'arrêt rendu sur les faits relatifs à Mary-Ann.

C'est en cet état que la plainte est portée, le 8 mai 1854, sur ces témoignages, après ces hésitations, après les circonstances dans lesquelles je viens de vous dire que M. Marsden avait été en quelque sorte poussé, violenté, mis en demeure de porter sa plainte, ce qu'il exprimait parfaitement quand il avait renoncé à intenter cette action par les motifs qu'il donne à M. Gabriel.

Mais quant à cette plainte en elle-même, s'il y a un acte élaboré et soigneusement rédigé, c'est celui-là. On ne devrait y trouver que la vérité, et nous devons nous attacher à tous les termes de cette plainte. Elle porte la date du 8 mai 1854 ; il s'agit de faits qui ont presque une année de date, car c'est à la fin de juillet que M. Marsden a retiré ses filles de chez mademoiselle Doudet. Que va-t-il déclarer? Tous faits, sans doute, dont il peut avoir la vérification ; tous faits qui seront reconnus vrais. Combien, au contraire, y a-t-il de mensonges, de faits non justifiés? Je ne veux pas reprendre la plainte, article par article, je m'arrête à un premier fait qui frappe mon souvenir en ce moment.

M. Marsden dit dans sa plainte, qu'on enfermait les enfants dans les lieux d'aisance, et à cet endroit, je m'en rappelle les termes, il dit positivement ceci : « Emily y est restée enfermée jusqu'à onze heures du soir ; elle en est » sortie avec un rhume, n'ayant pas osé fermer la *fenêtre* qui était ouverte. » Voilà l'accusation : Mademoiselle Doudet est un monstre qui a enfermé Emily dans les lieux d'aisance, le soir, la fenêtre étant ouverte et Emily n'osant pas fermer la fenêtre. Lisez la plainte, ce sont là les termes textuels.

Que manque-t-il à ce récit pour être vrai? Une fenêtre. Il n'en existe pas.

Les lieux d'aisance sont placés entre la cuisine et la grande chambre à coucher. Le plan vous indique où ils sont situés ; c'est précisément dans la partie où la maison est adossée à la maison n° 2, il n'y a pas de fenêtre, il y a au-dessus du cabinet un verre dormant qui communique à la cuisine, mais il n'y a pas d'autre jour que celui-là. J'ai vérifié les lieux ; et les membres de la Cour, en présence d'une accusation pareille, peuvent vérifier l'état de la maison, la distribution des différentes pièces, des différentes chambres, et ils reconnaîtront qu'il y a là un mensonge matériel.

Nous faisons, ce qui est bien rare, la preuve d'un fait négatif. Nous ne nous bornons pas à nier, nous trouvons dans l'accusation elle-même une circonstance qui la démontre fausse. Vous dites que l'enfant est restée dans une pièce où elle a pris un rhume, parce que la fenêtre était ouverte et qu'elle n'avait pas osé la fermer. Il n'y a pas de fenêtre dans cette pièce-là, il n'en existe pas, il n'en pouvait pas exister, attendu que cette partie de la maison se trouve adossée à la maison voisine.

Puis M. Marsden, dans la rédaction de sa plainte, cherche à exciter l'indignation par tous les moyens. Il y écrit des choses qu'on ose à peine répéter. Comment! il y a un endroit où il dit positivement que « mademoiselle Doudet » avait forcé ses filles à manger leurs excréments, et qu'elles étaient tellement » épuisées par la faim qu'elles n'avaient fait aucune résistance. » Y a-t-il, à une époque quelconque, une phrase, une déclaration quelconque, de ces trois petites filles qu'on a tant fait parler, où elles aient articulé ce fait, où elles l'aient indiqué d'une manière quelconque? Non, il n'y a rien de pareil, et cette articulation de M. Marsden est aussi complétement fausse que révoltante.

M. Marsden vient nous dire qu'il a vu le corps de sa petite fille, et qu'il était couvert de contusions. Au contraire, M. le préfet de police lui ayant de-demandé de faire constater la trace des coups que sa petite fille avait reçus, il a répondu à M. le préfet de police, le 27 septembre 1853, que la trace avait disparu. Il produit un certificat du docteur Black, et tout à l'heure M. l'avocat général invoquait ce certificat comme une preuve que les contusions, que la trace des violences avaient été reconnues sur le corps des petites Marsden. C'est une confusion évidemment qui lui a échappé : il a eu quelque autre certificat que celui-ci sous les yeux. Voici ce que le docteur Francis Black déclare au docteur Marsden :

*Certificat de M. Francis Black, docteur en médecine, en date du 20 mai 1854,
à Clifton (Angleterre).*

« Je certifie par le présent que j'ai été appelé pour voir mademoiselle Lucy Marsden à Malvern, le   1853, et que je l'ai trouvée alors dans un état d'épuisement complet ; l'état remarquable de la malade m'a fait faire l'observation à son père que si elle n'avait pas été dans un état complet d'épuisement corporel, la coqueluche n'aurait pas du tout produit un pareil état d'amaigrissement et de complète prostration comme celui que nous avions sous les yeux.

» *Sur le récit qui m'en a été fait et d'après les explications qui m'ont été données*, je n'eus pas et n'ai pas encore le moindre doute que le traitement auquel la malade avait été soumise à Paris, a fortement contribué à cette fin fatale.

» *Signé :* Francis BLACK, docteur-médecin. »

Voilà l'opinion de M. Black, parlant sur la foi des explications qui lui sont données, mais ne s'expliquant en aucune manière sur l'état du corps. Ce certificat ne constate, en 1853, aucune trace de violences, telles que des contusions, des ecchymoses, quoi que ce soit qui puisse prouver que des coups ont été portés. Il ne donne pas la moindre indication.

Ainsi M. Marsden énonce dans sa plainte que les traces des violences, des coups, des contusions ont été reconnues par plusieurs personnes, et il ne produit qu'un certificat qui ne justifie en rien son allégation.

Plus loin encore, je pourrais faire remarquer que M. Marsden dit que « des nouvelles faussement rassurantes » sur la santé de Mary-Ann lui étaient envoyées *pour l'empêcher de venir* (1). Or je vous ai lu sa lettre du 13 juin 1853 à sa fille Emily, par laquelle il explique qu'il ne peut venir, quand précisément on l'engageait à venir, dans laquelle il répond qu'il ne pourrait rester à Paris que vingt-quatre heures. Nous lui demandons de produire ces bulletins rassurants, ainsi qu'il le prétend. Mais ces bulletins, il est démontré qu'ils n'étaient pas favorables, qu'ils devaient inquiéter le père de famille, et cela est démontré par lui-même.

Nous produit-il ces bulletins? Non; M. Marsden ne produit aucune des pièces qu'il a reçues de France, soit des médecins, soit de sa sœur, soit de son beau-frère, soit de ses enfants, soit de mademoiselle Doudet. Il ne produit rien qui justifie les interprétations que plus tard il donne mensongèrement aux faits. Cependant, depuis le 21 juin jusqu'à la fin de juillet, M. ou mademoiselle Rashdall ont été constamment présents à Paris.

Mais voici qu'en ce moment même où il dit qu'on lui envoyait des bulletins favorables afin de l'empêcher de venir à Paris, il a écrit, le 13 juin, que cela lui était impossible. Nous avons produit en original (voir ci-dessus, p. 81), la lettre adressée à sa fille Emily où il s'excuse de ne pas pouvoir venir, ce qui prouve qu'il ment quand il dit qu'on lui écrivait de manière à l'empêcher de venir. Le même jour 13 juin 1853, il répondait aux bulletins qu'on lui avait envoyés, et voici en quels termes il écrivait à M. Gaudinot :

« Je vous remercie infiniment des *bulletins* que vous avez eu l'obligeance de m'en-
» voyer sur la santé de ma petite fille (encore une fois qu'il les produise, nous
» verrons s'ils sont favorables). L'attaque me paraît être une apoplexie ; un épan-
» chement sanguin, résultant d'une détention prolongée du sang dans les vaisseaux
» du cerveau, pendant une quinte de toux. Ai-je raison, et quel pronostic en
» donnez-vous? *J'en suis fort inquiet* et je serais venu la voir, mais il m'est *impos-*
» *sible de quitter ma clientèle.* »

Il en a menti, je ne puis pas prendre une autre expression, quand il dit qu'on lui envoyait des nouvelles faussement rassurantes; qu'on le trompait sur l'état de santé de sa petite fille; qu'on faisait tout pour l'empêcher de venir à Paris.

Il dit plus tard encore, dans sa plainte, qu'il est arrivé *inopinément* le 31 juillet. Est-ce que la mort de Mary-Ann, survenue le 28 juillet, ne lui a pas été annoncée immédiatement par la tante? Est-ce que nous n'avons pas la lettre écrite le 29 juillet? Vous avez la lettre d'Emily, qui lui dit qu'on a re-

---

(1) « Mademoiselle Doudet, pendant la maladie de Mary-Ann, me faisait écrire par mes enfants des *lettres fréquentes* qui contenaient *toujours un bulletin favorable* sur sa santé, jusqu'au jour même de sa mort; et ces nouvelles *faussement rassurantes* n'avaient d'autre but que d'empêcher mon arrivée, que la demoiselle Doudet craignait par-dessus tout. »

(Extrait de la plainte du 8 mai 1854.)

tardé l'enterrement, et qu'on désire savoir où il veut qu'on enterre cette pauvre Mary-Ann; que mademoiselle Doudet a fait préparer une fosse derrière la tombe de sa propre mère. Tous ces détails lui sont donnés; on l'attend, et je demande s'il y a une circonstance dans laquelle un père puisse être plus naturellement attendu que dans la circonstance où, après tout ce qui s'est passé, après tout ce qu'il a connu, après l'accusation qui a retenti contre mademoiselle Doudet, on lui annonce la mort d'une de ses filles. Il reçoit une lettre indiquant qu'on attend ses ordres, car ces mots sont dans la lettre. On devait l'attendre à tout moment. Que vient-il dire? Qu'il est arrivé inopinément (1).

Il fait la description du spectacle affreux offert à ses yeux : il a pénétré dans une chambre obscure où deux de ses filles sont garrottées, sont liées; dans son Mémoire il parle même d'*oubliettes*, et dit qu'il a coupé les cordes qui les retenaient au lit. Mais la vérité est qu'il est arrivé le matin à une heure où les enfants sont encore au lit; qu'il les a trouvées dans une chambre fort grande, fort propre, qui est la chambre où habitaient les enfants, où avait logé Zéphyrine pendant qu'elle était encore dans la maison. Il a été introduit dans cette pièce, qui est au premier, qui est éclairée par une très grande croisée, et il a vu les deux enfants, encore dans leur lit, liées, oui, non pas avec des cordes, mais avec des rubans. Il vit les jambes attachées au pied du lit, c'est vrai; elles avaient les mains liées aussi, cela peut être vrai : l'information n'est pas positive sur ce point. Mais il vient faire ici une scène dramatique, soulever toutes les imaginations, tous les cœurs, tandis que c'étaient des enfants à l'égard desquelles il fallait toujours prendre des précautions.

Sur les enfants de cet âge, il est bien difficile d'espérer que, par la raison, par les bons conseils, par les pensées religieuses, par la tendresse maternelle, on pourra vaincre ce vice involontaire qui dévore l'existence prématurément. À cet âge, les moyens coercitifs sont les seuls qu'on puisse employer, et c'est en préservant les enfants, en les empêchant de céder à ces entraînements irrésistibles, qu'on peut les guérir, et non pas par des admonitions, dont à cet âge ils peuvent ne pas comprendre toute l'importance, et en leur parlant de l'avenir qu'ils ne comprennent pas. On sait qu'elles n'obéissaient pas aux injonctions du père, qui leur écrivait : « Vous flétrirez votre vie, et dans votre vieillesse anticipée, vous vous repentirez d'avoir forcé les lois de la nature. »

---

(1) « Après la mort de Mary-Ann, j'arrivai *inopinément* chez Mademoiselle. Je trouvai mes enfants dans un état de maigreur si effrayant que mes connaissances médicales ne me fournissent même pas d'expression pour le caractériser.

» Jamais je ne les aurais reconnues; c'étaient des squelettes vivants. Les deux aînées vinrent au bout de quelques moments. Je demandai les deux autres : on me répondit qu'elles viendraient tout à l'heure. Je dis que je voulais les voir tout de suite, et j'allai les trouver sur les pas de mademoiselle Doudet.

» Arrivé dans leur chambre, je les vis toutes deux au lit, pâles, le regard terne, la face ridée, allongée, avec un air d'idiotisme complet. Au lieu de se jeter dans mes bras, comme elles en avaient l'habitude, elles ne bougeaient point. Glacé d'épouvante, je leur demandai pourquoi elles ne me parlaient pas, j'avançai près du lit pour les prendre dans mes bras, et je m'aperçus alors avec horreur qu'elles étaient attachées par les pieds au fond du lit ! »   (Extrait de la plainte du 8 mai 1854.)

Voilà donc la plainte telle qu'elle est rédigée, plus la négation de la coqueluche. Je n'ai pas besoin de remettre sous vos yeux tout ce qui est relatif à la coqueluche.

Quand il dit que Lucy ne l'avait pas, et l'on répétait tout à l'heure qu'elle ne l'avait pas, il fallait nous procurer des pièces autant que nous pouvions en avoir d'authentiques. Voici l'acte de décès, qui me paraît très régulier, et beaucoup mieux fait encore que nos actes de décès en France. On critique la législation anglaise, quant à la manière de recueillir les témoignages, comparativement à la nôtre ; mais, quant à la manière de constater un décès, je ne crois pas qu'il y ait de registres mieux faits que ceux d'Angleterre. Les noms, les prénoms, l'âge, la cause du décès, etc., tout cela forme des colonnes distinctes sur les livres anglais. Et qu'est-ce que nous lisons ? Que Lucy est morte de *toux convulsive* ou *coqueluche*, après *épuisement*.

Avant la mort de Lucy, dans une lettre que M. Marsden adresse à madame Sudre, le 27 août 1853, et qui est au dossier de l'instruction, il dit formellement que *Lucy est malade de la coqueluche*.

Quand donc il a écrit, dans sa plainte, que Lucy n'a pas eu la coqueluche, n'est pas morte des suites de la coqueluche, il a dirigé une plainte qui n'était pas vraie, alors que la vérité devrait être pure, devrait être dégagée de toute espèce de circonstances qui ne pussent pas être justifiées. Est-ce là remplir la condition de sincérité exigée pour une plainte qui doit avoir de conséquences si graves pour l'inculpée ?

Maintenant, que reste-t-il à côté de la plainte, à côté des témoignages dont on a vu l'historique fidèle ? Il reste à parler des enfants et de leurs déclarations. Mais pour se rendre compte de ce procès sainement, il ne faut pas se laisser étourdir par cette indignation, trop juste quand il s'agit de faits de cette espèce, trop naturelle quand il s'agit d'une conduite exécrable comme celle qui est imputée à l'institutrice. Quand il s'agit d'un père qui s'est confié à la douceur de nos mœurs, à la protection active et éclairée de nos lois, quand on entend le récit d'un crime aussi grand que celui qui est imputé à mademoiselle Doudet, l'indignation s'allume ; mais quand on a à prononcer le jugement, quand on a à discuter devant les magistrats les faits de la cause, il faut étouffer dans son cœur les sentiments qu'y fait naître la seule énonciation des actes... (Je ne connais pas mademoiselle Doudet, si je la croyais capable de ce crime je ne voudrais pas la regarder en face...) Il faut juger froidement les faits.

Quand on étudie les faits, quand on lit les correspondances, en présence des événements, quand on voit les précautions qui sont prises, on trouve ce qui est vrai, c'est que Zéphyrine a discuté avec sa sœur et a dit : Le régime qu'a prescrit M. Marsden est mauvais. L'habitude des punitions corporelles (ce que Zéphyrine dit avoir été employé sans rigueur, sans exagération, avec la main), l'habitude des punitions corporelles, Zéphyrine instruite, élevée en France, dit : « Je ne puis supporter cela. »

Mais cela n'est pas particulier à mademoiselle Doudet ; cela se pratique en Angleterre. Je tiens un journal d'enseignement, le *Bulletin de l'instruction primaire*, le numéro qui porte justement la date de la plainte de M. Marsden (mai 1854), et qui donne les détails d'un article anglais où l'on se plaint de ce que ce système de correction manuelle est encore pratiqué dans les colléges jusqu'à dix-sept ou dix-huit ans (1). Nous savons que dans l'armée anglaise les punitions corporelles ont été maintenues par Wellington comme moyen de châtiment. Ces peines corporelles, qui n'ont pas révolté nos pères et qui ont des inconvénients dans l'état de nos mœurs, blessaient Zéphyrine.

Elle disait aussi à sa sœur : Je trouve qu'on ne donne pas assez à manger. Elle blâmait le régime d'eau et de lait que prescrit M. Marsden, peut-être par l'effet de son système homœopathique, car il est homœopathe très passioné, vous l'avez vu suffisamment dans la seule lettre dont je vous ai donné lecture à cet égard, qui critique tant le système de M. Gaudinot.

Mademoiselle Zéphyrine, dit l'accusation, est sortie par indignation de la conduite de mademoiselle Doudet? Non. Voici la vérité des faits : Madame Lebey, qui avait fait donner des leçons à ses enfants par Zéphyrine, dont elle appréciait le mérite, a, par une obligeance naturelle, cherché à lui procurer une place. Madame Blanc, de la rue Basse-du-Rempart, avait perdu sa gouvernante à la fin de décembre. Que ces faits soient considérés comme parfaitement vrais et exacts. La gouvernante de madame Blanc avait quitté sa petite fille à la fin de décembre; madame Blanc a dû chercher une autre gouvernante. Madame Lebey a trouvé cette place et l'a proposée à Zéphyrine. Depuis la fin de décembre, jusqu'au mois d'avril, tous les jours Zéphyrine allait dans la maison de madame Blanc pour l'éducation de l'enfant qui lui était confiée. Et puis madame Blanc a fini par trouver qu'il était incommode d'avoir une institutrice qui n'arrivait qu'à une certaine heure de la matinée, et qui, pour rentrer auprès de sa sœur, quittait l'enfant vers la chute du jour, à cinq ou six heures, heure à laquelle, en effet, Zéphyrine rentrait dans la maison de sa sœur. Elle a donc exigé que Zéphyrine vînt s'établir à domicile chez elle. C'est ce que cette dernière a fait : elle est entrée au commencement d'avril chez madame Blanc, à demeure, tandis qu'elle n'y allait que dans la journée pendant les trois mois précédents. Madame Blanc dira à qui voudra l'entendre qu'elle a exigé que Zéphyrine se prononçât au mois d'avril, et lui a dit : Vous vous établirez comme institutrice chez moi, ou je serai obligée d'en prendre une autre, parce que je ne veux pas voir mes enfants au commencement et à la fin de la journée sans institutrice, sans gouvernante.

Voilà le motif de la retraite de Zéphyrine. Y a-t-il eu, comme elle le dit, entre elle et sa sœur, depuis la mort de leur mère, quelques petites querelles, quelques mésintelligences, quelques susceptibilités, quelques observations

---

(1) « Dans un précédent numéro du *Bulletin*, nous avons rapporté un fait récent qui montre combien, en Angleterre, l'idée de la nécessité des *punitions corporelles* pour maintenir la discipline dans les écoles paraît être enracinée dans l'esprit des maîtres. On est surpris de voir un pays aussi éclairé et qui se distingue éminemment par le sens pratique, conserver encore dans l'éducation des moyens discrédités que l'expérience a fait rejeter aujourd'hui chez tous les peuples civilisés. Nous tenons cependant à faire voir que l'emploi des coups et des châtiments corporels dans ce pays ne se borne pas à quelques faits isolés qui se reproduisent de loin en loin, mais que c'est un *système généralement admis dans l'éducation anglaise.* On ne le trouve pas en vigueur uniquement dans les écoles primaires et employé seulement pour les jeunes enfants; il est encore en pratique dans les colléges, même avec les jeunes gens de seize à dix-huit ans. » (*Bulletin de l'Instruction primaire, journal d'éducation et d'enseignement,* n° 9, mai 1854, p. 3[...]

d'humeur l'une contre l'autre ? Cela serait vrai, que ce ne serait pas extraordinaire et que ce ne serait pas une manière d'être étrangère à un bien grand nombre de familles. Zéphyrine a blâmé, et vous en voyez la trace dans la lettre de madame Espert, le *système d'éducation*, de corrections manuelles, de régime trop peu nourrissant prescrit par M. Marsden. Elle a dit tout cela, tout cela s'est enflé. Zéphyrine dit : Je ne puis supporter cela; ma sœur maintient l'usage de donner le fouet à ses enfants, je trouve cela mauvais. On traduit : Les enfants sont maltraités. Battre les enfants, maltraiter les enfants, c'est identiquement, dans notre langue, la même chose, c'est le même mot, cela a le même sens. On fait à Zéphyrine la situation la plus pénible et la plus douloureuse du monde. Elle ne peut dire le contraire de la vérité, elle dit : J'ai tenu des propos, mais je n'ai jamais accusé ma sœur.

Et c'est sur ce qu'a dit Zéphyrine que tout ce système est construit; car, remarquez-le, Léocadie, qui était la bonne, qui aurait dû tout voir, si vous lisez sa déclaration avec attention, et surtout au moment de la confrontation, vous verrez que Léocadie déclare en propres termes que « la majeure partie des faits déclarés par elle, elle les tient de Zéphyrine. » Tout le reste des témoins ne sait rien, excepté les deux servantes qui arrivent pour parler des faits du courant de 1852, qui sont évidemment faux. Il y en a une qui est restée quinze jours et qui dit que c'est à « tort que mademoiselle Doudet l'a accusée d'avoir volé un parapluie. » Ce sont des témoins qu'on a pu écarter, qu'on a écartés par le jugement dont est appel, puisqu'on reconnaît qu'à l'époque où ces servantes étaient chez mademoiselle Doudet, la mission de l'institutrice a été remplie avec conscience.

Il y avait bien une chose vraie dans les propos attribués à Zéphyrine, non pas le système tendant à faire mourir de faim les enfants, mais la critique de la nourriture des enfants Marsden : elles n'avaient que du lait coupé d'eau à leur déjeuner. On dit tout de suite à côté, la portière, la voisine, la marchande de beurre : « Ce sont des enfants qu'on fait mourir de faim. » Voilà l'accusation traduite dans le quartier, la rumeur se fait.

Madame Sudre, pour s'excuser d'avoir écrit sans avoir mis les pieds dans la maison et sans avoir vu les personnes, dit : Tout le quartier était ému. Oui, pourquoi ? C'est qu'en effet il y avait un fait grave : le dépérissement qui résultait des mauvaises habitudes et de la coqueluche, qui venait ajouter aux ravages que les mauvaises habitudes avaient déjà faits, l'amaigrissement et le dépérissement des enfants; le changement était rapide. Voilà comment on s'est alarmé, comment le quartier s'est ému, comment on a exagéré la nature des mécontentements de Zéphyrine.

Quant à sa sortie, ce n'est pas vrai; elle n'est pas sortie par indignation; elle est sortie dans les circonstances que je viens de rappeler, mais après avoir dit : Je suis un système tout différent de celui de ma sœur; je voudrais plus de nourriture; je ne voudrais pas de corrections manuelles; on ne doit pas battre, frapper les enfants. Voilà le point de départ. Léocadie se reporte à ce qu'a dit Zéphyrine, c'est d'elle qu'elle tient les faits qu'elle altère, qu'elle exagère, qu'elle dénature.

Madame Poussielgue n'a rien su que par Léocadie; madame Hooper n'a rien su que par Léocadie; mademoiselle How n'a rien su que par Léocadie.

Madame Sudre ne sait rien que par les rapports des ouvrières ou des bruits du quartier. Faites donc attention à cette lettre de madame Sudre dans laquelle elle veut exciter la passion de M. Marsden pour faire faire le procès; je me rappelle les premiers mots où il est question de l'ouvrière, cette femme *esti-* mable, prête à déclarer devant Dieu et devant les hommes tous les faits qui sont à sa connaissance. Sur la déclaration de qui cette femme, qui se dit chré- tienne, prodigue-t-elle à outrance les injures contenues dans sa lettre? Sur la déclaration de l'ouvrière Chardonnot. Quand est-ce que l'ouvrière a vu quelque chose? Elle a travaillé pendant huit jours, en décembre 1852, à faire les robes qu'on préparait aux jeunes filles pour l'arrivée de leur père, qui est venu à Paris en décembre 1852. Cette ouvrière, qui va faire un témoignage important, elle a travaillé huit jours à des robes pour les enfants à une époque où on déclare que tout s'est bien passé, que la mission de mademoiselle Doudet a été bien remplie.

Et madame Espert! Quand on vient se fonder sur la déclaration de made- moiselle Zéphyrine, madame Espert donne un démenti complet à tous les témoins sans en excepter un seul, car tout remonte à la fausse interprétation, à l'exagération des déclarations de Zéphyrine. Madame Espert s'exprime en ces termes : Je n'ai rien vu, rien entendu. Elle dit :

« Pendant *tout le temps que sa sœur Zéphyrine a partagé son domicile*, les jeunes filles de M. Marsden ont été *parfaitement soignées* et paraissaient jouir d'une *parfaite santé*, à l'exception pourtant de Mary-Ann, qui, ayant eu le choléra, était d'une complexion plus délicate que celle de ses sœurs. »

Ainsi, voilà madame Espert qui demeure dans la maison, qui a des commu- nications avec M. Marsden, quand M. Marsden est à Paris, car nous avons des lettres où M. Marsden rappelle les soirées passées avec madame Espert, de même qu'il dit, dans sa plainte, qu'il venait voir ses filles tous les jours, et nous voyons dans ces lettres que madame Espert descendait dans le salon et y chantait; de telle sorte que M. Marsden demande à mademoiselle Doudet de lui faire passer telle ou telle romance, que madame Espert chantait si bien pendant leurs soirées d'hiver à Paris (1). C'est là ce qui est constaté. Madame Espert, que vient-elle déclarer? Que, jusqu'au jour du départ de Zéphyrine, les enfants étaient parfaitement soignées et en très bon état.

Comment maintenant peut-on soutenir une accusation qui est bâtie tout entière sur des faits accusateurs, sur des faits de supplice et de cruauté qui auraient été *déclarés par Zéphyrine comme antérieurs à son départ?* Zéphy- rine dit, et cette déclaration est confirmée : Je ne me suis jamais plainte que ma sœur se soit conduite avec cruauté, se soit livrée à de mauvais traitements, ait enfermé les enfants garrottées dans des caves. Et cette déclaration n'est pas une complaisance d'une sœur qui vient adoucir l'indiscrétion de propos qui lui sont échappés, c'est une dénégation très précise, très formelle, vis-à-vis de tous les témoins, dénégation confirmée par madame Espert.

Du moment que madame Espert déclare, elle qui habite l'appartement au-

____

(1) Lettre du 9 mai 1853.

dessus, que tant que Zéphyrine a été là, les enfants ont été parfaitement soignées, il en résulte que Zéphyrine (ou elle aurait menti) ne pouvait pas dire une chose contraire à la santé des enfants et aux bons soins qu'on leur donnait.

La déclaration de Zéphyrine est donc vraie, elle est exacte. Ses propos ont été exagérés, ils ont été dénaturés, et tout a découlé de cette exagération.

Quant à la déclaration de madame Rashdall, j'ai dit tout à l'heure comment elle s'était rétractée et comment elle s'était rendue indigne de foi en sollicitant le certificat de M. Campbell.

J'arrive maintenant à la dernière partie de ma plaidoirie et de la cause, qui est l'examen des déclarations des enfants.

Contre les déclarations des enfants, il y a une quantité de titres à invoquer : ce sont des lettres sans nombre qu'elles ont adressées à mademoiselle Doudet à toutes les époques. Ce sont des lettres où on témoigne de tendresse, d'affection, dans les termes les plus touchants. C'est un droit d'opposer aux déclarations des enfants leurs lettres antérieures (1) : permettez-moi de les remettre sous vos yeux.

---

(1)   *Lettres des enfants à leur institutrice.*

« MA CHÈRE DEMOISELLE,

» Voulez-vous acceptez cette petite tablet pour porter dans votre poche ? Je suis très fâchée que vous êtes si fatigué. Le petit médaillon que je veut achelé c'est pour votre cheveux. Je vous envoie mon meilleur amitié et amour, et croyez-moi votre très affectionnée élève et amie.

                   » LUCY MARSDEN. »

« MA CHÈRE DEMOISELLE,

» Je vous écrit ces deux ou trois petite hymn, et Lucy a eu la bonté de mettre un peu de ruban ; j'espère que vous trouverait les hymns jolis. *Madame Espère ne chante plus* à présent, et elle n'ose plus descendre vous voir. Voyez comme vous êtes bonne pour nous, vous avez sortait tout de suite après le médecin était parti pour acheter cette chose pour Marian, et a présent je serait sage pour vous. Il faut que Zaphy (Zéphirine) vienne pour chercher ces choses. Je vous envoie mon amour, chère demoiselle ; merci beaucoup pour m'avoir donner congé demain.   » ROSA. »

« MA CHÈRE MADEMOISELLE,

» J'espère que vous accepterez ce petit souvenir ; je l'ai fait de ma mieux. Je suis bien aise que vous avez dormi un peu ce matin, cela vous a fait du bien. Puis-je commencer ma nouvelle morceau de music aujourd'hui ? Pensez-vous que c'est nécessaire d'écrire à papa aujourd'hui ? J'espère que notre maître restera plus longtemps demain. J'espère que vos bras seront bientôt guéris. Je vous envoie mille baisers avec mon amitié. Je suis votre très affectionné élève et ami.   » LUCY MARSDEN. »

« MA CHÈRE DEMOISELLE,

» J'ose à peine cette fois vous demander pardon, vous ayant tant de fois si « *faussement trompée.* »

» Je regrette d'avoir si mal répété mon catéchisme ! A notre retour aujourd'hui j'ai bien vu que votre mine était triste, et au lieu de faire mieux, afin de vous consoler, je n'ai fait qu'ajouter à votre tristesse.

» Mais demain, vous verrez un changement réel ; d'abord, je ferai attentivement et *bien* mes devoirs, et j'espère qu'avant le soir vous pourrez voir que je cherche à regagner ma *place auprès de vous*, et que je ne veux plus vous donner cause de mécontentement.

» Hier, en me quittant, vous avez dit : « Que Dieu vous bénisse, chère enfant ! »

» Oh si vous saviez combien j'ai senti ces paroles, parce que je n'en méritais pas de si bonnes, vous ayant manqué si gravement.

» Croyez-moi votre élève affectionnée et repentante.   « EMILY MARSDEN. »

     (Traduction de l'anglais.)

« MA CHÈRE DEMOISELLE,

» Je suis fâchée de n'avoir rien de mieux à vous offrir ; mais j'espère que vous accepterez ces petites bagatelles. J'aimerais beaucoup que vous eussiez de nous, ainsi que de vos autres élèves, beaucoup de petits souvenirs. J'espère que vous serez contente de moi demain. Je ne m'arrêterai pas à présent pour vous écrire une longue lettre. J'espère que vous dormirez très bien cette nuit. Avec mes amitiés les plus affectueuses, croyez-moi votre affectionnée élève.

 » July, 24th 1853.   « EMILY MARSDEN. »

Ces lettres, dit-on, ont été dictées aux enfants pendant que mademoiselle Doudet les avait chez elle. Mademoiselle Doudet se faisait donner d'avance apparemment, sous cette forme de lettres tendres et affectueuses des enfants, des certificats de bonne et tendre conduite !

Mais enfin, quand les enfants sont parties, quand elles ont été arrachées à mademoiselle Doudet, quand le père est venu, le 31 juillet, que s'est-il passé ? Il vous en fait lui-même le récit. Après le détail révoltant de cette scène de cachot, de chambre noire où il a trouvé ses filles garrottées avec des cordes qu'il s'est empressé de couper : « C'étaient des cadavres, elles ne parlaient plus, elles ne répondaient plus, elles avaient à peine l'apparence de la vie; » que se passe-t-il ? Suivez sa déclaration dans un autre moment; il va se promener avec elles; il les mène promener, où ? sur le boulevard. Il faisait beau, c'était un dimanche, le 31 juillet, et il les fait entrer, ces malades, ces enfants qu'il vient de nous peindre comme étant dans un état d'abattement, de désorganisation complète, ne pouvant plus se soutenir sur leurs jambes ; après les avoir promenées, il les fait entrer dans un café. Que leur fait-il prendre ? du café. A ces malades exténuées, lui, médecin, il leur fait prendre du café, et il constate que ces enfants, dans cet état d'étisie, ont mangé trois corbeilles de gâteaux. Les voilà sortant du lit de mort, du lit d'anéantissement où le père les a trouvées le matin, voilà la promenade qu'il leur fait faire, et le moyen de réparer leurs forces qu'il leur procure dans un café !

Ce n'est pas tout, il ramène les enfants. Oh ! si sa fureur est vraie, si son indignation est vraie, si son impression a le caractère qu'il cherche à lui donner dans la description de la matinée du dimanche 31 juillet, au moment de son arrivée à Paris, que va-t-il faire de ses enfants ? Le soir, il les ramène à mademoiselle Doudet, les enfants reviennent coucher chez leur bourreau ; après que le père a été témoin de ces prétendus supplices, elles ont encore passé une nuit sous la surveillance de cette mégère ! Ce n'est que le lendemain que les quatre enfants sont conduites chez M. Rashdall, à Chaillot.

Nous avons dix ou douze lettres des enfants, datées de Chaillot, et adressées à mademoiselle Doudet, chacune des jeunes filles lui a écrit ces lettres, les plus tendres, les plus affectueuses du monde, les voici (1).

Ont-elles encore été dictées ? On n'hésite pas à le dire. On le fait même dire aux enfants. Les enfants allaient de Chaillot voir mademoiselle

---

(1) *Lettres des jeunes Marsden à mademoiselle Doudet, écrites de Chaillot, après leur départ.*

« 2 août 1853.

» MA CHÈRE DEMOISELLE ,

» Je pense très souvent à vous, et je souhaiterais beaucoup revenir demeurer avec vous.

» Il faut avouer que c'est bien honteux de nous avoir séparées de vous d'une telle manière. Je songeais, la nuit dernière, à la chère petite Marianne ; quel dommage qu'elle ne puisse pas être ensevelie près du tombeau de madame Doudet !

» Vous devez être très isolée dans votre appartement ; à présent que vous êtes seule ; je puis vous assurer que je vous regrette beaucoup , et je pense que Lucy et Rosa éprouvent les mêmes regrets que moi.

» Notre oncle John dit que nous pouvons rester une heure ou deux avec vous tous les jours. Je suis très charmée d'apprendre que nous ne partirons que mardi. Notre oncle John dit qu'il va me conduire avec Lucy au Louvre. Je tâcherai de vous écrire tous les jours tant que nous serons ici ; je sais que vous

Doudet tous les jours, elles y passaient une heure ou deux, car c'est déclaré
dans leurs propres lettres, et puis les enfants, après avoir passé ce temps chez
mademoiselle Doudet, revenaient à Chaillot. « Oh ! disent-elles, mademoiselle
Doudet nous disait les choses que nous devions lui écrire, nous les écrivions

---

aimez à recevoir de petites lettres de notre part. Vous ne sauriez croire combien je suis fâchée d'avoir été
si méchante quand j'étais avec vous, tandis que j'aurais pu être si bonne.

» Je ne saurais oublier que je vous suis très redevable ; vous vous êtes donné beaucoup plus de peine
pour moi qu'aucune autre personne.

» Je ne saurais m'empêcher de penser que mon caractère est bien différent à présent de ce qu'il était
quand vous êtes venue chez nous.

» J'ai dit à ma tante que le papa vous avait promis des cheveux d'Alice ; elle va bientôt en faire couper.
N'oubliez pas, je vous en prie, que vous avez promis de nous donner de vos cheveux. J'y attacherai un
si grand prix ! Si vous saviez combien je suis peinée de ne pouvoir achever votre jupon. Je comptais tellement là-dessus, que je pensais avoir le plaisir de vous le voir porter.

» Je serais enchantée si vous faisiez laver votre bonnet avant votre départ. Je serais bien aise de le voir.

» Je puis vous assurer, ma chère demoiselle, que je ne vous oublierai jamais ; vous avez tant souffert
pour nous, vous avez tant fait pour nous et vous avez pris tant de peine, vous avez eu tant de soins de
notre chère petite Poppy (la défunte Marianne), que si je n'étais pénétrée d'une profonde reconnaissance,
je serais aussi méchante, bien plus méchante qu'aucun de vos ennemis.

» Je vous remercie beaucoup de toutes vos bontés. On vous a fait beaucoup de tort ; on s'est comporté
abominablement envers vous. Je ne suis pas étonnée si madame Lebcy , ainsi que toutes les autres , sont
si indignées. J'espère que Félicité est très bonne , très complaisante envers vous. Il faut bien qu'elle se
montre telle, surtout à présent.

» Je n'ai pas le temps d'en dire davantage à présent, parce que le déjeuner est tout prêt, et nous allons
nous préparer de suite à nous rendre chez vous immédiatement après.

» Veuillez agréer mes très sincères amitiés, ainsi que mes embrassements ; je désire cordialement que
vous soyez heureuse et en bonne santé.

» Croyez-moi, ma très chère demoiselle, votre très affectionnée petite amie.

    (*Traduit de l'anglais.*)   » Signé : EMILY MARSDEN. »

     « MA BIEN CHÈRE MADEMOISELLE,

» Lucy couche en haut avec moi, et nous sommes descendues avant sept heures du matin. Vous ne devez
pas penser, chère mademoiselle, que nous sommes pressées pour avoir nos effets, car nous sommes sûres
de les avoir bientôt.

» J'ai beaucoup de peine, parce que nous ne serons pas ici pour passer mon jour de naissance avec vous,
car je pensais bien certainement que nous y serions. — La première nuit, Alice fit ses prières avec oncle
John. Ma tante Fanny vient de nous acheter deux robes de deuil. — Il y a plusieurs enfants dans cette
maison. — Dimanche, nous irons entendre prêcher oncle John.

» Oncle John viendra rester peut-être avec tante Fanny, et elle *a lavé Alice*, qui était contente.

» Je n'ai pas beaucoup de temps à écrire, parce que j'écris à jeun. Oncle John lit les prières du soir avec
nous. — La bonne viendra tous les matins à sept heures. — Vous devez être bien fatiguée, n'ayant pas
été au lit depuis tant de nuits !

» Je vous envoie mon meilleur amour et mes baisers, et je suis bien sûre que j'ai les vôtres.

» Croyez que je suis votre bien affectionnée petite amie.

    (*Traduit de l'anglais.*)   » Signé : ROSA SIDNEY MARSDEN. »

     « MA CHÈRE DEMOISELLE,

» Hier, nous avons pensé que vous seriez dans la salle à manger avec les peintres. Lucy, Emily et moi,
nous avons acheté entre nous une papeterie pour maman, une boîte de papier pour papa et un buvard
comme celui de Georges Nicollet pour James.

» Ma tante, Emily et moi, nous avons acheté un joli petit dictionnaire pour Lucy, de deux espèces dans
un même livre, et les éléments de la Grammaire française se trouvent au milieu, c'est tout à fait ce qu'elle
avait désiré.

» Nous eûmes le thé à notre retour, à huit heures ; Alice avait tant d'affectation, qu'elle ne pouvait achever la moitié d'un plaisir que je lui avais acheté, et le soir, lorsque Lucy et Emily se couchèrent, elle dit
qu'elle ne leur avait pas souhaité le bonsoir, et elle envoya Agnès les chercher. Elle a vraiment l'air d'un
petit singe.

» J'ai acheté du petit ruban bleu pour garnir les deux chapeaux que vous m'avez donnés. Alice a perdu
la pièce de cinquante centimes que vous lui aviez donnée. On apporta nos chapeaux hier, pendant que
nous étions à la promenade, ils sont garnis de noir. Lucy a une paire de bottines neuves. J'espère que vous
verrez nos chapeaux.

» Je reste toujours votre affectionnée petite *ancienne élève.*

    (*Traduit de l'anglais.*)   » Signé : ROSA SIDNEY MARSDEN. »

sur nos ardoises, et revenues chez notre tante, nous mettions les lettres au net pour les envoyer à mademoiselle Doudet, et puis les dans leurs propres lettres, et puis elle Voilà le système auquel on est conduit à avoir recours, et ces enfants martyrs, ces martyrs délivrés, ces esclaves affranchis du joug de leur tyran cruel,

---

« MA BIEN CHÈRE ZELLY,

» Nous sommes très fâchées, Lucy, Emily et moi, de ne pouvoir pas nous procurer le plaisir de déjeuner avec vous ce matin ; nous en avons parlé à notre oncle John hier, mais il nous répondit de nous tenir tranquilles dans la matinée, car si la journée était belle, il se proposait de nous conduire quelque part, peut-être à Versailles. Vous ne pourriez vous imaginer combien nous sommes désappointées de ne pouvoir pas venir vous voir ce matin. J'ai donné à ma poupée le nom de Tinny.

» Nous allâmes hier au soir à une synagogue, mais on avait presque fini ; y avez-vous jamais été vous-même ? De là nous nous rendîmes chez nous à pied. Je penserai toujours à vous en m'amusant avec la petite poupée ; je vous le certifie.

(*Traduit de l'anglais.*) Signé : ROSA MARSDEN.

« MA CHÈRE DEMOISELLE,

» Nous devons *rester ici jusqu'à mardi* pour attendre notre linge blanc, et *nous partirons* vers les cinq ou six heures du soir. Ma tante a acheté nos robes noires, la couturière doit venir nous les essayer jeudi, et nous les aurons samedi.

» Nous aurons aussi chacune une paire de gants de soie noire. Mon oncle John a dit que tant que nous resterons ici nous pourrons aller vous voir tous les jours pendant une ou deux heures.

» J'ai acheté une jolie petite balle pour Alice. Mon oncle John a voulu que j'écrivisse une lettre en français à ma bonne maman, et je l'ai fait.

» Adieu, chère demoiselle. Signé : ROSA MARSDEN.

(*Traduit de l'anglais.*) Rue Chaillot, le 7 août.

« MA BIEN CHÈRE ZELLY,

» Je vous aurais envoyé hier plusieurs baisers, mais Emily nous laissa ignorer qu'elle vous avait fait passer une lettre. Ma petite poupée m'amusera souvent beaucoup, je pense, parce que hier, quand nous étions à la promenade, elle me disait une histoire que vous lui aviez racontée, et elle était bien jolie. Vous écrirai-je en français ou en anglais, de Malvern ?

» C'est la dernière fois que je puis *vous écrire pendant que nous sommes ici, parce que nous partirons* A *UNE HEURE, jeudi, mais je vous écrirai assez souvent d'Angleterre.*

» Nous avons deux vêtements noirs. Les uns sont terminés, et les autres nous parviendront lundi. Il y a sur les boulevards un café désigné sous le nom de *Ciel et Enfer.*

» Lucy, Emily et moi, vous prions de recevoir nos amitiés les plus sincères, ainsi que les baisers. Nous avons appris le texte, l'oraison, l'hymne et le catéchisme, que nous avons répétés aujourd'hui à notre oncle *John.*

» Je me souviendrai toujours de vous, ma chère Zelly. Je suis votre très affectionnée, petite *ancienne élève.*

» Adieu. Signé : ROSA SIDNEY MARSDEN, dimanche matin. »

(*Traduit de l'anglais.*)

« MA CHÈRE DEMOISELLE,

» Vous ne sauriez croire combien je fus enchantée de vous voir hier soir, mais je fus très fâchée de ne pouvoir parler avec vous, après avoir tant soupiré après cet entretien, et que je ne pus pas m'empêcher de penser qu'il était bien pénible de vous voir sans le faire. Ma chère Zelly, j'ai souvent pensé à vous depuis, et je le ferai toujours ; et je penserai toujours à vos bontés envers nous toutes ; il en sera de même de la petite Marianne ; pourrais-je oublier les peines, les inquiétudes que devaient nous occasionner mes leçons, que vous aviez la bonté de m'expliquer si bien ? Il m'est impossible de vous exprimer tout le regret que j'éprouve de n'avoir pas fait plus d'attention, tandis que j'avais une si belle occasion, et quand je songe à ma méchanceté ; mais veuillez tout oublier maintenant. Il faut que je vous dise adieu dans ma lettre.

» Ainsi, dites, comment vous trouvez-vous ? Comme vous, je suis votre très affectionnée amie.

(*Traduit de l'anglais.*) Signé : LUCY MARSDEN.

« MA CHÈRE DEMOISELLE,

» J'aime beaucoup à vous écrire, surtout à présent, que nous sommes si peu avec vous ; soyez persuadée qu'une fois parties, je ne négligerai pas de vous envoyer des lettres. J'étais si heureuse de vous voir hier soir ; j'espérais que nous nous attraperions pour vous recueillir, ce que nous aurions pu faire, si le cocher n'avait pris des chemins détournés. Hier, j'étais très fâchée d'avoir oublié de vous donner le parasol que vous aviez confié à mes soins ; notre tante Fanny nous proposa de vous le rapporter quand nous vînmes chez vous, mais je lui suggérai de le faire porter par le concierge, car je n'ai pas oublié la course que vous avez eu la bonté de faire ce matin ; je désirais prier le portier de se charger d'une petite lettre pour

quand elles sont chez leur tante, passent leur temps encore à écrire des lettres dictées par le bourreau, et après les avoir prises, disent-elles, sur leurs ardoises pour les écrire !

Voyez ces lettres. Il est impossible qu'elles aient été dictées. Il est impossible (je ne parle plus que de celles de Chaillot) que toutes ces lettres aient été ainsi

---

vous, mais on l'avait envoyé aussitôt que nous vînmes ici, car je ne considère pas ce lieu comme ma maison.

» Nous dinerons à trois heures aujourd'hui, et après nous sortirons pour faire toutes nos petites emplettes. Oh ! combien je désirerais que vous fussiez avec nous ! Je ne vois pas pourquoi il en serait autrement ; et il nous serait si doux de vous avoir en notre compagnie pour vous laisser choisir ; je suis certaine que nos articles seraient bien plus beaux. Je vous donne une petite pelote, et j'ai rapporté ma boîte. Nous pouvons rester avec vous jusqu'à trois heures ; n'est-ce pas bien gentil ?

» Alice craignait avoir perdu son ouvrage en laine, elle s'imaginait que vous oublieriez de le chercher dans le buffet. Ayez la bonté de ne pas oublier notre broderie en coton. Je vous remercie beaucoup de la peine que vous vous donnez au sujet de la tombe de Poppy. Notre tante Fanny dit n'importe quand même vous ne m'empaqueteriez pas. Il est très facile de le faire, mais notre oncle John différait d'opinion, et pense que deux emballages sont inutiles.

» Je n'ai pas le temps de vous écrire davantage, nous nous rendons chez vous maintenant, je préfère être avec vous que de vous écrire.

» Ainsi, adieu, ma chère demoiselle, pour quelques minutes, adieu, mais non pas pour toujours.

(Traduit de l'anglais.)   » Signé : EMILY MARSDEN. »

« MA CHÈRE DEMOISELLE,

» J'avais bien envie d'aller hier, mais Auntry ne voulez pas. Je vous remercie pour avoir envoyer ma bible. S'il vous plait me donner quelque petit souvenir de vous, les autres ont plusieurs petites choses. Alice et moi a dit Cendrillon à oncle John. Hier soir, on a essayé d'allumer deux ou trois croisés pour le quinzième, dans les Champs-Élycées, et nous avons vu par la fenêtre de Auntry. Vous avez encore ma petite croix et ma petite bourse. Nous aurons nos chapeaux ronds samedi ou avant ; j'ai 7 francs 18 sous, je vais vous le montré ; uncle John m'a chargé. Si vous avez besoin de mettre une lettre dans le poste en Angleterre, je vais le mettre pour vous avec grand plaisir. Vous ne savait pas combien je suis facher d'avoir était si méchant, et de ne pas vous laisser dormir la nuit, quand vous était malade : je sais bien que votre cœur   o liberté, je ne puis pas aider pensé. Vous ne savait pas combien je pleurait la nuit passée, parce que j'ai pensé combien vous avez était bonne pour moi, et comme j'ai était ingrat à vous ; je ne dors pas avec Lucy à présent. Alice est plus malade ici qu'à votre maison, chère mademoiselle, s'il vous plait   ce que j   ise plume. Nous prenions le déjeûner à huit heures, comme vous, je pense, j'espère que vous aurait une plus heureuse fête l'année prochaine que celle-ci.

» Je n'oubliez jamais votre bonté pour moi, et je vous écriverait aussi en Angleterre ainsi qu'ici, toujours à la cité Odiot, n'est-ce pas ? Je me lève toujours à six heures, parce que je l'aime. Peut-être je vous verrait à l'église dimanche prochain, mais je ne resterait que peu de temps, et nous allons mettre nos chapeau rond avec noire toute. Je vous envoie mon amour pour toujours, mais pas mes baissé, parce que je vous baisserait au lieu, je reste toujours votre affectionné petite ami.

(Les blancs sont des passages illisibles par déchirure.)   » ROSA SYDNEY MARSDEN. »

Lettre adressée par la demoiselle Emily Marsden à la demoiselle Louise Doudet, aînée.

« 64, rue de Chaillot, ce 5 août 1853.

» MA CHÈRE MADEMOISELLE DOUDET,

» Je vous écris pour vous dire quelque chose qui nous à causé beaucoup de chagrin ; notre chère petite sœur Marianne, qui était si malade, a quitté ce monde. Chère mademoiselle, comme je vous ai déjà dit, a eu le soin le plus continuel d'elle. Elle en sentit beaucoup la perte. C'est une grande consolation pour nous que de savoir qu'elle doit être enterrée ici, et chère mademoiselle a promis de visiter souvent sa tombe. Chère petite Poppy expira dans les bras de mademoiselle à neuf heures et un quart le 28 juillet. C'était le matin, pendant que chère mademoiselle l'arrangeait ; peu de temps avant sa mort, elle était très gaie et parlait comme à l'ordinaire. Sa mort fut subitement occasionnée par une accumulation de glaires à la poitrine, et lorsque ceci creva, elle fut instantanément asphyxiée.

» Vous ne sauriez vous imaginer combien elle et mademoiselle s'aimaient, ce qui, comme de raison, rendit la séparation bien plus douloureuse. Chère mademoiselle l'avait veillée pendant toute la maladie et l'avait gardée avec un soin que, j'en suis sûre, aucune mère n'aurait montré.

» Je ne puis m'empêcher de sentir combien nous lui devons et combien nous avons à lui en être reconnaissantes.

» Outre ses attentions infatigables pour notre chère petite sœur, elle a été aussi la meilleure des amies pour nous. Ni mère, ni institutrice, ni professeur, ne se serait jamais donné tant de peine et de labeur pour nous faire avancer dans nos études, les rendant dés plus faciles, toujours prête à nous aider et à

emportées. Il y en a une qui a seize pages de minute, c'est la lettre d'Emily, qui est à la date du 6 août 1853, je l'ai fait traduire en entier. Il y a non-seulement beaucoup de tendresse et de détails sur la famille dans cette longue lettre, mais il y a la copie d'un hymne (1). Sont-ce là des lettres que les enfants écrivaient sous la dictée de mademoiselle Doudet, et qu'elles emportaient sur une ardoise?

Faut-il admettre ce système? Oui, il faut l'admettre par deux raisons. D'une

nous encourager, et personne n'aurait pu nous donner plus de plaisir, et plus de congés, plus de petites fêtes quand nous les méritions et même quand nous ne les méritions pas, ce qui, je suis fâchée de le dire, était fort souvent le cas.

» Après la mort de chère petite Poppy, chère mademoiselle, ainsi que Lucy et moi, nous décidâmes de n'en faire pour ainsi dire qu'une, et de partager notre chagrin ensemble, et d'avancer, et de faire des progrès et d'instruire les plus jeunes tant que nous le pourrions. Le samedi soir, nous nous réunissions et nous arrangions toutes trois nos petits projets, quand soudainement une rupture subite mit fin à tout.

» Le jour de la mort de notre chère petite Poppy, notre tante avait écrit un récit de tout à papa; il n'a pu recevoir la lettre que le 30, qui était un samedi. Notre oncle John et notre papa partirent immédiatement et arrivèrent le dimanche matin; mais quoique je fusse certainement bien aise de les revoir, j'aurais été cependant cent fois plus heureuse s'ils ne fussent pas venus, car ce n'était que pour nous arracher à chère demoiselle le lundi suivant, trois jours après notre triste perte.

» Chère, chère demoiselle, la voilà maintenant dans la maison toute seule, privée de toutes espérances et de consolations. Je suis sûre que nous aurions donné tout pour pouvoir demeurer encore avec elle. Mademoiselle était si bonne. Je l'aime beaucoup plus à présent que je ne l'ai jamais fait avant. Je suis certaine que n'oublierai jamais ses bontés et tout ce qu'elle a fait pour nous!

» Cette pauvre demoiselle a un grand nombre d'ennemis, mais je crois aussi qu'elle a une ou deux amies qui s'intéressent à elle.

» Je prends part à sa vive douleur. Vous ne sauriez croire l'ingratitude qu'on lui a montrée, l'injustice qui lui a été faite par les personnes mêmes qui auraient dû lui être le plus reconnaissantes et le plus portées à tout faire pour elle (j'aime mieux ne pas mentionner les noms).

» Pauvre chère mademoiselle, elle paraît être dans un très mauvais état de santé, mais je crois qu'elle doit aller aux eaux la semaine prochaine, ce qui lui fera, je l'espère, beaucoup de bien! Nous devons quitter Paris mardi pour aller en Angleterre. Je n'ai pas le temps d'écrire davantage à présent. Avec mes meilleures amitiés, je suis tout à vous sincèrement.

(Traduit de l'anglais.)   » Signé: EMILY MARSDEN.

(1) *Lettre d'Emily, traduite de l'anglais.*

« 64, rue de Chaillot, 6 août 1853.

» MA TRÈS CHÈRE ZELLY,

» J'ai été très fâchée de ce que nous n'avons pas pu venir et passer une agréable matinée avec vous. J'avais anticipé le plaisir que j'aurais eu étant assise et causant avec vous; mais si je ne puis pas faire cela, je puis écrire. J'espère que vous n'aviez rien préparé pour notre déjeuner ni omis de prendre votre leçon chez madame Lebey; je serais fâchée si vous l'aviez fait. Nous avons questionné hier l'oncle John, et il nous a dit que nous n'avions qu'un jour ou deux à rester encore à Paris, et que nous avions beaucoup de choses à faire. Il a dit que s'il faisait beau aujourd'hui, il nous mènerait peut-être à Versailles ou ailleurs.

» Il vient aujourd'hui de meilleure heure, et il nous a dit d'être très tranquilles, et, pour le moins, ne pas nous ennuyer. Moi, je suis très ennuyée et triste. Nous avons demandé à l'oncle John si nous ne pouvions pas envoyer la bonne de la petite tante pour vous faire savoir, et il a dit oui; mais elle ne pouvait aller ce matin, et je ne suis pas restée pour vous écrire un billet, parce que je l'avais fait; la bonne serait arrivée chez vous si tard, que c'eût été inutile; mais veuillez ne pas penser que je vous ai oubliée, ou que je n'aie pas désiré de vous écrire, car, en réalité, je vous aime beaucoup, et cela n'est pas le cas: Hier, lorsque nous sommes rentrées chez nous, nous avons trouvé notre goûter prêt, mais naturellement nous ne l'avons pas pris; nous ne sommes pas sorties avant dîner, de sorte qu'aussi bien nous aurions pu rester plus longtemps avec vous. Après le dîner, nous ne sommes sorties qu'à près six heures, et alors nous sommes parties pour la synagogue des juifs. C'est là, en effet, un très long chemin, le long des boulevards et des théâtres. Lorsque nous avons passé par le marché aux fleurs, j'ai pensé à vous (vous savez ce que je veux dire), mais cela ne se pouvait pas, parce que vous savez que nous étions en voiture et qu'il était trop tard pour arrêter. Alors nous aurions dû y être une heure plus tôt, car lorsque nous sommes arrivées, nous avons trouvé que le service était prêt de finir, mais je suis très contente d'avoir été dans une synagogue; vous auriez trouvé cela joli, je le sais. Vous excuserez, s'il vous plaît, qu'il y a un peu de confiture sur cette feuille de papier, car lorsque nous sommes rentrées hier, la tasse glissa un peu, et voilà comment cela est arrivé. Hier, l'oncle John nous a fait une lecture relativement à la place de la Concorde. Le livre disait qu'à une époque, il y avait au centre de cette place une statue de Louis XV, au lieu de

part, vous disent les enfants (on le leur faire dire), nous ne savions pas que nous partirions, et nous écrivions des lettres tendres à mademoiselle Doudet, parce que nous avions toujours peur de revenir près d'elle et qu'elle ne fût encore plus méchante envers nous.

Nous ne savions pas que nous partirions! leur fait-on dire. Chacune des lettres adressées par les enfants est au contraire remplie de la nouvelle de leur prochain et définitif départ de Paris; la Cour doit faire attention à chacune de ces lettres, que je viens de mettre sous ses yeux, toutes portent ces mots :

« Nous devons rester ici jusqu'à mardi pour attendre notre linge blanc, et nous partirons vers les cinq ou six heures du soir. »

« Mon oncle John a dit que tant que nous resterons ici nous pourrons aller

---

l'aiguille de Cléopâtre. Louis était à cheval, et il y avait quatre figures, représentant la Force, la Justice, le Jugement et la Prudence. Quelqu'un (j'ai oublié qui c'était), qui savait que ce roi avait un caractère très différent, écrivit les lignes suivantes ; ne sont-elles pas bonnes?

Nota. Ce qui va suivre est en français dans l'original :

> « Oh! la belle statue,
> Oh! le beau piédestal!
> Les vertus sont à pied,
> Le vice est à cheval. »

Nota. Ce qui suit ci-après est traduit de l'anglais.

« L'oncle disait hier qu'il ignorait si nous pouvions aller chez vous aujourd'hui. Je crains que non. Je me plais toujours tant avec vous; toutes les chambres sont si agréables et si naturelles! Nous aimions beaucoup les confitures, et l'oncle John les aimait aussi, car Rosa avait un petit restaurant, et de tous ses mets il aimait le mieux celui-là, répandu en couche épaisse sur du biscuit. Rosa a dit hautement qu'elle vous avait adressée une question à ce sujet. En conséquence, nous avons dit à la tante Fanny que nous avions pris un goûter chez vous, et elle nous a demandé ce que nous avions eu. Lucy a dit que nous avions eu *abondamment*, la petite tante n'était pas contente, et nous éludions ses questions pendant long-temps, mais elle nous arracha l'aveu que nous avions eu du pain et des confitures et cela. Nos chapeaux sont terminés. Vous savez que nous avons dit hier comment ils sont arrangés. La couturière est venue ce matin nous essayer nos nouvelles robes (*frocks*); il y a de la garniture au bas et autour des manches. Annie garnit maintenant nos chapeaux de paille, ils auront des voiles (*autains*) et de la doublure (*tuel*) noirs en dedans avec du ruban. Comme je serai triste lorsque nous aurons nos vêtements noirs! Maintenant je pense souvent à la chère petite Poppy, et je ne puis pas ne pas me rappeler combien de fois je lui ai parlé rudement, et j'ai été dure envers elle, et elle a été si aimable pour moi. Je sens que j'ai beaucoup à me reprocher; si je pouvais seulement lui demander pardon de toutes mes duretés, combien je serais heureuse! mais une telle chose est impossible, car elle s'en est allée et pour toujours! Mais nous tous, nous devons espérer la revoir dans le ciel; là, vous le savez, chère Zelly, il n'y a aucune séparation, aucun péché, aucun souci, aucune douleur. Dieu essuiera toutes les larmes; cette pensée est une consolation pour vous, n'est-ce pas? Je suis sûre que s'il y a une personne en voie d'aller au ciel, c'est vous; je n'ai jamais connu une personne qui ait rempli son devoir avec plus de fidélité que vous ne l'avez fait. Je pense sérieusement que vous avez tout à fait autant de patience que Job, quoi qu'il n'y ait pas de très grand effort extérieur; vos efforts sont tous en la maison, très près, je veux dire, et ceux de Job me paraissent si publics! Je sais que je ne suis pas encore adulte, de sorte que je n'ai pas beaucoup de jugement, mais je ne suis pas enfant; le suis-je? Ma chère Zelly, veuillez ne pas vous moquer de moi; cependant je devine que vous le faites. N'avons-nous pas passé ensemble bien des heures agréables? Je sais que je ne vous oublierai jamais, ni non plus Paris. Si vous allez à Dieppe, veuillez ne pas nous faire attendre après votre adresse, vous savez que nous avons grand besoin de vous écrire. Combien il nous serait agréable si vous pouviez faire en sorte d'aller avec nous en chemin de fer. Je pense que vous pourriez le faire si vous le vouliez; nous l'avons demandé à l'oncle John, il a dit que vous pourriez le faire. Cela ne serait-ce pas joli; venez! — Alice n'a pas dormi toute la nuit dernière. Je désire tant vous voir. Vous ne savez pas combien je le désire. Je vous écris ceci parce que je ne pouvais pas aller; puis j'ai pensé que si vous n'étiez pas trop fatiguée, vous pourriez être assise dans le fauteuil rouge ou vert, et lire cette lettre. Vous penserez que je vous parle. Je sais que ce n'est pas la même chose, mais il n'y a pas moyen; cela vaut mieux que rien. Je désire être auprès de vous, très chère Zelly; j'essaierais de vous consoler, j'essaierais de vous rendre heureuse et d'être tout à fait votre petite sœur, et c'est cela que Lucy voudrait aussi, mais vous voir tous les jours pendant une ou deux heures. Je suis très charmée d'apprendre que nous ne partirons que mardi.

« Nous avons questionné hier l'oncle John, il nous a dit que nous n'avions qu'un jour ou deux à rester encore à Paris, et que nous avions bien des choses à faire. »

« C'est la dernière fois que je puis vous écrire pendant que nous sommes ici, parce que nous partirons à une heure *jeudi*. Mais je vous écrirai assez souvent d'Angleterre. »

« Voilà les expressions écrites par les enfants, de Chaillot, dans la maison où elles s'étaient réfugiées, chez leur tante. Quand on leur fait donner pour excuse (et c'est le juge qui leur fait cette objection : Comment avez-vous écrit

---

cela ne sert à rien que de souhaiter et désirer des choses qui sont impossibles, vous ne devez pas vous rendre malheureuse en pensant au passé. Je ne doute pas que vous ne soyez beaucoup plus heureuse, maintenant que nous sommes parties, car vous souffriez tant de mauvais traitements à cause de nous, je sais que je ne serai pas ainsi, mais cela est très différent. J'ai toujours été très heureuse. Il ne faut pas vous chagriner au sujet de la chère petite Poppy ; si elle avait vécu, elle aurait seulement souffert plus longtemps, et vous savez que tous les médecins ont dit qu'elle n'aurait fait que traîner un peu plus longtemps ; vous n'avez qu'à vous la représenter maintenant comme un petit ange en blanc, une couronne sur la tête et louant Dieu ; peut-être elle veille sur vous en ce moment. Ne seriez-vous pas heureuse, chère Zelly, si vous étiez sûre qu'il en fût ainsi. Je suis persuadée qu'elle vous bénirait et qu'elle aurait grand soin de vous, j'ose dire qu'elle pense souvent à vous et qu'elle serait heureuse de vous récompenser de tout ce que vous avez fait pour elle ; car vous savez que cette terre, nous en sommes convaincues, ne peut pas être longtemps notre repos, et pensez seulement à l'arrivée du temps heureux où vous la rejoindrez là où vous resterez toujours. Ne pensez-vous pas que vous quitteriez ce monde avec beaucoup moins de regrets qu'autrefois ? Savez-vous que moi je pense que je le ferais ? Cependant je ne puis pas m'empêcher d'avoir peur de la mort. Quel avertissement solennel que la mort de notre chère petite sœur a été pour moi, et, en effet, pour tous ! Je me la figure si souvent sur son petit lit chantant gaiement ; pauvre petite créature ! Je ne pense pas qu'elle crût que sa fin était si prochaine. Mais je crains, ma chère Zelly, de vous rendre triste en parlant d'elle, j'aurais désiré que vous eussiez été avec nous hier ; il faisait si bon sur le boulevard en une voiture ouverte, tout était si gai et si animé, j'ai si souvent pensé à vous. La tante Fanny a obtenu une paire de gants de soie pour chacune de nous, Lucy et moi, nous en aurons une paire en chevreau. La petite tante nous a aussi acheté une paire de manches blanches en jaconas. L'oncle John nous a donné un autre livre appelé *la Fleur de mai* (*The maï flower*), par miss Stowe, auteur de *la Cabane de l'oncle Tom*. J'aurais désiré que vous eussiez arrangé nos chapeaux, ils auraient été encore plus jolis, et ils auraient eu aussi une plus grande valeur. Nous serions allées plutôt aujourd'hui quelque part, mais l'oncle John attend une lettre. Il en attendait une hier, mais elle n'est pas arrivée, de sorte qu'il ne peut pas dire ce qu'il fera, ni comment il agira. Je serai bien aise de voir Versailles, mais je sais que je n'aurai pas autant de plaisir que si vous étiez avec nous. Lorsque nous serons de retour à Malvern, nous sommes décidées à continuer nos études pendant les fêtes, et l'oncle John a promis de nous prêter à cet effet le salon de derrière. J'essaierai de marcher aussi bien que je le pourrai. Cela sera bien joli, car vous savez que je vous ferai plus d'honneur qu'à présent, et je vous promets que je ferai voir à tout le monde, par mes manières, par ma conduite et par toutes choses combien de progrès j'ai faits depuis que j'ai été chez vous, et j'ai l'intention avec Lucy d'avoir Rosa, si cela se peut, pendant quelque heures en école tous les jours, et alors, comme vous savez, nous pouvons nous écrire de longues lettres dans notre chambre. Il sera bien mieux que nous ayons une chambre toute à nous, n'est-ce pas ? Je n'aime pas à être dérangée lorsque j'écris de longues lettres, surtout à vous. Lucy et moi, nous aurons chacune une grande chambre à coucher ; l'une de ces chambres donne dans l'autre ; l'une des croisées a vue sur la façade, et l'autre sur le derrière ; j'ignore encore si Rosa couchera seule dans une petite chambre, ou si elle couchera avec la servante de maman ; cela, je ne puis pas vous le dire. Je crains que vous ne pensiez que parce que je vous raconte tout cela, que moi je m'imagine qu'il vaudrait mieux être à Malvern que chez vous, et que je serais contente de m'en aller. Si vous pensez cela, veuillez ne le faire plus, chère Zelly, car je préférerais rester toujours (*all ently*) avec vous, chez vous, j'aime à vous le dire, parce que je m'imagine que vous aimez à savoir où nous sommes et où je me trouve le plus à mon aise. J'aime à vous raconter toutes choses, et cela j'ai toujours l'intention de le faire, parce que je sais que vous êtes et que vous voulez toujours être notre amie. Veuillez vous rappeler, chère Zelly, que, où que vous soyiez, vous devez nous faire une description complète de votre chambre, et nous faire savoir s'il y a quelque chose, quelque petite chose qui y manquerait, de ces petites choses qui peuvent être envoyées par la poste ou par miss Birch. Je vais vous raconter quelque chose qui vous fera plaisir ; cela concerne Rosa. Je voudrais

des lettres de tendresse à mademoiselle Doudet) : « C'est que nous ne savions pas que nous partirions, que nous lui serions soustraites ; nous avions toujours peur de rentrer sous l'autorité de mademoiselle Doudet. » .... leur départ était certain, était décidé, était formel, et c'est par leurs lettres même qu'on en a la conviction.

Maintenant, les enfants ont fait des déclarations ; elles déclarent toutes, à

---

que vous pussiez la voir ici et le plaisir qu'elle se fait de vous écrire. La plus grande partie du papier que vous lui avez donné a été employée pour l'Angleterre ; jamais elle ne gâche rien de ce papier pour d'autres lettres ; elle n'en fait usage que pour vous. La poupée que vous lui avez donnée fait ses délices ; elle n'a pas perdu de temps à lui faire des vêtements, qui, comme vous le savez, ne se font (*locked*) que dans les magasins, et quoiqu'elle n'aime pas le travail, elle a fait marcher son aiguille vite et proprement, car réellement elle attache de la valeur à la poupée. Elle parle constamment de vous, et je sais que vous êtes encore plus souvent dans sa pensée ; hier, elle et moi, nous jouions avec ce que vous, nous avez donné, et moi je jouais pour la première fois avec son *Épicerie*, et presque pendant tout le temps, la chère Rosa parlait de votre bonté, de sorte que nous nous sommes beaucoup amusées ; mais certes nous aurions encore été plus heureuses auprès de vous. Si je vous dis que nous nous amusons, je ne veux pas dire que nous soyons gaies et que nous soyons plus heureuses qu'à la cité Odiot, loin de là ; nous désirons toujours aller chez vous, et nous demandons quand nous pourrons le faire ; mais hier, je ne sais comment, en jouant avec tous les petits objets que vous nous avez donnés, et en causant de vous et en pensant à vous, nous étions contentes, à l'exception de Lucy, qui était couchée. Je renferme, dans la présente, ma lettre à Louisa, que je vous laisse libre de lui envoyer. Vous savez que dans une de ses dernières lettres elle a dit qu'elle n'écrirait sous peu de jours. Pensez-vous qu'elle le fasse réellement ? Je commence à craindre que non ; surtout après cette lettre (*this*). Je pense que la petite tante et Alice partiront aussitôt après la fête, et qu'elles se rendront à Jersey à petites journées, en faisant seulement quelques milles par jour ; peut-être passeront-elles une semaine au Havre ou dans quelque autre lieu, comme cela pourrait arriver. Je pense qu'elles feront un long séjour à Jersey, où, comme vous le savez, se trouve la tante de notre petite tante, notre grand'tante, dame très vieille, mais j'ignore de quelle espèce, et c'est là que va Alice. Je le suppose du moins, car c'est là que la petite tante va toujours, et je ne pense pas qu'elle veuille se loger dans une autre maison. J'espère qu'Alice sera heureuse auprès de ces deux tantes. Hier, l'oncle John était très content de Rosa. Il la fit épeler toutes sortes de mots difficiles, longs et courts, et elle ne fit pas une seule faute. L'oncle John a dit qu'elle épelait très bien, et j'en étais joyeuse, parce que tout cela elle l'avait appris de vous, qui vous étiez donné tant de peine pour elle. J'ai écrit une très longue lettre, n'est-ce pas ? S'il vous plaît de ne pas la garder où de la montrer à quelqu'un. J'espère, chère Zelly, que vous serez toujours heureuse, bien et en paix. Avec mes meilleures amitiés et mes baisers, je reste votre très affectionnée petite sœur et amie.

                                  » Signé : EMILY MARSDEN. »

  « Je vous promets de ne vous oublier jamais, et je sais que jamais vous ne m'oublierez.

  » Adieu, chère Zelly. Adieu, adieu.

  » Venez tous vers moi, vous qui travaillez et qui êtes lourdement chargés, et je vous donnerai du repos.

  » Chargez-vous de mon joug, et apprenez de moi, car je suis paisible et humble dans le cœur, et vous trouverez du repos pour vos âmes.

  » Car mon joug est aisé et mon fardeau est léger. Si vous demandez quelque chose en mon nom, je le ferai. Le Fils de l'homme entrera dans la gloire de son père avec ses anges, et alors il récompensera chacun selon ses œuvres. Demandez, et vous l'obtiendrez ; cherchez, et vous trouverez ; heurtez, et l'on vous ouvrira.

  » Là où est votre trésor, là sera aussi votre cœur. Bénis sont ceux qui pleurent, car ils seront consolés.

                    » *Une Pensée !*

        » Lorsque nous regardons à travers la vie,

        » Dans nos moments de tristesse,

      » Les joies que nous glanons, qu'elles sont peu nombreuses et courtes !

  » Cependant, au milieu des ténèbres qui couvrent notre sentier, il y a quelques lueurs du soleil qui errent non flétries.

  » Et la mémoire amasse encore, comme le plus riche de ses trésors,

        » Un petit nombre de moments heureux,

        » Quelques plaisirs qui pénètrent l'âme.

        » Une heure d'un tel ravissement

        » Est une voix avant qu'elle finisse.

      » C'est une goutte de parfum de plusieurs milliers de roses, »

                        (*Traduit de l'anglais par un traducteur juré.*)

peu près la même chose,) et, vous dit-on, comment des enfants avaient-elles
pas été amenées à mentir, que nous lui serions sensibles ?
Je demanderai, avec raison, compte du silence des enfants, avant de demander compte de la manière dont elles ont été amenées aux déclarations mensongères qu'elles ont faites en contradiction avec leurs lettres. Toutes les fois
qu'elles ont parlé, qu'elles ont vu quelqu'un, elles ont tenu le même langage
que dans leurs lettres; à toutes les époques, tendresse, reconnaissance, affections, caresses pour mademoiselle Doudet.

Comment, si les enfants ont été l'objet des tortures dont on parle, comment, pendant le séjour de leur oncle au mois de septembre 1852, de leur
père et de leur belle-mère au mois de décembre 1852, pendant les deux
mois que leur père est resté à Paris en 1852, comment ne se sont-elles plaintes
de rien ? Quand le père a envoyé, au mois de juin, le révérend Rashdall pour
surveiller et voir dans la vérité l'état intérieur de la maison, comment les enfants,
qui aimaient si tendrement leur oncle (c'est lui-même qui dit qu'il les aimait
comme s'il était leur père et que les enfants avaient confiance en lui), comment
ne se sont-elles pas plaintes au révérend ? comment ne se sont-elles plaintes
encore en aucune manière, quand le révérend est parti le 5 juillet, quand la
tante Fanny est restée jusqu'à la fin de ce même mois de juillet ?

Quoi ! on nous fera admettre que des enfants, objets de tous ces supplices,
de toutes ces tortures, de toutes ces misères, quand elles seront dans un
moment de liberté, en présence de leur oncle, de leur père, de leur belle-
mère, quand on leur écrit (c'est la lettre du 15 juillet) pour leur dire qu'on
envoie précisément leur tante afin de les protéger, elles n'élèveront aucune
plainte et multiplieront au contraire les lettres dans lesquelles elles témoignent
leur reconnaissance, leur attachement pour l'institutrice ! — C'est inadmissible.

Ce n'est pas tout. On a bien compris qu'il y avait contradiction entre la
conduite du père qui continue les relations des enfants avec l'institutrice, et
toutes les hypothèses de l'accusation, notamment avec l'hypothèse que les
enfants n'auraient obéi qu'à un sentiment de terreur en écrivant après leur
départ des lettres dictées; et alors on a expliqué qu'on s'était bien gardé de
rien dire aux enfants, de peur qu'elles ne perdissent le respect pour la nouvelle institutrice qu'on leur donnerait (1).

Cette explication n'est pas plus vraie que l'accusation. Si l'impression de
M. Marsden, quand il a vu ses enfants le 31 juillet, avait été telle qu'il la
raconte, s'il avait arraché ses enfants aux tortures qu'on suppose, comment
admettre qu'il aurait tenu à conserver à ses enfants de l'estime pour cette
abominable institutrice !

La vérité est que les six mois supplémentaires étaient expirés depuis peu,
qu'il n'y avait pas de nouvelle convention écrite, que Mary-Ann venait de
mourir, que les autres enfants étaient malades, et que ces circonstances suffi-

____

(1) « Nous pensions que ce serait mal les disposer pour les maîtres que nous allions leur donner, que de
leur inspirer le mépris de celui qu'elles venaient de quitter; aussi ne nous sommes-nous opposés ni à ce
que les enfants écrivissent à mademoiselle Doudet, ni même à ce qu'elles lui fissent de petits présents. »
(Déclaration de M. Rashdall, pièce 49-25.)

saient bien pour expliquer le désir naturel de faire rentrer les enfants dans la famille.

Les enfants, nous dit-on, n'ont rien su, le père n'a pas voulu leur parler de la conduite de mademoiselle Doudet, pour ne pas diminuer leur respect pour les institutrices qu'elles auraient plus tard. Cela est encore démenti par la lettre du 15 juillet, dont je vous donnais lecture tout à l'heure ; quand le père écrit à Emily tout ce qu'il lui écrit, quand il dit qu'il est accablé de lettres anonymes, que les accusations de faire mourir les enfants de faim ont été élevées contre l'institutrice. C'est à sa fille qu'il écrit tout cela, et puis après il vient nous dire : Je n'ai pas voulu rompre les relations des enfants avec leur institutrice, pour qu'elles ne perdent rien du respect qu'elles devaient avoir pour elle ! Il dit à sa fille : « J'ai reçu une lettre d'un de mes correspondants, qui me dit que je devrais jeter mademoiselle Doudet par les fenêtres. » C'est l'homme qui écrit cela qui vient dire : « Je n'ai pas voulu que mes enfants perdissent pour leur institutrice le respect qu'elles lui devaient. »

Plus tard encore on nous dit : Mais les enfants ont été séparées, Alice est restée en France. Faites-y attention, je vous en conjure, le récit est encore différent dans trois parties. Dans une première partie, M. Marsden déclare que les enfants n'ont consenti à s'expliquer qu'au bout de trois semaines ; dans un autre récit, c'est M. Marsden qui dit qu'au bout de trois ou quatre jours Rosa s'est plainte d'une douleur au *côté*, que madame Marsden a vérifié, et qu'elle l'a trouvée couverte de contusions. Dans une autre déclaration, le père dit que les enfants ont commencé à parler à Malvern, parce que, au bout d'un plus grand nombre de jours, Rosa s'est plainte à lui d'avoir une douleur au *genou*. Il dit : D'où cela vous est-il arrivé ? Et sa sœur répond : C'est mademoiselle Doudet qui a frappé ma sœur ; elle nous frappait tous les jours. Alors les révélations sont arrivées.

Non, il n'en est pas ainsi, madame Hooper et tout le cortége des personnes qui avaient présidé aux lettres anonymes, qui ont induit au mal mademoiselle Rashdall, qui l'ont mise dans la position d'être obligée de se rétracter devant le magistrat, qui l'ont accompagnée pour faire faire un faux certificat contraire à la vérité, par M. Campbell, ne disent pas la vérité. Les enfants étaient chez madame Rashdall, elles habitaient sa maison, elles y sont restées, et quand madame Rashdall déclare (je prie la Cour de noter ceci) qu'elle ne faisait rien connaître à Alice de ce qui ce passait, qu'elle a bien su que ses sœurs avaient parlé en Angleterre, mais qu'elle ne lui a donné aucun détail et qu'Alice, restée chez elle, n'avait pas parlé avant que les autres eussent parlé en Angleterre, elle déclare encore une chose fausse et qui est démentie par sa propre femme de chambre, par la fille Salisbury, laquelle déclare formellement « qu'*avant le départ des enfants pour l'Angleterre*, les enfants avaient commencé à lui faire des confidences sur ce qui s'était passé. »

Ainsi, tout est faux dans le récit qu'on fait de la manière dont les enfants ont été amenées à faire leur déclaration. La déclaration des enfants, elle est, je le répète, unanime : c'est presque toujours dans les mêmes termes et dans le même ordre de mots que les enfants répètent leurs déclarations devant les différents magistrats qui les ont entendues. Comment ont-elles été amenées à faire ces déclarations ? Les y a-t-on excitées ? Leur a-t-on dicté leur leçon ?

Se la sont-elles faites à elles-mêmes, effrayées par la mort de Mary-Ann, par l'état dans lequel était Lucy, par tout ce qu'on a pu leur dire du danger de leurs habitudes? Sur le corps de Mary-Ann, comme on le raconte, c'est peut-être la vérité, on le nie parce que ce n'est pas certifié par des témoins, ne leur a-t-on pas fait jurer d'être plus sages? Cette résolution, qui ramène la santé et la vie chez les enfants, quand elles avaient été abandonnées trop long-temps à cet abominable penchant, cette résolution a-t-elle été prise en commun? Les enfants ont-elles voulu, ont-elles été entraînées dans la pensée, qui est la pensée unique du père, de s'excuser, de se défendre elles-mêmes; d'attribuer à toute autre cause que leurs mauvaises habitudes le mauvais état dans lequel elles étaient tombées? Je l'ignore, je n'en sais rien; mais avec une grande facilité, tout à l'heure le ministère public disait : « Je vous rapporte la » preuve du délit, je n'ai pas à me rendre compte des motifs qui vous ont déter- » minée et des sentiments qui vous ont inspirée et poussée à le commettre. » J'aurais le même droit de dire : Je ne sais pas comment les enfants ont été amenées à faire ces déclarations, je sais seulement qu'il est établi que les enfants connaissaient ce qu'on avait reproché à leur institutrice, avant de quitter Paris, avant de se rendre en Angleterre. Les enfants ont été ensemble devant madame Hooper et madame Rashdall, leur tante, après leur sortie. M. Rashdall déclare qu'il leur avait fait connaître en juin l'objet de son voyage. Le père le leur écrivait le 15 juillet. Elles-mêmes parlent sans cesse dans leurs lettres des ennemis de mademoiselle Doudet. Elles savent donc le thème de l'accusation.

J'oppose à ces enfants leurs lettres. S'il est vrai, comme le dit la fille Salis-bury, qu'avant de partir, les enfants aient fait des révélations, il est impossible qu'elles aient fait des révélations et qu'elles aient écrit les lettres tendres et affectueuses qu'en même temps elles écrivaient à mademoiselle Doudet. Si elles faisaient des déclarations, elles n'avaient pas de motif pour obéir à l'injonction d'écrire les lettres dans de certains termes.

Il y a là un mystère que je n'ai pas à pénétrer, dont je n'ai pas à rendre compte.

Il me suffit de prouver, par l'ensemble de ce procès, que le caractère, que la vie entière de mademoiselle Doudet, sont un démenti formel aux atrocités qu'on lui impute.

Il me suffit de prouver et d'avoir démontré qu'il n'est pas vrai qu'une pas-sion jalouse soit née dans son cœur à cause de M. Marsden, et parce qu'elle aurait eu la prétention de l'épouser, quand vous savez comment elle s'était rapprochée de M. Marsden, et comment elle s'était éloignée de lui presque aussitôt qu'elle avait mis les pieds dans sa maison.

Il me suffit d'avoir démontré qu'il n'était pas vrai qu'elle eût cherché une fausse et mensongère explication de l'état de dépérissement des enfants, quand elle avait parlé de leurs mauvaises habitudes; d'avoir démontré qu'il n'était pas vrai que M. Marsden ignorât les habitudes de ses enfants, qu'il n'en eût pas eu la connaissance, et que ce fût une invention. Il est prouvé que les enfants étaient atteintes de ce vice, de ce malheureux défaut; cela est incontestable, cela a été signalé par M. Marsden lui-même aux personnes auxquelles il s'est adressé pour en obtenir des remèdes contre le défaut de ces enfants.

Est-ce qu'il n'est pas vrai et démontré maintenant que la vie de mademoiselle Doudet a été la même depuis le premier jour jusqu'au dernier? Les premiers juges reconnaissent qu'elle a rempli sa mission d'une manière satisfaisante pendant huit mois. Il n'y a rien eu de nouveau dans les mois postérieurs, si ce n'est les progrès de la mauvaise habitude, et l'invasion de la coqueluche venant sur ces corps altérés et flétris, ajouter ses ravages; la coqueluche, qui, chez les enfants les plus purs, les plus innocents, les plus exempts de ce défaut mortel, produit des ravages suffisants pour amener trop souvent la mort; la coqueluche, maladie contagieuse qui explique parfaitement ces faits mêmes, ce qu'on appelle séquestration pour en faire un crime. Les personnes qui ont des enfants atteints de la coqueluche, les séparent, les isolent; on ne va pas même visiter les maisons où il y a des enfants atteints de la coqueluche.

Cela est démontré : la vie a été libre, il n'y a eu rien de caché dans cette vie.

Quand à la fois, le malheur du vice et le malheur de la maladie ont amené le dépérissement; quand il y a eu des plaintes sur l'état d'amaigrissement de ces petites créatures, les commentaires sont venus, barbares, injustes, cruels, obstinés, orgueilleux, bientôt impérieux, comme les commentaires de madame Sudre, et c'est là l'histoire de tout ce procès. Il n'y a rien que l'exagération des récits sur des choses vraies, constatées, peut-être blâmables dans nos mœurs, l'application de peines corporelles, et le régime alimentaire homœopathique trop réduit, suivant les volontés du père.

Voilà ce qui est vrai dans la cause. Les conséquences de la maladie sont devenues visibles dans l'état extérieur des enfants; on est venu à leur aide, on leur a envoyé des visites, une surveillance. Mademoiselle Doudet n'a rien caché à personne : toutes ces personnes qui sont venues chez elle ont vu les enfants, elle les a montrés, elle les a fait voir malades, elle menait à leur lit. Cela résulte des témoignages.

Il n'y a rien qu'une exagération, exagération volontaire de la part du père. Dans sa lettre au juge d'instruction, du 6 septembre 1854 (1), il explique comment il a été déterminé à faire le procès, il le dit, il n'a qu'un seul intérêt, ce n'est pas d'obtenir vengeance des cruautés, des rigueurs que mademoiselle Doudet aurait pratiquées sur ses enfants : c'est l'avenir de ses enfants qui l'inquiète, et il veut aujourd'hui faire condamner mademoiselle Doudet pour sauver l'honneur de ses filles. Il le dit ouvertement, il n'a pas d'autre but, c'est là le but de la plainte, c'est ce à quoi il s'est déterminé péniblement, difficile-

---

(1)   « Malvern, le 6 septembre 1854.
          » MONSIEUR,

     » Je désirerais d'abord répéter, avec une conviction plus forte que jamais, s'il m'était possible, des vérités des dépositions, et de chacune séparément, les accusations faites par moi contre mademoiselle Doudet. Ce n'est pas l'esprit de vengeance qui me guide, mais le cœur désolé d'un père qui demande de la justice française *que le déshonneur non mérité soit effacé* du nom de ses enfants orphelines. Ce *déshonneur leur a été faussement et indignement imputé par mademoiselle Doudet.* J'ai cru ces infâmes accusations, parce que je ne pouvais voir aucun motif pour qu'elle les inventât. J'ai plus souffert de ces accusations que de toute autre chose qui pût m'arriver. Elle le savait; mais, comme il arrive souvent aux coupables, elle a rempli sa coupe criminelle outre mesure. »

ment. Il veut faire déclarer que ses enfants ont dépéri, parce qu'elles ont été victimes, non pas, du concours de leur vice et de la coqueluche, mais des atrocités exercées sur elles par mademoiselle Doudet. Il faut que mademoiselle Doudet soit condamnée comme coupable de toutes les violences, des crimes qui lui sont imputés, pour que la réputation des filles de M. Marsden soit lavée et purgée !

Quand, à côté de cette prétention, qui est le mobile du procès, vous avez la démonstration acquise qu'en effet les enfants ont été entachées de ce vice, il est impossible que vous les en purgiez au péril, au détriment de celle qui s'était dévouée à leur donner des soins, qui a pris des précautions dans la limite où une mère vigilante en prend vis-à-vis de ses enfants, qui les a attachées, quand il fallait les attacher, dans leur lit, quand les médecins eux-mêmes le prescrivent tous les jours, et quand les livres indiquent des moyens curatifs pour prémunir les enfants contre les abus du mal dont ils sont atteints. Elle a pratiqué ce qui se pratique.

La génération des témoignages, ah! elle est facile à saisir. Vous y apporterez toute votre attention religieuse, vous ne vengerez pas l'honneur des filles, en déshonorant une pauvre femme qui a, je le reconnais, le malheur d'être pauvre, comme le disait M. l'avocat général, qui n'a jamais eu une pensée ambitieuse, qui, dans les plus honorables et les plus délicates maisons, s'est conduite, comme institutrice, de manière à s'attacher la reconnaissance, à s'attirer l'affection des personnes qu'elle a servies.

Sa situation est autre que celle des filles de M. Marsden. Sans doute, le défaut reconnu chez ces jeunes filles est un mal, mais c'est encore plus une maladie qu'un péché; à l'âge où les filles de M. Marsden se sont livrées à ces habitudes, c'est beaucoup plus peut-être la conséquence d'une organisation nerveuse, irritée et irritable, un entraînement involontaire, comme il arrive trop souvent, quand on voit ce vice chez des enfants qui ont à peine quatre ans, et il n'est pas rare chez les filles de cet âge. Il est facile de comprendre qu'en grandissant, elles se soient guéries de ces habitudes par des soins, par une résolution ferme; qu'arrivées à l'âge de raison, elles retrouvent leur innocence, leur pureté, leur dignité dans le monde. Non, elles ne sont pas déshonorées à jamais.

Mais pour celle-ci, après ce procès, — vous lui rendrez justice, vous l'acquitterez, vous reconnaîtrez que l'accusation n'est pas fondée; — mais restera-t-il, après de pareilles injures, après de pareils outrages, après de pareilles suppositions, après cette longue captivité préventive de plus d'une année, restera-t-il une mère de famille qui dise : Je puis confier mes enfants à mademoiselle Doudet? Toutes seront tremblantes, personne n'osera le faire : c'est son avenir qui est compromis, qui est perdu à jamais, aussi bien par votre acquittement, à l'époque où nous sommes du procès, qu'il pourrait l'être par une condamnation, sur la proportion de laquelle il ne m'appartient pas dans cette cause, de discuter. Le minimum et le maximum, cela n'a aucune espèce d'importance; l'étendue de la peine ne lui soucie en rien, pas plus qu'à ceux qui ont pris sa défense dans la conviction de son absolue innocence. Ce qu'il faut à mademoiselle Doudet, c'est d'être entièrement purgée de l'accusation.

I.   8

Audience du mercredi 25 avril.

PLAIDOIRIE DE Me NOGENT-SAINT-LAURENS.

Messieurs, je viens m'expliquer uniquement sur l'appel interjeté par le ministère public. Me Berryer a daigné vous le dire hier, après un longue lutte, après neuf audiences où j'avais apporté tout mon courage et toute ma conviction, j'ai été saisi d'un moment de faiblesse et de chagrin. Malgré des prédictions nombreuses, le jugement de police correctionnelle m'a troublé ; je me suis défié de moi-même. Alors, je suis allé chez ce grand maître, chez celui qui s'est trouvé assez grand et assez fort pour jeter sur notre barreau de Paris tout le lustre et tout l'éclat de l'Académie française. Nous avons eu le bonheur d'acquérir cette conviction. Après cela, vous comprenez bien que je n'ai rien à dire sur la question des faits, rien à ajouter à cette discussion qui a toute la grandeur et toute la puissance de la simplicité : un mot de plus à cet égard serait chose indiscrète et superflue.

Je viens parler de l'appel du ministère public. Ce n'est point de ma part le désir de marchander avec l'accusation sur une question de préméditation plus ou moins établie ; non, je prends la question de plus haut, je parle contre cet appel parce qu'il me paraît porter une atteinte profonde aux franchises et aux droits de la défense. Je n'ai jamais été le partisan des libertés illimitées, mais je ne serai jamais pour la violation des droits lorsqu'ils sont légitimes et sacrés. Le ministère public vous a dit hier, qu'ajouter une circonstance aggravante à un fait qualifié, quand cette circonstance n'avait pas été relevée en première instance, c'était la jurisprudence de la Cour. Je l'ignorais, rien dans les recueils ne nous avait signalé cette grave innovation.

Eh bien ! tant pis pour moi, c'est une difficulté de plus. La jurisprudence n'est pas la loi, et si vous ne permettez jamais la critique de la loi, vous permettrez toujours des observations sur la jurisprudence.

Ainsi donc, il y a bien réellement l'appel du ministère public. Cette circonstance m'afflige et m'inspire une réflexion première : jusqu'où donc ira la poursuite et quand finira ce procès ? Il a duré sept jours aux assises. Tous les éléments correctionnels y ont été produits. Le jury a acquitté ; la chose jugée doit être tenue pour la vérité. A cet égard je vais dire une chose que j'ai sur le cœur. M. Marsden a écrit récemment une longue lettre au journal de Worcester dans laquelle il déclare qu'on lui a fait remise des frais auxquels il avait été condamné devant la Cour d'assises, et que le ministère de la justice avait sans doute voulu prouver par là l'opinion qu'il avait de la décision du jury.

Voilà des paroles bien déplorables. Nous sommes arrivés en police correctionnelle en vertu d'une décomposition préalable des faits du procès. Les témoins entendus en Cour d'assises sont revenus, et, au lieu d'un acquittement, nous avons eu le maximum de la peine.

Il y avait lieu de croire que la poursuite était satisfaite ; point du tout, nous sommes en face d'un appel du ministère public. Pourquoi ?... parce que les premiers juges n'ont pas tenu compte de la préméditation. Je le dis sans hésiter : les réquisitions actuelles violent les droits de la défense et la règle des deux degrés de juridiction.

Avant de juger le présent, voyons le passé. Le passé, c'est d'abord l'instruction longue et détaillée; puis des réquisitions écrites d'un substitut de première instance; puis une ordonnance de renvoi. Voilà quatre magistrats en mouvement, aucun n'a aperçu la préméditation.

Si la préméditation avait existé, une voie était ouverte au procureur impérial. Il pouvait former opposition à l'ordonnance, conformément à l'article 135 du Code d'instruction criminelle; il ne l'a pas fait. Le droit d'opposition appartenait-il également au procureur général? Autrefois la jurisprudence s'était prononcée pour la négative. Des arrêts de cassation des 13 septembre 1811, 27 février, 19 mars 1812, et 6 mars 1818, refusaient ce droit au procureur général.

Le 14 avril 1844, la Cour a changé sa jurisprudence, par ce motif que le magistrat chargé de l'exercice de l'action publique dans toute l'étendue d'un ressort, ne saurait avoir moins de pouvoir que ses substituts. M. Mangin a adopté cette doctrine.

Donc le procureur général pouvait former opposition, il ne l'a pas fait; il le fait implicitement aujourd'hui sous forme d'appel. N'y a-t-il pas là quelque chose de contradictoire et d'anormal?

Nous avons été ensuite devant la chambre d'accusation. Là, et pour les faits relatifs à Lucy, la Cour a infirmé et renvoyé en police correctionnelle sans viser la préméditation. Voici encore sept ou huit magistrats et un substitut du procureur général qui n'ont point aperçu cette circonstance aggravante. Le jour de l'audience correctionnelle est venu. La citation donnée en conformité de l'article 182 du Code d'instruction criminelle n'énonçait pas la préméditation. Le ministère public n'a rien requis à cet égard. La défense ne pouvait rien dire, car on lui aurait imposé silence si elle avait parlé d'une question dont le Tribunal n'était pas saisi.

Le Tribunal pouvait-il, sans réquisition préalable, introduire la circonstance dont il n'était pas saisi? Il faut que la Cour le remarque bien. Il ne s'agissait pas simplement de modifier la qualification d'un fait. Quant à ce pouvoir de changer la qualification, je dois reconnaître que la jurisprudence s'est prononcée pour l'affirmative, et pourtant, selon moi, ce pouvoir est exorbitant, il ne tend à rien moins qu'à défaire la chose jugée. L'ordonnance est bien la chose jugée. Contre l'ordonnance, le seul recours légal est l'opposition. C'est la chose jugée provisoirement! dit-on... Ce caractère provisoire n'est écrit nulle part dans la loi. Mais au moins, en changeant la qualification d'un fait, il est bien convenu qu'on n'ajoutera rien à ce fait. Eh bien, la détermination d'une circonstance aggravante ajoute au fait; elle est un élément nouveau, elle suppose des combinaisons nouvelles. Quant à moi, je trouve que c'est étendre considérablement le pouvoir donné aux Tribunaux de changer la qualification d'un fait que de leur permettre encore d'ajouter à ce fait une circonstance aggravante.

La jurisprudence qui permet de changer la qualification du fait est tirée de l'article 338 du Code d'instruction criminelle. Cet article, spécial aux matières criminelles, permet au président des assises de poser au jury une question sur un fait nouveau résultant des débats.

L'article 338 s'étendra aux matières correctionnelles... Soit. Mais au moins que l'analogie soient complète, que les garanties soient les mêmes. En Cour d'assises, la défense est toujours avertie, elle doit l'être en matière correctionnelle.

Dans l'espèce, rien de pareil n'a eu lieu; il y avait cinq magistrats et un substitut en police correctionnelle. Il n'y a eu ni réquisition, ni défense, ni décision sur la préméditation.

Le maximum est appliqué, et ici l'on fait appel; au lieu de deux ans, on veut cinq ans de prison. Allons ! courage ! Cinq ans et un an de détention préventive, cela fait six ans de prison.

Il est vrai qu'il nous restera la consolation d'avoir été acquitté par le jury; en vérité, cela nous aura été plus nuisible qu'utile.

Je résiste donc à cet appel. En principe, on ne peut appeler que lorsqu'on n'a pas obtenu ce qu'on avait demandé. Une partie civile qui n'a conclu qu'aux dépens pour tous dommages-intérêts ne peut réclamer de dommages-intérêts devant la Cour. Tout ce que le ministère public a demandé, il l'a obtenu; pourquoi donc cet appel? Par cet appel on ajoute au fait un élément nouveau, on m'intente un procès qui n'a pas été soumis aux premiers juges.

Les droits de la défense sont donc méconnus, et il y a violation de la règle des deux juridictions. Je demande que les réquisitions actuelles soient repoussées. Je suis heureux de mettre à la disposition de la Cour une consultation rédigée dans ce sens par l'un de nos criminalistes les plus éminents, par l'honorable M. Morin, avocat à la Cour de cassation.

Voilà le droit sur l'appel. Quant aux faits, j'ai entendu proclamer hier avec bonheur qu'il n'y avait qu'exagérations et mensonges dans ce procès; je l'atteste à mon tour. C'est là ma conviction inébranlable; je m'assieds à l'abri de cette conviction, et je prie le ciel et la conscience de vous inspirer la vérité.

PLAIDOIRIE DE Mᵉ CHAIX D'EST ANGE.

Messieurs,

Il y a un point sur lequel je suis complétement d'accord avec l'honorable et éloquent défenseur que vous avez entendu hier. Si la fille Doudet est coupable de tous les faits qui lui sont imputés, il est évident qu'elle doit être l'objet de l'exécration publique. Dans ce cas, elle n'inspirerait aucune pitié à son défenseur; elle lui ferait horreur. Il serait au désespoir de lui avoir prêté le secours de son magnifique talent; et, loin de combattre l'aggravation de peine sollicitée par le ministère public, il trouverait que le châtiment, quel qu'il fût, ne serait jamais en rapport avec l'énormité des crimes dont elle est accusée. Voilà ce qu'il déclare; mais il soutient en même temps que cette plainte est une imposture.

L'habile défenseur qui avait prêté jusqu'ici à mademoiselle Doudet un appui si constant, quelquefois si heureux, vient tout à l'heure de vous répéter la même pensée, et de déclarer, en s'asseyant, que tout ce qui était dans la plainte était mensonge et calomnie.

Quant à moi, je soutiens précisément le contraire. Je viens vous dire que jamais, dans aucune affaire, je n'ai vu une démonstration plus évidente, des preuves plus incontestables, une culpabilité plus manifeste que celle de la fille Doudet : c'est ce que je vais tâcher d'établir devant vous, brièvement et simplement. D'abord, je ne rechercherai point ces effets oratoires dont mon adversaire, à l'audience d'hier, se croyait menacé, tout en disant cependant que la cause semblait les comporter : mais sur ce terrain, je ne veux pas lutter avec lui. D'un autre côté, j'entendais dire à celui de mes adversaires qui prenait la parole tout à l'heure combien il était fatigué du rôle qu'il a si longtemps et si habilement rempli. Moi aussi, j'aurais voulu trouver un successeur ; j'aurais voulu être au bout de ma peine. J'ai soutenu l'accusation ; j'en ai porté le poids. J'ai plaidé devant plusieurs juridictions ; je ne saurais plus faire d'efforts nouveaux : je puis seulement essayer de mettre en lumière la vérité, qui me semble manifeste. Je veux le faire, mais le faire simplement, et c'est le travail auquel je vous demande la permission de me livrer devant vous.

Avant d'entrer dans ce travail, je rencontre un argument émis par mon adversaire. Il m'oppose l'autorité de la chose jugée, au moins comme considération, et il reproche à M. l'avocat général de n'avoir pas assez de respect pour elle. Il y a, dit-il, une chose jugée, c'est que mademoiselle Doudet est complétement innocente quant aux faits qui concernent Mary-Ann. Or, il y a, entre les faits qui concernent Mary-Ann et ceux qui concernent les quatre autres sœurs, une connexité évidente, incontestable. Si elle est innocente sur un point, elle est innocente sur l'autre, et vous ne pouvez pas la déclarer coupable vis-à-vis de Lucy, de Rosa, d'Emily, d'Alice, sans en même temps vous mettre en contradiction avec le verdict rendu par le jury.

Nous ne pouvons pas accepter une pareille objection ; il faut, en effet, que toutes les juridictions soient respectées. Mon adversaire connaît les conditions de la chose jugée. Dans les termes ordinaires, quand il s'agit de débats civils, il sait que, devant la même juridiction, devant les mêmes juges qui ont été déjà saisis de la question, de la même question identiquement, on peut venir encore la plaider, parce qu'on la plaide ou contre un autre adversaire, ou au nom d'une autre partie, et l'on aurait beau dire que, dans la même enceinte, vous avez jugé ce même procès, tranché la même question, il suffit de cette différence pour qu'à l'instant même les magistrats reprennent l'indépendance de leur juridiction, et puissent ainsi se donner un démenti à eux-mêmes. Si je me permettais de dire que le jury a légèrement jugé, a mal apprécié les faits, je manquerais à mon devoir, je manquerais à l'autorité de la chose jugée, qui doit être respectée, quelle que soit la juridiction qui ait rendu sa décision souveraine. Je ne veux rien dire contre elle. Vous n'avez pas le droit de sonder mes reins et de descendre dans mon cœur pour savoir au fond ce que j'en pense ; car, moi, je n'aurais pas le droit de vous le dire. Je respecte donc la décision ; respectez à votre tour l'indépendance des juridictions. Permettez-nous d'examiner ce qui est réservé par l'arrêt, de discuter la question de savoir si, après qu'il a été jugé qu'elle ne s'est livrée à aucune violence vis-à-vis de Mary-Ann, la fille Doudet s'est livrée à des violences vis-à-vis de Lucy et des autres sœurs. C'est ce qu'il faut examiner devant vous en toute liberté d'esprit, et sans aucune préoccupation des précédents du procès.

Cette considération écartée, j'entre dans les faits de la cause.

Il y avait à Great Malvern, dans le comté de Worcester, un homme dont il faut que je vous parle, puisque j'ai à plaider pour lui. M. Marsden était médecin, et placé à la tête de grands établissements. Il s'était marié très jeune ; il avait épousé une demoiselle Rashdall, dont le frère figure comme témoin dans le procès actuel. Ce M. Marsden était parfaitement heureux, et sa femme ne lui a causé qu'un chagrin : c'est celui qui l'a fait veuf. De ce mariage, il a eu six enfants ; sa femme avait donné le jour à un septième enfant, il y a sept ou huit ans : ce septième enfant lui a coûté la vie. Il a plu à notre adversaire de dire que madame Marsden était morte par suite de faiblesse de poitrine : c'est une pure invention ; mais ce n'est pas la seule ; car la fille Doudet n'a pas dit un mot qui ne fût un mensonge ; sur ce point, comme sur tous les autres, elle a encore menti. Madame Marsden est morte à la suite de ses couches, et son enfant est mort avec elle.

Quant à M. Marsden, c'est un homme des plus honorables, des plus instruits qui se puissent rencontrer. Il a en Angleterre une grande réputation comme médecin ; il jouit, comme homme et comme père de famille, d'une grande considération. Ceci est attesté par des certificats que j'ai entre les mains. Plusieurs ministres protestants se sont spontanément réunis, sans l'avoir prévenu, et ont envoyé au magistrat une attestation. Ils lui ont envoyé, à lui, un double de cette attestation, et dans cette pièce, ils disent :

« Notre ami et voisin le docteur Marsden ainsi que sa famille, nous est connu depuis un grand nombre d'années : il est fils de feu James Marsden, esquire, colonel dans l'armée anglaise. Son frère aîné, le major Marsden, a une haute position sociale dans l'Inde, étant lieutenant gouverneur dans le Punjaub ; il est beau-frère du révérend John Rashdall, ministre anglican de Great-Malvern, il est médecin de grande valeur. Depuis bien des années et encore maintenant il a une clientèle très étendue ; nous le croyons homme de haute moralité et d'un caractère éminemment libéral et bienfaisant dans ses relations de famille et de société, bon voisin, ami zélé, père bon et indulgent, et entièrement incapable de rudesse ou de sévérité injuste dans aucune des relations de sa vie. »

Voilà le témoignage qu'ils ont donné d'eux-mêmes, sans en être sollicités.

Au reste, je n'ai pas besoin de ce témoignage ; il y en a de multipliés à l'infini. Je n'ai pas même besoin de la lettre écrite par lord Cowley, qui déclare que, d'après tous les renseignements qu'il a pris, M. Marsden est un homme d'une haute moralité et tout à fait digne d'estime. On juge mieux les gens quand on les surprend dans l'intimité. Or, il y a, dans la correspondance intime de M. Marsden avec la fille Doudet, une phrase que je relève et qui peint l'homme. Il lui recommandait l'éducation de ses enfants, et il disait : « Je vous prie de ne » pas oublier que la morale est au-dessus de toutes choses. » Ainsi, il tenait bien à l'éducation de ses enfants : il fallait qu'elles apprissent la musique, le français, le latin, mais, avant toutes choses, qu'elles fussent imbues des principes de la morale. C'est là la règle de cette sainte et honorable famille, que je recommandée à toute votre sollicitude, et qui a été si indignement calomniée.

Si j'avais besoin d'un dernier témoignage, je demanderais celui de la prévenue elle-même : elle a, dans les derniers temps, inventé toutes sortes de calomnies, jeté dans le public toutes sortes d'insinuations, dont nous vous demanderons de faire justice; mais, dans les premiers temps de son arrivée, elle a dit, et tous les témoins en déposent : « Je viens avec cinq charmantes petites filles; » et elle ne tarissait pas en éloges sur le père, et elle a dit ceci : « C'est un des médecins les plus distingués de l'Angleterre; c'est un homme très respecté dans tout son voisinage. » Voilà la déclaration qu'elle faisait, le témoignage qu'elle rapportait, quand elle revenait d'Angleterre en ramenant les cinq petites filles. Et puis, à l'audience, elle a l'infamie de dire que le père battait indignement ses enfants, et qu'un jour elle avait assisté à une effroyable scène. Elle en signale les détails; elle indique toutes ces petites circonstances qui donnent de la vraisemblance à un fait. C'était un jour, sur une terrasse; il y avait des branches de bois par terre; il les a ramassées, et il les a successivement cassées sur le dos de ses enfants; l'une succédait à l'autre!

Alors il y a une chose inexplicable. Comment êtes-vous donc restée dans une pareille maison, en présence d'un tel spectacle, vous, institutrice? On allait vous confier ces enfants; vous voyiez comment elles étaient traitées, battues, frappées par leur père, et vous restiez dans la maison! Et arrivant à Paris, au sortir de scènes pareilles, encore tout émue, vous déclariez que le père était un homme respecté de tous ceux qui le connaissaient, un médecin jouissant d'une grande considération en Angleterre! Les faits étaient donc faux; ce qu'il y a de vrai, le voici : quand la fille Doudet est entrée dans la maison, la crainte, la méfiance y sont entrées avec elles; elle a jeté dans le cœur du père des soupçons sur les enfants. Elle a dit une fois que la petite Mary-Ann avait pris une broche et l'avait cachée. Le père fut au désespoir, et vous le comprenez; on lui répétait que ses filles avaient des instincts mauvais. Il frappa la petite; il voulait l'obliger à dire où était la broche. Et l'enfant ne pouvait le dire, car la chose n'était pas vraie!

Voilà l'homme qui vient porter sa plainte devant vous, et demander réparation des infamies dites contre lui, et surtout des infamies commises contre ses enfants.

Aux premiers jours de 1852, M. Marsden voulait une institutrice pour ses filles, principalement pour les trois aînées, dont l'âge avançait, et dont l'éducation demandait plus de soin. Il voulait une institutrice pour les perfectionner dans l'étude et la pratique de la langue française; il voulait en conséquence une institutrice française. Il vint en France pour s'informer et en demander une. Qui des deux alla au-devant de l'autre? Est-ce que mademoiselle Doudet vint se présenter d'elle-même à Great-Malvern chez M. Marsden? Jamais M. Marsden n'a dit cela. On lui donna les meilleurs renseignements sur une demoiselle qui habitait l'Angleterre, qui s'appelait mademoiselle Doudet. Ces renseignements le déterminèrent à la rechercher, et à lui faire les propositions qu'il lui a faites. On a cependant prétendu que M. Marsden l'avait nié. Où donc mon adversaire a-t-il trouvé qu'on l'ait nié? On me dit que c'est dans le Mémoire répandu en Angleterre par M. Marsden. Eh bien! non.

D'abord faisons justice de ce prétendu Mémoire répandu en Angleterre : il n'y a jamais eu un Mémoire répandu en Angleterre. Il y a eu ce que je vais vous dire. Une femme signalée par son zèle dans le procès, madame Schwabe, dès qu'elle a appris la plainte, a écrit à M. Marsden pour désarmer sa colère. M. Marsden a répondu une lettre qu'on pourra produire, et lui a dit : Je crois que vous êtes mal renseignée sur les faits. Car il la tenait et il la tient encore pour une personne honorable et digne, et il disait : Je tiens à vous éclairer, puisque vous avez ces sentiments ; je tiens à vous dire sur quoi est basée ma plainte. En conséquence, il lui envoyait la note dont mon adversaire est porteur, qui n'est point un Mémoire, et dans laquelle on trouve cette phrase : « Elle voulait se rendre indispensable auprès de moi. » Il a raison, ce qu'il disait là, c'est le mot de l'affaire.

Mademoiselle Doudet vint donc. Elle arriva à Malvern, accompagnée des certificats les plus honorables et des antécédents les plus exempts de reproche. Comment n'y pas croire ? Elle était, disait-elle, et c'est ce qui vous a été dit encore à votre audience d'hier, la fille d'un capitaine de frégate, d'un homme qui avait dans la marine militaire un très haut rang. Cela n'était pas vrai. Non ; mon adversaire peut se faire représenter à la marine le dossier de M. Doudet : il y verra qu'en effet il est sorti de la marine militaire après y avoir servi comme matelot à 21 fr. (c'est ainsi qu'on les distingue) puis à 24 fr., puis à 27 fr. Quand il a été à 27 fr., il a cessé de servir, et s'en est allé avec le grade d'aspirant de marine, ce qui équivaut à peu près, je le reconnais, au rang d'officier de terre. Depuis ce temps il a servi dans la marine marchande. Il est possible qu'il ait été capitaine au cabotage ; je n'en sais rien ; mais voilà sa situation. A-t-il été un homme honorable, bien placé, entouré d'estime ? Je le veux croire ; je n'en sais pas le premier mot. Je déclare cependant que j'en suis convaincu, et que je serais au désespoir de dire ici, sur un homme que je ne connais pas et qui est mort, aucune parole qui pût désobliger sa mémoire.

Elle était donc la fille d'un ancien officier de marine. Elle soutenait, disait-elle, sa mère ; elle avait tout ce qui pouvait inspirer de la confiance et de l'intérêt : elle avait de hauts témoignages d'estime ; elle avait servi comme fille de garde-robe, chez la reine d'Angleterre, qui a donné un certificat très bon, qui déclare qu'elle n'était pas faite pour être fille de garde-robe, qu'elle était faite, au contraire, pour être institutrice. Elle avait servi dans d'autres maisons comme institutrice ; elle vous en donne le détail. Elle était restée un an dans cette maison, dix-huit mois dans celle-ci, deux ans dans cette autre, n'ayant jamais fait une éducation dans sa vie ; elle avait servi dans quelques maisons dont elle ne parle pas ; chez le capitaine Wan, par exemple, dont elle ne rapporte pas de certificat ; dans la maison Elliot, dont elle rapporte, dit-elle, les témoignages ; lesquels ? des lettres écrites quand elle envoyait un petit cadeau aux demoiselles. Ces demoiselles lui écrivaient pour en accuser réception et pour lui exprimer leur reconnaissance ; c'est, en vérité, la chose la plus simple. Mais comment est-elle jugée par la famille Elliot ? Nous avons une lettre de l'amiral Elliot, qui dit qu'il l'a toujours considérée comme folle, mais qu'il ne veut pas paraître en justice et mêler le nom de sa petite-fille à un procès de cette nature. Comment n'a-t-on pas un certificat positif, formel ? Comment, depuis un an que le procès dure, qu'on en a fatigué tout le monde, l'Angleterre et la France, qu'on a été frapper à toutes les portes, comment n'a-t-on pas frappé à cette porte en disant : Vous me connaissez, je vous ai bien servi, je suis une femme irréprochable, je suis menacée dans mon existence et dans mon honneur ; je viens vous demander un certificat, donnez-le-moi? Elle l'aurait obtenu, si elle avait dû l'obtenir ; comment ne l'a-t-elle pas demandé?

Elle a servi, c'est vrai, chez la marquise Hastings. Et elle ose invoquer son témoignage! A l'instant même, quand j'entrais dans cette audience, on me remettait un billet de madame la marquise Hastings ; je l'ai communiqué à mon adversaire, bien tard, mais au moment où je le recevais moi-même. Le voici. M. Marsden avait envoyé les journaux parlant de l'affaire à madame la marquise Hastings, et celle-ci lui répond. Je lis sur la traduction ; mon adversaire sait qu'elle est exacte. « La marquise Hastings présente ses compliments..... (j'attache de l'importance à ceci, parce que mon adversaire a fait un grand et juste éloge de madame la marquise Hastings ; il vous a dit quel rang elle occupe et quelle confiance elle doit inspirer) :

« La marquise de Hastings présente ses compliments à M. le docteur Marsden, et
» elle est très heureuse de voir que mademoiselle Doudet est condamnée ; mais
» elle ne trouve pas que sa punition suffise pour l'offense. Lady Hastings croit que
» l'on ne pourrait être trop sévère pour un monstre si horrible.... »

Je partage cette opinion. Voilà quant à madame la marquise Hastings.

Nous avons fait entendre un témoin. Mon adversaire a dit qu'elle s'appelait Gallway au lieu de s'appeler Gallois, soit ; mais ce témoin est venu déclarer : « Il y a dix-sept ans que je connais mademoiselle Doudet ; je connaissais sa mère ; sa mère m'a dit qu'elle était cruelle ; elle s'est plainte quelquefois d'elle, parce qu'elle se livrait à des actes de cruauté. »

Voilà ses antécédents. Pourtant, M. Marsden la prenait pour la personne la plus honorable, la plus digne d'intérêt, la plus digne de confiance ; aussi, sa confiance était aveugle en elle, et lorsqu'il la reçut, je déclare qu'il fut très heureux de la recevoir et qu'il eut raison de lui écrire : « Nous vous rendrons la maison aussi agréable que possible, et nous ferons tout au monde pour que vous soyez heureuse et contente. »

Il s'agissait de perfectionner les enfants dans la langue française. Madame Doudet la mère tombe malade à Paris vers le mois d'avril ; la maladie s'aggrave ; sa fille quitte la maison Marsden, mais elle arrive trop tard, sa mère était morte. Elle passa quelques jours à Paris, puis revint. Ce fut alors qu'il fut question, peut-être pour la première fois, je n'en sais rien, ce n'est pas le procès, d'un voyage qu'on ferait à Paris, dans lequel on amènerait les jeunes filles ; on leur ferait passer six mois à Paris ; là, elles se perfectionneraient tout à fait dans la pratique de la langue française. Le père consentit volontiers à cet arrangement. On lui en fait un crime aujourd'hui. Mademoiselle Doudet n'a pas une amie qui n'aille dans le monde répéter que c'est un père bien léger, un père indigne de cette qualité de père, et il y a des niais qui répètent cela. Comment! voilà un homme qui a cinq filles, qui les confie ainsi à une institutrice et leur permet de s'en aller loin de lui, loin de sa surveillance, en France, pour se perfectionner dans la langue française! Oui; il y en a beaucoup qui procèdent ainsi. Remarquez que cette femme n'était pas nouvelle pour lui; il ne la connaissait pas seulement par les excellents renseignements qui lui avaient été donnés sur elle; il la connaissait par une pratique de trois mois et demi; jusque-là elle s'était montrée bonne, attentive, soigneuse, câline; elle s'était rendue nécessaire; jusque-là elle avait montré quelle sollicitude elle prenait à l'éducation de ses enfants; elle avait indiqué au père toutes les précautions qu'il fallait prendre; elle avait inquiété sa tendresse par des révélations qu'elle lui avait faites. Ce que les autres n'avaient pas vu, ce que personne jusqu'à elle n'avait ni soupçonné ni deviné, elle, dans sa sollicitude presque maternelle, l'avait découvert.

Il avait donc en elle la plus entière et la plus absolue confiance; il fit ce que les pères les plus tendres pour leurs enfants peuvent faire, c'est-à-dire qu'à cette femme, à cette institutrice soigneuse, tendre, fidèle, insinuante pendant trois mois et demi, il confia ses enfants pour les emmener pendant six mois et les perfectionner dans la langue française.

Elle part, elle arrive à Paris vers la mi-juin et s'y installe. Plus tard, dans la discussion de ce procès, j'aurai à examiner quelle vie on y mena. Mais voici les faits principaux de la cause :

Au mois de mai Mary-Ann mourut. Des lettres anonymes furent écrites; la sollicitude du père de famille fut éveillée; sa confiance fut à peine ébranlée. Plaignez-le, car on voit ce que c'est que cette femme, à quel point elle est habile, insinuante, maîtresse d'elle-même, quand on sait les prosélytes qu'elle a su faire, les partisans qu'elle traîne à sa suite, les grandes dames qui s'empressent pour elle, tout ce monde enfin qu'elle a soulevé et qui, même après les constatations terribles de ce procès et les témoignages géminés et accablants qui se sont élevés contre elle, la soutient encore avec tant d'ardeur. Vous comprenez facilement la confiance et l'aveuglement du père. Ces lettres anonymes, il croyait qu'elles n'étaient que le résultat d'intrigues abominables. Il croyait qu'elles étaient écrites par des femmes sans mœurs et sans conduite, ennemies de l'institutrice, jalouses de sa situation; il en faisait le cas que le monde, dit-on (on a peut-être tort), doit toujours faire des lettres anonymes; il les a jetées avec mépris. Ce fut la mort de Mary-Ann qui vint, pour la première fois, jeter un doute affreux dans son esprit. Ne pouvant quitter l'Angleterre, il envoya le révérend Rashdall, son beau-frère, et, en même temps, sa belle-sœur, miss Rashdall, afin de prendre quelques renseignements; on ramène les enfants dans l'état que vous savez. Lucy mourut au milieu d'une effroyable agonie, tourmentée par un spectre, prononçant avec horreur le nom de son institutrice, la voyant qui s'approchait d'elle pour la prendre, car c'est là la menace terrible qui lui avait été faite perpétuellement, se rejetant dans le sein de celle qu'on lui avait défendu d'appeler sa mère, afin d'y trouver un asile et de se réfugier quelque part où cette femme ne pût pas l'atteindre!

Voilà ce qui s'est passé. Voilà les éléments dont nous venons, dans la mesure de notre droit, avec la latitude que nous laisse l'état de la procédure, demander compte à cette femme.

Lorsque ces événements s'étaient passés, lorsque les enfants se retrouvèrent dans leur famille, lorsque cette voix, qu'on leur avait dit être une voix ennemie, fut entendue par elles comme une voix paternelle, alors elles laissèrent s'épancher leurs secrets, leurs mystères; les révélations arrivèrent et le père en eut horreur. Que fallait-il faire à ce moment? Je le demande avec confiance à tous les gens de bien qui m'entendent, à toutes les mères de famille qui sont ici, fallait-il garder le silence et laisser oublier sans se plaindre les tortures qui étaient révélées, ne pas demander compte de là vie et de la mort de ces enfants, car, dans sa conviction (il a reçu un démenti, c'est vrai), il croyait qu'il avait à demander compte de la mort de deux de ses enfants? Fallait-il garder le silence? Fallait-il commettre cette abominable lâcheté? Fallait-il, au contraire, s'adresser à la justice étrangère, qui n'est pas la sienne, qu'il ne connaît pas, aller frapper à sa porte et se jeter dans un tel combat avec un tel athète dont il connaissait les armes, la diffamation et la calomnie? Fallait-il exposer aux humiliations, à la publicité d'une audience, ces filles qui vont être nubiles et marcheront bientôt à l'autel? Fallait-il les exposer à ces attaques, à ces insinuations, à ces calomnies amères? Fallait-il, non pas lui, homme qui peut tout braver, mais ces enfants, pur et saint cortége, fallait-il les engager dans cette lutte et les entraîner dans ce combat? C'étaient là de graves questions, et l'hésitation était permise.

Il y avait alors à Paris mademoiselle Rashdall, qui, au milieu de ce mouvement, ne pouvait pas comprendre la tolérance et le silence du père. Elle avait consulté je ne sais qui, un monsieur qu'on appelle Gabriel; elle s'adressait à lui, elle lui demandait ce qu'il fallait faire. M. Gabriel disait alors qu'il fallait se plaindre. Il paraît qu'il est devenu notre adversaire aujourd'hui, et qu'il est l'auxiliaire de mademoiselle Doudet; je signale ceci à votre attention et ces procédés à la justice et à l'honnêteté de tous ceux qui m'écoutent. Il était l'homme de nos affaires et de notre confiance. Depuis ce temps, il a déposé contre nous devant le commissaire de police. Il a fait mieux; il a armé nos adversaires de nos lettres et ils ont cherché curieusement pour savoir si dans cette correspondance intime, comme l'a dit hier mon adversaire, avec notre homme d'affaires, l'homme de notre confiance, avec celui qui se disait avocat et que nous croyions avocat, si dans cette correspondance, qui leur a été traîtreusement livrée, il ne pouvait pas y avoir un mot qui pût être retourné contre nous et un poignard qu'on pût enfoncer dans notre sein!

Un seul trait suffit pour vous faire connaître M. Gabriel; quand M. Marsden lui écrivait : « Non, je ne puis pas, c'est impossible, je ne veux pas entraîner mes filles dans un pareil débat, » il lui répondait : « C'est une erreur, il le faut, vous le devez; votre propre dignité, votre affection pour vos enfants et vos devoirs envers la société, exigent que vous obteniez réparation de celle qui a si criminellement agi. » Il l'appelle dans toute sa correspondance *la Doudet*, il la traite comme la dernière des misérables. Ensuite, parce qu'il y a, je crois, un débat d'argent, qu'il envoie un mémoire je ne sais lequel, et qu'après une première observation, M. Marsden lui écrit et lui dit : Je ne veux pas avoir affaire à vous, je veux qu'on vous paie et que ce soit fini, il devient l'auxiliaire de nos adversaires, et leur donne les lettres confidentielles et intimes qui lui ont été écrites. Voilà le procédé que j'avais à vous faire juger.

Cependant, après avoir consulté M. Gabriel, M. Marsden jugea à propos d'en consulter d'autres; il vint à Paris. Suivant moi, il n'y avait pas à balancer; je me suis trompé peut-être; s'il le croit, j'espère qu'il est assez généreux pour ne me le jamais reprocher; mais moi, avec mon expérience d'homme, d'avocat, confiant dans la justice, connaissant sa pratique, sûr d'elle, avec ce sentiment d'un homme qui n'est pas habitué à trembler, j'ai dit qu'il n'y avait pas d'hésitation possible; que le sang de ses enfants criait; que la diffamation, il est vrai, s'attacherait à lui, à sa famille; mais qu'il fallait demander justice, et que la justice française lui était assurée, qu'elle était favorable aux étrangers comme aux nationaux. Voilà ce que j'ai dit. Alors il a porté sa plainte, j'ai assumé sur moi, c'est vrai, la responsabilité du conseil que j'ai donné, et quand je songe à la lutte dans laquelle je l'ai engagé, à toutes les amertumes qu'il lui a fallu subir, à toutes les diffamations à travers desquelles il est passé, à tous les affronts qu'il a dévorés, à toutes les péripéties de la justice criminelle en France, quand j'y songe, je ne regrette pas les conseils que j'ai donnés; mais s'il s'agissait de les donner encore, j'hésiterais peut-être.

Quoi qu'il en soit, cette plainte a été portée. Cette plainte portée, tout a changé de face; notre adversaire n'a plus été un adversaire ordinaire; il est devenu un parti, que dis-je, une secte, ce qui est pis encore; aujourd'hui il s'appelle *légion*, et il pourrait dire comme dans l'Évangile : *Nomen meum est legio, quia multi sumus.* Ils se sont multipliés en effet; ils se sont répandus partout, répandant partout aussi l'empoisonnement de la calomnie; disant en France, en Angleterre, près de lui, loin de lui, autour de la justice, que c'était un homme indigne, méprisé, méprisable, un père qui n'avait d'ailleurs aucun souci de ses enfants, qui les avait envoyées ici pour les perdre; enfin jetant sur lui les calomnies les plus atroces. Ce n'est pas tout, ils s'en allaient avec leurs agents frapper à toutes les portes.., et c'est ici qu'il faut que je vous parle des moyens qui ont été employés et qui peuvent paraître étranges à notre justice. Assurément, je ne blâme aucun des procédés de la justice anglaise, je ne la connais pas, je l'ignore, j'ai des raisons de penser que partout la justice est la même, que partout elle est équitable, que partout elle est honorablement rendue. Cependant, on lance en Angleterre ce qu'on appelle des *sollicitors*, qui s'en vont battre le pays de maison en maison et chercher partout des témoins. Ce qu'ils disent, je vais vous le répéter, et nous avons à cet égard leurs écrits; vous allez apprécier ces procédés et les garanties que de tels usages présentent à la justice.

Ils agissent d'abord au nom des plus hautes dames, des hommes les plus haut placés et les plus influents; ils déclarent en même temps que la femme dont il s'agit est menacée dans sa vie, qu'elle est dans le plus triste état du monde, qu'elle est sur le bord de la tombe, qu'il s'agit de la sauver, et qu'en conséquence, c'est une bonne œuvre qu'il faut faire. Ils ajoutent, pour ceux qui ne seraient pas suffisamment effrayés par les hautes protections qui entourent mademoiselle Doudet, qu'on n'épargnera ni démarches ni argent. Ils ont raison; on n'a jamais épargné pour trouver des témoins ni démarches ni argent. Doutez-vous de ce que je vous dis ? Voilà un de ces solliciteurs; celui-là s'appelle Burrows; voici ce qu'il a fait. Il se met en quête; il bat le pays. Il y a un témoin dans telle contrée, il y en a un dans telle autre; il va partout, rien ne l'arrête. Il fait des découvertes merveilleuses.

Ainsi, par exemple, il consulte les registres de décès, et il apprend que c'est en 1847, au mois de juin, le 3 juin 1847, qu'est morte madame Marsden. Il va au cimetière ; il consulte la tombe ; le marbrier a mis le 3 juin 1848. Plus de crainte, M. Marsden est perdu ; la fille Doudet est sauvée ; et Burrows consigne dans le certificat qu'il délivre cette différence notable.

Dans la déclaration, la véritable époque du décès de sa femme par le docteur Marsden, fait naturellement supposer que la date du décès portée sur le registre local était sciemment faussée, ou bien que l'inscription gravée sur son tombeau, d'après les ordres de son mari, était à dessein inexacte pour quelque motif particulier de sa part.

N'avez-vous pas horreur de cet homme-là ? Mon adversaire, mon loyal adversaire, avec cette élévation de sentiments qui distingue toujours l'élévation du talent, mon loyal adversaire n'a-t-il pas horreur de l'homme qui a été capable de relever de pareilles différences, et parce qu'on avait mis sur le tombeau un 8 au lieu d'un 7, de faire des insinuations aussi infâmes que celle que je rencontre dans le certificat signé par Burrows ? Et voilà l'agent mis au service de cette cause, où l'on a mis en jeu les plus mauvaises passions. Mais ce n'est pas tout.

Il y a une dame Binnie qui a été surveillante des enfants pendant quatre ans, qui les soignait, je ne dis pas comme une mère, mais comme une excellente femme. Dans le Mémoire, mademoiselle Doudet ose dire que madame Binnie a été renvoyée avant le mariage, parce que sa présence aurait gêné pour ce mariage M. Marsden ; elle a osé mettre que madame Binnie s'était plainte à elle de la manière dont elle avait été renvoyée, et des procédés indignes de M. Marsden à son égard. Or, il n'y a jamais eu que d'excellents procédés de part et d'autre. M. Marsden n'a jamais eu qu'à se louer d'elle, et elle n'a jamais eu qu'à se louer de lui. Ce sont encore des infamies qu'il faut rayer de ce Mémoire. On lui a écrit, on savait que sa déposition était importante ; on voulait l'entraîner, la forcer à dire que ces enfants avaient un mauvais caractère, de mauvaises habitudes. Et savez-vous quel moyen on employait pour le lui faire dire ? On lui a écrit trois lettres ; c'est l'œuvre de M. Burrows ; voici la traduction d'une de ces lettres :

« Il serait terrible plus tard d'avoir à penser que le refus d'une preuve importante qu'il était au pouvoir de quelqu'un de donner, a été la cause qu'une créature humaine a été jetée à la honte et à la misère pour le reste de ses jours, ou même qu'elle a été privée de la vie, et il n'est que trop probable que c'est ce qui arrivera à cette malheureuse demoiselle française qui est déjà si dangereusement malade par suite de sa longue détention dans un donjon humide, etc., etc. »

C'est ainsi qu'on écrit. On dit : Il s'agit d'une pauvre créature que vous avez connue, dont vous n'avez pas eu à vous plaindre. Voilà de quoi elle est menacée, voilà comment elle est traitée ; elle est à deux doigts du tombeau. D'ailleurs, elle est sous le poids d'une accusation capitale, menacée de perdre la vie par la main du bourreau, si elle ne la perd pas par la main de Dieu.

Dites un mot, et son âme sera sauvée ; dites un mot, et elle sortira libre. Voilà comment on s'adresse à madame Adélaïde Binnie. En outre, si on ne pouvait exciter sa pitié, on faisait appel à d'autres sentiments. On lui disait : Les amis de mademoiselle Doudet, qui sont puissants tant en France qu'en Angleterre, sont résolus à n'épargner ni peines ni dépenses en sa faveur. Elle a, en effet, un trésor à ses ordres.

Voilà les lettres écrites par Burrows ; en voilà une, en voilà deux, en voilà trois ; elles sont toujours les mêmes, de plus en plus insistantes. Il a reçu une réponse à la troisième ; on ne la donne pas. Pourquoi ne la donne-t-on pas ? On m'a accusé de ne pas donner des lettres que je n'ai pas conservées, dont M. Marsden a dit : Je les jette au feu, parce que je n'en veux pas garder le souvenir, et parce qu'elles m'affligent. Et vous, la réponse faite à Burrows, qu'en avez-vous fait ? où est-elle ? Je le sais bien, où elle est ; je l'ai, moi ; et voici comment elle commence :

« Je puis vous affirmer de la manière la plus solennelle que, pendant tout le temps que les enfants du docteur Marsden ont été confiées à mes soins, je n'ai observé en elles ni mauvaises, ni vicieuses habitudes. »

La dernière lettre de Burrows était du 27. Madame Binnie n'était plus à Great Malvern ; elle avait quitté ce séjour ; elle était dans une autre localité. Elle écrivit le 28, et sa lettre est le plus favorable témoignage sur des mœurs, le caractère des enfants, sur les bons sentiments du père à leur égard.

Je comprends pourquoi le *sollicitor* Burrows, celui qui a été consulter au cimetière la pierre tumulaire de madame Marsden, ne donne pas la réponse. Je la donne, et la voilà.

A quel résultat est-il arrivé ? A-t-il fait autre chose que relever l'inscription tumulaire, et faire cette démarche dont vous appréciez la convenance près d'Adélaïde Binnie ? A-t-il fait autre chose ? Oui, il a fait d'autres découvertes. Lesquelles ? Les voici. Il a découvert deux témoins, et il a reçu leurs témoignages dans les formes usitées dans le pays. Un mot, je vous prie, de ces formes. Autrefois, on faisait des enquêtes autant qu'on voulait ; on s'en allait devant un magistrat à ce préposé. Le premier venu faisait entendre des témoins au premier venu. Ces témoins prêtaient serment, et sous la foi du serment reçu par le magistrat, ils déposaient de la vérité de tel ou tel fait. Il y avait de si effroyables abus, que la religieuse Angleterre s'en est émue. Elle a dit : Nous ne pouvons pas empêcher les gens de faire de faux témoignages, mais nous pouvons au moins empêcher de faire de faux serments, et comme ces faux serments se multiplient à l'infini, nous supprimons la formalité du serment. Cette sauvegarde, si insuffisante, a donc été supprimée, de sorte qu'aujourd'hui voilà la forme de ces enquêtes qui ne présentent aucune espèce de garantie, qui se font sans contradicteurs, qui ne sont que de simples certificats. On va trouver un individu, on lui demande son témoignage qu'on écrit soi-même, on le conduit devant le juge subalterne. Il vient là ; il le signe devant le juge. Le juge ne lit pas le certificat ; le certificat n'est pas lu à celui qui le signe. L'homme met le certificat dans sa poche et l'emporte. Qu'est-ce que cela vaut ? On vous dit que cela serait reçu en *évidence* devant les cours de justice. Cela veut dire que ce serait reçu en témoignage, c'est-à-dire comme un certificat. Voilà, par exemple, un certificat écrit d'une main étrangère, signé par un prétendu témoin, et après, il est attesté par des magistrats que c'est devant eux que la chose a été signée; on met ensuite le certificat dans sa poche. La pièce produite n'a pas d'autre valeur.

Le Burrows a donc été chez d'autres témoins, Maria Burford et Caroline Fox. Vous trouverez leurs certificats, pages 10 et 11 du Mémoire. Il leur a fait dire tout ce qu'il a voulu, et il vous apporte cela en *évidence*.

Savez-vous ce que nous avons fait, nous? Nous avons fait mieux que cela; nous avons appris que vous aviez été trouver ces témoins, parce que vous vous en êtes vantés, et alors, quand le débat s'est ouvert devant la Cour d'assises, M. Marsden a été trouver ces témoins et leur a demandé de venir volontairement, c'est vrai, car ils n'y étaient astreints par aucune loi, mais de venir déposer dans cette affaire devant la Cour d'assises de Paris, et il leur a dit qu'on leur avait surpris un témoignage qu'ils n'ont pas même lu. En effet, ces deux femmes, ces deux témoins dont on a le courage, je ne dis pas davantage, de vous produire les certificats, ont été entendues à la Cour d'assises sous la foi du serment, et là, sous la foi du serment, devant Dieu, qui est le même partout, devant la justice, dont la représentation peut changer, mais qui est la même partout, elles ont attesté qu'en effet elles ont été dans cette maison ; que ces enfants étaient irréprochables, honnêtes, chastes, pures, et là, à la Cour d'assises, j'en appelle aux souvenirs de mon loyal adversaire, on n'a jamais pensé à leur opposer ces certificats qui leur avaient été ainsi demandés et ainsi arrachés.

Je le demande : Est-ce là la loyauté des combats judiciaires? Ou bien est-ce nous qui nous sommes honnêtement conduits quand nous avons appelé ces témoins devant une justice contradictoire en vue de nos adversaires qui pouvaient les combattre. Dites-le-moi ! car s'il est permis dans les combats judiciaires d'aller se promener de comté en comté, de frapper de porte en porte, de dire : « Voilà une femme, voilà dans quelle triste situation elle est placée; elle a des amis riches, puissants, et l'argent ne nous manquera jamais, » je ne sais plus de quel côté est la loyauté ?

Ce n'est pas tout. Il y a un témoin pour lequel nous aurions manqué de loyauté, du moins M. Burrows l'affirme : quel est ce témoin? C'est Caroline Matthews. Vous avez dans le Mémoire le *certificat*, vous comprenez bien que je ne puis pas dire la *déposition*, adressée à M. Burrows, dans la forme que vous savez, par la fille Matthews. Burrows y a ajouté sa propre attestation, et il est venu dire (c'est une des premières pièces placées dans le Mémoire) que nous avions éloigné ce témoin, et qu'apprenant qu'il devait déposer contre nous, nous l'avions caché dans un village, où M. Burrows l'a rencontré.

C'est prodigieux ! Savez-vous comment nous l'avons caché? Nous l'avons fait venir devant la Cour d'assises. Nos adversaires ne l'ignorent pas. Voilà la citation qui leur a été notifiée. Deux fois la fille Matthews est venue à Paris pour déposer devant la Cour d'assises. Mademoiselle Doudet n'était pas en disposition de comparaître. Les témoins ont été obligés de s'en aller. Elle n'a pas pu revenir une troisième fois, c'est vrai ; mais les adversaires, qui ont reçu nos notifications de témoins, savent bien que cette femme est venue deux fois, et voilà les originaux des citations données à la fille Matthews. La troisième fois, elle nous donne un certificat qui vaut ce qu'il vaut, dans les formes que je vous ai dites ; le voici. Elle indique pourquoi elle n'a pu venir, elle dit qu'elle a perdu sa place une première fois par son départ, et qu'elle voudrait bien ne pas la perdre une seconde fois. Voilà sa déclaration en anglais, et elle reconnaît qu'en effet on lui a fait signer un certificat ; que ce certificat ne lui a pas été lu ; que M. Burrows est venu la trouver en lui disant : « M. Marsden et ses filles disent de vous tout le mal possible ; vous ne trouverez jamais à vous placer ; je vous demande un certificat ; je vais le faire et vous le signerez. » Comment ose-t-on dire dans un Mémoire, dans un document public et judiciaire, que nous avons caché cette fille Matthews, tandis que c'est nous qui l'avons produite à la justice et qui avons demandé son audition ?

Voilà ce que j'avais à dire sur ces documents. Vous savez à présent le cas qu'il faut en faire ; ce sont les plus misérables des documents et ceux qui doivent le moins vous arrêter ; ce sont des documents obtenus sans contrôle, sans contradiction et sollicités par tous les moyens imaginables.

Maintenant, il s'agit de voir l'affaire en dehors de ces documents, et si vous voulez me le permettre, je la verrai simplement dans les documents judiciaires du procès que je résume brièvement, parce que le rapport vous en a été fait avec tant de soin que ma tâche en sera ainsi abrégée ; parce que, soyez-en sûrs, la vérité a besoin d'être simple, d'être claire, et pour être claire, elle a besoin d'être brièvement exprimée ; il ne faut pas qu'elle soit noyée dans un flot de paroles, quelque élevées, quelque brillantes qu'elles soient ; elle perd à ces ornements ; il faut la dire simplement : c'est ce que je vais essayer de faire.

Voyons donc les documents judiciaires du procès. Ce dont nous accusons la fille Doudet, vous le savez ; je n'ai pas besoin de résumer les faits. Quant aux preuves, il y en a beaucoup. Les voici.

Nous prétendons qu'elle a maltraité les enfants, qu'elle les a privées de nourriture pendant des jours entiers, qu'elle les a meurtries, qu'elle les a battues. Écoutons ces enfants. C'est là, dans toute affaire, une grande preuve, une grande autorité ? N'est-il pas vrai que tous les jours, j'en appelle à mes adversaires, des condamnations judiciaires les plus graves sont prononcées quelquefois sur une seule preuve, sur la déclaration d'un enfant. Il y a certains crimes, par exemple, qui se commettent loin de tous les yeux sur la personne d'un enfant ; la justice fait venir l'enfant, on l'écoute, comme je vous l'ai déjà dit une fois. La justice fait comme le bon Dieu, elle dit : *Sinite parvulos venire ad me.* Les enfants peuvent tromper ; c'est vrai ; on peut les pousser à mentir ; je le sais. Mais dès qu'on les presse de questions, ils hésitent et se troublent ; alors la vérité éclate tout entière et le mensonge est mis à nu. C'est là ce qui fait l'immense autorité de ces témoignages. Or, dans le procès actuel, les enfants ont été soumis à toutes les interrogations, non-seulement de la justice, mais des adversaires ; ils ont toujours persisté. Ce n'est pas un seul enfant, ils sont trois, mais je n'ose pas dire dans la même situation ; ils sont trois à Paris, ils étaient trois en France, il y en avait un en Angleterre, qui avait été emmené, de manière qu'il y avait trois dépositions ici, et, pour les contrôler, une quatrième déclaration en Angleterre. Est-ce que ce concours de dépositions ne suffit pas à faire naître la conviction? Quand on a entendu ces enfants, quand on considère comment elles répondent, avec quelle netteté et quelle précision elles disent d'un fait, « Non, il n'est pas arrivé; » de tel autre, « Ce n'est point à moi, c'est à ma sœur; » quand on voit les détails qu'elles donnent, le ton de vérité qui brille dans leurs paroles, sur leur figure, dans leur tenue; non, il est impossible de ne pas croire.

En effet, quel est leur intérêt? Mon adversaire l'est demandé, il en a trouvé un qu'on n'avait pas découvert jusque-là. Il a dit: Les enfants se sont peut-être entendues. Pourquoi? Pour accuser mademoiselle Doudet, afin de se disculper. Mais elles ont dit cela quand il n'était pas question de se disculper. Tous ces faits, elles les ont racontés, les uns ici, les autres là-bas, séparément; il y a des émotions et des souvenirs qui ne laissent pas le moindre doute, et les récits de ces enfants ne sont pas de ceux qu'on puisse inventer à leur âge.

On a dit encore que M. Marsden avait fait la leçon à ses filles. Qui le croira? Est-il possible qu'un homme, qu'un père cherche à flétrir la conscience de ses enfants en leur mettant le mensonge à la bouche, et cela sans motif, sans intérêt? Oui. Car lorsque les demoiselles Marsden ont révélé la conduite de leur institutrice, lorsqu'elles ont osé parler, M. Marsden n'avait pas l'intention de faire un procès à la fille Doudet. Je vous ai dit ses hésitations, même après les touchantes plaintes de ses filles; je vous ai dit son incertitude si prolongée. Comment expliquer alors cette conduite avec les calculs odieux que vous lui prêtez? Comment, c'est quand il frémit pour ses enfants que vous supposez un complot? Moi, je vous mets au défi de me montrer l'intérêt grave, considérable, capital, qui a pu le jeter dans cette voie inconséquente!

Vous avez beau récuser les vivants: que ferez-vous du témoignage des morts? Quand Lucy est mourante là-bas, dans son pays; quand elle lutte, la pauvre enfant, contre une faiblesse insurmontable; quand elle s'attache à la vie, qu'elle espérait encore heureuse, fait-elle partie du complot? Et quand, dans ses angoisses, elle touche à l'agonie; quand elle croit voir cette femme qui s'approche d'elle; quand elle se réfugie avec effroi jusque dans les bras maternels pour échapper à ce fantôme qui, pour l'empêcher de parler, l'avait menacée de venir la saisir, est-ce un jeu? est-ce un conte? est-ce une comédie? Est-il au monde quelqu'un, si éloquent qu'il soit, qui puisse le dire?

Non. C'est fini. Les enfants l'ont dit, les enfants l'ont déclaré; ils ont persisté sans intérêt; il faut les croire. Pour moi, la parole de ces trois enfants, le souvenir de Lucy qui me poursuit et m'obsède, voilà des preuves qui suffisent. Devant elles, l'hésitation n'est possible pour personne.

Cependant elles ne sont pas seules: il y a encore d'autres preuves. Oui, la justice, qui se contente si souvent du témoignage de la victime, car la sincérité de l'enfant est garantie par son attitude, par les détails qu'il donne, par les objections qu'il supporte et auxquelles il répond, la justice ici n'en est pas réduite à la déclaration des trois jeunes filles, en y ajoutant même les dernières déclarations de Lucy, il y a d'autres témoins. Qui donc? Je vais vous le dire. Il y a les servantes de la maison; ce sont des témoins nécessaires, ce sont des témoins incontestables. Il y en a trois.

<table>
<tr><td>I.</td><td>9</td></tr>
</table>

« Léocadie n'a rien vu, dit-on? Comment, elle n'a rien vu? Elle a tout vu; elle a vu les enfants privés de nourriture, séquestrés, battus. Léocadie vous donne des détails que je suis forcé de rappeler à votre souvenir, quoique je ne veuille pas répéter ses déclarations. Est-ce que ce n'est pas Léocadie qui rapporte qu'un jour une enfant avait les bras en croix et demandait la permission d'être détachée pour satisfaire un besoin; que sa maîtresse avait dit qu'elle pourrait le satisfaire dès qu'alors; entraînée par la nature, et la permission lui étant donnée, l'enfant avait satisfait ce besoin, et qu'à l'instant même se levant, se jetant sur elle, la fille Doudet l'avait détachée, avait relevé ses vêtements, l'avait frottée là, contre de plancher, jusqu'à ensanglanter la partie qu'elle frottait.

« Il y a encore là la femme Perret et la femme Tiebaut, ces deux servantes qui ont eu horreur de votre intérieur.

« Je sais bien que dans cette cause on n'a rien épargné, ni démarches, ni argent; je sais qu'il y a une femme Desitter qui a dit: Devant moi il ne s'est rien passé. Les enfants ont été très bien soignées. Mais je l'ai toujours dit, je crois que c'est un faux témoin; j'ai le droit de le dire, c'est mon impression.

« Quand même sa déclaration serait vraie, qu'est-ce que cela fait? Oui, avertie par la mort de Mary-Ann, voyant qu'elle était sous le poids d'une accusation incessante, elle n'aura pas battu à la fenêtre les enfants; elle a pu avoir plus de ménagements, c'est possible, mais je ne crois pas à ce témoignage; voici pourquoi. Cette femme Desitter a déposé d'une chose que je trouve ignoble, abominable, impie. Il y avait là sur son lit cette malheureuse Mary-Ann (elle était entrée pendant la maladie de Mary-Ann); Mary-Ann était en agonie, c'était arrivé sans l'intervention de mademoiselle Doudet, je le veux, c'est jugé; elle était frappée d'hémiplégie, et elle avait déjà moitié du corps paralysée. D'ailleurs elle était au dernier moment. Savez-vous ce qu'ont fait ces deux femmes, la prévenue assistée par la femme Desitter? Elle a dit: Je crois qu'elle se livre à ses habitudes. Malheureuse! cette main est paralysée; qu'est-ce que vous voulez faire? Ne lui demandez pas de comptes, car ses comptes elle va les rendre à Dieu; ne troublez pas cette agonie toujours sainte et respectable! Qu'est-ce que vous voulez faire? Je veux la fouiller, je veux visiter son lit, je veux violer son lit; je veux aller chercher où sont ses mains, inspecter les replis les plus secrets de son corps pour tâcher de trouver les traces; je me courbe sur elle, et j'examine cette enfant à demi cadavre, et je me relève pour dire: Je triomphe, il y a des traces, elle s'est livrée à ses mauvaises habitudes.

« Je ne crois pas cette femme, je ne puis vous dire ce que je pense de sa conduite, ni l'horreur que tout ceci m'inspire; et tout ceci est vrai.

« Est-ce tout? Non, il y a des choses qui ne trompent pas. Vous avez une grande habitude des affaires de ce monde. Il y a des choses qui convainquent plus que les témoignages les plus positifs. On peut se parjurer, on peut mentir; il n'y a pas, en présence de la perversité humaine, de garanties contre ce crime. Mais il y a des choses qui vous entraînent, qui vous saisissent, que je crois, que je ne puis m'empêcher de croire. Qu'est-ce que c'est? Il y a là trois témoins, de braves femmes. Madame Martin, la femme du pharmacien qui a soigné ces enfants; madame Martin va voir cet intérieur; elle y mène ses deux filles. Elle revient chez elle, les enfants sont tristes, glacées, comme du froid de la mort, en sortant de cette atmosphère abominable, et alors, en rentrant à leur demeure (on ne s'invente pas cela), elles se jettent dans les bras de leur mère en pleurant ; elles la supplient de ne plus les conduire dans une pareille maison.

Tenez, il y a des femmes qui gagnent leur vie par leur travail, et dont il ne faut pas médire parce qu'elles sont pauvres ; c'est la femme Many, c'est la femme Chardonnot. La femme Many a dit : Je n'ai plus voulu travailler dans la maison. Alors on s'est adressé à la femme Chardonnot. Elle est venue travailler à la place de la femme Many ; elle a dit aussi : Je n'ai plus voulu travailler dans la maison. Pourquoi ? Cela me faisait horreur. Et alors, tenez, tant il y a de ressemblance dans les sentiments humains, tant la vérité est une, et se rencontre dans le cœur de tout le monde, la même, sous la même forme, que ce soit une grande dame ou que ce soit une pauvre journalière ; tenez, voilà la femme Chardonnot qui rentre dans un petit intérieur dont elle adoucit la misère par son travail, et elle dit dans sa déposition : C'est que je suis mère. Quand je suis rentrée, j'ai pris mes enfants sur mes genoux, j'ai pleuré et j'ai dit : Mes pauvres enfants, vous êtes plus heureuses que celles que je viens de voir, car vous avez de quoi vous chauffer et de quoi manger.

Il n'y a pas réponse à cela. La preuve matérielle, la preuve morale, tout y est, et c'est assez. Ne trouvez-vous pas que vous en avez trop déjà ? Les preuves abondent, elles accablent ; j'abuse de votre attention. Des preuves ! il y en a dix fois plus qu'il n'en faut pour rendre votre crime évident et votre condamnation certaine. Non, ce n'est pas assez de la déclaration unanime, désintéressée de ces quatre enfants ; ce n'est pas assez de ces trois servantes qui ont assisté à tout, de ces trois femmes qui, remplies d'émotion, secouent la poussière de leurs souliers, et déclarent qu'elles ne veulent plus remettre le pied dans cette maison maudite. Non, ce n'est pas assez, vous voulez d'autres preuves ; je vais vous en donner.

Il y en a une accablante, décisive, mortelle. Cette maison n'était pas seulement habitée par les enfants ; elle n'était pas seulement gardée par le portier Tassin et sa femme, qui avaient pitié de ces enfants ; elle n'était pas seulement habitée par les trois servantes qui se sont succédé ; elle n'était pas seulement fréquentée par ces trois honnêtes femmes dont j'ai peint les émotions tout à l'heure. Non, il y avait encore là une commensale assidue, et qui ne la quittait pas ; c'était Zéphyrine. Ce qui s'est passé, je n'ai pas besoin de vous le rappeler. Zéphyrine est partie. Pourquoi ? On vient dire : Elle a trouvé chez madame Blanc une place que madame Lebey lui avait offerte. Oui, elle est entrée chez madame Blanc, rue Basse-du-Rempart. Ce n'est pas dire pourquoi elle a quitté. Elle a quitté, parce qu'elle avait trouvé une place. Mais pourquoi a-t-elle cherché une place ? Elle était engagée comme sa sœur. Cela a été nié avec acharnement par cette femme, et elle a toujours dit : Ma sœur n'a pas été engagée le moins du monde, jusqu'au moment où je lui ai montré l'engagement où il y avait ; Je m'engage pour moi et ma sœur. La sœur était donc engagée. Elle s'en va, pourquoi ? Je comprendrais que si elle ne l'avait pas dit, vous pussiez en douter ; mais elle l'a dit ; elle l'a dit à tout le monde : Je quitte, parce qu'il m'est impossible de rester là, parce que je ne puis être témoin de ce spectacle. Mon adversaire arrange cela très facilement. Elle a quitté, parce que c'était une éducation sévère, une éducation anglaise, parce que les anciennes habitudes qui existaient autrefois dans nos écoles, et que les anciens de notre âge peuvent se rappeler, étaient mises en pratique dans cette maison anglaise. Cette méthode déplaisait à Zéphyrine qui a quitté en disant : Je voulais qu'on leur donnât une nourriture plus substantielle, et qu'on ne leur donnât pas le fouet ; en conséquence, je m'en vais. C'est une traduction très libre qui ne reproduit pas le moins du moins l'original. Qu'est-ce que Zéphyrine a dit ? Elle a dit qu'il y avait dans cette maison des cruautés inouïes, qu'elle ne pouvait assister à un pareil spectacle, qu'on refusait le pain aux enfants, qu'elle était obligée de leur donner du pain en cachette ; que sa sœur les frappait, les battait. Elle a tout dit, tout raconté à tant de témoins, qu'il est impossible de le nier.

Voilà donc nos preuves. Je me demande si jamais, dans ma vie, j'ai plaidé une affaire plus claire que celle-là, et, je le répète, quand il n'y aurait qu'une seule de ces preuves, quand il n'y aurait que la déclaration des enfants, la déposition des servantes, cela me suffirait, et, pour moi, l'affaire serait certaine ; mais je vous apporte toutes ces preuves à la fois, je les réunis, je les multiplie et je les donne. Voici pour les mauvais traitements : c'est d'abord l'absence de nourriture. On leur donnait, par exemple, du pain avec de l'eau, comme on n'en donne pas à ses chiens ; on leur en donnait en insuffisante quantité ; elles étaient quelquefois trente-six heures sans manger. Les servantes étaient obligées de leur donner du pain en cachette, car il fallait tromper la surveillance de la maîtresse, bonne pour les servantes, implacable pour les enfants ; et une fois la bonne ayant été obligée de convenir qu'elle avait donné du pain en secret à une enfant prisonnière, la maîtresse s'est fâchée et a dit : Vous me volez mon pain. Elle les battait, et je recommande ce détail comme un trait de mœurs, et qui peint la femme que vous avez à juger. Un jour elle les bat ; l'ouvrière qui est là entend les gémissements ; Zéphyrine qui est là dit avec épouvante et avec larmes : Ah ! mon Dieu, la voilà encore qui les bat. Les gémissements redoublent, et un instant après, cette femme entre triomphante et se met au piano. Voilà ce qui a été dit par l'honnête femme qui était là, par l'ouvrière désintéressée qui a prêté serment.

On les attache par les mains, par la taille, par les jambes, ces jeunes filles. On leur fait subir toute espèce de tortures, on leur écrase les pieds, on leur blesse les mains, on les couvre de contusions, de coups, on les enferme dans les lieux d'aisances ; ici je m'arrête sur un détail. Mon adversaire s'est rappelé que dans la plainte, qui a été faite sous la dictée en quelque sorte de ces enfants, par un homme habile, capable, intelligent, scrupuleux autant qu'il est possible de l'être, qui recueillait mot à mot ce que les enfants disaient, on a écrit, à ce qu'il paraît, que l'enfant s'était enrhumée, parce qu'elle n'avait pas osé fermé la fenêtre. — Ce n'est pas vrai, me dit-on ; il n'y a pas de *fenêtre*. — Eh bien ! il fallait mettre la *porte*, l'enfant a pu dire la fenêtre parce qu'elle ne sait pas bien le français, et qu'elle a pu se tromper. Voilà les arguments que mon adversaire présente.

Dans la plainte, il y a encore ce détail, que quelquefois la prévenue a fait « manger à ces enfants leurs excréments. »

Mon adversaire s'en étonne. Il faut qu'il cesse de s'en étonner, c'est un fait qui se reproduit souvent dans les affaires de cette nature.

Toutes les fois qu'on rencontre un être qui, par un esprit de vengeance, de haine, par un sentiment quelconque, s'attache à torturer des enfants, ou découvre des horreurs de ce genre, je l'ai toujours vu depuis les premiers pas que j'ai faits dans ma carrière, lorsqu'il y a trente-cinq ans, je plaidais pour cette marquise dont j'ai parlé dans une autre enceinte (1) ; elle avait emprunté des enfants à un hospice par charité, et dans sa maison, elle les battait à plaisir, et leur faisait manger leurs excréments. Vous l'avez vu aussi dans les dernières affaires qui se sont passées devant la cour d'assises. C'est un détail que les enfants n'ont pas pu inventer, et qu'ils reproduisent malheureusement dans toutes des affaires de cette nature.

Et quand on parle des tortures subies, c'est ici que se présente Lucy, objet d'une séquestration absolue, enfermée sans lumière, sans air, dans un oubli si absolu et si complet que les enfants même ignoraient où était leur sœur et n'osaient pas le demander, qu'il a fallu pour la voir l'insistance de deux dames, madame Maling, la tante de lord Normanby, et madame Hooper. Elles ont dit : Nous voulons voir Lucy. Mademoiselle Doudet a répondu : Je ne sais pas où est la clef. Elle l'a cherchée, et après bien des recherches, elle l'a trouvée sur elle, et elle ne savait pas où la trouver. On est entré dans la chambre où était Lucy, on a vu un squelette plus décrépit que les autres.

Cette pauvre enfant, elle a vu là enfin des figures amies. La servante ne la savait même pas enfermée. Ce n'était pas elle qui lui apportait à manger, c'était mademoiselle Doudet, dans ses moments perdus, quand elle le voulait bien, elle lui apportait cette pâtée qu'elle savait faire. Lucy voit donc ces figures amies venir à elle, et alors ces dames (il y en a une qui s'est agenouillée) lui ont tendu la main, l'enfant n'a rien dit. Est-ce la force ou plutôt n'était-ce pas le courage qui lui manquait? Mais dans une dernière étreinte, elle serrait convulsivement cette main et elle se détournait. Voilà Lucy, voilà ce qu'on a fait d'elle. Voilà les inventions de cette femme. C'était, dit-elle, pour la préserver de la coque-luche, parce que ses sœurs l'avaient ; c'était pour cela qu'elle enfermait Lucy à clef, sans air, sans jour, sans nourriture, ne voulant la montrer à per-sonne ! Voilà les raisons de cette femme, les raisons dont le beau monde se paie ! Il y a des gens qui trouvent cela bien juste et bien naturel. Elle l'enfer-mait ainsi, sous prétexte qu'elle avait la coqueluche. Alors ces dames lui disent : Il vaut mieux du jour, de l'air. — Non, car elle pourrait gagner la coqueluche ; ça pourrait la tuer. — Il vaut mieux qu'elle meure, disait-on, au milieu du jour, de l'espace, du soleil, que de mourir dans le désert que vous lui faites, dans cette solitude affreuse, dans cette profonde obscurité. Savez-vous la raison qu'elle donnait en définitive, quand elle était poussée à bout et qu'elle s'irritait, à madame Maling qui lui disait : Vous lui faites mal, savez-vous le mot qui lui est échappé, car cette nature, elle se trahit quel-quefois : Je sais bien que ça ne lui fait pas de bien. Voilà ce qu'elle a dit. Et elle ne s'est pas contentée de dire cela, qu'a-t-elle dit à un témoin à décharge, M. Mouls, professeur, qui venait dans la maison, qui était très favorablement

(1) Plaidoirie devant la cour d'assises.

disposé pour mademoiselle Doudet, et qui, appelé par elle, dépose en sa faveur.
On lui dit : Vous n'avez pas vu Lucy pendant quelque temps? — Non. —
Pendant combien de temps? — Pendant un mois peut-être. — Avez-vous
demandé pourquoi elle n'était pas là? — Oui. Mademoiselle Doudet m'a dit
qu'elle était à la campagne. Voilà ce que dit M. Mouls. Son témoignage n'est
pas contesté.

Savez-vous encore ce qu'elle a dit à des dames qui demandaient pourquoi
Lucy ne venait pas avec les autres respirer l'air de la cour? Jugez-la. Elle a
dit que Lucy, qui avait quinze ans, qui était une enfant dans sa fleur, échan-
geait des signes avec des jeunes gens du voisinage, et que c'était pour cela
qu'elle ne l'envoyait pas dans la cour.

Tout cela est constaté, et vous vous étonnez que je m'indigne quand je pense
à tout cela, à cette malheureuse enfant ainsi torturée! Vous vous étonnez que
je vous dise qu'elle a du poison dans ses mains et en met à tout ce qu'elle
touche, cette femme? Est-ce que vous ne voyez pas qu'il n'y a rien de sacré
pour elle?

Lucy est morte, et ici l'adversaire triomphe; on nous apporte les registres
de l'état civil tenus suivant l'usage d'Angleterre, et où on lit en effet que
Lucy (nous prétendons qu'elle est morte à la suite d'épuisement et de violences) est morte à la suite d'épuisement et de coqueluche. Voilà ce qu'il y a
sur le registre mortuaire que mon adversaire a lu. Hier j'ai écrit à M. Marsden, et je lui ai demandé : Y a-t-il cela ? M. Marsden m'a répondu, et dans
sa lettre voilà ce qu'il me dit :

« Il est vrai que sur le registre, la cause de la mort est rapportée comme épuisement à la suite de *coqueluche*; mais le registre des décès n'est pas le dépôt des
secrets de famille, il a pour objet des recherches sanitaires. Si l'on avait mis épuisement à la suite de *violences* et de *tortures* reçues de son institutrice, il y aurait
eu une enquête judiciaire sur le corps, qui aurait été examiné judiciairement et
presque publiquement par des médecins et par un jury. L'idée est une horreur :
voir sa fille, âgée de seize ans, dévoilée en présence de gens vulgaires, grossiers
peut-être ! une nécessité absolue ne le demandait pas et tous les sentiments du cœur
humain s'y opposaient: la cause donnée était assez vraie pour un registre..... »

Voilà la réponse du père, et voilà pourquoi, sur le registre que vous avez
pieusement relevé, il y a en effet que Lucy est morte d'épuisement à la suite
d'une coqueluche.

Mais nous avons parlé de ces mauvais traitements, des témoins qui en déposent, de toutes ces preuves; est-ce qu'il n'y a pas une autre preuve? Si, il y en
a encore une évidente, incontestable, car il y a des choses qui se passent sans
témoin, et cependant la justice les connaît; elles sont révélées par des témoins
muets qui en déposent. Une femme a été frappée dans un lieu solitaire, elle
s'échappe, elle montre la trace des coups, elle dit : J'ai été frappée, voilà la
trace des coups que j'ai reçus. On constate la trace et l'on condamne le coupable quoiqu'il n'y ait pas de témoins. Ici, nous n'avons que trop de témoins;
mais en voici un autre encore, c'est l'état matériel des enfants. Comment sont-
elles arrivées? Elles sont arrivées magnifiques, charmantes.

Je sais bien qu'il y a des gens qui ont cherché à dire le contraire. Il y a un monsieur Lebey, ami de mademoiselle Doudet, qui déclare les avoir vues le jour de leur arrivée, et qu'elles avaient l'air de mourir de faim. Soit; il se peut qu'il ait vu cela le jour de leur arrivée, elles étaient fatiguées; mais il y a vingt témoins qui disent qu'elles étaient charmantes, ce qui est incontestable pour quiconque les a vues. Vous vous rappelez ce qu'a dit madame Sudre : Je n'allais pas chez mademoiselle Doudet, que cependant je rencontrais dans telle et telle maison ; un jour j'entre dans la cité Odiot et je vois une espèce de petit attroupement, trois ou quatre personnes à la porte de cette maison. Qu'est-ce que c'est? Venez donc (on m'appelle), venez donc voir ces cinq charmantes filles. En effet, j'entrai et je les vis sur le palier de cette porte.

Il aurait fallu entendre le père lorsqu'il parlait de ses enfants, lorsqu'il s'excusait de sa joie, de son orgueil, dont il a été si puni. N'est-ce pas, c'est excusable? Quand on a cinq enfants, qu'on voit tout le monde se retourner pour les regarder et pour dire : Qu'elles sont belles! C'est excusable d'être fier.

Voilà les jeunes filles que nous vous avons confiées; comment les avez-vous rendues? A cet égard, le dossier fourmille d'expressions peignant toutes le même état : vous les avez rendues des squelettes, des cadavres, avec une apparence effrayante. Vous avez dit qu'il y avait deux raisons pour cela : la coqueluche, les mauvaises habitudes. Nous allons examiner tout à l'heure les mauvaises habitudes; finissons-en avec la coqueluche en un mot.

Je ne nie pas qu'il n'y ait eu coqueluche. M. Tessier a dit que les enfants avaient la coqueluche; il a prescrit des ordonnances. Mais Lucy ne l'avait pas, puisque vous dites que vous l'avez séquestrée pour l'enlever à cette mauvaise influence, pour qu'elle ne gagnât pas la coqueluche. Dans quel état était-elle? Elle était plus squelette, plus cadavre, plus décrépite, voilà l'expression, que les autres. Ainsi ce n'est pas la coqueluche. Il faut rayer cette cause, et cependant elles étaient dans un effroyable état!

Contre ces preuves, les témoignages des enfants, des servantes, de Zéphy-rine, de toutes ces dames, l'état matériel de ces jeunes filles livrées superbes et rendues squelettes, contre tout cela qu'avez-vous à dire? qu'opposez-vous?

La fille Doudet oppose d'abord ses dénégations : vous savez ce qu'elles valent, je n'insiste pas sur ce point. Elle oppose encore trois arguments : le premier c'est qu'il y avait un complot contre elle, le second c'est que les jeunes filles lui avaient écrit des lettres tendres et affectueuses, le troisième c'est qu'elles avaient ces misérables habitudes qui expliquaient l'état dans lequel elles se trouvaient. Voyons ces trois arguments.

Un complot, pourquoi? J'ai entendu beaucoup parler des commères de la cité Odiot. Car toutes ces honnêtes femmes qui ont montré tant de solli-citude pour les enfants, on les a appelées des commères. Est-ce que j'aurais le droit d'appeler ainsi les femmes qui ont pris feu et se sont passionnées pour mademoiselle Doudet? Est-ce que j'aurais le droit de traiter ainsi les femmes qui ont rempli les audiences de leurs cris, de leur tumulte? Est-ce que je me suis servi de pareilles expressions? Comment, parce qu'il y a des femmes qui ont eu un cœur de mère, qui se sont senties touchées de pitié pour ces malheureuses enfants, vous voulez les tourner en ridicule; et par cet exemple que vous donnez en traitant ainsi des témoins qui se dévouent, vous ferez qu'on ne trouvera plus personne désormais pour prendre parti en faveur de l'enfance, en faveur de la faiblesse. Mais je connais pourtant d'honnêtes femmes que rien ne pourrait retenir, qui subiraient vos affronts, vos avanies, vos attaques, à qui il serait égal d'être appelées commères; qui sentiraient qu'elles ont rempli leur devoir, quand elles n'ont pas fermé leurs oreilles à ces cris de l'enfance, à ce tumulte commis dans la maison, à ces cruautés exercées sur cinq enfants, et qui devant Dieu et devant les hommes répondraient chacune, sans hésiter : Oui, je suis commère; j'ai eu pitié de ces enfants, j'ai pris compassion d'elles.

Il faut rejeter de tels moyens; ce sont de mauvaises raisons, ce sont des attaques intempestives; tout cela rend l'affaire encore plus odieuse, si jamais l'affaire pouvait être rendue plus odieuse qu'elle ne l'est. Il ne faut pas attaquer les témoins; ce sont de braves gens, d'honnêtes gens.

Qu'est-ce que vous pouvez dire contre madame Maling ? Est-ce qu'elle n'est pas l'amie et la protectrice de votre famille et de votre mère? Vous le niez aujourd'hui, et cependant vous disiez auparavant : C'est un ange de charité; c'est une femme adonnée aux bonnes œuvres et qui passe sa vie à faire le bien.

Qu'est-ce que vous alléguez contre madame Espert? Est-ce qu'il n'y a pas d'elle une lettre qui vous accable? Que dites-vous contre madame Poussielgue? contre madame Hooper ? Le voici. Il y a un docteur Campbell qui a été entendu dans l'enquête; c'est un médecin qui dit : On est venu me demander un certificat. Madame Tashdall, la tante, me montra les enfants : elle était accompagnée d'une dame, je crois que c'est madame Hooper. On me demanda un certificat constatant l'état de l'enfant; ces dames ont insisté pour que le certificat fût à la charge de mademoiselle Doudet. Alors je me suis fâché, et j'ai été près de les mettre à la porte. Mon adversaire dit : Vous voyez bien, voilà des gens passionnés. C'est possible; et pour moi, je ne m'en défends pas. Je vous déclare que je serais passionné, et que je serais fier d'être passionné dans un cas pareil. Mais on a fait venir M. Campbell : c'est un homme qui a le malheur de ne pas parler français, et qui parle anglais parfaitement. M. le juge d'instruction l'a entendu, et M. le juge d'instruction qui parle anglais, mais qui parle le français encore mieux, l'a entendu sans l'assistance d'un interprète, et alors voici la méprise que M. Campbell a signalée à l'audience clairement, positivement, manifestement, mon adversaire le sait bien. Quand M. Campbell a été interrogé, on lui a dit : Qu'est-ce qu'on vous a demandé ? — On m'a demandé de dresser un procès-verbal et de dire : Par-devant nous un tel, étant comparue telle personne qui nous a demandé d'examiner tel enfant, j'ai examiné l'enfant et j'ai vu telle chose, c'est-à-dire la trace des coups. Or, je n'ai pas voulu le faire, et j'ai dit : Je vais vous donner un certificat, mais pas un procès-verbal. Voilà ce qui l'a fâché, ce qui l'a irrité; et c'est l'explication qu'il a donnée lui-même à l'audience. Ainsi ce n'est pas autre chose qu'un malentendu de la part d'un homme qu'on interrogeait en anglais : c'était un Français qui l'interrogeait; il répondait en anglais, c'était un Français qui traduisait. C'est donc une méprise, et rien de plus.

Vous comprenez, en effet, que se borner à dire que les témoins sont passionnés, que se contenter d'appeler, pour répondre à toutes nos preuves, des dames qui déposent contre vous parce qu'elles ont pris parti pour les enfants, ce n'est pas sérieux : personne désormais pour prendre parti qu'à en faveur de la faiblesse. Mais je connais pourtant d'honnêtes femmes

Mais il y a un autre moyen de défense. Je reconnais qu'il est grave, qu'il est fort, et que, s'il était sincère, il serait triomphant. C'est avec cet argument-là qu'on a conduit le monde, c'est-à-dire cette partie du monde qui juge les affaires sans les connaître, comme on le fait dans les salons... C'est l'argument qui consiste à produire les lettres, la correspondance. En effet, quand une femme vient et dit : Comprenez-vous que je sois accusée de mauvais traitements à l'égard de mes élèves ? Voilà les lettres qu'elles m'ont écrites après être sorties de chez moi : « Vous êtes la meilleure des mères ; nous n'oublierons jamais vos bons procédés ; nous n'avons jamais rencontré, nous ne rencontrerons jamais une amie pareille. » Il n'y a personne qui ne dise : C'est une infamie ! Comment, on vous accuse ! Mais c'est odieux ! Cependant, qu'on ne se hâte pas de juger ; et voyons ces lettres ; elles ont été déposées par mademoiselle Doudet ; il faut en examiner la valeur.

Il y en a de deux sortes : il y en a une qui a été écrite à Zéphyrine ; les autres ont été écrites à mademoiselle Doudet. Celle qui a été adressée à Zéphyrine, je ne l'ai pas, mais peu importe. Voici dans quelle circonstance elle a été écrite : Zéphyrine avait quitté sa sœur. Les enfants lui écrivaient, pourquoi ? Pour lui faire de la morale. Lucy, une petite fille, lui dit, dans la lettre : « Humiliez-vous devant Dieu ; tâchez de vous repentir... (Cette enfant qui dit cela à son institutrice !) Tâchez de vous repentir du mal que vous avez fait à chère mademoiselle qui est si bonne, qui nous aime tant. Vous avez été bien méchante pour elle, bien mauvaise pour elle. (Voilà ce qu'elle écrit.) Vous n'avez qu'un parti à prendre, c'est de lui écrire pour lui demander pardon.

Vous comprenez que, si la fille Doudet avait la réponse de Zéphyrine, elle triompherait ; elle dirait : Vous voyez ce que Zéphyrine m'a écrit, elle qui a été témoin de tout ce qui s'est passé. « Vous n'avez qu'un parti à prendre, disait la petite fille, c'est d'écrire à chère mademoiselle pour lui demander pardon, et je suis très convaincue que si vous lui écrivez, elle vous pardonnera. »

Puis elle ajoutait : « Vous croyez peut-être que cette lettre m'a été dictée. Pas du tout, chère demoiselle ne sait pas même que je vous écris.

» Post-scriptum. — Mademoiselle me charge de vous dire qu'elle vous enverra telle chose... »

Me BERRYER. — Ce n'est pas cela !

Me CHAIX D'EST-ANGE. — Laissez-moi parler. Vous rectifierez mes paroles si elles sont inexactes. Je maintiens ce que j'ai dit. Je continue :

« Chère mademoiselle me charge de vous dire qu'elle vous enverra telle chose. »

Que devait faire une personne qui recevait une lettre pareille ? Et qu'a fait Zéphyrine ? Ce que nous aurions fait tous ; elle replie la lettre, la recachète et la renvoie à l'enfant, et elle lui dit :

« MA CHÈRE LUCY,

» Je dois vous dire que je suis très surprise de recevoir une pareille lettre de vous, et comme je suis parfaitement sûre que chaque mot vous a été *dicté* par une *autre* personne, je vous la renvoie ; car je suis persuadée, chère Lucy, que vous n'êtes pas assez ingrate pour oublier que, pendant tout le temps que j'ai été avec Mademoiselle, j'ai fait tout ce que j'ai pu pour vous rendre heureuse, et si cela eût été en mon pouvoir, vous l'auriez été. »

Est-il quelqu'un qui ose dire que la lettre a été écrite spontanément et volontairement par cette enfant? Il n'y a personne qui croie cela, cela n'est pas possible. Il est évident pour tout le monde sans exception, comme pour Zéphyrine Doudet, que la lettre a été dictée ; c'est incontestable.

Eh bien! qu'est-ce que cela prouve? C'est qu'en effet cette femme éprouvait le besoin de dicter des lettres à ces enfants et de se préparer des arguments. Aussi elle ne s'arrête pas là ; elle dispose de ses élèves (vous voyez bien qu'elles n'étaient pas libres) ; elle en dispose pour leur dicter la lettre à Zéphyrine, elle en dispose également pour se faire écrire des lettres à elle-même. Vous savez sous le poids de quelles accusations elle se trouvait. Mary-Ann était morte,... Il lui fallait, pour se justifier, une lettre des enfants. En conséquence, elle commence par leur faire un cadeau, elle leur donne du papier. Je trouve la trace de ceci dans leurs lettres : « Nous emporterons en Angleterre le papier que vous nous avez donné. » Elle leur dit : « Vous m'écrirez... »

Ma prétention est-elle de soutenir qu'elle leur a dicté toutes les lettres? Pas du tout. Ma prétention, si bien expliquée par M. l'avocat général, est de dire que, de loin comme de près, elle exerçait un empire absolu, terrible sur ces malheureuses filles. Elle savait bien qu'elle n'avait qu'un moyen de les dominer désormais, c'était de leur dire : « Je retournerai à Great-Malvern, je serai votre institutrice... » Vous savez ce que j'ai dit des agitations de Lucy mourante, qui était poursuivie par le spectre qui allait la saisir jusque dans les bras de sa mère. Les enfants se disaient : « Nous pouvons être reprises par cette femme capable de tout. » Oui, capable de tout, Lucy l'a dit à sa belle-mère : « Si elle m'avait dit de vous tuer, je n'aurais pas eu la force de résister. »

Eh bien! oui, elle a dicté la lettre à Zéphyrine, c'est évident pour celle-là. Elle leur a dit : « Vous m'écrirez tous les jours des lettres bien gentilles, bien tendres, » et elle les a déposées. Je ne sais pas pourquoi on en a mâchuré quelques-unes ; en voici une petite qui est déchirée à des endroits qui, apparemment, ne lui paraissaient pas bons à conserver.

Qu'est-ce qu'il y a dans ces lettres? Des choses dont on ne peut pas se faire une idée, l'expression de la plus grande tendresse. Il n'est pas d'enfants écrivant à leur mère dans ces termes-là : « Combien vous êtes bonne (l'éloge perpétuel de sa bonté)! Combien vous êtes bonne, excellente! Combien vous avez été affectueuse et tendre pour cette pauvre Mary-Ann! Combien je regrette qu'elle ne soit pas enterrée auprès de votre mère! Comme notre famille se conduit mal avec vous! Comme mon père a manqué à sa parole! Comme ma tante s'habille indécemment ! » Et en même temps des accusations de toute espèce contre leur famille, et des prosternations devant leur institutrice. Est-ce vrai cela? Est-ce spontané ?

Et puis, comme vous êtes obligé de dire qu'elle avait un procédé d'éducation bien sévère, vous vous faites encore une arme de ces lettres, qui ont tout prévu, qui ont eu la prétention de répondre à tout d'avance. La sévérité de la maîtresse est justifiée par la conduite et par l'aveu des élèves.

Elle avait dit aux enfants de lui écrire tous les jours, et les enfants lui écrivaient tous les jours, même les jours où elles allaient chez elle. Il y a dans ces lettres : « Combien j'ai été méchante ! Combien je vous ai rendue malheureuse ! »

Pourquoi ces enfants lui disaient-elles cela ? Je sais bien pourquoi elles le lui disaient, parce que mademoiselle Doudet le leur commandait : « Vous me direz que vous êtes bien méchantes, pour que je puisse dire : si j'ai été bien sévère, c'est que vous avez été bien méchantes. »

Et puis des enfants qui disent : « Nous allons bien vite nous mettre à déjeuner, et nous irons immédiatement chez vous vous porter la lettre. » De sorte que voilà des petites filles..., on sait que ce n'est pas une occupation agréable à cet âge que d'écrire, on aime mieux jouer..., voilà des petites filles qui se mettent à écrire ; elles disent : « Nous allons aller chez notre institutrice et lui laisser cette lettre entre les mains. »

Il y a dans ces lettres une précaution qui m'avait échappé jusqu'ici, c'est une précaution qui me paraît charmante. Vous vous rappelez ce que l'on faisait dire à Lucy : « Vous croirez peut-être qu'on m'a dicté cela, ce n'est pas vrai. » Voici quelque chose de même genre, de même nature : « Je vous prie de ne pas conserver ma lettre. » Oh ! que c'est bien ! Il est évident que si l'on accuse mademoiselle Doudet d'avoir conservé les lettres, elle dira : « Ces enfants m'écrivaient dans l'ignorance de leur cœur ; elles me recommandaient même de ne pas conserver leurs lettres. Si j'ai conservé celle-ci, c'est la Providence qui l'a voulu, car elles n'y attachaient aucune importance et moi pas davantage. »

Tenez (si vous aviez un doute à cet égard, il faudrait lire les lettres de ces enfants) ; voici une lettre d'une de ces demoiselles, écrite *spontanément* :

« Je pense souvent à cette pauvre petite Poppy, et je sens que j'ai de vifs reproches à me faire ; si je pouvais seulement lui demander pardon de toutes mes méchancetés, je me trouverais beaucoup plus heureuse, mais une pareille chose est impossible. Elle est morte pour toujours, mais nous devons tous espérer la revoir dans le ciel. Là, vous le savez, il n'y a point de séparation, il n'y a point de chagrin ni de douleur. Dieu séchera tous nos pleurs. Cette pensée vous consolera, n'est-ce pas ? Je suis certaine que, s'il y a une personne digne d'aller au ciel, c'est vous. »

Quel sacrilége ! quelle profanation ! quel odieux langage ! Comment, sur la tombe de Mary-Ann on fait écrire cela à ces pauvres filles rendues étiques et squelettes, à la veille du jour où la fleur de leur jeunesse sera flétrie et déshonorée !

« S'il y a une personne digne d'aller au ciel, c'est vous. Je n'ai jamais vu quelqu'un remplir plus fidèlement son devoir que vous. Je pense tout de bon que vous avez eu autant de patience que Job. »

Voilà cette enfant qui parle de Job, et spontanément : « Vous avez eu autant de patience que Job. » Et puis admirez cette distinction :

« Quoi qu'il n'y ait pas une bien grande épreuve extérieure, la vôtre est toute dans l'intérieur de la maison et celle de Job me paraît si publique... »

Mais c'est très avancé cela. Sérieusement, cette distinction entre l'épreuve intérieure et l'épreuve extérieure, cette distinction si fine, si subtile, viendrait de cette petite fille ! Il y a quelqu'un qui croit cela ! C'est impossible, cela a été dicté.

Mais, tenez, voulez-vous en être encore plus convaincus ? Voici une lettre de seize pages ; les petites filles, à ce qu'il paraît, tenaient à user le papier qu'on leur avait donné.

« Ne vous ai-je pas écrit une bien longue lettre... »

Elle est immense, mon adversaire vous l'a dit, il a parfaitement raison.

« Je vous serai obligée de ne pas la garder et de ne la montrer à personne. »

Voilà la précaution dont je vous ai parlé.

« Je suis persuadée qu'elle... »

Elle parle de sa petite sœur qui vient de mourir.

« ...qu'elle pense souvent à vous, et qu'elle serait bien aise de vous récompenser de tout ce que vous avez fait pour elle ; mais attendez encore un peu, vous savez que cette terre ne sera pas longtemps notre lieu de repos. Ne pensez qu'à ce moment fortuné où il vous sera donné de la rejoindre pour ne vous en séparer jamais. »

C'est cette petite fille anglaise, sachant mal le français, qui écrit cela.

« Ne pensez-vous pas que vous quitteriez le monde à présent avec bien moins de regrets qu'auparavant ? Savez-vous que je le ferais ? Néanmoins, la crainte de la mort m'épouvante. La mort de notre chère petite sœur a été non-seulement pour moi, mais encore pour tous un avertissement solennel. Je me la représente souvent sur son petit lit, chantant si gaiement. »

Pauvre créature ! ô mon Dieu ! *iniquitas mentita est sibi*, l'iniquité se trahit, elle tombe dans les méprises les plus grossières ; elle se forge des armes, ces armes éclatent dans ses mains. Elle veut trop prouver, elle prouve contre elle-même. Venir dire que cette enfant, quand elle tombait à son dernier moment, quand l'hémiplégie, la paralysie avait atteint la moitié de son corps, chantait gaiement dans son lit !

Vous la représentez-vous dans son petit lit, chantant gaiement ? Pauvre créature !

Voilà la lettre que sa sœur écrivait pourtant ! Ah ! je m'en empare. Mes preuves étaient déjà bien graves, bien fortes, bien puissantes, bien complètes, mais vous êtes venue avec une habileté qui s'est déjouée, qui s'est trahie, qui s'est méprise, par un décret de la Providence, vous prendre dans votre propre argument, dans le propre filet que vous tendiez à la justice. C'est vous qui avez déposé ces lettres. Eh bien ! ces lettres vous condamnent, vous perdent plus que tous les témoignages.

Ne parlons donc plus de tous ces témoins *de visu* et *de auditu* de cet amas de preuves, de ces larmes qui coulent, de ce cri de l'humanité qui s'échappe de tous les cœurs; je rejette toutes ces preuves, je m'attache à ces lettres que vous m'avez opposées, et je vous répète qu'elles vous condamnent.

Voilà vos lettres. Dans quel intérêt les avez-vous produites? Ah! si vous aviez été bien conseillée, si la perversité était toujours aussi intelligente qu'elle est perverse, permettez-moi de vous le dire, vous n'auriez pas produit de pareilles lettres, vous n'auriez pas fourni cet argument, qui décèle votre ascendant, votre autorité, la terreur effroyable que vous inspiriez à ces enfants, et qui survivait encore à votre empire; vous auriez compris que c'était vous qui les aviez inspirées, dictées, imposées à des agents si dociles qu'ils n'osaient se refuser à aucun sacrifice, à aucun mensonge, et que, pour vous plaire, ils étaient disposés à sacrifier tout, la vérité, leur propre mère? non, vous n'auriez pas produit ces lettres, ces lettres qui sont la plus terrible des accusations. Voilà ce que j'avais à vous dire sur la correspondance, la dernière, la plus décisive de nos preuves.

Hélas! mon Dieu! tant de précautions vous étonnent, messieurs, tant de perversité vous épouvante! Ce n'est rien que la violence. O Dieu! je vous demande pardon, car je suis père, et j'ai dit que ce n'était rien... Non, non, je persiste, ce n'est rien; mais cette duplicité, ces précautions, ces ruses, ces ambages, ces mensonges, ces boucliers préparés contre l'action souveraine de la justice, contre les bruits accusateurs du monde, tout cela vous étonne et vous épouvante, n'est-ce pas, messieurs? Vous vous demandez dans quel abîme vous tombez avec cette femme... Ah! il faut que rien ne vous étonne, rien : je vous ai dit que chaque mot d'elle était un mensonge avéré, certain. Tenez, je veux vous en citer quelques exemples; pour tout citer, il faudrait prendre toutes ses déclarations l'une après l'autre et mot pour mot.

Elle dit que M. Olivier Mason, ayant trouvé les petites filles bien portantes et heureuses, avait annoncé qu'il en parlerait au père. Elle parle de M. Olivier Mason parce qu'il n'est pas là.

Voici le certificat de M. Olivier Mason, qui ne vaut pas grand'chose, je le reconnais.

Mᵉ BERRYER. — Il n'avait pas été produit jusqu'ici!

Mᵉ CHAIX D'EST-ANGE. — Vous avez raison; voici ce qui s'est passé. J'avais rendu le dossier à M. Marsden, et après avoir pris connaissance du mémoire, j'ai écrit à mon client pour lui redemander le dossier avec tous les documents qu'il pourrait avoir. Voici ce certificat, qui s'y trouvait:

« Je soussigné, Olivier Mason, déclare solennellement et sincèrement que l'assertion suivante, faite par mademoiselle Doudet, est complétement fausse, savoir que quand moi et ma femme, nous vîmes à Paris les enfants du docteur Marsden, nous louâmes leur bonne mine, et qu'en réponse à une expression d'inquiétude de sa part relativement à leur apparence, je dis que je ne les avais jamais vues autrement, quel même je les trouvais mieux qu'à Malvern, et que j'en ferais part à leur père. — Au contraire, nous allâmes chez mademoiselle Doudet, le 17 mai 1853; nous ne pûmes voir que trois des enfants, elle dit que l'aînée étudiait et prenait une leçon de musique. Pendant que madame Marsden parlait à mademoiselle Doudet, je parlais à quelque distance à l'un des enfants, je fus frappé de son air timide et accablé, et de ses étranges réponses à mes questions. Je lui demandai si elle serait bien aise de retourner auprès de son papa et de sa maman. Elle dit : Non. — Si elle était heureuse. — Oui. — Préférait-elle Paris à Malvern ? — Oui. »

Comprenez-vous maintenant l'empire qu'elle exerçait sur ces enfants? Quand on leur demandait : Êtes-vous heureuses? elles répondaient : Oui; si elles voulaient retourner en Angleterre, elles répondaient : Non. Est-ce un mensonge cela? Est-ce démenti de la manière la plus claire, la plus formelle? Est-ce évident pour tout le monde?

Elle avait dit autre chose. Elle avait dit qu'avant d'être chargée des jeunes filles, elles étaient réputées avoir de si détestables habitudes, que Caroline Cooper, institutrice chez madame Palmer, qui les avait reçues pendant quelque temps, avait refusé de les recevoir davantage et de leur laisser fréquenter ses élèves. Elle avait dit cela, et voici la déclaration de Caroline Cooper :

« Je soussignée Caroline Cooper déclare solennellement qu'il est impossible que je puisse avoir dit, ainsi qu'il m'est imputé par mademoiselle Doudet, que je n'aurais pas permis à miss Marie Palmer de faire société avec les demoiselles Marsden, à cause de quelques défauts qu'elles auraient eus, parce qu'en premier lieu je ne connaissais aucune raison pour laquelle elles n'auraient pu faire société avec mon élève, et en second lieu elles le faisaient comme elles l'ont toujours fait de temps en temps, comme cela a lieu entre voisins. »

Voilà ce qu'elle a gagné à ce mensonge.

Ce n'est pas tout. Elle a dit que sa sœur n'était pas engagée avec elle, et nous avons heureusement trouvé le traité, le voici : Il porte textuellement : « Je m'engage pour ma sœur et pour moi. »

Elle a dit encore une chose abominable. Le médecin avait déclaré qu'il fallait aux enfants des leçons de gymnastique, elle dit qu'elle allait écrire au père. Le médecin insiste, elle dit qu'elle n'a pas reçu de réponse. Le médecin insiste encore, elle dit que le père lui a répondu qu'il ne ne voulait pas de leçons de gymnastique. Remarquez que l'ordonnance était formelle; le médecin disait : Il faut fatiguer le corps autant qu'il peut l'être. Fait-elle alors donner des leçons de gymnastique? Non, mais elle calomnie le père. Le père lui a répondu, dit-elle, que les leçons de gymnastique étaient trop chères, qu'il ne voulait pas en entendre parler. Or, les leçons de gymnastique étaient comprises dans l'engagement. Le père les avait prévues, il avait dit qu'on paierait à part les leçons de danse et de gymnastique; c'était écrit en toutes lettres.

Eh bien, que dites-vous de cette calomnie, messieurs? Qu'en pensez-vous?

Elle avait dit aussi : « M. Marsden me doit de l'argent, il ne m'a pas payé le tombeau de sa fille. » Nous avons été obligés d'aller chercher la quittance du prix du terrain et celle du marbrier, et il se trouve que tout a été exactement payé. C'est M. Rashdall, qui était alors à Paris, qui a payé. Voici les factures, et voilà encore un mensonge qu'elle a fait.

Voulez-vous savoir les diffamations auxquelles elle s'est livrée? Il n'y a personne, dans l'affaire, qui ait pu y échapper. Tous ceux qui ont parlé, tous

ceux qui ont pris parti pour les enfants ont été atteints. Elle a dit des témoins :
« Ce sont des femmes dont la délicatesse et les mœurs sont loin d'être irréprochables. » De qui a-t-elle dit cela ? De mesdames Hooper, Poussielgue, Maling, Espert. Voilà comment elle les a traitées.

Parle-t-elle maintenant de sa domestique Léocadie ? Elle dit qu'elle vit avec M. Marsden.

Me BERRYER. — Non, elle n'a jamais dit cela ?

Me CHAIX D'EST ANGE. — Comment non ! Elle nie ? Elle ose nier, parce qu'elle n'a pas dit le mot ! Voici la réponse qu'elle a faite, elle est constatée par les journaux, dans le compte rendu du procès devant la Cour d'assises. Quand on l'interroge, elle répond : « J'ai supposé qu'il était au mieux avec elle, parce que c'est une jeune et jolie femme. » Et elle nie ! elle nie !

Et quant au père, voulez-vous savoir comment elle parle de lui. Le solicitor Burrows, qui agit pour elle, écrit à madame Adélaïde Binnie (1), pour la prier de faire une enquête sur la conduite de M. Marsden à l'égard de ses filles.

Cela vous étonne ! cela vous épouvante ! C'est comme cela. Voilà où nous en sommes ; voilà comment le serpent se retourne et empoisonne tout ce qui l'approche.

Écoutez encore :

« Des personnes puissantes ont résolu de n'épargner ni démarches, ni argent... (Toujours ! toujours ! ce n'est pas la lettre à laquelle je faisais allusion tout à l'heure.) Des personnes puissantes ont résolu de n'épargner ni peines, ni dépenses en sa faveur, pour démontrer, clair comme le jour, l'entière fausseté de ces terribles accusations. »

Voilà ce que fait le solicitor Burrows. M. Marsden a porté plainte contre mademoiselle Doudet, et le solicitor Burrows va trouver les puissants amis de mademoiselle Doudet ; il parcourt la France, l'Angleterre, le monde,

---

(1)   *Déclaration de miss Burnell, femme Binnie.*

« Je soussignée, Adélaïde Binnie, épouse de John Binnie, architecte à Glascow, dans la partie du Royaume-Uni appelée Écosse, déclare solennellement et sincèrement que j'ai été gouvernante dans la famille de M. James Softus Marsden, docteur-médecin de Great-Malvern, dans le comté de Worcester en Angleterre, pendant quatre ans, à partir de juin 1848 jusque environ en juin 1852 ; que j'étais entièrement chargée de ses six enfants, nommées : Lucy, Emily, Mary-Ann, James, Rosa et Alice ; qu'elles étaient toutes d'une très bonne santé, véridiques, obéissantes et laborieuses ; *ayant beaucoup de naïveté et une parfaite innocence, et n'avaient aucun vice de quelque nature que ce fût,* à l'époque où j'en étais chargée ; durant tout le temps que j'étais avec elles, jamais une des quatre aînées, c'est-à-dire Lucy, Emily, Mary-Ann et James, ne m'a dit un mensonge, jamais, autant que je puis me le rappeler, et je ne pense pas qu'aucune d'elles le ferait. Rosa, la plus jeune, mais âgée alors d'environ six à sept ans, petite fille très vive et gaie, prenait quelquefois quelques petites choses sur le buffet où le dessert était ordinairement placé, et niait l'avoir fait, par exemple du sucre et des friandises. J'ai eu occasion de la punir plusieurs fois pour ces faits ; et une fois, c'est-à-dire quelques jours avant que je quittasse la maison, le docteur Marsden la corrigea lui-même pour le défaut ci-dessus. C'était la première fois qu'il avait corrigé sévèrement un de ses enfants durant les quatre ans que j'ai été gouvernante. Le docteur Marsden a toujours été un père bon et affectueux.   Signé : ADÉLAÏDE BINNIE. »

« Et il était très doux à l'égard de ses enfants. Durant tout le temps que je fus avec les enfants, elles jouissaient d'une très bonne santé et étaient gaies et vives. Lucy, l'aînée, fut malade pendant une semaine de .... (*mot illisible*) ; Emily, Mary-Ann, James et Rosa ne firent aucune maladie, mais Alice eut à Dunkerque, en France, une fièvre gastrite dont elle se rétablit parfaitement. Je puis aussi ajouter que les enfants n'avaient aucune habitude mauvaise ou vicieuse, pendant que j'étais avec elles et autant que j'ai pu le voir ou le savoir....   Signé : ADÉLAÏDE BINNIE. »

(*Traduit de l'anglais.*)

recueille des calomnies, les propage, les colporte partout ; il se livre à une enquête sur la conduite de M. Marsden envers ses enfants.

Quand elle parle du père à son arrivée en France, elle dit que c'est un homme respectable et respecté de tout le monde, honoré par tous ceux qui le connaissent. Voilà l'éloge qu'elle en fait. Plus tard, quand elle parle de lui au docteur Teissier, elle dit que c'est un homme léger, sacrifiant ses enfants, ne faisant rien pour eux, à ce point que M. Teissier dit : « J'ai trouvé que c'était un peu vif pour une première entrevue, et quand je suis sorti de là, je me suis dit : «Mais c'est évidemment la jalousie qui fait parler cette femme.» Voilà ce que M. Tessier a déclaré devant la Cour d'assises.

M. Marsden a une sœur qu'on appelle miss Rashdall. Savez-vous ce que la prévenue a osé prétendre? C'est que les enfants lui ont déclaré que c'était miss Rashdall qui leur avait enseigné le vice et donné de mauvaises habitudes.

M. Marsden s'est remarié. Savez-vous ce qu'elle dit ? Elle dit que M. Marsden, qui est un homme d'une inconduite notoire, a épousé une femme avec laquelle il vivait depuis deux ans; qu'elle était dans un tel état de grossesse, qu'il a fallu la porter à l'autel le jour de son mariage.

Les enfants, savez vous ce qu'elle en dit? Oui, vous le savez; ils ne devaient pas être épargnés plus que les autres; elle déclare que ce sont des enfants perdus, pervertis, livrés au mensonge, au vol, aux mauvaises habitudes, corrompus par leur père; elle fait tout au monde pour les déshonorer et les perdre à jamais. Mais est-ce vrai? C'est le point même du procès. Je reconnais que si c'est vrai, quel qu'en soit le danger, elle a le droit de le dire, de le proclamer, de le plaider. Elle n'en avait pas le droit tant qu'elle n'était pas assise sur ces bancs; elle n'en avait pas le droit tant qu'elle n'était pas sous la main de la justice, poursuivie par la plainte du père. Et cependant, à cette époque de liberté, avant toute plainte, avant toute accusation, quand les enfants dépérissaient sous sa main, n'a-t-elle pas dit à tout le monde, sans nécessité aucune, aux plus grands, aux plus petits, aux hommes, aux femmes, au portefaix, au portier, à la concierge, à tout le monde... vraiment c'est à confondre : « Elles ont de mauvaises habitudes, elles en sont imprégnées, c'est indomptable. » Ces choses ne se punissent ni à la Cour d'assises, ni à la police correctionnelle ; la loi n'a pas édicté de peine pour de tels méfaits. Mais il n'y a pas de conscience qui ne se réveille, de cœur qui ne bondisse indigné, quand on pense qu'il y avait des enfants, cinq petites filles confiées à une femme qui devait être leur seconde mère, qui devait les protéger, les couvrir de sa sollicitude, ouvrir leur cœur au bien, le défendre de toute approche mauvaise, et que cette femme, au contraire, au mépris de ses devoirs et de toute pudeur, allait semant partout contre ses élèves, sans raison, sans nécessité, des propos infâmes, et divulguait à tout venant des habitudes mauvaises, qu'elle aurait dû, eussent-elles été vraies, taire soigneusement.

Mais ces habitudes sont-elles vraies? C'est un point du procès, il faut l'examiner ; il faut en avoir le cœur net. Car si ce n'est pas vrai, si c'est une calomnie, c'est la plus infâme des calomnies ; et c'est avec raison qu'au nom du père et de ses enfants, je vous demande justice, que je me jette à vos pieds et que je vous prie de les protéger, de les mettre sous votre égide.

Est-ce vrai? Ce serait quelque chose de prodigieux, d'extraordinaire; mais enfin je suppose que ce soit vrai. J'ai consulté un homme de la science, qui m'a dit que ce vice était fréquent, mais que voir cinq jeunes filles d'âge aussi différents, toutes empoisonnées au même degré, avec la même fureur, était une chose que lui, dans sa longue pratique, et une pratique spéciale, n'avait jamais rencontrée. C'est prodigieux, mais ce n'est pas impossible, il ne suffit donc pas que nous disions : Ce n'est pas vrai.

Le père a dit qu'il n'en avait aucun indice, et, qu'en conséquence, c'était une infâme invention de mademoiselle Doudet. Cette parole excite l'indignation de nos adversaires, qui nous en demandent compte, car le père aurait su à quoi s'en tenir avant l'entrée de mademoiselle Doudet dans la maison. Voyons ce qui s'est passé avant l'entrée de mademoiselle Doudet dans la maison. Le voici : Un jour, et c'est le père qui en a déposé, car il n'a rien caché, il n'a pas eu une seule réticence; « un jour, a-t-il dit (mes filles étaient confiées à deux gouvernantes, miss Adélaïde Brunell et sa sœur) j'allais monter à cheval, je tenais ma cravache, le cheval était là, lorsque mademoiselle Brunell me dit qu'elle était inquiète de la santé de ma fille. A un certain signe, je compris que ma fille Lucy se livrait à de mauvaises habitudes. J'en fus renversé (voyez à quel point cet homme s'en émeut), et dans mon indignation, de la cravache que je tenais à la main, je frappai Lucy d'un coup par dessus ses vêtements. Et alors l'autre gouvernante qui était là me dit (vous le comprenez bien, les méprises sont faciles, quand une demoiselle anglaise parle d'une pareille chose à un père qui a trente-huit ans, elle ne lui dit pas les mots les plus nets et les plus précis); l'autre gouvernante qui était là, qui voit ce geste, me dit : « Mais pas du tout, vous vous trompez, ce n'est pas ce que vous croyez : Lucy a des maladies qu'ont les jeunes filles, qu'ont les femmes, de ces maladies qui passent et qu'on ne dit pas. »

Voilà l'indice dont parle mon adversaire; il a emprunté cela à la déclaration de M. Marsden. Mais il faut lire la déclaration tout entière et ne pas la couper par moitié et commettre la méprise qu'il avait commise lui-même.

Depuis, cela est vrai, mademoiselle Doudet lui a fait cette confidence la plus cruelle assurément. Elle n'est pas Anglaise, elle dit : « Une telle, une des cinq petites filles, je la soupçonne d'avoir de mauvaises habitudes. » Le père alors en a été au désespoir; mais c'est sur la parole seule de mademoiselle Doudet. Et tenez, ce mot qu'il a mis dans cette espèce de note qu'il a envoyée à madame Schwabe, et dans laquelle il dit : « Elle voulait se rendre nécessaire, » me revient en mémoire à ce propos. C'est que c'est bien vrai; il fallait découvrir aux enfants des vices qui pussent annoncer qu'elle était une surveillante exacte, soigneuse, plus précautionnée que toutes les autres. Elle voulait paraître une mère parfaite et que le père fût obligé de dire, en lui confiant ses enfants, ce qu'il s'est dit : « L'excellente créature ! Comme mes enfants seront bien dans ses mains; elles seront mieux que dans les miennes. » Voilà évidemment dans quel but elle préparait ses révélations. Aussi, quand mademoiselle Doudet écrit au père et lui dit : « Vos filles ont cette habitude, » il écrivait les lettres de désespéré que mon adversaire vous a lues. Quand sa femme voulait aller consulter une somnambule, il allait chez M. Carteron, le médecin de la somnambule, et lui disait : « Quatre de mes enfants sont soupçonnées d'avoir des habitudes comme celles-là; c'est leur gouvernante qui me l'a dit. » Et il ajoutait : « Je crois qu'elles les avaient avant de quitter Malvern et avant d'arriver à Paris. » Mais M. Carteron déclare que c'est sur la parole de la gouvernante qu'il disait cela.

Il y a eu en même temps les aveux des enfants à tout le monde, et notamment à M. Tessier; c'est vrai, mais M. Tessier a fait une déclaration précieuse; il a dit ceci dans l'instruction; il a dit : « J'ai fait venir ces enfants, je leur ai reproché ces habitudes, elles m'ont répondu : Oui. Je leur ai demandé : Vous corrigerez-vous? Elles m'ont promis de le faire, et elles m'ont répondu avec un ton, avec un air qui m'ont confondu; et je me suis dit, ou que c'était la plus complète ignorance ou la plus abominable perversité. » Quel prix attachez-vous à des aveux faits ainsi?

Je sais bien qu'il y a une miss Candler, une demoiselle anglaise qui ne se fait pas faute de déposer sur ces faits-là. Miss Candler est venue trois ou quatre fois, je ne sais combien, à Paris, pour déposer contre son voisin devant la justice. Il y avait de l'inimitié entre miss Candler et M. Marsden, inimitié récente; ils avaient été liés autrefois, ils ne l'étaient plus. Elle a mis une grande insistance à déposer sur des faits aussi intimes. Qu'est-ce qu'a dit mademoiselle Candler? C'est la seule qui dépose de ce fait. Elle dépose (c'est une demoiselle) qu'un jour elle a vu dans le jardin les enfants qui couraient les uns après les autres; l'une des petites filles disait : « Fi donc! fi donc! » Puis Mary-Ann avançait vers elle en criant : « Voilà Rosa qui fait de vilaines choses. » Une autre dit : « Mais elle le fait aussi. »

Madame Binnie et les domestiques de la maison Candler donnent à ce récit le démenti le plus formel; ils ont dit que les enfants ont toujours passé pour les plus charmantes et les plus pures.

Alors que signifie cette déclaration de miss Candler, d'enfants qui se poursuivent en disant : « Fi donc! » Pourquoi ces mots? Elle ne le précise même pas. Voulez-vous me permettre une réflexion que je crois très juste. J'ai entre les mains une lettre de mademoiselle Doudet; quand le docteur Marsden se plaignait de l'état dans lequel on lui avait rendu ses enfants, quand il signalait à l'institutrice des griefs trop légitimes, elle répondait de longues lettres. C'est prodigieux comme elle écrit. Il faut peut-être rapprocher cette lettre de la lettre de Job pour le style :

« Vous êtes donc impitoyable envers une demoiselle innocente que personne n'a condamnée, et le juge impartial qui prononce sa sentence de mort a soin d'empreindre son langage noble et éloquent d'une sympathie touchante. Vous me croyez donc bien noire, bien criminelle? »

Elle s'accuse; elle dit : « Je vous ai rendu vos enfants malades. » Parle-t-elle des habitudes? Elle oublie d'en parler :

« Si M. Marsden veut bien me tenir compte des pluies continuelles, des transitions soudaines, des intempéries des saisons qui ont occasionné, ici comme à Londres, des maladies de toute espèce. Qu'on me cite un seul pensionnat à Paris qui ait été à l'abri de la coqueluche, de la grippe ou de la fièvre. »

Elle ne parle pas de ces habitudes. Pourquoi? C'est qu'elles n'existaient pas. Il y a d'ailleurs un argument auquel il faut que la prévenue réponde; le voici : Vous étiez persuadée que les enfants se tuaient avec ces habitudes; vous le pensez. Bon; toute votre sollicitude maternelle devait donc être de veiller sur elles et de les préserver. Or, voici ce que vous faites : vous les mettez en pénitence toutes seules, dans une chambre, pendant vingt-quatre heures, pendant trente-six heures; vous les enfermez et vous les attachez, par où! par les pieds. L'adversaire dit que c'est recommandé par les médecins. Mais vous devez les attacher de tous les côtés, car il y a une chose qui est plus recommandée : c'est de les attacher par les mains. Non, elle les met deux ensemble, l'une qui est corrompue, l'autre qui ne l'est pas, dans le même lit; elle les attache par les pieds, elle leur laisse les mains libres. Il y en a une qu'elle enferme dans une chambre pendant qu'elle va se promener. Pendant qu'elle en emmène deux, elle en attache trois; il y en a une autre qu'elle lie dans sa chambre, par la ceinture, à son lit. Comment! vous dites qu'elles avaient de mauvaises habitudes, et vous ne les surveillez pas plus que cela! Vous les soumettez à de pareilles tentations! Vous savez, ce que le bon sens lui-même indique, que la solitude, l'oisiveté sont les plus mauvaises conseillères. Si vous laissez un enfant adonné à de mauvaises habitudes, je ne dis pas seulement sans surveillance, mais tout seul, attaché à un lit par la ceinture, malgré toutes ses résolutions, ses mauvaises habitudes lui reviendront; c'est la meilleure manière de les réveiller et de les faire renaître.

Mais encore une fois ces mauvaises habitudes n'existaient pas, et en voici la preuve : J'appelle sur ceci votre attention. Cette femme a osé dire en police correctionnelle, et je le lui ai reproché, que chez leur père ces enfants n'avaient pas même la main d'une bonne pour les soigner. J'ai pris sa phrase au moment où elle la prononçait. Nous avons recherché depuis 1846, il y a neuf ans, la plus âgée des petites filles avait alors sept ans, nous avons recherché toutes les gouvernantes qu'elles ont eues. Voici les témoignages : Il y en a eu sept, il y en a eu sans cesse, sans intervalle. Je vois de 1846 à 1848 deux gouvernantes, de 1848 à 1852 deux gouvernantes, car elles en avaient deux à la fois; de 1852 jusqu'à mademoiselle Doudet telle gouvernante, depuis mademoiselle Doudet telle gouvernante, enfin madame Binnie, qui a été en effet leur institutrice et aime la famille, madame Binnie dont la prévenue a invoqué le témoignage, car elle a dit qu'on avait envoyé les enfants à Dunkerque parce qu'il fallait prendre les bains de mer, et qu'ils y avaient fait une effroyable maladie. Or voici le résumé d'Adélaïde Binnie : « Les jeunes filles étaient d'une très bonne santé... naïves, d'une parfaite innocence, très affectionnées, sans aucun vice. »

Il y a un autre témoignage qu'on attaque parce qu'on trouve que c'est un témoignage à effet, c'est celui de la grand'mère. Avec les amies, les surveillantes qui les ont menées chez elles, qui ont passé avec elles une saison aux bains de mer, qui les ont fait coucher à côté d'elles, avec et par-dessus toutes ces personnes il y a une grand'mère, une espèce de patriarche; c'est une femme très ferme, très perspicace, qui voulait venir à Paris donner du zèle à son fils et qui lui disait : Il faut se plaindre, il ne faut pas que nos enfants aient été tuées ainsi sans que vous en demandiez réparation à la justice. C'est une véritable matrone;

son fils n'a pas voulu qu'avec ses quatre-vingts ans elle vînt à Paris; elle a donné alors son témoignage par écrit; vous allez voir s'il ressemble aux témoignages sollicités par M. Burrows.

Déclaration de Mss Henriette Marsden, mère du docteur James Loftus Marsden.

« Je, Henriette Marsden, demeurant à Cheltenham, dans le comté de Glocester, veuve, déclare solennellement et sincèrement que je suis la mère du docteur James Marsden, demeurant à Great-Malvern, dans le comté de Worcester; que je connaissais mes petites-filles, qui ont été victimes de souffrances inouïes entre les mains de leur gouvernante, Célestine Doudet; qu'elles ont été chez moi à différentes époques, et moi chez elles. C'étaient des enfants heureuses, simples, gentilles, pleines de bonté et de gaieté. Elles demeuraient toutes chez leur père, pendant l'été de 1852, lorsqu'elles ont été confiées à mademoiselle Doudet. Avant leur départ pour Paris, je suis allée les voir à Malvern, et, à mon arrivée, mademoiselle Doudet m'a dit que Rosa était en pénitence dans sa chambre à coucher, parce qu'elle avait volé une broche.

» Je savais que ma chère petite Rosa aurait peut-être pris un gâteau; mais je ne pouvais pas croire à une pareille accusation. J'insistai pour que l'on pardonnât à l'enfant; elle n'avait alors que sept ans. Quand elle fut seule avec moi, je lui dis : « Maintenant, ma chère petite, dis-moi la vérité : as-tu pris la broche de mademoiselle Doudet ? — Non, non, grand-maman, je ne l'ai pas prise.

» Alors, lui dis-je, pourquoi as-tu dit à mademoiselle Doudet que tu l'avais prise ? Et Rosa me répondit, je m'en souviens bien : « Mais, grand-maman, mademoiselle Doudet me disait de l'avouer tout de suite, et je l'ai fait. » Je dis à mademoiselle Doudet que l'enfant n'avait pas pris la broche. Plus tard la bonne des enfants, Caroline Matthews, vint dans ma chambre et me dit : « Mademoiselle Rosa n'a jamais pris la broche; je suis convaincue qu'elle est dans la malle que mademoiselle Doudet est en train d'emballer. » Plus je réfléchis à la conduite de cette méchante femme, plus je l'ai en horreur. Il est évident pour moi que son but était de circonvenir mon fils, et de le prévenir contre mes innocentes et bien-aimées petites-filles par de basses insinuations. J'ai tâché de mettre mon fils sur ses gardes. La manière dont elle m'a parlé du prince Albert, ses insinuations sur lui et sur elle-même, m'ont convaincue de ses viles machinations. Si ses insinuations contre mes pauvres enfants, privées de leur mère, avaient été vraies, c'était à moi seule qu'une telle révélation aurait dû être adressée. Il était déjà indélicat de parler d'un tel sujet à un jeune veuf; mais cela venait en aide à son but abominable. Elle savait qu'il garderait soigneusement dans son cœur le secret d'un rapport si préjudiciable, de crainte de le voir se répandre.

» Les recommandations pressantes de personnes influentes, haut placées, d'un caractère respectable, en même temps que les manières modestes et persuasives de mademoiselle Doudet, son affectation de religion, ont tellement trompé mon fils qu'il l'a jugée digne de la plus haute mission que l'on pût lui confier, celle d'élever des enfants orphelins. C'est cette confiance dont elle a abusé avec une brutalité qui me glace le sang dans les veines, rien que d'y penser. A mon âge, un pied dans la tombe, j'ai offert d'aller à Paris; j'irais au bout du monde, si ma santé me le permettait, pour avoir justice de cette femme, et pour voir le nom de mes enfants bien-aimées purifié des odieuses calomnies qu'elle a eu l'art de répandre pour cacher ses actions criminelles.

» Quant à dire que mon fils ait été cruel pour ses enfants, c'est de toute façon une calomnie absurde. Que Dieu, dans sa miséricorde infinie, daigne entendre les prières d'une mère âgée et accablée d'afflictions, et permette que les sages lois d'une nation sage dissipent les ténèbres de la calomnie et du crime, en faisant briller les clartés de l'innocence et de la vérité! *Amen.* »   *(Traduit de l'anglais.)*

Voilà l'attestation de cette femme vénérable, j'espère que personne ici n'osera dire que c'est une attestation mensongère, que c'est un cri de complaisance poussé par la grand'mère en faveur de ses petits-enfants.

Ainsi contre les calomnies de la fille Doudet, qui s'est attaquée à tout ce qu'il y avait de plus respectable et de plus sacré, contre ces calomnies qu'elle a partout répandues, mais qui sont démenties par tant de témoignages, au nom de l'innocence de ces enfants, je vous demande justice, et pour que la justice soit complète, permettez-moi de vous le dire, je demande la suppression du mémoire qu'on a publié. Oui! je la demande, oui! je dois l'obtenir.

En vain on vient dire que ce mémoire n'est pas appelé à la publicité. Il y a une chose que nous savons à merveille, c'est qu'en dehors de ceux qui l'ont fait, des hommes si honorables qui, de leur parole puissante et de leurs efforts réunis, protègent la fille Doudet, il y aurait une publicité accablante. Nous le savons; car les droits de la défense, personne ne les respecte plus que moi. Le droit de la défense, incontestablement, c'est de dire que les enfants ont de mauvaises habitudes, c'est de l'écrire, c'est de le soutenir à l'audience comme le fait mon adversaire, avec une conviction qui me désole, et que je suis loin de partager. Mais ce devoir de la défense rempli, il reste le devoir de la justice. Si l'adversaire a raison, nous sommes des misérables, il faut que sa parole soit répandue, que son mémoire soit publié, il faut que ce père imprudent supporte les conséquences de sa faute, de sa légèreté, de son procès, et qu'à perpétuité se répande cet écrit dans lequel, à chaque ligne, on dit que les enfants sont pervertis. Voilà la liberté de la défense.

Mais si j'ai raison, si les enfants sont innocentes et pures, si la cour le sait, le reconnaît, le proclame, est-ce que la liberté de la défense peut survivre à la défense elle-même! Est-ce qu'il sera permis sans contradiction de répandre un tel écrit et de dire, à la France, à l'Angleterre, à la postérité, que dis-je? de dire à tout le monde que ces enfants sont flétries et déshonorées?

Dans nos débats, dans la publicité même qui leur survit, mais qui leur survit pour un jour (car nous ne pouvons pas nous vanter d'une longue existence, je parle pour moi, je ne parle pas pour mon adversaire), cette publicité porte avec elle, en même temps que ses dangers, sa garantie et sa sauvegarde; à côté de l'accusation qu'on entend, on est bien forcé d'entendre la défense. Si mon adversaire dit : Elles sont coupables, il y a une voix qui, à côté de la sienne, s'élève et dit : Elles sont innocentes, et alors le public peut juger. Mais qu'après ce débat animé, contradictoire, vivant, mais que sans contradiction, sans voix pour répondre, sans personne qui soit là, mais en un mot, quand la défense est éteinte, que l'accusation survive et qu'il soit possible d'aller colporter de pareils écrits! non, ce n'est pas possible, ou bien ce serait vouer l'innocence aux gémonies et laisser couverte de boue cette robe de pureté dont ces enfants doivent être entourées.

Je vous demande donc la suppression du mémoire, non pas seulement pour tel ou tel passage, mais pour l'esprit général qui y préside, pour les attaques directes qu'il contient, pour les insinuations incessantes dont il est rempli.

D'abord, le Mémoire contient toute cette enquête anglaise, ces certificats qu'on présente comme des paroles d'*évidence*; c'est ce mot anglais dont on se sert et dont tout le monde ne connaît pas la portée exacte; ces dépositions qu'on donne comme faites en justice avec les formalités usitées dans le pays, et qui disent que ces filles étaient menteuses, volontaires, d'un caractère indomptable, vouées à des habitudes exécrables, affreuses : tout cela aurait le droit de circuler comme émané de la justice! La fille Burford ou la fille Fox auront dit tout cela dans un certificat qui leur aura été surpris, qu'elles n'ont pas lu; on l'imprimera, et en même temps vous ne mettrez pas à côté la déclaration que ces filles sont venues faire elles-mêmes aux pieds de la justice et sous la foi du serment, et dans laquelle elles disent que les demoiselles Marsden sont les jeunes filles les plus honnêtes qu'il soit possible de connaître! Vous laisserez répandre ces documents à l'aide desquels le public pourra être trompé, ces documents à l'aide desquels tout le monde étranger aux débats pourra dire : Elles sont coupables, car dans les documents judiciaires leurs vices ont été constatés.

Je répète que c'est le droit de la défense de dire tout cela, mais il lui faut un terme. D'ailleurs, qu'est-ce que je trouve dans ce Mémoire? d'abominables passages. C'est à la page 7, le certificat de Caroline Matthews qu'on nous accuse d'avoir caché et que nous avons fait citer deux fois en justice. Comprend-on cela? On écrit ensuite :

« Nous n'avons pas besoin d'insister sur la gravité de cette déposition. La
» Cour en saisit à la première lecture tout l'intérêt pour la cause à juger :
» mauvais caractère, mauvaises mœurs, mauvaise santé... »

Voilà ce qu'on dit des enfants. C'est votre droit de le soutenir tant que la justice n'a pas prononcé, mais pas plus longtemps.

« M. Marsden, instruit de l'enquête qui se poursuivait, a manœuvré pour
» cacher ce témoin, et pour éviter sa déposition... »

Comment! on écrit cela, et on a le courage incroyable de ne pas mettre que cet homme, qui voulait cacher le témoin, a fait citer le témoin deux fois, quand on a entre les mains la notification qu'elle a reçue.

Attendez, on parle de M. Marsden :

« Ainsi M. Marsden a pris un arrangement avec son ancienne domestique pour qu'elle restât éloignée jusqu'à la fin du procès; il lui a promis des gages pour le cas où elle agirait comme il le désirait. Il a obtenu, pour ces fins peu loyales, le concours de madame Marsden aînée, dont on a ensuite introduit au débat une lettre calculée pour produire un grand effet.

» Est-ce la conduite d'un homme sincère, d'un homme qui veut la vérité? »

Non, ce n'est pas la conduite d'un homme sincère, s'il a caché les témoins.

« Et de pareilles manœuvres ne sont-elles pas de nature à discréditer entièrement l'accusation portée par leur auteur contre une femme à laquelle il ne craint pas d'imputer à la fois la cruauté, le mensonge, l'hypocrisie? »

Voici ce dont vous m'accusez page 11 :

« Voilà, au contraire, des enfants mutins, menteurs, vicieux ; et, comme conséquence, les accidents et la maladie. »

Page 24 : « On ne relèvera, pour le moment, dans ces témoignages, que ce qui
se réfère au temps antérieur à l'arrivée de mademoiselle Doudet. »

Ce sont ces misérables témoignages qui ont été sollicités comme vous savez.

« Les enfants n'étaient pas véridiques ; elles étaient rusées. »
« L'une d'elles avait l'habitude de commettre de petits larcins. »

Les voilà voleurs maintenant.

« Ils étaient violents, emportés et intraitables dans leurs manières.
» Ils étaient très malpropres.
» Ils étaient pervertis.
» Le père employait des corrections sévères.
» Leur santé était assez chétive.
» Ils avaient fait des maladies graves. »

Même page :

« M. Marsden lui expliqua qu'elle avait un vice dont l'exemple pouvait être con-
tagieux. Il suffirait à corrompre tout un pensionnat de jeunes filles.
» Telle était l'expression dont mademoiselle Doudet a conservé le souvenir. »

Le souvenir lui en est revenu bien tard devant vous. On n'avait pas encore
dit cela ; on n'avait pas encore mis cette accusation, cette parole si terrible
dans la bouche du père : « Elle suffirait à corrompre tout un pensionnat de
jeunes filles... »

Il faudrait tout lire, tant il y a de ces insinuations que je trouve abominables.

Page 29 : « Quant à M. Marsden, c'est autre chose. Son mariage était décidé. Il
s'était brusquement débarrassé de l'ancienne gouvernante, dont la prédominance
dans la maison pouvait être une gêne pour la réalisation de ce projet. »

Je vous demande ce que cela veut dire, et s'il faut avoir l'esprit bien fin
pour comprendre qu'il avait une gouvernante dont il fallait se débarrasser à
tout prix, parce qu'il allait se marier.

Il y a autre chose. Dans une déclaration faite par je ne sais qui, intitulée :
« Procès-verbal de recherches du témoin Matthews, on trouve :

« Qu'elle se rappelait aussi que le professeur d'allemand qui donnait des leçons
aux demoiselles, à Cotswold-House, les quitta subitement, mais qu'elle n'en savait
pas la raison. »

Qu'est-ce que cela fait que le professeur d'allemand ait quitté subitement,
si l'on n'en sait pas la raison ? Mais vous le comprenez, vous le sentez bien, il y
a là une insinuation affreuse dans cette famille. Il y a cinq jeunes filles ; il y en a

une qui a quatorze ans; elles ont un professeur d'allemand, et puis tout à coup, sans qu'on en sache la raison et très brusquement, le professeur d'allemand les quitte; voilà ce que l'on dit et on laisse au lecteur les inductions à en tirer.

Tel est l'esprit général du mémoire. Il est impossible de laisser subsister de pareils écrits. Je sais bien que c'est pour cela que l'appel a été interjeté, non pas dans le dessein des défenseurs honnêtes autant qu'habiles qui assistent mademoiselle Doudet, mais dans ses desseins à elle. Le méchant qui se sent foudroyé par la justice éternelle et précipité dans l'abîme, n'a plus au monde qu'un espoir, c'est de s'attacher un innocent avec sa robe éclatante et pure; c'est de le perdre et de l'entraîner avec lui jusqu'au fond du gouffre; c'est là la joie infernale qui reste à cet esprit pervers qui, comme le dit Bossuet, ne pouvait plus vivre d'amour, mais se nourrissait de jalousie et de haine. C'est là ce qui l'anime, cette femme odieuse, c'est là l'espoir qui lui reste, c'est là la joie infernale qui la console. Vous le savez. Elle n'essaie même pas de vous tromper. Elle sait bien qu'elle ne peut pas se faire illusion, que le masque est tombé, que la condamnation est certaine, et alors vous avez pu entendre de ses propres lèvres cette parole que j'ai recueillie de sa bouche : « Cette enfant, à la face de tout Paris, a perdu sa pudeur de femme. »

Dire cela devant les hommes qui ont entendu cette jeune fille déposer! Dire cela devant ceux qui ont vu l'innocence et la chasteté de ces enfants, placées dans l'effroyable nécessité de répondre aux questions que leur suscitaient les exigences de cette créature sans pudeur! Dire cela devant ceux qui savent avec quelle chasteté elles ont répondu et avec quelle innocence touchante elles ont paru devant la justice. Mais c'est infâme! c'est insensé! « Cette enfant à la face de Paris a perdu sa pudeur de femme. » Oui, je reconnais là le démon; sa fureur l'emporte; sa rage éclate; elle ne fait aucun effort pour la contenir, elle s'y abandonne. Et vous vous rappelez encore sa joie, sa consolation, son espérance quand la justice l'a frappée, à l'instant où, moins étourdie d'une condamnation inévitable que flattée du résultat qu'elle ambitionnait, elle s'écriait : « Je suis condamnée, c'est vrai; je suis innocente. Mais d'ailleurs il est perdu, et ses filles sont déshonorées. »

Comment vous lui laisseriez cet espoir dans la justice, vous pères de famille, vous honnêtes gens, vous magistrats? C'est impossible. Elle a essayé, autant qu'elle l'a pu d'accomplir cette œuvre de destruction. Elle a fait regretter au père de famille le parti qu'il a pris, le conseil qu'il a suivi, la voie honorable, généreuse, périlleuse dans laquelle il s'est jeté. Mais il faut qu'au moins après toutes ces embûches, après cette lutte affreuse, abominable, il faut que la justice triomphe, et que la vérité se fasse jour. Ces enfants, qui ne comparaissent pas devant vous, qui, pour obéir aux prescriptions de notre loi de procédure, ne sont pas entendues par la cour, ces enfants que vous n'avez pas vues, et je regrette que vous n'ayez pas pu les voir, je les confie à vous, je les remets en vos mains; c'est là tout l'intérêt du procès. Cette femme est beaucoup plus coupable pour les avoir empoisonnées de ses paroles après, que pour les avoir meurtries de ses coups avant. Je vous demande donc justice; je n'ai pas le droit de savoir dans quelle mesure vous l'accorderez, mais je vous demande justice, et je suis sûr que l'étranger, au nom duquel je vous la demande, l'obtiendra tout entière de vous.

RÉPLIQUE DE M. L'AVOCAT GÉNÉRAL DE GAUJAL.

Au point du débat où nous sommes, je ne veux pas, je ne dois pas rentrer dans la discussion des faits. Pour la prévention ou pour la partie civile, tout a été dit. La défense va tout à l'heure user de son droit suprême de se faire entendre la dernière, et vous allez assister à ses derniers efforts.

Quant à moi, je n'hésite pas à le dire, ma conviction est profonde et inébranlable; la vôtre, j'en ai la confiance, est inébralable comme la mienne. Quelque effort qu'on fasse, on ne parviendra pas à entamer cette conviction ni à renverser le solide édifice constitué par l'accumulation des preuves qui sont sorties de cette discussion. Je n'ajoute donc rien sur les faits de ce procès. Tout est dit; la discussion est épuisée.

Un mot seulement sur les conclusions que vient de prendre la partie civile. On vous demande la suppression du Mémoire qui a été imprimé et distribué au nom de Célestine Doudet. On a raison. En imprimant et en distribuant ce mémoire, la défense, je le reconnais, a usé de son droit. Elle l'a fait à ses risques et périls; mais elle l'a fait dans l'exercice rigoureux de son droit. La question est de savoir si elle a bien ou mal usé de ce droit.

Or, la défense n'a pas été seulement la défense; elle ne s'est pas bornée à repousser la prévention : elle a pris l'offensive à son tour et elle s'est transformée en accusation contre M. Marsden et ses filles. M. Marsden a été attaqué dans son honneur et dans sa moralité, dans ce qu'il a de plus cher et de plus vif au fond du cœur, dans la pudeur de ses enfants.

De deux choses l'une : ou c'est l'accusation de M. Marsden qui est vraie, où c'est celle de Célestine Doudet. C'est ce que dira définitivement votre arrêt. Si vous condamnez Célestine Doudet, par cela même vous tenez M. Marsden pour un homme honorable, et vous reconnaissez qu'il a eu raison de se plaindre. Dans cette hypothèse, il n'est pas possible que les diffamations répandues contre lui, il n'est pas possible que les calomnies imprimées contre lui et ses filles restent debout; il faut que tout cela disparaisse. Votre arrêt étant prononcé, cela n'est plus utile à la défense. Il ne faut pas que cela aille empoisonner la vie et peser sur l'avenir de ces enfants; il faut que cela soit anéanti. Si donc vous condamnez Célestine Doudet, et vous devez la condamner, j'estime que vous devez en même temps ordonner la suppression du mémoire.

Ceci dit, j'aborde le seul point du débat sur lequel je veuille prendre en ce moment la parole. C'est une question de doctrine que j'ai à traiter de nouveau sommairement devant vous; j'ai à examiner si c'est à juste titre qu'on m'a contesté le droit d'interjeter appel *a minima* dans ce procès.

On m'a contesté ce droit en me faisant une grande concession que je recueille. On a reconnu qu'on venait soutenir une doctrine condamnée par la jurisprudence, non pas seulement par votre jurisprudence à vous, cour impériale de Paris, mais par la jurisprudence universelle, celle de toutes les cours impériales et celle de la Cour de cassation. Cela est exact ; c'est la vérité des choses. Mais au point de vue de l'argumentation , il est évident que c'est là une concession considérable qui m'est faite. En effet, fixons immédiatement les situations respectives. Il résulte de cet état de choses que ce que je viens vous demander n'est pas une chose exorbitante, et que ma prétention n'a rien de nouveau. Je viens vous demander ce qu'ont fait toutes les juridictions jusqu'à ce jour, les tribunaux, les cours impériales et la Cour de cassation. La situation de mes adversaires est diamétralement opposée. Ce qu'ils vous demandent, c'est tout simplement de changer la jurisprudence universelle et de consacrer des principes nouveaux. La prétention est grande ! l'admettrez-vous ? Je ne le pense pas.

Sur quoi se fonde la jurisprudence que j'invoque ?

On prétend qu'elle est fondée sur une extension exagérée donnée au principe de l'art. 338 du code d'instruction criminelle. L'art. 338 du code d'instruction criminelle dispose que s'il résulte des débats devant la cour d'assises une ou plusieurs circonstances aggravantes non mentionnées dans l'acte d'accusation, le président doit en faire l'objet d'une question sur laquelle il faut que le jury s'explique. Suivant la défense, on aurait abusivement généralisé cette disposition que la loi n'a formulée que pour le cas spécial des débats devant les cours d'assises.

On se trompe. La loi qui régit la procédure devant les cours d'assises est essentiellement formaliste. Tous les incidents y sont prévus, et la règle est nettement tracée pour tous les cas. L'art. 338 ordonne de poser au jury les questions résultant des débats, comme l'art. 337 ordonne de poser au jury les questions résultant de l'acte d'accusation. La loi fait cela non pas pour créer un droit exceptionnel, mais pour régler l'exercice d'un droit général qui prend sa source dans la nature même des choses et dans les principes les plus essentiels. Ce droit existe pour les tribunaux correctionnels comme pour les cours d'assises, et si l'art. 338 n'a pas de corrélatif au chapitre des tribunaux correctionnels, l'art. 337 n'en a pas davantage. En police correctionnelle, ou devant la cour d'assises, le droit est le même. La seule différence est que l'exercice n'en est pas réglé dans les mêmes conditions. Dans les deux cas le juge puise son droit dans la nature même des choses.

Telle est, messieurs, la véritable situation. Ainsi, tenons bien pour certain que l'art. 338 ne crée pas un droit exceptionnel que par une extension abusive la jurisprudence aurait généralisé pour en faire la règle de toutes les juridictions. L'art. 338 du code d'instruction criminelle n'est qu'une application formulée des principes généraux.

Pour bien comprendre les principes généraux dans cette matière, il faut étudier l'ordonnance de la chambre du conseil, dans son sens précis, et dans sa portée véritable.

Quelle est la portée de cet acte de la procédure ? L'ordonnance de la chambre du conseil n'est pas un jugement. Elle saisit le juge de la connaissance du fait ; elle définit le fait dans ce but. Elle n'apprécie pas le fait, et surtout elle ne le fait pas d'une manière définitive ; par une raison simple, c'est qu'elle ne peut le juger, à aucun point de vue. Le but unique de l'ordonnance de la chambre du conseil est celui-ci : clore la procédure écrite, et saisir le juge. En ce qui touche le jugement, ce n'est pas même un premier degré de juridiction. L'ordonnance énonce le fait, le précise, le détermine en lui-même, et le renvoie à la juridiction qu'elle croit compétente. En même temps, elle fixe l'inculpation quant à la personne : voilà l'objet de l'ordonnance de renvoi ; il n'y en a pas d'autre.

Or, quelle est la conséquence de ceci ? C'est que le juge, une fois saisi, a le droit de juger le fait dont il est saisi, et de l'apprécier dans toutes ses circonstances et avec toutes ses conséquences ; à une condition, bien entendu, c'est qu'il ne dépassera pas les limites dans lesquelles il a été saisi. Si un fait lui a été déféré, il ne pourra pas aller au delà de ce fait et en prendre un autre à côté de celui qui a été soumis à son appréciation. Mais le fait qui lui est déféré, lui appartient dans toutes ses conditions, et il peut appliquer à ce fait toutes les conséquences qui, dans son appréciation, résultent de la saine interprétation de la loi.

Ces principes, messieurs, sont ceux de la jurisprudence, je vous l'ai dit hier ; et je vous ai montré qu'ils sont consacrés par un grand nombre d'arrêts de la cour de cassation. Je vous ai cité un certain nombre d'espèces ; j'aurais pu multiplier ces citations. Je vous ai montré que lorsqu'un fait est déféré au juge, le juge, suivant ses lumières, suivant son interprétation de la loi, peut modifier la qualification, la transformer, et écarter, pour y en substituer une autre, celle qui n'a été donnée que comme indication par l'ordonnance. C'est en ce sens que j'ai pu considérer comme *provisoire*, la qualification de l'ordonnance.

Par exemple, le juge peut transformer un fait de banqueroute, en un fait d'escroquerie, en appliquant à ce fait une appréciation qui n'était pas celle de l'ordonnance. Il peut le faire, parce que le juge saisi peut toujours, usant de la plénitude de sa juridiction, réformer et redresser les mauvaises appréciations de l'ordonnance.

Cela est vrai, non-seulement quand il s'agit de transformer la qualification dans son entier, mais encore et à plus forte raison, quand il ne s'agit de la redresser que dans ce que j'ai appelé les circonstances accessoires ; j'ai dit accessoires, en ce sens qu'il s'agit seulement d'une partie, et d'une partie secondaire de la qualification. Quand on reconnaît au juge le droit de changer la qualification tout entière, on ne peut pas lui contester celui de la modifier dans une de ses parties. Ainsi on défère au juge des faits de violence ; l'ordonnance de la chambre du conseil les a énoncés en les déférant au juge ; non-seulement, elle les a énoncés dans son dispositif, mais elle les a exposés tout au long dans son contexte ; comment le juge n'aurait-il pas le droit de chercher dans les faits ainsi énoncés toutes les conséquences légales que ces faits peuvent comporter ? Je n'y vois aucun obstacle, et en vertu de la jurisprudence qui laisse au juge le droit de transformer la qualification, je dis que le juge a le droit de modifier cette qualification, dans chacune de ses parties, aussi bien que dans son ensemble.

Les principes que j'expose sont reconnus en doctrine aussi bien qu'en jurisprudence. Et puisqu'on se dit armé d'une consultation de M. Achille Morin, en sens contraire, permettez-moi de vous citer trois lignes de ce jurisconsulte, qui résument de la manière la plus nette, l'opinion que je viens de soutenir.

Voici comment s'exprime M. Achille Morin dans son Répertoire de Droit criminel, tome II, page 762 :

« Le tribunal correctionnel doit statuer sur tout délit compris dans la cita-
» tion et *sur toutes les circonstances du délit révélées aux débats*, à moins
» qu'elles n'impriment au fait le caractère de crime (Cassation 19 mars 1811
» et 18 juin 1813). Mais il ne pourrait juger en même temps un délit nou-
» veau qui se révélerait dans le débat oral, eût-il été indiqué dans un procès-
» verbal ou dans une autre pièce de la procédure. »

Contre la consultation qu'on annonce de M. Achille Morin, j'invoque M. Achille Morin lui-même.

Ainsi, et pour me résumer sur ce point, vous êtes saisis de la connaissance de faits de violence accomplis en 1852 et en 1853 : vous ne pouvez pas, à la charge de Célestine Doudet, relever des délits nouveaux, c'est-à-dire des faits de même nature accomplis en 1851 ou en 1854 ; mais quant aux faits de 1852 et de 1853 dont vous êtes saisis, si l'ordonnance ne relève pas la circonstance aggravante de préméditation, quand d'ailleurs elle ressort des faits exposés dans l'ordonnance, vous avez le droit de réparer cette omission. Telle est la véritable doctrine et tel est le droit incontestable. Est-ce que je viens vous demander de reconnaître Célestine Doudet coupable d'un fait qui ne soit pas compris dans l'ordonnance, et dont la connaissance ne vous soit pas déférée ? En aucune façon. Seulement je dis : l'ordonnance a négligé de relever la circonstance aggravante de préméditation ; cette omission peut et doit être réparée.

On m'a reproché d'avoir considéré cette omission comme une négligence de la chambre du conseil et des premiers juges. On s'est mépris sur ma pensée : je reconnais que l'omission dont il s'agit a pu être intentionnelle ; et j'ai entendu signaler moins une négligence véritable qu'une fausse appréciation des faits.

Si la préméditation résulte des faits accomplis, si les faits, par leur nature même, impliquent la préméditation, l'ordonnance et la décision des premiers juges n'ont pas sainement apprécié les faits; et il appartient au juge d'appel, saisi à son tour, de les qualifier avec plus d'exactitude et de vérité et d'appliquer les conséquences pénales que doit entraîner ce redressement. En soutenant ces principes, je suis dans la saine interprétation du droit, et je suis d'accord avec la doctrine et avec la jurisprudence.

La jurisprudence ne date pas d'hier : voici un arrêt de la cour de Cassation du 18 juin 1813, qui la résume en quelques mots : « Les tribunaux correc-
» tionnels légalement saisis de la connaissance d'un délit, sont autorisés à
» statuer *sur toutes les circonstances qui résultent de l'instruction et des
» débats*, lors même qu'elles ne seraient pas énoncées dans la plainte, à moins
» que le fait, prenant le caractère de crime, il n'y ait lieu à renvoi devant
» d'autres juges. »

Voilà la doctrine de la cour de Cassation depuis 1813. Elle n'a jamais varié depuis. Cette doctrine s'est produite dès l'origine, à la naissance même du code d'instruction criminelle. Il s'agit donc d'une jurisprudence qui remonte au delà de quarante-deux ans; et c'est là ce qu'on vient vous demander de changer! Cela est impossible. Évidemment les efforts de la défense resteront impuissants.

On a fait une objection que je ne dois pas laisser sans réponse. On a dit que la liberté de la défense était violée, la prévenue n'ayant pas été appelée à se défendre devant les premiers juges. On a voulu dire que le premier degré de juridiction avait été franchi et que par là le droit de la défense s'était trouvé, dans une certaine mesure, entravé.

Je dois faire remarquer d'abord, qu'il n'est pas sans exemple, dans notre procédure criminelle, que le premier degré de juridiction soit franchi et que le juge d'appel soit appelé à statuer, *omisso medio*. Ainsi l'article 215 du code d'instruction criminelle consacre pour les tribunaux d'appel le droit d'évocation du fond. Or, toutes les fois que ce droit est exercé, par cela même, le premier degré de juridiction se trouve franchi. Quand un délit se commet à l'audience, vous êtes investis par la loi du droit de le juger séance tenante en franchissant le premier degré de juridiction.

C'est qu'en effet la garantie est dans le second, et non dans le premier degré de juridiction; voilà pourquoi toutes les fois qu'il y a une raison suffisante de le faire, la loi n'hésite pas à franchir le premier degré. Par là, le droit de la défense n'est en aucune façon atteint.

Dans l'espèce, je vais plus loin et je soutiens qu'on ne peut pas même dire, au point de vue légal, que le premier degré de juridiction ait été franchi.

En effet, il faut bien reconnaître que les premiers juges auraient pu relever la circonstance aggravante. De ce qu'ils ne l'ont pas fait, il résulte qu'ils ne l'ont pas aperçue et que Célestine Doudet a été implicitement déchargée de l'aggravation qui en eût été la conséquence. Il n'en résulte pas que le droit de défense ait été compromis. Le système d'interprétation des faits que vous auriez soutenu a prévalu dans le jugement. Le droit de défense n'est donc atteint sous aucun rapport. Devant le juge d'appel, vous avez été mis en demeure en temps utile de vous défendre, au point de vue de la circonstance aggravante, et vous avez eu, comme vous avez encore, toute liberté pour discuter la prévention.

Vous voyez, Messieurs, que le droit de la défense n'est pas atteint et qu'on ne peut pas même dire que, légalement, le premier degré de juridiction ait été franchi.

En résumé, les principes sont certains; la doctrine et les auteurs sont unanimes pour les constater; la jurisprudence qui les consacre est constante, universelle; elle n'a jamais varié; elle n'avait jamais été contestée jusqu'à ce jour.

Il me semble impossible que la défense fasse prévaloir sa théorie.

Je persiste dans mes conclusions.

RÉPLIQUE DE Mᵉ BERRYER.

Oui, messieurs, je viens user du droit suprême de la défense, comme l'a dit M. l'avocat général. Est-ce de ma part un acte téméraire, dans l'état de cette cause? Sera-ce un effort évidemment inutile? Est-il vrai, comme M. l'avocat général en est persuadé, que votre conviction, de lui connue, soit profonde, inébranlable, et que, quels que soient les efforts de la défense, elle ne saurait y rien changer?...

Plusieurs de MM. les Conseillers. — Elle n'est pas connue.

M. le Président. — Le mot connu est peut-être un peu hasardé : c'est un mot pour un autre. Évidemment ce n'est pas votre pensée.

Mᵉ Berryer. — Je réponds à l'expression de M. l'avocat général.

M. l'Avocat général. — C'est une confiance que j'ai manifestée.

Mᵉ Berryer. — J'ai la confiance contraire.

M. l'Avocat général. — Nous sommes chacun dans notre droit.

Mᵉ Berryer. — Avec beaucoup plus d'humilité dans ma position.

Mais enfin je ne crois pas qu'il y ait témérité de ma part, et que mes efforts doivent être inutiles. Je me propose de ramener la cause à son véritable caractère, je veux dire la plaidoirie. Laissant de côté les émotions qui égarent le jugement, et n'appréciant toutes les parties de ce procès qu'au point de vue juridique, je veux m'abstenir de ce qu'on appelait tout à l'heure un flot de paroles, qui voilent la vérité. Je vais être très sobre, plus sobre encore que mon adversaire, de toute expression qui pourrait agiter ou l'auditoire ou l'esprit et le cœur des magistrats. Il ne s'agit pas de sortir de cette enceinte avec des sentiments, des hésitations du cœur : il s'agit pour vous de sortir de cette enceinte après avoir prononcé une sentence, un arrêt motivé, sur lequel, et sur chaque point duquel, votre conviction soit arrêtée par des raisons précises, jaillissant de la manière la plus étroite et la plus forte des pièces qui sont sous vos yeux. C'est à ce point de vue, dans ce sens, dans cette limite, que je vais suivre pas à pas les adversaires auxquels j'ai à répondre.

Je n'ai pas à répondre à la discussion légale de M. l'avocat général. On a assez dit, au commencement de cette audience, quelle était la véritable base du délit avec ou sans préméditation. C'est là la question que vous aurez à juger, et je m'en rapporte à votre expérience, à votre sagesse, à votre connaissance profonde et du texte et de l'esprit de nos lois.

J'arrive donc à mon premier adversaire. Il a débuté par se demander ce que j'avais voulu dire en parlant d'une sorte d'autorité de chose jugée dans la cause, résultant de la décision de la cour d'assises. Je précise bien ma pensée.

Je n'ai pas entendu, je n'ai pas voulu prétendre que l'arrêt de la cour d'assises vous empêchât de statuer, ou empêchât les tribunaux correctionnels de statuer sur la question des délits qui sont imputés à mademoiselle Doudet envers les quatre sœurs de la malheureuse Mary-Ann ; mais, en face de cet immense procès, de cette masse d'accusations, j'ai dit que je sentais la cause quelque peu allégée par deux considérations, dont l'une résulte de l'arrêt de la cour d'assises, et dont l'autre est écrite dans la disposition du jugement même, dont on n'a pas porté appel de la part du ministère public.

J'ai dit que, s'agissant, dans l'affaire, devant la cour d'assises, premièrement, de la question de savoir si mademoiselle Doudet s'était rendue coupable de sévices et de mauvais traitements envers Mary-Ann, l'une des cinq sœurs, il y avait dans la réponse négative du jury, dans cette chose souverainement jugée en ce point, un ébranlement au moins de l'accusation portée à l'égard des quatre autres sœurs ; car tout avait été commun dans la manière de vivre, dans la manière de traiter, et tout est confondu dans l'accusation quant aux procédés dont l'institutrice a usé envers Mary-Ann et envers ses sœurs. C'est donc quelque chose moralement que la déclaration du jury qu'il est faux que mademoiselle Doudet ait usé de ce traitement envers Mary-Ann, soit comme violences, comme coups, comme sévices, soit comme système d'éducation, dont les conséquences auraient été, suivant la seconde question, la maladie et la mort.

J'ai invoqué encore cette autre considération bien grave, qui m'appartient tout entière, c'est que les premiers juges ont dégagé le procès d'un très grand nombre et d'une très grande partie des bases de l'accusation, en reconnaissant que, pendant les huit premiers mois, depuis que les enfants ont été confiées à mademoiselle Doudet, elle a rempli sa mission *d'une manière satisfaisante.* Cela est parfaitement concordant avec la déclaration d'un témoin important, madame Espert, qui déclare que jusqu'au départ de Zéphirine, c'est-à-dire jusqu'au 7 avril 1853, les enfants avaient été bien soignés, et que leur état de santé était satisfaisant. Il y a donc, dans la décision des premiers juges, un point établi : c'est qu'antérieurement à cette époque et pendant huit mois, tout ce qui a été dit des violences, des mauvais traitements, des cruautés, du système de tortures pratiqués contre les enfants, tout cela est faux. Pendant ce temps, les premiers juges le reconnaissent, la mission a été remplie d'une manière satisfaisante, et le témoin Espert vient dire, elle qui habitait la maison, qu'en effet, jusqu'au départ de Zéphirine, les enfants ont été bien traitées, et leur santé a été florissante.

Voilà la première considération que j'avais fait valoir, et sur laquelle mon adversaire s'est mépris quand il a prétendu que je voulais trouver une autorité de chose jugée dans l'arrêt de la cour d'assises.

Plus loin, dit-il, vous avez voulu présenter notre persévérante accusation comme une attaque à la déclaration du jury. Je dois un mot d'explication là-dessus. J'ai parlé de la déclaration du jury et de son autorité parce qu'elle a été étrangement attaquée, non pas dans cette enceinte, mais ailleurs. Je mettrai sous les yeux de la cour les journaux dans lesquels M. Marsden, en Angleterre, a déclaré que le chef de la justice en France, M. le garde des sceaux, avait condamné la déclaration du jury, et que, pour manifester son opinion, il l'avait relevé, lui, de tous les frais qui avaient été mis à sa charge par l'arrêt de la cour d'assises.

M. LE PRÉSIDENT. — C'est là un document qui ne doit pas entrer dans l'appréciation de la justice. Nous n'admettons pas que M. le garde des sceaux puisse avoir...

Mᵉ BERRYER. — J'explique ma pensée, parce que je maintiens toute l'autorité de la cour d'assises.....

M. LE PRÉSIDENT. — Nous ne pouvons pas laisser dire que M. le garde des sceaux proteste contre une décision de la justice.

M⁰ BERRYER. — Ce n'est pas moi qui le dis : c'est écrit par M. Marsden dans les journaux anglais.

M. LE PRÉSIDENT. — M. Marsden a pu avoir une opinion qui évidemment n'est pas fondée, et que, dans tous les cas, nous ne pouvons pas laisser exprimer ici. Nous ne pouvons pas laisser dire que le chef de la justice proteste en France contre la justice.

M⁰ BERRYER. — Ce n'est pas mon sentiment, mais comme la cause a une certaine publicité, comme M. Marsden a tenu ce langage, je veux répondre à ce qui a été dit de la part de M. Marsden, et à ce qui a été imprimé par lui dans les journaux d'Angleterre.

M. LE PRÉSIDENT. — Ce n'est pas une autorité, voilà ce que nous pouvons dire.

M⁰ BERRYER. — Je ne les regarde pas comme une autorité, je les regarde comme les paroles les plus injurieuses, les plus téméraires, et les plus dénuées de fondement.

La famille de M. Marsden, dit-on, a été persécutée, indignement calomniée! Je demande par qui. L'Angleterre a été couverte des journaux, dans lesquels M. Marsden a rendu compte, à sa manière, de toutes les circonstances de cette affaire. Je n'en veux d'autre preuve que la lettre même qu'on présentait au commencement de cette audience et qu'on attribue, ce qui peut être, à lady Hastings. Je la crois bien émanée d'elle, et je trouve que cette lettre est fort judicieuse, fort sensée ; elle exprime le sentiment que j'exprimais moi-même, que la condamnation étant prononcée, elle trouve qu'il ne peut y avoir de peine trop forte envers une personne qui s'est rendue coupable de pareils crimes et qui a pu pousser les tortures jusqu'à amener la mort de ses malheureuses élèves. Mais je vois dans cette lettre, ce passage, qui n'est pas sans importance pour apprécier la déclaration de lady Hastings ; elle remercie le docteur Marsden, des *papiers et journaux qu'il lui a envoyés*, elle dit que la lecture en a été très intéressante, et pour elle et pour ses amies.

Cette lettre de lady Hastings ébranle-t-elle les témoignages qui rendent justice à mademoiselle Doudet? C'est en ce sens qu'on la présente. J'ai lu la lettre de lady Hastings. Sa déclaration sur la conduite de mademoiselle Doudet dans sa maison serait infirmée par la lettre qu'on produit pour l'opposer à ces antécédents honorables de mademoiselle Doudet! C'est un jugement ; c'est un fait complètement étranger à la vie de mademoiselle Doudet, antérieurement au procès actuel, et qui ne détruit en rien les témoignages de confiance, d'estime, d'affection, que lady Hastings et les enfants, lui ont donnés en 1846, en 1847, c'est-à-dire à l'époque où mademoiselle Doudet était chez lady Hastings.

Nous avons calomnié, dit-on, M. Marsden et sa famille. Il faut voir pas à pas dans la cause, de quel côté est la vérité, qui, au contraire, la trahit. M. Marsden se plaint de ce qu'on lui a imputé et de ce qu'on a cherché à faire courir dans le public, qu'il y avait eu de sa part des violences pratiquées sur ces enfants. Qu'avons-nous dit? Rien autre chose que ce qui a été constaté dans l'enquête anglaise, dont je dirai tout à l'heure un mot.

Est-ce que ce n'est pas M. Marsden qui écrivait à la date du 5 octobre 1853, à M. Gabriel, cette phrase :

J'étais déterminé à vaincre de telles habitudes qui me dégoûtaient et m'affligeaient ; pour la première fois je la fouettai avec une *petite cravache, plusieurs fois, pendant deux ou trois jours de suite.*

Voilà ce qu'on a cité comme manière de M. Marsden de corriger ses enfants. Il n'y a pas de calomnie, nous n'avons fait que rappeler ce que M. Marsden avait écrit lui-même.

Laissons de côté cette défense de M. Marsden, qui n'a pas été attaqué par nous. Il n'y a pas eu dans les journaux un écrit de mademoiselle Doudet ; il n'y a eu contre Marsden aucune publication, il n'y a eu que ce Mémoire qui n'a pas été publié, que nous avons présenté à la Cour, dont nous n'avons permis la lecture qu'aux magistrats et aux avocats chargés de la cause, qui n'est sorti de nos mains en faveur de qui que ce soit, et dont la publication était indispensable pour mettre sous les yeux de la Cour les pièces du procès d'une manière plus commode, plus rapide, que le dépouillement successif, par chacun de messieurs, du volumineux dossier qui est entre vos mains. Il n'est donc pas vrai qu'il y ait eu effort pour déshonorer cette famille Marsden. Quant à ce qui a été dit sur les enfants, ce n'a été que dans la nécessité et dans la limite de la défense personnelle.

Arrivons maintenant aux imputations de mensonge dirigées contre mademoiselle Doudet : il faut que ce soit une personne détestable sous tous les rapports et dans tous les actes de sa vie et de l'existence même de sa famille. Quand elle parle de son père, elle tient ce langage d'intrigante qui veut faire passer son père pour un homme digne de respect, considéré, ayant occupé un emploi honorable. Il était commis à 27 francs, voilà tout ce qu'on connaît au ministère de la marine ; et mademoiselle Doudet le présente comme un capitaine de frégate, ce qui est parfaitement faux.

Quel qu'ait été le père de mademoiselle Doudet, peu importerait s'il n'y avait pas ici un système persévérant d'attribuer à mademoiselle Doudet un mensonge, et d'attacher cette qualification de mensonge à toutes les déclarations qui émanent d'elle ou qui sont produites par ses avocats dans sa cause.

Voici les pièces qui concernent le père, et qui sont toutes des pièces authentiques.

La première est de 1803. Elle émane du commissaire de la république française et constate les services rendus en 1802 et 1803. Le capitaine Doudet était au service de la France, à cette époque. Il passa de là au service de la Hollande, ainsi qu'on le voit par les déclarations qui suivent, et des certificats vont lui être délivrés, l'an XII de la république française, par le commissaire de la république française et le commissaire de la république batave, qui qualifient le capitaine Doudet.

M. Doudet, qui servait sur la marine hollandaise, pendant que la Hollande était en alliance avec la France, a été fait prisonnier. Voici l'état sorti du ministère de la marine française :

Premier arrondissement maritime. « Il est ordonné au sieur Antoine Doudet, *capitaine de frégate,* de Rouen, département de la Seine-Inférieure, âgé de trente-quatre ans, débarqué en ce port du Cartel anglais le *Nelson,* venant du dépôt de

Chatham, ayant été pris le 11 avril 1805, sur la corvette de l'État *l'Honneur*, sur laquelle il était embarqué en qualité de *capitaine*, de se retirer directement à Rouen, dans le délai d'un mois, et de se présenter aussitôt son arrivée au commissaire de la marine de son quartier, sous peine d'être puni comme déserteur.

» 21 mai 1814.

» Signé par le commissaire de la marine. »

C'est le moment où les prisonniers sont rentrés.

Les autres pièces constatent les services qu'il a rendus à la ville d'Ardres, après sa rentrée en France, les témoignages de reconnaissance de la ville d'Ardres, enfin les ordres du maréchal de camp :

« Il est ordonné à M. Doudet, ancien capitaine de frégate, dernièrement commandant du détachement du 5ᵉ bataillon des gardes nationales de la Seine-Inférieure, en garnison à Ardres, de se rendre à Lille.

» Arras, 19 juillet 1815. »

Voici la déclaration du lieutenant général :

« Nous, lieutenant général des armées du roi, gouverneur pour Sa Majesté de la 16ᵉ division militaire, donnons à M. Doudet, capitaine de frégate, l'autorisation de se rendre à Paris, pour se présenter à monseigneur le ministre de la guerre et y prendre des ordres.

» Lille, le 27 juillet 1815. »

Je ne crois pas qu'il soit possible de contester désormais la qualité du père de mademoiselle Doudet. Voilà donc un des mensonges imputés à mademoiselle Doudet qu'il faut retirer du procès.

Mademoiselle Doudet invoque des témoignages sur sa vie passée. Elle invoque le témoignage de lady Hastings. Je viens de répondre à la contestation qu'on a élevée contre ce témoignage. Elle invoque sa présence dans la maison Robertson. On a une lettre de M. Elliot, le grand-père, qui, lorsqu'on attribuait à mademoiselle Doudet d'avoir calomnié sa petite-fille, mademoiselle Amélia Robertson, dont nous avons les lettres pleines d'affection et de tendresse, dit : Cette femme est folle. Mais ce qui répond à l'accusation de folie, c'est que mademoiselle Doudet est restée deux ans dans la maison Robertson, et que si les enfants élevés par mademoiselle Doudet avaient été sous le gouvernement d'une personne qu'on pouvait accuser de folie, comme on l'a fait quand il était question d'un propos attribué injustement par M. Rashdall, assurément on ne l'aurait pas gardée deux ans dans la maison Robertson.

Elle a donc le mérite tout entier des certificats produits, des témoignages présentés par elle en si grand nombre, dans des termes de reconnaissance si noblement affectueux de la part de personnages considérables de l'Angleterre.

On est revenu sur la déclaration de cette femme Gallway, laquelle n'a jamais été appelée comme témoin sous la foi du serment, mais s'est présentée devant le tribunal de police correctionnelle, et, à titre de renseignements, a été écoutée, et a dit qu'elle tenait de la mère de mademoiselle Doudet que celle-ci était cruelle. Cette pensée est démentie par ce fait très positif que madame

Gallway, sachant que mademoiselle Doudet était venue en France en 1852 avec les demoiselles anglaises, a présenté ses filles pour que mademoiselle Doudet les élevât avec les demoiselles anglaises, et que les filles de madame Gallway sont restées pendant deux mois chez mademoiselle Doudet, jusqu'à ce qu'elle ait pensé que le séjour de pareilles élèves dans sa maison ne convenait pas, et qu'en conséquence elle a prié madame Gallway de vouloir bien les reprendre, ce qui peut-être a été une cause d'inimitié.

J'ai été, de la part de mon adversaire, accusé d'avoir fort mal interprété les allégations de M. Marsden, en ce qui touche les prétentions de mademoiselle Doudet sur sa personne. Le fait que j'ai articulé est vrai, et il est reconnu, c'est que M. Marsden a envoyé à madame Schwabe un Mémoire, dans lequel il explique la conduite de mademoiselle Doudet. C'est dans ce Mémoire qu'il dit que mademoiselle Doudet, « ayant appris de différents côtés qu'il était » veuf et riche, s'était présentée chez lui pour tâcher de s'y rendre indispensa- » ble ». Voilà la phrase de M. Marsden. Je dis que cela est faux, parce qu'il n'est pas vrai que mademoiselle Doudet soit entrée chez M. Marsden sur la con- naissance qu'elle pouvait avoir que c'était un veuf et un homme sur lequel il était possible d'avoir quelque empire, auprès de qui l'on pouvait se rendre in- dispensable, puisqu'il est notoire, établi par des pièces, reconnu par M. Mars- den lui-même, que c'est lui qui est venu à Paris, dans la pension de madame Leclerc, demander qu'on lui indiquât une institutrice, qu'il a eu des ren- seignements de madame la comtesse de Chabaud, qu'il a eu les témoignages les plus honorables, les plus capables de déterminer la confiance du père de famille le plus vigilant en faveur de mademoiselle Doudet ; qu'alors on lui a dit qu'elle était en Angleterre ; c'est lui qui est allé en Angleterre, à Londres, qui a laissé à Londres, où il n'a pas trouvé mademoiselle Doudet, la première lettre dont je vous ai donné lecture ; c'est lui qui a chargé sa belle-sœur de voir ma- demoiselle Doudet, et qui, enfin, a écrit une seconde lettre à mademoiselle Doudet, en lui disant : « Connaissant les arrangements convenus entre vous » et ma belle-sœur, j'espère que vous viendrez à Malvern. Je ferai tout pour » vous rendre une existence agréable et heureuse. »

Il n'y a donc rien de plus calomnieux, de plus perfide, de plus dénué de vérité que l'insinuation de M. Marsden que mademoiselle Doudet est entrée chez lui, parce qu'elle savait de bonne part qu'il était veuf, qu'il était riche, qu'il était un homme auprès duquel elle pouvait parvenir à se rendre indis- pensable, et sur lequel elle pouvait exercer quelque empire.

Quant à cette question, elle est de la plus haute importance pour votre juge- ment, il vous est impossible de vous soustraire consciencieusement et intelli- gemment à la nécessité de trouver dans ces violences, dans ces procédés inouïs, dans ces mesures cruelles, dans ce système de tortures imputé à mademoiselle Doudet, un motif, une cause quelconque qui ait pu y entraîner mademoiselle Doudet.

Sa vie entière lui reste, il lui appartient d'opposer les hauts et honorables témoignages qu'elle a reçus pour toutes les époques de sa vie, et le zèle que les personnes les plus honorables qui l'ont le mieux connue montrent pour elle. Son caractère est justifié par les expressions de tendresse, d'affection, de reconnaissance des jeunes filles qui ont été élevées par elle.

Ce caractère, il a été le même encore pendant qu'elle a été en Angleterre, c'est-à-dire pendant les six semaines qu'elle a passées à Malvern dans la maison de M. Marsden. Ce caractère et cette conduite prudente, sage, éclairée, maternelle auprès des enfants, on les retrouve encore dans les premiers mois du séjour des enfants en France.

Comment tout a-t-il changé? On a cherché la cause et on l'a attribuée à la jalousie née du mariage de M. Marsden au mois de décembre. C'est donc un point important, et pour vous, c'est une grande question que celle de savoir s'il est vrai qu'il ait pu naître, à la fin de 1852, dans le cœur de mademoiselle Doudet, un sentiment quelconque, une colère, une fureur. A la jalousie ardente, on peut attribuer tous les égarements, et la croire capable des crimes les plus détestables. Cela est vrai. Mais encore faut-il voir la possibilité de la naissance d'un pareil sentiment.

Or, ce qui répugne à l'imputation qu'on a essayé d'élever, à la supposition qu'on a faite depuis l'instruction de ce procès, c'est la conduite de mademoiselle Doudet. A peine arrivée en Angleterre, sur la nouvelle de la maladie de sa mère, elle va revenir en France; la convention de six mois est faite pour qu'elle emmène les enfants en France, elle y vient le 15 juin. C'est donc très volontairement, très librement, parce que rien ne l'attachait à M. Marsden, parce que la pensée de lier son existence à celle de M. Marsden n'était pas entrée dans son âme, qu'elle quitte M. Marsden, sa maison, son entourage, qu'elle vient à Paris, avec la convention d'y rester au moins six mois.

Ce n'est pas tout, ces six mois ne sont pas expirés, qu'au mois d'octobre, de Paris, elle a une correspondance avec M. Marsden, et M. Marsden consent à ce qu'au lieu de six mois, ses enfants restent pendant six mois encore chez mademoiselle Doudet. C'est-à-dire que cette femme ambitieuse, cette femme qui veut pénétrer dans la maison Marsden, exercer de l'influence sur M. Marsden, prolonge encore pour six mois cet état de séparation complète.

Après le mariage, il en est de même. Quand M. Marsden vient à Paris passer depuis le 7 février jusqu'au 30 mars, de quoi convient-on? Que, par delà le second terme de six mois, on prolongera encore le séjour des enfants à Paris, de sorte que leur séjour chez mademoiselle Doudet, qui devait expirer au 15 juin 1853, durera plus longtemps encore.

Je dis que, dans cette conduite, dans toutes ces conventions, dans cette séparation volontaire de M. Marsden qu'elle a vu à peine, qu'elle n'a pas cherché, il est impossible d'apercevoir la plus légère apparence, la moindre manifestation de ce qui n'est qu'une supposition toute gratuite dans le procès; que mademoiselle Doudet aurait eu la prétention de devenir la femme de M. Marsden, et que le mariage de M. Marsden, convenu avant qu'elle ne quittât l'Angleterre, mais conclu seulement au mois de décembre 1852, était venu la surprendre, la blesser, l'irriter et la porter à cette disposition jalouse, bientôt haineuse, bientôt féroce et cruelle qui est la base de toute l'accusation.

Ici, mon adversaire *n'a pas répondu* à une considération générale par laquelle j'avais attaqué le système même de sa plainte et tout le système de l'accusation soutenue par lui. Je demandais comment il se faisait que cette plainte n'était appuyée d'aucun document, d'aucune correspondance. M. Marsden dit qu'il a été trompé par la correspondance de ses enfants, par la correspondance de mademoiselle Doudet, par les rapports des médecins. Il a eu le bonheur d'avoir sa belle-sœur présente à Paris pendant les derniers temps du séjour des enfants chez mademoiselle Doudet; c'était comme surveillante qu'elle y était. Son beau-frère, le révérend Rashdall, y était aussi. Nous demandons à M. Marsden : A une époque quelconque, rapportez une des lettres, une des pièces qui, dites-vous, ont fait votre erreur. Présentez-nous une seule lettre écrite par les enfants pendant le cours de cette année; une seule des lettres dans laquelle mademoiselle Doudet aurait usé de cette habileté, de ces mensonges que vous lui imputez. Présentez-nous de la part des médecins ces rapports qui, dites-vous, vous trompaient sur la gravité de la maladie de la pauvre Mary-Ann; ces lettres qui vous ont été écrites, dites-vous, pour vous empêcher de venir à Paris. Comment! il y aura une accusation sérieuse par un homme qui a eu ses enfants à Paris, confiées à une institutrice, avec laquelle il est en correspondance journalière! Nous voyons dans ses lettres, que nous produisons toutes, qu'on lui écrivait sans cesse, qu'il recevait des lettres de tout le monde; il en parle; il dit que c'est de là qu'est venue son erreur, que ces lettres n'ont été que des instruments de la fourberie, de l'hypocrisie, en un mot, les instruments du calcul, de la conspiration formée en quelque sorte par mademoiselle Doudet toute seule; et il ne produit pas une seule de ces pièces!

Il y a plus, Messieurs, attachez votre attention à ceci, car il faut juger l'homme. Comment! M. Marsden réclame votre appui, veut être considéré comme un homme sincère dans son accusation, sincère à vos yeux, et en même temps qu'il ne produit aucune des pièces qu'il doit avoir, qui sont dans ses mains, que nous donne-t-on pour excuse aujourd'hui? Que ces lettres ont été brûlées par lui, parce que, en effet, sur une des lettres où il était question des mauvaises habitudes de sa fille Emily, il dit, le 27 novembre 1852, qu'il l'a jetée au feu pour détruire, s'il était possible, le souvenir matériel de ce qui lui avait été ainsi écrit. C'est par là qu'on veut nous faire croire que M. Marsden a brûlé toute sa correspondance de 1853, qu'il a anéanti à la fois et tous les rapports que lui faisait son beau-frère et les rapports que lui faisait sa belle-sœur, et les lettres de ses enfants, et les lettres de mademoiselle Doudet, et les rapports des médecins pendant la maladie des enfants, les lettres de MM. Teissier et Gaudinot!

M. Marsden est surpris en mensonge quand il dit qu'on lui écrivait pour l'empêcher de venir. Je prends deux lettres qui sont sous vos yeux, l'une d'elles est en date du 13 juin 1853, écrite à sa fille Émily. Rappelez-vous que le 13 juin, M. Marsden écrivait à M. Gaudinot : « Je vous remercie des rapports que vous m'avez envoyés sur la maladie de ma petite fille. » Et ces rapports étaient si peu faits pour le tromper sur la maladie de sa fille, pour lui persuader qu'elle n'était pas dangereuse, qu'il sait la reconnaître d'après les rapports qui lui étaient fidèlement envoyés de cette maladie, il dit : « C'est une apoplexie, un épanchement sanguin résultant d'une détention prolongée du sang dans les vaisseaux du cerveau pendant une quinte de toux. »

On vient de dire que jamais Mary-Ann n'avait eu la coqueluche, et les rapports des médecins étaient tels que le père écrit, comme médecin qu'il est lui-même, que la maladie s'explique comme conséquence d'une quinte de toux qui a amené la rupture des vaisseaux et déterminé un épanchement sanguin dans le cerveau !

Je ne rappelle pas cette lettre pour déterminer la véritable cause de la maladie ; je prie la Cour de saisir le point important de cet aveu de M. Marsden. Il dit qu'on lui écrivait pour le tromper. Cette lettre est la preuve qu'on ne lui déguisait rien, qu'on lui présentait au contraire la maladie comme grave, puisque sur ce rapport il voyait un cas d'apoplexie et expliquait la position extrêmement dangereuse où était sa fille. Dans cette lettre, qu'il écrivait à M. Gaudinot, comme dans celle que je tiens dans les mains et qui est adressée à sa fille, il explique qu'il ne lui est pas possible de venir, qu'il ne peut pas quitter sa clientèle. Il n'est donc pas sincère, il trahit donc la vérité, quand il articule dans sa plainte et soutient devant vous qu'on lui envoyait des lettres tellement conçues, qu'elles devaient l'empêcher de venir à Paris. Au contraire, on sollicitait sa venue, et c'est lui qui, dans le mois de juin, le 13 juin 1853, c'est-à-dire trois semaines après l'accident de Mary-Ann, s'excuse de ne pouvoir pas venir à Paris, ainsi qu'il y était invité par les lettres auxquelles il répondait.

Je crois cette réponse suffisamment catégorique, mais permettez-moi d'en faire une autre. A qui ai-je affaire et quel est donc l'homme qui vient dire qu'il a été trompé par la correspondance, trompé sur l'état moral de ses enfants, trompé sur le caractère de la maladie dont elles étaient atteintes, sur les mauvaises habitudes qu'elles pouvaient avoir (et nous viendrons tout à l'heure démontrer plus fortement encore qu'à l'audience d'hier que c'est une odieuse calomnie contre mademoiselle Doudet que l'imputation d'avoir inventé le fait des mauvaises habitudes de ces enfants), mais enfin quel est cet homme qui vient dire qu'il a été trompé ? Qu'on nous dise, dans une phrase plus ou moins habile, que mademoiselle Doudet est une personne merveilleusement habile elle-même, que mademoiselle Doudet a des artifices, a des combinaisons, a des moyens de jeter les autres dans l'erreur avec une merveilleuse sagacité ; on le peut dire, mais il m'est bien permis de dire aussi que l'affection, que la tendresse d'un père ont leur intelligence, et que M. Marsden était bien en état, voyant ses enfants, causant avec eux, d'apprécier si ce qu'on lui disait d'eux avait quelque apparence de vérité. Père et médecin, ce n'est pas seulement de loin qu'il a pu juger et apprécier sur la foi des correspondances ce qu'on lui disait de la moralité de ses enfants, ou plutôt de leurs déplorables habitudes. Est-ce qu'il n'est pas venu deux fois à Paris ? est-ce qu'il n'y est pas resté pendant quelques jours en décembre 1852, et depuis le 7 février jusqu'au 30 mars 1853 ? est-ce qu'il ne déclare pas lui-même que pendant ce séjour à Paris il voyait ses enfants tous les jours ? est-ce que nous n'avons pas une lettre du 9 mai 1853 dans laquelle on voit qu'il venait passer les soirées chez mademoiselle Doudet, qu'il était dans ces soirées avec madame Espert et qu'il demandait les chansons que madame Espert chantait pendant ces soirées ? Comment ! il a passé près de deux mois à Paris, du 7 février jusqu'au 30 mars, depuis qu'on accuse ses enfants (je ne parle pas de ce qu'il en savait lui-même avant que ses enfants quittassent l'Angleterre, mais de ce qu'il a su par les correspondances), pendant tout ce temps il a pu être trompé par ce que lui écrivait une femme artificieuse? Cela est dénué de tout bon sens, et chaque pas que je fais dans ma réfutation est un témoignage et de la fausseté des accusations et du peu de sincérité des accusateurs.

M. Marsden se plaint non seulement d'avoir été trompé par les lettres qu'on lui écrivait, mais d'avoir été trahi dans les lettres qu'il a écrites. Encore un fait que vous imputez à mademoiselle Doudet et qui est relatif à M. Gabriel, que je ne connais pas plus que mon adversaire. M. Gabriel, disait-on tout à l'heure, était l'homme d'affaires chargé de recueillir les preuves de la mauvaise conduite de mademoiselle Doudet et de préparer tous les éléments de la plainte que M. Marsden voulait porter, et il serait devenu l'auxiliaire de mademoiselle Doudet. Comment? Il a livré à mademoiselle Doudet les lettres qui lui avaient été écrites par son correspondant M. Marsden.

Il n'y a pas un mot de vrai.

Vous avez entre les mains la déclaration devant M. Boudrot (page 87), commissaire délégué aux informations judiciaires. M. Boudrot a reçu la déclaration de M. Gabriel qui explique ce que c'est que cette femme Poussielgue pour laquelle il avait eu déjà des affaires, qui l'avait chargé de différentes réclamations et qui raconte en même temps sa correspondance avec M. Marsden.

M. Gabriel a en outre été entendu par M. le juge d'instruction, et il a fait le dépôt sous scellés, à la justice, des lettres qu'il a reçues de M. Marsden (1). Il n'est donc pas vrai que, vis-à-vis de nous au moins, M. Gabriel ait été coupable d'une trahison, que nous ayons eu le moindre rapport avec M. Gabriel, que nous ayons reçu aucune communication de lui. C'est à la justice que M. Gabriel a déposé sous le scellé que vous avez là les lettres émanées de M. Marsden et adressées audit Gabriel.

C'est donc encore un point détruit dans la plaidoirie que nous entendions tout à l'heure.

---

(1) Cote 77 du dossier de l'instruction :

« L'an 1854, le 24 juin, par-devant nous ..... juge d'instruction..... En conséquence de la citation donnée par l'huissier audiencier près ce tribunal, à la requête de M. le procureur impérial, le 20 courant, en vertu de notre cédule du même jour,

» Est comparu le témoin ci-après... lequel a fait sa déposition ainsi qu'il suit :

» Je me nomme Guy Gabriel, âgé de cinquante-trois ans, jurisconsulte, demeurant rue des Écuries-d'Artois, n° 2.

» Je persiste dans la déclaration que j'ai faite le 20 novembre dernier devant M. le commissaire de police Boudrot, dont vous venez de me donner lecture.

» Je me rappelle fort bien que, lorsque j'ai fait part à madame Poussielgue et à miss Rashdall de la détermination que le docteur Marsden paraissait avoir prise de ne pas porter plainte, ces dames ont paru très contrariées ; et autant qu'il m'en souvient, madame Poussielgue aurait dit à miss Rashdall : « Nous » pouvons nous passer du docteur Marsden et porter plainte sans lui. »

» J'AI CONSERVÉ *toutes les lettres* que j'ai reçues du docteur Marsden à l'occasion de cette affaire, et *sur votre demande, je m'engage à vous les apporter demain.*

» Lecture faite, etc. »

Les quatre lettres sont réunies sous un scellé, au dossier de l'instruction, sous la cote 89, comme ayant été effectivement apportées à M. le juge d'instruction par M. Gabriel.

Arrivons maintenant aux moyens de l'avocat de M. Marsden, au fond même de la cause, tous ces prolégomènes étant écartés et, je le crois, réfutés.

Il attaque l'enquête anglaise. Elle ne signifie rien : c'est un Burrows qu'on ne connaît pas, qui fait des informations fort étranges.

M. Burrows donne sa déclaration et recueille les témoignages suivant la loi d'Angleterre. Ces pièces, qui ne sont de nulle valeur aux yeux de mon confrère, ont été mises sous les yeux du consul d'Angleterre à Paris ; vous avez sa déclaration qu'elles sont parfaitement régulières, parfaitement conformes à la loi anglaise, et qu'elles seraient reçues en Angleterre en *évidence* pour faire preuve devant toute cour et tribunal en Angleterre.

Qu'était M. Burrows ? C'était un avoué ; pendant vingt-quatre ans il a exercé cette profession ; depuis plus de sept ans, sur la nomination du lord chancelier d'Angleterre, il remplit la profession de principal clerc et greffier des tribunaux du comté ; enfin il est un des commissaires pour la ville de Londres pour recevoir les serments de la chancellerie, et cela est déclaré devant M. Edwars Evans, juge de paix de la ville de Worcester. Or, le juge de paix, en Angleterre, remplit précisément les fonctions de juge d'instruction. C'est devant le juge de paix qu'on procède quand on va porter une plainte comme ici devant le juge d'instruction. C'est ainsi que l'enquête anglaise a été faite.

On a présenté à la chambre d'accusation ces pièces que M. le juge d'instruction avait refusé de recevoir pour les examiner et les joindre au dossier.

L'enquête anglaise, je ne l'invoque pas, je n'en ai même pas besoin. Caroline Matthews, qui est la bonne, déclare ce qu'elle sait relativement aux habitudes. Cela est inutile, dans l'état du procès, pour votre conviction. En effet, je vais trouver tout à l'heure dans la déclaration de M. Marsden lui-même les preuves de tout ce qui est établi par l'enquête anglaise. Mais j'en maintiens l'autorité, parce qu'elle a été faite de bonne foi, parce qu'elle a été faite dans la forme légale, parce qu'elle a été faite dans des conditions telles, qu'elle serait reçue devant toutes les juridictions en Angleterre.

C'est à propos de l'enquête anglaise qu'on est venu nous présenter une déclaration, je ne sais trop dans quels termes, de mademoiselle Burnell. Tout ce que nous avons à dire de mademoiselle Burnell, qui prétend qu'on lui aurait parlé d'une manière inconvenante de M. Marsden en Angleterre, et qu'elle a été étonnée du langage que lui a tenu mademoiselle Doudet, c'est que cela est contraire à ce que vous disiez un moment après dans votre plaidoirie, que tant qu'elle a été en Angleterre, pendant les six semaines qu'a duré son séjour dans la maison Marsden, elle a été pleine de bonne grâce, cherchant à plaire à tout le monde, se conduisant ainsi pour plaire à M. Marsden. Si c'était un calcul de sa part, tout le monde comprend que ce n'est pas à cette époque qu'elle aurait parlé d'une manière inconvenante de M. Marsden avec mademoiselle Burnell. D'ailleurs je vous ai lu la lettre contemporaine de cette même demoiselle Burnell (page 47).

Défions-nous de toutes les pièces qui, dans cette affaire, arrivent après coup, nous voyons les personnes tenir un langage tout différent. Je demande que ce soit sur les documents, sur les pièces, et avec leur date surtout, que vous portiez votre jugement.

Mademoiselle Burnell, en quittant la maison du docteur Marsden, a écrit une lettre à mademoiselle Doudet où elle se confond en excuses en même temps qu'en remercîments, et où elle dit en quittant la maison : Je ne vous reverrai peut-être jamais ; mais où elle dit que tout le monde a été dur pour elle, excepté mademoiselle Doudet. C'est postérieurement, c'est depuis que le procès a éclaté que M. Marsden s'efforçant, dans le but que nous devrons préciser tout à l'heure, de remuer les esprits et de recueillir les suffrages, mademoiselle Burnell a écrit dans un sens différent. Peu m'importe ; la vérité est contemporaine, elle est dans cette lettre de 1852 et non pas dans l'écrit quelconque qu'on nous oppose aujourd'hui, et qui est daté d'avril ou de mars 1855.

De l'enquête anglaise on est arrivé à l'examen des témoignages français. Ici est la base de la discussion.

J'ai dit (et il n'y a pas un homme attentif et judicieux qui, en parcourant cette volumineuse procédure et en interrogeant toutes ces déclarations de témoins, ne reconnaisse la vérité de ce que je dis) que tous les témoins se réfèrent à ce qu'ils ont entendu dire par d'autres. Il n'y a rien d'important, rien de sérieux dans ce que les témoins prétendent ou disent avoir vu de leurs propres yeux. Ils commencent bien, comme madame Poussielgue, par déclarer ces faits à leur connaissance ; ils les énumèrent. Mais quand on les confronte avec mademoiselle Doudet, ils ne soutiennent pas ce qu'ils ont dit comme étant à leur connaissance personnelle : tous, sans exception, madame Sudre, qui a écrit une lettre, madame Espert, qui a écrit celle du 31 mai, madame Poussielgue, qui a été chez le commissaire de police, madame Hooper, qui a écrit les lettres anonymes qui ont déterminé la venue du commissaire de police, toutes ces personnes disent que ce qu'elles savent, elles le savent de Léocadie ou de Zéphyrine, de la propre sœur de mademoiselle Doudet.

Mon adversaire s'est fortement emparé de ce qu'on appelle le témoignage de Zéphyrine contre sa sœur. C'est la partie capitale du procès. S'il est vrai que Zéphyrine ait dit de sa sœur ce que les témoins prétendent avoir entendu dire, je comprends que l'accusation ait quelque autorité, quelque force ; qu'il y ait là un témoignage imposant, redoutable qui devra arrêter vos esprits ; mais s'il est facile de démontrer, et si vous devez sortir d'ici convaincus que Zéphyrine n'a pas dit ce qu'on prétend avoir été dit par elles, que ce qu'elle a pu dire est complétement dénaturé, a complétement changé de caractère dans la bouche de ceux qui ont entendu ces paroles, je dis que l'accusation est complétement renversée.

Or voyons : je ne parle pas de la position de Zéphyrine, de son affection et de sa tendresse pour sa sœur, de l'invraisemblance que Zéphyrine aille colporter de porte en porte, de maison en maison, que mademoiselle Doudet est un bourreau, une mégère qui déchire le corps de ces enfants qui lui sont confiées ; je laisse toutes ces invraisemblances de côté. Arrivons aux faits. Qu'y a-t-il de certain ? Tout ce qu'on prétend avoir été dit par Zéphyrine est détruit par le témoignage de madame Espert.

Madame Espert est une locataire de cette maison. C'est une maison de verre. Il n'y a pas de maison bâtie plus légèrement. Je vous en conjure, qu'un de

vous, Messieurs, voie les lieux : c'est une maison dans laquelle il n'y a pas
de retraites et de coins ; tout est au grand jour. L'espace est libre et la maison
retentissante. Elle est habitée par d'autres locataires. Nous vous remettons la
déclaration de M. Rapelli, qui demeure à côté, au rez-de-chaussée, et qui n'a
été témoin d'aucune scène de violence. Vous avez madame Espert, qui occupe
l'appartement au-dessus de mademoiselle Doudet, et plus haut madame Pacault. Les habitants de cette maison n'ont rien entendu ; madame Espert le
déclare formellement. Elle n'a rien entendu, elle n'a rien vu par elle-même,
elle ne sait que par Zéphyrine ou par Léocadie. Par Zéphyrine, que peut-elle
savoir ? Elle déclare que jusqu'au départ de Zéphyrine les enfants ont été bien
soignées, et que leur état de santé a été satisfaisant. Donc, tant que Zéphyrine
a été là, point de mauvais traitements.

On s'est efforcé, dans le système de l'accusation, de mettre Zéphyrine d'une
manière cruelle en opposition avec sa sœur, de dire que Zéphyrine avait été
une protection pour les enfants ; que non-seulement elle a porté ses plaintes et
ses gémissements de quelques sévérités dans le régime, mais qu'elle protégeait
les enfants tant qu'elle a été là.

J'ai ici deux observations à faire, toutes deux les plus graves du monde pour
un esprit sensé et raisonnable. Qu'a-t-on dit, que prétend-on, et à quelle conviction faut-il arriver pour soutenir l'accusation ? Que Zéphyrine a quitté la maison de sa sœur, est partie indignée ; qu'elle était engagée, par un contrat, à
rester avec sa sœur pour l'éducation des Anglaises ; qu'elle est partie parce
qu'elle était révoltée des procédés de sa sœur envers ses élèves, et qu'elle l'a
quittée après avoir proclamé partout la cause de sa retraite.

Quelques mots d'explication très simples. D'abord Zéphyrine n'était pas
engagée ; Zéphyrine était comprise dans le premier contrat, qui fixait à six
mois la durée du séjour des enfants près de Célestine Doudet et de sa sœur.
Quand il a été question de prolonger de six mois, Zéphyrine avait cherché une
position particulière ; elle l'avait trouvée par M. Lebey, qui le déclare, et à la
fin de décembre 1852, juste à l'expiration des six mois pour lesquels elle était
comprise dans l'engagement primitif, Zéphyrine avait fait un arrangement
avec madame Blanc, rue Basse-du-Rempart. Madame Blanc a exigé, au bout
de trois mois, que Zéphyrine ne vînt pas seulement passer les journées chez elle,
qu'elle vînt y rester tout à fait. Voilà la vérité. Ainsi elle n'est pas sortie rompant
un engagement ; elle n'était liée par aucun engagement à dater de la fin de
décembre. Elle n'était engagée que du 15 juin au 15 décembre 1852, par sa
sœur, et non pas par elle-même.

Est-elle sortie par suite de son indignation ? Voilà qui est révoltant d'invraisemblance. M. Marsden est descendu à Paris à l'hôtel Windsor, le 7 février
1853 ; les registres de l'hôtel constatent qu'il n'a pas cessé d'y rester jusqu'au
30 mars. C'est le 7 avril que Zéphyrine quitte la maison pour s'établir chez
madame Blanc, envers qui son engagement remonte à la fin de décembre précédent. Zéphyrine part indignée ; elle ne pouvait pas résister à ce qu'elle voyait
faire à sa sœur. C'est donc surtout pendant les deux derniers mois que se
seraient passés les événements, ces actes de cruauté de sa sœur qui déter-
minent son départ. Elle ne peut résister davantage ; elle ne peut rester chez sa
sœur ; elle dit partout que la conduite de sa sœur l'indigne, qu'elle est into-

lérable. Elle part dans cet état d'indignation ! Vous oubliez que le père n'est parti que sept jours auparavant ; que le père avait fait deux mois de séjour ; que Zéphyrine voyait le père tous les jours, car le père venait voir les enfants, surtout dans la soirée ; que Zéphyrine n'a pas dit un mot à ce père de tout ce qu'on prétend qu'elle a été dire à toutes les habitantes du quartier. Quand madame Sudre et les habitantes du quartier viennent me dire que Zéphyrine, indignée, signale partout les atrocités de sa sœur ; quand je vois cette sœur indignée passer deux mois à côté du père de ces malheureux enfants, et, pendant ces deux mois, ne pas lui dire un mot, ne pas faire connaître au père ce que les femmes du quartier prétendent qu'elle leur a communiqué, comme on l'a dit tout à l'heure ; qu'elle arrêtait les passants dans la rue pour témoigner son indignation de la conduite de sa sœur..., comment ! Zéphirine a dit ce qu'on prétend qu'elle a dit ! C'est là ce qui l'a déterminée à partir ! Et quand le père venait tous les jours dans la maison, Zéphyrine ne lui a jamais parlé de cela ! Et cependant ce serait pendant ces deux mois, durant lesquels le père et la mère ont été à Paris, que mademoiselle Doudet se serait rendue coupable de ces excès qui ont obligé sa sœur à quitter la maison !!

Par ces faits réunis, tout est répondu sur les prétendues déclarations de Zéphyrine. Zéphyrine était engagée avec madame Blanc à la fin de décembre ; elle a satisfait à son engagement en partant le 7 avril. Elle n'a jamais tenu aucun des propos qu'on lui impute dans le quartier, pendant que M. Marsden était ici avec sa jeune femme, depuis le mois de février jusqu'à la fin de mars. Elle ne peut pas avoir été poussée à l'indignation par la conduite de sa sœur pendant les derniers temps ; car il faudrait supposer que c'était pendant que le père et la mère étaient à Paris que mademoiselle Doudet se serait laissée aller à ses plus grands excès ; que Zéphyrine n'aurait rien dit, et que Célestine aurait excédé la mesure des tortures dont elle rendait les enfants victimes, de sorte que sa sœur serait partie indignée. Je dis que cette imputation contre Zéphyrine est cruelle, mais qu'elle est complétement mensongère. Il y a de la part des témoins exagération.

Oui, Zéphyrine a dit, a pu dire, je crois même qu'elle a écrit quelque part, que ce système d'application de corrections corporelles, que le système pratiqué chez M. Marsden, comme dans presque toutes les écoles d'Angleterre, lui répugnait ; qu'elle trouvait que le système d'alimentation homœopathique était mauvais. Il ne faut pas que vous l'oubliiez, il y a des lettres qui constatent le système de M. Marsden. Je vous en ai montré du 13 juin, où il dit qu'il s'oppose à ce que, d'après l'avis de M. Gaudinot, on ajoute une soupe au déjeuner ordinaire, qui devait se composer, selon lui, de *lait coupé d'eau*. On vient faire de ce régime commandé par le père, médecin homœopathe, un crime à mademoiselle Doudet. Elle les a fait mourir de faim ! Reprenez dans l'instruction, je ne veux pas vous fatiguer de lectures nouvelles, les déclarations des deux bouchers et du rôtisseur, du porteur de pain qui venait tous les jours apporter pour les cinq filles, leur maîtresse et leur bonne, dix ou douze livres de pain, et à côté de cela jugez la déclaration qu'il n'entrait pas de subsistances suffisantes dans la maison, et que les enfants systématiquement étaient poussées à mourir de faim ! Que la consommation diminue quand Mary-Ann est au lit, en juin et juillet, quand les enfants sont malades de la coqueluche, je le comprends : quand il y a une personne de moins dans la maison, si la consommation n'est plus que de huit à neuf livres, cela s'explique parfaitement. Quant aux viandes, aux pâtés, aux pâtisseries, vous avez la déclaration des témoins. Tout est donc faux dans l'accusation.

Je m'arrête à ce point. Il n'est pas vrai que Zéphyrine ait fait autre chose que de dire qu'elle blâmait le système d'éducation suivi par sa sœur, conformément à l'usage anglais et commandé dans les lettres de M. Marsden. Est-ce que ce n'est pas lui qui dit : « Si Alice ne veut pas obéir, prenez-la sur vos genoux et fouettez-la? Est-ce que nous n'avons pas un exemple de son système d'éducation dans sa propre déclaration, quand il déclare que pour faire avouer quelque chose à une de ses filles, trois jours de suite il l'a frappée avec une cravache? Assurément cela ne rend pas étrange ce système d'éducation. A-t-il été poussé jusqu'à la cruauté? Non, Zéphyrine a blâmé ce système. Ce système, en effet, dans les maisons d'éducation françaises, surtout de demoiselles et au commencement de ce siècle, a été complétement banni; mais il n'en est pas moins vrai que tous les documents officiels constatent qu'il est encore pratiqué en Angleterre, qu'il a été indiqué par M. Marsden lui-même. Ce fait, d'avoir appliqué des corrections manuelles, a pu être qualifié de *battre* et de *maltraiter* les enfants, mais cela a été l'exagération qu'on trouve dans le langage des témoins. Je dis qu'il n'est pas vrai que cette exagération soit sortie de la bouche de Zéphyrine, et que pour vous, tout sera ruiné par ce fait que Zéphyrine a quitté la maison de sa sœur sept jours après que le père et la mère étaient partis, et que, par conséquent, elle n'était pas partie avec la pensée que ces enfants étaient crucifiés, comme on prétend l'avoir entendu de sa bouche; car elle en aurait dit quelque chose au père et à la mère, pendant leur long séjour.

Zéphyrine est le témoin sur lequel tout le monde se reporte, même Léocadie. Lisez la fin de la déclaration; il y a une multitude de faits qui semblent, dans sa première déposition, avoir été vus pas elle-même; mais quand elle est mise en confrontation avec mademoiselle Doudet, elle dit : La majeure partie des faits que j'ai déclarés, je les tiens de Zéphyrine. Ainsi c'est sur les déclarations de Zéphyrine, que le témoignage de Léocadie est reporté.

Quant au témoignage de Léocadie, je me trouve dans un grand embarras si je n'ai pas le droit de dire qu'il est jugé. Léocadie n'articule aucun fait. Je vous ai fait ressortir et vous ne manquerez pas, dans votre esprit d'impartialité et de justice, de vérifier l'exactitude de mes observations, que Léocadie, entendue la première fois, avait dit qu'elle avait entendu mademoiselle Doudet frapper l'enfant au moment où l'on revenait d'une promenade, que dans la confrontation, elle dit qu'elle n'a pas vu frapper, et que plus tard, au mois de mai 1854, quand elle est entendue, comme elle avait dit très injustement et très mensongèrement devant le portier, que l'enfant était tombée sous les coups que lui avait portés mademoiselle Doudet, il fallait bien qu'elle dît qu'elle a entendu au moins des coups, si elle ne pouvait pas dire qu'elle les avait vus; et c'est alors qu'elle prétend (en contradiction avec elle-même, qui dans sa première déclaration dit qu'elle était dans la cuisine, quand elle a entendu la chute d'un corps sur le parquet du salon ou de la salle à manger), elle vient dire qu'elle n'était pas dans la cuisine, qu'elle était sur l'escalier, qu'elle s'est approchée de la porte de la salle à manger, qu'elle regardait par le trou de la serrure, et qu'elle entendait les coups redoublés, portés par mademoiselle Doudet. Il y a donc une déposition calculée pour mettre sa déclaration d'accord avec la déclaration que Tassin et sa femme prétendent avoir reçue d'elle.

Donc la déclaration de Léocadie, j'ai le droit de dire qu'elle est jugée; car c'est elle seule qui a articulé que c'était par suite des coups que mademoiselle Doudet avait portés à Mary-Ann, que Mary-Ann était tombée et s'était frappé la tête contre un meuble, ce qui avait déterminé la paralysie, l'hémiplégie. Est-il jugé que les coups n'ont pas été portés? Comment maintenant peut-on invoquer le témoignage de Léocadie, qui, de son propre aveu, ne savait guère que le fait de coups portés à Mary-Ann, fait reconnu faux par la déclaration du jury?

Si je ne m'arrête pas à la déclaration du jury, quelle que soit son autorité, je prends le fait en lui-même et je dis que Léocadie a menti, que c'est un faux témoin, que sa première déclaration à l'époque la plus voisine de l'affaire porte qu'elle n'a pas entendu, qu'elle n'a pas vu tomber Mary-Ann, et ce n'est que dans des déclarations postérieures qu'elle prétend s'être approchée de la porte, avoir mis l'œil à la serrure et avoir entendu les coups redoublés. Léocadie doit donc être écartée.

Quelque importance qu'on attache à sa déclaration, il y a des règles judiciaires auxquelles nous devons nous soumettre : nous ne sommes pas libres, vous ne l'êtes pas; il n'y a pas de magistrat qui ne soit astreint à se soumettre à la nécessité de preuves suffisantes. Ce n'est pas à l'arbitraire des sentiments du cœur de l'homme qu'est remise la décision sur notre honneur, sur notre vie, sur notre liberté. Le magistrat enferme les mouvements de son cœur sous l'autorité de la loi qui lui dit : Il faut certaines conditions de preuves; il faut que les preuves soient juridiques, concordantes, et c'est alors que, protégé par la prudence législative, il ose prononcer un jugement, une condamnation et qu'il dit : Ma conviction est légale, elle n'est pas seulement humaine, arbitraire, de sentiment, elle est légale, conforme à la loi; elle repose sur ce que la loi considère comme des preuves. Et quand un témoignage est détruit par une décision de cour souveraine, est vicié par les contradictions qu'il renferme; quand un témoignage se plie aux nécessités de la marche du procès en se modifiant suivant les époques auxquelles il est apporté, ce témoignage doit être complètement écarté.

Il y a donc, dans la cause, des raisons déterminantes pour écarter le témoignage faux et variable de Léocadie, de même que pour écarter le témoignage prétendu de Zéphyrine qui proteste, elle, de toute son âme, contre ce qu'on lui fait dire, et qui, je le répète, est confirmée dans sa déclaration; car quand Zéphyrine vient dire aujourd'hui : « J'ai blâmé le système d'éducation, et je n'ai jamais fait autre chose, je n'ai jamais imputé à ma sœur » tout ce qu'on prétend; » ce qu'elle dit est confirmé par madame Espert, par cette voisine du premier étage, qui vient vous dire que tant que Zéphyrine a été là, les enfants ont été parfaitement soignées, et leur état était parfaitement satisfaisant. Il est impossible qu'on tire de Zéphyrine quoi que ce soit qui condamne la conduite de mademoiselle Doudet. Les premiers juges l'ont reconnu, puisqu'ils disent que la mission a été remplie d'une manière satisfaisante pendant les huit premiers mois, c'est-à-dire pendant tout le temps du séjour de Zéphyrine. Et si pendant ce temps, la conduite de mademoiselle Doudet a été irréprochable, même aux yeux de ceux qui l'ont condamnée en première instance, n'est-il pas évident que toutes les accusations, que toutes les déclarations qui portent sur ce point sont renversées aussi bien par la décision contre mademoiselle Doudet, que par l'arrêt de la Cour d'assises rendu en sa faveur?

Mon adversaire a passé à d'autres témoins.

Il invoque les autres servantes. Que sont-elles? Il y a une fille Perret qui est restée quinze jours à la maison, antérieurement au mois de décembre 1852; une fille Liébaut qui dit qu'on l'a accusée imprudemment d'avoir volé un parapluie, et c'est sous l'impression de cette accusation qu'elle déclare précisément pour l'époque où il est reconnu que la conduite de mademoiselle Doudet était irréprochable, des faits qui seraient les plus coupables du monde.

A côté de cela est la dernière servante, la veuve Desitter, qui est en service pour la première fois à dater de la mort de son mari, qui a cherché un emploi, ainsi qu'elle le dit dans sa déposition, et qui est entrée chez mademoiselle Doudet. Qu'est-ce qu'elle déclare? Tout le contraire de ce que Léocadie dit sur le régime intérieur de la maison, sur le caractère de mademoiselle Doudet, sur les soins qu'elle donnait aux enfants. Que vient dire mon adversaire? Il a fait entendre à l'audience que le témoignage de la femme Desitter était sans importance, parce qu'il est évident qu'aussitôt après la mort de Mary-Ann, mademoiselle Doudet avait dû réformer sa conduite, épouvantée de la mort de cette jeune fille. Elle est morte le 28 juillet, les enfants sont parties trois jours après la mort de Mary-Ann. C'est donc pendant trois jours que la conduite aurait été réformée? Ce n'est pas possible, c'est évidemment pour des temps antérieurs que la femme Desitter a porté son témoignage.

Autre témoin. On fait valoir comme scène dramatique et concluante cette scène des enfants de madame Martin, la femme du pharmacien, qui vient au mois de juin avec ses deux filles chez mademoiselle Doudet; ces jeunes filles, en rentrant toutes les deux, se jettent dans les bras de leur mère, en versant des larmes, très émotionnées de ce qu'elles ont vu chez mademoiselle Doudet.

Y a-t-il une scène plus simple et moins accusatrice? Comment les bonnes jeunes filles du pharmacien sont entrées, ont vu la pauvre petite Mary-Ann, âgée de dix ans, attaquée de paralysie, gisante sur son lit, et presque mourante. Elles ont vu cette enfant, avec qui elles avaient joué à d'autres époques, dans cet état de dépérissement et de mort prochaine, et sans rien dire, sans expliquer la nature de leur émotion, terrifiées, en quelque sorte, par les impressions qu'elles ont reçues à ce triste spectacle, en rentrant chez elles, elles se jettent au col de leur mère; cela veut dire que mademoiselle Doudet était une institutrice cruelle, qu'elles avaient été épouvantées des sévices de mademoiselle Doudet envers ses élèves! que mademoiselle Doudet en leur présence probablement se serait livrée à quelques-unes des tortures dont on l'accuse! On comprend l'élan des demoiselles Martin dans les bras de leur mère, avec les larmes qu'elles versent en rentrant au logis, après le triste spectacle d'une jeune camarade, d'une enfant un peu moins âgée, mais presque de leur âge, qu'elles avaient vue jouer, et qu'elles trouvent gisante là, paralysée de la moitié du corps, ne pouvant presque plus exprimer ses pensées. Qu'elles aient versé des larmes après l'émotion que ce spectacle leur a donné au moment où elles rentraient heureuses et tranquilles sous le toit paternel, il n'y a rien de plus simple et de moins accusateur. C'est un effet quasi dramatique, que celui qu'on a voulu tirer des larmes des demoiselles Martin ; mais comme conclusion, comme argument, comme preuve, il n'y a rien là-dedans qui ait la moindre signification.

Autres témoins, la femme Many et la femme Chardonnot. La femme Many dit que, essayant des robes à ces enfants, elle leur avait trouvé une maigreur si horrible, un état de squelette, si repoussant, « qu'elle n'avait plus voulu recevoir de commande, ni remettre les pieds dans cette maison. » Il faut voir la déclaration de la femme Many, avant que M. Marsden soit venu à Paris, avant que la plainte ait été portée, avant l'instruction sur cette plainte, lorsqu'elle a été entendue par M. Boudrot (1); elle n'a pas dit un mot de cela. Vous confronterez la première déclaration avec la seconde.

Quant à la femme Chardonnot, dont on invoque également le témoignage, qu'a-t-elle dit? Pas autre chose que ce que je vous ai rappelé, qu'elle n'a rien vu ; mais elle croit que mademoiselle Doudet ne consommait pas plus de deux ceux cents livres de charbon de terre pendant tout l'hiver. Et sur quoi fonde-t-elle cette déclaration? Elle a travaillé huit jours, après le mois de novembre, chez mademoiselle Doudet, et elle a calculé que cette dernière ne devait pas consommer plus de deux cents livres de charbon par an. C'est ce calcul ridicule dont on se fait une arme contre nous, ce calcul d'une femme qui a travaillé huit jours, au mois de décembre, chez mademoiselle Doudet ; car rappelez-vous que M. Marsden est arrivé le 18 décembre. Cette femme a donc travaillé huit jours, à intervalles rompus, pour faire les robes qu'on destinait aux jeunes personnes pour l'arrivée de leur père ; elle n'a rien vu, rien entendu, seulement elle s'est aperçue qu'on se chauffait mal dans cette maison, et qu'on ne devait pas y consommer plus de deux cents livres de charbon par an. Et faites bien attention que madame Sudre, en tête de sa lettre accusatrice du 29 juin, parle de cette femme respectable qui a une déclaration si considérable à faire, qui est prête à témoigner devant Dieu et devant les hommes de ce qu'elle a vu et entendu, et quand cette ouvrière arrive, quand

---

(1) *Déposition de madame Many* (31 octobre 1853).

« La dame Many, née Charlotte Dumortier, âgée de trente-neuf ans, couturière, demeurant rue de l'Oratoire-du-Roule, n° 20.

» En mars ou avril 1853, j'ai été chargée par mademoiselle Doudet de confectionner, pour ses cinq jeunes élèves, cinq robes pareilles en foulards de soie ; sur ces cinq jeunes personnes, deux étaient malades, ce qui m'a obligée d'attendre environ six semaines avant de pouvoir leur essayer leurs robes.

» Quant aux trois autres, elles étaient d'une maigreur telle, que leurs corps ressemblaient plutôt à trois squelettes qu'à des créatures vivantes.

» J'ai dû garnir les corsages de ouate afin de pouvoir donner un peu de tournure à ces jeunes filles.

» Il paraîtrait, d'après ce que m'a dit mademoiselle Doudet, que les robes en question étaient un cadeau de la belle-mère des jeunes personnes. »

elle est interrogée, elle dit : J'ai été huit jours, à différents intervalles, chez mademoiselle Doudet, pour faire des robes, je n'ai rien vu, rien entendu, mais je crois qu'on se chauffait très mal dans la maison. Voilà sa déclaration. C'est là le commencement de l'accusation dirigée par madame Sudre contre mademoiselle Doudet.

Et puis, sans relever ces témoignages, sans en citer les termes, mon adversaire fait des récapitulations sur ses doigts et vous dit : Il y a des témoins sans nombre, il y a madame Many, madame Chardonnot, madame Hooper, madame Poussielgue, etc., etc. ; il accumule des noms quand il s'agit d'accumuler des preuves ; c'est ne rien faire du tout. Qu'est-ce donc qu'ils ont dit ces témoins ? Ah ! madame Poussielgue a dit beaucoup de choses, mais elle a été forcée de reconnaître qu'elle avait répété des propos et qu'elle n'avait rien vu par elle-même. Laissons donc de côté l'énumération des témoins, et arrivons aux faits de la plainte sur lesquels mon adversaire s'est appuyé.

Je dis que la plainte (ce n'est pas mon adversaire qui l'a rédigée, mais enfin c'est un homme consciencieux qui l'écrivait sous les yeux du père, sous sa dictée pour ainsi dire, et en présence des enfants), je dis que la plainte qui a été méditée bien longtemps... (le père a retiré ses enfants après la mort de Mary-Ann, le 31 juillet 1853, et la plainte n'a été déposée que le 8 mai 1854 ; huit mois s'étaient donc écoulés) ; je dis que cette plainte, ainsi méditée, doit être rejetée par vous, si elle contient un seul mensonge ; or, c'est un tissu de mensonges, articulés dans des termes odieux. Vérifions une de ces articulations.

On dit, dans la plainte, qu'Emily a été enfermée dans la garde-robe toute la nuit, nu-pieds, qu'elle s'y est enrhumée parce que la fenêtre était ouverte, et qu'elle n'a pas osé la fermer. J'ai répondu à cela qu'il n'y a pas de fenêtre, et en effet, il n'y en a pas. Que vient-on dire aujourd'hui? que M. Marsden s'exprime mal en français, qu'au lieu de la fenêtre, il aurait dû dire la porte ! Mais si la porte n'était pas fermée, Emily n'était pas enfermée !

Qu'articulez-vous? qu'elle était enfermée, que la fenêtre était ouverte, qu'elle n'a pas osé la fermer, et qu'elle est sortie de là morte de froid et avec un rhume ; or, il n'y a pas de fenêtre, je dis que l'articulation, si grave en elle-même, est fausse, qu'elle ne peut pas avoir été écrite sans réflexion, qu'elle est donc à la fois odieuse et mensongère.

Il y a bien autre chose, on est venu à cette audience, dans des termes très vifs, très chaleureux, très pathétiques, signaler un acte de mademoiselle Doudet des plus honteux qui se puissent imaginer. On nous a dit : La pauvre Mary-Ann était sur son lit, elle allait mourir, et mademoiselle Doudet vient dire qu'elle persistait dans ses détestables habitudes, et mademoiselle Doudet a voulu vérifier, sur ce corps expirant, s'il n'y avait pas quelque trace de ces habitudes, c'est elle qui a voulu voir où se plaçait la main de la malheureuse Mary-Ann.

Je puis répondre d'un mot, c'est que ce n'est pas vrai, c'est que c'est le médecin Gaudinot qui a dit que, pendant qu'il était auprès de cette mourante, à diverses reprises, il avait été obligé de détourner sa main, qui s'égarait intinctivement. Ce n'est pas mademoiselle Doudet qui a constaté le fait, ce n'est pas sa servante, lisez la déclaration du docteur Gaudinot qui dit que c'est lui qui, après avoir, depuis le commencement de la maladie, fait sentir à l'enfant le danger des habitudes auxquelles elle s'abandonnait, l'a surprise, aux derniers moments de sa vie, s'y abandonner encore. Voilà la déclaration du médecin. Ne me parlez donc pas de mademoiselle Doudet à ce moment suprême, c'est le médecin qui déclare le fait, et son témoignage est respectable; c'est dans sa mission de médecin qu'il a constaté le fait dont il dépose, et qui n'est pas sans importance au procès.

Mon adversaire n'a pas répondu à ce que j'ai dit sur le révérend Rashdall et sur la surveillance dont il était chargé. Le révérend Rashdall, qui est venu à Paris le 21 juin et qui est parti de Paris le 5 juillet 1853, le révérend Rashdall, qui est venu après les lettres anonymes, après que le commissaire de police Collomp avait fait une investigation sur laquelle je vais rappeler vos souvenirs tout à l'heure; le révérend Rashdall venait, pour quoi faire? Parce que M. Marsden était tourmenté par les lettres anonymes qu'il recevait de la société Hooper, Sudre, etc., de madame Maling entre autres, qui déclare que sa responsabilité était engagée, qu'elle a averti le père; de madame Malling qui n'osait pas mettre les pieds chez mademoiselle Doudet, qui envoyait madame Hooper faire des investigations, qui écrit au commissaire de police Collomp, lequel se rend dans la maison; nous verrons ce qu'il constate.

Mais auparavant, je m'arrête à un point de mon dossier dont mon adversaire n'a pas dit un mot, je veux parler des observations que j'ai faites sur la surveillance du révérend Rashdall, qui est venu passer quinze jours à Paris après la réception de ces lettres anonymes, après la lettre de madame Espert du 31 mai, dont j'ai la copie entre les mains, après les lettres de madame Hooper, car il y avait des circulaires, des papiers, des lettres, des déclarations échangées entre ces femmes du quartier qui s'armaient du témoignage ou des paroles de Zéphyrine, en les travestissant complétement; le révérend Rashdall est venu à Paris pour quoi faire? Ce révérend pasteur aime ces enfants comme s'il en était le père, il est le propre frère de leur mère, il est venu à Paris, à la prière de M. Marsden, qui lui avait dit : Je suis inquiet, tourmenté par toutes les lettres anonymes qui m'arrivent sans cesse; j'en reçois qui me sont transmises par le commissaire de police lui-même : voyez ce qui se passe, mon frère, allez à Paris. Voici un homme grave, il vient à Paris, il y reste depuis le 21 juin jusqu'au 5 juillet. Que voit-il? qu'aperçoit-il? quelles révélations, quelles plaintes, quelles confidences reçoit-il de la part des enfants? Rien, pas un mot. Il retourne en Angleterre, et il dit : Je suis revenu parfaitement rassuré, cependant, pour rassurer mon beau-frère, je suis convenu que ma sœur, mademoiselle Rashdall, me remplacerait dans la surveillance des enfants et de mademoiselle Doudet.

Madame Rashdall, la tante, est donc chargée de la surveillance pendant le mois de juillet; c'est cette tante qui a la confiance de son beau-frère, le médecin, et qui doit l'avoir informé de ce qui se passait dans la maison de mademoiselle Doudet. M. Marsden n'a donc pas pu ne pas savoir ce qui était à la connaissance de tout le monde. N'oubliez pas cette lettre très importante du

15 juillet 1853, adressée par le père à Emily, lettre dans laquelle ce père, au moment des investigations de son beau-frère à Paris, au moment où sa belle-sœur y est, ce père déclare qu'il est fatigué des faux rapports et des lettres anonymes qui lui arrivent. Ce n'est pas à mademoiselle Doudet qu'il écrit, c'est à sa propre fille Emily, qui est une personne intelligente, on le voit par ses lettres : elles sont écrites en meilleur style, en meilleur français que celles de ses autres sœurs. C'est avec Emily que correspond plus habituellement le père ; c'est à elle qu'il avait adressé la lettre dont nous parlions tout à l'heure. Il lui écrivait, le 15 juillet, ces mots :

« Vous me semblez ignorer que je reçois presque journellement des lettres d'Angleterre et de la France, écrites par des personnes qui me sont inconnues, me rendant compte de vos mines affreuses, blâmant mademoiselle là-dessus, l'accusant de vous avoir privées de nourriture, etc., etc. Le commissaire de police du quartier, même, m'a écrit à votre sujet. Je serai nécessairement obligé, ou de vous retirer de chez mademoiselle, qu'un de ceux qui m'écrivent me conseille de « jeter par la » fenêtre, » ou de placer une parente ou quelque autre auprès de vous, pour vous surveiller, ce que la police m'a prié de faire. La seule personne qui pouvait se rendre auprès de vous dans ce moment, est votre tante Fanny ; et elle est là pour vous surveiller aussi bien que pour surveiller mademoiselle. »

La mission de mademoiselle Fanny Rashdall est donc bien établie. Le commissaire de police s'est rendu sur les lieux ; il n'a rien vu de ce qui était dans les lettres anonymes, et il a fini par écrire au père : Voilà les lettres que je reçois ; j'ai fait une visite dans la maison qui n'a produit aucun résultat. Venez vérifier vous-même ce qui se passe, ou envoyez la personne qui s'intéresse le plus aux enfants, et voyez par elle l'état des choses.

Madame Rashdall est donc là ; que déclare-t-elle ? Qu'elle a vu plusieurs fois les enfants attachées dans leur lit ; qu'elle a assisté plusieurs fois à leur repas, et qu'elle a vu que la nourriture était détestable et insuffisante. Si elle a vu que les enfants étaient attachées dans leur lit, par une simple mesure de précaution nécessaire en raison des habitudes qu'avaient les jeunes filles, je comprends qu'elle ait supporté que cela continuât ; si le régime de la maison n'était pas conforme à ce que l'état de santé des enfants et les prescriptions du père imposaient, je ne comprends pas que madame Rashdall, ayant assisté plusieurs fois à ces repas, n'ait rien dit. Il faut convenir que son silence est une implicite approbation de la manière dont les choses se passaient, ou bien elle aurait écrit à son beau-frère, M. Marsden, et celui-ci nous produirait les lettres dans lesquelles madame Rashdall lui rendait compte de la mission de surveillance qu'elle avait reçue, qu'elle avait remplie, et du spectacle qu'elle avait eu sous les yeux.

Eh bien ! y a-t-il des lettres que l'on produise ? Aucune. Il est certain que des lettres ont été écrites, on nous les cache, on ne les présente pas à l'appui de l'accusation.

Ce n'est pas tout : si mademoiselle Rashdall a dit cela, elle implique dans la pensée de toutes les personnes raisonnables qu'elle, surveillante, n'a pas été blessée de cet état de choses, puisque cet état de choses s'est renouvelé. Mais quand le procès est engagé, quand les conseillers de la plainte ont tracé la marche qu'il doit suivre, elle comprend qu'elle a commis une imprudence en déclarant qu'elle a vu les enfants plusieurs fois, qu'elle a assisté au repas des enfants, et c'est alors que, se donnant un démenti formel à elle-même, elle dit : Je n'ai pas vu les enfants attachées dans leur lit, et elle ajoute dans sa déclaration, six mois plus tard : Je n'ai jamais assisté aux repas des enfants.

C'est là sa surveillance, c'est là la personne qui vient aujourd'hui accuser sur la foi d'autrui, qui se donne un démenti à elle-même. Et quand nous voyons cette personne obséder le docteur Campbell pour lui demander un certificat accusateur contre mademoiselle Doudet, quand elle sollicite ce certificat de telle façon que le docteur, indigné, veut la mettre à la porte, elle et madame Hooper, qui l'accompagne, certainement mon adversaire devait bien répondre aux observations que j'ai faites sur cette mission de surveillance, sur la manière dont elle a été remplie, sur les mensonges dont elle a été suivie, tandis qu'on nous cache les lettres qui ont dû être écrites au père dans le cours de cette surveillance. Nous en sommes réduits à ce qui est écrit; mais ce qui est écrit suffit pour votre conviction, suffit pour vous éclairer.

Le silence gardé par mon adversaire, sur ce point fondamental de la cause, est significatif. En effet, y a-t-il un plus grand moyen de défense contre l'imputation d'un système persévérant de mauvais traitements, de cruautés de tous les genres exercées sur les enfants, que de venir dire que les enfants n'ont jamais été abandonnés, n'ont jamais été livrés à mademoiselle Doudet; qu'ils ont toujours été sous les regards de quelqu'un? Comment! les enfants ont quitté l'Angleterre au mois de juin; le père et la belle-mère sont venus au mois de décembre; ils reviennent en février; ils passent à Paris le mois de février et le mois de mars tout entiers. Au père et à la belle-mère succède le révérend Rashdall, et lorsque le révérend Rashdall part au mois de juillet, il y a sa sœur, la tante des enfants, pour surveiller mademoiselle Doudet. Sa famille a été presque constamment présente à ce qui se passait, surveillant les enfants sans cesse, les voyant presque tous les jours; et l'on vient dire que c'est pendant ce temps que mademoiselle Doudet a eu un système journalier de contrainte, de cruautés, de macérations, d'incarcérations, de meurtrissures, labourant les membres de ces enfants avec des ciseaux, leur écrasant les pieds pour en faire jaillir le sang, les traînant par les cheveux!... Elle aurait fait tout cela, et les locataires de la maison (il y en a en haut et en bas) n'en ont rien vu; ils n'ont jamais entendu le moindre bruit, la moindre plainte! Et cet état de choses se serait prolongé pendant la surveillance! Et il aurait eu pour résultat qu'au lieu de retirer les enfants au bout de six mois, terme fixé, on l'aurait prolongé de six mois, pour le prolonger encore de six autres mois plus tard!

Le père n'a qu'un motif dans le procès, et il l'a écrit au juge d'instruction le 6 septembre 1854 : il veut faire condamner mademoiselle Doudet comme coupable d'avoir altéré, ruiné la santé de ses enfants, comme coupable d'avoir faussement dit que leur santé avait été ruinée par leurs propres vices, par les habitudes honteuses auxquelles elles se livraient, comme coupable d'avoir fait connaître la cause de la mort de deux d'entre elles et du dépérissement des autres.

De deux choses l'une : si mademoiselle Doudet prouve que les jeunes filles se sont ruiné la santé par leurs mauvaises habitudes ; si cela est, si cela est incontestable, c'est un vain effort que fait M. Marsden en nous faisant ce procès pour purger ses enfants de ce reproche. Et c'est là le motif, le seul motif de M. Marsden, il n'a pas d'autre but ; lisez avec attention, et j'implore votre justice pour que vous le fassiez, lisez attentivement tous les mots de la lettre adressée par lui le 6 septembre 1854 au juge d'instruction, afin que vous connaissiez la vérité, le véritable motif, la cause déterminante du procès actuel ; c'est la lettre d'un père qui ne manque pas de tendresse, mais qui s'est bien aveuglé, bien dangereusement aveuglé sur le compte de ses enfants.

Il veut que ses enfants soient purgés du reproche de s'être livrés à ces habitudes détestables, et il veut faire condamner leur institutrice, comme coupable de cruauté ; pour les purger, il lui impute tout un système de privation de sommeil, de nourriture, un système de séquestration, de mauvais traitements de tous les genres, pour expliquer l'état déplorable où les ont conduites leurs habitudes et la coqueluche, niée par lui.

Et M. l'avocat général, lui-même, est tombé dans l'erreur, quand il a dit que Lucy n'avait pas eu la coqueluche : vous verrez les ordonnances du médecin qui s'appliquent à cette maladie, les ordonnances ne portent pas généralement de noms, mais, par la grâce de Dieu, il y a ici des ordonnances qui portent qu'elles sont pour Lucy, Emily, Rosa et Alice, ce qui prouve que tous les enfants étaient en même temps traités homœopathiquement par le docteur Teissier. Il n'y a rien pour Mary-Ann, c'est vrai, Mary-Ann était traitée par M. Gaudinot, il ne pouvait donc pas y avoir pour elle d'ordonnance de M. Teissier. Quant à Lucy, la maladie est constatée pour elle par le plus authentique des certificats, par l'acte de décès lui-même, qui porte que l'enfant est morte de coqueluche (*Hooping-Cough*) et d'épuisement. Sur quoi l'on est venu nous dire aujourd'hui que l'acte de décès n'indiquait pas, ne pouvait pas indiquer la vraie cause de mort ; qu'on avait parlé de coqueluche et d'épuisement, comme on aurait parlé de tout autre chose ; que si l'on avait dit que l'enfant était morte de suites de coups et de mauvais traitements, cela aurait amené une enquête judiciaire, et alors il aurait fallu aller devant le coroner, il aurait fallu que M. Marsden, eût le chagrin de voir le corps de cette jeune fille exposé, pour la vérification judiciaire, aux regards des hommes qui auraient assisté à cette cérémonie. Ainsi, on a faussé la cause de la mort de Lucy, on a plaidé cela, pour empêcher qu'on examinât son cadavre.

Mais le hasard a fait tomber aujourd'hui dans mes mains une lettre de M. Marsden, adressée au marbrier du cimetière de Montmartre, à un M. Camuset ; la voilà cette lettre, nous allons voir si, en effet, quand on a dit dans l'acte de décès de Lucy, qu'elle était morte de la coqueluche, on a fait un mensonge pour ne pas exposer son corps à un examen, à une vérification judiciaire. Voici ce que M. Marsden écrit en France, au marbrier du cimetière Montmartre, pour Mary-Ann, cette fois ; la lettre est du 14 novembre :

« Great-Malvern, ce 14 novembre 1853.

» Monsieur,

» Je vous envoie l'autorisation nécessaire pour procéder à faire réinhumer ma pauvre malheureuse petite fille.

» Il m'a été impossible de vous la donner auparavant, parce que je croyais que la police allait m'obliger à faire un procès criminel contre mademoiselle Doudet à ce sujet. Aussitôt que l'inhumation sera faite, j'enverrai une connaissance voir si tout est en ordre, et vous m'enverrez votre note, que je vous paierai de suite par un ordre sur un banquier à Paris.

» Je suis, Monsieur, à vous sincèrement,

» H. MARSDEN. »

Ainsi, il a différé, depuis le mois de juillet jusqu'au mois de novembre, de donner une sépulture définitive à Mary-Ann, parce qu'il voulait que sur son corps, déposé dans un caveau provisoire, il pût être vérifié judiciairement, s'il portait des traces, des causes qui avaient amené la mort de Mary-Ann, et c'est ce père qui diffère de donner une sépulture définitive à cette enfant, depuis le mois de juillet jusqu'au mois de novembre, qui aurait fait mettre une fausse cause dans l'acte de décès de Lucy, dressé en Angleterre, pour empêcher qu'il y eût une vérification du corps ! Vous voyez donc bien que mon adversaire se trompe, quand dans la générosité de sa parole il veut attribuer à M. Marsden les sentiments de délicatesse et de susceptibilité qui se trouvent dans son propre cœur. Ce qui est incontestable, ce qui est authentique, c'est que M. Marsden a trompé la justice, quand il a dit que Lucy n'avait pas eu la coqueluche, puisque Lucy, mourant dans ses bras, à côté de lui, en Angleterre, il déclare dans l'acte de décès, dressé par le révérend, son beau-frère, il déclare que la cause de la mort est une toux convulsive, la coqueluche ; ce fait a été nié depuis pour le besoin de la cause, pour calomnier mademoiselle Doudet. On oublie que du vivant même de Lucy, dans ses lettres du 27 août 1853 à madame Sudre, au docteur Gaudinot, M. Marsden parle de la maladie de Lucy et dit qu'elle a la coqueluche !

Je dois dire deux mots d'une autre prétention de mon adversaire. Lucy, nous a-t-il dit, était enfermée dans un lieu obscur, dans une cave, dans des oubliettes (c'est le mot que j'ai entendu prononcer) ; cette malheureuse enfant était sous clef, privée d'air, privée de lumière, elle était sous clef, et ne communiquait avec personne ; pourquoi ? Pour la séparer de sa sœur, qui avait la coqueluche.

Ce qui est vrai, c'est que l'appartement, qui est distribué comme je vous l'ai expliqué, l'appartement de Zéphyrine, qu'occupait Lucy, est une chambre spacieuse où il y a beaucoup d'air et beaucoup de lumière, dont la fenêtre est grande. Cette chambre, en quelque sorte la chambre d'honneur, située au rez-de-chaussée, attenante à la chambre qu'occupait d'abord mademoiselle Doudet, avait été donnée à Lucy par ordre, par dignité de naissance : Lucy était la fille aînée de M. Marsden. C'est là ce qu'on appelle une cave ! Et le commissaire de police, averti, à la fin de mai ou au commencement de juin, qu'il y a un enfant enfermé dans une cave depuis plus d'un mois, le commissaire de police arrive à l'improviste dès la pointe du jour. Que trouve-t-il ? Il l'a déclaré dans son procès-verbal : il entre dans une chambre parfaitement éclairée, dont la fenêtre est ouverte ; les persiennes seulement étaient rapprochées... Quand la coqueluche s'était déclarée, on avait logé les enfants chacun

de leur côté ; du petit vestibule dont j'ai parlé, on avait fait une espèce de cabinet de dégagement, en fermant la porte qui donne sur l'escalier, et une des petites filles logeait dans ce local, éclairé par une très belle fenêtre.....
Voilà l'*incarcération* de Lucy ; voilà ce qu'il faut penser de la *séquestration!*
Le premier des conseils que donnent les médecins toutes les fois qu'il y a invasion de la coqueluche, qui est une maladie contagieuse, le premier remède est de mettre les enfants à l'abri, en les séparant, autant que possible, les uns des autres.

Il est encore un mot qui a donné lieu à une interprétation cruelle, et qui s'explique de la manière la plus claire du monde. Lucy avait la coqueluche ; elle toussait. Les voisins l'entendaient à en être incommodés. Madame Maling, une de ces personnes qui venaient, de leur autorité privée, faire inspection dans la maison, qui exigeaient qu'on leur montrât les chambres, ce à quoi mademoiselle Doudet aurait dû se refuser et ce qu'elle avait la faiblesse de permettre, madame Maling entre et dit : Ce n'est pas très bon pour cette enfant d'être si enfermée. Mademoiselle Doudet répond : Je sais bien que ça ne lui est pas bon.

Qu'y a-t-il à cela, Messieurs? Ce qui est bon pour les enfants bien portants, c'est qu'ils puissent sortir, aller, venir, courir ; mais quand ils sont enrhumés, quand ils ont la coqueluche, c'est un regret qu'on ne puisse pas les laisser sortir. Voilà le sens du mot, qu'on pervertit étrangement par la signification qu'on cherche à lui donner.

Je ne reviens pas sur ce qui a été appelé un complot. On se sert des mots nécessaires ; il n'y a qu'un certain nombre de mots pour exprimer la chose : il y a un concert, un complot, une *légion*, comme disait mon adversaire, l'accusateur de mademoiselle Doudet. Quand plusieurs personnes font le même acte, on dit : C'est un complot. Non, ce n'est pas un complot. Il y a des bavardages, il y a les premiers propos de Zéphyrine sur un système de correction qui ne lui convenait pas. Et puis Léocadie a fait des mensonges. Laissons donc de côté ce mot de complot.

Maintenant le dernier point de l'accusation, à la suite de tous ces témoignages, qui se réduisent à ce que je viens de dire, c'est la déclaration des enfants. La déclaration des enfants, mon adversaire trouve que c'est là l'élément de conviction le plus certain, le plus irrécusable. Eh bien! moi, j'oppose à la déclaration des enfants : les surveillants, leur silence et leurs lettres.

Comment persuadera-t-on que le système d'accusation soit vrai, que les enfants ont été livrées à ces tortures, et qu'elles aient gardé le silence dans tous les temps et vis-à-vis de tout le monde, quand le père, la belle-mère, l'oncle et la tante ont été à Paris, les voyant, ne les ayant jamais perdues de vue, n'en ayant jamais reçu aucune confidence de ce genre, ou plutôt quand tout le monde s'accorde à dire qu'à toutes les époques, au mois de juin, au mois de juillet, les enfants, soit dans l'intérieur de la maison, soit au dehors, à la promenade, faisaient constamment l'éloge de leur institutrice, et témoignaient, plus encore par leur attitude que par leur langage, l'affection qu'elles avaient pour mademoiselle Doudet? Vous verrez cela dans les déclarations de tous les témoins.

On nous oppose une lettre de M. Olivier Mason (qui était un des visiteurs qu'on envoyait, qui venait, pendant que les parents n'étaient pas en France, voir les enfants), dans laquelle il déclare qu'il a été voir les enfants. Et qu'est-ce que les enfants lui ont dit quand il leur a demandé si elles étaient heureuses? Elles ont répondu : Oui. — Voulez-vous retourner en Angleterre auprès de vos parents? — Non. —Vous aimez mieux rester ici, auprès de mademoiselle Doudet, que de retourner en Angleterre? — Oui.

Que dit M. Marsden lui-même? Qu'à toutes les époques, surtout quand il était ici avec sa jeune femme, les enfants suppliaient de les laisser auprès de mademoiselle Doudet; que le jour où il leur avait dit qu'elles resteraient six mois de plus, elles s'étaient mises à pleurer de joie; qu'elles lui baisaient les mains parce qu'il prolongeait leur séjour auprès de mademoiselle Doudet.

Est-ce que je n'ai pas le droit d'opposer aux déclarations qu'on a tardivement obtenues des enfants, ce langage si clair, si précis, l'expression de ces sentiments à toutes les époques et vis-à-vis de tout le monde, quand elles disent qu'elles préfèrent rester auprès de leur institutrice? Les enfants sont naturellement portées à l'épanchement. Eh bien! elles se sont épanchées vis-à-vis des personnes qui les ont visitées, à toutes elles ont dit comme à leur père : Nous sommes les plus heureuses du monde, nous allons rester auprès de mademoiselle Doudet; vous prolongez notre séjour de six mois, nous resterons plus longtemps! C'est prolongé de six mois! cela pourra se prolonger encore! Quel bonheur! Voilà le témoignage des enfants à toutes les époques, et cela ne signifierait rien, quand elles parlent ainsi à leur père, à leur belle-mère, à leur oncle, à leur tante, de même qu'aux amis de leur famille!

Voyons ce qu'il y a de vraisemblable maintenant. Ces jeunes filles étaient-elles isolées? Elles avaient tous les deux jours un maître de langue, une maîtresse de piano; pendant trois mois (du 14 février au 14 mai), elles sont allées trois fois par semaine chez M. Laborde, maître de danse, qui demeurait fort loin d'elles; elles avaient des maîtres de toute espèce, soit au logis, soit au dehors. A ces maîtres-là ont-elles parlé? se sont-elles plaintes à qui que ce soit de leurs souffrances, des supplices qu'on leur infligeait? Ces maîtres ont-ils remarqué quelque chose, à part cette mélancolie qui provenait de leur déplorable état de santé? Ont-elles dit à quelqu'un qu'elles fussent victimes des mauvais traitements du jour, de la veille, qu'elles seraient victimes de ceux du lendemain, qu'elles étaient incarcérées des journées entières? Remarquez que ce sont les filles de madame Lebey qui viennent passer deux heures le matin et le soir avec elles au commencement de l'hiver. Depuis le mois de mars jusqu'au mois de juillet 1853, époque pendant laquelle on dit que le système des tortures était poussé à son dernier excès, le fils de notre confrère Nicollet venait tous les jours à dix heures, et partageait les études, les travaux, les jeux et presque les repas des enfants de M. Marsden, il restait jusqu'à quatre heures du soir, il est venu tous les jours depuis le mois de mars jusqu'au mois de juillet.

Dira-t-on que ces enfants étaient intimidés devant leur père, leur oncle et leur tante, quand le père leur écrit le 15 juillet : « Votre tante est chargée de surveiller votre conduite et celle de votre maîtresse autant que la vôtre? » Et ils se louent de leur institutrice au lieu de l'accuser devant les membres de leur famille !

Enfin, Messieurs, nous avons traversé la vie, nous avons été témoins des jeux, des confidences de nos enfants et des enfants de nos amis les uns avec les autres. Qui viendra nous dire sérieusement que des enfants étaient enfermés pendant des journées entières, soumis à des tortures, garrottés au pied d'un lit, qu'il soit venu d'autres enfants dans la maison, et que ces enfants n'aient jamais rien su, rien vu; qu'au milieu de ces tortures, il n'y ait pas eu un instant où une petite fille torturée, celle dont on écrasait les pieds pour en faire jaillir le sang, ait dit : Oh ! j'ai bien mal ! Eh bien ! pas un cri de douleur, pas une plainte, pas la plus petite confidence à ceux qui jouaient avec elles; il n'en est pas un qui ait su qu'on les enfermait. Et l'on me dira qu'il y a un enfant vivant journellement avec d'autres, qui ne s'apercevra pas de leur absence, qui ne demandera pas : où est Lucy, où est Rosa ! Mais c'est-là la plus naturelle des questions, et quand il dit : Je n'ai jamais su qu'on enfermait, qu'on battait, qu'on torturait, je n'ai jamais entendu une plainte, il faut en conclure que ces vexations, ces tortures, ses supplices dont auraient été victimes les jeunes Marsden ne sont que d'abominables mensonges que l'accusation a dirigées contre l'institutrice.

Je reviens à la déclaration des enfants telle qu'elle a été formulée et contredite, non pas seulement par ces lettres qu'on prétend avoir été dictées, par des lettres très naturelles que nous rapportons, écrites sur de petites feuilles de papier comme les lettres qu'écrivent les enfants à leur maîtresse dans la maison pour lui demander des congés, les choses les plus simples que nous voyons tous les jours. La déclaration actuelle des enfants est encore contredite par le silence qu'elles ont toujours gardé vis-à-vis des membres de leur famille et des amis qui les ont visitées. C'est madame Hayne qui vient apporter une lettre, ce sont M. et madame Baker, mademoiselle Hind, et plusieurs autres personnes. Même silence à l'égard des médecins qui ont soigné les enfants, qui les ont traités pour la coqueluche et pour les autres petits accidents qui ont pu leur arriver. Voyez ce que dit le docteur Teissier, les enfants se sont-ils jamais plaints à lui, ont-ils révélé un mauvais traitement, une cause de leurs souffrances qui puisse être imputée à mademoiselle Doudet? Les trois médecins, MM. Shrimpton, Gaudinot, Teissier rendent témoignage des bons soins, des attentions maternelles de mademoiselle Doudet envers ses élèves, et de l'affection, de la tendresse, de la reconnaissance des enfants pour leur maîtresse.

Voilà les sentiments qu'elles exprimaient devant tout le monde, soit dans la maison, soit au dehors, dans les visites qui étaient faites chez madame Chabaud de Latour, soit chez d'autres personnes; chez la marchande de gâteaux anglais, chez laquelle on les menait souvent; jamais elles ne se sont plaintes, jamais elles n'ont exprimé à mademoiselle Doudet que des témoignages d'affection, d'attachement, de tendresse. Vous avez un témoin qui dit qu'un jour à la promenade, il a vu la petite Alice qui prenait la main de mademoiselle Doudet et la lui baisait en marchant. Est-ce là, je le demande, les habitudes d'enfants qui sont victimes de supplices pendant des mois entiers? Non, non, tout est faux dans la déclaration des enfants.

Je laisse de côté leurs lettres. Vous dites qu'elles ont été dictées, même celle du 6 août 1853, cette longue lettre de seize pages qui a été écrite par Emily à mademoiselle Doudet. On oppose qu'elle est très bien écrite. Oui, mais c'est une traduction, ce qui fait qu'elle est mieux en français qu'en anglais. Le texte est en anglais de la main d'Emily. Relisez cette lettre, elle est remplie des petits travaux de l'enfant, de réminiscences de sa Bible. La sainte Bible est la lecture la plus assidue de cette jeune protestante, elle en cite les expressions, elle parle des souffrances de Job qu'elle compare à celles de sa maîtresse, qu'elle n'ignorait pas, car son père lui avait écrit le 15 juillet qu'on lui conseillait de jeter mademoiselle Doudet par la fenêtre. Est-ce qu'une enfant qui sait tout cela, qui a de l'affection, de la tendresse pour sa maîtresse, n'est pas naturellement portée à prendre des comparaisons dans le livre qu'elle a constamment dans les mains, de même qu'elle en copie des versets tout entiers? En même temps, elle y prend des réflexions qui sont traduites en français dans un langage meilleur que celui qu'elle avait employé elle-même. Mais enfin, le bonheur veut que, dans ces lettres d'enfants, qui ne sont jamais datées, il y en ait deux qui portent des dates : celle du 6 août, la longue lettre de seize pages, et une autre du 7 août, qui, par bonheur, celle-ci n'est pas d'Emily mais de Rosa, et qui va constater que, pendant qu'elle écrit la lettre du 6, les enfants n'ont pas vu mademoiselle Doudet ; et en effet, Rosa écrit le 7 : « J'avais bien envie d'aller hier, mais «Auntry » ne voulait pas. »

Voilà donc une lettre du 7 qui constate que, la veille, les enfants n'ont pas vu mademoiselle Doudet ; qu'elles regrettent de ne l'avoir pas vue, et c'est dans cette journée qu'a été écrite la longue lettre de seize pages qu'on prétend avoir été dictée par mademoiselle Doudet.

Ce n'est pas tout : le juge d'instruction a de la peine à comprendre comment des enfants si cruellement meurtries ont pu écrire des lettres si tendres, si affectueuses, et il leur dit : « Pourquoi écriviez-vous ainsi à mademoiselle » Doudet ? — Nous avions peur de retourner auprès d'elle, et nous écrivions » toutes ces tendresses pour qu'elle fût moins sévère à notre égard. » Malheu-reuses enfants ! Lisez ces lettres de Chaillot, Messieurs, lisez-les toutes (1); vous trouverez dans une : « Nous partirons pour l'Angleterre mardi prochain ; » dans une autre : « Nous ne pouvons partir que jeudi : il y a un retard ; » dans une troisième : « L'oncle Rashdall nous empêche d'aller chez vous aujour-» d'hui, parce que, comme nous devons partir mardi prochain, il dit que nous » avons beaucoup de choses à faire. »

En effet, il est constant que les enfants savaient parfaitement, puisqu'elles l'écrivaient dans leurs lettres, dictées ou non, qu'elles allaient partir, et que le jour de leur départ était prochain. Elles écrivent : Nous partirons tel jour. Vous voyez donc bien que c'est une excuse mensongère qu'on met dans leur bouche, quand on leur fait dire qu'elles n'écrivaient des choses si affectueuses à leur institutrice que parce qu'elles craignaient de retourner auprès d'elle.

Maintenant, quant à ces enfants, comment leur langage a-t-il si subitement

(1) Voyez-en le texte ci-dessus, page 101 et suiv.

changé? Ici les faits sont encore en contradiction avec la déclaration de mademoiselle Rashdall, ou plutôt j'ai une objection à faire auparavant.

Le père est arrivé le 31 juillet, et, sous le coup, sous la pression des lettres anonymes, il se décide, après tout ce qu'on lui a dit, à retirer ses enfants de chez mademoiselle Doudet. S'il croit un mot de tout ce dont il l'accuse, s'il les retire de chez mademoiselle Doudet parce qu'en effet mademoiselle Doudet a été un bourreau... mais ce père, qu'a-t-il à faire? Il doit interrompre les communications. Or que se passe-t-il dès le premier jour? Ce que je lis, ce qui n'est pas de sa main, mais ce qui est dans la plainte, dont le rédacteur m'est inconnu : une description touchante, désolante, de l'état de ses enfants, qu'il a trouvées dans leurs lits accablées, affaissées, pouvant à peine remuer. Ces enfants étaient en quelque sorte privées de vie; c'est ce qu'il dit, c'est ce qu'il a vu, c'est ce qu'il a constaté lui-même. Ses enfants étaient à l'état de mourantes. Il les fait sortir cependant : c'était un dimanche; il faisait beau, et mademoiselle Rashdall constate qu'il les a menées très loin; qu'il leur a fait faire une longue promenade, et enfin qu'il est entré avec elles dans un café, où elles ont pris du café et mangé trois corbeilles de gâteaux. Voilà ce que porte l'articulation. Je suppose que ce soit la vérité; que cet émouvant spectacle ait frappé le père le matin, que va-t-il faire de ses enfants le soir? Il les ramène chez mademoiselle Doudet. Comment! il y a un père arrivant d'Angleterre, après la mort d'une de ses filles, d'une de ses filles morte sous les coups, sous les tortures que son institutrice lui a fait subir, un père arrivant d'Angleterre tout exprès pour faire sortir ses enfants de cette maison de supplices; il y a un père qui, entrant inopinément dans cette maison, quand on l'a appelé à Paris en lui annonçant la mort de Mary-Ann, qui, entrant inopinément dans cette maison, voit ses autres filles mourantes (laissons de côté la promenade), qui, après les avoir vues dans cet état d'extinction, de mort prochaine où il prétend les avoir trouvées, leur fait manger trois corbeilles de gâteaux, et le soir les ramène coucher chez la mégère, ou, pour mieux dire, chez mademoiselle Doudet !

Ce n'est pas tout : quand les enfants sont dans la rue de Chaillot, chez leur tante, on leur permet d'écrire les choses les plus tendres à mademoiselle Doudet, et d'aller passer plusieurs heures chez elle. Est-ce là, je le demande, la conduite d'un père, d'un oncle, d'une tante, qui prétendent que mademoiselle Doudet est le bourreau de leurs enfants? Mais la raison, le bon sens, l'intelligence de l'homme se révoltent à entendre de telles choses, à voir une telle conduite à côté de semblables accusations. C'est impossible.

Je suppose que les lettres aient été dictées, inspirées, que les enfants aient menti elles-mêmes, quand elles écrivaient à mademoiselle Doudet, permettez-moi de demander s'il y a quelque chose de vrai. Comment! elles sont dans la maison de leur tante, c'est de cette maison qu'elles écrivent à mademoiselle Doudet, et elles disent qu'elles ont apporté sur des ardoises les lettres qui leur ont été dictées par mademoiselle Doudet, pour les mettre au net dans la maison de leur tante! Mais la tante en a-t-elle dit quelque chose? A-t-elle dit qu'à une époque quelconque ses nièces allassent chez mademoiselle Doudet, prendre sur des ardoises le brouillon des lettres qu'elles devaient lui écrire de la rue de Chaillot? Non, jamais elle n'en a dit un mot.

Les enfants le disent : quand? Lorsque le procès est engagé, lorsque le père leur dit : « C'est votre honneur que je viens défendre. » Il ne se soucie pas, « de ce passé ; il est irréparable. » il en fait bon marché, mais il y a « l'avenir de ses filles, » il veut les « purger » de l'imputation de ce vice dont elles sont manifestement atteintes. Voilà l'objet, le besoin du procès ; voilà ce qui a fait dicter les déclarations des enfants.

Et quand on vient dire que les enfants ont tenu le même langage, lorsque madame Rashdall affirme que les enfants ne lui ont rien dit avant de partir pour l'Angleterre, madame Rashdall est démentie, elle l'est par sa propre servante, la fille Salisbury, qui déclare qu'avant de partir pour l'Angleterre, les enfants lui avaient fait une révélation sur ce qui se passait chez mademoiselle Doudet.

Ainsi quand le père dit : « J'ai laissé les enfants aller chez mademoiselle Doudet, » pour qu'ils ne perdissent pas le respect qu'ils doivent à leur institutrice et à » celle qui devait lui succéder plus tard, » il se ment à lui-même. N'est-ce pas lui qui a écrit à l'une de ses filles cette lettre du 15 juillet, que je vous ai lue, et où il lui dit, en parlant de mademoiselle Doudet, qu'il veut entourer de tant de respect : « On me dit que je devrais la jeter par les fenêtres ? » Ce père qui aurait dû poser une barrière infranchissable entre mademoiselle Doudet et ses filles, s'il y avait un mot de vrai dans tout ce qu'il a dit depuis, qui permet que les relations continuent huit jours, que les enfants revoient mademoiselle Doudet aussi souvent qu'ils le pourront, ce père qui vient dire : Je ne permettais les visites que pour maintenir chez mes enfants le respect qu'ils doivent à leur institutrice, ce père trahit la vérité, il ment.

Sa plainte est entachée de ce vice depuis le premier mot jusqu'au dernier, sur tous les points, puis également sur celui qui est le fondement de la cause.

Je ne veux pas traîner la discussion sur ce que j'ai dit hier, mais il me sera permis de la résumer, à côté de la réfutation qu'on en a essayée.

Je m'en rapporte à vos propres investigations, en vous priant de lire les pièces de l'instruction et de les lire dans leur ordre. Je laisse de côté l'enquête anglaise, je laisse de côté la déposition de miss Candler.-

Un mot cependant sur cette dame. On dit qu'il y a inimitié entre elle et M. Marsden. La réponse est dans une lettre de madame Marsden, la nouvelle femme du docteur, qui écrit à ses belles-filles, le 6 mai 1853, quelque temps après avoir quitté Paris :

« MES TRÈS CHÈRES EMILY ET MARY-ANN,

» Papa fut charmé de recevoir vos lettres, et comme il est fort occupé, je vous écris pour lui. *On doit*, en effet, *se plaire beaucoup à Paris*, en ce moment; le beau temps doit rendre un air de gaieté à tout ce qui vous entoure. Je voudrais beaucoup m'y trouver et vous revoir toutes de nouveau.

» *Vos leçons de danse, chez M. Laborde doivent être à peu près terminées*. Avez-vous appris beaucoup de jolies danses ? J'espère que madame Laborde se porte bien à présent.

» Papa a reçu un petit mot de James, lui disant qu'il venait d'écrire à ses sœurs, j'espère donc que, dès à présent, vous aurez reçu une lettre de lui. Papa n'était pas content de savoir qu'il ne l'avait pas fait plutôt. Il en avait écrit à madame Townley, afin de lui en parler. Mais vous vous souviendrez que les petits garçons sont embarrassés lorsqu'il s'agit d'écrire. Lorsque les classes sont terminées, ils ne pensent qu'à leurs récréations, et puis ils sont fatigués et ne songent qu'à aller se mettre au lit. Je suis sûre qu'il n'oublie pas ses sœurs, et serait bien fâché de n'avoir plus de leurs nouvelles.

» J'ai vu beaucoup de monde depuis mon retour, et suis presque fatiguée d'avoir à recevoir et à rendre des visites.

» Les *demoiselles Candler* sont fort *contentes* de vos *cadeaux*, et trouvent que vous avez été fort gentilles de vous souvenir d'elles, et elles vous font à *toutes bien des amitiés*.

» Papa et moi sommes allés dans plusieurs soirées; hier nous avons entendu chanter fort agréablement, et jouer sur le piano et sur la flûte. J'espère que nos petites filles pourront s'amuser un jour, et faire plaisir aux autres de cette façon, c'est un talent si agréable.   (*Suivent d'autres détails.*)

» Faites *mes amitiés à mademoiselle Doudet* et à sa sœur, et croyez-moi mes chères petites filles,

» Votre mère affectionnée,

» *Signé :* Mary L. Marsden. »

(*Traduite de l'anglais.*)

La famille Candler est propriétaire de la maison qu'avait habitée M. Marsden. Les relations étaient excellentes entre les deux familles. Et quand mademoiselle Candler, dont on a dit tout à l'heure qu'elle se prêtait, quoique demoiselle anglaise, très volontiers à ces choses-là, bien qu'elle ait parlé, dans sa première lettre, de sa répugnance à s'expliquer sur de pareilles matières, quand mademoiselle Candler dit : Je ne voudrais pas m'écarter des règles de la décence, mais enfin, lorsqu'il s'agit de l'honneur, de la vie peut-être, d'une de mes semblables, je suis obligée de dire que j'ai surpris les enfants de M. Marsden dans de telles attitudes, « qu'il m'est arrivé souvent de dire à » l'une d'elles, à Alice : Ne vous mettez donc pas ainsi les mains sous vos » jupons (1), » quand mademoiselle Candler dit cela en faisant violence à sa pudeur, est-ce qu'on peut douter de la sincérité de sa déclaration ?

Est-ce que M. Marsden ne certifie pas lui-même ce fait? Est-ce qu'il ne dit pas qu'il l'a appris d'Adélaïde Burnell, aujourd'hui femme Binnie? C'est d'elle, en effet, que M. Marsden déclare avoir reçu cette confidence, — non pas en montant à cheval, comme on vous l'a dit et comme on aimerait à voir dans une gravure, un gentleman auprès de son cheval, la cravache à la main; — non, il avait ce jour-là, non pas une cravache, mais une baguette à la main, la cravache se rapporte à une autre scène et à un autre fait qu'aux habitudes dont il s'agit ici...

Remarquez, Messieurs, que ce n'est pas le jour où il rédige sa plainte (8 mai 1854), qu'il reconnaît qu'il a été averti par la première gouvernante, c'est plus tard qu'il fait cet aveu; dans sa comparution devant le juge d'instruction (26 mai 1854).

---

(1) Voyez ses lettres ci-dessus à la page 56.

Mon adversaire, qui ne lit pas les déclarations, a dit et répété : « Le père a
» été averti par mademoiselle Doudet ; c'est mademoiselle Doudet qui, *la pre-*
» *mière*, lui a donné cet avis, en Angleterre. » — Pourquoi ? dans quel
intérêt ? Dans l'intérêt de sa défense d'aujourd'hui ? C'est pour cela qu'elle
avertissait le père des vices de ses filles ! C'est pour se défendre des tortures
qu'elle leur infligerait l'année suivante ! Mais tout cela est révoltant d'absurdité.

Elle dénonçait ces vices au mois d'avril 1852, parce qu'il devait naître une
passion jalouse dans son cœur, en 1853, parce qu'elle exercerait des cruautés
en 1853, et que pour se justifier de ces cruautés, elle aurait recours à cette
supposition du vice des enfants ! Allons donc !...

Quand elle parlait, en Angleterre, elle disait donc la vérité, et quand
M. Marsden prétend qu'il n'a jamais reçu le moindre indice, la moindre
révélation, il ment, car il a été averti par la première gouvernante et par
mademoiselle Doudet. Est-ce que mademoiselle Doudet ne donnait pas un
moyen de vérifier l'exactitude de son langage, en disant non pas : J'ai vu,
mais : J'ai été avertie par la *bonne ?* Quelle bonne ? Caroline Matthews. Et
M. Marsden ose dire qu'il n'a pas su cela en Angleterre ! Il n'a pas cru aux
vices de ses enfants ! Il a été trompé, à cet égard, par une combinaison de
mademoiselle Doudet, qui, apparemment, se disposait dès lors à expliquer
plus tard le dépérissement des enfants, en disant qu'il n'a pas eu d'autre
cause que ce vice détestable, quand ses enfants devaient dépérir sous ses tortures de 1853 ! Voilà le système de M. Marsden !!!

Mais que fait-il ? Vous avez vu la lettre du 10 août 1852, où il prescrit à
mademoiselle Doudet le traitement qu'il faut suivre en termes si précis et si
formels, où il indique les mesures qu'il faut prendre à l'égard de ses enfants. ....
Je suis fâché d'insister sur ces détails, mais c'est trop important à cette heure
suprême, à ce dernier effort de la défense... Il écrit, le 10 août, une première
lettre à mademoiselle Doudet, où il lui recommande de nouveau ce qu'il lui
a dit en Angleterre, la surveillance de ses enfants. Et le 16 août, ce père qui
vient dire maintenant qu'il ne savait rien alors, qu'il ignorait tout, qu'il
n'avait pas *le moindre indice*, que tout cela est une *invention* de mademoiselle Doudet, pour cacher ses sévices, ses cruautés de 1853, ce père, — n'oubliez pas la date, — écrit à sa fille Emily, le 16 août 1852 :

« Rappelez-vous ce que je vous ai dit *avant de vous quitter* ; voyez, si vous ne
m'écoutez pas, ce qui vous arriverait : la maladie, un cou goîtreux, un dos voûté,
des pieds tendres, et tout l'amour-propre absorbant cette maladie morale qui
détruirait chaque bonne qualité que vous avez, et vous ferait sentir personnellement
et oh ! amèrement, lorsque vous vieillirez, et que vous *avez forcé les lois de la
nature à votre propre destruction !* »

Quoi ! le père qui lui écrivait cela, le 16 août 1852, ne savait rien, ne
croyait rien, il n'avait pas le moindre indice du vice de ses enfants ? Quoi ! ce
père qui écrivait cela et qui, plus tard (15 octobre 1852), disait à mademoiselle
Doudet : « Permettez à Emily de *coucher avec vous*, c'est le seul moyen de
» surveillance que je puisse inventer, » ce père ne savait rien, et a été trompé ?
Trompé par qui ? Par mademoiselle Doudet, en 1852 ? Et pourquoi ? Elle

n'aura de cruauté qu'en 1853, parce que la passion jalouse que vous lui supposez ne naîtra qu'après le mariage ?

Trompé ? Soit ; je vous accorderai tout, parce que tout est absurde, ridicule dans votre accusation : il a été trompé ? Il n'est pas vrai, comme il le dit, que la première gouvernante lui ait rien révélé. Il n'est pas vrai que mademoiselle Doudet lui en ait parlé en Angleterre, et lui ait dit que cette bonne l'avait avertie. Il n'est pas vrai qu'il ait écrit à sa fille Emily, le 16 août 1852.

J'efface tout cela. Mais enfin ce père arrive à Paris, le 7 février, il y passe deux mois à côté de ses enfants, que mademoiselle Doudet n'a pas cessé d'accuser injustement, depuis qu'ils ont été confiés à sa garde. M. Marsden, père et médecin, voit ses enfants qui dépérissent, qui amaigrissent aux yeux de tout le monde ; il les voit tous les jours, il les interroge... Il ne les juge plus sur la foi des paroles de l'institutrice. Il apprécie lui-même leur situation. Eh bien ! que fait-il ? Il va chez une somnambule. Là, chez madame Gavelie, non pas en confidence, mais en présence de deux personnes, M. Riffaut et le médecin Carteron, il dit que ses enfants sont affectés de ce vice.

Et il n'attribue pas à ce vice une origine récente. Il reconnaît que c'est une maladie déjà ancienne. M. Carteron l'atteste, madame Gavelle le déclare en ces termes : M. Marsden m'a dit que « ces habitudes existaient chez eux avant » leur départ d'Angleterre. » Dira-t-il aussi que madame Gavelle, qui était consultée par lui pour ses propres maux, qui avait eu pour pensionnaire son parent, qui soignait madame Marsden, dira-t-il qu'elle ment ? Il n'y a qu'à voir ce qu'il fait, ce père : il commande des appareils ; on envoie M. Riffaut chez madame Walter, on y envoie, plus tard, les jeunes filles, et l'on fait fabriquer pour elles des appareils constricteurs !

Pourquoi M. Marsden en vient-il à cette extrémité ? Parce que sa lettre du 16 août 1852, parce que sa tendresse, parce que ses soins, parce qu'un séjour de deux mois à Paris, tout cela a été impuissant pour vaincre les habitudes de ses filles, qu'il n'apprécie pas sur la foi de mademoiselle Doudet, mais sur ses observations personnelles.

Il a recours aux moyens préservatifs, aux appareils constricteurs. J'ai été les voir chez plusieurs fabricants, ces sortes d'appareils ; j'ai voulu me rendre compte. J'ai vu ces caleçons avec des anneaux au moyen desquels on attache les pieds, et on maintient les jambes écartées, tandis que les mains sont aussi fixées de manière à ne pouvoir se séparer, et quelquefois soutenues en l'air. Pourquoi ces dispositions, surtout chez les jeunes filles ? Quel but veut-on atteindre ? Consultez le *Dictionnaire des sciences médicales*, où vont puiser tous les ignorants comme moi, qui ont besoin de s'éclairer sur ces choses. Vous y lirez ce que je ne veux pas exposer ici, en pleine audience.

Voilà, Messieurs, le témoignage le plus évident, le plus certain qu'il puisse y avoir au monde. Et puis, on me parlera, au nom de M. Marsden, d'une conviction inébranlable !

Convenez que la cause, que la sentence même des premiers juges, repose tout entière sur ce que l'on regarde comme une calomnie, comme une invention de mademoiselle Doudet, l'imputation de ces habitudes à ces enfants. Convenez que c'est là la base du procès. En effet, par ce procès, M. Marsden

veut purger les enfants du reproche de ces détestables habitudes. D'un autre
côté, il est évident que si les mauvaises habitudes ont existé, il n'est pas nécessaire d'inventer des mauvais traitements pour expliquer le dépérissement.
Voilà la question du procès tout entière.

Or, il est certain que les jeunes Marsden avaient ces mauvaises habitudes,
qu'elles étaient à la connaissance du père, que les précautions usitées en
pareil cas ont été prises. Je pourrais vous montrer que le fait est attesté par
madame Gavelle, par le docteur Teissier, et surtout par le docteur Gaudinot,
qui, au lit de la mort, détourne la main de sa pauvre malade. Mais je laisse de
côté tous ces témoignages ; je ne veux que celui du père. Eh bien, le père, je
l'ai prouvé, commet un infâme mensonge, quand il dit n'avoir eu aucun
indice des vices de ses filles, lui qui leur a écrit, qui les a observées, lui qui a
commandé les appareils !!!

Maintenant, dans la cause, je n'ai plus besoin de chercher si les déclarations de Zéphyrine ont été mal rapportées, si elles sont exagérées ; il importe
peu ! Il est évident que pour expliquer le dépérissement de ces enfants, il n'est
pas nécessaire d'inventer des mauvais traitements ; ces habitudes, quand elles
durent, quand elles deviennent invétérées, suffisent à tout expliquer.

Il faut aux mères de familles l'attention la plus soigneuse, la vigilance la
plus obstinée ; et elles ne s'en doutent pas, et les médecins les avertissent
inutilement ; il faut qu'elles y regardent sans cesse.

Des enfants innocents, pleins de grâces, dès l'âge le plus tendre, entraînés
au début par l'effet maladif d'une disposition naturelle, ne peuvent plus s'arrêter, et arrivent jusqu'à la mort. Je vous le disais, ouvrez les livres spéciaux,
vous y verrez l'exemple d'un enfant de quatre ans qui, au lit de mort, et près
de rendre le dernier soupir, succombait encore à ce besoin impérieux, acharné,
qui déterminait sa mort. Voilà la cause de la perte de tant d'enfants.

Il n'est que trop vrai que remarquer leur changement, c'est remarquer les
progrès et le ravages du mal. Eh bien, la coqueluche, qui n'est pas moins
vraie, quoique on l'ait niée, est venue se joindre à ces déplorables habitudes :
telle est la double cause de l'apparence misérable de ces jeunes filles qui
a occasionné tant de propos !

A présent, que vous vient-on dire, que les enfants sont revenues à la santé ?
Que les trois jeunes filles, qui étaient mourantes, se portent aujourd'hui à
merveille ? — Qui le conteste, et qu'y a-t-il d'étonnant ? J'ouvre Tissot, je
consulte tous les auteurs qui ont écrit sur cette terrible maladie, et j'y trouve
que l'habitude cessant, le malade revient promptement à la santé. Je ne vous
lis rien, mais vous lirez vous-mêmes (les pages sont marquées), le *Dictionnaire des sciences médicales ;* les hommes les plus distingués de la science
s'expriment tous dans les mêmes termes : la cessation amène en peu de jours
un changement complet, et quelquefois une entière guérison. Je vous ferai
passer les livres.

La comparaison de l'état ancien des enfants et de leur état actuel ne prouve
donc rien contre mademoiselle Doudet. Surtout quand, pour constater le
retour à la santé, on attend près d'une année.

Voilà le procès, Messieurs, le voilà tout entier ; la lutte est là ; elle n'est pas ailleurs. Les enfants sont tombés de l'état de santé plus ou moins brillante, plus ou moins chétive (qu'importe ce qu'on remarquait en eux à leur arrivée)? dans un état de dépérissement graduel. C'est l'effet naturel du vice des trois sœurs. Dira-t-on encore qu'ils n'en étaient pas infectés, que le père ne savait pas la vérité, lui qui a parlé, qui a écrit, qui a agi en conséquence de cette vérité. Il ment à tous ses actes, quand il dit que c'est là une invention.

Eh bien, quel est son effort dans la cause? C'est de prouver que tout cela n'est pas vrai. Ce qu'il a écrit pour les procédés, pour la surveillance, pour les appareils auxquels il voulait avoir recours, tout cela, il vient le nier aujourd'hui, pour défendre d'honneur de ses filles.

Il est vrai qu'il n'a cédé qu'à la dernière extrémité. Vous connaissez tous les efforts de mademoiselle Rashdall, assistée de madame Hooper, de madame Poussielgue, et des autres, pour le déterminer à porter sa plainte. Vous verrez dans le dossier les preuves de ce que je signale ; vous y verrez que le père ayant écrit, le 3 novembre 1853, qu'il ne voulait pas porter de plainte, M. Gabriel ayant reçu cette lettre et l'ayant communiquée à madame Hooper et à madame Rashdall, ces dames dirent : « Nous n'avons pas besoin du père, » nous suivrons la plainte nous-mêmes. » La preuve est au dossier que six jours après, il y a eu une plainte déposée au parquet et transmise par le procureur général au procureur impérial, pour qu'il y fût donné suite. Cette plainte, l'origine n'en est pas douteuse; elle peut être facilement reconnue ; elle est de la main de ces femmes qui ont écrit les lettres cruelles, les lettres accusatrices, injurieuses que vous savez, sans jamais avoir rien vu par elles-mêmes ; madame Sudre, par exemple, qui n'a jamais rien vu, rien su que par autrui et qui parle d'infâme conduite, de violences inouïes, d'odieuse mégère, de monstre !

Cette plainte n'a pas été suivie. Transmise le 14 novembre, par M. le procureur général au procureur impérial, elle ne figure plus que comme souvenir dans une feuille du dossier portant ce titre : *Affaire classée*, qui indique un procès abandonné.

Enfin, c'est au mois de mai 1854 qu'est venue à M. Marsden la conviction qu'il n'arriverait à rétablir l'honneur de ses filles, que par le procès actuel et par la condamnation de mademoiselle Doudet.

Voilà, je ne saurais trop le répéter, voilà la cause, la voilà tout entière ; il n'y a pas autre chose que la question de savoir si le vice des enfants était réel, s'il était connu du père, ou s'il est de l'invention de mademoiselle Doudet. S'il est démontré que le vice existait, l'accusation tombe, et vous devez redresser l'erreur des premiers juges.

Les premiers juges n'ont prononcé une condamnation que parce qu'ils ont considéré que les vices des petites filles n'étaient qu'une fausse allégation de mademoiselle Doudet, et une aggravation de torts qu'elle avait eus dans le gouvernement des enfants. Que si ces vices sont réels, que s'ils sont, avec la coqueluche, la cause véritable, la cause connue du dépérissement des jeunes Marsden, toute l'accusation s'écroule devant vous.

Mais quelle différence ! Les jeunes Marsden, quoi qu'on ait persuadé à leur père, ne seront point flétries par l'acquittement de leur institutrice, autrefois chérie ! Elles auront été affligées d'une maladie douloureuse ; puis sous l'empire des conseils, des sentiments religieux, des événements si terribles, elles se seront guéries ; une fois revenues à la santé et à la vertu, leur avenir est à elles !

Cette pauvre fille, au contraire, qui depuis un an est captive, qui a cependant conservé l'amitié des personnes les plus recommandables, ne sera pas sauvée par son innocence et par cette amitié. Elle n'a d'autre ressource que sa bonne éducation, que l'honneur de sa famille, que la sagesse et le mérite d'une conduite toujours inattaquée. Eh bien ! vous l'acquitterez ; mais le souvenir de ce fatal procès la suivra partout, et son avenir est à jamais perdu, malgré l'acquittement que vous devez prononcer et que vous prononcerez.

On vous a parlé de conviction inébranlable, on vous a parlé d'efforts impuissants à détruire la conviction déjà formée dans le cœur des magistrats ; eh bien ! messieurs, maintenant en effet que vous connaissez tout, votre conviction doit être bien formée. Quant à moi, à mesure que j'ai étudié cette cause, à mesure que j'en ai vu toutes les parties, car je n'ai pas laissé passer un mot sans le rapprocher d'un autre, une date sans la contrôler, un témoignage sans le confronter, un aveu sans le vérifier, c'est ainsi que s'est éclairée mon intelligence , j'ai vu l'innocence ; et à mesure que je parle, à mesure que je cherche à faire passer en vous la conviction de mon esprit, ma conviction à moi devient plus grande..... J'ai rempli un devoir, je ne l'aurai pas rempli inutilement, vous acquitterez mademoiselle Doudet.

(L'avocat prononce ces dernières paroles avec une vive émotion, qui se communique à l'auditoire. Quelques applaudissements se font entendre au fond de la salle.)

Audience du vendredi 27 avril 1855.

Le siége du ministère public est occupé par M. l'avocat général DE GAUJAL.
Mademoiselle DOUDET comparaît assistée de Mᵉ HENRY CELLIEZ, avocat.
Mᵉ CHAIX D'EST ANGE assiste Mᵉ Huard, avoué, représentant M. Marsden.
M. LE PRÉSIDENT prononce l'arrêt suivant :

« La Cour reçoit Célestine Doudet, appelante du jugement rendu contre elle par le Tribunal de la Seine, le 12 mars dernier ; reçoit également le procureur général près la Cour, appelant de la même sentence ; joint les appels et faisant droit ;

» Considérant que les appels respectifs du ministère public et de la partie condamnée ont pour effet légal nécessaire de remettre en question toute la cause devant la Cour, et par conséquent de l'investir, à l'égard des faits incriminés, de la plénitude de compétence que les premiers juges tenaient de l'acte qui leur en avait déféré la connaissance ;

» Considérant que la demoiselle Célestine Doudet a été renvoyée devant le Tribunal de police correctionnelle par une ordonnance de la Chambre du

Conseil, sous la prévention des délits de coups et blessures volontaires, prévus et punis par l'art. 311 du Code pénal;

» Considérant que cette ordonnance, indicative et non attributive de juridiction, laissait aux premiers juges le droit d'apprécier, dans la mesure de leur compétence correctionnelle, toutes les circonstances de la prévention de coups et blessures qui leur était soumise, d'en déterminer le véritable caractère et de lui assigner la qualification vraie qu'elle comportait au point de vue de la juridiction correctionnelle;

» Considérant que la Cour, à qui les mêmes pouvoirs sont dévolus par suite desdits appels, a donc aujourd'hui tout à la fois le droit et le devoir d'examiner de nouveau lesdits faits avec toutes leurs circonstances, et ce avec les modifications qui peuvent résulter des débats; et, par suite, de les ramener, s'il y a lieu, à leur vérité, et de leur imposer toutes les conséquences que, dans les limites de l'art. 311 du Code pénal, ils sont susceptibles de recevoir;

» Considérant que l'appel spécial du ministère public, tendant à faire déclarer les coups imputés à Célestine Doudet aggravés par la préméditation, ne défère pas à la Cour un fait nouveau, différent de celui qui a été l'objet du renvoi en police correctionnelle et du jugement frappé par l'appel; qu'il a seulement pour objet, en relevant une circonstance accessoire du fait qui l'aggraverait sans en changer de nature, de rectifier, par une qualification plus vraie et plus rationnelle, celle du fait dont le Tribunal et la Cour ont été également et compétemment saisis avec plénitude de juridiction pour son appréciation et sa qualification;

» En fait, considérant qu'il résulte de l'instruction et des débats que la demoiselle Doudet s'est rendue coupable, dans le cours des années 1852 et 1853, de coups et blessures volontaires vis-à-vis des mineures Lucie, Alice, Emily et Rosa Marsden;

» Qu'il est établi par les mêmes débats et la même instruction que lesdits coups et blessures volontaires ont un degré de gravité et de persistance qui ne permet pas de les considérer comme constituant aux yeux de la loi ces actes spontanés et non réfléchis de violence que l'art. 311, § 1er, a pour objet de réprimer; que, au contraire, par leur ensemble, leur répétition, leur habitude, ils témoignent manifestement chez leur auteur, quel qu'ait été d'ailleurs le mobile pervers qui l'ait inspiré, d'un dessein formé par elle à l'avance de les commettre; qu'en cet état ces faits ne présentent pas seulement les caractères du délit de coups et blessures volontaires, indiqué par l'ordonnance de renvoi, à la charge de Célestine Doudet, comme prévu par le § 1er de l'art. 311, mais accessoirement, et aussi ceux du délit de même nature commis avec préméditation, lequel rentre également dans la compétence correctionnelle et est également prévu et puni par le même article, § 2; d'où il suit que, en substituant à la qualification primitivement indiquée dans l'ordonnance de renvoi celle ci-dessus rectifiée, il y a lieu de faire application à la prévenue, non de la pénalité énoncée au § 1er dudit art. 311, mais bien celle édictée au § 2 du même article.

» Adoptant, au surplus, ceux des motifs des premiers juges, tirés de la nature honteuse des récriminations de la demoiselle Doudet contre les mineures Marsden, qui avaient été ses élèves, récriminations renouvelées devant la Cour avec un éclat et une insistance qui aggravent encore ce qu'un pareil système de défense a d'odieux et de diffamatoire ;

» En ce qui touche les conclusions de la partie civile, tendantes à la suppression du Mémoire ayant pour titre : *Mémoire pour mademoiselle Célestine Doudet contre le ministère public et M. Marsden*, en 117 pages ;

» Considérant que ledit Mémoire, dans son ensemble, et plus particulièrement aux pages 7, 9, 10, 11, 21, contient des passages injurieux pour l'honneur des mineures Marsden et de leur père ;

» Vu l'art. 1036 du Code de procédure civile et l'art. 23 de la loi du 17 mai 1819 ;

» Par ces motifs,

» La Cour met les appellations et ce dont est appel au néant, en ce que les premiers juges ont mal apprécié les faits imputés à Célestine Doudet en ne les qualifiant pas de coups et blessures commis avec préméditation, et n'ont par suite condamné la demoiselle Doudet qu'à deux années d'emprisonnement ;

» Emendant, déclare ladite fille Doudet coupable du délit spécifié au § 2 dudit art. 311 du Code pénal, et lui faisant application dudit article, la condamne en cinq années d'emprisonnement ;

» Ordonne que le Mémoire ci-dessus mentionné sera et demeurera supprimé ;

» Condamne la demoiselle Doudet en tous les dépens de première instance et d'appel ;

» Fixe à deux ans la contrainte par corps pour le recouvrement desdits frais ;

» Dit que la partie civile sera personnellement tenue desdits frais sauf son recours contre qui de droit ;

» Sur le surplus des conclusions des parties les met hors de cause, la sentence, au résidu, sortissant en effet. »

Après la lecture de l'arrêt, mademoiselle Doudet demande la parole.

M. LE PRÉSIDENT. — Il y a arrêt. Emmenez la prévenue.

Mademoiselle Doudet se penche vers son défenseur et lui remet un journal.

Il nous est rapporté qu'elle voulait protester contre la déclaration de M. le docteur Bonnet, lue à l'audience du 25.

Pendant l'impression de ce procès il nous a été en effet communiqué, avec prière de l'insérer, une lettre de protestation. Mais le plan de notre recueil, qui consiste uniquement à rendre compte des débats devant les tribunaux, ne nous permet pas d'accueillir les discussions des parties en dehors de l'audience.

TRIBUNAL CIVIL DE LA SEINE.

(4e Chambre.)

Audience du 28 juillet 1855.

Présidence de M. PRUDHOMME.

—

M. BOYLE, PRÊTRE CATHOLIQUE ANGLAIS,
Contre le journal l'*Univers*.

Me HENRY CELLIEZ, avocat du demandeur :

Messieurs, M. Boyle, pour lequel je me présente, est un prêtre catholique anglais. Il est aujourd'hui dans sa cinquantième année ; il a toujours vécu estimé, respecté de ses paroissiens et de ses supérieurs. Il est entré dans les ordres à l'âge de vingt-neuf ans, après avoir reçu son éducation ecclésiastique dans la maison des jésuites, soit à Montrouge, soit à Dôle, soit à Aix en Provence. Consacré prêtre en 1823, il a toujours dignement rempli les fonctions de son ministère dans différentes missions en Angleterre, notamment pendant huit années à Hereford et quatre années à Broughton-Hall.

En 1846, sans renoncer à son saint ministère, il a néanmoins quitté la compagnie de Jésus, ne voulant pas, par scrupule de conscience, prononcer les derniers vœux ; il a alors obtenu d'être délié de ses premiers vœux, les trois vœux simples. Une lettre du R. Griffith, évêque, prédécesseur du cardinal Wiseman, nous apprend qu'il a été placé, dix mois après, comme vicaire, sous M. le docteur Lea, dans la paroisse d'Islington à Londres.

Au moment où ces fonctions étaient confiées à M. Boyle, le R. Griffith avait pris des informations auprès du provincial des Jésuites en Angleterre, le R. Lythgöe, qui avait donné les renseignements les plus honorables. Le R. Griffith félicitait à cette occasion M. Boyle de ce que sa séparation de la société de Jésus eût laissé subsister entre la société et lui « un profond sentiment d'estime réciproque. »

Trois années après qu'il avait été revêtu de ces fonctions, c'est-à-dire en 1850, monseigneur Nicholas Wiseman, archevêque-cardinal, fut nommé à l'évêché de Westminster à la place de monseigneur Griffith. Le cardinal Wiseman trouva que l'administration financière de la paroisse qui avait été confiée au curé Lea n'était pas suffisamment prospère. Il voulut y placer deux autres personnes, et priva en conséquence de leurs fonctions MM. Lea et Boyle.

M. Boyle, qui avait vécu longtemps au milieu des fidèles de cette paroisse, qui était attaché à eux par les liens tout naturels qui s'établissent entre un ministre du culte et ses paroissiens, éprouva un vif regret, une douleur profonde. Il l'exprima au cardinal, qui lui répondit. Cette correspondance entre le supérieur et l'inférieur fit naître quelques difficultés au sujet desquelles Boyle voulut donner des explications à ses paroissiens. Dans ce pays de liberté, où la presse est un instrument à la portée de tous, il recourut à la presse ; il publia sa correspondance avec le cardinal. Il reçut à cette occasion un blâme très sévère de la part de son évêque. Il reconnut plus tard qu'il avait eu tort, non pas dans les faits qui avaient précédé sa révocation, et qui ne pouvaient motiver aucune plainte, mais dans le procédé auquel il avait eu recours de rendre public son dissentiment avec son évêque ; il écrivit une lettre de soumission au cardinal, qui lui écrivit à son tour une lettre de réconciliation. La réconciliation fut complétée et confirmée par une visite que le cardinal consentit à recevoir de M. Boyle, et M. Boyle reçut la bénédiction de son évêque. Si je rappelle cette circonstance tout ordinaire, dans les relations entre l'archevêque et le prêtre, c'est que dans les publications qui ont été faites, on a présenté le prêtre comme s'humiliant devant un autre homme, en recevant la bénédiction et en baisant l'anneau épiscopal un genou en terre. Il n'y avait rien d'humiliant en cela, M. Boyle se conformait simplement et respectueusement, comme il le devait, au cérémonial usité.

Il est indispensable que le tribunal sache bien que la réconciliation entre le cardinal et le prêtre avait été entière, et consacrée tant par les lettres échangées entre eux que par la visite dont je rappelle les détails.

De 1852 à 1854....

M. LE PRÉSIDENT. Est-ce que vous ne pourriez pas lire au tribunal la lettre écrite par le cardinal Wiseman à M. Boyle ?

M. HENRY CELLIEZ. La voici :

« En réponse à votre note datée de novembre, placée sous mes yeux hier, j'ai grand plaisir à vous annoncer que, *comme il n'y a jamais eu dans mon esprit aucun sentiment contre votre personne*, dans les circonstances auxquelles se réfère votre note, et comme j'ai été seulement influencé par des considérations de devoir public, ainsi je m'empresse de recevoir votre expression de regret pour la *publication de notre correspondance* et les remarques qui l'accompagnent.

» Vous souhaitant toute bénédiction.

» Je suis toujours votre sincèrement en Jésus-Christ,

» N. card. WISEMAN. »

Ainsi cette lettre exprime le regret de la publication de la correspondance. C'était, en effet, la publication de la correspondance qui avait fait le grief du supérieur contre l'inférieur ; c'était là ce qui avait motivé entre eux les difficultés suivies de réconciliation.

De 1852 à 1854, M. Boyle avait continué d'exercer le saint ministère et de dire la messe à l'église Saint-Georges à Londres ; il avait assisté monseigneur Grant, évêque de Southwark. C'était pour lui une position modeste, mais toujours honorée et respectée.

En mai 1854, il vit tout à coup paraître dans deux journaux catholiques qui s'appellent, l'un le *Catholic Standard*, l'autre le *Tablet*, la traduction d'un article de l'*Univers* du 23 mai 1854, contenant une lettre du cardinal Wiseman, dans laquelle se trouvaient les reproches les plus vifs contre lui. Ces reproches se référaient au temps passé. On disait notamment qu'il avait été renvoyé ou expulsé d'un ordre religieux, qu'il avait administré sa paroisse de manière à rendre une faillite imminente, qu'il avait employé l'intimidation pour faire signer une pétition par ses paroissiens dans le but de tromper son évêque, etc. Enfin, en lisant cette lettre, le tribunal y remarquera tous les caractères auxquels la loi française reconnaît d'une façon certaine, incontestable, la diffamation et l'injure.

Ce qui avait excité le cardinal à écrire cette lettre à l'*Univers*, c'est l'erreur dans laquelle il tomba sur l'auteur d'une longue polémique entre l'*Ami de la religion* et l'*Univers*, au sujet de l'état de la religion catholique en Angleterre. Plusieurs articles avaient été publiés dans l'*Ami de la religion*, dans lesquels on attribuait à la présence du cardinal Wiseman, qui est à la tête des affaires catholiques à Londres, l'agitation qui y règne depuis deux ou trois ans. Il y avait là des attaques très vives contre le cardinal.

Le cardinal regarda autour de lui pour savoir d'où venaient ces renseignements à l'*Ami de la religion*. Il eut cette mauvaise pensée que l'homme qui pouvait avoir conservé du ressentiment contre lui, à raison des torts qu'il avait eus à son égard, que cet homme, malgré la réconciliation, pouvait être l'auteur des articles dans lesquels il était désigné. Il attribua donc à M. Boyle la correspondance de l'*Ami de la religion*, où était signalé, parmi les faits secondaires reprochés au cardinal, le différend qui avait eu lieu entre lui et M. Boyle. C'est alors qu'il écrivit cette lettre où il dit que le prêtre qui est auteur de ces articles, que tout le monde reconnaîtra, qui est suffisamment connu par les faits qu'on lui attribue, a été expulsé d'un ordre religieux, obligé de quitter sa paroisse, abandonné de ses paroissiens ; qu'il avait préféré un emploi de commis, un emploi mondain, à celui de son ministère qu'il profanait ; qu'il avait usé d'intimidation envers ses paroissiens pour leur faire tromper son évêque par des pétitions ; qu'il s'était montré calomniateur contre cet évêque, son supérieur ; et, pour couronner l'œuvre de la diffamation, il ajoutait que cet homme était bien différent d'un prêtre zélé et pieux. C'est là l'injure la plus grave qu'il soit possible de commettre à l'égard d'un prêtre, dont les qualités essentielles doivent être le zèle et la piété.

M. Boyle, se voyant ainsi désigné, et lisant dans la lettre même que le cardinal n'avait ainsi parlé de lui que parce qu'il lui attribuait les articles publiés par l'*Ami de la religion*, dont il ignorait jusqu'à l'existence, s'empressa de s'informer quel pouvait être l'auteur de ces articles. Il apprit que c'était M. l'abbé Ivers, qu'il connaissait, mais qu'il n'avait pas vu depuis sept ans. Il alla le trouver, le pria de se rendre en France auprès de M. Condon, éditeur de l'*Univers*, pour essayer d'obtenir une rétractation ; de faire des démarches auprès du cardinal pour qu'il reconnût son erreur. Toutes ces tentatives auprès de l'archevêque comme auprès de l'*Univers* furent inutiles.

M. Boyle fut donc contraint de poursuivre devant les tribunaux anglais la légitime réparation qui lui est due. Mais il était nécessaire de produire l'original même de la lettre envoyée à l'*Univers* par le cardinal Wiseman. C'est là un des incidents principaux du procès suivi en Angleterre, et c'est là aussi ce qui forme le premier chef de la demande sur laquelle je vais avoir à m'expliquer. D'abord, nous vous demandons, ce qui peut paraître insolite au premier aspect, le dépôt d'une lettre écrite par un tiers à une autre personne que nous-même. Nous avons besoin de justifier cette demande.

Je vous disais, messieurs, qu'un procès avait été commencé en Angleterre, et que le défaut de production du manuscrit de la lettre avait rendu ce procès insoluble. Voici, messieurs, le compte rendu qui en est donné, ou du moins l'appréciation qui en est faite par l'*Univers*. Je ne peux pas mieux faire que de prendre l'appréciation de nos adversaires eux-mêmes pour montrer combien est fondée la demande que nous avons formée devant vous. Je lis dans l'*Univers* du 16 août 1854 :

« Le procès du cardinal Wiseman, qui avait été annoncé pour le 10, est venu » devant les assises de Guildford le 12 août. L'action était intentée par le Rév. » Richard *Boyle*, le *prêtre-commis* dont la lettre de S. Ém. le cardinal Wiseman a » fait connaître les antécédents. Le plaignant se fondait sur ce qu'il avait été faussé- » ment désigné comme auteur de certains articles publiés par l'*Ami de la religion*, » et demandait, à titre de réparation, la modeste somme de *deux cent cinquante* » *mille francs* pour dommages et intérêts.

» Les débats ont jeté une lumière complète sur cette triste affaire. Le véritable » correspondant de l'*Ami de la religion* s'est présenté devant la Cour, et nous » savons à quoi nous en tenir aujourd'hui sur la valeur des affirmations de ce » journal touchant la source de ses renseignements.

» Le collaborateur de l'*Ami de la Religion*, l'auteur des articles que l'*Univers* a » réfutés, le censeur des évêques d'Angleterre et du cardinal Wiseman, est le révé- » rend M. Ivers, prêtre qui est *suspendu* de ses fonctions. Or, c'est ce digne ecclé- » siastique qui a fait le voyage de Londres à Paris, en vue de recueillir les témoi- » gnages dont l'accusateur de son Éminence avait besoin pour obtenir une » condamnation. Le corédacteur de l'*Ami de la Religion* a été le principal témoin » à charge contre le chef de la hiérarchie d'Angleterre ; c'est lui qui vient de pu- » blier à Londres, contre l'archevêque de Westminster, le pamphlet dont nous » avons déjà dit quelques mots et dont le but est de défendre ses articles. Nous » devons ajouter que la seule preuve écrite présentée au tribunal à l'appui de la » plainte, a été fournie, ainsi que l'a déclaré M. Ivers, par M. l'abbé Cognat ! Il » s'agit de la copie d'une lettre adressée par son Éminence au rédacteur de l'*Ami* » *de la Religion*.

» Que deviennent les affirmations de l'*Ami de la Religion*? Que penser de l'indi- » gnation avec laquelle il a protesté, en public et en particulier, n'avoir aucun rap- » port avec les accusateurs du cardinal et ne pas même les connaître de nom?

» Le procès a été intenté au nom de M. Boyle, de compte à demi avec M. Ivers, » collaborateur de l'*Ami de la Religion*, prêtre *suspendu* à Londres, bien que ses » collaborateurs de Paris aient déclaré l'avoir en *vénération*.

» En attendant de donner un compte rendu détaillé du procès, nous avons hâte » d'annoncer que cette *indigne spéculation* a complétement échoué. Le correspon- » dant de l'*Ami de la Religion* et son collègue en sont pour le scandale qu'ils ont » assumé sur leur tête. Il eût été beau d'assouvir sa haine contre l'archevêque de » Westminster et d'obtenir *deux cent cinquante mille francs* à ses dépens! La » sagesse de la Cour a déjoué le complot. Le plaignant, malgré l'assistance qu'il a » reçue du collaborateur de M. l'abbé Cognat, n'a pu arriver à faire admettre sa » plainte. Les avocats du prêtre accusateur ont fait de longs et vains efforts pour » obtenir de la Cour que son Éminence fut interrogée comme témoin. On voulait » lui demander le serment afin d'arriver à lui poser *la question de savoir si la* » *lettre publiée par* l'Univers *avait été écrite par son Éminence*. La Cour a décidé » que le cardinal étant défendeur, ne devait pas être interrogé comme témoin. » Cette question a été débattue fort longuement. Son Éminence, appelée un moment » dans l'enceinte de la Cour, où elle a été reçue, nous sommes heureux de le con- » stater, avec tous les égards dus à sa haute dignité, s'est retirée sans subir d'in- » terrogatoire.

» La Cour a jugé que les témoignages à l'appui de la plainte étaient insuffisants,
» et le président (le lord chief Baron) a déclaré que l'affaire ne serait pas même
» soumise au jury. Il *eût été nécessaire, pour obtenir une condamnation, de pro-*
» *duire le manuscrit de la lettre de son Éminence,* ou d'avoir des témoins pouvant
» affirmer, *sous la foi du serment,* qu'ils avaient *vu l'original.* »

Cet article a deux résultats :

D'abord, il livre au public français le nom de M. Boyle comme étant la personne désignée, sans être nommée, dans l'insulte du 23 mai. Il renouvelle la diffamation en disant : ce procès est une spéculation.

En second lieu, il explique ce que nous savions déjà, que le procès a été perdu par M. Boyle à cause de l'impossibilité où il s'est trouvé de produire l'original de la lettre. Il faut, en effet, pour que ce procès puisse être jugé, présenter au jury le manuscrit de la lettre. Je prie le tribunal de vouloir bien me permettre de lui expliquer quelle est la situation actuelle de la procédure suivie en Angleterre, qui rend indispensable la production du manuscrit.

Selon la loi anglaise, dans un procès en diffamation, le défendeur a deux moyens de défense. Il peut dire simplement qu'il n'est pas l'auteur de la diffamation ; c'est ce qu'on appelle, dans le langage juridique anglais, plaider *non guilty*, c'est-à-dire : « Je ne suis pas coupable, ce n'est pas moi qui suis l'au-
» teur du délit, ce n'est pas à moi d'en répondre. » Le demandeur alors est obligé de prouver que le défendeur est réellement l'auteur de la publication ; s'il le prouve, le défendeur est condamné ; s'il ne le prouve pas, le défendeur est acquitté.

Il y a un autre moyen pour le défendeur de repousser la plainte. Il consiste à dire : « Oui, je suis l'auteur de l'article incriminé, mais les faits que j'ai
» avancés sont vrais, par conséquent je n'ai pas commis de délit. » Et s'il prouve la vérité des faits, il n'est point punissable.

Le cardinal a choisi le premier mode de défense. Devant la cour de Guildford, il a fait plaider *non guilty* ; on ne pouvait lui répondre qu'en rapportant la preuve que la lettre existait, et qu'il en était l'auteur. Le président des assises trouva alors qu'on ne présentait pas des éléments de preuve suffisante, même pour que le cardinal Wiseman fût appelé à s'expliquer devant le jury. Et l'action de M. Boyle fut cette fois repoussée.

M. Boyle interjette appel, et après plusieurs procédures on arrive devant les nouvelles assises de Kingston. Là des témoins sont produits, notamment M. Ivers et M. l'abbé Cognat, rédacteur de l'*Ami de la religion.* M. Ivers déclare qu'il *a vu* dans les mains de M. l'abbé Cognat une lettre du cardinal se référant à la lettre publiée dans l'*Univers* le 23 mai 1854, et parlant de cette lettre comme l'ayant publiée lui-même. On voyait dans la lettre adressée à M. Cognat ces mots : « La lettre que j'ai publiée en réponse à l'*Ami de la religion.* »

C'était là un aveu formel, une preuve suffisante pour qu'un jury anglais pût condamner, le fait étant suffisamment acquis par les témoignages.

On présentait à l'abbé Ivers une autre lettre, une copie de cette lettre, que l'on prétendait être l'original ; l'abbé Ivers ne la reconnut pas, et déclara sous la foi du serment que ce n'était pas celle qu'il avait vue dans les mains de l'abbé Cognat ; que l'une portait *Monsieur l'abbé,* et l'autre seulement *Mon-*

sieur ; que dans la lettre originale il n'y avait pas de ratures comme dans la copie représentée ; enfin que dans celle-ci manquaient ces mots essentiels : « *lettre que j'ai publiée en réponse à l'article de l'Ami de la religion.* » Le jury, après avoir été convaincu par les dépositions, que la lettre qu'on produisait n'était point conforme à celle qui avait été écrite à M. l'abbé Cognat, condamna le cardinal Wiseman à 25,000 francs de dommages-intérêts.

Les procédures sont longues en Angleterre. On s'est pourvu devant la cour de l'Échiquier ; on a expliqué les formes qui avaient été suivies, les témoignages qu'on avait fait entendre, ou qu'on n'avait pas fait entendre, et après diverses procédures, il a été décidé enfin qu'il y aurait de nouveaux débats devant une autre cour d'assises, dans lesquels seraient entendus les dépositions de tous les témoins, et même celle du cardinal.

Mais le cardinal conserve toujours la même position défensive : *non guilty*, je ne suis pas coupable. Il est vrai qu'il a fait dire par son avocat qu'il a la copie de sa lettre, qu'il va la produire si l'on veut, que même il en apportera l'autographe. Il a fait plaider que la traduction de sa lettre à l'*Univers* est infidèle, que l'on s'est servi du mot *expulsé*, qu'il n'a pas employé ce mot ; qu'il s'est servi de l'expression *renvoyé*, dont le sens est bien différent. Mais ce n'est pas lui qui a dit cela, ce sont ses avocats, et l'on conçoit que cette offre de production n'ait pas été acceptée au moment même où l'on venait d'avoir un exemple de la fidélité des copies représentées, alors surtout que le témoignage de M. l'abbé Ivers suffisait pour assurer la condamnation du cardinal.

Aujourd'hui qu'on va se présenter de nouveau devant les assises, qu'on va reprendre tous les témoignages, et qu'on annonce une lettre de M. l'abbé Cognat, certifiant l'exactitude de la pièce contestée par M. l'abbé Ivers, il y a un moyen bien simple de faire connaître la vérité, c'est de montrer l'original de la lettre du cardinal. Qu'on ne la dissimule pas, qu'on ne la cache pas ; qu'on ne fasse pas semblant de la produire en la faisant annoncer par un avocat, tandis qu'on engage le complice en publicité à ne pas la produire.

Je disais tout à l'heure, messieurs, que pour apprécier la valeur de notre demande, ce qu'il y a de mieux est le sentiment de l'*Univers* lui-même. Que le tribunal me permette de lui lire encore quelques lignes sur ce point, et il verra quel est le sentiment du rédacteur de l'*Univers* sur cette matière :

Après avoir résumé à sa manière le procès, le journaliste s'exprime ainsi :

« Ces prétentions exorbitantes ont été soumises une première fois à la justice du » pays. Le cardinal, protégé par les dispositions de la loi anglaise, a répondu à son » accusateur de produire les preuves juridiques de son assertion. M. *Boyle a été* » *mis en demeure de prouver que S. Em. le cardinal Wiseman est bien l'auteur* » de la lettre publiée par l'*Univers* dans son numéro du 23 mai 1854.

» Personne n'a douté et ne doute que le cardinal Wiseman n'ait réellement écrit » la lettre en question : il n'est jamais venu à l'esprit de ses accusateurs que l'*Univers* » *avait publié une apocryphe.* Mais la loi anglaise ne condamne que sur des » preuves matérielles ; or, ces preuves, M. Boyle n'a pas pu les fournir. Le magis- » trat qui présidait la cour d'assises de Guildford, le 12 août 1854, a renvoyé le » cardinal des fins de la plainte, et a motivé son jugement sur ce qu'il n'avait été » apporté aucune preuve à l'appui de l'accusation. Le jury n'eut pas à intervenir. »

Puis, après avoir raconté le pourvoi devant la cour de l'Échiquier et le renvoi aux assises de Kingston, il continue :

« M. Boyle a cherché à se procurer d'autres témoignages. Il a envoyé à Paris un
» avoué qui est venu demander à l'*Univers* communication de la lettre originale
» dont le *succès de sa spéculation* aurait besoin. Sur notre refus, un procès nous
» a été intenté. M. Boyle est plus modeste à Paris qu'à Londres. Il ne nous demande
» que *vingt mille francs* si nous ne lui livrons pas notre correspondance. Sur quoi
» se fonde cette prétention ? En vertu de quel titre M. Boyle vient-il en France re-
» vendiquer une lettre qui constitue une *propriété plus stricte que toute autre?*
» Il se réserve sans doute d'expliquer cela à la justice. Du reste la procédure com-
» mencée à Paris n'atteindra pas son but. *Cet incident ne pourra être vidé qu'après*
» *l'affaire principale qui sera jugée en Angleterre dans les premiers jours de la*
» *semaine.* »

Cet article a été publié le 27 mars 1855. Pendant ce temps-là on nous laissait prendre un jugement par défaut, puis on proposait l'exception *judicatum solvi;* on faisait tout pour retarder le procès en France, et l'on osait imprimer que le procès anglais serait jugé auparavant. Il a été jugé auparavant, en effet, mais ce n'a pas été précisément dans le sens que désirait l'*Univers*. La décision est telle, au contraire, que la solution va dépendre de la production de la lettre originale.

L'auteur de l'article ajoute :

« La prétendue diffamation dont se plaint M. Boyle n'est qu'un prétexte que cer-
» taines sociétés protestantes veulent exploiter pour assouvir leur haine contre
» l'illustre chef de l'Église catholique d'Angleterre. L'*Univers* ne peut être que très
» honoré de se trouver associé à de pareilles persécutions.»

Quand vous connaîtrez la teneur de l'article publié, vous verrez, messieurs, s'il peut y avoir rien d'exact dans la supposition. Plus que personne M. Boyle pense que c'est toujours un malheur pour les hommes paisibles et honnêtes de se trouver mêlés aux querelles des partis, et que la douleur est bien plus grande encore quand ces partis ont la religion pour prétexte !

Maintenant, pourquoi nous refuse-t-on la communication de la pièce sur laquelle roule tout le procès ?

On nous donne deux raisons : la première, qu'*une lettre constitue une propriété plus stricte que toute autre;* et puis on ne veut pas fournir des armes à ce qu'on appelle la *persécution contre le cardinal Wiseman.*

Répondons à ces deux objections.

Est-ce qu'il s'agit d'une lettre missive qui doit demeurer secrète entre celui qui l'a écrite et celui qui l'a reçue ? Demander la production d'un pareil écrit serait absolument insolite et inacceptable. Mais la lettre dont il s'agit et qu'on veut couvrir de l'inviolabilité des correspondances privées, n'est pas ce qu'on appelle une lettre, une missive ; c'est un *manuscrit* qui a servi à imprimer, à révéler à tout le public le fait diffamatoire dont je me plains. Vous ne pouvez pas me refuser, à moi, partie intéressée, partie lésée, la communication du manuscrit original, après avoir donné à tout le public la communication de milliers de copies. Vous m'avez causé un préjudice par le fait de la publication. Vous êtes entraîné par là dans la nécessité de tout produire, et la justice ne peut pas refuser d'ordonner le dépôt chez un notaire de cette pièce de conviction qui servira à tout le monde, au cardinal pour s'expliquer, à l'*Univers* lui-même pour se disculper, car il est accusé d'avoir altéré les mots dans la traduction, de manière à leur donner un sens diffamatoire, alors qu'il n'y aurait qu'un sens innocent dans les paroles du cardinal. On a plaidé très longtemps, on a discuté sur les mots *renvoyé* et *expulsé*, sur le véritable sens de l'expression anglaise ou française; on a discuté sur le mot *intimidation* et sur beaucoup d'autres; de sorte qu'il est de l'intérêt de l'*Univers* de vouloir que cette lettre soit produite, pour se justifier d'avoir altéré, falsifié le texte qui lui était adressé par une personne aussi éminente. L'intérêt de sa propre défense, le respect qu'il doit à la justice, tout fait donc une loi à l'*Univers* de ne pas tenir plus longtemps la vérité cachée.

Pourquoi l'*Univers* nous oppose-t-il ce refus? Pourquoi, quand il a publié et que par le fait de la publication il a engagé sa responsabilité, pourquoi vient-il nous dire aujourd'hui qu'il s'agit d'une propriété privée, d'une chose particulière dont il ne peut pas nous donner communication? Ah! il nous en donne sa raison : « Je ne veux pas, nous dit-il, vous donner des armes pour faire condamner le cardinal. » Et il se drape dans les plus beaux sentiments : « Vous vous attaquez au chef de l'Église en Angleterre, vous voulez obtenir contre lui une condamnation, nous ne voulons pas; nous ne le voudrions pas pour un homme quel qu'il fût, à plus forte raison quand il s'agit du chef de l'Église catholique en Angleterre. »

Mais ce n'est pas là la question. Il ne s'agit pas d'un procès criminel, il s'agit d'un procès purement civil afin d'obtenir des dommages-intérêts; il s'agit de réparer un préjudice éprouvé par M. Boyle, de lui faire allouer une indemnité en réparation de ce préjudice, et nullement de faire condamner le cardinal. Nous vous demandons la vérité, le concours de la vérité que vous avez dans les mains; nous en avons besoin pour nous défendre des accusations portées contre nous et que vous avez répandues.

Là est la véritable raison de résistance de l'*Univers*.

Le journaliste nous refuse les moyens de faire droit à notre demande; il empêche le cours de la justice; il dit que c'est dans l'intérêt de la religion, du chef de la religion en Angleterre. Non, c'est dans votre intérêt particulier; car il est clair que la condamnation qui peut intervenir contre le cardinal frappe indirectement le publicateur de sa lettre; c'est dans votre intérêt particulier, d'autant plus que le cardinal vous accuse d'avoir mal traduit sa lettre et d'être ainsi les véritables auteurs de la diffamation.

On ne veut pas faire condamner M. le cardinal Wiseman, qui a attaqué M. Boyle; mais on veut faire condamner M. Boyle, qui a été attaqué, diffamé, on veut le faire condamner pour avoir osé faire un procès, pour avoir pris la liberté de défendre son honneur.

Je comprendrais jusqu'à un certain point ce système, quoiqu'il soit peu chrétien, si M. Boyle était l'auteur des articles de l'*Ami de la religion*.

Mais remarquez la différence de situation. L'humble prêtre avait été frappé dans son existence par son supérieur. Il fait le public juge; cette irrévérence lui attire la foudre épiscopale. Il reconnaît ce tort ; il écrit au cardinal une lettre de soumission, enfin il se réconcilie avec lui.

Voici maintenant ce qui se passe. L'archevêque-cardinal est attaqué par un journal. Il attribue ces attaques au prêtre ; il lui attribue le tort grave d'avoir obéi, après la réconciliation, à un vil sentiment de vengeance. Il se dit : C'est lui qui m'attaque sous le manteau de l'intérêt religieux, dans le journal français l'*Ami de la religion*. Il le dit au public, et il ne se contente pas de dire cela, il diffame, ou l'on diffame en son nom, peu importe.

Est-ce qu'il est permis d'accuser ainsi ? Est-ce qu'il est quelqu'un de si élevé, de si puissant au monde, que la calomnie et la diffamation lui soient permises ? Mais du moins, après s'être ainsi trompé, on offre au diffamé quelque réparation d'une manière quelconque ? Rien, pas un mot d'excuse, pas même un mot de regret. Lorsqu'il se plaint, on le reçoit avec hauteur, avec dédain ; on recommence à le diffamer de nouveau, on essaie de l'écraser, on crie au scandale, quand on sait qu'il n'est pas l'auteur des articles, qu'il n'a pas provoqué l'attaque injuste du cardinal. On veut que le cardinal ait eu raison de l'accuser de la polémique engagée entre l'*Ami de la religion* et l'*Univers*. Voilà comment on se conduit à son égard.

On dit que ce procès est une spéculation, une affaire de scandale. Et quel est l'auteur du scandale, je vous prie, si ce n'est le journaliste qui a livré à la publicité la lettre du cardinal ? A qui doit-on imputer le scandale, si ce n'est à celui qui, après nous avoir attaqué, nous *refuse* jusqu'à la moindre explication, ce que nous lui demandons pour toute réparation, un regret de nous avoir imputé les articles dont nous ne sommes pas l'auteur ?

Ce n'est pas nous qui spéculons, c'est l'*Univers ;* mais le tribunal ne permettra pas cette spéculation ; il ne permettra pas qu'on puisse attaquer un homme et l'empêcher ensuite de se défendre, et en avouant son motif. Il ordonnera la production de la lettre qui a servi à commettre le délit résultant de la publication par l'*Univers*. Il ordonnera la production de cette lettre qui fera connaître la vérité dans l'intérêt de tous, dans l'intérêt de l'*Univers* lui-même, accusé d'infidélité et d'altération dans la traduction qu'il en a publiée.

Nous demandons une chose éminemment juste.

On nous a causé un préjudice par la publication de cette lettre, on nous en cause un autre par le refus de la communiquer. C'est le cas d'appliquer l'article 1382 du code Napoléon et de sanctionner par une condamnation pécuniaire l'obligation qu'on imposera au journaliste de déposer son manuscrit.

Malheureusement cette sanction pourrait bien, si elle était seule, demeurer inefficace. Nous demandons le dépôt à peine de 50 francs par jour de retard. Si le journaliste n'est condamné que dans cette limite, on paiera quelques cinquantaines de francs, et l'on gardera la lettre, de façon que le cardinal puisse continuer à dire : Ce n'est pas moi qui suis le coupable, et l'original n'est pas à ma disposition, c'est le journaliste qui le retient.

Il y a là un motif de plus pour qu'il faille insister très sérieusement sur le second chef de notre demande, à savoir : une réparation pécuniaire proportionnée à la gravité de la diffamation.

Le second chef de notre assignation est donc celui-ci : Nous demandons réparation du dommage qui nous a été causé par la publication de divers articles de l'*Univers*. J'en ai fait entendre déjà deux au tribunal, je vais lire celui du 23 mai 1854, dans les questions qui intéressent M. Boyle. Pour faire connaître au tribunal le siège de la difficulté, il suffira de lui faire cette lecture et de lui signaler le sens injurieux de certains passages.

Voici l'article :

« Londres, 15 mai 1854.

» Mon cher monsieur,

» J'ai lu avec une grande satisfaction dans l'*Univers* vos trois articles sur notre position actuelle en Angleterre, et je viens de la manière la plus sincère vous remercier d'avoir fait ressortir avec tant de justesse et d'exactitude les exagérations et les faussetés (*falsehoods*) présentées aux presses catholiques du continent dans une série d'articles qui ont paru il y a quelque temps dans l'*Ami de la religion*, et qui étaient si peu dignes de ce journal.

» Si les expressions dont je me sers sont fortes, je vous assure qu'elles ont été choisies avec délibération. Rien en effet n'est plus complétement contraire à la vérité que la plupart des aperçus donnés dans ces articles sur des sujets dont l'auteur ou le signataire ne sait rien. Par exemple, etc. »

Ces mots méritent une attention toute particulière. Les expressions de l'auteur de la lettre étant calculées, comme il le dit lui-même, le publicateur a dû comprendre d'autant mieux l'importance de chacun des mots. Tout porte en pareil cas. Vous allez en juger, messieurs. Je passerai deux colonnes qui se réfèrent à la polémique générale avec l'*Ami de la religion*, et qui ne concernent en rien mon client. J'arrive tout de suite au passage où il est spécialement question de M. Boyle :

« Vous citez, dans votre article du 7 mai, un passage de l'*Ami de la Religion*,
» qui semble donner la clef du travail de M. Cognat. On y fait le portrait d'un
» prêtre « pieux et zélé qui avait blanchi au service des autels, qui peut-être avait
» jeté les premiers fondements de son église, recevant tout à coup notification,
» par un simple billet, qu'il avait cessé d'être le pasteur de son troupeau. Il était
» remercié dans les termes les plus flatteurs des services qu'il avait rendus, et en
» même temps condamné, sur le déclin de ses jours, à languir dans la dernière
» détresse. Peut-être était-il assez heureux pour trouver à se placer, pendant la
» semaine, dans quelque bureau en qualité de commis ; puis le dimanche venu, il
» reparaissait à l'autel pour célébrer les saints mystères.
» Cette dernière circonstance *désigne l'individu en question d'une manière*
» *aussi claire que si son nom était articulé*. Il n'y a ici qu'un seul prêtre dans
» cette position, c'est-à-dire qui soit commis dans un bureau toute la semaine et
» qui monte à l'autel le dimanche. Pour ma part, je n'ai pas eu besoin de ces
» détails pour apercevoir, dès les premiers articles de M. Cognat, de quelle per-
» sonne ils étaient destinés à satisfaire les ressentiments et de qui étaient les griefs
» formulés dans les colonnes de l'*Ami de la Religion*.
» Est-ce que M. Cognat, avant de se faire le porte-voix d'un prêtre isolé en
» Angleterre, qui se pose comme le représentant de tout le clergé et de tous les

» catholiques du pays, a pris la peine de s'informer de ses antécédents et de s'assu-
» rer de son droit à assumer en lui cette représentation. Un prêtre « commis dans
» un bureau » offre quelque chose de si anormal et de si différent de la position
» ordinaire d'un « prêtre pieux et zélé, » que cette position aurait dû, ce semble,
» provoquer quelque enquête avant de lui accorder une confiance entière.

» Si un prêtre, employé dans une maison de commerce à Paris, s'offrait pour
» nous renseigner sur l'épiscopat français, je crois qu'avant d'accepter tout ce qu'il
» nous dirait, nous trouverions opportun de prendre quelque information sur lui
» au secrétariat de son diocèse.

» Supposons qu'on aille aux renseignements, et qu'ils aient pour résultat de nous
» apprendre que le prêtre qui se présente ou qui est présenté au public comme
» victime de l'arbitraire et de l'oppression épiscopale, a été jadis *membre d'une*
» *société religieuse dont il a été expulsé;* qu'on a bien voulu lui donner de l'oc-
» cupation dans un diocèse, mais qu'il n'y a jamais été incorporé ; qu'au lieu d'avoir
» blanchi au service des autels et d'avoir fondé une église, il a été seulement em-
» ployé durant quelques années, et que c'était en qualité de vicaire ou de prêtre
» assistant.

» Supposons que cette enquête nous apprenne qu'une grande et superbe église
» bâtie par l'évêque à des frais immenses et desservie par ce prêtre, a été *aban-*
» *donnée des fidèles*, et que c'est à peine si l'on officiait dans son enceinte froide et
» silencieuse ; que son revenu descendait chaque année au-dessous de ses dépenses,
» au point que malgré de larges et continuelles subventions de l'évêque, l'église
» se trouvait lourdement endettée et *à la veille de faire faillite.*

» Supposons encore qu'on nous apprenne que le curé de cette église ayant donné
» sa démission (qui fut acceptée), l'évêque ne vit aucune espérance de restaurer ou
» de raviver les choses, à moins de changer complétement ce qui était ; supposons
» que toute amélioration devenait impossible tant que le vicaire conservait ses fonc-
» tions, et que l'évêque, dans la note à laquelle l'*Ami de la Religion* fait allusion,
» lui notifia le motif de son changement et lui offrit une position qu'il croyait plus
» en harmonie avec son caractère.

» Supposons enfin que le prêtre en question refusa cette offre, et alla presque
» jusqu'à nier à l'évêque le pouvoir de l'éloigner, prétendant qu'il devait être
» nommé curé, comme si c'eût été de plein droit. Si les informations prises ajou-
» taient que ce prêtre provoqua et encouragea les réunions de ses paroissiens, aux-
» quels il fit signer des suppliques à l'évêque pour être maintenu, démonstrations
» que des preuves abondantes établissent n'avoir pas été spontanées, mais le résul-
» tat *d'intimidations* ou d'influences personnelles. Si l'on ajoutait qu'il devint né-
» cessaire de fixer un jour où ses pouvoirs lui furent retirés et où il fut remplacé ;
» qu'il refusa de céder à son successeur le presbytère qui donnait entrée dans
» l'église, dans la sacristie, aux confessionnaux, prétendant que l'ancien évêque lui
» avait cédé cette maison en toute propriété, sans loyer à payer (ce qui est con-
» traire aux titres de propriété) ; que ce prêtre fit alors des annonces pour louer des
» chambres garnies, et que ce n'est que plusieurs mois après, à la suite de pour-
» suites légales et de frais considérables, que l'on put prendre possession du pres-
» bytère ; qu'en même temps il publiait et répandait *un pamphlet calomnieux*
» *contre son évêque*, en y faisant figurer sa correspondance ; qu'il refusa longtemps
» toute rétractation ou excuse, jusqu'à ce que l'évêque, alors à Rome (en 1850),
» nomma une commission de prêtres avec les pouvoirs nécessaires pour recevoir sa
» rétractation, faite en termes si peu explicites, que les amis mêmes de ce prêtre
» ont trouvé qu'elle aurait dû être rejetée ; si nous apprenions qu'un évêque, dans
» l'ouest de l'Angleterre, lui a offert de remplir dans son diocèse des fonctions de
» missionnaire, c'est-à-dire d'occuper une position qui équivaut à celle de curé, et

» qu'il a refusé cette offre pour occuper de préférence une place dans un bureau !
» Supposons, comme je l'ai dit, que ce soit là le résultat des informations prises
» auprès de l'évêque, accusé d'avoir, par une simple note, subitement envoyé un
» prêtre (pieux et zélé) gagner son pain dans un bureau. Qu'y aurait-il à faire ? qui
» serait responsable si, ayant obtenu ces renseignements, le rédacteur d'un journal
» en Angleterre allait, sur l'autorité d'une telle personne dénoncer tout l'épis-
» copat de France, comme injuste, violent, imprudent, insensé et coupable d'avoir
» trahi la cause de son Église, arrêté ses progrès, ruiné son avenir ? A moins
» que ce corps vénérable ne consentît à recevoir des leçons en matière de gou-
» vernement ecclésiastique, de ce journaliste étranger, est-ce que cet homme
» n'aurait pas à répondre à Dieu et à l'Eglise du scandale causé et des calomnies
» propagées sur une telle autorité. »

Vous avez entendu, messieurs, la lecture de l'article ; le cardinal ajoute, dans les dernières lignes, que la lettre est à l'*entière disposition* de M. Condon, à qui elle est adressée. Il en résulte que lorsqu'il refuse de la livrer, c'est dans son intérêt ou dans l'intérêt du cardinal, mais nullement dans l'intérêt de la vérité.

Maintenant, en ce qui concerne l'article en lui-même et la diffamation, je serai très bref.

La lecture que je viens de faire vous a suffisamment indiqué la portée de chaque expression. Aux termes de l'article 13 de la loi du 17 mai 1819, il y a diffamation, dans toute allégation ou imputation d'un fait de nature à porter atteinte à l'honneur ou à la considération de la personne.

Qu'est-ce que je vois là ? l'imputation la plus grave du monde. Vous savez dans quelle situation respective se trouvaient le cardinal Wiseman et M. Boyle ; vous savez qu'une réconciliation était intervenue entre eux, sur le tort qu'avait eu M. Boyle de publier une discussion soulevée entre lui et son supé-rieur. Eh bien ! quelle est l'imputation qui résulte contre lui de l'ensemble de cet article et de divers passages que je n'ai pas besoin de relire au tribunal, parce que je les ai soulignés par la parole ? L'imputation d'avoir obéi à son ressentiment, à un esprit de vengeance, après la réconciliation. Est-ce qu'il y a quelque chose de plus odieux au monde que cela ? quelque chose qui soit plus de nature à porter atteinte à l'honneur d'un homme revêtu d'un carac-tère sacré, que cette imputation de s'être laissé entraîner, après la réconcilia-tion, à satisfaire sa passion, son ressentiment, en envoyant un article non signé à un journal étranger ? Connaissez-vous une imputation plus grave qui soit plus de nature à porter atteinte à l'honneur et à la considération de celui qui en est l'objet ?

Il n'y aurait que cela dans l'article que cela suffirait bien, je pense, pour caractériser la diffamation ; mais il y a diverses autres imputations de faits tous aussi graves et tous également faux sans exception. Je pourrais en démontrer la fausseté, je n'en ai pas besoin, car devant les tribunaux français la diffa-mation ne consiste pas seulement dans l'imputation d'un fait faux, mais dans l'articulation d'un fait même vrai de nature à porter atteinte à l'honneur et à la considération. Supposez que les faits soient vrais, celui, par exemple, d'avoir fait signer par intimidation une pétition à ses paroissiens, celui d'avoir abandonné les fidèles de sa paroisse, préférant une place de commis à l'exercice du saint ministère ; supposons que ces faits soient vrais, la diffamation ne serait pas excusée par leur vérité, bien évidemment.

Eh bien ! ils ne sont pas vrais. En ce qui concerne l'expulsion de la compagnie de Jésus, je produirais, s'il était nécessaire, la lettre qui a été écrite par le prédécesseur du cardinal Wiseman, dans les fonctions d'évêque de Westminster, à M. Boyle, à la date du 26 avril 1846, pour lui dire que les renseignements donnés par le provincial lui étaient favorables, qu'il était heureux de voir que sa séparation de la société de Jésus avait laissé chez tous ceux avec lesquels il avait vécu des sentiments d'estime et de regret. J'aurais d'ailleurs la lettre écrite à M. Boyle par le révérend père Lythqöe, provincial, le 30 mai 1854, lorsque M. Boyle sentit le besoin d'invoquer le témoignage de son supérieur dans la compagnie de Jésus.

« Je viens de recevoir une lettre de vous datée du 29 du mois passé. Vous me demandez comme un acte de justice et une preuve d'affection de vouloir établir les faits réels qui se rattachent à votre séparation de la société. En réponse, j'ai à dire que vous avez *demandé et obtenu* d'être relevé de trois simples vœux de religion, parce que vous ne vous sentiez pas disposé à contracter quelques nouvelles obligations dans la société.

» Je suis, etc.   » LYTHQÖE. »

Vous le voyez, Messieurs, bien loin de le chasser de la compagnie de Jésus, on a cherché à l'y retenir, et on lui a continué l'estime qu'il avait su inspirer.

Il en serait de même pour le fait d'avoir obtenu par intimidation des signatures des fidèles de la paroisse qu'il administrait. Il est bien naturel que les fidèles s'adressent à l'évêque et lui demandent à conserver leur vicaire. Il y a eu 1109 signatures recueillies le même jour par une seule personne, de sorte que l'imputation de s'être servi de l'intimidation pour obtenir ces signatures est évidemment fausse, car on ne fait pas intimider en un seul jour 1100 personnes par un seul homme.

Il est d'autres points sur lesquels porte la diffamation. Il a été dit que M. Boyle avait abandonné sa paroisse, et qu'il avait préféré une place de commis à l'exercice de son ministère. Si l'on se rendait compte des faits qui se sont passés, on verrait que lorsqu'on prétend lui avoir offert un emploi, on ne dit pas les choses comme elles sont. Le cardinal lui a écrit qu'il ne pouvait pas lui donner un nouvel emploi, parce qu'il n'y avait pas de vacance, qu'il ne pouvait lui donner qu'un conseil : le conseil d'aller fonder une mission dans une ville où il n'y avait jamais eu une église, une école, un sermon catholique depuis la réforme. C'eût été là chose impossible pour un homme isolé. De sorte que les assertions du cardinal Wiseman sont aussi inexactes que diffamatoires, et le tribunal voudra bien remarquer qu'elles portent toutes sur des faits antérieurs à la réconciliation.

Enfin, tous ces faits sont injurieux, comme je le disais tout à l'heure, et le cardinal y revient plusieurs fois. Il dit que M. Boyle n'est pas un prêtre zélé, pieux. C'est évidemment là une expression qui entre dans les termes de mépris définis par l'article 14 de la loi du 17 mai 1849. Dire qu'un prêtre n'est ni zélé ni pieux (je n'ai pas besoin d'insister là-dessus), c'est comme si l'on disait qu'une femme n'est pas vertueuse, qu'un avocat n'est pas honnête, qu'un magistrat n'est pas intègre ; c'est la plus cruelle injure qu'on puisse lui adresser.

La lettre du 23 mai porte donc tous les caractères de l'injure et de la diffamation qui constituent le délit, et nous sommes forcés de demander une réparation civile.

Vous avez vu par les divers articles de l'*Univers* que j'ai cités, et dont je vous ai fait connaître les dates, que ces articles étaient injurieux et diffamatoires en disant que ce procès était une spéculation. Il est constant que nous avons fait tout ce que nous avons pu pour obtenir une réparation quelconque ; et l'on ose nous accuser, nous, qui sommes prêtre de l'Église militante dans un pays protestant, d'intenter à un archevêque un procès par esprit de spéculation et dans l'intérêt protestant, c'est nous accuser d'un fait très blâmable ; il y a donc là aggravation de la diffamation dont nous nous plaignons.

Quant à l'appréciation du dommage, elle est toujours difficile à faire, car un préjudice de la nature de celui que nous éprouvons n'est pas directement matériel, les ressources ne s'éloignent pas immédiatement de celui qui est atteint dans sa considération. Il faut donc, pour évaluer le dommage matériel, que vous entriez dans l'appréciation du dommage moral. Depuis la diffamation du cardinal Wiseman, il est impossible à M. Boyle de remplir les fonctions de son ministère. Un prêtre, diffamé comme il l'est, ne peut pas s'approcher de l'autel, il ne peut pas consacrer la sainte hostie, cela lui est impossible, cela lui serait interdit s'il ne se l'interdisait pas lui-même. Or, le priver de ses fonctions ecclésiastiques, c'est lui enlever son moyen d'existence. C'est la situation où l'a placé la lettre du cardinal Wiseman.

On lui avait fait des offres avantageuses en France, soit à cause de ses longues relations avec la compagnie de Jésus, soit à cause de la connaissance qu'il a des deux langues. Eh bien, il n'a pas pu y répondre ; en France pas plus qu'en Angleterre il ne peut accepter des offres de cette nature. Il se trouve diffamé, il est frappé dans sa considération, parce qu'il est atteint précisément dans ce qu'il y a de plus cher au monde, non-seulement en Angleterre, mais en France, où il vient souvent, où se trouve sa famille (il y a une sœur mariée, il y a aussi un frère), en sorte que le dommage qui lui est causé en France est tout aussi grave que s'il était Français. Il y a là tous les éléments nécessaires pour fixer le chiffre du dommage. En conséquence, je m'en rapporte avec confiance à votre sagesse, et je persiste dans les conclusions que j'ai prises.

Mᵉ TEMPLIER prend la parole en ces termes pour présenter la défense de l'*Univers*.

Les rédacteurs du journal l'*Univers* n'avaient pas besoin des explications que vous venez d'entendre pour apprécier le but réel de ce procès. Dès le premier moment, ils ont parfaitement compris qu'en s'adressant à eux, pour la forme, le demandeur se proposait uniquement, au fond, d'atteindre et de frapper S. Em. le cardinal Wiseman.

Mon honorable contradicteur n'en disconvient pas; il soutient seulement que les circonstances particulières de la cause justifient les prétentions de son client.

Cherchons donc, avant tout, à préciser le fait.

Au commencement de 1854, le journal l'*Ami de la Religion* publiait une série d'articles dans lesquels, sous prétexte de faire connaître à ses lecteurs la situation actuelle du catholicisme en Angleterre, il attaquait avec une extrême vivacité le caractère et les actes du cardinal Wiseman; il allait même jusqu'à l'accuser d'avoir arbitrairement réduit à la plus affreuse détresse un prêtre pieux et vénéré qui avait blanchi au service des autels.

Le journal l'*Univers* avait déjà relevé ces regrettables attaques, lorsque le cardinal crut devoir personnellement intervenir en adressant à l'*Univers* une longue lettre justificative, qui fut aussitôt traduite et insérée dans le numéro du 23 mai 1854.

Mon adversaire vous a lu seulement quelques extraits de cette lettre; je n'ai pas plus que lui l'intention de vous la lire en entier, mais elle passera sous vos yeux et vous verrez qu'elle est fort étendue, que les passages dans lesquels le sieur Boyle se prétend diffamé n'en forment qu'une partie secondaire; que son objet principal est de répondre aux accusations dirigées contre le cardinal, et qu'en un mot, loin d'avoir été écrite dans une pensée d'attaque, elle se résume tout entière dans une pensée de défense.

Vous pouvez remarquer, en outre, que dans tout le cours de cette lettre le nom de M. Boyle ne se rencontre pas une seule fois, et que les détails accessoires s'appliquant à des personnages complétement inconnus en France, ne pouvaient avoir, aux yeux des rédacteurs de l'*Univers*, la portée d'une désignation de nature à provoquer quelque plainte ou à causer quelque dommage.

Aucune plainte, en effet, ne se produisit jusqu'au jour où la lettre du cardinal ayant été traduite et publiée de l'autre côté du détroit, Boyle put prétendre qu'il s'y trouvait clairement désigné pour le public anglais.

C'est alors que commença entre Boyle et le cardinal la longue et déplorable lutte dont le procès actuel n'est qu'un épisode, et qui a subi des phases si diverses en Angleterre. Il serait hors de saison de rapporter tous les incidents de cette lutte; mais il convient toutefois d'en signaler quelques détails.

Traduit une première fois aux assises, le cardinal fut renvoyé faute de preuves. Boyle ne se tint pas pour battu, et, à défaut de preuves directes, il s'efforça d'obtenir une preuve secondaire. Cette preuve lui fut, en effet, fournie par un nommé Yvers, autre prêtre catholique, auteur des articles publiés contre le cardinal par l'*Ami de la Religion*, et qui ne craignit pas plus que Boyle de se constituer l'adversaire de son archévêque devant un jury protestant. Yvers n'avait pas vu la lettre originale adressée à l'*Univers*; mais, dans le cours de ses relations avec l'abbé Cognat, rédacteur de l'*Ami de la Religion*, il avait vu, disait-il, aux mains de cet abbé une lettre du cardinal reconnaissant l'authenticité de la première. Le cardinal contesta ce témoignage; il offrit même, pour en prouver l'exactitude, de produire la lettre originale adressée à l'abbé Cognat; puis, en même temps, jaloux d'en finir avec les chicanes de la procédure et de placer enfin le débat sur son véritable terrain, il proposa de déposer le manuscrit de la lettre insérée dans l'*Univers* et de prendre désormais cette lettre pour base unique de la discussion. M. Gondon se trouvait en effet aux assises, et il était prêt à se mettre à la disposition du cardinal; il avait apporté la lettre originale, et il se proposait de la produire. Vous pouviez invoquer son témoignage. Partout ailleurs qu'en Angleterre, une telle proposition eût été acceptée sur-le-champ; mais les Anglais sont éminemment formalistes, et, soit que Boyle considérât déjà sa cause comme gagnée, soit qu'il craignît de la compromettre en abordant un nouvel ordre de preuves, toujours est-il qu'il refusa la production offerte, et que le jury, sur le simple témoignage d'Yvers, crut pouvoir condamner le cardinal à 25,000 fr. de dommages-intérêts.

Si cette condamnation avait été définitive, jamais assurément, Boyle n'aurait songé à suivre sur l'incident que je vous soumets aujourd'hui, mais elle vient d'être cassée par vice de forme, et dans quelques jours les parties reparaîtront devant un troisième jury; de là l'inquiétude et la préoccupation de Boyle. Il ne peut plus guère compter sur Yvers, dont le témoignage se trouve frappé d'un discrédit absolu par les déclarations fort nettes de M. l'abbé Cognat. La seule preuve matérielle qu'il puisse désormais fournir serait donc la production de la lettre du cardinal, production que ce dernier lui avait offerte devant le second jury, mais qu'il pourrait bien, après son refus maladroit, ne pas lui accorder devant le troisième. Boyle craint, du moins, qu'il en soit ainsi, et voilà précisément pourquoi il s'adresse aux rédacteurs de l'*Univers* et leur demande la remise ou le dépôt de cette lettre.

Est-il fondé dans sa prétention ? A n'interroger que les règles de l'honneur et de la délicatesse, la négative est certaine. Que demande-t-il, en effet? qu'on lui livre une lettre originale. Dans quel but ? Dans le but avoué de s'en faire une arme dangereuse contre celui qui l'a écrite. A qui s'adresse-t-il, enfin, pour obtenir cette remise? Au destinataire même de la lettre, à celui qui la tient de la confiance du signataire, c'est-à-dire que les rédacteurs de l'*Univers* ne sauraient donner satisfaction à Boyle, à moins de commettre une mauvaise action, un véritable abus de confiance, une trahison même envers leur correspondant.

Le droit repousse avec une égale énergie les conclusions de la demande. Il n'admet pas, en effet, qu'une réclamation soit justifiée par cela seul qu'elle offre un intérêt au réclamant. Il exige en outre et surtout qu'elle s'appuie sur un titre légitime; or, quel titre Boyle pourrait-il avoir à la remise d'une lettre dont il n'est ni l'auteur ni le destinataire ?

Non-seulement il est sans qualité pour réclamer cette remise, mais les rédacteurs de l'*Univers* seraient eux-mêmes sans qualité pour l'accomplir, du moins de leur seule volonté.

Ils sont bien, en effet, devenus propriétaires de la lettre du cardinal, par l'envoi que ce dernier leur en a fait volontairement; mais la propriété d'une lettre ne s'étend pas jusqu'au droit d'en faire un usage préjudiciable à celui qui l'a écrite. Il faudrait donc, pour justifier sa demande, que Boyle rapportât le consentement du cardinal, et qu'il levât ainsi l'obstacle moral en face duquel les rédacteurs de l'*Univers* sont contraints de s'abstenir. Ce consentement, au surplus, tout porte à supposer qu'il pourra facilement l'obtenir, car le cardinal l'a lui-même offerte à une autre époque. En tout cas, les rédacteurs du journal l'*Univers* ont nettement déclaré dès le principe, et ils tiennent à déclarer hautement de nouveau que, dans tout le débat, il n'y a pas pour eux l'ombre d'une question personnelle, et qu'en conséquence ils s'empresseront de donner satisfaction à M. Boyle, pourvu qu'ils y soient régulièrement autorisés.

Ils ne contestent pas davantage à Boyle le droit d'invoquer leur témoignage : ils reconnaissent que la vérité est due à tout le monde, et qu'ils devront la proclamer de quelque côté qu'on la leur demande. M. Gondon est prêt à faire aujourd'hui ce que le cardinal lui avait demandé aux dernières assises, parce que donner son témoignage, ce n'est pas trahir le secret, c'est déclarer la vérité. Oui, vous avez raison dans vos conclusions, quand vous dites qu'on doit la vérité à qui la réclame ; bornez-vous à demander le témoignage, ce témoignage que l'on vous a offert avec l'assentiment du cardinal, et vous l'aurez.

Voilà tout le procès. Sur le chef principal, tendant à la remise de la lettre, Boyle est doublement mal fondé, car cette lettre ne lui appartient pas, et ceux-là même auxquels il la réclame ne seraient pas maîtres de s'en dessaisir. A plus forte raison est-il sans droit à une indemnité. Il est bien manifeste que cette seconde partie de la plaidoirie n'a été imaginée que pour soutenir la première et lui venir en aide. M. Boyle est Anglais ; il n'est pas connu en France, il n'a pas été nommé, il n'a pu être diffamé. Je ne sais pas même si en dehors des rédacteurs de l'*Univers*, qui ont le malheur d'avoir ce procès avec M. Boyle, personne en France sait son nom. Mais si l'on prétend qu'en Angleterre la publication a causé un dommage quelconque, ce sera l'objet de la décision du tribunal anglais ; c'est ce qui va être jugé aux assises de Croydon. Ainsi, sur ce chef, qui n'est qu'un chef subsidiaire à l'appui de la demande de la lettre, il est évident que M. Boyle doit succomber comme sur le premier.

Mᵉ HENRY CELLIEZ répond :

Messieurs, je ne veux pas répliquer. Je n'ai pas besoin d'insister sur le caractère diffamatoire de la publication, alors surtout que M. le rédacteur de l'*Univers* croyait qu'elle s'adressait à l'auteur des articles de l'*Ami de la Religion*. Il a eu alors l'intention de l'attaquer ; de même qu'en persistant plus tard dans ses diffamations contre M. Boyle, il a certainement voulu lui nuire.

Mais j'insiste pour répondre à l'argumentation par laquelle on repousse l'autre chef de notre demande.

Vous détenez une pièce ; ce n'est pas une lettre, c'est un papier, une pièce, vous la retenez dans vos mains, et vous nous mettez ainsi dans l'impossibilité de faire cesser le dommage qui nous a été causé.

Vous dites que nous voulons nous servir de cette pièce pour nuire à autrui ; et vous ne craignez pas de nous nuire en nous retenant l'élément avec lequel nous pourrions obtenir la réparation qui nous est due.

Mon confrère a raison de dire que nous n'avons pas accepté la communication de la lettre du cardinal devant la Cour d'assises.

Il y avait une preuve, une *évidence* secondaire, un témoignage secondaire et non pas primaire. Il y avait un homme qui disait : « J'ai vu une lettre dans laquelle le cardinal Wiseman faisait un aveu. » Ce témoignage-là existant, M. Boyle n'avait pas besoin d'autre chose, et il était inutile d'admettre à la discussion une pièce nouvelle; mais du moment qu'on nous conteste la valeur de ce témoignage, nous avons besoin de le compléter par la production de la pièce, car je le répète, c'est une pièce, ce n'est pas une lettre; et elle ne peut nuire qu'à celui qui a tort.

Vous l'avez produite, dites-vous, devant la Cour d'assises? Pas suffisamment; vous l'avez produite seulement par une parole de l'avocat de Mgr. Wiseman, qui offrait de la produire.

Cette prétendue offre est si peu sérieuse que nous ne pourrions pas l'invoquer devant un tribunal anglais; on ne nous donnerait aucun moyen de coercition contre le cardinal, aucun moyen de le forcer à remplir l'offre de son avocat. Vous comprenez bien, d'ailleurs, que nous ne pouvions pas accepter comme authentique une copie de la lettre du 23 mai, alors que l'abbé Ivers venait de nier l'exactitude de l'autre copie et de dire : « Il n'y avait aucune rature dans la lettre que j'ai vue entre les mains de M. l'abbé Cognat, il y a des ratures dans celle-ci. » Il y avait une phrase dans laquelle le cardinal Wiseman disait : « La lettre que j'ai fait publier en réponse à l'*Ami de la Religion*. » Cette phrase a été supprimée. Au moment où l'on nous faisait cette production, attaquée par la déclaration que je viens de rapporter, attaquée de fraude, nous pouvions avoir quelque défiance contre la production subite de ce qu'on donnait comme la lettre originale. Et le défenseur de M. Boyle disait : « Nous n'avons pas besoin de cette production; nous ne nous y fions pas; elle n'est pas nécessaire. » Elle n'était pas faite dans des termes obligatoires, de sorte qu'on ne peut pas invoquer cet incident de l'audience de Kingston pour dire qu'on produira la lettre.

Nous n'en serions même pas sûrs alors que M. Gondon prendrait ici l'engagement qu'il prenait en Angleterre. Est-ce qu'il résulterait d'un pareil engagement un contrat entre M. Gondon et M. Boyle? En aucune manière. Nous ne sommes point ici devant un tribunal anglais, et même devant un tribunal anglais, le client n'est point tenu de réaliser la parole d'un avocat.

On vous a dit que M. Gondon retenait la lettre parce que sa remise volontaire serait une trahison. Malgré cette prétention singulière de refuser une lettre qu'il a publiée, je ne puis pas méconnaître l'honorabilité du sentiment qu'il exprime, la peur de passer pour avoir fait une trahison en livrant volontairement la lettre; mais quand le tribunal l'aura obligé, il sera dégagé. Le jugement ne causera de préjudice à personne; il permettra à la vérité de se faire jour. En conséquence, il n'y a aucun inconvénient à ce que M. Gondon soit condamné à produire la lettre que nous demandons.

M. le substitut Brière de Valigny déclare s'en rapporter à la sagesse du tribunal.

Le tribunal, après quelques minutes de délibération, rend le jugement suivant :

« Le tribunal, ouï en leurs conclusions et plaidoiries Henry Celliez, avocat de l'abbé Boyle, assisté de Lacroix, son avoué; Templier, avocat de Gondon

et Barrier, ès noms et qualités qu'ils agissent, assisté de Moullin, leur avoué;
le ministère public entendu, et après en avoir délibéré conformément à la loi,
jugeant en premier ressort ;

» Attendu que pour réclamer la remise ou le dépôt d'un document, il ne
suffit pas d'alléguer l'intérêt que peut avoir la partie qui demande ces mesures; qu'il faut encore qu'elle établisse son droit sur le document lui-même;
que, dans l'espèce, la lettre dont s'agit n'appartient à aucun titre à l'abbé
Boyle, et que les défendeurs sont bien fondés à refuser la remise de ladite
lettre, si ce n'est du consentement de son auteur ;

» Sur les dommages-intérêts réclamés : attendu qu'en ouvrant leur journal
au cardinal Wiseman pour la défense de la situation du catholicisme en Anglé-
terre, les rédacteurs de l'*Univers* ne peuvent être supposés avoir eu l'intention de nuire à un individu qui ne leur était pas même nommé ;

» Déboute l'abbé Boyle de ses demandes, et néanmoins donne acte aux parties
de la déclaration faite par les défendeurs, qu'ils n'entendent opposer aucune
exception personnelle et être prêts, au contraire, à effectuer le dépôt réclamé,
pourvu que le demandeur leur rapporte une autorisation régulière de
S. Em. le cardinal Wiseman. Et condamne l'abbé Boyle aux dépens, dont
distraction est faite au profit de Moullin, avoué à la charge de droit. »

Le procès qui devait avoir lieu aux assises de Croydon, ainsi qu'on
l'a vu dans le débat ci-dessus, n'a pas été suivi. Il y a été mis fin
par une transaction aux termes de laquelle le cardinal paiera une
somme de 400 livres (25,000 fr.), indépendamment des frais qui
s'élèvent, dit-on, à 30,000 fr. On ajoute qu'il a été stipulé qu'il ne
serait donné ni demandé aucune espèce de rétractation ou explication.

VARIÉTÉS.

DE L'ART ORATOIRE

ET EN PARTICULIER DE L'ÉLOQUENCE POLITIQUE CHEZ LES ANCIENS, ET DANS LES TEMPS MODERNES CHEZ LES ANGLAIS.

..... Il m'a paru curieux et surtout infiniment utile de chercher et d'exposer, d'abord, ce que furent chez les anciens l'art
oratoire et l'*Orateur*; en second lieu, ce qu'a été l'*éloquence politique* chez les Anglais qui nous ont devancés dans les combats de la
tribune. Cette exposition sera nécessairement fort incomplète; mais
on tâchera d'y réunir assez de traits caractéristiques pour montrer
ou laisser voir partout le fond des choses.

Il sortira de ce travail une sorte de parallèle entre l'éloquence antique et celle des temps modernes. Peut-être serait-il à désirer qu'un esprit juste à la fois et vaste, exécutant ce que nous ne pouvons qu'indiquer, étendît ces rapprochements à toutes les parties de la littérature. Alors cesseraient, pour ne plus renaître, ces disputes si souvent et si vainement renouvelées sur la prééminence des anciens. Alors aussi l'on reconnaîtrait ce qu'il est encore possible d'emprunter au génie de l'antiquité, sans dévorer, par ces emprunts, l'avenir d'un autre génie : et l'on serait frappé de voir combien il y a chez les anciens de grands et nobles modèles qui, par malheur pour les modernes, ne peuvent plus être des exemples. Me voilà rentré dans mon sujet.

C'est d'abord la différence des mœurs, du caractère national, des institutions politiques qu'il importe de connaître pour apprécier tous les arts, mais surtout l'art oratoire chez les peuples de l'antiquité. Rien de ce que nous voyons aujourd'hui ne peut nous en donner une idée. Les arts même, regardés depuis comme les distractions de l'oisiveté, ou le délassement des travaux utiles, se trouvent dès leur origine intimement liés chez les Grecs à leur système de gouvernement. La poésie leur apprend le culte des dieux ; elle s'unit à la musique pour serrer les premiers liens des sociétés naissantes ; elle s'unit à la philosophie pour donner aux hommes assemblés les premiers éléments de la morale publique; et Athènes choisit Solon pour son législateur, parce que les vers élégiaques de ce grand homme respirent la sagesse et la vertu. La société fondée, et la liberté civile une fois établie sur le pouvoir suprême des lois, pour diriger, enflammer ou contenir les passions politiques, naquit l'éloquence oratoire ; elle parut au milieu de ces républicains avec tous les signes de l'empire et des conquêtes. Cette nation, qui cultivait tous les arts, et chez qui tous les arts étaient une espèce de magistrature, reconnut dans celui de l'orateur une magistrature supérieure; et l'éloquence appliquée à tous les objets, cultivée à la fois par tout un peuple, ne tarda pas d'envahir, comme un fleuve rapide et qui grossit toujours, les autres domaines des lettres ; elle finit par *attirer à soi* la philosophie même et la poésie. Quant à ce qui regarde la première, sans avoir recours aux grands exemples de Démosthène et de Cicéron, il suffira, pour se convaincre que nous n'avons rien exagéré, de jeter un moment les yeux sur la rhétorique d'Aristote : on y verra, non pas un recueil de préceptes scolastiques, mais un véritable traité de philosophie morale, et à coup sûr l'un des plus complets et des plus sages qui nous restent de l'antiquité. Pour ce qui est de la poésie, nous jugerons plus tard, par tout ce que Cicéron exige dans l'invention et dans l'élocution de l'orateur, s'il restait à la poésie quelque genre de beautés ou de séductions dont l'éloquence oratoire ne se fût pas emparée.

C'était ainsi que tous les arts, liés aux institutions sociales, respiraient un air natal et se développaient en liberté chez ces Grecs qui n'avaient d'autre maître que le génie, peuple ardent et passionné qu'on dirigeait par l'attrait des plaisirs et par l'enthousiasme de la gloire, avec plus de facilité qu'on ne mène les peuples modernes par la force et par l'intérêt. Au contraire, les Romains, chez qui le fanatisme patriotique fut, durant les premiers siècles, l'unique ressort du gouvernement, ne cultivèrent longtemps que la science des conquêtes. Comme les nations modernes, ils ne s'adonnèrent enfin à la culture des lettres que par imitation. Un seul art naquit à Rome, comme dans la Grèce, des institutions politiques, et ce fut l'art oratoire. L'éloquence des Romains se perfectionna par l'étude et l'imitation de celle des Grecs, mais elle avait fait de grandes choses dès les premiers temps de leur république; elle s'embellit sans se dénaturer, et conservera toujours son premier caractère.

Chez l'un comme chez l'autre de ces deux peuples célèbres, l'éloquence oratoire et le talent militaire conduisaient seuls aux honneurs et à la puissance. Tous ceux qui prétendaient au gouvernement cultivaient à la fois l'une et l'autre; les jeunes gens se montraient au peuple dans le barreau et dans la tribune, avant de paraître dans les armées. Ce n'étaient donc pas seulement quelques hommes de lettres épars et retirés dans la solitude du cabinet, qui se livraient à l'étude de l'art oratoire; c'étaient dans les tribunaux, dans le sénat, dans les camps, tous ceux dont l'éducation avait été cultivée. Ce n'étaient pas seulement quelques hommes de goût, toujours rares, et dont la voix se fait à peine entendre dans la foule, qui pouvaient apprécier le talent et les titres des orateurs; c'était une nation tout entière, instruite par eux-mêmes à les juger, accoutumée à les écouter avec cette extrême attention que nous donnons à notre propre cause, et que nous commandent les objets dont nous voyons dépendre notre destinée. Enfin il ne s'agissait point pour l'orateur d'un vain succès littéraire. Dans ces luttes de la tribune, assimilées par tous les anciens aux combats des légions, il y allait souvent de la vie, toujours de la puissance ou de l'honneur; il y allait de la gloire ou de l'existence de la patrie.

Les grands sujets élèvent la pensée; les grands périls élèvent l'âme : les uns et les autres s'unissaient pour enflammer le génie oratoire. On sait de quels dangers toujours renaissants étaient environnés les orateurs de Rome, et quelle fut la destinée du plus illustre d'entre eux. Les orateurs grecs avaient plus à craindre encore; et le peuple d'Athènes, plus inconstant, plus fougueux, quoique plus humain parce qu'il était plus sensible, moins capable que le peuple-roi d'une injustice réfléchie, l'était plus d'une violence. Aussi est-ce chez les Grecs que l'éloquence politique a fait le plus de prodiges : en lisant Démosthène, on croit encore l'entendre, on croit le voir lancé sur une mer orageuse dont il lui faut, sans relâche et par le seul pouvoir de la parole, soulever, calmer, diriger les flots, toujours au moment de voir s'engloutir dans un même naufrage ses jours, son pays et sa gloire.

Et sous quelles formes animées se présentait à l'orateur cette gloire, première passion des grandes âmes, après l'amour de la patrie et de l'humanité ! Sans rappeler ici les statues élevées dans les places publiques, les couronnes d'or, les décrets, tous les honneurs décernés pendant vingt ans à Démosthène, représentons-nous Cicéron sortant du sénat où sa voix éloquente avait fait condamner par une sentence presque unanime les complices de Catilina. Il était nuit ; les sénateurs reconduisaient le consul : des flambeaux s'allument de toutes parts ; une illumination soudaine éclaire sa marche ; le peuple se presse pour le voir passer et l'applaudir ; les femmes le montrent à leurs enfants, afin qu'ils puissent dire un jour : « J'ai vu le sauveur du Capitole ! » Peu de temps après, Catullus le proclame, dans le sénat, *Père de la patrie*. Caton lui défère le même titre devant l'assemblée du peuple. Son consulat expire ; un tribun lui défend de monter dans la tribune aux harangues, et lui ordonne de se borner à faire le serment prescrit aux consuls qui sortaient de leur magistrature, c'est-à-dire d'affirmer qu'il n'avait rien entrepris de contraire aux intérêts de la République. « Je jure, s'écria ce grand homme, que j'ai sauvé le sénat et le peuple romain ! » Et tout le peuple par acclamation répondit : « Il a sauvé Rome ! » Voilà, dans un seul exemple, l'orateur antique, son auditoire, ses périls, son empire et ses honneurs...

Or, ces honneurs et surtout ces périls, plus faits encore pour élever le talent en agrandissant le caractère, tout citoyen avait le droit d'y prétendre. Chez les Grecs, non-seulement Démosthène, mais Périclès, Démade, Eschine n'étaient devenus magistrats que parce qu'ils étaient éloquents ; et chez les Romains, Cicéron, l'orateur Crassus, Hortensius, mille autres ne s'étaient élevés aux premières dignités de la République que par le talent de la parole.

Aussi était-ce à ce talent que toute éducation des anciens se trouvait subordonnée. Le goût de la véritable éloquence était devenu populaire, il se perpétuait d'âge en âge, en se perfectionnant toujours.

Non-seulement les grands traits, mais les délicatesses de l'art étaient saisies à l'instant par des assemblées plébéiennes. Cicéron, dans son *Orateur*, cite une phrase du tribun Carbon, dont le tour est élégant et d'une heureuse harmonie. Il rappelle avec complaisance les vifs applaudissements qu'elle reçut de la multitude dont elle avait charmé l'oreille. « Car, je le demande, ajoute-t-il, d'où pouvaient naître de tels transports ? N'était-ce pas un effet du nombre ? Pour nous en convaincre, il suffit de changer l'ordre des paroles... ; vous verrez aussitôt disparaître l'harmonie. » Quels organes sensibles et exercés ! quelle promptitude et quelle exigence du goût chez tout un peuple dont les soudaines émotions donnaient lieu à de semblables remarques !

Si tel fut le tact si prompt, si fin et si sûr à la fois d'une nation dont la langue, formée d'éléments rudes et sourds, venait à peine de se polir, et qui n'avait encore perfectionné que l'art des combats, quels devaient être ces Grecs chez qui tous les arts avaient pris naissance, et dont la langue, dès son origine, avait été illustrée par les chefs-d'œuvre d'une divine poésie ? Aussi Démosthènes lui-même ne parvenait-il pas toujours à satisfaire leur délicatesse. « Qu'importe, leur disait-il, quand il s'agit du destin de la Grèce ? Qu'importe que je me sois servi de ce terme ou de tel autre ? » Mais, au fond, cela importait si fort au succès de ses discours, et à celui de sa cause, et lui-même le sentait si bien, qu'il n'est rien au monde, peut-être, de travaillé avec autant d'industrie et de soin que ses harangues les plus véhémentes, et où l'inspiration se fait le plus sentir.

Quand un art vaste et difficile n'est cultivé que par un petit nombre d'hommes, après quelques moments d'éclat il peut rapidement déchoir, et même tomber aussitôt dans la plus honteuse décadence : mais quand tout un peuple l'honore, le protége et le cultive, il ne peut rétrograder ni être arrêté dans sa marche ; il s'élève de progrès en progrès, et ne trouve d'autre terme à son perfectionnement que celui de la civilisation même de ce peuple : telle fut la destinée de l'art oratoire chez les anciens. On le voit s'élever par degrés d'époque en époque, jusqu'à ce point de perfection qui nous étonne et nous enchante dans les deux plus grands orateurs, qui furent aussi les derniers qu'aient eus Athènes et Rome libre.

Ils parurent l'un et l'autre lorsque leur république était déjà corrompue et sur le penchant de sa chute. Si rien avait pu l'en garantir, leur génie l'aurait sauvée. C'est, du reste, à ce dernier terme de l'existence politique des gouvernements que l'éloquence devient plus nécessaire, plus périlleuse, et par là même plus noble, plus adroite à la fois et plus véhémente. Ainsi, l'époque même où Démosthène et Cicéron montérent dans la tribune concourut avec tout le reste à donner un libre essor à leur caractère et à leur génie. En effet, ramener à des idées de modération et de justice des hommes égarés, mais pleins d'honneur ; faire triompher l'innocence devant des juges prévenus, passionnés, mais incorruptibles ; calmer les séditions d'un

peuple fougueux, mais ami des lois, *ce n'est pas ce que l'éloquence a*
de plus difficile à faire; « c'est, comme on l'a très bien remarqué,
» aux passions sourdes et lâches qu'elle a de la peine à opposer, ou
» des stimulants assez forts, ou des contre-poisons d'une vertu assez
» active. C'est pour ranimer les cœurs éteints, pour rendre l'espé-
» rance à des âmes rebutées par le malheur, la résolution à des
» esprits glacés, le courage à des hommes abattus de mollesse ; c'est
» pour tirer un auditoire, une multitude assemblée, d'un état d'in-
» dolence, de stupeur ou de léthargie, et la porter à l'instant à de
» grandes résolutions, que l'éloquence a besoin de rassembler toutes
» ses forces ; et c'est par une longue suite de mouvements, et par
» une impression pareille à celle du torrent qui ébranle et ruine sa
» digue avant de la renverser, qu'elle peut parvenir à vaincre ces
» obstacles. Cependant elle n'est encore aux prises qu'avec la nature :
» que sera-ce lorsqu'elle aura non-seulement les passions et les vices
» du cœur humain à combattre et à surmonter, mais une éloquence
» opposée, insidieuse ou véhémente, qui aura su captiver, ranger de
» son parti les affections du cœur humain, et ses passions et ses
» vices? Certes il est impossible d'imaginer une épreuve où l'art (je
» ne dis pas assez, car aucun art n'y peut suffire), où le génie et
» l'art, réunis au plus haut degré d'intelligence et de vigueur, trou-
» vent mieux à se signaler. » Telle fut la dangereuse, mais éclatante
et immense carrière que Démosthène et Cicéron eurent l'un et l'autre
à parcourir.

Il nous reste maintenant à nous former une idée nette et précise
des moyens que leur donnaient, pour la remplir avec tant de gloire,
les institutions de leur patrie. Cela est d'autant plus utile que, dans
tous les rapprochements que nous pouvons établir entre leur éloquence
et la nôtre, ou même entre la littérature des anciens en général et
celle des peuples modernes, nous ne devons jamais perdre de vue
que, si les institutions sociales, qui dans Athènes avaient fait naître,
comme nous venons de le voir, tous les arts, et dans Rome même
l'art oratoire, en avaient fait en quelque sorte des magistratures nationales et un objet d'émulation publique ; chez les modernes, au
contraire, les arts cultivés par imitation, longtemps après l'établissement des sociétés politiques, n'ont été que bien rarement liés à des
institutions qui ne les avaient pas fait naître ; qu'ainsi leur gloire n'a
plus été l'ouvrage et la propriété des nations, mais de quelques
hommes de génie ; que dès lors leur marche progressive a dû être
moins sûre et moins constante ; que leurs moyens ont dû changer
avec leur destinée : d'où il suit que les règles des beaux-arts, telles
que nous les ont transmises les anciens, ne sont pas toujours parmi
nous d'une application rigoureuse ; et qu'enfin suivre les routes

battues pourrait bien aussi n'être pas le plus sage, si l'on cherchait à établir une théorie de l'art oratoire adaptée à l'Europe moderne, puisque la plupart de nos rhéteurs, n'ayant fait que reproduire les préceptes de l'antiquité, sembleraient avoir écrit, non pas pour les habitants de Paris ou de Londres, mais pour ceux d'Athènes au siècle d'Alexandre ou de Rome avant les Césars.

J'ai cru devoir placer ici ces réflexions, énoncées trop sommairement peut-être, parce qu'elles vont successivement être développées et, si je ne me trompe, mises dans tout leur jour par ce qui doit suivre.

Le *droit de l'accusation personnelle* avait fait, chez les anciens, de l'éloquence du barreau l'arme offensive la plus redoutable, l'arme défensive la plus nécessaire. Ces accusations, faites aux termes d'une loi, étaient portées d'ordinaire devant l'assemblée du peuple. Comme elles tombaient presque toujours sur les premiers citoyens, toutes les questions de politique et de droit public venaient se rattacher à une cause individuelle, et les grands intérêts de la patrie se trouvaient liés à celui d'un seul homme que la voix de tout un peuple allait absoudre ou condamner. « Alors, dit Quintilien, les grands remplissaient le Forum ; alors les clients, les tribus, les députations des villes municipales y accouraient auprès de leur patron en danger. » Alors *le peuple romain devenait partie dans la cause, et se regardait comme intéressé à la sentence qui devait intervenir*. Tel fut, chez ce peuple, comme dans Athènes, le théâtre de l'orateur du barreau.

Dans toutes les assemblées délibérantes, dans l'enceinte du sénat comme dans le Forum, les orateurs balançaient, à la tribune, les destinées de la république, devant la république assemblée, ou devant l'élite de ses citoyens : et celui dont l'éloquence avait gagné les cœurs et forcé les suffrages, devenu, pour un moment, le chef suprême, le législateur de l'État, rédigeait les décrets ou les lois, les traités d'alliance et de paix, les déclarations de guerre. Tel fut, à Rome comme dans Athènes, le théâtre de l'orateur politique.

Enfin, lorsqu'il fallait enflammer le peuple contre un ennemi étranger, ou trop puissant pour être traduit devant des juges, c'était encore l'orateur qui le dénonçait à l'opinion publique (1).

C'était lui qui célébrait les grands hommes et les nobles vertus, qui posait la couronne d'or sur la tombe des citoyens morts pour la défense commune ; qui rendait grâce au général vainqueur ou aux nations alliées : et quand des honneurs publics, des statues étaient décrétées en faveur de telle ville ou de tel peuple, ces statues s'inau-

---

(1) C'est présentement l'office des brochures et des journaux.

guraient dans des solennités communes à tous les États confédérés, et l'éloquence oratoire devait encore animer ces généreuses décorations. Tel était, dans le blâme et dans la louange, le théâtre des orateurs grecs, et quelquefois de ceux de Rome.

Ces trois différentes carrières où pouvait se développer l'éloquence des anciens, les portèrent à diviser les sujets et les compositions oratoires en *trois genres* analogues, qui sont, comme on sait, le *judiciaire*, le *délibératif* et le *démonstratif*. Or, il est évident que ces trois genres ne sont pas tellement distincts, qu'ils ne rentrent quelquefois ou plutôt fréquemment les uns dans les autres. « Les anciens, a dit un étranger célèbre, sembleraient avoir prétendu faire de l'éloquence un art mécanique, et vouloir former un orateur comme on instruirait un charpentier. » Ce n'est pas mesurer ses termes, mais c'est exprimer vivement une pensée qui ne manque point de justesse. Les premiers rhéteurs grecs furent les sophistes ; ils portaient dans la théorie des arts et dans l'analyse littéraire un esprit de subtilité scolastique et de système, dont ne se dépouillèrent jamais entièrement les plus sages et les plus habiles critiques de l'antiquité. Je conviens même qu'il ne serait pas sans danger de prendre encore pour base d'un traité didactique sur l'éloquence oratoire cette division des trois genres que les anciens ont toujours distingués dans leurs rhétoriques, en étant presque toujours forcés, par la nature des choses, de les confondre dans leurs discours. Trop systématique même alors, cette classification serait aujourd'hui ou illusoire ou abusive. Mais, sans y donner une vaine importance, nous pouvons en user, ce me semble, dans nos études sur les orateurs de l'antiquité ; le meilleur moyen de les comprendre, étant de rapprocher nos idées des leurs, en nous écartant le moins possible de leur langage. On a vu précédemment ce qu'étaient chez les anciens les assemblées politiques : voici maintenant leurs tribunaux.

A Rome, les causes vulgaires étaient portées devant les préteurs, et la plaidoirie en était abandonnée aux avocats ordinaires, ou diseurs de causes, *causidici*. C'est le *genre judiciaire* de tous nos barreaux modernes, à un très petit nombre de modifications près. La décision des affaires plus importantes était remise à des juges nommés *ad hoc*, ordinairement *très nombreux*, et toujours choisis parmi les *premiers citoyens* de la République. Enfin, tous ces tribunaux reconnaissaient un tribunal supérieur, je veux dire l'assemblée du peuple. Il en était de même à Athènes (1). D'où il suit que, dans les plai-

____

(1) 1° Des juges particuliers devant lesquels se plaidaient les affaires de peu d'importance ; 2° l'Aréopage qui prononçait les condamnations capitales ; et 3° l'Assemblée du peuple auquel on déférait jusqu'aux lois même qu'on voulait faire abroger ; tels étaient les tribunaux d'Athènes. *L'éloquence pathétique* était

doiries comme dans les délibérations, les questions d'ordre légal se trouvaient souvent mêlées aux questions d'ordre public, et que l'éloquence judiciaire devait ressembler beaucoup à l'éloquence délibérative. Ainsi s'expliquent pour nous ces paroles de Cicéron, qui sont si loin de nos idées : « *Le grand ouvrage de l'orateur est dans le genre judiciaire, et je ne sais s'il est quelque chose de plus difficile dans les travaux de l'esprit humain.* » De très habiles gens parmi les modernes n'ont trouvé là qu'une saillie, et de la jactance d'*avocat :* ils y auraient peut-être découvert autre chose s'ils avaient *vu l'orateur* prononcer sa Milonienne ou son plaidoyer pour Muréna.

Les exemples de la plaidoirie vraiment oratoire, et de toute la grandeur qu'elle pouvait avoir chez les anciens, sont éclatants et nombreux. J'en rappellerai un seul. Je ne puis analyser ni l'accusation d'Eschine, ni la défense de Démosthène ; je ne puis même en rien citer : mais je vais montrer leur lutte, et le théâtre de leur lutte, le cirque, les spectateurs ; et si, avec nos mœurs, nos lois, nos institutions politiques, l'imagination la plus féconde, parcourant à volonté toutes les combinaisons possibles, parvient à se figurer, dans un des *barreaux* de l'Europe, quelque chose de pareil, qu'on se hâte de nous en instruire ; j'en serai très surpris et enchanté.

« La querelle entre Eschine et Démosthène commença, dit M. de » La Harpe, deux ans avant la mort de Philippe : mais les troubles » politiques de la Grèce, l'embarras des affaires et le danger des con- » jonctures retardèrent la poursuite du procès, qui ne fut jugé que » six ans après. » L'habile critique se trompe. L'*accusation* fut intentée quatre ans avant la mort de Philippe, et le *jugement* rendu *six ans* après cette mort (1). Il importait de préciser les dates.

La bataille de Chéronée venait de terminer une guerre que les Athéniens n'avaient entreprise que par le conseil de Démosthène, et avec une répugnance qui semblait en présager le mauvais succès. Après cette fatale journée, on craignit que le vainqueur n'entreprît le siége d'Athènes. Un décret ordonna de réparer et de fortifier ses murs ; la commission en fut donnée à Démosthène lui-même, et on lui assigna des fonds sur le trésor public ; mais la somme assignée était insuffisante : Démosthène fit presque tout à ses dépens. Ctésiphon, son ami, en prit occasion de demander qu'il lui fût accordé

---

bannie de l'aréopage. Du moins beaucoup d'anciens l'ont dit, et tous les modernes l'ont cru. Cependant, l'exemple d'Hypéride, qui, plaidant pour la courtisane Phryné, souleva aux yeux de ses juges le voile qui la couvrait, mais plus encore le succès qui couronna ce mouvement oratoire si célèbre dans l'antiquité, démentent un peu, ce me semble, le rigorisme qu'on attribue à ce grave tribunal. Au reste, tout est possible en ce monde où tout est contradiction : ce n'eût pas été la première ni surtout la dernière fois qu'on aurait permis de parler aux sens, et défendu d'émouvoir les âmes.

(1) Sous l'archonte Aristophon, c'est-à-dire la troisième année de la cent-douzième olympiade.

une récompense, non-seulement pour sa générosité dans la réparation des murs, mais pour tout ce qu'il avait fait en faveur de la République. Le décret fut aussitôt rendu ; il portait que le peuple athénien décernerait une couronne d'or à l'orateur Démosthène, en reconnaissance des services qu'il avait déjà rendus et ne cessait de rendre à sa patrie. Il portait aussi que le couronnement aurait lieu sur le théâtre, aux fêtes de Bacchus, c'est-à-dire en présence de toute la Grèce assemblée. Eschine attaqua ce décret, et se porta pour accusateur contre Ctésiphon qui l'avait fait rendre. C'était, comme on voit, peu de temps après cette guerre malheureuse dont les suites toujours plus funestes se faisaient chaque jour plus vivement sentir. Philippe avait obtenu deux voix au Conseil des Amphictyons ; la Grèce n'était déjà plus libre, et cette orgueilleuse Athènes, autrefois le boulevard de l'Europe contre les irruptions de l'Asie, s'était vue forcée de fléchir sous l'influence d'un Macédonien qu'elle s'était accoutumée à ne pas regarder comme un Grec, mais à confondre dans son mépris avec le reste des barbares. Tout cela, disait-on, était le fruit de la pernicieuse éloquence de Démosthène, véritable auteur de la guerre et de l'alliance avec les Thébains. Il faut convenir que les circonstances étaient favorables pour intenter contre lui une accusation.

Elles ne l'étaient pas moins, elles l'étaient plus encore peut-être, lorsque le jugement fut porté. L'asservissement de la Grèce n'était plus douteux alors ; le joug étranger pesait de tout son poids sur des têtes républicaines ; et les victoires du successeur de Philippe, qui s'était déjà rendu maître de l'Asie, ôtaient aux Athéniens tout espoir de briser jamais des fers qu'ils portaient avec tant d'impatience. C'étaient toujours les fruits de la guerre ; Démosthène en était l'auteur ; Démosthène en était accusé, et c'était au peuple vaincu à le condamner ou à l'absoudre.

Dès que le jour du jugement fut fixé, il se fit dans Athènes un concours de toutes les républiques de la Grèce. Ce fut en présence d'un tel auditoire, et devant l'une de ces grandes assemblées auxquelles était réservé le droit de connaître des affaires d'État, que les deux orateurs les plus illustres d'Athènes plaidèrent l'un contre l'autre cette cause également personnelle à tous deux.

L'accusation d'Eschine portait sur trois chefs principaux qui forment les trois divisions de sa harangue : d'abord, une loi défendait de couronner quiconque avait exercé une fonction publique avant qu'il eût rendu ses comptes ; Démosthène avait été chargé de la réparation des murs ; il n'avait pas rendu ses comptes, et cependant on le couronnait : première violation de la loi. En second lieu, une loi expresse ordonnait de proclamer la couronne dans la place pu-

blique, si c'était le peuple qui la décernait, ou si c'étaient les sénateurs, dans la salle du sénat, jamais ailleurs ; et cependant Démosthène devait être couronné sur le théâtre, dans les fêtes de Bacchus :
seconde violation de la loi. Enfin, la couronne lui était décernée en
récompense des services qu'il avait rendus à sa patrie ; et il était
tellement faux que Démosthène eût rendu des services à la République, qu'il l'avait précipitée dans une guerre désastreuse, et qu'il
méritait non des couronnes, mais l'exécration de tous les Grecs,
comme le meurtrier des Athéniens restés sur le champ de bataille à
Chéronée, l'auteur de la ruine des Thébains et des malheurs de la
Grèce entière. Rien de plus riche que le fond d'une pareille harangue ;
rien aussi de plus artificieux que l'éloquence d'Eschine : il n'est aucun
point de l'accusation qu'il ne présente avec toute l'adresse d'un
esprit exercé aux combats de la tribune, et qu'il ne développe avec
toutes les ressources du talent et de la haine. Mais c'est lorsqu'il
arrive au dernier chef que son éloquence s'élève et s'enflamme ; il
peint toutes les infortunes publiques ; il se demande quel en est l'auteur, et la réponse est toujours : C'est Démosthène ; il met en opposition le deuil de la Grèce et la joie orgueilleuse du couronnement
de Démosthène : Athènes a été vaincue, et Démosthène a causé sa
défaite ; Athènes a été humiliée, et Démosthène est la cause de son
humiliation ; et le peuple athénien couronnerait Démosthène, lui
qui, au mépris des augures les plus sacrés, précipita dans un péril
manifeste tant de braves citoyens dont il a osé lui-même faire l'éloge
funèbre !...

On ne peut indiquer ici ni les beautés nombreuses d'Eschine, ni
les prodiges de Démosthène. On n'a voulu, on n'a pu que faire entrevoir le champ de bataille et la position des combattants. Démosthène a contre lui les malheurs et l'humiliation de la Grèce. Au
moment où il ouvre la bouche, toutes les douleurs, tous les intérêts,
tous les amours-propres se soulèvent contre lui ; mais à peine a-t-il
parlé, qu'ils viennent tous, l'un après l'autre, se rallier à sa défense.

Ce n'est déjà plus lui qu'il défend ; c'est Athènes ; c'est la Grèce.
Devenu l'avocat de ses juges, il en fait les accusateurs de sa partie (1) ;
et c'est alors, seulement alors, qu'entraînant avec lui tout son auditoire, il va droit à son adversaire, et commence une lutte corps à

---

(1) « ... Athéniens, qu'en pensez-vous? Eschine est-il l'ami d'Alexandre ou son mercenaire ?... En-
tends-tu ce qu'ils répondent? »

Un membre de l'Académie des inscriptions a remarqué qu'il fallait être bien sûr de la réponse pour
hasarder l'interrogation. Mais il faut remarquer aussi que tous ces grands mouvements dont les orateurs
de l'antiquité offrent de si beaux exemples, ne seraient point permis ou seraient déplacés devant des tribunaux ordinaires. Or, ceci explique assez, ce me semble, pourquoi Cicéron affirmait que, *sans une multitude d'auditeurs, nul ne pouvait être éloquent.*

corps. On ne saurait imaginer d'argumentation plus vive et plus pressante. Il ne laisse rien sans réplique ; il renverse, il brise tout avec la rapidité de la foudre ; et lorsqu'il a parcouru toute sa vaste carrière, quand il a tout épuisé, il redouble de fécondité et de véhémence ; il trouve, il a l'air de faire naître de nouveaux faits à produire, des émotions inconnues à diriger. Comme l'a dit Hugues Blair, « *c'est un torrent de preuves et de raisonnements, qui roule avec lui toutes les passions, le dédain, la colère, le courage et l'amour de la liberté.* »

Tous ceux qui lisent autre chose que des pamphlets ont lu, au moins une fois, *la Harangue pour la Couronne*; mais en la relisant avec l'intention d'examiner s'il n'a pas fallu, pour la produire, outre le génie de Démosthène, la réunion de toutes les circonstances que je viens de rappeler, on jugera, ce me semble, que tel passage exigeait que l'orateur eût pour juge tout un peuple ; tel autre, qu'il eût pour auditoire l'élite et les curieux de vingt cités qu'il pût mettre avec lui en cause : de sorte que, si l'on ôtait de cet accablant chef-d'œuvre tout ce qui serait hors de mesure avec le goût et le génie oratoire de nos jours, à peine resterait-il un petit nombre de beautés devenues presque vulgaires.

A cet exemple qui, plus et mieux développé, aurait pu donner une idée juste de l'*éloquence judiciaire* des anciens (pour parler la langue de leurs rhéteurs), je vais ajouter un autre exemple qui puisse montrer, comme en action, leur *éloquence délibérative*.

S'il s'agissait de montrer ce que l'*éloquence délibérative* a produit de plus achevé (ce qui ne voudrait pas dire de plus élégant), j'hésiterais, et cependant j'en chercherais sans doute le modèle là ou j'ai déjà trouvé celui de l'*éloquence judiciaire*; je veux dire dans Démosthène (1). Mais ce qu'il faut ici, c'est réunir et néanmoins faire distinguer dans un seul exemple tout ce qu'il pouvait y avoir chez les anciens de grandeur à la fois et d'adresse, de ressources et de périls, d'obstacles et de triomphes dans la carrière de l'orateur politique. Pour arriver jusque là par la voie la plus sûre et la plus courte, je prie mes lecteurs de me suivre jusqu'à Rome, en l'an 690 de sa fondation, et de s'y mêler pendant quelques minutes à la foule qui remplit le Forum. Durant ces minutes-là, on ne viendra pas nous définir,

---

(1) Sa *harangue de la Chersonèse*, ses *Philippiques*, ses deux premières *Olynthiennes*, sont, dans l'art de convaincre et d'entraîner, des chefs-d'œuvre même à côté de la harangue pour la Couronne qui, dans cet état, est un prodige. Il appartenait à Cicéron de le sentir mieux que personne. « C'est la *perfection*, dit-il dans son *Brutus*, en parlant de Démosthène ; et il ajoute (ce qu'il semble, je crois, démentir un peu quelque autre part) : *Rien ne lui manque : plane quidem perfectum, et cui nihil admodum desit...* C'est cependant de nos jours qu'on a le mieux défini, peut-être, le génie de prééminence qui distingue surtout Démosthène. « Tout cède à la domination de ses paroles... *C'est l'empire tout-puissant de l'évidence.* » Et peut-être aussi, voilà pourquoi *le poëte de la raison* a pu dire : *Chaque fois que je relis la harangue pour la Couronne, je me repens d'avoir écrit.*

mais nous *verrons*, si je ne me trompe, l'*éloquence délibérative* des grands siècles de l'antiquité. Ceci exige quelques explications, et je vais les donner le plus brièvement possible.

Tout le monde sait que les Romains dépouillaient chaque nation vaincue d'une partie de son territoire. Comme l'a dit Montesquieu (1), on faisait deux parts des terres confisquées : *l'une se vendait au profit du trésor public ; l'autre était distribuée aux pauvres citoyens, sous la charge d'une rente en faveur de la République.* Un tribun veut s'attribuer la disposition de ces terres ; et une loi qu'il propose va donner à des *décemvirs* le droit de vendre toutes celles qui, depuis Sylla, ont été réunies au domaine public. Les décemvirs vont recevoir une puissance absolue ; leur autorité va rendre des *ordonnances* sans appel ; et Rullus, qui propose la loi, est appelé par la loi même à présider l'assemblée qui va nommer les décemvirs.

Il est évident que, si la loi est portée, si elle est mise à exécution, c'en est fait de la République. Rullus tient dans ses filets la fortune de l'État et la vie des citoyens. Cependant l'artificieux tribun s'est assuré de la plupart des grands, toujours prêts à exploiter une puissance nouvelle ; et le peuple, qui n'a vu dans ce renversement de l'État qu'une victoire à saisir, les patriciens à humilier, des distributions de terres à recevoir, s'est promis la loi comme un bienfait, et va l'adopter comme un triomphe.

Le consul, dont l'éloquence avait déjà fait rejeter la loi dans le sénat, ordonne aux sénateurs de le suivre ; il s'avance à leur tête dans l'appareil d'un premier magistrat de la République. Les tribuns, à son aspect, se répandent en invectives ; la multitude éclate en murmures. « C'est Cicéron, disent-ils, ce Cicéron, *homme nouveau*, qui tient du peuple son consulat... Cicéron trahit le peuple ; c'est un transfuge qu'il faut punir. » Le tumulte s'accroît à chaque pas que fait le consul vers la tribune. S'il s'intimide, il est perdu ; la loi est portée ; et sans doute le premier acte de la tyrannie de Rullus sera la proscription du seul homme qui lui ait disputé la dictature. Cicéron reste inébranlable ; il demande à être entendu (2) ; il parle, et ses premières paroles ont déjà fait taire les flots de cette mer agitée. Il se concilie les cœurs en exaltant les mêmes passions qui les avaient soulevés contre lui. — Oui, je suis un homme nouveau, un plébéien fait consul par le peuple, pour qui mon élection a été

---

(1) *Grandeur des Romains*, premier chapitre.

(2) Gêné par le *lit de Procruste* où me voilà, et forcé de tout rapetisser, des trois discours contre la loi agraire, dont le premier fut prononcé dans le sénat, je n'*indiquerai* que le second ; mais cela n'ôtera rien à la justesse de l'exemple que j'ai choisi ; je crois même que cet exemple sera d'autant plus concluant, que les grands effets de l'éloquence s'y montreront tous produits par une harangue fort belle sans doute, mais néanmoins très éloignée des grands chefs-d'œuvre de l'auteur, ou plutôt de l'orateur.

une victoire remportée sur les patriciens. Je le déclare donc en présence du corps entier du sénat, je serai un consul populaire ; rien ne me sera si cher que les intérêts du peuple ; et j'empêcherai, si je puis, qu'en ruinant le trésor public, on n'enlève au peuple, à qui je dois tout, ses ressources dans la paix, sa subsistance dans la guerre.

Que dites-vous de cette manière d'arriver à la question ? est-elle assez adroite, assez puissante ? Mais poursuivons notre analyse ou plutôt notre *table des matières*.—Ce n'est pas que je repousse toute loi du partage des terres. J'honore la mémoire des Gracques ; je respecte la loi Sempronia ; mais je m'oppose à la loi de Rullus, qui, en vous promettant des possessions qu'il ne saurait vous donner, vous donne des fers et un maître. C'est ce que je viens vous dévoiler ; et si, quand j'aurai parlé, mes preuves n'ont pu vous convaincre, je me dépouille aussitôt de toute opinion personnelle ; j'accepte de vos mains la loi ; et, consul populaire, je donne à tous l'exemple de fléchir devant les suffrages du peuple.

Quel art ou plutôt quel génie dans toutes ces préparations ! Si l'orateur eût commencé par discuter le projet de loi, il n'aurait pas été entendu. Maintenant il peut tout dire ; on lui permettra d'avoir raison. Ce n'est plus un transfuge du parti populaire ; c'est un consul qui se reconnaît pour l'élu du peuple, et qui fait gloire de lui obéir ; c'est un admirateur des deux Gracques, qui s'est mis sous la protection de leur popularité dans cette même tribune où le peuple les applaudit tant de fois. Avec de tels auxiliaires, il peut sans crainte engager le combat, et c'est ce que fait Cicéron. Abordant la discussion de la loi, il montre tout ce qu'elle renferme d'artificieux et de contraire aux intérêts de la République : il prouve, et, ce qui est bien plus, il fait sentir que cette loi, destructive du droit de suffrage, livre à Rullus la liberté, la puissance du peuple romain. Ce peuple si fier s'indigne, et ce n'est plus contre Cicéron. Cicéron est le défenseur, le véritable tribun du peuple ; et en effet, c'est au nom du peuple qu'il se porte, à l'instant même, pour accusateur contre Rullus. — La loi ne veut-elle pas que, sur trente-cinq tribus, *dix-sept seulement* soient appelées à élire les décemvirs ? et ne règle-t-elle pas que l'assemblée où ces tribus *doivent être désignées par le sort* sera présidée par Rullus ? Qui propose la loi ? Rullus. Qui prive du droit de suffrage dix-huit tribus, c'est-à-dire la majorité du peuple romain ? Rullus. Qui fera sortir de l'urne dix-sept tribus de son choix ? Rullus. Qui nommera des décemvirs dévoués à ses vues secrètes ? Rullus. Qui sera le premier des décemvirs ? Est-il besoin de le dire ? Rullus. En un mot, qui va disposer de tous les biens de la République ? Rullus : oui, lui seul ! *Voilà, Romains, comme on vous traite, vous qui êtes les maîtres du monde !* — Un cri général s'élève, formé de mille cris d'orgueil, de reconnaissance et d'indignation. L'orateur poursuit sa victoire : il provoque un ennemi déjà terrassé ; il propose à Rullus de discuter devant le peuple, contradictoirement avec lui, tous les articles de sa loi. Le tribun frémit et se tait : la loi est rejetée, et le consul reconduit en triomphe par cette même assemblée qui tout à l'heure le chargeait d'imprécations. Voilà comment Cicéron, premier magistrat de Rome, renversait et foulait aux pieds Rullus, en marchant à Catilina. Rendons hommage à l'orateur qui, dans un seul consulat, sauva deux fois sa république ; mais plaignons une république qui a si souvent besoin d'être sauvée : on ne la sauve pas pour longtemps.

Si les deux grands exemples que j'ai offerts, ou, pour parler plus juste, indiqués à la curiosité du lecteur, ont pu donner, comme je le crois, une idée de ce qu'étaient chez les anciens l'*éloquence judiciaire* et l'*éloquence délibérative*, on ne s'étonnera plus d'entendre, même leurs philosophes, affirmer qu'il faut à l'éloquence des ennemis à combattre, comparer toujours l'art oratoire à l'art de la guerre, et vouloir qu'on ordonne un discours comme on range une armée en bataille. On ne s'étonnera plus que leurs critiques exigent de l'Orateur la mémoire du jurisconsulte, la pensée du philosophe, la sagacité du dialecticien, presque le style du poëte, le geste et la voix du grand acteur. On ne s'étonnera plus que Périclès ait gouverné quarante ans, par le seul ascendant de la parole, le peuple le plus inquiet, le plus mobile et le plus jaloux de sa liberté ; ni qu'un citoyen d'une naissance obscure ait balancé, par son éloquence, dans Rome toute-puissante et déjà corrompue, la faveur de Pompée, l'or de Crassus, le génie naissant de César, et qu'il ait mérité, sans sortir du sénat ou de la place publique, ce *triomphe* que le plus belliqueux de tous les peuples n'avait jamais décerné qu'à des généraux vainqueurs. Enfin on ne s'étonnera point que ce peuple, alors maître du monde connu, ait cru flatter son chef suprême en lui élevant une statue avec cette inscription très remarquable, quoique aucun écrivain moderne ne l'ait, je crois, remarquée : *A l'empereur Numérien, le premier orateur de son siècle.*

Quand on passe de l'éloquence politique des anciens à celle de nos temps modernes, on croit quitter un champ de bataille pour entrer dans une salle d'escrime. Mais, comme on le verra plus tard, il y a eu à cela des exceptions grandes et surtout historiquement mémorables. Les Anglais ont été longtemps la seule nation qui eût une tribune. L'ordre chronologique et l'équité exigent qu'on cherche d'abord chez eux la théorie et les exemples des discussions parlementaires. Les Anglais ont eu des rhéteurs, des philosophes pleins de science et de goût, des critiques du premier ordre ; l'équité et la prudence nous commandent d'interroger leur opinion avant de donner la nôtre.

« Qu'avons-nous, se demande Hume (1), qu'avons-nous donc *en ce genre* dont nous puissions tirer vanité ? Les poëtes, les philosophes, voilà les grands hommes qui ont illustré notre pays, et les seuls dont nous ayons à nous glorifier. Où sont les orateurs ? Et, s'il y en a, où sont les monuments de leur génie ? Il reste à la vérité dans nos histoires quelques noms d'hommes publics qui ont su diriger les résolutions du parlement. Mais nous ne voyons pas que ni eux-mêmes ni d'autres aient jugé qu'il valût la peine de conserver leurs harangues : ils paraissent avoir dû leur crédit plutôt à leur expérience, à leur sagesse ou à leur pouvoir, qu'à leurs talents oratoires. Nous avons aujourd'hui plus d'une demi-douzaine de harangueurs dans les deux chambres du parlement, dont l'éloquence est à peu près égale ; personne ne songe à préférer l'un d'entre eux aux autres : preuve certaine, selon moi, qu'il n'y en a aucun qui ait élevé son art au-dessus du médiocre, et que cette espèce d'éloquence à laquelle il aspire, ne demandant point l'exercice des facultés sublimes de l'âme, peut s'acquérir avec des talents ordinaires, et par une application superficielle. »

Cette conclusion est juste et fine ; elle ressemble beaucoup à ce mot de Boileau, si souvent cité par Voltaire : Malheur aux écrivains que personne n'accuse ni ne défend. Les mauvais ouvrages ne sont pas ceux dont on dit le plus de mal ; ce sont ceux dont on ne dit rien. D'ailleurs l'éloquence des Anglais est jugée dans ce passage, comme elle l'a été par presque tous les critiques qui jouissent de quelque autorité en Europe. S'il m'en souvient bien, Hugues Blair ne lui est guère plus favorable que Hume ; mais il est curieux de voir comment d'autres écrivains de la Grande-Bretagne parviennent à flatter l'orgueil littéraire de leur nation, à l'instant même qu'ils lui ôtent l'une des palmes les plus brillantes dont la littérature d'aucun peuple puisse s'enorgueillir. Les uns, par exemple, nous disent que la faiblesse de leur éloquence tient à la supériorité de leur bon sens. « Nous rejetons, ajoutent-ils, tous ces *tours* de rhétorique, propres à séduire les tribunaux ou les assemblées, et nous n'admettons que de solides arguments. Vous accusez un homme d'avoir commis un meurtre ; c'est à vous à produire des témoins et des preuves évidentes. Les lois détermineront ensuite le châtiment du criminel selon l'exigence du cas. Si vous alliez décrire avec emphase la cruauté et l'horreur de l'action, si vous faisiez paraître les parents du défunt, si, à un signal donné, vous leur faisiez pousser

---

(1) *What has Britain to boast of in this particular ? in enumerating all the great men who have done honour to our country, we exult in our poets and philosophers ; but what orators are ever mentioned ?* etc. (*Essays and treatises*, etc. Ess. XIII, *Of Eloquence.*)

des lamentations, se prosterner aux pieds des juges, et les arroser
de larmes, vous donneriez assurément la comédie à tout le monde.
Ce serait bien pis si, pour émouvoir la compassion, vous vous avisiez
d'exposer un tableau où le peintre eût représenté un cadavre sanglant
avec toutes ses plaies : ce tragique spectacle ne ferait qu'exciter de
grands éclats de rire. »

« Cependant ignorons-nous que les anciens ont quelquefois mis en
œuvre ces pitoyables artifices? Si vous ôtez le pathétique des discours publics, il n'y restera que l'éloquence moderne, c'est à-dire le
bon sens rendu par de justes expressions. »

D'autres enfin, tels que le chevalier Temple, estiment trop ou trop
peu les modernes pour attribuer la chute de l'éloquence aux progrès
de la raison; et ils en cherchent la cause dans notre érudition littéraire, dans la multiplicité de nos connaissances. Ils semblent nous
faire entendre avec toute la modestie britannique qu'ils seraient des
hommes de génie s'ils n'étaient pas trop savants. « Les secours si
multipliés qui nous sont offerts dans tous les genres sont moins propres, disent-ils, à favoriser l'essor du génie naturel, qu'à en diminuer
l'énergie. Il est très possible, suivant eux, que les hommes y perdent
plus qu'ils n'y gagnent; qu'ils ôtent à leur génie une partie de sa
force en le formant sur celui d'autrui; qu'ils aient moins de lumières
acquises par leurs propres efforts, parce qu'ils se contentent des
lumières de leurs devanciers. C'est ainsi que ceux qui comptent sur
la charité d'autrui, et non sur leur propre travail, demeurent toujours pauvres. Qui sait même, ajoutent-ils encore, si le savoir ne peut
point affaiblir les facultés inventives dans l'homme que la nature a
favorisé de ses dons ; si le poids d'un si grand nombre de pensées et
de notions qu'il acquiert par l'étude ne peut point étouffer celles qui
lui sont propres, à peu près comme en entassant le bois, on éteint
une faible étincelle qui sans cela aurait produit de vives flammes?
L'esprit et le corps se fortifient bien plus par la chaleur de l'exercice que
par celle des vêtements. Souvent même cette chaleur étrangère, poussée à un certain point, produit la langueur, et affaiblit la constitution.»

Ces dernières réflexions, tirées textuellement du chevalier Temple,
ont quelque chose, non-seulement d'ingénieux et de piquant, mais de
profondément aperçu. Toutefois, ne craignons pas trop de nous
livrer à des études persévérantes. On n'est que trop porté, de nos
jours, *à ne pas étouffer ses propres pensées sous le poids des pensées
d'autrui*, et nous montrons en général une assez grande attention à
ne point ralentir par trop de savoir *l'essor de notre génie naturel*. Mais
le chevalier Temple lui-même a-t-il donc craint d'*altérer sa constitution par la chaleur étrangère des vêtements?* Il est devenu très savant
sans cesser d'être homme d'esprit. Tâchons d'imiter son exemple, au

risque même *d'affaiblir un peu nos facultés inventives;* et rappelons-nous, pour nous rassurer, que Cicéron, chez les anciens, fut un prodige de science ; que le génie le plus original de l'Italie moderne, le Dante, fut un des plus savants hommes de son temps, où l'érudition était commune ; et enfin, pour ne pas multiplier inutilement les exemples, souvenons-nous que les études les plus constantes, les connaissances les plus étendues ont distingué parmi nous les Voltaire et les Bossuet.

J'ignore si les écrivains anglais dont je viens d'exposer sommairement les réflexions ou les conjectures, étaient fort satisfaits eux-mêmes de leur manière d'expliquer la médiocrité de leur nation dans l'éloquence politique ; mais il me semble qu'une explication beaucoup plus *satisfaisante* a dû s'offrir à leur pensée. S'ils l'ont rejetée par orgueil national, je suis loin de les en blâmer. Mais, n'ayant pas les mêmes raisons de la passer sous silence, je dirai qu'un obstacle presque invincible s'oppose chez les Anglais à l'essor de l'éloquence de la tribune ; et cet obstacle c'est le peu d'influence que l'adresse du ministère laisse à la voix des orateurs dans les délibérations importantes. On peut tout dire dans les discussions du parlement. — Oui, sans doute ; mais il ne suffit pas à l'orateur qui agite les intérêts de sa patrie de pouvoir tout dire en liberté ; il faut que tout ce qu'il dit ait un but grand et utile, il faut qu'il lui soit possible de parvenir à ce but. Or, quel espoir peut exciter et soutenir ses efforts dans une Chambre où l'on sait que les ministres ont d'avance compté les voix, et porté, à prix d'or, dans les esprits le seul genre de préventions dont ne triomphe pas l'éloquence (1) ? Supposez Démosthène lui-même dans une semblable position : tout ce que pourra son génie, ce sera probablement de le placer à la tête de *cette demi-douzaine de harangueurs* dont parle Hume, et qu'il nous peint comme étant tous à peu près également célèbres, parce qu'aucun d'eux ne mérite une éclatante et durable célébrité.

Lors donc que nous autres modernes nous voulons chercher la cause de notre infériorité dans quelques parties de l'art oratoire, n'ayons pas la vanité de nous en prendre uniquement à l'étendue de nos connaissances ou à la supériorité de notre raison. L'explication de cette infériorité très réelle, du moins pour l'éloquence des passions, se trouve, comme on a dû le voir, dans ce concours de toutes les institutions qui, chez les deux grands peuples de l'antiquité, donnaient au talent et à l'influence de l'orateur l'enchantement et l'empire, ou, comme on le voit encore sur des *pierres gravées,* le *caducée* et la *foudre.*   VICTORIN FABRE (2)

---

(1) Cet article a été écrit en 1824.
(2) Extrait du tome IV de ses Œuvres, *sous presse.*

RENTRÉE DES COURS ET DES TRIBUNAUX.

COUR DE CASSATION.

PRÉSIDENCE DE M. TROPLONG, PREMIER PRÉSIDENT.
Audience solennelle du 3 novembre 1855.

M. NICIAS GAILLARD, premier avocat général, prononce le discours suivant :

De la part prise par le premier Consul à la confection du Code civil.

MONSIEUR LE PREMIER PRÉSIDENT, MESSIEURS,

Le Consulat est l'une des époques les plus glorieuses de notre histoire ; le code civil est l'une des plus belles œuvres du consulat. Un tel ouvrage ne saurait appartenir tout entier à un seul homme : plusieurs personnages éminents y ont concouru, mais le principal honneur en est dû au premier consul. Les contemporains l'ont proclamé avec enthousiasme, la postérité impartiale a confirmé leur jugement.

C'est être déjà pour beaucoup dans une œuvre que de l'avoir inspirée. Les hommes restés célèbres parmi ceux qui ont paru sur le trône n'ont eu le plus souvent que cette part dans les grandes choses qui se sont faites de leur temps, et elle a suffi pour leur gloire. Les créations de Colbert comptent à Louis XIV. Les ordonnances auxquelles on travailla sous le règne du grand roi naquirent, comme tant d'autres beaux ouvrages, du mouvement extraordinaire qu'il avait imprimé aux esprits, et de ce merveilleux spectacle que la France offrait alors au monde. Sous ce rapport, on ne fut que juste quand on donna, comme on le fit d'abord, à l'ordonnance de 1667, le nom de *code Louis*.

Pour donner son nom au code civil, Napoléon aurait eu assez de ce double droit de la souveraineté de qui tout relève et du génie de qui tout s'inspire, mais de plus il y a travaillé lui-même, et sous ce rapport aussi, il en a été un des principaux auteurs. La France le voyait faire ; aussi, sans attendre les provocations officielles, l'unanime élan de la reconnaissance nationale gravait son nom sur le monument.

Dès avant le 18 brumaire, pendant que le jeune vainqueur attendait en silence ses nouvelles destinées, et résistait encore aux vœux impatients qui le pressaient de saisir le pouvoir, donner à la France un code de lois uniformes était l'une de ses plus sérieuses pensées. Le lendemain du 18 brumaire, ce fut l'une de ses premières promesses : promesse, il est vrai, souvent répétée, et avant lui toujours vainement ; mais, cette fois, celui qui parlait, avec cette simplicité si fière, ne promettait que ce qu'il voulait faire, et bientôt il pourrait ce qu'il voudrait.

Aussi, à peine assis au gouvernement, sans autre intervalle que le temps d'une seconde campagne d'Italie, il avait institué une commission composée d'hommes comme il savait les choisir, pour préparer le projet de code civil.

Cette commission avait reçu de lui la force d'impulsion qu'il imprimait à tout ce qui sortait de ses mains. Le projet s'était trouvé prêt au temps marqué, et aussitôt magistrats, jurisconsultes, écrivains, la France entière avait été convoquée pour examiner ce grand ouvrage, et éclairer par une libre critique la discussion qui allait s'ouvrir au conseil d'État.

Alors s'offrit un spectacle plein d'intérêt : Un homme de guerre en qui se révélait un jurisconsulte,— un jeune homme égalant la sagesse des vieillards ; — le premier magistat d'un grand État, un vainqueur tout couvert de lauriers, interrogeant avec modestie, écoutant avec déférence, et tout d'un coup redevenu maître, de disciple volontaire qu'il s'était fait, sachant mieux que ces vieux jurisconsultes ce qu'ils croyaient avoir encore à lui apprendre ; — une raison calme avec le caractère le plus fougueux ; — une admirable sûreté de bon sens jointe à l'imagination la plus brillante ; — à tout moment, des observations profondes, des saillies d'une vivacité extraordinaire, des éclats de génie ; — tantôt un novateur hardi, tantôt un conciliateur prudent ; toujours un homme supérieur, et dont la supériorité, librement acceptée, sans discipline hiérarchique ni calcul intéressé, n'était que ce don naturel du commandement que Dieu, dans ses plus grandes largesses, communique quelquefois aux hommes de génie.

Le Moniteur publiait, séance par séance, les procès-verbaux du conseil d'État. Ces discussions si remarquables frappaient vivement l'opinion publique. Les magistrats et les jurisconsultes recueillaient l'esprit des lois qu'ils allaient avoir à appliquer. Les particuliers étaient étonnés de les comprendre, tant ces lois, d'incertaines et confuses qu'elles avaient été jusque-là, étaient devenues simples et claires. Le peuple, amoureux de son jeune héros, était ravi de le voir si bien parler de toutes choses. Les étrangers eux-mêmes qui, grâce à cette autre merveille de la paix rétablie après dix ans d'affreuse guerre, pouvaient assister à ce spectacle, étaient confondus de retrouver législateur celui qu'ils croyaient avoir connu tout entier dans les négociations et sur les champs de bataille. Ils demandaient si tout ce que cet homme extraordinaire paraissait avoir de raison et d'éloquence sur ce nouveau théâtre était bien à lui, et plutôt d'en laisser l'honneur à Napoléon, ils en accusaient M. Locré, comme si en pareil cas le mensonge ne serait pas aussi difficile que la vérité !...

Ce sont, messieurs, quelques-unes de ces impressions que nous voudrions essayer de reproduire, en résumant dans leurs traits principaux les discussions auxquelles le premier consul a pris la plus grande part et où il a laissé sa plus vive empreinte. Pour le peindre en entier tel que le conseil d'État le voyait alors chaque jour, tel qu'il le vit pendant quinze ans, passant avec une prodigieuse facilité d'un sujet à l'autre, prêt sur tous les sujets, capable de traiter pendant des journées et quelquefois des nuits entières de guerre, d'administration, de finances, de religion, de politique intérieure, d'affaires étrangères, des mille questions et des intérêts infinis qu'embrassait son immense gouvernement, il faudrait bien autrement de temps et d'espace ; il faudrait surtout un autre peintre. Quelle audace n'y aurait-il pas à entreprendre ce que l'on sent si bien qu'on serait incapable d'achever !

Même sans sortir du droit privé, ce serait encore une trop vaste carrière que d'analyser la discussion de tous les codes du consulat et de l'empire. Nous devons nous renfermer dans le projet de code civil. C'est celui auquel le premier consul a pris la plus grande part. Il mettait le droit civil fort au-dessus de tous les autres (1). Puis c'était le temps de cette glorieuse trêve qui lui permettait de se livrer tout entier à la réorganisation de la France. Aussi présida-t-il d'abord toutes les séances, et dans le *Livre des personnes*, il y a non pas seulement comme ailleurs des dispositions particulières des plus importantes qui le reconnaissent pour auteur, mais des chapitres entiers directement émanés de son initiative.

C'est donc bien là qu'il faut étudier de préférence ce côté de son génie. En tout, d'ailleurs, c'est l'époque de son ardeur la plus vive, de ses plus hautes conceptions ; c'est la jeunesse et l'éclat le plus pur de sa gloire. Le temps de la confection du code civil est aussi celui du concordat et de la paix d'Amiens. Si du conseil d'État où nous allons entrer, il nous était permis de jeter quelquefois les regards au dehors, nous verrions l'administration réorganisée, les finances rétablies, la paix sur terre et sur mer, la patrie rouverte aux proscrits, la religion reprenant ses autels, la France enfin bénissant la main toute-puissante qui s'applique à réparer ses longs malheurs et à guérir toutes ses blessures.

Tel est, messieurs, le sujet de ce discours. Même dans les bornes où je m'efforce de le resserrer, il m'effraie encore, je le confesse. Je ne puis faire qu'il n'y reste un grand ouvrage et un grand homme : le code civil et Napoléon ; et en y touchant, je crains d'être téméraire. Aussi l'émotion que j'éprouve, et qu'en ce moment surtout tant de motifs justifient, n'ai-je cessé de l'éprouver en écrivant. Puissé-je ne pas laisser de regrets au chef honorable de ce parquet pour sa confiance dont je le remercie ! Vous, messieurs, qui me rassurez d'ordinaire par votre bienveillance, veuillez, de peur de devenir sévères, ne pas vous demander comment vous sauriez traiter un tel sujet. Enfin, s'il m'est permis d'exprimer toutes mes craintes, il y a ici un homme, éminent parmi tous les autres, dont l'esprit, amoureux des grandes choses, quelquefois peut-être s'est dirigé du côté où je vais essayer d'aborder ; — et à qui, en effet, mieux qu'à lui appartiendrait-il d'écrire l'histoire des lois qui lui ont inspiré tant de beaux ouvrages ? — J'ai besoin qu'il se détache entièrement de lui-même ou qu'il ne soit plus qu'indulgence, et je lui adresse la prière qu'il adressait lui-même au public en lui présentant un de ses premiers ouvrages (2) : *Tiberine pater, te sancte precor, hæc arma et hunc militem propitio flumine accipias !*

Le projet d'une législation civile uniforme, projet si souvent repris et abandonné, ne pouvait guère s'accomplir au milieu de la diversité des coutumes et malgré les priviléges opiniâtres des provinces. Il fallait, avant tout, constituer l'unité de la nation. Ce fut l'œuvre de l'assemblée constituante. C'en était une autre non moins digne de cette grande assemblée, que de

----

(1) Locré, t. Ier, p. 520.
(2) M. Troplong, Préface du *Commentaire sur les prescriptions*.

réduire à l'unité les lois civiles. La chose était possible désormais, grâce à la suppression des divisions provinciales et à l'abolition des priviléges ; mais l'assemblée constituante ne se donna pas le temps nécessaire pour l'accomplissement de tous ses grands desseins. Absorbée par ses travaux politiques, elle se sépara sans avoir pu faire autre chose que de décréter (1) « qu'il serait fait un code de lois civiles commun à tout le royaume. »

L'assemblée législative se borna à inviter (2) tous les citoyens et même les étrangers à lui communiquer leurs vues sur la formation d'un nouveau code.

Ce n'était pas assez pour la Convention. Elle commença par écrire dans sa constitution, comme si la chose eût été déjà faite : « Le code des lois civiles et criminelles *est* uniforme pour toute la France. » Puis elle ordonna qu'on travaillât à faire ce code, ne donnant qu'un mois pour en rédiger le projet. Ce projet ne convint pas ; on en demanda un autre qui ne convint pas davantage. Une nouvelle commission fut nommée pour élaborer un troisième projet. Ce travail allait être présenté, lorsque la Convention elle-même fut remplacée (3) par le Directoire exécutif.

Le premier projet avait été discuté pendant plusieurs séances sous la présidence de Danton, de Robespierre, de Billaud-Varennes et de Couthon. Quels hommes ! messieurs, quels législateurs ! Ne semble-t-il pas que le code qu'ils eussent laissé eût porté la trace de leurs mains sanglantes ?... Mais c'est bien assez que la Providence, dans la sagesse inexplicable de ses décrets, donne quelquefois à de tels hommes le présent à dévorer ; ils comptent en vain sur l'avenir. La conscience du genre humain ne meurt pas sous l'oppression. Un jour arrive où elle se soulève et se délivre, et il ne reste plus rien de ces tyrans qui se flattaient de travailler pour la postérité, que l'horreur, immortelle en effet, de leur nom !

Il y eut aussi quelques essais de législation civile sous le Directoire et sous les commissions qui le remplacèrent provisoirement après le 18 brumaire, essais déja animés d'un tout autre esprit, mais qui demeurèrent de même sans résultat. Il fallut attendre l'établissement définitif du gouvernement consulaire et la mise en vigueur de la constitution qui l'organisait.

Le 24 thermidor an VIII, la commission chargée de préparer la rédaction du code civil fut instituée. Trois des quatre commissaires appartenaient au tribunal de cassation : Tronchet, président du tribunal, dont vous entendiez ici à pareil jour, il y a deux ans, l'éloquent éloge ; Bigot-Préameneu, qui y exerçait les fonctions de commissaire du gouvernement ; Malleville, juge. Le quatrième était Portalis, ce proscrit de fructidor que le 18 brumaire s'était empressé de rappeler pour l'associer à ses plus beaux desseins. Seul il a manqué au tribunal de cassation, mais la cour de cassation a eu son fils ; elle l'a possédé, aimé, vénéré pendant trente-cinq ans, et il lui appartient encore par le lien religieux des souvenirs.

Cette commission, à qui un prompt travail avait été demandé, l'accomplit

---

(1) Décret du 5 juillet 1790 (Constitution de 1791).
(2) Adresse du 16 octobre 1791.
(3) Le 4 brumaire an IV.

avec une célérité dont Malleville (1) s'excuse pour elle avec modestie. Le projet parut (2) précédé de ce discours préliminaire qui est un chef-d'œuvre. On le communiqua aussitôt au tribunal de cassation et aux tribunaux d'appel.

Ce fut le 15 ventôse an IX (3) que Bigot-Préameneu présenta au tribunal de cassation, au nom du gouvernement, un exemplaire du projet de code civil. La commission fut composée de cinq membres : le citoyen Muraire, qui avait succédé à Tronchet dans la présidence du tribunal, puis les citoyens Farget, Gandon, Coffinhal et Viellart. Le travail de cette commission fut souvent cité au conseil d'État. Le projet de code y est examiné article par article; ainsi le voulait l'arrêté du gouvernement. Le plus souvent ce ne sont que de brèves observations ; mais quelquefois le travail se développe, par exemple, sur le titre du *Divorce* et sur celui des *Priviléges et hypothèques*.

La discussion s'ouvrit au conseil d'État, en assemblée générale, le 28 messidor an IX (4).

C'était, il faut le reconnaître, un moment merveilleusement choisi pour travailler à fonder une législation civile. Après tant d'agitations et d'orages, il s'était fait un grand calme ; la paix était rentrée dans les esprits. Il y avait partout un besoin de repos, une soif d'ordre qui conspirait à tout ce que les pouvoirs publics pourraient entreprendre pour rasseoir la société. Le caractère de la révolution de brumaire n'était pas douteux ; par les hommes qui l'avaient appelée et préparée, par les intérêts auxquels elle avait mission de pourvoir, cette révolution était éminemment civile. Le glorieux soldat qui s'était chargé de l'exécuter le savait bien, et il tenait à lui conserver ce caractère.

D'un autre côté, les fondements avaient été jetés, et l'on pouvait les retrouver sous les ruines. L'Assemblée constituante avait posé les grands principes : l'abolition des priviléges, la liberté des personnes et l'affranchissement du sol, l'inviolabilité de la propriété, en un mot, la liberté et l'égalité civile. C'était sur cette base que le premier consul allait bâtir. Il l'avait promis le jour même de sa victoire de brumaire, et il resterait fidèle à ce programme comme à un drapeau. Assurer les véritables conquêtes de la révolution en répudiant ses excès, revenir à 1789 en essayant de faire oublier 1793, telle était, telle fut toujours la pensée, la volonté ferme et constante du premier consul, et ses lois allaient s'inspirer de cet esprit.

Dans la première séance et dans celle qui suivit (5), on régla l'ordre du premier livre du code. Cet ordre avait de l'importance : il fallait veiller, ainsi que le recommandait le premier consul, à « éviter l'arbitraire dans les divisions, et à ne les puiser que dans l'essence des choses. » Au plan proposé par la section, il eût préféré, lui qui, *pour abréger tout*, avait la raison qu'en

---

(1) Analyse du Code civil (Préface).
(2) Le 1ᵉʳ pluviôse an IX.
(3) Registre de la Cour de cassation.
(4) Elle ne prit pas moins de 102 séances.
(5) 4 thermidor an IX.

donne Montesquieu (1), une distribution plus simple, une division *par masses*, comme il disait, en songeant peut-être à ces dispositions stratégiques auxquelles il dut plus d'une fois la victoire.

Il avait été arrêté que la discussion serait analysée dans le procès-verbal. Ce procès-verbal devait être imprimé, puis on le distribuerait au Sénat conservateur, au Corps législatif, au Tribunat et au *tribunal de cassation*. On crut reconnaître des inconvénients à cette publication. Au lieu d'un tableau, d'une histoire, pour ainsi dire, abrégée, mais fidèle, des discussions du conseil d'État, quelques membres du conseil eussent préféré un exposé présenté après coup par un orateur du gouvernement, et dans lequel on eût trouvé analysés les divers projets et les divers systèmes. D'autres, si l'on persistait à vouloir publier les procès-verbaux des séances, demandaient du moins qu'on s'en tînt dans la rédaction de ces procès-verbaux à la forme simple et sévère de ceux des conférences tenues sous Louis XIV pour les ordonnances de 1667 et de 1670. Ils se préoccupaient beaucoup (2) de la dignité du premier consul qui pouvait perdre à trop se répandre. Peut-être aussi connaissant cette nature si vive, cette parole originale et familière, n'étaient-ils pas sans craindre que tout, dans *ces discussions de famille*, comme les appelait le premier consul, ne convînt pas à la publicité.

Mais l'homme pour lequel ils voulaient prendre de telles précautions n'était guère disposé à s'y soumettre; il n'avait pas peur de se laisser voir, et pour cela il avait ses raisons ; puis il ne voulait rien ôter de leur intérêt, de leur véritable physionomie, à des discussions dont il pressensait tout le prix, et qu'il savait être impatiemment attendues par le public : « Les conférences des anciennes ordonnances, répondit-il (3) à ces collègues prudents, ne ressemblent nullement aux nôtres. Alors, c'étaient des savants qui discutaient sur le droit ; ici c'est un corps législatif au petit pied. J'ai pu ne pas parler comme le citoyen Tronchet ; mais ce qui a été dit par lui, par les citoyens Portalis et Cambacérès, l'a été dignement. Si le procès-verbal est bien rédigé, il offrira un monument digne de la postérité... que les jurisconsultes du conseil revoient avec soin la rédaction de leurs opinions; le nom du citoyen Tronchet, par exemple, fera autorité ; quant à nous, *hommes d'épée ou de finances*, qui n'apportons dans la discussion qu'un esprit droit et l'intention de trouver le bien, peu importent nos opinions. J'ai pu dire dans la discussion des choses que j'ai trouvées mauvaises un quart d'heure après; mais je ne veux pas passer pour valoir mieux que je ne vaux. »

Cette opinion si franchement exprimée, prévalut; nous lui devons la forme dans laquelle nous possédons ces discussions, forme vive et animée qui en fait comme autant de petits drames où chaque personnage a son rôle marqué et garde fidèlement son caractère. Quelle différence entre ce mouvement, cet

---

(1) « Quiconque voit tout abrége tout. »

(2) « Il faut prendre garde, disait Rœderer, que Louis XIV ne prenait pas part à la discussion de l'ordonnance de 1667, et qu'au contraire le premier magistrat de la République concourt à la discussion du Code civil. On ne peut mettre trop de circonspection dans la manière dont on le fait parler. »

(3) Locré, t. I, p. 81 ; Thibaudeau (*Mémoires sur le Consulat*).

intérêt, et la sécheresse monotone des conférences qu'on voulait prendre pour modèle ! Mais encore, des témoins graves nous en avertissent, et nous pouvons en juger nous-mêmes par des fragments qu'ils nous ont conservés, la rédaction du baron Locré, exacte au fond, est fort loin, d'ailleurs, de rendre la hardiesse des pensées, la vivacité et l'énergie des expressions. Le secrétaire du conseil d'État a sa manière, et il n'en change point. Quelques-uns ont pu y gagner, mais il est facile de comprendre ce que certaines physionomies originales ont dû perdre à cette peinture uniforme.

Le premier article du code vient (dans sa disposition principale) du premier consul. Ce fut lui qui fit admettre que le délai après lequel les lois seraient exécutoires, délai que le projet fixait d'une manière uniforme à quinze jours, à partir de la promulgation, varierait suivant les distances. Ce fut aussi sur sa proposition qu'on décida que le point à partir duquel on compterait la distance serait le chef-lieu de chaque département.

Du reste, ce titre préliminaire, qui devait bientôt soulever de violents orages, ne donna lieu, dans le conseil d'État, qu'à une courte discussion. Ce n'était plus ce *livre du droit et des lois* que la commission du gouvernement avait placé en tête de son projet : magnifique frontispice, digne du monument. « Il existe un droit universel et immuable, source de toutes les lois positives : il n'est que la raison naturelle, en tant qu'elle gouverne tous les hommes, etc. » Il y avait dans ce commencement une majesté qui n'a d'égal que le début de l'*Esprit des lois*, ou cette admirable réponse de Bossuet au ministre Jurien (1). En supprimant ce livre préliminaire, sous prétexte qu'il ne contenait que des définitions et des axiomes, la section de législation avait, pour ainsi dire, découronné le nouveau code. On en eut du regret plus tard, ainsi qu'on le voit par plusieurs passages des travaux préparatoires.

Le titre *de la jouissance et de la privation des droits civils* présentait des difficultés plus sérieuses. Comment s'acquerrait la qualité de Français ? comment se perdrait-elle ? quelles condamnations emporteraient la *mort civile*, dont nos nouvelles mœurs ne répudiaient pas encore l'héritage ? la mort civile encourue, quels en seraient les effets, notamment par rapport au mariage et à la transmission des biens ? C'était là de hautes questions, qui tenaient au droit public presque autant qu'au droit privé. Enfin, il y avait tout près de là une matière fort délicate, qui, même à cette époque d'apaisement et de réconciliation, ne manquait jamais de réveiller les vieilles passions : je veux parler de l'émigration et des condamnations répétées que des lois toujours subsistantes avaient prononcées contre elle.

Il restait au conseil d'État de nombreux survivants des assemblées révolutionnaires, dont le temps n'avait point adouci, à cet égard, les haines vigoureuses. Les émigrés étaient toujours pour eux des ennemis irréconciliables, auxquels la république ne pouvait pardonner sans risquer de se perdre elle-même. Ils repoussaient toute pensée d'indulgence comme un commencement

---

(1) Cinquième avertissement sur les lettres de M. Jurien, chap. 33 et 49. Lherminier, Introduction à l'*Histoire du droit*, p. 188.

de défection. D'autres, sans partager ces rancunes implacables, trouvant les lois faites, ne croyaient pas pouvoir les abroger. Ils ne voulaient rien admettre dans le nouveau code qui y fût contraire, et même ils n'avaient pas assez de son silence, si ce silence pouvait être interprété comme un désaveu et une abrogation tacite de l'ancienne législation.

Tronchet fit entendre à cette occasion des paroles généreuses. Il ne voulait pas que le code civil, un code fait « pour tous les temps, » eût rien de commun avec les lois de circonstances portées contre les émigrés. S'il y avait à s'occuper de la situation exceptionnelle qu'on leur avait faite, que ce fût dans des lois particulières, et non pas dans le code civil! Il osait même, fidèle aux principes éloquemment développés par Mirabeau devant l'assemblée constituante, soutenir que l'expatriation n'était pas un délit, qu'elle n'était que l'usage d'une faculté naturelle.

Malheureusement, il ne s'agissait plus de simples expatriés. Dans la situation que leur avait faite la rigueur des lois, les émigrés étaient des condamnés frappés de mort civile, non pas, il est vrai, judiciairement, mais par la loi elle-même. (L. 3 octobre 1792, 26 mars 1793, etc.) La qualité qu'ils avaient perdue, pouvaient-ils (car telle était la question) la transmettre à leurs enfants, à des enfants nés sur un sol ennemi, d'une union que la loi française ne reconnaissait pas?

Tel ne fut pas l'avis du premier consul. Il avait beaucoup fait en faveur des émigrés; il aspirait à faire davantage. Dès son avénement au pouvoir, il en avait clos la liste, *ce grand-livre* de la proscription; depuis, sauf quelques retours passagers à des rigueurs jugées nécessaires, il avait toujours suivi cette politique habile autant que généreuse, malgré l'opposition qu'elle rencontrait même assez près de lui. A cette époque, il méditait l'amnistie, qu'en effet il proclama un peu plus tard; mais il entendait rester maître des moyens et de l'heure, et il ne se laissait pas déborder dans ses desseins. Il insista donc pour que la législation spéciale ne reçût ni même ne parût recevoir aucune atteinte.

Mais il y avait à régler d'une manière générale les effets de la mort civile, et la chose était particulièrement difficile en ce qui concernait l'exécution des condamnations par contumace. Pendant la première période, c'est-à-dire pendant les cinq premières années accordées au condamné pour qu'il pût se représenter, il n'y avait, dans le système du projet, que suspension de la vie civile; après les cinq années, la mort civile était encourue, et si le condamné par contumace qui venait plus tard à se représenter rentrait dans ses droits pour l'avenir, les effets que la mort civile avait produits dans l'intervalle étaient maintenus. Or l'un de ces effets, c'était la dissolution du mariage contracté précédemment par le condamné.

Un tel résultat révoltait le premier consul. Il le repoussait éloquemment : « Il serait donc défendu, s'écriait-il (1), à une femme, profondément convaincue de l'innocence de son mari, de suivre dans sa déportation l'homme auquel elle est le plus étroitement unie? Ou, si elle cédait à sa conviction, à

____

(1) Locré, t. I, p. 190; Thibaudeau, *Mémoires sur le Consulat*, p. 420.

son devoir, elle ne serait plus qu'une concubine ! Pourquoi ôter à ces infortunés le droit de vivre l'un auprès de l'autre, sous le titre honorable d'époux légitimes? Lorsque le condamné est déporté, la justice et la vindicte publique ne sont-elles pas satisfaites ? tuez-le plutôt. Alors sa femme pourra lui élever un autel de gazon dans son jardin et venir y pleurer... »

Ainsi parlait l'*homme d'épée.* Les hommes de robe l'emportèrent, mais non pas pour toujours. La mort civile a été abolie (1) L. 31 mai, 3 juin 1854, et ses effets, par rapport au mariage, ont été une des causes principales qui l'ont fait retrancher de nos lois.

Le premier consul prit souvent la parole dans cette discussion, et toujours d'une manière fort remarquable.

Il eût voulu (1) que, par exception à la règle, *la femme suit la condition de son mari,* l'épouse d'un Français qui s'expatrie pût le suivre en pays étranger, sans cesser elle-même d'être Française. Il voyait une grande différence entre la femme qui épouse un étranger et celle qui, mariée à un Français, ne l'abandonne point. « La première, par son mariage, a renoncé à ses droits civils ; l'autre ne les perdrait que pour avoir fait son devoir. »

Il demandait aussi que tout individu né en France fût Français, même l'enfant d'un père étranger, et que cet enfant ne fût privé des droits civils que s'il y renonçait formellement.

Il y avait quelque chose d'ingénieux en même temps que de patriotique à attribuer ainsi à cette heureuse terre de France la faculté d'imprimer la qualité de Français à tout enfant qui y naîtrait, comme autrefois elle avait le privilége de rendre libre tout esclave qui mettait le pied sur son territoire. Mais surtout il était digne de celui qui déjà avait porté si haut et si loin le nom français de vouloir encore l'étendre par ces pacifiques conquêtes.

De même, à propos d'une autre disposition (l'article 3 du projet, devenu l'article 9 du code), il avait insisté (2) pour qu'on rouvrît les portes de la France, qu'on les rouvrît larges et faciles, à l'enfant du Français qui serait devenu volontairement étranger. « La nation française, nation grande et industrieuse, est répandue partout, disait-il; elle se répandra encore par la suite..., etc. » C'était le même orgueil national, le même amour enthousiaste pour la France qui lui faisait dire (3), dans une autre discussion où il ne s'agissait plus des droits civils, mais des droits politiques à accorder aux étrangers d'origine française : « Le plus beau titre sur la terre est d'être né Français ; c'est un titre dispensé par le ciel, qu'il ne devrait être permis sur la terre à personne de pouvoir retirer. Je voudrais qu'un Français d'origine, fût-il à la dixième génération d'étrangers, se trouvât encore Français s'il le réclamait. Je voudrais, s'il se présentait à l'autre rive du Rhin, disant : *Je veux être Français,* que sa voix fût plus forte que la loi, que les barrières s'abaissassent devant lui, et qu'il rentrât en triomphe dans le sein de la mère commune... Je veux élever la gloire du nom français si haut, qu'il devienne

---

(1) Expressions du premier Consul ; Locré, p. 114.
(2) Locré, t. II, p. 48.
(3) Locré, t. II, p. 64.

l'envié des nations. Je veux un jour, Dieu aidant, qu'un Français voyageant en Europe croie se trouver toujours chez lui. »

Telle était cette parole : tantôt nette et précise, brève formule de bon sens ; tantôt toute brillante des reflets d'une imagination orientale. Il n'était pas rare qu'elle s'échappât ainsi, et que d'une simple discussion d'affaires elle s'élevât tout à coup jusqu'à cette hardiesse d'images ; on eût dit alors le style enthousiaste et enflammé de ces proclamations célèbres par lesquelles il exaltait ses soldats les jours de bataille.

Le projet qui suivit n'offrait pas ce mélange de droit public et de droit privé ; mais c'était une matière d'un intérêt général et toujours présent. Il s'agissait de la forme des actes destinés à constater la naissance, le mariage et le décès, « ces trois grands sacrements de la vie (1). » Cette forme avait été sagement réglée par l'ordonnance de 1667 et la déclaration de 1737. Toutefois, en cela encore il y avait place à des corrections utiles. Le premier consul prit souvent l'initiative de ces modifications de détail, car rien n'échappait à son attention, et il était capable même des petites choses.

Mais il devait laisser dans cette discussion sa trace plus fortement empreinte.

Le projet, tel qu'il avait été présenté au conseil d'État dans la séance du 6 fructidor an IX, ne contenait aucune disposition particulière sur les actes de l'état civil des militaires hors du territoire de la république. L'article 7 (correspondant à l'art. 88 du code Napoléon) se contentait de dire, en s'en référant aux dispositions précédentes, constitutives du droit commun : « Les décès des militaires de terre et de mer seront constatés de la manière prescrite par les articles ci-dessus, sauf les cas prévus par les règlements militaires. »

Mais ces règlements militaires n'existaient pas ; de sorte qu'il n'y avait aucune règle pour une situation pourtant fort commune dans ces temps de grande guerre. Il n'y en avait pas non plus pour les actes de mariage des militaires hors du territoire, ni pour les naissances dans les camps, la mort seule apparemment étant à prévoir si près des champs de bataille.

Des abus de toutes sortes avaient été le résultat de cette absence de règles ; le premier consul était vivement frappé de ces abus. A la séance à laquelle le projet avait été lu, il avait chargé les sections de législation et de la guerre de rédiger sans délai ces règlements dont on parlait comme s'ils eussent existé. Quel était, à cet égard, le principe ? Ce n'était pas, comme on le prétendait, la maxime, *locus regit actum*, maxime applicable seulement aux actes passés en pays étranger, « Le militaire, disait le premier consul, n'est jamais chez l'étranger quand il est sous le drapeau. Partout où est le drapeau, *là est la France !* Il faut donc regarder le drapeau comme le domicile. C'est là où doivent être rédigés les actes et d'où ils doivent être renvoyés au domicile véritable. »

Ce système inattendu, présenté avec une vivacité toute militaire et résumé si heureusement dans cette formule : *Le drapeau, c'est la France !* qui était

---

(1) *Mémorial de Sainte-Hélène*, p. 719, édition in-4.

elle-même comme un drapeau planté par cette main victorieuse, fit une profonde impression sur le conseil. Appuyé par Tronchet, Portalis, Emmery, Boulay (de la Meurthe), le principe en fut tout de suite adopté. Mais on voulut y consacrer une section particulière, et, en effet, dans la séance du 8 brumaire an X, la section intitulée « Des actes de l'état civil concernant les militaires hors du territoire français » fut présentée et votée, telle que nous l'avons aujourd'hui au chapitre V du titre *Des actes de l'état civil*.

Cet incident avait fait sensation au dehors. Les orateurs du Tribunat, même ceux dont le langage était le plus empreint d'âpreté républicaine, et qui à cette époque, semblaient s'excuser de trouver quelque chose à louer dans les projets du gouvernement, en parlaient comme « d'une idée infiniment heureuse qui portait le cachet de la vérité et de la grandeur, » ou comme « d'un principe dont le code d'aucun peuple n'offrait l'heureux modèle, et dont la conception ajoutait un nouvel éclat à la gloire du premier magistrat de la république. »

Mais ce fut le tribun Siméon qui, quoique parlant le dernier, répandit le plus d'intérêt sur cette matière qu'on pouvait croire épuisée. Siméon, beau-frère de Portalis, dont le talent aussi semblait bien être de la même famille, et qui avec moins d'élévation dans la pensée, de gravité dans les maximes, d'éclat dans les images, avait de son abondance, de sa sensibilité et de son élégante douceur. « Quand on soignait avec une attention si scrupuleuse l'état civil au dedans du territoire, il ne fallait pas, disait-il, l'abandonner au dehors à l'égard de ces nombreux bataillons qui vont soutenir au delà des frontières la gloire des armes et du nom français. La patrie, pour laquelle ils combattent, sera toujours avec eux, dans leurs camps et sous leur drapeaux ; s'ils lui prodiguent leur sang, elle leur prodiguera tous ses soins... La loi recueillera tout ce qui concerne leur état civil, dont ils s'occupent trop peu dans leurs immenses sacrifices. Elle veillera à ce que leur honorable trépas ne reste pas inconnu dans la poussière d'un champ de bataille et sur une terre étrangère... » Et plus loin : « Cette institution est pleine d'avantages : elle fournit de meilleurs moyens de constater les décès nécessairement si multipliés, et les naissances aussi : car on en rencontre quelquefois dans les camps, *comme ces fleurs rares dont la nature égaye les monuments funèbres ou couronne les arcs de triomphe...* » Heureux privilége de ces imaginations du midi, que rien ne décolore, ni le temps, ni le travail, ni les affaires ! Tableaux vrais et touchants, surtout aujourd'hui, pour nous qui avons aussi au loin, sous les drapeaux, des enfants et des frères, et qui ne saurions trop faire pour reconnaître leur héroïques sacrifices et la gloire qu'ils répandent de nouveau sur le nom français !..

La discussion du projet de code civil continuait au conseil d'État. Les premiers titres avaient été portés au Corps législatif, précédés d'un *Exposé général*, œuvre de Portalis et digne du *Discours préliminaire*. D'autres chapitres allaient être présentés, lorsqu'un incident survint qui arrêta tout et faillit tout compromettre.

On sait quel était le mécanisme législatif organisé par la constitution de l'an VIII. Le contraste a été souvent signalé avec esprit de cette assemblée qui parlait sans rien faire, et de cette autre assemblée qui décidait sans parler.

Quand le tribunat s'était formé un avis, il envoyait trois de ses membres le développer devant le corps législatif, où ils trouvaient les trois membres du conseil d'État délégués pour soutenir le projet de loi. On plaidait des deux parts, et après avoir tout entendu, le corps législatif rendait son jugement..., non motivé. On comprend que, dans une telle situation, la tentation devait être grande pour des hommes qui s'appelaient *tribuns*, et que sans doute on avoit choisis propres et *enclins* (1) à la parole, d'essayer quelque chose qui ne fût plus une simple adhésion aux propositions du conseil d'État ou la répétition de ce qu'auraient dit ses orateurs. Il avait de si beaux priviléges, le conseil d'État ! C'était un honneur si envié d'être admis presque chaque jour à discuter les questions les plus graves, sous les yeux de cet homme extraordinaire auprès duquel on valait davantage, et qui jetait autour de lui des reflets si brillants! Le Tribunat était privé de cette familiarité de la gloire et du génie. Il pouvait chercher à compenser ce désavantage en demandant à la parole publique un rôle moins effacé.

Il y avait là des républicains sincères, tels que Daunou, qui, en travaillant au 18 brumaire, avaient cru beaucoup faire pour la gloire de la république, et rien contre sa liberté; des poëtes, tels que Chénier, dont l'imagination était restée attachée à ces grandes scènes de la révolution, que leurs drames étaient si loin d'égaler ; des écrivains d'infiniment d'esprit, comme Andrieux ; des publicistes enfin, comme Benjamin Constant, qui commençait alors sa longue lutte contre le pouvoir, cette lutte que nous n'avons vue finir qu'avec sa vie.

Le premier titre du code civil avait été rejeté ; suivant toute apparence, il allait en être de même du second, dont le Tribunat proposait aussi le rejet. Le premier Consul, irrité, résolut de briser cette résistance inattendue.

Le 12 nivôse an X, il adressa au corps législatif un message ainsi conçu : « Législateurs, le Gouvernement a arrêté de retirer les projets de loi du code civil... C'est avec peine qu'il se trouve obligé de remettre à une autre époque les lois attendues avec tant d'intérêt par la nation ; mais il s'est convaincu que le temps n'est pas venu où l'on portera dans ces grandes discussions le calme et l'unité d'intention qu'elles demandent. »

Ce fier langage était bien d'un homme sûr de sa force. Il savait à qui la France s'en prendrait de ces retards. C'était sa vengeance de mettre ces assemblées rebelles à la *diète de lois*, comme on disait autour de lui. Lui, cependant, allait prendre *ses quartiers d'hiver*.

Ce serait aujourd'hui une étude assez piquante que de relire les discours des rapporteurs du Tribunat et de juger, à son tour, leurs critiques. On serait confondu de la futilité de certaines objections, surtout eu égard à l'importance de l'œuvre. Cet aimable et spirituel Andrieux reprochait aux rédacteurs du projet de code civil, avec la malice innocente de ses épigrammes, d'avoir employé l'indicatif présent au lieu du futur, qui « en français remplace l'impératif » usité chez les Romains, notamment dans la loi des *Douze Tables*. Il les accusait d'avoir traduit inexactement dans leur article 6 cette

---

(1) Thiers, *Histoire du Consulat et de l'Empire*, t. III, p. 391.

maxime du droit romain : *Jus publicum privatorum pactis mutari non potest ;* il en avait, lui, une autre traduction qu'il proposait, et je crois, si je puis le croire sans irrévérence, que c'était de son côté qu'était le contre-sens. Ailleurs c'était une attaque des plus vives d'un autre orateur (le tribun Thiessé) contre cette déclaration de l'article 2 que « la loi ne dispose que pour l'avenir et n'a pas d'effet rétroactif ; » on voyait là toute une conspiration contre-révolutionnaire. Il fallut que le conseiller d'État Berlier, qui ne devait pas être suspect, lui, rapporteur de la loi du 19 nivôse an II, vînt se porter garant des bonnes intentions du Gouvernement, en évoquant la nuit du 4 août 1789 et les deux grandes assemblées « dont l'une avait conquis la liberté, et l'autre fondé la république. »

Avec quelle supériorité Portalis (ce nom revient à chaque page dans l'histoire du code civil ; il en représente le mieux la philosophie et l'éloquence) repoussait ces attaques futiles ! Ce n'était plus peut-être, au même degré, cette hauteur de principes, cette richesse d'images, cette gravité sentencieuse du *Discours préliminaire* ou des exposés des motifs des titres *de la propriété et du mariage ;* c'était, avec quelque chose de tout cela, un tour vif, une malice de bon goût, une ironie contenue, du la Bruyère et encore du Montesquieu, je veux dire de l'auteur de la *Défense de l'Esprit des lois,* ce chef-d'œuvre obligé d'excuser un autre chef-d'œuvre.

Toutefois, ce n'est pas à dire que parmi beaucoup d'objections vaines il n'y eût aucune critique fondée ; le Tribunat n'avait pas toujours tort. La preuve, c'est que plusieurs de ses observations, renouvelées plus tard sous une autre forme, ont été reconnues justes et admises en définitive. Mais alors la France était comme le premier consul : elle ne distinguait point ; et dans son impatience de jouir du code qui lui était depuis si longtemps promis, elle blâmait tout ce qui en retardait l'achèvement.

La discussion du projet demeura interrompue pendant huit mois ; elle ne fût reprise que le 22 fructidor an x, après des modifications dans l'organisation et le personnel du Tribunat, dont je n'ai point à rendre compte ici.

Le titre *du domicile* ne présentait que des règles simples empruntées, pour la plupart, aux lois romaines ; *l'absence,* au contraire, est une matière ardue, où le législateur avait besoin de toute sa sagesse. Là il n'y avait pas seulement à améliorer la législation, il fallait, pour ainsi dire, la créer. Le droit romain, source ordinairement si féconde, n'y était presque d'aucun secours : et, en France, c'était à peine si l'on trouvait quelques articles isolés d'ordonnances ou de coutumes. C'est que les lois sont filles de nos besoins, et que les causes qui aujourd'hui multiplient les absences étaient loin alors d'exister au même degré.

Dans le projet présenté au conseil d'État, il n'y avait pas de dispositions correspondant aux art. 112, 113 et 114 de la rédaction actuelle ; on s'y occupait presque exclusivement des absents déclarés ; l'état de *présomption d'absence* était à peine prévu et ne s'y trouvait nullement organisé. Ce fut le premier consul qui appela l'attention sur cet objet, dans la séance du 16 fructidor an IX, en faisant remarquer « qu'il était nécessaire de pourvoir aussi à l'administration des biens avant la déclaration d'absence. » « Sans doute, quand un absent a laissé un fondé de pouvoir, ses intérêts sont assurés, mais il peut se faire qu'il n'ait pas donné de procuration ou que le fondé de pouvoir soit venu à mourir. » Dans ce cas, les biens de l'absent ne peuvent rester sans administrateur.

Tronchet n'était pas favorable à cette proposition ; il n'admettait pas qu'on pût s'immiscer dans les affaires d'un homme non encore déclaré absent, et qu'on prétendît prendre ses intérêts mieux qu'il ne l'avait fait lui-même. Il citait la maxime *Vigilantibus jura succurrunt.* Le premier consul se récriait contre ces singuliers scrupules, qui, par respect pour l'absence, couraient risque de laisser perdre tous les biens de l'absent. « Pourquoi l'autorité publique, qui protége les orphelins et les veuves, ne protégerait-elle pas aussi le majeur qui n'est pas là pour veiller à ses intérêts ?... Que la loi abandonne le majeur à lui-même lorsqu'il est présent et capable d'administrer, rien de plus juste : c'était en ce sens qu'on pouvait entendre l'adage cité par le citoyen Tronchet ; mais s'il était absent, la société devenait sa tutrice. » — Ce système prévalut ; on l'a organisé dans le chapitre Ier du titre *Des absents*, intitulé : *De la présomption d'absence.*

La constitution et l'organisation de la famille, voilà, messieurs, l'objet le plus important des lois civiles, car la famille, c'est la société à sa base, la société dans sa condition essentielle, dans son élément le plus intime et le plus pur. Le mariage, qui fonde la famille ; la filiation, naturelle ou adoptive, qui la développe ; la puissance paternelle qui la gouverne, voilà les institutions qui se recommandent avant tout à l'attention du législateur. Si grand qu'il soit, de tels intérêts sont au niveau de son génie.

Le premier consul voulait (1), avant tout, pour le mariage, des corps robustes et des esprits raisonnables ; il lui semblait bizarre que la loi autorisât des individus à se marier avant l'âge où elle permet de les entendre comme témoins et de leur infliger les peines destinées aux crimes commis avec un entier discernement. Notre ancien droit français, conforme au droit romain, malgré la différence des climats, fixait la puberté à quatorze ans pour les hommes, à douze ans pour les femmes. Une loi de 1792 avait exigé dans chaque sexe une année de plus. Le projet de code civil s'en tenait à cette réforme insuffisante. Le conseil d'État adopta dix-huit et quinze ans, comme le proposaient plusieurs tribunaux d'appel et l'un des membres de la commission du tribunal de cassation. C'était se rapprocher de la nature et de la raison ; mais le premier consul était disposé à faire davantage ; il eût trouvé plus sage de n'autoriser le mariage en règle générale qu'à vingt et un ans pour les hommes, afin d'être plus sûr d'avoir une forte race également propre aux travaux des champs et aux fatigues de la guerre, capable de nourrir la France et de la défendre.

Au reste, le mariage était bien aussi pour lui une société de biens et de maux, *consortium omnis vitæ*, la mise en commun de nos joies et de nos misères. Il n'en refusait point la consolation et le secours aux infirmités naturelles, si d'ailleurs elles laissaient la liberté du consentement et la faculté de l'exprimer.

---

(1) Locré, t. III, p. 319.

Pourquoi (1), comme on le proposait, interdire le mariage au sourd-muet de naissance? « Le sourd-muet, en voyant son père et sa mère, a connu la société du mariage. Il est toujours capable de manifester la volonté de vivre comme eux, et alors pourquoi aggraver son malheur en ajoutant des privations à celles que lui a imposées la nature? »

Il était pour les femmes quand il s'agissait d'humanité et de protection; il était contre elles dans les questions d'autorité et de dépendance.

Le père sera-t-il tenu de doter sa fille? La loi *Julia* l'y oblige; mais, dans le droit coutumier, *ne dote qui ne veut*. Le premier consul est avec Malleville, cet ardent défenseur du droit écrit, pour la loi *Julia*, contre les coutumes. Seulement, il adopte un amendement de Tronchet, d'après lequel l'action, au lieu d'être exercée directement par la fille, l'aurait été, dans son intérêt, par les parents. Mais les coutumes l'emportent, grâce surtout à Portalis, déserteur ce jour-là du droit écrit. *Ne dote encore qui ne veut.* (art. 204, C. Nap.) Mais, au moins, le père doit des aliments à ses enfants, comme eux-mêmes lui en doivent; il en est tenu vis-à-vis d'eux, quel que soit leur âge, aussi bien après qu'avant la majorité; il suffit qu'ils soient dans le besoin. — On contestait cette loi écrite dans le cœur humain, le premier et le meilleur de tous les livres; on prétendait que le père ne devait plus d'aliments à son fils dès que celui-ci était majeur. — Le premier consul repoussait énergiquement cette distinction. Il trouvait qu'il serait révoltant de laisser à un père riche la faculté de chasser ses enfants de sa maison aussitôt après les avoir élevés. « Voulez-vous, disait-il (2), avec la piquante originalité de son langage, qu'un père puisse chasser de sa maison une fille de quinze ans?... abandonner à la misère celui qui doit lui succéder?... *Un père riche ou aisé doit toujours à ses enfants la gamelle paternelle.* »

Les distinctions sociales, le nom, la famille étaient, à ses yeux, des considérations d'assez peu d'importance (3). Il voyait « quelque chose de plus réel dans les qualités morales, l'honnêteté, la douceur, l'amour du travail; » il y ajoutait même les agréments du visage; à quoi le sage Tronchet répondait (4) « que la figure n'est qu'un accessoire pour l'homme sage, » et « qu'il faut bien se garder de se laisser prendre par le physique. »

Dans la question des nullités de mariage, ce qui touchait le plus le premier consul, c'était la situation de la femme dont le mariage serait rompu sous prétexte d'erreur dans la personne. « Quoi! un mari aura consenti à épouser la femme qu'on aura fait paraître devant lui, il lui aura promis protection et attachement; l'échange des âmes se sera opéré entre eux, et, six mois après, il serait admis à dire que ce n'est pas là la personne qu'il a choisie parce qu'elle porte un nom différent de celui sous lequel il l'a connue jusque-là!... Le nom et les qualités civiles ne font pas la personne... Que sont, auprès des qualités naturelles, les qualités purement civiles!... Peut-on d'ailleurs rétablir les

---

(1) Locré, *ibid.*
(2) Thibaudeau (*Mémoires sur le Consulat,* p. 425).
(3) Locré, p. 362.
(4) Page 447, en semblant ne répondre qu'à Rœderer.

choses comme elles l'étaient avant le mariage?... Quel malheur alors pour une femme innocente? »

Il en concluait que l'erreur sur la personne ne devait s'entendre que de l'erreur sur la personne physique, à moins que la femme ne fût complice de la fraude.

Telle était, sur cette matière difficile, la théorie du premier consul. Elle rencontrait alors, dans le sein du conseil, une vive résistance. Ce n'est pas ici le lieu de la discuter. Mais rien de plus original et de plus dramatique que la manière dont il défendait son système (1). *La brune aux yeux bleus* qu'on lui a donnée pour femme, dans une de ses hypothèses, au lieu de *la blonde aux yeux noirs* qu'il voulait épouser, devait faire sourire ces graves figures de jurisconsultes. Et, quelquefois, la brusquerie avec laquelle il recevait les objections n'était pas moins piquante : « On n'avait pas d'idées de l'institution du mariage ni des lumières du siècle ! A présent qu'il n'y avait plus de castes, c'était la plus imposante devant la nature humaine... Votre article (aujourd'hui l'article 180 du code Napoléon) est immoral, vous regardez le mariage (comme un coup de filet) comme une partie de pêche... On sifflerait un drame qui serait contraire à mon système... » Et comme Cambacérès, ne se rendant pas, citait lui-même ses exemples ou imaginait ses hypothèses : « Vous traitez cela en homme d'affaires, répliquait le premier consul... Tout votre système a pris naissance quand on se mariait par procuration ; mais à présent, on se marie corps à corps. »

C'étaient ces saillies d'ardeur juvénile et d'éloquence toute militaire que le même Cambacérès, d'accord avec le premier consul, adoucissait (2) quelquefois dans les comptes rendus que publiait le *Moniteur* et ramenait à la gravité officielle. La pensée restait toujours frappante, quoique l'expression perdît de sa couleur.

Je l'ai dit, si, dans la discussion du code civil, le premier consul se porte habituellement le défenseur des enfants et des femmes, ce n'est qu'autant que l'autorité conjugale ou la puissance paternelle ne sont pas atteintes ; dans les questions de gouvernement domestique, il est d'ordinaire pour le père ou pour le mari. J'en pourrais citer de nombreux exemples. C'est qu'en effet, ce qu'il y a de plus pressant au sortir des révolutions, c'est de raffermir l'autorité du chef de famille ; et cette restauration domestique aide beaucoup à l'autre, je veux dire au rétablissement de l'ordre dans le gouvernement et de la paix dans la société.

Toutefois, et sous ce rapport même, il y eut d'abord dans le code une page regrettable qu'on est heureux de n'y plus voir.

En l'an X, au milieu de la réaction salutaire qui s'était opérée dans les mœurs publiques et privées, on eût été fort éloigné de vouloir introduire le divorce dans notre législation ; mais il y était depuis dix ans ; on ne se crut pas assez fort pour l'abolir : on se contenta d'en rendre l'usage plus difficile.

La loi déplorable du 20 septembre 1792 avait admis pour cause de divorce

_____

(1) Thibaudeau (*Mémoires*, p. 433).
(2) Thiers, t. III, p. 302.

la simple allégation d'incompatibilité d'humeur ; on repoussa ce motif dérisoire qui permettait à chacun des époux de dissoudre le mariage à volonté. Les auteurs de cette loi avaient découvert que le divorce était fondé *sur la liberté individuelle*, et par respect sans doute pour cette liberté, ils avaient prohibé la séparation de corps ; la séparation de corps fut rétablie. Enfin, on restreignit le nombre des *causes déterminées*, et on les précisa mieux.

Ce fut tout ce que l'on crut pouvoir faire : on adoucissait le mal qu'on désespérait de guérir, et trop souvent, en effet, un moindre mal est tout le bien que nous pouvons attendre des lois humaines. Pourtant, combien de telles nécessités sont regrettables ! Quand on lit cette longue discussion sur le divorce, on souffre de voir des hommes de bien, des esprits éminents, des volontés d'ordinaire toutes-puissantes, borner leurs efforts à remédier aux abus du divorce, en en laissant subsister le principe, comme si le divorce n'était pas lui-même le plus grand abus ! Que n'opposaient-ils avec plus de courage la sévérité des lois au relâchement des mœurs ! Cette victoire fut remportée plus tard ; on regrette de n'avoir pas à la joindre à tous les triomphes du consulat...

Une loi de la même assemblée, mais animée d'un autre esprit, et qui, au lieu de dissoudre les liens de famille, avait voulu en former un de plus, eut aussi l'honneur de faire admettre son principe dans le code civil. C'était la loi du 18 janvier 1792, qui avait décrété l'adoption, mais sans l'organiser, et qui avait été suivie de divers actes législatifs rappelant aussi le principe, l'appliquant même, dans certaines occasions solennelles, au nom de la nation, mais s'en remettant toujours, pour en régler les détails, au code de lois civiles qu'on ne cessait de se promettre. Le code, en effet, a admis cette institution après une longue discussion à laquelle le premier consul prit la principale part.

La commission de l'an VIII avait passé l'adoption sous silence ; la section de législation voulut savoir, avant d'entrer dans les détails, si le principe serait bien accepté. La question fut vivement débattue. Les uns repoussaient l'adoption absolument comme étrangère et même contraire à nos mœurs ; Tronchet notamment n'hésitait pas à la déclarer une mauvaise institution, du moins dans son application à la France. D'autres l'admettaient, mais seulement comme mesure politique, « parce qu'il importe grandement à l'État, disaient-ils, que des citoyens recommandables par leurs services, que les circonstances ont éloignés du mariage ou dont l'union a été stérile, puissent, par des choix éclairés et communément préférables au hasard de la naissance, lui laisser des enfants qui leur ressemblent. *Optimum quemque adoptio inveniet*, dit Galba dans Tacite. » Une opinion directement contraire n'y voulait voir qu'une institution civile, et ne l'admettait que sous ce rapport et à cette condition. Quant à l'adoption politique, le moyen ne paraissait pas bien choisi pour perpétuer le nom d'un citoyen qui aurait rendu des services éminents à la patrie : « Les pages de l'histoire, disaient avec une grande élévation de pensée les partisans de cette opinion, sont les seuls monuments capables d'éterniser les grands noms. Faire porter son nom par une longue suite d'individus, ce n'est trop souvent qu'en compromettre la gloire. Il est tel héros qui rougirait, s'il pouvait après sa mort jeter les yeux sur cette série d'individus qu'il avait choisis pour perpétuer la gloire de son nom. »

Mais ceux-là qui admettaient l'adoption civile et n'en voulaient pas d'autre, étaient loin d'ailleurs de s'entendre sur le but et le caractère de l'institution. Quelques-uns la considéraient surtout comme une institution de bienfaisance, destinée à venir au secours des pauvres et des orphelins. Pour cela, il n'était pas nécessaire de la confier aux mains les plus favorisées de la fortune : la bienfaisance n'est point refusée à la médiocrité. « Souvent les hôpitaux confient des enfants à de simples laboureurs ; » l'adoption ferait un père à l'orphelin de celui qui l'aurait reçu en dépôt, et l'enfant dont le sort serait ainsi assuré n'aurait qu'à continuer, sous un nom qui les lui rendrait plus doux comme fils de la maison, les travaux auxquels il aurait été associé dès son enfance.

Il y avait un point de vue beaucoup plus élevé ; ce point de vue était celui du premier consul.

Le premier consul se faisait de l'adoption une idée exagérée : dans la suite, lui-même le reconnut, mais en cela même assez conforme à son génie, qui souvent n'avait pas assez de la réalité dans ses premiers élans. Il voulait faire de l'adoption, non pas seulement une imitation, mais une image complète de la nature, à ce point que l'enfant adoptif quitterait sa famille naturelle et n'en aurait plus d'autre que celle qu'il tiendrait de l'adoption. Ce n'était pas seulement quant au nom, quant aux biens, qu'il voulait faire cette substitution d'une famille à l'autre ; c'était quant aux sentiments, à la tendresse paternelle, à la piété filiale ; on eût dit qu'il se croyait maître du cœur humain ; et de fait, il disait que les hommes « n'ont pas d'autres sentiments que ceux qu'on leur inculque. »

« Qu'est-ce que l'adoption ? demandait-il (1). Une imitation par laquelle la société veut singer la nature. C'est une espèce de nouveau sacrement, car je ne peux pas trouver dans la langue de mot qui puisse bien définir cet acte. Le fils des os et du sang passe, par la volonté de la société, dans les os et le sang d'un autre. C'est le plus grand acte que l'on puisse imaginer. Il donne des sentiments de fils à celui qui ne les avait pas, et réciproquement ceux de père. » Il ne s'agissait donc pas dans sa pensée d'une simple institution d'héritier : « Il faut donner au père adoptif plus qu'un héritier, il faut lui donner un fils. Il faut même que le père adoptif obtienne, dans le cœur du fils adoptif, la préférence sur le père naturel. » L'imagination du premier consul était frappée de ce qu'il avait vu en Orient : « Chez les mameluks, l'enfant admis dans la maison militaire est l'égal des enfants, et a pour son patron les mêmes sentiments qu'un fils a pour son père. » Il était possible de faire qu'il en fût ainsi chez nous, pourvu qu'agissant sur des enfants encore en bas âge, « on frappât des imaginations encore vierges. »

Mais pour frapper les imaginations, que fallait-il? C'était là que la sienne, en s'exaltant, déployait une grandeur vraiment extraordinaire. « D'où doit donc partir un tel acte ? D'en haut, comme la foudre. Ce n'est pas un notaire qui produira cet effet pour 12 francs qu'on lui paiera. Un contrat ne contient qu'obligations géométriques ; il ne contient pas de sentiments. » Ce ne serait

---

(1) Locré, p. 455 ; Thibaudeau (*Mémoires*, p. 626).

même pas assez de l'autorité judiciaire. « Tu n'es pas le fils d'un tel, dira le corps législatif; cependant tu en auras les sentiments; on ne peut donc trop s'élever... Le législateur, comme un pontife, donnera le caractère sacré... Le vice de nos législations modernes est de n'avoir rien qui parle à l'imagination. On ne peut gouverner l'homme que par elle. Sans imagination, c'est une brute. Si les prêtres établissaient l'adoption, ils en feraient une cérémonie auguste. C'est une erreur de gouverner les hommes comme les choses. Il faut que la société tout entière intervienne ici. » Et sa pensée se reportant à la gloire militaire et aux champs de bataille : « Ce n'est pas pour cinq sous par jour, pour une chétive distinction, qu'on se fait tuer ; c'est en parlant à l'âme qu'on électrise l'homme (1). »

On conçoit l'impression que devait produire un tel langage. Le conseil d'État qui, dans une séance précédente, avait admis l'adoption en principe, décida, sous le feu de cette vive éloquence, « qu'elle serait prononcée par une des grandes autorités du gouvernement. » Mais quand, après une interruption de près d'une année, la discussion fut reprise et le principe même de l'adoption mis en question de nouveau, l'opinion du premier consul se trouva sensiblement modifiée. Il était bien toujours pour l'adoption ; mais ses idées et son langage avaient beaucoup perdu de leur solennité : il était, si j'ose ainsi dire, redescendu sur la terre. Le caractère même de l'institution avait changé à ses yeux. Au lieu de cette prétention surhumaine de substituer la loi à la nature et de changer de place le cœur de l'homme, ce n'était plus « qu'une simple transmission de nom et de biens. » L'enfant adoptif restait dans sa famille naturelle, et sans rien perdre de ce côté de ses devoirs, non plus que de ses droits, il en acquérait de nouveaux dans sa nouvelle famille. L'intervention législative n'était plus exigée ; on se contentait du concours de l'autorité judiciaire. Seulement, et c'était une idée nouvelle dont l'heureuse institution appartenait encore au premier consul, l'adoption devrait être précédée de soins donnés, de services rendus, de telle sorte qu'il existât déjà entre l'adoptant et l'adopté un lien, des devoirs de reconnaissance, que l'acte public n'eût plus qu'à consacrer.

Telle a été reçue dans nos lois cette nouvelle institution. Sans rien changer à l'ordre de la nature, elle peut procurer des secours à l'enfance, à la vieillesse des consolations et un appui. Il y a parmi les hommes un moyen de plus de faire le bien. Voilà le vrai prix de la conquête. Elle est due surtout au premier consul. Elle nous montre ce grand esprit se corrigeant lui-même, et quand son imagination lui avait d'abord fait perdre la mesure du vrai, y revenant par la seule force de sa raison.

Le premier consul ne prit qu'une moindre part à la discussion de plusieurs des titres qui suivirent. Il ne put pas même toujours y assister.

Lorsqu'il est absent, on s'en aperçoit tout de suite, non pas seulement à son silence, mais à l'allure moins vive de la discussion. Présent, il anime tout. Il interroge, il provoque des explications, demande le pourquoi de toute

____

(1) Thibaudeau, p. 420 et 422.

chose, et tranche, par sa personnalité si vive, sur la teinte uniforme et le fond commun des idées.

C'est ainsi qu'au titre des *successions* nous apprenons son retour par une question que dès le commencement de la première séance, il adresse au rapporteur. Un instant après, il combat la disposition du projet (art. 27, correspondant à l'article 742 du code), qui étendait la représentation aux enfants du cousin germain. C'était en effet aller trop loin; « les cousins germains sont chefs de familles distinctes et séparées, et ne se connaissent que comme individus. » La représentation en ligne collatérale fut bornée, ainsi que nous le voyons dans le code, aux enfants des frères et sœurs du défunt.

La matière des donations entre vifs et des testaments offrit bientôt un plus vaste champ à la discussion. C'était là que les lois révolutionnaires avaient fait le plus de ravages. La convention avait aboli la faculté de disposer en ligne directe et en ligne collatérale. C'était un outrage à l'autorité paternelle : c'était de plus un attentat contre le droit de propriété. Mais alors la philosophie matérialiste était maîtresse, et elle faisait des lois à son image. Pour elle, tout finit avec la vie; il ne reste plus rien de l'homme après sa mort; comment admettrait elle une volonté immortelle dans un être périssable? Comment laisser le commandement à cette poussière! Robespierre avait osé le dire presque en ces termes mêmes devant l'Assemblée constituante (1). Voilà donc, quoique souvent elle n'en ait pas la conscience, le fondement de la théorie qui prétend enlever à l'homme la faculté de tester. Remarquable rapprochement : Leibnitz donne pour raison philosophique au droit de tester l'immortalité de l'âme. En droit pur, ne craint-il pas de dire, il n'y aurait aucun compte à tenir des testaments si l'âme n'était pas immortelle : *Testamenta vero jure nullius essent momenti, nisi anima esset immortalis*. Mais en réalité le défunt continue de vivre. Son âme vit, et c'était ce qui *voulait* en lui. Il peut donc bien *vouloir* encore. Sa volonté est immortelle comme son âme! — Admirable élan de ce grand esprit, qui était en même temps un grand cœur, et qui, cherchant la source du droit, c'est-à-dire, comme il le définit, *du juste, du vrai et du bon*, ne la trouve qu'en Dieu même, et s'y repose. On est bien moins porté à taxer l'explication qu'il donne du droit de tester d'exagération et d'illusion métaphysique, quand on voit à quelle conséquence conduit le système contraire, et comment les matérialistes arrivent à nier le testament.

Seulement ces destructeurs ne vont pas assez loin. Ce n'est pas seulement le testament qu'ils doivent abolir, s'ils veulent être conséquents avec eux-mêmes, c'est l'hérédité : l'hérédité en toutes choses, dans les effets des obligations comme dans la transmission des biens. Si la volonté de l'homme lui survit, ce n'est pas seulement, en effet, quand il l'a déposée dans ses dispositions dernières. Il l'attache aux actes de sa vie, comme il la confiera plus tard à ce suprême adieu. — Il faut donc que toutes ses œuvres meurent avec lui, et qu'à chaque génération la société civile recommence. Voilà jusqu'où il faut aller !

---

(1) « L'homme peut-il disposer de cette terre qu'il a cultivée, lorsqu'il est lui-même réduit en poussière? »

Mais les faux principes ont quelquefois peur d'eux-mêmes, et l'inconséquence est encore ce qu'on leur pardonne le plus volontiers. — Pourtant, savez-vous ce qui arrive ? C'est qu'un jour viennent de redoutables logiciens qui ne reculent pas, eux, devant les conséquences. On ne contestait à la propriété que son origine ; c'est son existence même qu'ils contestent. Des deux éléments qui la constituent, le droit de disposer et le droit de jouir, on rejetait le droit de disposer ; ils ne veulent pas plus du droit de jouir. La volonté testamentaire, vivant encore après la mort, était chose trop difficile à comprendre ; ces hardis novateurs ne comprennent aucune sorte d'hérédité. Enfin, vivant ou mort, ils ne reconnaissent plus *l'individu ;* il n'y a plus pour eux que la communauté ou l'État. Et voilà, tout béant, le gouffre affreux du socialisme !

La loi du 17 nivôse an II n'en était point arrivée à *ces monstres d'erreur*, comme parle Bossuet : elle n'abolissait pas la propriété, elle n'abolissait même pas le testament, mais elle se bornait à en prohiber le plus juste et le plus auguste usage, en l'interdisant au père de famille. Sous quelque forme qu'il se manifeste et malgré la différence des lois et des mœurs, le testament, en effet, est, avant tout, un acte de magistrature domestique. C'est dans l'enceinte et (la parole humaine ne s'y trompe point !) dans le *sanctuaire* de la famille que le droit de tester a toute sa dignité, toute sa justice, qu'il est vraiment vénérable, comme l'autorité paternelle elle-même. Il y a une crainte religieuse qui n'enlève rien à l'affection, en ajoutant au respect. Il y a un intérêt honnête et pur que le devoir admet pour auxiliaire. Pourquoi serait-il interdit d'entretenir dans le cœur des enfants cette espérance dont parle la loi romaine, *spes quam unusquique liberorum obsequio parat sibi* ? Pourquoi, si, au-dessus du devoir commun, il y a une soumission plus docile, plus-de tendresse et de respect, un dévouement plus complet aux infirmités et aux chagrins de la vieillesse, tout moyen manquerait-il au père pour que cette piété reçût dès ici-bas sa récompense ? Mais surtout lorsque tant d'inégalités naturelles ou de distinctions sociales, la santé bonne ou mauvaise, les faveurs de la fortune ou ses disgrâces, peuvent rendre, et, souvent en effet, rendent si différente la situation des enfants, le père ne pourrait pas adoucir ces affligeants contrastes, et même, rétablir entièrement l'égalité en mettant une portion permise de son patrimoine du côté de la pauvreté humiliée et du malheur immérité ! Ici, ce n'est plus seulement punition et récompense, c'est justice. Le père fait dans la famille ce que le législateur fait dans la société.

La loi du 17 nivôse était donc une de ces lois mauvaises qu'un gouvernement réparateur ne saurait trop s'empresser d'abolir.

Déjà l'œuvre était commencée, une loi du 24 germinal an VIII, l'une des premières du consulat, avait rendu au père le droit de disposer d'une certaine partie de sa fortune au profit de ses enfants et autres successibles, en réglant la quotité de cette portion disponible suivant le nombre des enfants ; mais il restait divers systèmes.

Quel était celui que devait adopter le code civil ?

Sur cette question, une lutte des plus vives s'engagea au conseil d'État. Le projet proposait une quotité disponible fixe, qu'il limitait au quart des biens du disposant. Appuyé par Berlier, le rapporteur (nous l'avons dit) de cette loi malheureuse du 17 nivôse, et par Réal, qui était aussi de ce qu'on a appelé *le côté gauche* du conseil d'État : écarté par Tronchet, qui préférait la loi du 24 germinal an VIII, dont il était un des principaux auteurs, ce projet fut combattu surtout par Malleville, qui déploya dans cette discussion une véritable éloquence. Il demandait que la légitime des enfants ne fût fixée qu'à la moitié (au lieu des trois quarts, comme le proposait la section de législation), l'autre moitié restant à la disposition du père de famille : « Combinaison d'autant plus heureuse, disait-il, qu'elle faisait une part égale au droit de propriété et à la piété filiale. »

Le premier consul n'avait encore rien dit ; il s'expliqua dans la séance du 24 pluviôse an XI. « Son esprit (dit M. Troplong (1), je le nomme, parce qu'en cette matière, comme il est vrai, dans beaucoup d'autres, on trouve son nom à chaque page, et qu'il y aurait trop à faire pour l'éviter), son esprit était préoccupé de deux idées : d'abord du besoin de ne pas affaiblir le droit que la nature a confié au chef de chaque famille, ensuite de l'utilité de mettre quelques entraves à la trop grande subdivision des fortunes modiques, subdivision qui met nécessairement un terme, disait-il, à l'existence de la famille, surtout quand elle entraîne l'aliénation de la maison paternelle, qui en est, pour ainsi dire, le point central. Ce dernier aperçu était nouveau, continue M. Troplong ; on y trouve l'étendue des vues de Napoléon et la fécondité de son esprit. Il voyait dans la portion disponible quelque chose de plus qu'un moyen de gouverner la famille ; il y voyait aussi une arme pour lutter contre l'infini morcellement de la propriété, pour conserver au moins le manoir paternel, pour rallier à ce point central les débris épars de la famille. »

On sait comment se termina cette intéressante discussion. Le consul Cambacérès proposa le système mitoyen qu'a adopté l'article 913 du code civil, système qui se rapproche à la fois des Novelles de Justinien et de la loi du 4 germinal an VIII, en graduant la quotité disponible sur le nombre des enfants, et qui, sans être aussi favorable au père, dans son échelle proportionnelle, que l'était la loi romaine, l'est beaucoup plus que la loi française à laquelle il a succédé.

Le premier consul faisait difficulté d'admettre ce mode de proportion. Il demandait s'il ne serait pas mieux de graduer la légitime sur la quotité de la succession que sur le nombre des enfants ; par exemple, d'accorder au père la disposition de la moitié de ses biens lorsqu'ils s'élèveraient à 100,000 fr., en lui permettant, au delà, de ne disposer que d'une part d'enfant. Ce système, en même temps qu'il laissait au père une latitude satisfaisante, avait, aux yeux du premier consul, le mérite de tendre à conserver les petites fortunes et à empêcher qu'il ne s'en forme de trop considérables. » C'était, comme tout à l'heure, le droit civil, vu des yeux de l'homme d'État.

Le même ordre d'idées se retrouve dans les observations qu'il présenta sur une autre question qui avait aussi son importance, celle des substitutions. Il ne s'agissait pas de rétablir les substitutions telles qu'elles existaient dans l'ancien droit ; personne n'y songeait ; mais seulement d'autoriser en faveur des petits-

____

(1) *Commentaire sur les donations et les testaments.* Préface, p. 55.

enfants des donateurs ou testateurs, ou des enfants de ses frères ou sœurs, des dispositions que les articles 1048 et suivants du code civil ont en effet admises. Mais ce mode de dispositions, même ainsi réduit, et qui semblait, en cet état, ne devoir plus inquiéter personne, était encore repoussé, et très vivement, par ceux des membres du conseil d'État qui poursuivaient avec une ardeur de rancune tout ce qui pouvait rester des débris de l'ancien régime. Les noms eux-mêmes, quand rien des choses ne restait plus, obtenaient difficilement grâce devant eux. Or, malheureusement pour les mesures, d'ailleurs assez innocentes au point de vue politique, dont on proposait de confier l'usage à la prudence paternelle, elles se présentaient avec le nom de *substitutions*, ou du moins ce nom leur avait été appliqué dans le cours de la discussion, quoique sans nécessité.

Le premier consul consentait volontiers à ce que la dénomination fût changée ; mais sous ce nom ou sous tout autre, il croyait ce mode de disposer utile et juste, et c'étaient ses raisons pour l'adopter. Treilhard avait fait valoir les avantages de la circulation des biens, qui encourage l'industrie et augmente les revenus de l'État ; le premier consul pensait bien avec lui qu'il y avait utilité à multiplier les propriétaires, « qui sont les plus fermes appuis de la sûreté et de la tranquillité des États ; » mais il ne voyait pas en quoi ce principe pouvait être atteint par les dispositions proposées, dispositions si différentes de ces substitutions à plusieurs degrés, et même perpétuelles, qui « n'étaient destinées qu'à maintenir ce qu'on appelait les grandes familles, et perpétuer dans les aînés l'éclat d'un grand nom. »

Pour prouver que ces substitutions étaient inutiles et sans but dans un pays où l'égalité était établie, Réal avait cité Montesquieu, qui ne les admet que dans les monarchies. Le premier consul répondait que Montesquieu avait considéré les substitutions dans leurs rapports avec le droit politique, et que, dans cette discussion, c'était d'après la justice civile qu'il convenait de les apprécier. « Il y a, disait-il à cette occasion avec un sens profond, une justice civile qui domine le législateur lui-même ; elle se compose des principes que le législateur a constamment avoués pendant une longue suite de siècles. Elle proscrit les substitutions qui ne profiteraient qu'aux mâles et aux aînés, parce qu'elle donne les mêmes droits à tous les enfants. Elle proscrit également les substitutions dans lesquelles le troisième enfant à naître serait appelé avant les autres, parce qu'il serait indigne d'elle de sanctionner les caprices d'un testateur qui fait régler par le hasard les effets de la bienveillance ; mais elle avoue la disposition par laquelle un père laisse ses biens aux enfants que pourra donner à son fils un mariage que ce père lui-même a formé. Cette justice civile autorise le père à donner à qui il lui plaît ses biens disponibles. Il peut avoir de justes motifs d'en priver son fils ; il faut alors qu'il puisse les donner à ses petits-enfants à naître... ; » autrement il appellerait des étrangers.

En quittant cette importante matière, à la discussion de laquelle le premier consul prit une part considérable dont notre incomplète analyse ne saurait donner qu'une idée des plus imparfaites, nous voudrions pouvoir nous arrêter à diverses autres parties du code civil pour y recueillir encore quelques-unes de ses observations, toujours si précieuses ; au titre du *Cautionnement*, par exemple, au titre des *Transactions*, où nous le verrions lutter pour l'équité contre le droit romain, et remporter cette autre victoire. Mais il faut se borner, et je ne puis prétendre à retenir longtemps encore votre attention. Pourtant il restait, avec quelques autres sujets moins difficiles, une matière de plus ardues. Je voudrais pouvoir en dire quelques mots.

C'était le titre des priviléges et hypothèques. Ce titre lui dut beaucoup. Ce que j'en puis dire, c'est seulement que, partisan décidé de la publicité et de la spécialité de l'hypothèque, et en général du système de la loi du 11 brumaire, qui était alors fortement attaqué, le premier consul fut d'ailleurs le défenseur le plus zélé de l'hypothèque légale des femmes et des mineurs. « La loi, répétait-il avec chaleur, doit défendre celui qui ne peut se défendre lui-même. La femme et le mineur sont incapables de veiller à leurs intérêts. Or, dans l'état actuel des choses, il suffit de l'omission d'une formalité pour leur enlever l'hypothèque que la loi a entendu leur assurer. » Et par qui cette formalité doit-elle être remplie ? Précisément par des personnes, le mari et le tuteur, qui ont intérêt à ne la pas remplir. « *La justice civile* s'oppose à ce qu'on reporte sur le mineur et sur la femme les suites d'une négligence qu'il n'était pas en leur pouvoir d'empêcher. » — « Sans doute, ajoutait-il, il serait plus simple de ne pas distinguer entre les diverses classes d'hypothèques, et de les assujettir toutes à la nécessité de l'inscription : ce système, qui donne aux hypothèques légales leur effet par la seule force de la loi, n'est pas exempt d'embarras : sans doute aussi c'est un intérêt digne de grande considération que celui des acquéreurs ou des prêteurs ; mais la fortune des mineurs, celle des femmes « ne doivent pas être sacrifiées au désir, très louable d'ailleurs, de rendre les transactions plus sûres. » « Tous les intérêts, tous les principes doivent être également respectés. Il ne faut pas acheter au prix d'une injustice l'avantage de simplifier la loi. » Ces idées, développées à plusieurs reprises et toujours avec beaucoup de force, firent cesser les dissentiments, et rallièrent à l'hypothèque légale même ceux des membres du conseil qui y avaient été d'abord le plus contraires, notamment M. Treilhard.

Ce fut à cette occasion que le premier consul prononça ces paroles remarquables : « Depuis que j'entends discuter le code civil, je me suis souvent aperçu que la trop grande simplicité dans la législation est l'ennemie de la propriété. On ne peut rendre les lois extrêmement simples sans couper le nœud plutôt que de le délier, et sans livrer beaucoup de chose à l'incertitude et à l'arbitraire. »

En cela il se rencontrait avec Montesquieu, et ce n'était pas chez Napoléon une impression passagère, une doctrine de circonstance ; c'était un de ses sentiments les plus vifs et les plus profonds. Nous le verrions bien mieux si, sortant des limites du code civil, nous assistions à la discussion de certaines lois particulières, comme les lois de 1810 sur les mines et sur l'expropriation. Il était aussi éloigné que possible de ce système, héritier du *Contrat social*, qui ne fait de la propriété qu'une institution arbitraire, une concession et, comme Bentham osait le dire du *droit* lui-même, une *créature* de la loi civile. Il n'était pas moins opposé à cet autre système, parodie des anciennes républiques, qui rapporte tout à l'État, fait de l'État le propriétaire unique, et n'accorde à chaque citoyen qu'une jouissance précaire toujours révocable. Pour lui, la propriété était chose sacrée. Il n'y voyait pas seulement un intérêt, mais un droit ; un droit, mais un principe ; un principe, mais un dogme. Aussi non-seulement ne permettait-il contre elle aucune attaque, il ne pouvait même supporter aucune gêne. Sa parole s'animait d'une vivacité et d'une énergie singulières qui n'étaient plus de la sévérité, mais vraiment de l'indignation, lorsqu'il dénonçait les entraves administratives, les prétentions impérieuses d'une certaine classe de fonctionnaires, les vexations intolérables des subalternes. Il osait dire, avec la liberté souveraine de sa parole, que, dans l'état actuel des choses, « de tous côtés les droits des propriétaires étaient violés... » Il ne s'accoutumait pas à voir l'arbitraire se glisser ainsi partout, et un si vaste État avoir des magistrats sans qu'on pût leur adresser ses plaintes. »

Le conseil d'Etat, en discutant, en son absence, le titre de la *Propriété*, s'était borné à consacrer de nouveau le principe que nul ne peut être contraint de céder sa chose, si ce n'est pour cause d'utilité publique et moyennant une juste et préalable indemnité. Il n'avait pas cru, s'arrêtant devant je ne sais quels scrupules politiques, devoir exprimer, quoique le Tribunat l'eût formellement demandé, qu'il faudrait une loi pour déclarer l'utilité publique. Le premier consul ne comprenait pas, lui, qu'on pût enlever sa propriété à un citoyen sans un décret ou un sénatus-consulte, et il voulait qu'on le dît très haut, pour que tout le monde l'entendît. On peut voir la note célèbre écrite de Schœnbrunn. Il y pose, de la main la plus ferme et la plus libérale, les bases de nos lois de 1833 et 1841 sur l'expropriation. « Je sais bien, écrivait-il, qu'on dira que cela entravera tout ; mais je sais que cela n'entravera rien et que cela empêchera d'énormes abus. » Il développa ces idées avec beaucoup de force et d'étendue dans la discussion des deux lois dont j'ai parlé ; et ce fut alors que, pour donner un exemple frappant de l'inviolabilité de la propriété telle qu'il la comprenait, il prononça ces mémorables paroles, si souvent citées : « Napoléon lui-même, avec les nombreuses armées qui sont à sa disposition, ne pourrait néanmoins s'emparer d'un champ ; car violer le droit de propriété dans un seul, c'est le violer dans tous. »

Ainsi, messieurs, se terminait, après quatre années, ce grand ouvrage que le premier consul n'avait cessé de pénétrer de son esprit et de stimuler de son infatigable activité. Ainsi se trouvait accompli le vœu le plus cher de la nation et aussi cette longue attente du passé qui n'avait cessé d'aspirer à l'unité des lois civiles. Il ne restait plus qu'à réunir en un seul corps de lois les divers titres qui avaient été successivement promulgués au fur et à mesure de leur adoption par le Corps législatif. Ce fut l'objet d'un dernier projet, qui est devenu la loi du 30 ventôse an XII. Portalis en fut encore l'éloquent interprète. Le premier il avait servi d'organe au code civil. Il en avait exposé les principes dans un langage plein de grandeur, il les avait défendus avec courage ; il avait porté au Corps législatif plusieurs des titres les plus importants ; maintenant que l'œuvre était achevée, c'était bien à lui que revenait l'honneur de la présenter à la France dans sa majestueuse unité.

Le Corps législatif, après avoir voté ce dernier projet, voulut venir lui-même présenter au premier consul de solennelles félicitations sur l'achèvement du code civil. Afin de consacrer ce souvenir, il avait décidé que le buste de marbre du héros législateur serait placé dans la salle de ses séances, juste hommage qu'à son tour le premier consul rendit, quelque temps après, à

Trouchet et à Portalis, les plus illustres de ses coopérateurs, en ordonnant que leurs statues seraient placées au conseil d'État. C'était M. de Fontanes qui présidait alors le Corps législatif, M. de Fontanes, cette parole brillante et louangeuse qui alors avait peine à suffire à tant de merveilles. «... Sitôt que votre main a relevé les signaux de la patrie, dit-il magnifiquement, tous les bons Français les ont reconnus et suivis; tous ont passé du côté de votre gloire. » Puis parlant des conspirations sur lesquelles l'instruction dirigée contre Georges et ses complices jetait en ce moment de tristes révélations : « L'impuissance de leur complot est prouvée, ajoutait-il ; ils rendront tous les jours la destinée plus rigoureuse, en luttant contre ses décrets. Qu'ils cèdent enfin à ce mouvement irrésistible qui emporte l'univers, et qu'ils méditent en silence sur les causes de la ruine et de l'élévation des empires ! »

Cependant une chose manquait encore ; le nom n'était pas au monument. Destiné seulement à la France (et c'était déjà un assez vaste domaine !), le nouveau code avait reçu d'abord le titre de *Code civil des Français*. Mais nos lois avaient marché à la suite de nos armes, et plus d'une fois elles avaient consolé les vaincus. Le code civil, quoiqu'il n'eût point encore achevé ses conquêtes, était devenu le droit commun d'une grande partie de l'Europe : on voulait lui donner un nom aussi vaste que son empire. Mais surtout, et voici pour nous la raison la meilleure, il était juste de lui donner le nom de son auteur. « Déjà, disait Bigot de Préameneu, en présentant au Corps législatif la loi du 3 septembre 1807, déjà ce code a été publié en plusieurs contrées sous un titre dont le choix aurait été inspiré par la seule reconnaissance, si ce n'était pas d'ailleurs un hommage rendu par la vérité. » Cette dette était surtout celle de la France : le nouveau code reçut officiellement le nom de *Code Napoléon*, que l'instinct public, la justice populaire lui avait donné d'elle-même dès le principe.

Arriva le temps des revers. Le gouvernement d'alors, qui essayait de résister à l'entraînement des réactions, et qui y épuisait sa faiblesse, ne réussit à défendre le code, doublement coupable en effet de son origine et de ses principes libéraux, qu'en sacrifiant le nom glorieux de son auteur. L'heure de la réparation devait venir ; mais elle se fit attendre. Depuis longtemps les statues étaient relevées ; un nouveau gouvernement s'était honoré en rapportant en France les cendres exilées ; Napoléon était venu rejoindre aux Invalides Turenne et Vauban, dont il y avait placé les restes et qui l'y attendaient ; seul, le code n'avait pas encore repris son nom. Il appartenait de le lui rendre au prince héritier de ce grand nom, et continuateur de l'Empire. Le décret des 27-30 mars 1853 n'a fait, il l'a bien dit « que rendre hommage à la vérité historique autant qu'au sentiment national. »

Maintenant ces deux noms immortels sont associés pour toujours ! Jeune encore et si loin de ces sommets où l'attendait la destinée, quand son père, en mourant, seul avait prophétisé sa grandeur, Napoléon disait à son frère Joseph (1) : « *Je voudrais être ma postérité* et assister à ce qu'un poëte tel

---

(1) *Mémoires du roi Joseph*, tome Ier ; Fragment historique, p. 29 et 38.

I.   17

que le grand Corneille me ferait sentir, penser et dire. » Son vœu, hélas! s'est accompli: *il a été lui-même sa postérité.* Il a pu, du malheur et de l'exil, entendre les jugements sévères, les accusations passionnées, tout ce que l'envie peut exercer de représailles contre une fortune prodigieuse qui l'a désespérée pendant quinze ans. Il n'est pas de rayon de sa gloire qu'on n'ait essayé d'obscurcir. On lui a contesté jusqu'à ses victoires. Son code seul peut-être lui a été pardonné. De l'aveu de ses plus ardents détracteurs, c'est une œuvre grande autant qu'utile, qui honore le présent et qui vivra longtemps dans l'avenir, semblable, si je puis, à mon tour, emprunter ces formes de langage aux Siméon et aux Portalis, semblable à ces grands arbres à l'ombre desquels les fils viennent s'asseoir longtemps encore après leurs pères, ou comme ces arcs de triomphe qui s'élèvent aux portes des grandes cités et qui doivent voir passer sous leurs voûtes, derrière la génération qui s'écoule, une longue suite de générations à venir.

Et, puisque nous nous servons de ces images de pierre ou de marbre pour exprimer la grandeur durable des lois, si, sur ces monuments eux-mêmes nous plaçons cette figure sublime, doublement consacrée par la gloire et par le malheur, et que, de là, le grand homme contemple cette France « qu'il a tant aimée! (1) » à quelle histoire il assiste à son tour! Son sceptre relevé; l'Empire sortant une seconde fois de la république; de nouveaux abîmes fermés de nouveau par une main toute-puissante! — Sous nos yeux, les grandeurs de la paix: Paris se couvrant de monuments magnifiques, le Louvre enfin achevé; le monde convié à une Exposition universelle, et la France présidant ces états-généraux de l'industrie; une reine d'Angleterre à Paris! et Paris saluant sa bienvenue d'un immense enthousiasme! — Au loin, la guerre généreuse de la civilisation contre la barbarie; deux grands peuples unissant fraternellement leurs drapeaux, jusque-là toujours ennemis; des villes prises, des batailles gagnées, et nos jeunes soldats ajoutant encore à la gloire de nos vieux lauriers!... Voilà le spectacle que le présent peut lui offrir. Le grand homme doit être fier de l'Empereur et de la France!

Messieurs, vous avez, chaque année, à vous affliger de nouvelles pertes. Heureux encore quand les collègues qui s'éloignent ne cessent pas de vivre en cessant de vous appartenir.

MM. Meyronnet de Saint-Marc, de Glos et Mater viennent de vous quitter. — M. le conseiller Mater, ancien premier président de la cour de Bourges, et d'abord avocat des plus distingués, était arrivé parmi vous en 1852, précédé du renom de jurisconsulte; il n'a eu que le temps de le justifier. Vous regrettez de ne pas conserver plus longtemps cette intelligence si prompte, cette raison mûrie dans la longue pratique des affaires, cette parole aiguisée d'esprit.

M. le conseiller de Glos était loin encore du terme marqué par la loi. Il se retire volontairement, par des motifs pleins de délicatesse, auxquels vous voudriez pourtant qu'il eût trouvé moins de force, puisqu'ils vous privent de son concours. Ce concours, qui eût été partout des plus utiles, était particu-

---

(1) Paroles de son Testament.

lièrement précieux à la chambre criminelle par la fermeté de son caractère et l'exacte sévérité de son esprit : du reste, homme aussi aimable que ferme magistrat, et dont le souvenir restera longtemps dans le cœur de ses collègues.

M. le baron Meyronnet de Saint-Marc avait été avocat général près la cour d'Aix, procureur général près la cour de Besançon, conseiller d'État et secrétaire du ministère de la justice. Nommé conseiller à la cour de cassation le 18 février 1829, il en était devenu le doyen.

Partout il a laissé les plus honorables souvenirs. Nous en trouvons la vive empreinte, pour le ressort de Besançon, que M. Meyronnet a administré pendant douze ans, dans le discours de rentrée que prononçait, en 1842, le procureur général M. de Golbéry. Ce magistrat nous montre l'image de son prédécesseur encore présente après quinze années, comme au temps même où il exerçait dans ce ressort les fonctions du ministère public avec une fermeté que tempérait sa bienveillance. Vous-mêmes, messieurs, vous n'avez cessé de le connaître doux, agréable et bienveillant, et vos regrets les plus affectueux le suivront dans son honorable retraite.

M. Fréteau de Pény et M. Bryon, qui viennent de mourir, ne vous appartenaient plus que par le lien, encore si précieux, de l'honorariat.

M. Fréteau de Pény, issu d'une famille parlementaire, d'abord élève de l'école polytechnique, lors de la création de cette école célèbre, puis aide de camp du général de Menou, était entré dans la magistrature en 1803. Successivement substitut près le tribunal de la Seine, avocat général à la cour de Paris, et avocat général à la cour de cassation, il y avait été nommé conseiller en 1833. Deux ans plus tard, par ordonnance du 11 septembre 1835, il fut élevé à la pairie.

M. le baron Fréteau de Pény avait laissé dans cette enceinte, en s'en éloignant, il y a quelques années, des souvenirs que sa mort vient de raviver. Il avait beaucoup de délicatesse dans l'esprit et dans les manières une grande distinction. On voit, par ce qui nous est resté de ses discours comme orateur du ministère public, qu'il écrivait avec élégance et bon goût. Ici, messieurs, dans les travaux qu'il partageait avec vous, il trouvait la vérité par rectitude naturelle de jugement et par un don d'heureuse et facile intelligence, plutôt qu'au prix d'une longue recherche et d'une laborieuse contention. Dans les délibérations, il exprimait son opinion avec simplicité, ne mettait aucune opiniâtreté à la soutenir, et adoptait comme sien, avec un loyal empressement, tout avis qui lui était démontré meilleur. Il était aussi, lui, de la chambre criminelle, et il y a laissé entre autres souvenirs celui d'un commerce des plus agréables, d'une facile et gracieuse confraternité.

M. le conseiller Bryon nous offre une physionomie d'un autre caractère où dominait surtout la gravité.

Né à Salins (département du Jura) le 29 janvier 1786, il avait été nommé substitut près le tribunal d'Arbois le 19 mai 1811 ; il appartenait ainsi par son origine à la magistrature de l'Empire.

Il était procureur impérial près le tribunal de Saint-Hippolyte-sur-le-Doubs, en 1815, lorsqu'il fut appelé à la chambre des représentants. Cette courte apparition sur la scène politique lui coûta ses fonctions judiciaires ; les portes de la magistrature ne lui furent rouvertes qu'en 1818 par une ordonnance du 8 décembre, qui l'appela comme substitut au parquet du tribunal civil de Lyon.

Ce fut alors qu'il jeta dans cette grande ville et dans tout le ressort les fondements de la réputation solide, qui, de plus en plus affermie par onze années de sérieux travaux au parquet du tribunal, puis au parquet de la cour, le désigna plus tard pour y remplir les plus hautes fonctions.

Successivement conseiller à la cour de Paris, — procureur général près la cour de Lyon, — premier président de celle de Riom, M. Bryon méritait surtout d'appartenir à la cour de cassation. Il était de ceux que la cour souhaite et qu'elle attend. M. Bryon lui fut en effet donné le 24 novembre 1839, et vous l'avez possédé, messieurs, pendant dix ans.

Je n'apprendrais rien, même à ceux d'entre vous qui ne sont arrivés ici que depuis qu'il n'y est plus, en disant quel il était. Son nom exprime l'amour du travail, les études profondes, la science éclairée elle-même et dirigée par l'expérience, l'application religieuse à tous nos devoirs. Il n'est personne qui, en apprenant la retraite inattendue de M. Bryon, n'ait senti la cour affaiblie de tout ce qu'un homme peut ajouter de force et de valeur même à la compagnie la plus puissante.

Cette retraite volontaire lui coûta beaucoup, car nul n'aima plus que lui son état; mais elle avait un motif pieux qui honore sa mémoire. C'était peu après la révolution de 1848. Certains détracteurs de la magistrature menaçaient d'enlever aux vieux magistrats cette pension pourtant si modeste que l'État accorde à ceux qui dépensent leur vie à son service. M. Bryon n'avait pas de fortune; sa pension de retraite, quoique encore réduite par sa mort, voilà tout ce qu'il aurait à laisser à la femme vertueuse à laquelle il avait uni son sort dès sa jeunesse, s'il mourait le premier, comme il l'espérait bien : s'exagérant le danger, il crut devoir s'assurer le bénéfice de la législation encore existante, en faisant liquider ses droits. Il se retira donc, le cœur plein de tristesse, mais la conscience satisfaite de son sacrifice.

Il vivait dans la solitude volontaire qu'il s'était faite, lorsque la première présidence de Lyon étant devenue vacante, ce siége éminent lui fut offert. Après les révolutions, on revient toujours à ces vieux magistrats, comme à un symbole d'ordre et de restauration sociale, aussitôt que l'horizon commence à devenir plus serein. La cour de Lyon fut heureuse et fière de le voir à sa tête; pour vous, messieurs, si j'ose vous accuser d'une sorte de jalousie involontaire, vous crûtes alors le perdre une seconde fois.

Mais, avec les progrès de l'âge, les infirmités arrivèrent. M. Bryon craignit de ne plus remplir aussi bien tous ses devoirs : il se retira de nouveau, pour ne plus s'occuper que de lui-même et prendre le temps de bien mourir. Il est mort, en effet, en fervent chrétien, comme il avait vécu, car il ne voyait à la morale de fondement assuré que dans la religion, et il savait bien que l'homme qui n'a pour soutien que sa propre faiblesse, s'appuie sur un roseau à demi brisé !

AVOCATS,

Le code Napoléon appartient à la France; mais vous en avez, ainsi que nous, le principal usage; vous l'appliquez dans vos consultations; la cour en fait l'application dans ses arrêts, et cette application même, vous la préparez, vous la rendez plus facile par vos mémoires, toujours faits avec tant de soin, et par les observations que vous êtes admis à présenter dans nos audiences. Aidez-nous à conserver ce bel ouvrage dans sa pureté. En présentant la loi qui allait en réunir les diverses parties en un seul faisceau, l'orateur du Tribunat réclamait votre concours : « L'ordre des avocats, disait-il, sera un des gardiens fidèles de la bonne doctrine ; les véritables avocats savent bien qu'ils ne doivent signer comme consultants que ce qu'ils devraient décider comme juges. »

Aimons la loi, messieurs, c'est la meilleure disposition pour la bien comprendre. Il y a une science hautaine et chagrine, toujours portée à lui donner tort : notre loi ne répond qu'autant qu'on l'interroge avec respect. Supposons-la toujours équitable et sensée, et appliquons-la dans cet esprit.

La codification n'a pas tué la science, comme on affectait de le craindre. En dehors des textes, quoique sous l'influence des principes qu'ils renferment, les conséquences se développent à l'infini ; il reste d'ailleurs tout ce que l'esprit humain dans son infatigable activité, dans sa fécondité inépuisable, produit incessamment de choses nouvelles ou de nouvelles combinaisons ; voilà donc le libre domaine qui reste ouvert à la science et à la raison, une grande part du présent et tout l'avenir !

Mais si le droit tout entier n'est pas dans le code, il n'est aucune partie du droit que le code ne puisse éclairer. La loi conseille quand elle ne commande plus ; et ce ne serait pas assez de lui obéir, comme il faut bien, quand elle commande : il y a place au mérite de la soumission volontaire dans ces cas si nombreux où les textes manquent, et où il faut y suppléer par l'induction. Assurons ce triomphe à la loi, qu'elle gouverne par son esprit, même alors qu'elle est muette dans sa lettre, et donnons-lui à régir même ce qu'elle n'avait pu prévoir.

Ainsi, messieurs, son empire s'agrandira, pour l'honneur de notre France et pour l'enseignement du monde ; et *le Code Napoléon* sera plus digne encore de son nom immortel.

COUR IMPÉRIALE.

PRÉSIDENCE DE M. DELANGLE.

M. Rouland, procureur général prononce le discours qui suit :

MESSIEURS,

Nos règlements organiques imposent aux procureurs généraux l'obligation de faire des discours de rentrée ; nulle tâche n'est plus honorable ; mais à mesure qu'elle se multiplie, elle devient plus pénible. Où trouver, en effet, un sujet nouveau et digne d'intéresser une grande assemblée, soit en parcourant le cercle de nos devoirs judiciaires, soit en abordant le domaine plus vaste encore des idées morales ? Tout a été scruté par des intelligences d'élite, et, devant cette multitude de harangues qui datent des parlements, et qui s'accumulent chaque année dans nos cours et tribunaux, il faut désespérer de rencontrer une pensée utile qui n'ait été déjà développée avec tout le talent de l'orateur ou de l'écrivain. Du moins, messieurs, telle a été l'impression que j'ai subie lorsque j'ai dû songer tout à la fois à l'honneur et au labeur du discours à prononcer dans votre audience solennelle de rentrée. Il m'a semblé que je pourrais, sans trop m'écarter des volontés du décret de 1810, abandonner le terrain si périlleux et si épuisé des dissertations générales, et appeler la bienveillante attention de la cour sur ce qui excite aujourd'hui la sollicitude de tous. Il a plu à Dieu de mêler à la joie de nos triomphes, et aux intimes satisfactions de l'Empereur, la douloureuse préoccupation des subsistances. Dans cette crise, dont il ne faut ni exagérer ni amoindrir l'intensité, chacun a des devoirs à remplir; et la recherche sincère de ceux qui appartiennent à la magistrature vous apparaîtra sans doute, dans les circonstances actuelles, comme le sujet le plus opportun de nos communes méditations.

Deux récoltes successives, plus ou moins insuffisantes, avaient amené du malaise et des privations. Rien n'a failli de ce qui devait être fait par le gouvernement et par les citoyens; et, pendant les deux années qui viennent de s'écouler, la prudence et la fermeté du Pouvoir, le dévouement et la charité des particuliers ont pourvu à tous les besoins publics et privés. Mais l'épreuve continue, et la Providence, qui pourtant se montre si libérale pour les grands intérêts politiques de la France, nous l'impose de nouveau, comme pour nous préparer, par d'incessants sacrifices, à l'époque si vivement espérée de l'abondance revenue et de la paix glorieusement conquise par nos armes.

En présence de ces nécessités qui se prolongent, personne ne doit s'effrayer, parce que la société, abritée sous une autorité forte et prévoyante, saura maintenir la sécurité publique et secourir ceux qui souffrent. Tel est le but si heureusement atteint depuis deux années, et vers lequel tous, encore, nous devons nous diriger avec une nouvelle confiance.

Mais, avant de déterminer la part qui revient à la magistrature dans cette œuvre si nationale, permettez-nous, messieurs, de bien apprécier la situation des hommes et des choses. Pour savoir ce que nous devons faire, il est convenable d'étudier, de constater les besoins, les impressions, les préjugés des classes laborieuses, et les efforts si constants et si éclairés du Gouvernement impérial, pour acquitter envers elles ses loyales promesses de justice et d'appui.

Jadis, à toutes les époques du haut prix des céréales, le peuple devenait la proie de certaines erreurs qui l'égaraient en le rendant plus irritable et plus malheureux. Il rejetait volontiers sur les hommes ce qui n'appartient qu'à Dieu; et, si les productions de la terre, sous l'influence de saisons mauvaises, avaient été moins abondantes, la cherté qui en résultait était aussitôt imputée à je ne sais quelle conspiration d'accapareurs et de spéculateurs disposant à leur gré de la hausse et de la baisse des denrées. Enclin aux plaintes, aux méfiances, aux emportements, le peuple s'agitait dans le cercle étroit de ses vieux préjugés. Pour lui, le gouvernement possédait ou devait posséder une puissance surhumaine : il fallait qu'il trouvât ce que le sol n'avait pu produire et qu'il arrangeât les choses comme s'il n'y avait aucune diminution des subsistances à côté d'une consommation restant la même. Que si l'on ne poussait pas toujours les exigences jusqu'à ces désespérantes impossibilités, au moins cherchait-on à lui imposer un système administratif qui eût été le plus actif élément de toutes les misères. Il fallait que le pouvoir se fît, comme le pacha d'Egypte au milieu de ses fellahs, qui cependant meurent de faim, le maître absolu du prix du blé ; qu'il forçât les producteurs à ne pas déplacer un grain de leurs récoltes et à les apporter exclusivement aux halles et marchés par compte ou quantité déterminée ; — que ces halles et marchés ne fussent ouverts partout que le même jour de chaque semaine ; — qu'enfin le gouvernement fût à la fois l'entrepreneur général et l'agent responsable de l'alimentation publique. Ce n'était pas tout : — outre ses mesures administratives, le préjugé populaire avait aussi ses prétentions sociales suggérées par les agitateurs. Quand la vie est chère, quand les salaires ne répondent pas immédiatement à l'élévation du prix des denrées, quand il y a des souffrances, le pauvre n'a-t-il pas quelque droit à la fortune du riche? ces souffrances ne sont-elles pas une cause légitime d'impôt, à titre de prélèvement du superflu? — Toutes ces idées fermentaient dans les moments de crise, et souvent elles se traduisaient par des scènes de violence qui accroissaient la misère en paralysant ce qui restait de commerce et de crédit.

Aujourd'hui, messieurs, grâce à l'instruction qui pénètre dans tous les rangs, à l'expérience acquise, à la manifestation si souvent faite par le gouvernement des vérités les plus élémentaires, le peuple secoue enfin les fausses notions qui altéraient son jugement. Toutefois, l'erreur est loin d'avoir perdu toutes ses racines, et elle vit encore assez profondément dans les classes ouvrières pour qu'il faille lutter contre elle et contre les maux qu'elle engendre. Nous savons, au surplus, combien les passions politiques, arrivées au degré de haines furieuses, cherchent à troubler les masses en semant au milieu d'elles les opinions les plus folles et les rancunes les plus injustes. L'esprit révolutionnaire saisit avidement l'occasion des souffrances publiques. Il en sort, comme le génie du mal, pour entraîner dans les déplorables orgies du désordre une foule de malheureux abusés par le mensonge de ses promesses, aigris par le fiel de ses calomnies. Il sait que ceux qui endurent des privations sont voisins de la colère et faciles à toutes les suggestions violentes; et le voilà, à l'heure présente, dans d'ignobles pamphlets, accusant l'Empereur de sacrifier le peuple, les riches d'accaparer les grains, les fonctionnaires de vivre sans souci des douleurs du pauvre; représentant la société comme une exploitation odieuse, et les classes supérieures comme un ramassis d'hommes sans nom, sans cœur, gangrenés par l'égoïsme, perdus dans tous les vices, et ennemis éternels de la justice et de l'humanité.

Dans ces graves conjonctures, le gouvernement a mesuré l'étendue de ses obligations, et il les a remplies avec autant d'intelligence que de résolution. A Dieu ne plaise que je tombe ici dans le détestable défaut de la flatterie ! J'ai trop vécu dans les affaires de ce monde et dans ses luttes politiques pour ignorer que l'autorité des paroles dépend de la pureté des convictions; c'est pourquoi j'estime que le magistrat qui est venu, avec tant d'autres, librement adhérer au pouvoir impérial, qui l'a salué comme une garantie de salut et de dignité, doit être heureux de lui rendre un sincère hommage pour le bien qu'il a réalisé. Il y a des gens qui prêchent l'assassinat des rois, la destruction de la famille, la suppression de la propriété ; qui se raillent de la religion de nos pères ; qui, au nom de la fraternité et de l'égalité, convient une moitié des Français à la ruine et à la proscription de l'autre. Ceux-là ne se lassent pas de déverser l'insulte sur ce gouvernement impérial, qui est leur plus redoutable adversaire. Ils devinent à merveille que s'ils pouvaient le perdre dans l'opinion, ils auraient du même coup anéanti les forces les plus vives de l'élément conservateur en France et en Europe. Pourquoi donc tous les hommes d'expérience, convaincus du prix inestimable de la paix publique, ne s'empresseraient-ils pas de proclamer, d'honorer ce qui est juste et vrai ? Agir autrement, c'est encourir le mépris des révolutionnaires, car nous serions à leurs yeux, ou des niais incapables de nous défendre, ou des lâches reniant l'autorité qui nous protége.

Il y a quelques jours à peine, M. le ministre de l'intérieur publiait le compte des mesures adoptées ou renouvelées pour remédier au faible rendement de nos récoltes : « L'Empereur, disait-il, a prescrit sur-le-champ tout » ce qui pouvait atténuer le mal. Par ses ordres, la défense d'exporter les » blés et toutes les autres céréales a été renouvelée, et aucun de ces produits » de notre sol ne peut en ce moment, même pour la plus faible partie, être » soustrait à la consommation française. — La distillation des grains a été » prohibée ; — les céréales de l'Algérie nous sont exclusivement réservées ; » — la sécurité la plus entière a été garantie au commerce, qui demande leurs » blés et leurs farines aux marchés étrangers pour les distribuer sur les nôtres ; » — toutes les faveurs possibles ont été accordées à ces importations et à la » navigation qui les réalise, et les tarifs des chemins de fer pour le transport » des céréales à l'intérieur ont été abaissés ; — des mesures sévères sont pres- » crites contre les agioteurs qui tenteraient d'opérer dans les campagnes une » hausse frauduleuse ; en un mot, tout ce qui a été possible a été fait... »

Certes, messieurs, ces mesures si sages et si utiles, qui ont assuré l'existence et le repos des citoyens depuis deux années, sont encore celles qu'il fallait décréter pour satisfaire aux exigences nouvelles. Elles valent mieux que les procédés de l'école terroriste, qui, il y a soixante ans, affamaient le peuple, tuaient l'industrie, et tarissaient les sources du travail en prenant et taxant toutes choses au nom du salut public et de la souveraineté de la nation. Le bon sens enseigne à ceux qui veulent réfléchir, au lieu de se passionner, que toute denrée nécessaire, dont la production est insuffisante, voit augmenter son prix ordinaire bien au delà d'une somme correspondant à la valeur de ce qui manque dans la consommation annuelle. Si l'on voulait alors forcer le producteur à vendre sa denrée à un prix moyen, il est clair qu'on déplacerait la souffrance, et qu'on ruinerait les uns au profit des autres. — Or, il ne faut ruiner personne ; — il faut être équitable pour tout le monde, — et aider les malheureux. — Voilà pourquoi, grâce aux leçons de l'expérience, on parvient toujours à résoudre le dur problème de la disette, en appelant, par la voie du commerce, la quantité de céréales destinée à combler le déficit. On la demande aux pays assez heureux pour avoir des excédants ; et assurément nul ne tenterait ces transactions indispensables à l'alimentation de la France, si le taux du blé était arbitrairement fixé à l'intérieur, et si les acheteurs à l'étranger n'avaient d'autre perspective que celle d'une opération financièrement désastreuse. Sans doute le pain ne peut alors être à bon marché ; c'est ce qui arrive toujours dans les localités qui, en joignant leurs propres ressources aux achats effectués à l'extérieur, ne possèdent tout juste encore que les céréales nécessaires à leur subsistance. Mais enfin le résultat final de la liberté des importations est énorme, puisqu'au lieu de la famine, on ne subit que la cherté. Je conçois, messieurs, l'inutilité devant vous d'une pareille démonstration, et il ne m'échappe pas que je reproduis de la sorte les notions les plus simples et les plus incontestables. Mais, vous le savez mieux que moi, les artisans de désordre sont infatigables dans leur mission d'égarements populaires, et il semble parfois que leur crédit croisse en raison même de l'audace des erreurs qu'ils propagent. Il n'y a donc rien à dédaigner lorsqu'il s'agit de prémunir les classes ouvrières contre des tendances dangereuses, et les paroles ne sont pas vaines lorsqu'elles exposent des vérités peut-être vulgaires pour les hommes éclairés, mais qui sont essentielles à la sûreté de l'État, et qui sont attaquées et perverties par l'esprit de fraude et de révolution.

Auprès de ces mesures administratives si bien appropriées à l'intérêt commun, le gouvernement a constitué un large système de secours directs pour le soulagement des misères. Aucun autre n'a compris mieux que lui la dette sociale du pouvoir souverain et les obligations créées par la marche des événements, par le progrès des mœurs et des idées. Il serait aussi injuste que de mauvais goût d'accuser le régime parlementaire sous lequel nous avons tous vécu, nous associant de bonne foi à sa dynastie, à ses principes et à ses actes. Il avait pour lui la droiture des intentions, l'éclat des talents, le bruit et le mouvement des luttes intellectuelles. — Mais, — parce que toutes les choses humaines sont imparfaites, — il avait peut-être enivré la classe moyenne, qui tenait son pouvoir personnel au-dessus même de la royauté. Cette classe, d'ailleurs si nombreuse, si riche et si active, se laissait absorber par les débats émouvants qui s'agitaient exclusivement dans la sphère de ses ambitions et de ses intérêts. Ainsi attirée, presque à son insu, vers le développement excessif de son individualité politique, elle n'avait pu donner une attention assez profonde aux couches inférieures de la société. — Elle se défiait trop des restaurations aristocratiques pour songer aux prophétiques paroles de Royer-Collard : — *La démocratie coule à pleins bords.* — Et quels que fussent les avertissements qui retentissaient à côté d'elle ou sous ses pieds, elle n'apercevait que des accidents dans les commotions les plus significatives, et elle continuait son sillon, comme si elle eût été seule héritière des idées et des conquêtes de 89. Humaine et généreuse dans les moments difficiles, elle restait néanmoins ainsi inattentive, ou distraite par d'autres soucis sur toutes les graves questions sorties du principe de l'égalité. Le gouvernement actuel, et c'est là son grand honneur, a su profiter des fautes et des enseignements du passé, et reconnaître que cette égalité civile et politique, résolûment maintenue sous la tutelle de l'ordre public, devait être pour tous un attribut réel et fécond, et la base sincère d'une administration vraiment populaire. Aussi que n'a-t-il pas fait ou achevé pour améliorer le sort des masses ?—Établissements et asiles pour l'enfance, — hospices et caisses de retraites pour les vieillards, — institution de secours mutuels, — cours multipliés pour l'instruction professionnelle des ouvriers,—leur entrée facile ou gratuite partout où ils peuvent puiser le goût des arts et le sentiment des illustrations nationales, — la possibilité donnée à leurs économies d'atteindre aux placements avantageux sur l'État ;—leur admission enfin sérieuse, loyale, entière, à toutes les sollicitudes du gouvernement dont le suffrage universel a été le signal et la consécration, — puis à la tête des œuvres de bienfaisance viennent se placer l'Empereur et l'Impératrice par le double droit de la souveraineté et du cœur. De leurs mains, si heureusement prodigues, tombent chaque jour d'immenses aumônes qui s'adressent à toutes les infortunes et qui encouragent toutes les résignations. La haute et noble pensée qui préside aux destinées du pays n'a rien oublié de ce qui peut atténuer le malaise du peuple. — Elle a voulu l'exécution de tant de magnifiques monuments aussi bien pour conserver le salaire à des milliers d'ouvriers que pour illustrer un règne. — Elle a voulu que le pauvre, tout en souffrant le moins possible de la cherté du pain, obtînt, au juste prix, la vraie quantité et la vraie qualité de la viande si nécessaire aux forces et à la santé du travailleur. — Elle a voulu enfin que des sommes considérables, sauf à les augmenter encore, fussent versées par le trésor de l'État dans toutes les communes de l'empire, afin d'exciter la charité privée par l'exemple de la charité publique, et de créer partout des occupations et des moyens d'existence. — Cette charité privée, à son tour, sera digne d'elle-même, et continuera sa tâche presque infinie de secours et de consolations sous l'inspiration de la foi religieuse et sous le divin patronage du Christ rédempteur.

Telle est donc, messieurs, la situation du pays.—Une crise de subsistances, mais facile à vaincre par les mesures gouvernementales et le concours de tous les bons citoyens ; — une population laborieuse, honnête, qu'on inquiète et qu'on cherche à pousser dans les voies anarchiques, mais qui, guidée par d'honorables instincts, distinguera bien vite la main distribuant des bienfaits de celle qui ne répand que les prédications et les misères du désordre.

Donc, comprimer et repousser les passions mauvaises, éclairer le peuple et le secourir cordialement, voilà le but auquel tendent les efforts et les vœux du pays.

Je n'ai point, messieurs, à vous parler d'humanité envers ceux qui souffrent. Il y a parmi nous des traditions, des exemples et des sentiments qu'on n'a jamais besoin d'invoquer. La rigueur de vos fonctions répressives trouve de douces compensations dans la pratique des œuvres charitables. Vous connaissez mieux que les autres hommes les plaies et les angoisses de notre société, et ceux qui châtient le crime savent combien, auprès de lui, il y a d'indigents qui l'abhorrent et qui luttent admirablement contre les tentations du mal. Le pays, qui vous honore, peut donc compter sur la magistrature quand il fait appel aux sacrifices dont le cœur et la raison démontrent la nécessité.

Vous serez, en outre, fidèles à votre mandat de protection sociale. Sans votre fermeté que deviendraient les lois pénales, destinées à défendre les personnes, les propriétés, et tout ce qui constitue l'ordre moral et matériel ? A vous, messieurs, le soin si important, en tenant compte de toutes les nuances et de toutes les causes des crimes et des délits, de garder à la justice son caractère de discernement, d'exemplarité et de puissance, qui la rend la plus efficace protection des bons et le plus salutaire effroi des méchants.

Mais, à nous aussi, magistrats du ministère public, échoit une notable part de ces obligations si élevées de vigilance, de lutte et de charité. Nos rudes fonctions sont incompatibles avec le sommeil du loisir ou de l'indifférence des âmes timides, — et de même que nul, parmi nous, n'acquiert d'autorité que par l'étude et la science, nul aussi ne paie bien sa dette envers la France et l'Empereur s'il ne sait, dans les jours difficiles, mettre toutes ses facultés au service du bien public. J'ai le droit peut-être, la cour approuvant mes paroles, d'exprimer ici hautement ce que je puis exiger de tous mes collaborateurs dans ce vaste ressort. — Je voudrais, non de cette volonté capricieuse qui n'a que de mobiles fantaisies, mais de cette volonté saine et vigoureuse qui naît de la contemplation du devoir, je voudrais que les magistrats du ministère public concourussent activement à toutes les mesures de bienfaisance adoptées par l'administration. Rien ne sera plus utile que cette communauté de vues et d'action entre les deux principales autorités de chaque arrondissement. Quels que soient les efforts et les libéralités de l'État, ils ne peuvent jamais égaler ceux de la charité privée, et rien ne fécondera plus cette charité si étendue et si puissante que les sollicitations, les avis, les encouragements qu'elle recevra des magistrats zélés, intelligents et respectés. Ainsi, les officiers du parquet, grâce à leurs relations fréquentes avec tous les délégués de la police judiciaire, et en visitant eux-mêmes la plupart des communes, devront se rendre compte du nombre des indigents, du montant des souscriptions et de la nature de tous les autres moyens de secours. — Ils feront comprendre aux habitants dont la parcimonie ou l'égoïsme résisteraient à l'élan général, ce qu'ils doivent à eux-mêmes, à la société qui les protége et à l'humanité qui ordonne de soulager les malheureux. — Et cette franche coopération donnée à l'autorité administrative ne sera jamais considérée comme un empiétement d'attributions. Elle ne lui enlève ni son initiative, ni sa direction exclusive et supérieure. Nous ne prétendrons qu'au modeste rôle d'auxiliaires dévoués dans ce grand labeur d'assistance publique, qu'il nous importe de suivre attentivement, puisque nous avons non-seulement à *réprimer*, mais encore à *prévenir* toutes les agitations.

Les agitations ! c'est là l'espoir des hommes déclarant une guerre à outrance à toutes les institutions qui ne sont pas la république de 93 rajeunie et amplifiée par les modernes niveleurs. Mais cet espoir sera déçu, comme tant d'autres calculs coupables, et les magistrats du ministère public contribueront à ce résultat si désirable par l'énergie de leur conduite. — Découvrir et briser les menées factieuses ; — poursuivre sans relâche les colporteurs et inventeurs des bruits sinistres ou d'absurdes nouvelles pour irriter ou égarer les populations ; — répandre, au contraire, les enseignements, les explications propres à rassurer l'opinion et à dissiper les erreurs ou les préjugés ; — étouffer, par une intervention rapide, tout ce qui tendrait à des coalitions illicites ou à un agiotage frauduleux sur le prix des denrées ; — surveiller minutieusement la stricte application des règlements qui garantissent la salubrité de ces denrées et la probité de leur débit ; — proclamer, maintenir, partout, toujours, envers et pour tous, la loi suprême de la paix publique ; — n'y pas souffrir la moindre atteinte, car le désordre ne produit que des regrets et des malheurs ; — répondre de la sorte à la sagesse et à la puissance du gouvernement issu de la volonté nationale : — Telle est notre tâche, messieurs, et celle des magistrats placés sous notre direction, tâche pleine de difficultés et de fatigues, mais riche de services réels et de conséquences utiles, et qui sera loyalement remplie.

Honneur à ceux qui défendent vaillamment les véritables conquêtes de la civilisation ! Dieu n'a pas livré le monde en pâture aux sophistes, aux aventuriers, ni à cette tourbe d'esprits sauvages ou pervers qui détestent la société parce qu'elle a refusé à leurs convoitises, à leur orgueil et à leurs chimères ce qu'elle n'accorde qu'au travail, à la modération et à la patience. Les nations ne sauraient être violemment arrachées aux conditions providentielles de leur progrès et, s'il est une vérité supérieure à toutes les autres, c'est celle qui place ce progrès sous la sauvegarde de l'ordre. Ce mot est vieux, banal, raillé par les socialistes, traité par eux comme le dernier bégayement de la caducité politique. Allez donc en demander la vivante signification à tous les pères de famille qui désirent transmettre à leurs enfants le fruit de leurs sueurs et de leurs épargnes ! Interrogez tous les ouvriers laborieux qui gagnent péniblement le pain de chaque jour, mais qui, les privilèges étant morts, peuvent vivre et grandir par leur industrie ! Adressez-vous à tous ceux qui, par leurs bras ou leur intelligence, multiplient les richesses du sol et du commerce, et écoutez leur réponse, retentissant comme la voix du pays tout entier : « Sans » l'ordre public, qui est la sécurité de tous, il n'y a pas de société douée de la » conscience de son but et de sa durée. Laissez-nous en paix ; car, entre le » berceau et la tombe, l'espace est trop court pour en laisser une parcelle » aux tourments de l'anarchie. »

Et cette réponse, expression des plus légitimes instincts du monde civilisé, prévaudra toujours contre les tentatives désespérées de l'esprit révolutionnaire. On l'entend rugir au loin. Il a le triste courage, dans les pamphlets dont je parlais tout à l'heure, d'évoquer le spectre de la famine pour soulever les populations ; — et contre qui vraiment ? — Est-ce contre la Providence, souveraine et irresponsable ? — est-ce contre le gouvernement des hommes, qui ne commande ni aux saisons ni aux biens de la terre ? Que veulent-ils donc, ceux-là qui seraient des insensés s'ils n'étaient pas avant tout des intelligences dépravées par la haine et exploitant avec une perfide habileté les faiblesses et les passions populaires ? — Ce qu'ils veulent, c'est l'émeute ensanglantant le pavé des rues, au nom de la fraternité universelle et des vertus républicaines ! — Aussi, après s'être moqués de la *charité chrétienne* , — qui vaut bien pourtant celle qu'on avait inventée sous le régime conventionnel de l'*Être suprême* , — comme ils se réjouissent de toutes les catastrophes qu'ils ont rêvées ! — « L'hiver, disent-ils, sera terrible, plein de misères, d'agonies et de guerres. » Les ouvriers criant la faim descendront sur les places ; la faux des paysans » barrera les chemins ; les femmes sortiront par troupes affamées et se jette» ront au poitrail des chevaux avec leurs petits enfants. — Il y aura des luttes » horribles et des échafauds hideux (1). »

Voilà donc le seul avenir que souhaitent et prédisent à la France, à leur

---

(1) Extrait du journal l'*Homme*, publié à Jersey, 10 octobre 1855.

patrie, à cause d'une pénurie passagère, ces génies réformateurs, ces dominateurs de la science politique et sociale, ces martyrs du dévouement méconnu, ces nobles cœurs embrasés de l'ardent amour de leurs semblables : — des larmes, du sang et des ruines !.... — Nous avons, nous, grâce au ciel, une perspective plus rassurante, plus vraie, plus fraternelle à offrir aux malheureux : L'esprit révolutionnaire restera avec la honte de ses impostures, avec le crime de ses provocations, avec le sacrilége de ses espérances. — Non, les citoyens ne s'entr'égorgeront pas pour lui donner ce spectacle si impatiemment attendu ; mais ils obéiront aux lois divines et humaines, les uns en supportant d'inévitables privations, les autres en les allégeant par la bienfaisance, et tous en s'appuyant sur la force et le dévouement du Prince qu'ils ont acclamé. Vainement les trompeurs du peuple essaieront la calomnie et l'insulte : il y a peu d'écho en France pour les trivialités fangeuses de l'injure. Toutefois, ils trouvent conforme aux intérêts, aux goûts, à la majesté de la république démocratique et sociale d'outrager une femme parce qu'elle est la reine d'une grande nation et parce qu'elle est notre alliée dans la plus sainte et la plus juste des causes. — « Oui, madame, écrivent-ils, vous avez tout sacrifié, » — dignité de reine, scrupules de femme, orgueil d'aristocrate, sentiment » d'Anglaise, *le rang, la race, le sexe, tout* JUSQU'A LA PUDEUR, pour l'amour » de cet allié (1). » — Pour eux, l'Empereur est *un damné qu'il faut traîner au gibet de Montfaucon ;* — armée, magistrature, clergé, sont ses complices, et tout le vieux monde avec eux ; — nos généraux, entraînant les régiments au feu, frappés par les balles russes au pied des remparts de Sébastopol ou dans les ruines fumantes de ses bastions emportés ne sont plus que de *misérables Grecs* ou des *soudards avinés ;* — et nos soldats, nos braves et héroïques soldats.. . que des automates *envoyés au charnier pour un sou ! !* (2). En vérité, messieurs, le czar, dans le duel à mort de son ambition avec les nations gardiennes de l'intégrité et de la civilisation de l'Europe, rougirait d'indignation et de honte d'être servi par de pareilles débauches de la pensée et par de telles ignominies de langage. Mais la république démocratique et sociale s'accommode de toute cette boue des pamphlétaires, et elle méprise assez le peuple français pour prétendre l'en souiller.

Eh bien, soit ! Que le peuple lise, voie, entende et juge : c'est à lui que les pamphlétaires adressent l'œuvre immonde de leurs colères et de leurs imprécations ; et lui, il rejettera cette préférence comme un excès d'infamie.

Mais le peuple aujourd'hui, en dépit des discordes qu'on attise, le peuple, c'est nous tous, c'est la France. Est-ce qu'hier encore nos pères n'étaient pas le peuple ? Est-ce que nous renions notre origine ? Est-ce que Napoléon III n'est pas la tradition vivante du grand Empereur, élevant sur les débris confondus de la société monarchique et révolutionnaire l'autorité à côté de la démocratie ? Quoi ! regardez donc sur les plages de l'Afrique, aux rives de la Baltique, dans les steppes de la Crimée ; regardez nos enfants, officiers ou soldats, qui combattent, qui triomphent, qui meurent ensemble au cri de *Vive la*

(1) Lettre de Félix Pyat à la reine d'Angleterre.
(2) *Ibid.* — *Journal de la Démocratie universelle.*

France ! et *Vive l'Empereur !* Ils sont tous le peuple dans ces champs de bataille où leur sang se mêle, sous la mitraille ennemie, pour l'honneur et la sûreté du pays ; où leurs mains victorieuses ou défaillantes, s'étreignent sous les plis du même drapeau ! — Et nous aussi nous sommes tous le peuple, partout où il faut, repoussant les insulteurs et les agitateurs de la France, garder intacte sa paix intérieure, accroître les ressources du travail et de la production, et faire face, en gens de cœur et de devoir, à toutes les infortunes et à tous les besoins du temps.

A VOCATS,

Nous connaissons la générosité de l'ordre, ses sentiments charitables, son noble empressement dans les nécessités publiques. Chez vous les inspirations du cœur sont inséparables des gloires du talent, et vous estimez les bonnes actions aussi haut que les brillants succès. Vous aussi, qui tenez une si honorable et si large place dans la société actuelle, vous participez à la mission de faire respecter les lois et de défendre la sécurité publique. Vous ne ferez jamais défaut à ces devoirs de bienfaisance et de haute sagesse.

A VOUÉS,

Nous n'avons que des éloges à donner à votre zèle, à votre probité, à votre bonne direction des affaires. L'estime de la cour et la confiance des justiciables sont votre juste récompense.

Nous requérons qu'il plaise à la cour admettre les avocats présents à la barre au renouvellement de leur serment.

REVUE RÉTROSPECTIVE.

COUR D'ASSISES DE LA SEINE-INFÉRIEURE.

PRÉSIDENCE DE M. LETENDRE DE TOURVILLE.

AFFAIRE BEAUVALLON.

DUEL SUIVI DE MORT. — FAUX TÉMOIGNAGE.

Audiences des 27, 28, 29 et 30 mars 1846.

Notice historique.

La Cour de cassation vient de rendre (1), sur le pourvoi de M. Rozemond de Beauvallon, un arrêt qui ressuscite des souvenirs empreints d'un grand intérêt.

Le duel qui a coûté la vie à M. Dujarier, en 1845, a fait naître plusieurs procès criminels pleins d'enseignements. Et d'abord il en est sorti une tra-

---

(1) Cet arrêt est à la date du 21 avril 1855.

gique leçon pour les étourdis qui s'aventurent dans les orgies parisiennes, sans y soupçonner nulle malice. Puis s'est réveillée la controverse qui divise les criminalistes, sur le biais qui consiste à poursuivre le duel par-devant la Cour d'assises ; et l'opinion qui croit à la compétence du Code pénal en cette matière, ébranlée par un arrêt de la Cour de Paris, a été raffermie par un arrêt de la Cour de cassation. Puis a surgi une question toute remplie d'anxiétés : Jusqu'à quel point un témoin, appelé en Cour d'assises, est-il obligé de dire la vérité, quand il ne peut être vrai qu'en s'avouant coupable d'un crime ? Enfin les condamnés, en assez grand nombre, que Février 1848 a élargis révolutionnairement, ont aussi à consulter le dernier épisode qui vient de se dénouer à la Cour de cassation. Tous les incidents judiciaires nés de ce fatal duel ont été avidement recueillis par les organes de la publicité, mais chacun de ces incidents a eu son jour et son heure ; ils n'ont pas encore été réunis, et leur signification morale s'en est affaiblie. Aujourd'hui que la Cour de cassation a dit le dernier mot sur ce procès, on peut présenter les faits dans un cadre complet. C'est ce que nous allons faire.

Le 7 mars 1845, un salon des *Frères-Provençaux* réunissait beaucoup de jeunes femmes, de journalistes et d'hommes de plaisir, entre autres M. Dujarier et M. Rozemond de Beauvallon. Le lendemain, le vicomte d'Equevilley et le marquis de Flers se présentèrent chez Dujarier, et le provoquèrent en duel de la part de Beauvallon. Cette mission remplie, M. d'Equevilley en arbora une autre : il signifia que M. Roger de Beauvoir se déclarait mécontent de propos ironiques que Dujarier avait proférés la veille à son adresse, et il appela encore celui-ci sur le terrain, pour le compte de M. Roger de Beauvoir. Toutefois ce second cartel demeura dans l'ombre, la priorité n'ayant été contestée par personne au cartel de M. de Beauvallon.

Dujarier choisit pour témoins M. de Boignes et M. Arthur Bertrand ; ils exigèrent qu'on se servît d'armes inconnues aux deux adversaires, et la condition en fut exprimée dans un écrit signé par les témoins de part et d'autre. Cette clause fit que les pistolets durent être fournis par les témoins, à la charge de garantir que les armes n'avaient jamais servi à leur tenant. Le sort décida que les pistolets seraient fournis par les témoins de Beauvallon. Le vicomte d'Equevilley apporta sur le terrain une paire de pistolets de Devisme. M. Arthur Bertrand remarqua que les deux canons étaient crassés de poudre, et il le constata en y enfonçant son doigt, et en le retirant noir. Il en conclut que les pistolets avaient été tirés récemment, et il s'enquit si, par hasard, ils avaient été essayés par M. de Beauvallon. M. d'Equevilley expliqua qu'il avait flambé les pistolets, et il donna sa parole qu'ils étaient inconnus à Beauvallon, protestant qu'il les avait achetés lui-même chez Devisme l'année précédente, et qu'ils lui avaient coûté 700 fr. Après ces préliminaires, le combat eut lieu, et Dujarier fut tué.

Une information judiciaire, qui ne constata que l'homicide, eut pour première solution le renvoi de l'accusé par-devant la chambre des mises en accusation de la Cour royale de Paris. Mais cette chambre, présidée alors par M. Agier, refusa de s'associer à la jurisprudence qui tenait le duel pour justiciable de la Cour d'assises, et elle rendit un arrêt de non-lieu. Sur le pourvoi du procureur général, la Cour de cassation persistant dans sa doctrine, cassa l'arrêt de la Cour royale de Paris, et elle investit du procès la Cour royale de Rouen.

Voici le texte de cet important arrêt :

« La Cour,

» Ouï M. Brière-Valigny conseiller en son rapport, et M. de Boissieux, avocat général en ses conclusions.

» Vu les art. 295, 296, 297, 302 du Code pénal, et les art. 309 et 310 du même Code :

» Attendu que, si la législation spéciale sur les duels a été abolie par les lois de l'Assemblée Constituante, on ne saurait induire de cette abolition une exception en faveur du meurtre commis et des blessures et coups volontaires portés par suite de duel ;

» Qu'il en résulte seulement que ces faits sont tombés sous l'empire du droit commun ;

» Qu'en effet, les dispositions du Code des délits et des peines de 1791, et celles du Code de brumaire an IV, sur l'homicide et les blessures volontaires, étaient générales et absolues ;

» Que celles des art. 293 et suivants du Code pénal le sont également, et qu'elles ne comportent aucune exception relativement aux meurtres, blessures et coups volontaires qui résultent d'un duel ;

» Que la convention par suite de laquelle le duel a lieu étant immorale et contraire à l'ordre public, est nulle de plein droit, et ne saurait, dans aucun cas, constituer une excuse légale ;

» Qu'en supposant, d'ailleurs, que des faits d'excuse existassent, ils ne pourraient être appréciés que par la Cour d'assises et le jury ;

» Et attendu que l'arrêt attaqué reconnaît, en fait, que Rozemond de Beauvallon a commis un homicide volontaire sur la personne de Dujarier, en lui tirant un coup de pistolet ;

» Que, par suite de la constatation du même homicide et des circonstances dont il avait été accompagné, l'ordonnance de prise de corps, annulée par l'arrêt attaqué, avait mis Rozemond de Beauvallon en prévention d'avoir, le 11 mars 1845, commis, volontairement et avec préméditation, un homicide sur la personne de Dujarier ;

» Que, sauf l'appréciation des faits, qui appartenait à la chambre d'accusation, cette ordonnance faisait une application légale des dispositions sur lesquelles elle s'appuie ;

» Que la Cour royale, en décidant, au contraire, par l'arrêt attaqué, que les faits, tels qu'ils sont constatés par ladite ordonnance et tels que ledit arrêt lui-même les a reconnus et constatés, ne constituaient ni crime, ni délit, ni contravention, a formellement violé les articles ci-dessus cités du Code pénal,

» Casse et annule l'arrêt rendu le 8 juillet 1845 par la chambre des mises en accusation de la Cour royale de Paris, mais seulement en ce qui concerne le sieur Rozemond de Beauvallon.

» Et pour être statué, conformément à la loi, sur la prévention établie contre ledit Rozemond de Beauvallon, par l'ordonnance de la chambre du conseil du Tribunal de première instance du département de la Seine, en date du 24 mai 1845, renvoie ledit Rosemond de Beauvallon et les pièces du procès devant la Cour royale de Rouen, chambre des mises en accusation. »

La Cour de Rouen adopta la doctrine de la Cour de cassation, et Beauvallon dut être jugé par la Cour d'assises de la Seine-Inférieure. Jusque-là il était resté libre, plus ou moins inaperçu de la police, protégé d'ailleurs par divers journaux qui annonçaient sa présence en pays étranger. Mais, quelques jours avant celui fixé pour sa comparution aux assises, il se constitua prisonnier. Les débats s'ouvrirent en mars 1846. Dans la foule que ce procès criminel fit affluer à Rouen, et que l'immensité de sa Cour d'assises ne put contenir tout entière, on remarquait plusieurs jeunes femmes célèbres : mademoiselle Alice Ozy, mademoiselle Liévenne, mademoiselle Atala Beauchêne et mademoiselle Lola Montès, alors dans le voisinage de la grande excentricité qui fit d'elle une comtesse de Lansfeld. Plusieurs hommes de lettres, et entre autres M. A. Dumas, marquèrent dans les débats. Il y fut beaucoup question d'honneur, de cartels et du savoir-vivre entre gentilshommes. Paris ne se gêna pas pour en rire.

Toutefois ce procès finit comme tous les procès de cette nature, par l'absolution de l'accusé. Vainement Me Léon Duval soutint-il que le duel avait été frauduleux ; que les pistolets n'étaient point inconnus à M. de Beauvallon ; qu'au contraire, il les avait, suivant toute apparence, essayés le matin même du duel, et que le vicomte d'Equevilley l'avait servi dans ce guetapens. Le vicomte d'Equevilley en appela noblement à son honneur ; il se défendit de ces soupçons comme d'un assassinat. Me Berryer eut sur ce point une explosion d'éloquence, M. de Beauvallon fut absous.

Mais, pendant que Me Léon Duval discutait des circonstances qui n'étaient encore que soupçonnées, il y avait dans la salle même un homme qui savait qu'elles étaient vraies ; que M. le vicomte d'Equevilley avait fourni pour le duel des pistolets qui appartenaient à M. Granier de Cassagnac ; que M. Granier de Cassagnac était beau-frère de M. de Beauvallon ; que ses pistolets étaient familiers à celui-ci, qu'enfin il les avait essayés, le matin même du duel, rue des Batailles, à Chaillot, chez M. d'Equevilley et en sa présence. Ce témoin était M. de Ménars ; il avait assisté lui-même à l'essai des pistolets dans le jardin de M. d'Equevilley, et il se trouvait de sa personne au milieu de la foule où se débattait le sort de Beauvallon, dévoré d'anxiété, se demandant si c'était son devoir d'intervenir, quand la justice négligeait de l'interpeller, et finalement laissant les débats se clore sans révéler ce qu'il avait vu. Mais ce secret qui lui pesait si fort, M. de Ménars le laissa transpirer à Paris. D'Equevilley, voulant imposer silence à son accusateur, sema à son tour des propos menaçants pour M. de Ménars ; puis il lui envoya le comte d'Horbourg avec mission d'en tirer une lettre où M. de Ménars nierait que Beauvallon eût essayé les pistolets le matin même du duel, en sa présence. M. de Ménars refusa la lettre, et persista dans son assertion. Faute de mieux, d'Equevilley se fit écrire par le comte d'Horbourg une lettre où celui-ci affirmait qu'il avait vu M. de Ménars, et que M. de Ménars désavouait les propos qu'on lui prêtait. Le comte d'Horbourg voulut bien se prêter à ce mensonge ; il écrivit la lettre, et d'Equevilley la répandit, dans l'espoir que M. de Ménars n'aurait pas la dureté de la démentir. Mais M. de Ménars tint bon ; il protesta publiquement. Alors la justice s'émut; une instruction fut ouverte, et le vicomte d'Equevilley fut renvoyé par-devant la Cour d'assises de la Seine, sous l'accusation de faux témoignage, crime prévu par l'art. 631 du Code pénal.

Dans cette seconde phase du procès, l'intérêt redoubla. Nul n'avait pris au mot les fringants marquis du procès de Rouen; mais, au fond, n'avaient-ils eu que le tort d'être risibles? Quel était l'aloi de leurs titres? Ces splendides joueurs, n'étaient-ce pas tout simplement des clercs d'huissier à court d'argent? Ce grotesque plagiat des gens du grand monde, cette contrefaçon des raffinés, cachaient-ils un coup de Jarnac? Dans leur orgie, il y avait une tache de sang; ils en étaient fiers, ils en avaient curieusement fait crânerie. Mais, parmi ces mauvaises mœurs, au moins la probité du duel avait-elle été sauvée? Sur tous ces points, les révélations abondèrent. Il se trouva que le vicomte d'Equevilley s'appelait tout bonnement Vincent; qu'aucun de ses ascendants ne s'était jamais appelé autrement; qu'aucun d'eux ne s'était qualifié comte ni vicomte, et qu'un village de la Haute-Saône lui avait fourni le nom de son fief. Le comte d'Horbourg se trouva être un employé du *Moniteur de l'armée*. Mais, sans insister davantage sur ce genre de découvertes, la scène palpitante fut dans l'apparition de M. de Ménars à la Cour d'assises. Il se présenta avec fermeté, et il raconta comment le jour même du duel, dans la matinée, dans le jardin même de M. Vincent d'Equevilley et sous ses yeux, Beauvallon avait essayé les pistolets qui lui avaient servi, un instant après, à tuer son adversaire. Au milieu de la stupeur universelle, M. Rosemond de Beauvallon parut à son tour. Il avait eu l'assurance de venir, et il allait faire pour M. Vincent d'Equevilley ce que celui-ci avait fait pour lui à la Cour d'assises de la Seine-Inférieure. En effet, M. de Beauvallon nia ce que M. de Ménars avait affirmé. On le confronta avec M. de Ménars, et il persista dans la négative. On lui objecta qu'il fallait aussi démentir M. Arthur Bertrand, et il osa dire : Monsieur le président, vous voulez donc me faire battre en duel avec M. Arthur Bertrand? — Non pas, répliqua M. le président d'Esparbès de Lussan avec dignité, tout le monde est maintenant dispensé de se battre en duel avec vous, et il le fit arrêter séance tenante. Vincent d'Equevilley fut condamné à dix ans de réclusion par arrêt du 14 août 1847. Et, quelques mois après, les mêmes faits ayant été appréciés de la même façon par un autre jury, M. de Beauvallon fut condamné, à son tour, à huit ans de réclusion pour faux témoignage, par la Cour d'assises de la Seine, le 9 novembre 1847.

C'est sur le pourvoi formé contre ces deux arrêts, que la Cour de cassation eut à résoudre le problème poignant que nous avons indiqué. On ne peut se dissimuler qu'il y a une énorme différence entre le témoin qui ment par faiblesse, pour sauver un accusé, et le témoin qui ment parce qu'il ne pourrait dire la vérité sans s'exposer à l'échafaud. Tel était le cas de Vincent d'Equevilley. Lorsqu'à la Cour d'assises de Rouen, il niait que Beauvallon eût tiré une vingtaine de balles avec les pistolets dont plus tard il s'était servi dans le duel, le témoin ne pouvait confesser ce qui s'était passé dans son jardin et avec son assentiment, sans avouer sa complicité dans un acte qu'on pourrait qualifier d'assassinat. L'intérêt de la vérité, les devoirs de la conscience, lui commandaient-ils ce que le sentiment inné de la conservation de soi-même lui interdisait? Le droit naturel pouvait-il permettre ce suicide? Ou bien les exigences du serment parlaient-elles plus haut, et fallait-il être vrai au risque de la vie?

M. de Beauvallon ne pouvait en dire autant. Quand il avait déguisé la vérité pour sauver Vincent d'Équevilley, il était couvert par une absolution irrévocable sur l'accusation d'homicide, il pouvait avouer la déloyauté du duel sans nul péril rétroactif. Cependant, à un moindre degré, il pouvait aussi mettre en question s'il était tenu de se condamner moralement au yeux du monde. M. le procureur général Dupin prêta à ce débat l'importance qu'il méritait, en s'y montrant de sa personne. Conformément à ses réquisitions, par ses deux arrêts des 22 avril et 23 décembre 1847, la Cour de cassation rejeta les deux pourvois. Ces arrêts sont stoïques en morale, ils proclament textuellement, *que la sainteté du serment ne comporte aucune exception, et qu'on n'en est délié par aucun motif d'intérêt personnel.*

Un revirement inouï de la destinée manquait encore aux héros de ce procès. A peine subissaient-ils leur peine depuis quelques mois, qu'éclata la révolution de février 1848. Dans le tumulte de la victoire, un poste de républicains vint occuper la Conciergerie, et il usa de la souveraineté du peuple, en requérant du directeur de la prison la mise en liberté de M. Vincent d'Equevilley, de M. Rosemond de Beauvallon et de M. Teste, l'ancien ministre des travaux publics, condamné pour concussion par la Cour des pairs. Le directeur de la Conciergerie en référa à M. le préfet de police. Nous ignorons si celui-ci consentit à l'élargissement de M. Teste; nous savons seulement que M. Teste sortit de prison, et qu'il y rentra le lendemain. Mais nous croyons pouvoir affirmer que Caussidière signa l'élargissement de Vincent d'Equevilley et de Beauvallon. En cela M. le préfet de police ne se contentait pas de s'arroger le droit de grâce; il annulait les condamnations civiles prononcées au profit de la mère de Dujarier. Et en effet madame Dujarier s'était constituée partie civile à la Cour d'assises de Rouen, et, par suite, l'arrêt avait dù mettre à sa charge les frais du procès, qui étaient immenses; mais Beauvallon avait été condamné envers elle à l'indemniser de ces frais, et en outre à 20,000 fr. de dommages-intérêts, par *corps.* Or ce recours contre Beauvallon avait été conservé par une *recommandation* sur son écrou, à la Conciergerie.

On n'a plus entendu parler depuis de M. Vincent.

Mais M. de Beauvallon, après quelque séjour à la Guadeloupe, a voulu revêtir de la sanction judiciaire la liberté qu'il avait si heureusement reconquise, et voici comment il s'y est pris. Il s'est constitué prisonnier, et il a soutenu, contre le procureur impérial du tribunal local, qu'il devait sa liberté à la souveraineté du peuple; que ce titre suffisait, et qu'en conséquence il devait être relaxé. Le tribunal a rendu un jugement conforme, et M. de Beauvallon a été immédiatement mis en liberté. Il ne s'en est pas tenu là, il a voulu être réhabilité. On sait ce que c'est que la réhabilitation légale, elle fait cesser les incapacités civiles, qui sont attachées de droit aux peines infamantes. Sous l'empire du Code d'instruction criminelle de 1808, pour être réhabilité, il fallait avoir subi sa peine ou avoir été gracié; il fallait, en outre, avoir résidé cinq ans dans le même arrondissement, et avoir obtenu du conseil municipal de la commune, du juge de paix du canton et du sous-préfet de l'arrondissement, une attestation de bonne vie ; il fallait enfin l'assentiment de la Cour impériale du ressort, et il va sans dire que la Cour ne se bornait pas à vérifier la régularité extrinsèque des attestations, mais qu'elle informait sur la réalité du repentir et du retour à la bonne vie. En février 1848, ce contrôle des Cours d'appel parut être un obstacle à beaucoup de réhabilitations. Sur l'initiative de M. Crémieux, le gouvernement provisoire rendit, le 18 avril 1848, un décret qui ôta aux Cours d'appel la part que le Code d'instruction leur avait faite, et il s'ensuivit une multitude de réhabilitations. Mais la quantité de condamnés qui recouvraient ainsi leurs droits civils inquiéta, et, en 1852, un projet de loi fut discuté au Corps législatif, qui rendait aux Cours impériales leur action sur la matière. Un orateur parlementaire, dont la plume était plus connue que la parole, demanda le rejet du projet de loi : ce fut M. Granier de Cassagnac. Il soutint que le droit de réhabilitation appartenait exclusivement au souverain ; que le souverain ne devait pas être à la merci du pouvoir judiciaire, et que ce serait, en certains cas, réduire le souverain à ne pouvoir réhabiliter que sous le bon plaisir des Cours d'Alger et de Cayenne. Cette doctrine ne prévalut point ; la loi fut votée presque à l'unanimité, le Corps législatif croyant devoir, suivant l'expression de M. le rapporteur, rendre à la réhabilitation *la loyale sanction de l'autorité judiciaire.* Sur ces entrefaites, M. de Beauvallon se pourvut auprès de la Cour impériale de la Guadeloupe pour être réhabilité. Mais, par sa *décision* du 11 janvier 1855 (car en cette matière les Cours ne rendent pas d'arrêt), la Cour de la Guadeloupe *a été d'avis qu'en l'état il n'y avait pas lieu d'examiner au fond la demande en réhabilitation à elle présentée.* M. de Beauvallon a déféré cette décision à la Cour de cassation, et il y a été habilement défendu par Mᵉ Frignet, et la Cour a rejeté son pourvoi, par un arrêt du 21 avril 1855, dont on trouvera les termes plus loin.

Nous allons maintenant céder la parole aux orateurs du ministère public et du barreau. Les découvertes que le temps a faites depuis les assises de Rouen ont été en quelque sorte devinées par Mᵉ Léon Duval, dans les mains de qui sont tombés, pour leur malheur, les petits-maîtres et les courtisanes qui ont figuré dans la soirée du 7 mars 1845. Nous n'admettons pas précisément, avec le *National* du temps, que le gouvernement du roi Louis-Philippe ait à répondre de l'immoralité de ce lansquenet, qui recouvrait un coupe-gorge. Franchement il y avait trop de journalistes et de romanciers à la mode dans cette aventure, pour qu'il soit décent de l'imputer à la cour. Mais si on la cite comme un exemple sanglant des mœurs de tripot, si l'on veut voir à l'œuvre ces prôneurs de l'égalité, qui singeaient de leur mieux les roués et la noblesse titrée, jamais l'occasion n'en fut plus belle, ni la bonne cause plus virilement plaidée.

Après la constitution du jury, l'identité de l'accusé constatée et la lecture de l'acte d'accusation, madame Dujarier, représentée par un avoué, intervient aux débats et déclare se porter partie civile.

Madame Dujarier est la mère de l'adversaire de M. de Beauvallon ; elle est assistée de Mrs Léon Duval et Romiguière, avocats.

La Cour admet madame Dujarier aux débats, en qualité de partie civile.

RÉQUISITOIRE DE M. L'AVOCAT GÉNÉRAL DE RIEFF.

Messieurs les jurés,

L'acte d'accusation dont il vient d'être donné lecture, vous montre les faits de la cause d'une manière précise et complète.

Je pourrais donc, m'en rapportant à cet exposé, requérir l'audition des témoins. Cependant, dans cette pénible affaire, je dois user du droit que m'accorde la loi, et vous faire un exposé succinct de la cause.

Je ne veux pas rentrer dans la discussion des faits, mais je crois qu'avant les débats, il est bon d'examiner avec vous une question grave, qui n'a pas été traitée dans l'acte d'accusation.

Cette question, c'est celle de la criminalité du duel.

Je dois vous démontrer que l'homicide commis en duel est un crime..... un crime pour lequel Beauvallon devait être traduit à cette barre et rendre compte à la justice de son pays.

Cette question d'ordre public, elle nous appartient, à nous qui sommes l'avocat de tous.

Cette question résolue, il s'agira d'en examiner une autre : à savoir si Beauvallon doit être condamné ou s'il doit être excusé. Cette question-là sera discutée par les habiles et éloquents défenseurs. Permettez-nous de discuter la première, c'est-à-dire la criminalité du duel.

Nous accusons Rosemond de Beauvallon de s'être rendu coupable du crime d'homicide sur la personne de Dujarier ; d'avoir accompli ce crime volontairement et avec préméditation.

Telle est l'accusation que nous dirigeons contre lui, et, dans cette affaire, l'accusation se trouve dans une position assez singulière. Aucun débat sérieux de la part de la défense ne s'élèvera sur ce point ; lorsque nous soutiendrons qu'un homicide a été commis, il sera impossible de le contester.

Il n'est point douteux que Beauvallon a donné la mort à Dujarier, et il n'est pas douteux qu'il l'ait donnée volontairement.

Il n'y a pas de difficulté non plus sur le troisième élément de l'accusation, à savoir, si cette mort a été donnée avec préméditation.

Pour qu'il y ait préméditation, il faut qu'il y ait dessein arrêté à l'avance d'attenter à la vie d'un homme. Pourra-t-on nier qu'il y ait eu pensée arrêtée à l'avance dans l'esprit de Beauvallon lorsqu'il provoque Dujarier, lorsqu'il repousse toutes les paroles de conciliation, lorsqu'il discute le lieu, les armes, lorsqu'il est arrivé avec ses témoins et ses armes à la main sur le lieu du combat ? Ainsi donc, il n'y a de discussion sérieuse sur aucun point du débat. Oui, Beauvallon a commis un homicide sur la personne de Dujarier ; oui, il l'a commis volontairement ; oui, il l'a commis avec préméditation.

Sans doute il répondra : J'admets l'homicide, j'admets la préméditation, et cependant vous devez m'absoudre. Je n'ai pas tué lâchement ; c'est par devant que je l'ai attaqué, loyalement. C'est en vertu d'une convention entre nous que la rencontre a eu lieu ; je l'ai tué en duel, et le duel n'est pas un crime.

A cette théorie d'impunité, je pourrais répondre en opposant l'arrêt d'accusation ; je pourrais vous dire : la preuve que le duel est un crime, c'est que vous êtes assis sur ce banc. Toute discussion est impossible sur la qualification, car un arrêt souverain l'a décidé : je pourrais vous interdire de discuter la culpabilité du duel. Cependant ce n'est point ainsi que se posera la question. Non, nous n'opposerons pas une fin de non-recevoir. Je veux discuter franchement, loyalement ; c'est un devoir pour le ministère public.

Sur cette question, l'éducation des magistrats eux-mêmes a été longue ; l'erreur a pénétré jusque dans leur esprit, leur a dicté des décisions. Il faut que l'éducation du jury se fasse aussi, et que les leçons qui résultent de vos verdicts pénètrent jusque dans les masses ; il faut que vous nous aidiez à déraciner le fatal préjugé qui a coûté tant de larmes à des familles, qui a privé notre mère commune, notre patrie, d'enfants qui eussent pu lui être utiles. Tous ceux qui ont examiné la question du duel ont reconnu qu'il était un reste des mœurs grossières de nos ancêtres.

Le duel est en honneur dans les temps de barbarie. Alors que la force était la loi de tous, alors que tout était trouble et désordre, on comprend, on excuse le combat entre deux hommes qui se disputaient la propriété, qui appelaient le courage brutal à l'aide de leur force. Lorsque, plus tard, l'ordre s'est rétabli, la justice a repris un peu son empire et sa puissance. Nous voyons encore le duel : au juge sans expérience, la raison des armes semble la meilleure. On s'étonne de voir l'empereur Othon soumettre le droit de représentation successive aux chances du combat. A cette époque, tout le monde ne pouvant descendre dans la lice, nous voyons des avocats défendre leurs clients la dague à la main, comme maintenant nous les voyons les défendre par leur talent et leur éloquence. L'Église, et disons-le bien haut à son honneur, l'Église la première frappa de peines sévères, d'excommunication, le vainqueur ; le vaincu fut privé de l'inhumation en terre sainte. L'élan donné par l'Église fut suivi par l'État.

Notre saint roi défendit les combats singuliers. Les mœurs s'étaient adoucies ; l'ordre régnait partout, et avec lui était revenue la puissance de la loi et de la raison. Dès cette époque le duel disparut des mœurs de la nation, et, cessant d'être une institution juridique, le duel devint un abus que voulut s'approprier une caste particulière de la société. La noblesse voulut s'attribuer le privilége de se faire justice à elle-même. Elle consentait à ce que les tribunaux du roi protégeassent sa puissance, mais elle prétendait que dans les débats qui s'agitaient entre les gentilshommes, son épée devait être son seul protecteur. Nos rois ne pouvaient tolérer une semblable prétention : des édits sévères furent rendus contre les duellistes.

Personne n'ignore ici que, sous l'ancienne monarchie, le tribunal des maréchaux de France était chargé de la juridiction des duels, en ce qui concernait la noblesse ; personne n'ignore que des peines sévères étaient appliquées aux gentilshommes qui contrevenaient, sous ce rapport, aux édits du roi : ils étaient privés de leurs charges à la cour ; ils devenaient roturiers ; on brisait leurs armoiries, et on les exposait au pilori ; mais ces peines si rigoureuses ne s'appliquaient qu'à la noblesse : on ennoblissait le fait, au lieu de le flétrir.

Aussi, malgré les édits du roi, la noblesse continua à se livrer au jeu barbare du duel.

Mais remarquons bien que toutes les dispositions des édits du roi ne s'appliquaient qu'à la noblesse, qu'aux gentilshommes, qu'aux gens d'armes.

Quant aux roturiers, ils ne se battaient pas en duel. Si par hasard, contre les habitudes de l'époque, un roturier saisissait l'épée, on ne songeait pas à traduire ce vilain devant la Cour des maréchaux. Le roturier qui se battait était jugé par les juges ordinaires, subissait les peines ordinaires de la loi générale. Le Châtelet, les Parlements, voilà la juridiction dans ce cas. Voilà donc quelle était la législation sur le duel avant la révolution : pour la noblesse, un tribunal spécial, des peines spéciales; pour le roturier, la juridiction ordinaire. 89 survint, et 89, en emportant la noblesse, emporta tous ses priviléges. Sous le rapport du duel, comme sous bien d'autres, tout le monde fut soumis au niveau de la loi générale.

Serait-il vrai que le duel eût cessé d'être un crime puni par la loi? Serait-il vrai que cette grande assemblée de 89 eût voulu qu'à l'avenir on pût porter la main sur la vie de son semblable sans que la société pût s'en émouvoir? Assurément, ce serait calomnier ses intentions.

Que fit l'Assemblée de 89? Elle supprima les édits, et elle voulut que la loi générale reprît son empire, et que l'égalité réunît le noble et le vilain. Assurément, elle voulut que l'homicide fût puni. Nous n'avons donc qu'à nous demander : Notre loi pénale punit-elle le meurtre commis dans une rencontre? Tout le monde admet que le duel est prohibé par la morale. Elle ne peut admettre que nous nous rendions justice à nous-mêmes. Conforme au bon sens, elle ne peut vouloir que j'aie le droit de tuer aujourd'hui l'homme que j'ai insulté hier. Notre conscience nous dit donc que nous devons punir le duel, puisque la morale le réprouve. Et la religion ne frappe-t-elle pas d'une réprobation bien plus grande encore celui qui a oublié ce précepte de Dieu : « Tu ne tueras pas! » Comment pourriez-vous comprendre qu'un acte ainsi condamné par la morale et la religion restât impuni chez un peuple moral et religieux? Que serait donc cette loi qui oublierait les préceptes qui l'ont inspirée et qu'elle doit résumer?

Consultez maintenant la lettre de la loi, son texte. Elle punit l'homicide, c'est-à-dire l'action de tuer son semblable. Pas d'exception, pas de distinction. Avez-vous donné la mort? Votre volonté a-t-elle dirigé votre bras? Vous êtes un homicide, et la loi vous frappe. Qu'ose-t-on nous répondre? Une convention est intervenue entre nous! La loi ne vous dit-elle pas qu'elle rejette toutes les conventions contraires à l'ordre public, à la morale? pourrait-elle excuser, ratifier, celle qui permettrait à deux hommes de jouer ainsi la vie qu'ils ont reçue de la divinité? On nous oppose encore que la loi est restée muette, qu'elle n'a pas nommé le duel. Je ne vous rappellerai pas les belles paroles du rédacteur du Code pénal. Mais je vous dirai que la loi n'a pas dû le nommer. S'il y a eu blessures, homicide, la société est lésée, elle a droit d'intervenir et de demander à la justice vengeance et répression.

Maintenant pourrait-il vous rester des doutes? Permettez-nous de mettre sous vos yeux l'opinion du législateur lui-même, pour vous prouver que notre loi pénale veut atteindre l'homicide, sous quelque forme qu'il se produise.

M. l'avocat général cite les paroles prononcées par un orateur dans la discussion de la loi, puis continue ainsi : Nous devons en tirer cette conséquence : l'homicide commis en duel est un crime. On nous opposera, nous le savons, des écrits d'auteurs recommandables ; on nous opposera des arrêts de Cours royales, et même de la cour souveraine ; on nous opposera des duels trop célèbres et qui n'ont pu être réprimés. Ces faits sont vrais : je les admets, je les reconnais. Mais tous ces faits ne font que constater une chose bien consolante pour l'honnête homme, c'est-à-dire la force de la vérité. En effet, l'erreur peut régner un instant sur les esprits les plus intelligents, les âmes les plus élevées ; elle peut se glisser même dans les conseils de la justice ; mais l'erreur n'a qu'un temps ; la vérité revient bientôt et brille dans tout son éclat. Nous en avons une preuve manifeste dans le sujet qui nous occupe en ce moment.

En effet, quand nous voyons des hommes comme M. le procureur général Merlin reconnaître franchement l'erreur qu'il a professée, quand nous voyons les Cours royales, la cour suprême, après avoir longtemps écrit l'erreur dans leurs arrêts, revenir sur cette longue jurisprudence, nous devons bénir la puissance de la vérité qui ramène ceux qui ont longtemps lutté contre elle. Vous vous direz : oui, le duel est un crime ; la morale, la religion, la raison le proclament dans nos consciences.

J'avais à cœur de traiter devant vous cette question, afin d'éclairer vos esprits et de les dégager de tout ce qui pourrait embarrasser le débat. Je requiers donc qu'il soit procédé aux débats.

Me BERRYER. —Je viens demander acte à la Cour de ce qu'au lieu de se borner à résumer les faits de l'accusation, M. l'avocat général a discuté la question légale. Je demande, comme député, la permission de faire deux observations.

M. LE PRÉSIDENT. — Cela n'est pas possible, au moins dans l'opinion du président. Si cependant vous voulez maintenir vos demandes, vous voudrez bien poser vos conclusions.

Me BERRYER. — Je désire faire porter mes observations sur ce que M. l'avocat général a dit qu'il y avait chose jugée quant à la criminalité des faits. D'un autre côté, sur ce qu'il a dit que l'homicide était puni par la loi, je désire répondre la loi à la main.

M. LE PRÉSIDENT. — Pour ma part je m'oppose à cette discussion ; mais, si vous voulez bien écrire vos conclusions, la Cour statuera.

Me BERRYER dépose des conclusions tendantes à ce qu'il soit permis à la défense de discuter ces deux questions : 1° qu'il y a chose jugée sur la question de criminalité du duel ; 2° que tout homicide est puni par la loi.

M. L'AVOCAT GÉNÉRAL. — Je crois que les conclusions prises contre notre réquisitoire ne sont fondées en aucune façon.

La loi, dans l'art. 315, dit que le procureur général exposera, s'il lui convient, le sujet de l'accusation.

A nous seuls, à notre seule conscience appartient la question d'examiner comment nous devons entendre cette disposition de la loi.

Il y a plus, c'est qu'ici, dans cette enceinte, personne ne peut régler la manière dont nous adressons la parole à MM. les jurés. En effet, nous parlons au nom du roi, et notre conscience seule nous guide.

Maintenant, en ce qui concerne l'autorité de la chose jugée, que j'attribue à l'arrêt attaqué, je maintiens mon opinion.

M. LE PRÉSIDENT. — Pardon... Il ne s'agit pas dans ce moment, pour la défense, d'examiner la valeur de l'arrêt. Elle doit seulement s'expliquer sur la question de savoir si elle peut le faire dès à présent.

M. L'AVOCAT GÉNÉRAL. — Si l'on demande à s'expliquer, je dis que l'on s'expliquerait contrairement au droit.

Le procureur général a le droit d'exposer le sujet de l'accusation, après quoi il requiert l'audition des témoins.

Toutes nos observations seront discutées par la défense avec le talent que nous lui connaissons. Nous, nous ne pouvons discuter maintenant.

Nous demandons donc qu'il plaise à la cour de passer outre, malgré les conclusions, et d'ordonner l'audition des témoins.

La Cour, après quelques instants de délibération, rend l'arrêt suivant :

« Sur les conclusions prises au nom de l'accusé Beauvallon :

» Vu l'art. 315 du Code d'instruction criminelle ;

» Attendu que la loi impose au procureur général le devoir d'exposer le résumé de l'accusation, sans définir la forme, l'étendue, et les points sur lesquels doit porter ce résumé ;

» Qu'il appartient au procureur général seul de juger dans sa conscience si cet exposé doit porter sur les faits ou sur leur criminalité ;

» Que d'ailleurs, aux termes de l'art. 315, les débats commencent immédiatement après le résumé ;

» Dit qu'il n'y a lieu de donner acte ni d'autoriser la discussion. »

Après cet incident, il est procédé par M. le président à l'interrogatoire de l'accusé ; puis l'audition des témoins remplit deux audiences.

A l'ouverture de la troisième journée, M. le président donne la parole à M. Léon Duval, qui s'exprime ainsi au milieu d'un profond silence.

PLAIDOIRIE DE Mᶜ LÉON DUVAL.

Messieurs,

Voici encore un des malheurs qu'a faits le duel ! Un homme de vingt-neuf ans, qui était l'unique appui de sa mère, qui de l'enfant de sa sœur avait fait le sien, a péri tragiquement dans une rencontre, laissant après lui dans le deuil ceux qui vivaient de son affection et de son assistance. Le jury verra-t-il toujours impassiblement ces catastrophes sanglantes ? La société frissonnera-t-elle sans cesse en apprenant que, de nos jours et sous nos yeux, après des siècles de civilisation et de christianisme, il y a encore un moyen de tuer un homme, sans qu'il en coûte autre chose que de se présenter par-devant le jury....., de s'y présenter à son jour et à son heure, et puis de lui dire : J'ai usé de mon droit ; ce sont les franchises du duel ?

C'est là, messieurs, ce qu'à notre tour nous venons éprouver, après tant d'autres qui ont pieusement rempli le même devoir, et n'ont rapporté des assises qu'un verdict de plus à l'honneur du duel, qu'un hommage de plus à la mort violente.

N'importe ! nous acceptons cette tâche. Peut-être que cette mort prématurée, peut-être que les malédictions qui ont éclaté contre le duel sur cette tombe sitôt ouverte, finiront par avertir les pouvoirs qui font les lois et les pouvoirs qui les appliquent.

Avant tout, quels sont les deux hommes que le duel du 11 mars a mis face à face les armes à la main?

Dujarier était, dans toute la justesse du terme, le fils de ses œuvres. Né sans fortune, dans la condition la plus humble, il s'était fait, par son intelligence et son travail, une grande aisance dont il usait noblement. J'entends par là toutes les acceptions du libéral emploi de la fortune: aide et appui à ses parents; facilité prodigue pour les nombreux amis qui avaient recours à ses services; munificence dans toutes ses habitudes; sérénité imperturbable au jeu, où il gagnait sans avidité et perdait sans mauvaise humeur.

A l'égard des devoirs sérieux de la vie, il les remplissait avec un cœur et un élan rares. Sa mère et sa sœur étaient moins heureuses que lui; il partageait avec elles. Même à l'époque où il n'avait presque rien au monde, il avait emprunté, il avait réformé tous ses plaisirs, il avait enfin réussi à doter sa sœur, et il l'avait mariée selon son cœur. C'était son bonheur d'avoir mené à bien cette grande affaire, dans ces commencements âpres et difficiles où le travail ne donnait pas toujours son salaire. Comme sa sœur mourut à la fleur de l'âge, il la pleura amèrement; il disait qu'elle était dans le ciel, il aimait à parler de cette chère et regrettable mémoire, et, la veille du duel, il écrivit dans son testament qu'il voulait être enterré auprès d'elle.

En dernier lieu, Dujarier avait une part de propriété dans le journal *la Presse*, et la direction du feuilleton lui était dévolue. Jeune, généreux, facile, heureux d'être au monde et d'en goûter les plaisirs, il ne pouvait guère arriver que les dames de théâtre lui fussent très farouches. Maître d'un feuilleton fort répandu, il avait des relations étroites, charmantes, intimes, avec des hommes de lettres qui sont aussi des hommes d'esprit..... ce n'est pas toujours la même chose (Sourires). Et c'était encore une preuve de son aimable et bon naturel, que la passion avec laquelle il se donnait à ces plaisirs de l'intelligence.

Cependant cet homme si gai, si doux, et qui faisait un tel emploi de la vie, j'entends dire pour la première fois dans ce procès criminel que c'était un esprit taquin, sardonique, provocant... On soutient qu'il l'a prouvé au dîner du 7 mars, en accablant M. Roger de Beauvoir de sarcasmes, en tutoyant mademoiselle Liévenne, et en ajoutant à cette licence quelque chose de plus familier encore, enfin en témoignant beaucoup de hauteur dans son démêlé avec M. de Beauvallon.

Ah! messieurs, il ne faut pas mourir en duel, car des quatre points cardinaux il se lèvera des gens qui vous trouveront des défauts, qui vous découvriront des travers, le tout pour en venir à persuader au jury qu'il est bien bon d'y regarder de si près, et que le malheur est médiocre.

Voyons donc les torts de Dujarier, et commençons par régler ses comptes avec M. Roger de Beauvoir.

Vous avez entendu M. Roger de Beauvoir, ses griefs contre Dujarier, et sa théorie sur le *mot* et l'*équivalent*. Le mot, c'est l'offense sans art et sans parure; l'équivalent, c'est toujours l'offense, mais en quelque sorte alambiquée. M. Roger de Beauvoir ne pardonne pas le mot, mais il pardonne l'équivalent. C'était bien la peine d'être un homme d'esprit!

Quoi qu'il en soit, dans le langage du témoin, dans ce langage travaillé qui nous faisait mal aux nerfs, dirai-je dans cette langue *précieuse*, je n'ai pas vu l'offense ou l'*équivalent*, qui a pu motiver son cartel à Dujarier. Ce que j'ai pu saisir, c'est un mot que Molière aurait certainement envié à M. Roger de Beauvoir : il a dit qu'au dîner du 7 mars, Dujarier avait été *inqualifiable*.

Pourquoi inqualifiable? — Parce que la toilette de M. Roger de Beauvoir lui semblant un peu outrée, Dujarier avait porté un toast à son gilet et à sa cravate. — Mais n'oubliez pas que M. Roger de Beauvoir avait rendu coup pour coup. La *Presse* se vantait alors très haut des Mémoires de M. de Montholon et de la publication qu'elle en allait faire. D'autres journaux niaient tout net que la *Presse* fût en mesure de publier ces Mémoires. M. Roger de Beauvoir riposta par un toast : *Aux Mémoires de M. de Montholon, que la* Presse *ne publiera jamais!*... et il savait bien que c'était un vrai coup de stylet pour Dujarier. Est-il bien sûr qu'après cette *vendetta*, M. Roger de Beauvoir ait voulu sérieusement se battre pour l'honneur de son gilet et de sa cravate? (On rit.) Est-il certain qu'il n'ait pas compris que, dans la pétulance d'un dîner de garçons (c'était un dîner de garçons quoiqu'il y eût là beaucoup de dames), les gaietés de ce genre étaient permises ?

Si cela était, M. Roger de Beauvoir aurait tort. De son aveu, Dujarier avait été pour lui aimable et bon, il lui avait prêté de l'argent; leur connaissance, je ne veux pas dire leur amitié, datait de loin, et il n'y avait pas de quoi le tuer pour si peu de chose. Je voudrais bien savoir sur quoi M. Roger de Beauvoir souffre la plaisanterie, s'il ne la souffre pas sur sa cravate et sur son gilet?

Voici un livre qui contient sur ce point la justification de Dujarier (Mᵉ Léon Duval tient à la main un volume in-12 d'une édition de la Bruyère) :

« Il y a de petits défauts, dit la Bruyère, que l'on abandonne volontiers à la censure. Ce sont de pareils défauts que nous devons choisir pour railler les autres. »

J'en suis fâché, mais si M. Roger de Beauvoir s'était sérieusement chagriné de ces malices, il faudrait lire encore ceci :

« Il ne faut jamais hasarder la plaisanterie, même la plus douce et la plus permise, qu'avec des gens qui ont de l'esprit. »

Mais non, M. Roger de Beauvoir est un homme d'esprit, aussi n'est-ce pas pour ces vétilles qu'il s'est fâché; c'est pour une chose qu'il a entendue seul, qu'il n'a redite ni à madame Doze, qu'il a rejointe le soir même à l'Ambigu, ni aux témoins qu'il avait chargés de sa querelle, pour une chose que M. Deguise a dite dans l'instruction, que Dujarier lui a confiée quelques instants avant sa mort, et qu'il avait également confiée à MM. Arthur Bertrand et de Boignes. Voici le fait : M. Roger de Beauvoir avait offert à Dujarier une Nouvelle pour le feuilleton de la *Presse*; celui-ci, qui avait ses provisions faites et son feuilleton engagé pour longtemps, déclina poliment le présent de M. Roger de Beauvoir. « J'en suis fâché, répliqua M. Roger de Beauvoir, car j'avais besoin de 500 francs. — Qu'à cela ne tienne, fit Dujarier... » Et il lui remit 500 francs.

Depuis lors, M. Roger de Beauvoir pressa souvent Dujarier de publier sa *Nouvelle*, et il l'en pressa même quand ce n'était pas le moment, par exemple, à ce dîner du 7 mars, où Dujarier comptait se délasser des négociations de cette nature. Que vous dirai-je? Dujarier était inflexible sur ce point; il disait qu'il était un marchand, et qu'il donnait au public ce qui l'amusait le plus. Il eut le malheur d'éconduire encore une fois la Nouvelle. Grâce à Dieu, ils ne se sont pas battus, et le hasard a empêché ce duel; mais, s'il avait eu lieu, M. Roger de Beauvoir aurait fait exactement comme ce monsieur qui vient lire un sonnet au misanthrope. Ç'aurait été le duel d'Alceste et d'Oronte; (Sourires.) et il n'en faudrait pas conclure que ce fût Dujarier qui eût manqué de savoir-vivre. J'avoue, après en avoir lu bon nombre, que je suis volontiers du côté de celui qui refuse une Nouvelle; mais s'il la refuse à table, c'est sacré; et je suis à la vie et à la mort acquis à sa cause. (On rit.)

Permettez-moi de vous dire que j'ai la preuve en main de ce que j'avance, et je finis là-dessus en vous lisant une lettre de M. Roger de Beauvoir. Voici cette lettre :

20 mars 1844.

« MON CHER DUJARIER,

» Donnez-moi donc pour la Nouvelle que je vous ai laissée une assurance positive. J'ai besoin d'avances, et pour que ce mot-là existe entre nous deux, ce » n'est qu'à la condition qu'il ne vous chagrinera pas; autrement j'attendrais, et » ne vous en voudrais pas, car je sais votre plaisir à obliger.

» Mille bonnes amitiés de cœur.

» ROGER DE BEAUVOIR. »

Parlons maintenant de choses sérieuses. Ceux qui vous diront que Dujarier avait des torts de caractère, qu'il témoignait quelquefois de la sécheresse et de la roideur, laissez-moi les démentir par des témoignages sûrs. Laissez-moi surtout leur opposer l'appréciation de M. Véron, qu'une maladie éloigne de nous, mais qui a voulu suppléer à son absence par une lettre. M. Véron est peut-être l'homme qui pouvait le mieux juger Dujarier. Ils se voyaient sans cesse et sur tous les terrains, le monde, le cabinet, les affaires. M. Véron n'est pas un enthousiaste; il est plutôt de ceux qu'un esprit d'observation exercé a rendus difficiles. Voici ce qu'il dit de Dujarier :

20 mars 1846.

« Monsieur,

» J'étais lié avec Dujarier par des relations d'affaires et d'amitié. C'était un homme excellent, modeste, d'un caractère doux et d'une grande générosité.

» La veille du duel, Dujarier avait chez moi un rendez-vous d'affaires. Il y fut exact, et discuta tous les articles d'un traité sans qu'on pût surprendre chez lui la moindre émotion. Ce fut la dernière fois que je le vis et que je lui serrai la main.

» Agréez, etc.   VÉRON. »

Voilà quel était Dujarier... Venons maintenant à M. Rosemond de Beauvallon. (Mouvement d'attention.)

M. Rosemond de Beauvallon est un créole de la Guadeloupe. Sa sœur s'est mariée, il y a quelques années, avec M. Granier de Cassagnac, et il écrivait le feuilleton des spectacles dans le journal *le Globe*. M. de Beauvallon était répandu parmi les dames de théâtre ; je ne lui en fais pas un crime : comme Dujarier, il cédait aux entraînements de la jeunesse et aux facilités du feuilleton. Mais, moins sage que Dujarier, il ne savait se préserver ni des périls, ni des remords d'une vie dissipée. Appointé à 500 francs par mois pour ses travaux littéraires au *Globe*, il donnait des bals à ces dames, il jouait là et ailleurs un jeu effréné, et l'instruction a constaté que dans la soirée du 7 mars, dont elle lui demande compte, il avait gagné 13,000 francs.

Dira-t-on qu'il les avait gagnés par une chance heureuse, mais qu'il n'était pas homme à les perdre ; ou bien se prépare-t-on à vous faire de lui un millionnaire, qui avait une fortune en dehors de son feuilleton ? Mais alors que signifie cette indigne aventure que les premières perquisitions de la justice ont trouvée dans sa vie ? Madame de Bovis, parente de M. de Beauvallon, le recevait souvent chez elle. Un matin, une montre d'or disparaît d'un vide-poche placé sur la cheminée de cette dame. On se souvient que Beauvallon avait seul mis les pieds dans l'appartement ; un enfant avait vu de son lit M. de Beauvallon mettre la main où était la montre. Madame de Bovis se décide donc, elle lui écrit, et s'enquiert s'il n'a pas voulu faire une plaisanterie. Il répond avec assurance qu'il ne se permet pas de plaisanteries de cette espèce-là. Alors madame de Bovis mande M. Cambier, qui fait des perquisitions minutieuses. On retrouve l'horloger qui a vendu la montre (c'était Marchand, rue Taitbout, 30), et le numéro gravé sur la cuvette d'or (c'était le n° 390) ; on bat les monts-de-piété, et l'on retrouve la montre en gage pour 70 francs, sous le nom de Beauvallon, chez la dame Lallemand, rue Grange-Batelière.

M. Cambier se présente alors chez Beauvallon. Il le trouve au lit, au milieu d'un désordre pittoresque : un travestissement de bal masqué et des bouteilles de champagne gisent sur le tapis. Il l'accable du récit détaillé de sa découverte... et Beauvallon rend les 70 francs, avec lesquels on dégage la montre. Madame de Bovis se hâte de tirer ses domestiques d'alarmes, elle leur apprend que le détournement vient de Beauvallon, et elle le consigne. Plus tard, Beauvallon désarme madame de Bovis ; la consigne est levée, M. de Beauvallon est reçu de nouveau dans la maison, mais la femme Cayot dit avec beaucoup de bon sens à madame de Bovis : « Maintenant, s'il y a quelque chose d'égaré, je n'en suis plus responsable. »

Voilà ce que l'instruction a révélé, et elle a retrouvé jusqu'au registre du mont-de-piété où l'engagement avait été écrit, avec cette circonstance aggravante qu'il y a sur le feuillet un grattage.

Que répond à cela M. de Beauvallon ? Que madame de Bovis était pour lui une mère, et qu'elle ne lui aurait pas refusé ce qu'il lui a pris ; mais en 1840, madame de Bovis avait trente-deux ans et lui vingt-cinq ; étaient-ce bien là des libertés filiales ?

D'ailleurs, M. de Beauvallon se trompe, et madame de Bovis y met aujourd'hui bien de l'indulgence. Il se trouve que la montre n'était pas à elle ; elle ne l'aurait donc pas risquée dans les hasards du mont-de-piété ; et elle en a été si outrée, qu'elle lui a fermé sa porte.

Je sais bien qu'on nous demandera ce que fait l'aventure de la montre dans l'affaire du duel ? Je réponds que j'accuse le duel de déloyauté, et ce mot va loin, et il part de loin. Que voulez-vous ? Je me défie de ces existences louches qui gagnent 500 francs par mois, et qui ont des vicissitudes de 13,000 francs dans une soirée. Il ne faut pas plus forfaire à l'honneur pour glisser des armes de traître dans un duel que pour le larcin d'une montre.

M. Rosemond de Beauvallon est, dit-on, un homme fort doux, fort conciliant, fort humain ; la preuve qu'on en donne est qu'il a arrangé une querelle entre M. Roger de Beauvoir et M. Taxile Delord, de manière à éviter un duel. Autre preuve de mansuétude : il était au bal ; il se permet un propos... qu'on ne nous a pas dit, mais qui devait être grave, car un jeune homme qui l'avait entendu en sent son front rougir, et envoie à M. de Beauvallon un ami pour lui demander des explications... Eh bien ! M. de Beauvallon a la bonté d'en donner, il daigne désavouer toute intention blessante pour un jeune homme qu'il ne connaissait pas, et qu'il ne pouvait offenser sans extravagance, et les choses en restent là.

J'avoue que ces deux aventures ne me touchent pas. Quant au duel que M. de Beauvallon a amorti entre M. Roger de Beauvoir et M. Taxile Delord, il n'y a pas eu grand'peine, et en vérité il aurait fallu qu'il y mît du sien pour que le duel eût lieu. En effet, M. Eugène Lhéritier, l'un des témoins de la querelle, a raconté dans l'instruction qu'au moment où il se donnait beaucoup de mal pour trouver une rédaction qui pût éteindre honorablement le différend, les deux adversaires se rencontrèrent fortuitement et s'entendirent d'eux-mêmes.

Quant à l'aventure du bal, je crois que les amis de M. de Beauvallon auraient mieux fait d'y renoncer. Je ne m'explique pas bien comment, étant de mœurs si douces, M. de Beauvallon a pu dans un bal se permettre un propos assez malheureux pour qu'un étranger, qui n'était pas un spadassin, qui au contraire a accueilli avec empressement ses explications, se vît dans la nécessité de lui en demander.

Quoi qu'il en soit, si M. Beauvallon était en effet un homme conciliant et humain, je dirais que c'est pour lui un devoir plus que pour tout autre. Il y a des traditions tragiques dans sa famille : son beau-frère a blessé en duel un honorable député de Brest, et son père a eu *quatre duels malheureux.* C'est M. Granier de Cassagnac qui l'a dit lui-même dans l'instruction, et il sait trop bien le français pour n'avoir pas senti la portée de ce langage.

Cependant M. Rosemond de Beauvallon ne vivait guère de façon à faire tomber le bruit des malheurs qui pesaient sur son nom. Il vivait en *raffiné,* hantant le divan Lepelletier et la salle d'armes de Grisier, servant de témoin à M. Roger de Beauvoir dans sa querelle avec M. Taxile Delord, et à M. Granier de Cassagnac dans son duel avec M. Lacrosse ; du reste, parfaitement préparé à jouer un rôle sinistre dans quelque rencontre, de première force à l'épée, ainsi que l'attestent Grisier et M. de Coëtlogon, tous deux compétents. Quant au pistolet, le premier mot qu'ont dit ses témoins à M. Arthur Bertrand, c'est qu'il était encore plus fort qu'à l'épée ; et vous allez voir qu'ils avaient raison : écoutez plutôt cette histoire.

En 1840, un voyageur parcourait dans l'île de Cuba des parages infestés de bandits. Il avait le pistolet au poing et marchait avec prudence. Tout

à coup il est accosté par un personnage armé jusqu'aux dents, qui lui dit :
« Est-ce que vous croyez que vos pistolets vous seraient fort utiles en cas de
mauvaise rencontre? Tenez, si vous devez être assassiné, ce sera facile, on
s'embusquera derrière un arbre, et l'on vous tuera d'un coup de carabine. —
Vous êtes dans l'erreur, réplique le voyageur avec un grand sang-froid, car,
pour m'envoyer un coup de carabine de derrière un arbre, il faut au moins
me montrer un œil, et je n'en demande pas davantage pour vous loger une
balle dans le crâne. » Et en disant cela, le voyageur désigne un petit oiseau
posé sur une branche voisine, il l'ajuste, le coup part, et l'oiseau tombe. Le
voyageur qui a fait et écrit cela est sous vos yeux, et voici le livre où il raconte cette aventure. Je sais bien qu'on dira que c'est là un conte, une nouvelle, un trait de jactance, pour faire frissonner les cabinets de lecture. A cela
je réponds que le livre est sérieux, que trop sérieux… qu'il n'y a pas de
trace de badinage, qu'il est dédié à la reine d'Espagne, qu'il a valu à M. de
Beauvallon une décoration, et qu'à part cette prouesse, il ne contient que de la
statistique. J'ajoute, d'ailleurs, que le voyageur dont parle le livre est le même
homme qui a *logé* une balle dans la tête du Dujarier à quarante pas ! (Mouvement.)

Voilà ce qu'est M. de Beauvallon à vingt-trois ans ; voilà une jeunesse bien
employée ! Aussi n'en a-t-il plus de jeunesse, il le dit lui-même dans son
livre : « Il a été mêlé sitôt aux hommes et aux choses, il a épuisé tout ce qui
mûrit l'âme humaine ! » Enfin, il lui faut des scènes de haut goût. (Rire.)

Voilà les deux hommes que la soirée du 7 mars a réunis aux Frères pro-
vençaux, et jusqu'ici rien ne semble fait pour les mettre aux prises. Mais,
attendez… attendez… car on ne veut pas un duel avec l'acharnement que
M. Beauvallon y a mis, sans quelque haine petite ou grande.

Le journal *le Globe* avait, comme on sait, une rédaction tranchante, agres-
sive, hardie. M. Granier de Cassagnac, son rédacteur en chef, peut-être
parce qu'il avait été souvent harcelé, souvent assailli, avait fini par habituer
sa plume à des témérités rares. C'était, disait-on, *le Murat de la diffamation*,
et si l'on voulait dire par là qu'il était toujours en avant, même quand il
n'était suivi de personne, on disait juste. (M. Granier de Cassagnac va s'asseoir auprès de Mᵉ Berryer et l'entretient vivement.)

Le jour vint où ce talent de médire s'en prit à la *Presse*, avec des person-
nalités qui passèrent de bien loin tout ce qui avait jamais été osé en ce genre.
Dujarier exhuma alors de son portefeuille des billets souscrits par M. Granier
de Cassagnac. Il prit jugement le 28 janvier 1842 ; il donna une impulsion
sévère aux poursuites ; il forma des saisies-arrêts entre les mains de M. le
comte de Chazelle, délégué de la Guadeloupe ; il alla même jusqu'à en faire
autant ès mains d'un personnage célèbre, et qui est assurément l'homme du
monde que sa célébrité chagrine le plus… Je veux dire M. Gérin, le caissier
des fonds secrets au ministère de l'intérieur.

Tout le monde, témoins du duel, amis, ennemis et indifférents, tous ont
pensé que c'était là la vraie cause de la provocation de Beauvallon. La justice
n'a pas entendu un témoignage qui ne l'ait dit.

Autre malheur ! Une actrice, madame Albert, recevait Dujarier depuis
cinq ans, lorsqu'un auditeur au conseil d'État, qu'il est inutile de nommer,

lui présenta M. de Beauvallon au mois de décembre 1844. Dujarier n'avait aucune aversion personnelle pour le nouveau visage qui se montrait chez madame Albert, mais enfin c'était un nouveau visage, et cela suffisait pour l'effaroucher. Il cessa peu à peu ses visites.

Madame Albert, se voyant négligée, dit alors à M. de Beauvallon, de sa voix la plus charmante : « Il faut que j'aie bien du plaisir à vous recevoir, pour vous donner la préférence sur M. Dujarier, car il m'a dit qu'il ne voulait plus venir chez moi à cause de vous. » De la part de madame Albert, le propos était aimable pour Beauvallon, et il me semble qu'il n'y avait pas là de quoi tuer Dujarier. En supposant que Dujarier eût dit cela, il en résultait qu'il cédait la place en philosophe, et qu'une connaissance de cinq ans se sentait supplantée par la nouvelle. En pareil cas, le simple doute suffit, et il me semble que le plus mal partagé n'est pas celui qui reste. (Sourires et chuchotements.)

C'est là cependant une des offenses que l'infortuné Dujarier a payées de sa vie ! Souvenez-vous, en effet, de ce que Beauvallon a dit à Grisier, dans la salle d'armes, deux jours avant le duel : « M. Dujarier a dit qu'il ne se trouverait pas dans une maison où j'allais moi-même. »

Mais d'abord est-il bien avéré que Dujarier ait tenu le propos qu'on lui prête ? Avant de le tuer, il était prudent, ce me semble, de s'en assurer. Car enfin ce ne serait pas la première fois qu'une femme de théâtre aurait menti pour se consoler d'être quittée, ou pour amadouer un adolescent. Ce qu'il y a de certain, c'est que Dujarier a toujours nié avoir rien dit de pareil à madame Albert, et que celle-ci avait au moins un petit intérêt à forger cette fausse confidence, celui d'apprendre à Beauvallon qu'elle le préférait à Dujarier. C'était là une raison grave de douter. Quelque facilement qu'on coupe la gorge à autrui, il faut être terriblement pourfendeur pour tuer un homme sur un propos de femme, sans vérifier si la chose a été réellement dite. Eh bien ! M. de Beauvallon a fait mieux ; il a tué Dujarier sachant que celui-ci s'inscrivait en faux contre les paroles qu'on lui imputait. En effet, Dujarier a su, je ne sais comment, ce qui avait été dit à Beauvallon, et le ressentiment qu'il en avait conçu. Il a protesté, il a démenti, et ses deux témoins ont transmis officiellement sa dénégation à MM. de Flers et d'Equevilley. Or, il est inouï que cette dénégation n'ait pas désarmé M. de Beauvallon. Elle devait au moins balancer la parole d'une femme, et, dans tous les cas, elle satisfaisait largement au point d'honneur ; car désavouer un propos est une satisfaction aussi bonne que de le rétracter.

Mais je veux que madame Albert ait dit vrai. Éviter un homme, est-ce donc l'insulter ? abandonner un salon, est-ce jeter un cartel à ceux qui y viennent ? n'évite-t-on pas vingt fois par jour des gens que d'ailleurs on honore et l'on estime ? On s'en éloigne, parce qu'on a d'autres habitudes d'esprit, d'autres intérêts, d'autres idées, et qu'à la longue, la contradiction sur toutes ces choses finit par engendrer la fatigue et l'irritation. Que si, par hasard, les gens qu'on évite finissent par l'apprendre ou par s'en apercevoir, s'ils ont un grain de bon sens, ils doivent comprendre que cela est tout simple, et s'ils en font un cas de duel, je dis que ce sont des spadassins. Sur ma parole, M. de Beauvallon tuera bien du monde, s'il tue tous ceux qui déclineront l'honneur de sa compagnie. (L'accusé sourit en rougissant légèrement.)

Mais je n'ai pas encore touché au plus grand crime de Dujarier.

M. Roger de Beauvoir a raconté que pendant le dîner du 7 mars, au moment où les têtes s'échauffaient, Dujarier s'était écrié: « *Maintenant je vais me mettre à tutoyer les femmes.* » Qu'alors, s'adressant à mademoiselle Liévenne, et frappant sur la poche de son gilet, il avait ajouté *qu'on avait toutes les femmes avec de l'or, et qu'avant six mois, il l'aurait elle-même.*

Je conviens que les paroles de Dujarier à mademoiselle Liévenne étaient une énormité. Cependant, avant de condamner l'apostrophe comme inexcusable, je voudrais qu'on me répétât, autant que cela peut se faire en cour d'assises, quelque chose de ce qui se disait à ce dîner. En ce monde, il faut mettre tout à sa place. Telle licence paraîtrait effrontée dans une assemblée de quakers, qui serait très fade dans une orgie... Je sais bien que le dîner du 7 mars n'était pas une orgie... Non... Mademoiselle Liévenne y était, mademoiselle Alice Ozy y était, mademoiselle Atala Beauchêne y était ; en conséquence, c'était une réunion *comme il faut.* (On rit.)

Mais il faut convenir que ces dames s'y étaient mal prises pour être... tout à fait respectées. C'était leur intention, je le veux, je le sais, je le concède ; mais, en vérité, elles y ont mis de la maladresse. D'abord, quand on veut imposer aux gens qu'on reçoit le ton et la réserve d'un salon, il ne faut pas les réunir dans un dîner où chacun paie son écot. Or mademoiselle Liévenne, qui se piquait de rendre à Dujarier le dîner qu'elle en avait reçu, l'avait invité de fait à un pique-nique qui coûtait 55 francs par tête, que Dujarier a payés comme les autres. Sans doute cela ne le dispensait pas d'être poli ; mais cela permet d'être plus causeur, je ne veux pas dire plus débraillé (rires).

En second lieu, quand on veut donner une soirée d'une irréprochable pruderie, on ne réunit pas des gens qui n'ont jamais été présentés les uns aux autres, ni surtout dans les deux sexes la fleur du célibat parisien. (Rire général.)

C'est un plaisir de feuilleter cette instruction criminelle. Le plus âgé de cette joyeuse soirée n'a pas plus de vingt-six ans. M. Roger de Beauvoir seul avait la majesté de trente-cinq ans. (Nouveaux rires.)

C'est dans cette grave assemblée que Dujarier a dit ce que tous les poëtes ont dit, ce que tous les moralistes ont dit, ce qu'avait dit avant eux la vieille allégorie de Jupiter et de Danaé.

Encore n'a-t-il pas fait grand bruit avec son toast, et ne l'a-t-il pas proféré de façon à faire scandale. Ç'a été ce qu'Horace appelle *licencia sumpta pudenter*, car personne ne l'a entendu que M. Roger de Beauvoir.

En tout cas, les dames qui étaient là n'y avaient sans doute pas réfléchi, mais elles devaient s'attendre à quelque chose de semblable. Quand on veut garder ses oreilles tout à fait chastes, il ne faut pas se hasarder dans un dîner à 55 francs par tête. Croyez-moi, la bonne compagnie dîne à moins de frais. Rien qu'à ce formidable écot, un habitué de la vie parisienne se serait attendu à trouver là des jupons courts et des conversations décolletées. Prenez-y garde ! Au prix du dîner, les vins qu'on y buvait étaient plus vieux qu'aucun des convives. Or, les vins de cet âge sont expérimentés ; et si jamais on a dit excusablement qu'on avait les femmes avec de l'or, il semble que ce devait être dans un dîner de jeunes comédiennes et de jeunes hommes, après les flacons de cent ans.

S'il est vrai que M. de Beauvallon soit sorti de table avec la malheureuse pensée de noyer ce propos dans le sang de Dujarier... je le plains. Mademoiselle Liévenne était l'offensée, et elle lui avait donné un bon exemple, car Dujarier lui avait fait ses excuses, et elle, en bonne fille, en fille d'esprit, avait terminé l'explication par une poignée de main dont je lui sais gré.

Ajoutez à tout cela que quinze jours auparavant, mademoiselle Liévenne avait dîné chez Dujarier en excellente et grande compagnie, par exemple, avec M. le marquis du Halley, M. le baron Deniée et bien d'autres ; qu'elle avait daigné jouer aux cartes dans la soirée, que tout le monde s'était fait un devoir de perdre avec elle, que Dujarier avait commencé ce soir-là à la tutoyer, et qu'elle avait pris admirablement la chose.

Ces deux aventures avaient-elles laissé dans le cœur de Beauvallon des germes de haine ? Le moyen d'en douter ! Il a dit à M. de Flers qu'il en voulait à Dujarier. *Le propos de madame Albert lui était resté sur le cœur,* a dit M. Granier de Cassagnac. Aussi son parti est pris, la préméditation commence, et il ne lui faut plus qu'un prétexte. Le prétexte qu'il a pris, vous le connaissez.

Dans la nuit du 7 mars, M. de Saint-Aignan tenait les cartes d'un lansquenet où Dujarier et Beauvallon étaient engagés. Il revenait 75 louis à Dujarier et 20 à Beauvallon, mais M. de Saint-Aignan s'était trompé, il avait accusé un enjeu inférieur à celui qui se trouvait réellement ponté. Il en résulta que tout son enjeu ne fut pas tenu ; par conséquent, un déficit de quelques louis. Fallait-il que Dujarier offrît de contribuer pour sa part à ce déficit ? Prenez garde que la question se trouve posée entre des jeunes gens qui ne se connaissent pas, qui ont dans le cœur toutes les fiertés de leur âge, à qui quelques louis sont indifférents, et qui prendraient une grâce, une faveur, une concession non demandées, pour une offense. Or, dans les règles du jeu, le coup n'était pas douteux. C'était à celui qui tenait les cartes à accuser juste ; une erreur, s'il y en avait une, ne pouvait tomber que sur lui. Aussi M. de Saint-Aignan l'a-t-il spontanément reconnu ; il a pris l'erreur à sa charge, et il s'est mis en devoir de payer à M. de Beauvallon ses 20 louis. Alors M. de Beauvallon soutient que M. de Saint-Aignan ne doit être pour rien dans le mécompte, et que Dujarier doit le subir avec lui. Dès qu'il y avait dissentiment, la décision appartenait à la galerie ; or vous savez que la galerie a unanimement condamné M. de Beauvallon, et que M. le comte de Flers en faisait partie.

Jusqu'ici consultez tous les témoins, et ils étaient nombreux : M. Arthur Bertrand, M. de Saint-Aignan, M. de Briges, mademoiselle Victorine Capon. Pas un mot, pas un geste, pas un regard de Dujarier ne peuvent être pris pour une offense. Il n'a d'autre tort que d'avoir eu raison au jugement de la galerie. Plus tard, Beauvallon s'en va avec 13,000 francs de bénéfice ; Dujarier, qui perdait 125 louis, lui en devait 10. Comme ils ne se voyaient pas et n'avaient aucune chance de se rencontrer, Dujarier tient à s'acquitter ; il emprunte les 10 louis, et il s'acquitte.

Le lendemain, MM. d'Equévilley et de Flers abordent Dujarier dans les bureaux de la *Presse,* et, à son grand étonnement, ils le provoquent en duel.

Dès ce moment, Dujarier est marqué pour la mort, et comme tant d'autres sur qui cette fatalité pèse, à force d'honneur et de courage, il fait tout ce qu'il faut pour mourir.

D'abord il prend pour témoins MM. Arthur Bertrand et de Boignes, choix excellent s'il eût fallu dans cette affaire la plus brillante bravoure, choix malheureux quand il fallait un courage plus mâle, celui de refuser un duel qui n'avait pas de cause avouable. En effet, vous allez voir une étrange scène : le vicomte d'Equevilley et le comte de Flers, témoins de M. de Beauvallon, se réunissent à MM. Arthur Bertrand et de Boignes, témoins de Dujarier. Vous croyez peut-être que MM. d'Equevilley et de Flers vont exposer les griefs de M. de Beauvallon, définir l'offense dont il se plaint, demander des explications, offrir ou provoquer quelque honorable tempérament qui écarte une issue funeste ? Non, telle n'est pas leur mission ; ils ne veulent pas d'explications ; ils veulent des excuses ou un duel. — Mais enfin des excuses, on en fait quand on en doit. — Voyons, dites pourquoi M. de Beauvallon veut du sang, et quelle injure Dujarier lui a donc faite ? — Alors, les témoins de M. de Beauvallon manifestent naïvement leur embarras, et aucun ne peut dire quel est le mot ou le geste que leur commettant regarde comme une offense. « Tenez, disent-ils, n'insistez pas, la vérité est que M. de Beauvallon veut se battre. — Fort bien, mais se battre sans raison, personne n'est tenu à cela, et Dujarier moins que personne : il a une mère ; vous voyez bien qu'il n'a pas le droit de jouer sa vie. — M. de Beauvallon saura l'y forcer ! — Comment, l'y forcer ! — Oui, M. de Beauvallon trouvera des provocations plus directes, il en viendra à toutes les extrémités. »

Voilà comment M. de Beauvallon a amené Dujarier sous le feu de son pistolet. Voilà ce que Dujarier lui-même disait à M. Deguise une demi-heure avant le combat, dans ce massif du bois de Boulogne où il commençait déjà son agonie : « *M. d'Equevilley*, disait-il à M. Deguise, *m'a déclaré de la part de M. de Beauvallon que ma figure lui déplaisait. J'ai répliqué que je ne me battrais pas pour un pareil motif. Il a répondu que M. de Beauvallon était décidé à m'insulter, et à se porter envers moi à des voies de fait.* »

Voilà ce que Dujarier a dit aussi à Alexandre Dumas, pendant qu'il apprenait de lui ce que c'était que *la détente* d'un pistolet, et *la sous-garde*, et *le point de mire.* Voilà ce que les témoins de M. de Beauvallon ont dit sans détours à MM. Arthur Bertrand et de Boignes. Qu'on ne le nie pas, et que les paroles écrites restent du moins, si, au bout d'une année, le cœur faillit et la mémoire trébuche.

« M. d'Equevilley disait que si M. Dujarier refusait de se battre, M. de
» Beauvallon trouverait d'autres provocations plus directes, plus désagréables. »
Voilà ce qu'a dit M. de Boignes.

« Lorsque j'ai demandé aux témoins de M. de Beauvallon quel était le
» motif de la provocation, quelle était la parole insolente dont avait à se
» plaindre M. de Beauvallon, on n'a pu me répondre qu'une chose : M. de
» Beauvallon veut se battre à tout prix avec M. Dujarier, et il en viendra à
» toutes les extrémités du monde pour y arriver. » Tels sont les termes
d'Arthur Bertrand.

Ajoutons que sur ce point, Dujarier, Arthur Bertrand et de Boignes sont d'accord avec Beauvallon lui-même.

En effet, qu'a dit Beauvallon à l'ouverture des débats, avec ce sang-froid qui glaçait ici tous les cœurs? « *Il y avait dans ma querelle deux phases: dans la première, j'ai voulu des excuses ou une réparation par les armes; si les deux choses étaient refusées, alors s'ouvrait la seconde phase...* » et sa parole a expiré sur ses lèvres, et, même en présence du jury, l'insensé nous a laissés tous sous le poids de sa réticence.

Cependant, l'étrange attitude prise par Beauvallon, l'impossibilité de justifier d'une offense, avaient amené un incident grave. Les témoins de Dujarier avaient exigé de MM. d'Equevilley et de Flers une déclaration écrite, portant *que Beauvallon provoquait Dujarier en termes tels, que celui-ci ne pouvait se refuser à une rencontre, et que l'insistance formelle de Beauvallon rendait cette rencontre nécessaire.*

On pouvait espérer que MM. de Flers et d'Equevilley n'oseraient signer un pareil acte. Et, en effet, M. d'Equevilley résista; il dit avec raison que cet écrit jetterait du blâme sur lui. Il fallut lui parler sévèrement (ce sont les termes de M. Arthur Bertrand) pour le convaincre qu'il devait subir la responsabilité de sa provocation. Il signa enfin, et le duel devint inévitable.

Dujarier n'avait de sa vie touché une épée; il avait peur d'être ridicule; il disait: *Si je prends l'épée, il m'embrochera comme un poulet.*

Il choisit donc le pistolet; mais sachant à quel redoutable tireur il avait affaire, il employa sa dernière nuit à faire son testament et à écrire à sa mère.

Le testament, voici ce que je peux vous en lire:

Lundi soir 10 mars 1845.

« A la veille de me battre pour la cause la plus absurde, pour le prétexte le plus
» frivole, et sans qu'il ait été possible à mes amis Arthur Bertrand et Charles de
» Boïgnes d'éviter une rencontre, qu'il était de mon honneur d'accepter dans les
» termes de la provocation qui m'a été adressée, je dépose ici mes dernières in-
» tentions. »

La lettre à sa mère, la voici tout entière:

« MA BONNE MÈRE.

« Si cette lettre te parvient, c'est que je serai mort ou dangereusement blessé. Je me battrai demain au pistolet; c'est une nécessité de ma position, et je l'accepte en homme de cœur. Si quelque chose avait pu m'engager à reculer devant elle, c'est la peine que te causerait le coup qui me frapperait. Mais l'honneur est impérieux, et si tu dois verser des larmes, ma bonne mère, tu aimeras mieux les verser sur un fils digne de toi que sur un poltron. Une idée pourra au moins adoucir ton chagrin, c'est que ma dernière pensée aura été pour toi. J'irai au combat en homme calme et sûr de lui; j'ai pour moi le bon droit. Je t'embrasse, ma bonne mère, dans toute l'effusion de mon cœur. »   DUJARIER.

« *P. S.* Je prends à la hâte quelques dispositions testamentaires. »

Le lendemain matin, Dujarier était sur le terrain à dix heures. C'était à Madrid, dans un taillis du bois de Boulogne. Là plusieurs circonstances sont à relever.

D'abord M. Rosemond de Beauvallon et ses témoins furent en retard de plus d'une heure et demie. Il faisait très froid : c'était une dure attente, convenez-en.

Enfin il arriva avec ses témoins, et tout d'abord M. Arthur Bertrand ayant pris les pistolets des mains de M. d'Equevilley, introduisit un doigt dans les canons, et il l'en retira noir de poudre.

Quels étaient ces pistolets et quel était l'homme qui les avait apportés? Ceci mérite explication.

M. le vicomte d'Equevilley, quel est-il? — Oh! dit-on, c'est une tête vive; il s'est jeté dans la guerre de Navarre, et il se trouvait alors à Paris. — Mais enfin qui le connaît? qui répond de lui? Qui sait pertinemment qui il est et d'où il vient? Le comte de Flers, sur qui pèse la solidarité de ce personnage plus que sur tout autre, puisqu'il a été de moitié avec lui le parrain de Beauvallon dans ce duel, le comte de Flers a dit dans l'instruction *qu'il ne le connaissait que de vue.* C'est peu pour partager la responsabilité d'un homicide! Encore ce peu n'est-il pas bien sûr; car M. de Flers convient que le jour du cartel il reçut la visite de M. d'Equevilley et qu'il ne le reconnut pas. M. Véron y a mis plus de circonspection. Comme Dujarier le pressait de venir à ce dîner, il a répondu qu'*il ne dînait jamais que là où il était sûr de ses convives.* Je crois que M. Véron fut bien inspiré. Les notes de police, qui sont au dossier criminel, prétendent connaître M. d'Equevilley fâcheusement; mais moi, je n'en demande pas tant, je me borne à dire ce que j'en sais. Or, voici ce que l'instruction nous apprend. M. d'Equevilley s'était chargé de porter deux cartels à la fois à Dujarier, ce qui dans les lois du duel n'était pas féal. Aussi, en homme habile, a-t-il été au-devant de l'objection, en disant à M. de Boignes : *Je conviens que de la part d'un autre, ça aurait l'air d'un guet-apens.* Et, en effet, l'homme était assez cynique, puisqu'il lui échappa que *la figure de Dujarier déplaisait à Beauvallon.*

Autre symptôme inquiétant. M. d'Equevilley avait un passe-port fraîchement pris   veille du duel : M. Arthur Bertrand l'a affirmé. Vous n'ignorez pas que M. d'Equevilley a disparu le lendemain. Des quatre témoins, c'est le seul qui se soit refusé à la justice.

Que s'était-il donc passé au bois de Boulogne, que M. d'Equevilley ait franchi si brusquement la frontière? Tâchons de le pénétrer. Les conditions du duel avaient été écrites le matin même chez M. de Boignes, et il était arrêté qu'on se bornerait à un coup de feu de part et d'autre.

Hélas! un coup suffisait à Beauvallon, mais surtout s'il tirait avec un pistolet de son choix. M. d'Equevilley y fit de son mieux. Il proposa d'abord comme étourdiment des pistolets qu'il avait apportés. On ne lui concéda pas cette confiance. Il demanda ensuite que chacun des combattants se servît des pistolets qui lui conviendraient. Mais autoriser M. de Beauvallon à se servir de pistolets faits à sa main, c'était rendre le duel nécessairement mortel.

MM. de Boignes et Arthur Bertrand exigèrent qu'on se servît de pistolets entièrement inconnus aux deux adversaires. Cette clause pouvait sauver Dujarier. Pour la faire mieux respecter, ils refusèrent d'excellents pistolets que Dujarier proposa, et qui lui avaient été prêtés la veille par M. Alexandre Dumas. Ils les refusèrent, alléguant qu'étant lié avec Alexandre Dumas, Dujarier pouvait avoir manié ces pistolets. Ce fut alors qu'on tira au sort qui fournirait les pistolets, et que M. d'Equevilley gagna ce précieux privilége.

Comment s'en servit-il? Sur ce point, M. d'Equevilley doit un compte grave à Dieu et aux hommes. Certes, personne ici ne se méprendra sur l'importance de la clause qui voulait que les pistolets fussent inconnus aux deux combattants. Le tireur le plus habile perd beaucoup de son adresse à manier une arme qui lui est toute nouvelle. La forme de la crosse, la facilité de la détente, le rapport du point de mire avec le canon sont des choses qu'on étudie et qu'il faut savoir pour se servir d'un pistolet avec quelque chance. La funeste adresse de Beauvallon aurait été neutralisée par la nécessité de se servir d'une arme inconnue. C'était à cette condition, et seulement à cette condition, que les parrains de Dujarier consentaient à risquer sa vie. Eh bien! M. d'Equevilley a déclaré à MM. de Boignes et Arthur Bertrand qu'il avait en bas dans sa voiture des pistolets qui lui appartenaient, qu'il avait achetés 700 fr. chez Devisme, il y avait environ une année, et qui étaient tout à fait inconnus à M. de Beauvallon. Cependant il convient aujourd'hui que Devisme ne lui a jamais vendu de pistolets, et qu'il se permit alors un mensonge. La vérité est aujourd'hui prouvée : les pistolets qu'il glissa déloyalement dans le duel étaient ceux de M. Granier de Cassagnac, beau-frère de M. de Beauvallon; et M. de Beauvallon en personne avait apporté les pistolets dès le point du jour à M. d'Equevilley, pour qu'il les produisît dans cette conférence comme des armes qui étaient inconnues à Beauvallon.

Pour se purger de cette trahison, M. de Beauvallon a dit que les pistolets de M. Granier de Cassagnac lui étaient inconnus. M. Granier de Cassagnac vient sur ce point en aide à son beau-frère; il a dit dans l'instruction : « Ce que je puis affirmer sur l'honneur, c'est que Beauvallon n'a jamais touché à mes pistolets. »

Mais M. Granier de Cassagnac avait aussi solennellement juré (cette fois devant Dieu seulement) que ses pistolets étaient chez Devisme le jour du duel ; et Devisme lui a donné un démenti formel, tenace et catégorique, si bien que c'est ce démenti qui oblige aujourd'hui Beauvallon à avouer qu'il s'est servi des pistolets de son beau-frère.

Maintenant, MM. Granier de Cassagnac et de Beauvallon sont-ils dans le vrai, quand ils disent que les pistolets étaient tout à fait inconnus au meurtrier de Dujarier ?

Mais d'abord il ne fallait pas que M. Granier de Cassagnac trompât la justice en lui laissant ignorer que c'étaient ses pistolets qui avaient servi au duel! Il a dit qu'il n'avait jamais nié; non, il n'a pas nié; mais après avoir juré de dire toute la vérité, rien que la vérité, il en a laissé une partie dans un nuage. Ensuite il ne fallait pas jurer sur l'honneur que M. de Beauvallon ne les avait jamais *touchés*, car il les touchait au moins depuis la veille. Or, il n'en faut pas davantage à un tireur exercé pour adapter ses pistolets à sa main, pour en étudier les ressorts, la couche et la détente.

Mais je vais plus loin, M. de Beauvallon n'a-t-il pas essayé ces pistolets à poudre et à balle, le matin même du duel? Voyons, il est sorti de chez lui à six heures et demie du matin, si l'on en croit la femme Harel et sa fille, qui doivent bien le savoir, puisqu'elles sont les portières de sa maison, à sept heures au plus tard, si l'on prend l'heure signalée par M. Arnoulx. M. d'Equevilley n'était, avec les pistolets, chez M. de Boignes qu'à neuf heures. L'emploi de ces deux heures ou de ces deux heures et demie, je vous prie ? Qu'a fait M. de Beauvallon pendant ce temps-là ? Il ne le dit pas. Remarquez que le tir de Reinette est sur le chemin qu'il a parcouru pour porter les pistolets de M. Granier de Cassagnac à son complice, car M. d'Equevilley demeurait à Chaillot, et le tir de Reinette est au rond-point des Champs-Elysées. Or, quel est le tir où le voyageur dont je vous ai parlé (vous savez le voyageur de Cuba, qui ne demande à voir qu'un œil pour loger une balle dans le crâne), a acquis cette dextérité rare ? C'est précisément le tir de Reinette, c'est le tir où M. de Beauvallon a ses habitudes. En effet, le livre que M. de Beauvallon a publié ajoute à son récit cette réflexion judicieuse : *Jamais je ne compris mieux qu'en ce moment l'emploi utile des heures passées au tir de Reinette.*

Ainsi tout était calculé dans l'itinéraire de M. de Beauvallon ; il lui fallait un témoin qui prît sur lui d'introduire dans le duel les pistolets de M. Granier de Cassagnac, et M. de Beauvallon a cheminé pour cela jusqu'à Chaillot ; il lui fallait un lieu propice pour essayer les pistolets, et il y avait sur la route de Chaillot un tir qui lui était familier, où il avait formé son adresse jusqu'à tuer à balle un roitelet.

Là encore se trouve une charge accablante pour l'accusé : car le comte de Flers demeurait à deux pas de la maison qu'il habite, tandis que Chaillot en est au moins à une lieue. Pourquoi, dans une extrémité aussi pressante, franchir un si long trajet, s'il s'agissait de remettre à l'un de ses deux témoins des armes loyales ? Pourquoi préférer celui de ses témoins qui demeurait à Chaillot, à celui qui demeurait à sa porte ?

Ajoutez à tout cela que M. Roger de Beauvoir a déposé qu'on lui avait dit que Beauvallon avait passé toute la journée qui a précédé le duel à s'exercer au pistolet, et vous vous expliquerez très bien pourquoi, au moment de la rencontre, les pistolets se sont trouvés crassés de poudre.

Au reste, vous allez voir l'usage que M. de Beauvallon en sait faire.

Voilà les deux combattants à quarante pas, dans une clairière. Le signal est donné. M. de Beauvallon use immédiatement de son droit, qui est de marcher pour raccourcir la distance. Dujarier tire sans s'ébranler, et il manque, soit maladresse, soit qu'il ne pût se résoudre à tirer sur un homme sans savoir pourquoi ; puis il jette son pistolet en dédaignant de s'en couvrir, et au lieu de présenter son profil, il se pose en face.

M. de Beauvallon profite de tout ; il s'arrête, il relève son pistolet, il ajuste avec une cruelle lenteur, il ajuste en toute sécurité, car il n'a plus rien à craindre du feu de son adversaire.

Vainement M. de Boignes lui crie : Mais tirez donc, f....! tirez donc !

M. de Beauvallon aime la vengeance à son point.... et il ajuste encore.

On dit, Messieurs, que la Providence a mis sur la face humaine je ne sais quelle divine grandeur, comme pour en détourner toutes les violences. Mais il y a des gens sans pitié et sans préjugés, pour qui le visage fait à l'image de Dieu n'est pas autre chose qu'une cible.

M. de Beauvallon tira enfin ; il atteignit Dujarier en pleine figure, et Dujarier s'affaissa sur le gazon pour ne plus se relever.

Jetez maintenant les yeux sur la place où l'honneur a amené Dujarier pour y mourir. A côté d'une mare de sang, il y a un pistolet, celui qui est tombé des mains de Dujarier ; un pistolet que M. de Beauvallon n'avait aucun intérêt à faire disparaître, s'il ne s'était pas conduit en assassin. Eh bien! pendant que chacun s'empresse autour de Dujarier, M. de Beauvallon et M. d'Equevilley se jettent sur le pistolet qui était à deux pas du mourant, ils le ramassent, et ils s'enfuient...

Une heure après, les serviteurs de Dujarier le déposaient dans son appartement. Tout, dans ce logis, parlait d'avenir et de jeunesse ; tout y était projets pour une longue vie ; lui, cependant, il était là gisant sur son lit, le cœur ne battait plus, il était mort... La figure, trouée par la balle de Beauvallon, portait le cachet de la mort violente ; pourtant, elle était sereine encore ; elle avait l'empreinte de son facile et bon naturel, et puis quelque chose aussi de cette fière lueur que la mort laisse sur les traits, quand on l'a vue venir avec courage. Un papier sortait de sa poche sur sa poitrine ; c'était son testament. Il y avait une goutte de sang sur ces mots : *prétexte futile...* (Sensation.)

Je ne sais, Messieurs, si je me trompe ; mais il me semble qu'après un duel, la grande, la vraie compétence du jury, c'est l'appréciation de la cause qui a conduit un homme à en tuer un autre. Il n'est pas possible que sur une terre chrétienne, le duel, même loyal, soit impuni, s'il a été imposé au mort pour une cause frivole et non avouable.

Je crois que tout le monde ici, même M. de Beauvallon, sera de mon avis, quand je dirai qu'un duel sans motif pressant et impérieux est un duel infâme.

Je sais tout ce qu'on peut dire sur la cruelle nécessité du duel. Un homme d'Etat éminent, un magnifique orateur, un homme que je ne puis nommer sans éprouver l'émotion d'une admiration respectueuse, M. Guizot, l'a dit naguère avec profondeur et vérité :

« C'est une chose bonne, morale et salutaire qu'il y ait une juridiction pour tous
» les cas, et ils sont nombreux, que les juridictions n'atteignent pas. On peut être
» un gueux, un infâme, le dernier des misérables, et rester néanmoins hors des
» atteintes du Code. Une infinité d'insultes, de molestations, de calomnies, de
» tyrannies et d'oppressions intolérables et odieuses, se commettraient tous les jours
» à la face des magistrats, s'il n'y avait pas partout où il se trouve un homme de
» cœur, une justice appréciatrice de ces coups, justice qui se lève tout à coup en face
» de l'insolent et du calomniateur, une épée ou un pistolet à la main. Cette justice
» redoutée maintient l'urbanité des relations et les convenances sociales, sans
» compter qu'elle sauvegarde la partie la plus inviolable et la plus sainte de l'hon-
» neur des familles. »

Vous le voyez, je n'ai pas peur de la lumière, et je vais plus loin, j'adhère à ces fières paroles, j'y souscris ; oui, il faut savoir le penser et le dire, même ici, il n'est pas un de nous qui, après un de ces outrages que la justice humaine ne sait ni ne peut venger, ne mît sa sœur ou sa mère sous la pro-tection de son épée.

Mais, songez-y bien, il faut un motif sacré, un motif dont on puisse rendre compte à Dieu, un motif qui pèse le poids d'une âme immortelle. L'autorité

que j'invoquais tout à l'heure n'a pas failli à le dire, et M. Guizot a ajouté :
« *Bien entendu, à condition que la justice intervienne toujours pour apprécier les motifs du duel.* »

Autrement qu'arrivera-t-il? Vous verrez les familles dévastées par ces hommes qui pour être soufferts ont besoin d'inspirer la terreur. Tout prétexte leur sera bon ; car n'oubliez pas que Dujarier a écrit dans son testament qu'il était provoqué sur un *prétexte*. Un coupe-jarrets choisira sous l'aile d'une mère, parmi ses enfants, le plus jeune, le plus beau, le plus novice, et puis il rendra l'enfant à sa mère le cœur froid et les yeux fermés.

Cherchons donc pourquoi M. de Beauvallon a absolument voulu se battre en duel avec Dujarier. Est-ce pour la pudeur de M. Granier de Cassagnac offensée par les saisies de Dujarier? ou pour la pudeur de mademoiselle Liévenne? ou pour celle de mademoiselle Ozy? ou pour le propos de madame Albert? ou pour la partie de cartes?

Ce ne peut pas être pour mademoiselle Liévenne. Sa femme de chambre a été entendue dans l'instruction, et elle a donné sur l'alcôve de cette dame des détails qui prouvent que c'était à un autre qu'il incombait de la venger. Cet autre était au dîner du 7 mars, il y était à la place d'honneur, il suffisait de reste à faire ses affaires lui-même. Dans aucune des situations de la vie, on n'a le droit de se constituer le champion d'une dame notoirement pourvue.

Ce ne peut pas être pour le propos de madame Albert. M. Arnoux, l'ami de M. de Beauvallon, son meilleur ami, celui qui a passé avec lui la nuit qui a précédé le duel, a qualifié cette aventure de son vrai nom, il a dit que c'était une *pique*. Or, je ne sache pas que M. de Beauvallon en soit à tuer les gens pour une *pique*. D'aillleurs le propos a été désavoué.

Ce ne peut pas être pour les poursuites judiciaires dirigées par Dujarier contre M. Granier de Cassagnac. Ce serait trop grave. Où en serions-nous si le duel allait se mêler des intérêts d'argent? Je cherche ce qui nous resterait de civilisation, et ce que la propriété des biens de ce monde conserverait de garantie, s'il y allait d'un coup de pistolet à prendre une hypothèque, à revendiquer un état civil, ou à poursuivre la rentrée d'une lettre de change.

M. Granier de Cassagnac, se levant avec vivacité : Monsieur le président, je demande à m'expliquer.

M. le Président. — Vous ne pouvez parler ici.

M. Granier de Cassagnac. — M. le président, il est impossible que je souffre plus longtemps qu'on me mette en scène d'une façon aussi indécente.

M. le Président. — Si vous ne pouvez pas le souffrir, il faut sortir de l'audience. Plus tard l'avocat de votre beau-frère répondra.

M. Léon Duval. — Les émotions de M. Granier de Cassagnac ne doivent émouvoir personne, je les ai vues plus d'une fois factices. Je n'ai pas besoin de dire que je parle sur des jugements, sur des lettres, sur des actes de procédure, et que je les lirais si cela ne me jetait pas en dehors de mon chemin... n'en parlons plus...

Il faut rendre justice au duel, il a toujours reconnu que les affaires d'argent ne tombaient pas sous le fil de l'épée. Mon autorité sur ce point, c'est le livre de M. Chateauvillard.

Mais pourquoi discuter toutes ces causes de haine? Beauvallon lui-même les a toutes condamnées comme insuffisantes, il a dit à Grisier (il faut conserver le mot) que c'était un *tas de bêtises* ; et quand il a chargé ses amis de son cartel, il ne les a chargés d'en avouer aucune, preuve terrible qu'aucune d'elles ne pouvait porter la mort d'un homme !

Comment va-t-on l'absoudre, cet homicide qui ne peut dire ni sa raison, ni ses causes ? On vous dira que le duel n'est ni prévu, ni puni par le Code pénal, et que c'est l'opinion de quatre ou cinq cours royales, on vous fera peur de votre juridiction, on vous alarmera sur votre compétence. C'est qu'en effet, les partisans du duel sont pointilleux et difficiles : il y a bien dans ce procès criminel un cadavre, il y a une autopsie, il y a une pauvre mère qui pleure, ce sang que vous voyez là sur ces vêtements souillés, c'est bien le sang de Dujarier, ce sont bien les dernières gouttes de sa vie, mais de meurtre et de meurtrier, il n'y en a point.

Convenons-en, messieurs, et que ce soit le trait le plus effrayant de nos mœurs, ces sortes de catastrophes ont un dénoûment parfaitement simple. — On tue un homme parce que sa figure vous déplaît, ou pour quelque autre raison de cette force... Quand la chose est faite, on rentre chez soi, on prend quelques heures de repos, le soir et les jours suivants on découche, on évite les lieux publics, on se prive de l'Opéra et du Vaudeville ; au besoin même on donne le change à la justice, par des articles de journaux destinés à lui persuader qu'on est à l'étranger, et l'on dépiste ainsi la police. La police n'est pas toujours aussi crédule..., mais elle a aussi son faible pour le duel, et elle se laisse mystifier.

Cependant les débats judiciaires s'ouvrent, alors on revient, et l'on est enfin le héros d'une grande et belle réunion judiciaire. — On dit ses raisons, on a tué cet homme parce qu'il refusait de payer 20 louis, parce qu'il avait tutoyé une femme de théâtre.., que sais-je, moi ? pour quelque grave raison de cette espèce.., sur quoi on est absous à l'unanimité et en cinq minutes.., absous à une condition, — à une condition indispensable, c'est qu'on ait tué son homme, sans rémission ni miséricorde. Car si l'on s'est borné à le blesser, c'est différent, on est jugé sérieusement par un tribunal correctionnel, et l'on est infailliblement condamné. Oui, messieurs, c'est là le beau spectacle que le jury donne à la France. Toutes les fois, sans exception, que le duel a produit des blessures qui n'ont pas alité le patient pendant vingt jours, la justice a fait son devoir, et le duel a toujours été puni. Au contraire, toutes les fois qu'il y a eu mort d'homme, le duel a été absous. Jetez les yeux sur les tables funéraires du duel : en 1837, trois morts, trois acquittements ; en 1838, six morts, six acquittements ; en 1839, trois morts, trois acquittements ; en 1840, un mort, un acquittement ; en 1841, cinq morts, cinq acquittements.

Vous le voyez, on a bien raison de dire que nous sommes le peuple le plus spirituel de l'univers : chez nous, il y a avantage à tuer son adversaire ! Un honorable député de Paris l'a dit récemment à la tribune de la Chambre, il l'a dit comme je vous le dis ; et ce qui prouve combien nous avons d'esprit, c'est le genre de succès qu'il a obtenu..., il a fait rire !

Maintenant, messieurs les jurés, vous avez en face de vous une mère à qui on a tué son fils unique. Entendez-vous cela ? — vous qui êtes heureux, et qui en rentrant chez vous allez revoir vos enfants, recevoir et leur rendre leurs caresses, celle-là n'a plus d'enfant, c'est à vous de voir si vous trouvez cela plaisant, et si vous êtes disposés à en rire. (Sensation.)

Que si cette adversité vous touche, ne dites pas que la loi vous manque, ce serait une lâche et mauvaise excuse. Pour l'honneur de notre temps, ne dites pas cela, nous en serions flétris et ce serait à notre honte. Non, les lois de Louis XIII et de Louis XIV n'ont pas sur les nôtres cette prééminence d'avoir mis le duel au ban des honnêtes gens et de la justice, quand nos lois d'aujourd'hui lui donneraient carte blanche. Non, nous n'avons pas reculé dans le respect que vaut la vie humaine, la vie qui vient de Dieu, qu'il a faite pour le devoir, et pour que l'humanité marchât ici-bas à l'accomplissement de ses mystérieuses destinées. On me demande où est le texte de loi pénale qui atteint le duel? et moi je dis avec la Cour de cassation et avec l'élite des cours royales, que le texte est dans l'article 295 du Code pénal, qui qualifie de meurtre tout homicide commis volontairement; dans l'article 65, qui vous interdit d'excuser un meurtre, quand la loi ne vous permet pas de le déclarer excusable; enfin dans le silence du Code pénal, qui n'admet pas le duel comme une excuse.

Mais qu'ai-je besoin de vous lire des textes? La preuve qu'il y a une loi, c'est que vous avez à vos pieds un meurtrier, et que vous êtes investis du droit de le condamner. Est-ce par hasard sous votre bon plaisir que l'enceinte des assises s'est ouverte, que vous y siégez de pair avec les plus vénérés magistrats, et que vous avez juré devant Dieu de ne trahir ni l'accusé, ni la société qui l'accuse? Non, la Cour de cassation a visé la loi, la Cour royale de Rouen a ajourné l'accusé à comparaître, et vous a convoqués pour le juger. Voilà vos pouvoirs, dites s'il y en a sur la terre de plus sûrs et de plus augustes.

Descendez donc en paix dans le domaine du *fait*, vous qui ne pourriez en sortir qu'en dépassant votre mandat et en excédant votre puissance légale. Le souci de savoir s'il y a une loi qui mette la main sur le duel appartient à d'autres, aussi religieux que vous, et qui n'ont pas laissé cette responsabilité à vos consciences.

On vous dira encore pour M. de Beauvallon..... et je ne veux pas lui laisser ce subterfuge... on vous dira : la cause du duel était légère, mais M. de Beauvallon a fait tout ce qu'il a pu pour ne pas donner la mort, il voulait se battre à l'épée, il voulait se contenter de désarmer son adversaire. Il l'a dit à M. de Bérard, il l'a dit à Grisier. La veille du duel, il étudiait l'art de faire sauter l'épée des mains de son ennemi ; c'est Dujarier qui a déconcerté ce plan, c'est lui qui a été au-devant de son sort, en exigeant le combat au pistolet, où tous les ménagements sont impossibles.

Voici ce que je réponds.

Il est péremptoirement impossible de concilier l'intention de ménager Dujarier avec l'obstination que M. de Beauvallon a mise à vouloir le duel. Pourquoi faire dire à Dujarier qu'il ne gagnerait rien à décliner la provocation, et qu'on l'obligerait à se battre par une insulte à sa personne?

Qu'un homme de mœurs douces et d'un cœur honnête subisse la tyrannie du point d'honneur, jusqu'à mettre sa vie à la discrétion d'un duel pour une cause légère, je le comprends et nous n'en avons que trop d'exemples. Mais qu'à défaut de cause quelconque, on lui donne froidement le choix entre un soufflet et un duel ; qu'on le pousse ainsi sur le terrain sous la contrainte d'une avanie mortelle, il n'y a là ni honneur ni libre arbitre, la spontanéité qui est le seul héroïsme des duels manque ; ce n'est plus qu'un meurtre.

D'ailleurs, si M. de Beauvallon ne voulait que désarmer Dujarier, les choses avaient tourné de façon qu'il n'était pas nécessaire de lui *loger une balle dans la tête*, pour lui emprunter la langue qu'il parle. Car MM. Arthur Bertrand et de Boignes avaient fini par comprendre que ce duel sans motifs serait pour eux un remords, et ils l'ont expié sur le terrain par une démarche inouïe.

En effet, ils ont conjuré MM. de Flers et d'Equevilley de renoncer à engager le combat. Ils ont fait plus, ils ont porté leurs instances à M. de Beauvallon lui-même. Un incident aussi grave était plus qu'une satisfaction par les armes, et compensait bien le plaisir de désarmer Dujarier. Deux hommes de cette trempe étaient pour l'honneur le plus ombrageux une solide et belle garantie. M. de Beauvallon ne s'en est pas contenté, il a dit « qu'on n'arrangeait pas une affaire sur le terrain. »

Eh bien ! il se peut qu'il trouve ma portée bien médiocre, mais je pense, à mes risques et périls, que cette scène touchante où deux hommes de cœur s'immolaient ainsi à son orgueil, valait mieux que ce qu'il a fait. Finalement, le raisonnement de M. de Beauvallon aboutit à ceci : «Ne pouvant le désarmer, je lui ai brûlé la cervelle. » C'est un expédient qui restera.

Voici un livre qui est certes un livre inflexible. C'est l'ouvrage de M. de Chateauvillard, sur les règles du duel (le *Code du duel*). C'est un livre qui est sans pitié dans les démêlés de l'honneur, et j'y trouve, entre autres, dans son effrayante simplicité, cette règle applicable à un duel heureusement rare :

« Si l'un des deux combattants tire avant le signal, l'autre peut en toute conscience lui brûler la cervelle à bout portant. » (Mouvement.)

Ce livre pourtant dit qu'une querelle est vidée, et qu'il n'y a plus lieu à duel, quand les témoins ont pris sur eux une concession de ce genre.

Enfin, comment croire que M. de Beauvallon ait jamais sérieusement voulu épargner la vie de Dujarier? S'il en était ainsi, la fortune des armes faisait beau jeu à sa chevalerie. Chacun des combattants n'avait qu'un coup de feu, après quoi il était convenu que les quatre témoins se retireraient, quelle que pût être l'animosité de Beauvallon. Or Dujarier avait tiré, il avait épuisé son feu, quand M. de Beauvallon a mis quarante mortelles secondes à le tuer. Il me semble qu'il pouvait employer ce temps à faire cette réflexion bien simple : que son but était atteint, que Dujarier était désarmé, et que la cause du duel était bien futile.

Mais non, il était dans le cas qui a le plus ému l'éloquente colère de M. le procureur général Dupin :

«Que dire, dit ce savant magistrat, de ces duels alternatifs où celui qui a essuyé le feu de son adversaire tire à son tour de sang-froid, sachant qu'il n'y a plus de péril de mort que pour son adversaire ?... »

Et il a gratuitement donné la mort ; il y a mis le temps, la réflexion, le calcul... Qu'il ne nous parle plus de sa fausse pitié, qu'il ne se farde plus de générosité ni de clémence.

Aussi bien il faut lui savoir gré des ménagements que sa grandeur préparait à Dujarier dans un duel à l'épée! Dans l'instruction, M. de Boignes a traité cela d'*atroce ironie*, et il a eu grandement raison. Bon Dieu! Qui a jamais demandé à M. de Beauvallon des abnégations héroïques ou des efforts de courtoisie? La mère de Dujarier aurait été heureuse à moins, elle ne lui demandait que la probité du duel, et elle ne l'a pas obtenue!

J'ai dit...

Vous allez entendre pour la défense de M. Beauvallon un grand esprit, un homme qui a porté bien haut l'éclat de la parole, un enchanteur, pour qui c'est un jeu que de régner sur la foule, qu'il fascine. Eh bien! qu'il fasse encore ce prodige, qu'il fasse absoudre M. de Beauvallon! Dieu n'est pas toujours pour le succès; au contraire, les meilleures et les plus saintes causes ont longtemps succombé, elles ont été longtemps perdues; mais elles se sont relevées par les échecs qu'elles ont subis, car le triomphe de leurs ennemis a fini par faire rougir. Si M. de Beauvallon sort absous de cette enceinte, le duel frauduleux, le duel sans motif, aura gagné une partie, mais le duel en sera déshonoré.

Après cette remarquable plaidoirie, un mouvement général se manifeste, l'audience est suspendue de fait pendant un quart d'heure.

Quand le silence est rétabli, M. le président donne la parole à M. l'avocat général.

M. L'AVOCAT GÉNÉRAL. — Après la plaidoirie que vous venez d'entendre, je me borne à déclarer que je persiste dans l'accusation...

M. LE PRÉSIDENT. — La parole est à Mᵉ Berryer.

PLAIDOIRIE DE Mᵉ BERRYER.

Messieurs, dit-il, de toutes les émotions qui pèsent sur moi depuis que j'ai accepté la défense de M. de Beauvallon, depuis que j'assiste à ces débats jusqu'à ce jour, la plus pénible certainement pour moi, c'était la crainte d'entendre les plaintes graves, austères, vénérables d'une mère pleurant son fils, de lutter contre la voix de cette mère qui sollicite du verdict du jury, des lois de la Cour, de ses concitoyens, de Dieu, la vengeance de son fils. Voilà ce que je redoutais le plus; heureusement je n'ai point été mis à cette épreuve. La voix que vous venez d'entendre n'a point cette austère majesté.

Des faits, des détails sans fondement, des subtilités de droit, une discussion sur la nature des peines que par habileté le jury pourrait appliquer à l'accusé; des sarcasmes contre tout le monde, contre les témoins et contre les personnes qui sont étrangères à ces débats et que vous n'avez point à juger; des reproches multipliés et vagues contre M. de Beauvallon, voilà, j'en demande pardon à mon honorable confrère, voilà tout ce que j'ai entendu dans la plaidoirie de l'avocat de la partie civile.

Je n'oublierai pas cependant que j'ai à défendre de Beauvallon d'une accusation capitale, et j'espère que je serai assez heureux pour ne rien dire qui puisse être la cause de quelque douleur, de quelque irritation pour les personnes qui ont eu le malheur d'être appelées à dépoer dans cette affaire.

Le premier des reproches adressés à M. de Beauvallon, celui qui se reproduit sans cesse, sous toutes les formes, celui qui semble pouvoir justifier contre lui les soupçons les plus étranges, c'est qu'il est resté un an entier avant de se livrer à la justice. Je pourrais dire que, dans une affaire de ce genre surtout, le soin le plus naturel pour celui qui a eu le malheur de tuer son adversaire, c'est d'éviter une longue captivité.

J'ai le droit d'ajouter que, dans cette affaire, moins de quatre mois après le duel, après avoir entendu près de cent témoins, la Cour royale de Paris a rendu un arrêt qui mettait de Beauvallon à l'abri des poursuites; depuis cet arrêt jusqu'à celui de la Cour de Rouen, il ne s'agit plus que d'une question de droit, il ne s'agit plus que de savoir si les faits reprochés à l'accusé sont prévus par le Code pénal et frappés par lui. Et vous vous étonnez que de Beauvallon ait attendu que la Cour d'assises ouvrît sa session pour se constituer prisonnier et se livrer à votre jurisprudence?

Cet arrêt de la Cour royale de Paris est un document grave, il a d'ailleurs acquis l'autorité de la chose jugée pour les témoins du duel, c'est-à-dire une autorité souveraine et irrévocable. Je dois vous le lire.

M. L'Avocat général. — Je déclare m'opposer à cette lecture.

M⁰ Berryer. — L'arrêt de la Cour royale de Paris est le premier document. La Cour royale de Paris a apprécié les faits. La Cour royale de Rouen ne les a point appréciés. De ces deux observations et de la liberté que j'ai de citer comme document cet acte, je maintiens mon droit d'en donner lecture.

M. L'Avocat général. — Je suis désolé d'interrompre la défense; mais nous sommes ici pour faire respecter les lois; nous devons nous opposer à ce qu'on lise cet arrêt, lequel est si peu une pièce du procès, qu'il ne se trouve pas au dossier. Maintenant je soutiens au fond qu'on ne peut lire cette pièce. On veut soutenir par un arrêt que le duel n'est pas puni; or, sur nos réquisitions, cet arrêt reste cassé... C'est pour l'honneur des principes que je fais ces réserves, car je déclare qu'à la rigueur je n'en redouterai en rien la lecture. Si la Cour croit pouvoir l'ordonner, elle le fera, je n'y verrai aucun inconvénient.

M. Le Président. — M⁰ Léon Duval a-t-il quelque chose à dire?

M⁰ Léon Duval. — Je m'oppose à la lecture de l'arrêt de Paris; on veut le lire parce qu'il s'occupe de la conduite des témoins du duel; or, lorsqu'il a été rendu, les témoins étaient accusés : ils ne le sont plus.

M⁰ Berryer prend des conclusions portant que l'arrêt de la Cour de Paris est un des documents du procès et doit être lu.

La Cour se retire en la chambre du conseil pour en délibérer.

La Cour rend un arrêt par lequel elle déclare que l'arrêt de la Cour royale de Paris ne sera pas lu. (Mouvement.)

M⁰ Berryer. — Je m'abstiendrai donc de la lecture de cet arrêt; mais il m'appartient de vous dire que la Cour de cassation ne l'a cassé qu'en ce qui concerne Beauvallon; il m'appartient encore de dire que la Cour royale de Rouen n'a pas apprécié les faits...

M. Le Président. — Permettez, maître Berryer, je dois vous donner la raison de cette différence que vous signalez, et qui tient aux usages particuliers de la Cour de Rouen.

Vous feuilleteriez les minutes de tous les arrêts de la chambre des mises en accusation de la Cour de Rouen, vous ne trouveriez pas un seul arrêt qui contînt le récit du point de fait. On se borne toujours à dire : Attendu qu'il y a indices suffisants contre telles personnes. Il n'y est jamais fait mention des circonstances du fait. C'est le contraire de ce qui se pratique à la Cour de Paris, nous le savons.

Me BERRYER. — Sortons de ces débats, je ne veux pas insister.

Il y a un fait certain, et que vous ne pouvez nier. Nous sommes traduits devant vous en raison des articles 295, 296, 297 et 304 ; eh bien ! je déclare que la décision rendue par la Cour royale de Rouen ne peut être que provisoire, et la question est de savoir si Beauvallon est coupable, c'est-à-dire s'il a accompli un fait criminel : voilà ce que vous avez à juger, et votre verdict est souverain.

Et d'abord, comme on l'a dit, quels sont les hommes de ce débat ?

Beauvallon ! on a fouillé tout ce qu'il a vécu, a-t-on trouvé qu'il fût un batailleur, une mauvaise tête? Non, on n'a su trouver qu'un fait dénaturé jusqu'à la calomnie. (M. de Beauvallon verse des larmes.) On a trouvé un fait étranger au procès, l'affaire de la montre ! On a trouvé un jeune homme qui, voulant aller au bal masqué, et n'osant pas demander de l'argent à sa cousine; trouvant chez elle une montre, la met au Mont-de-Piété sous son nom, et qui, lorsqu'on la lui redemande, la rend sans qu'il en coûte rien à cette parente, qui a si bien apprécié ce fait, en disant que ce n'était que par un indigne abus de confiance qu'il avait été porté à la connaissance des administrateurs de *la Presse.*

L'avocat insiste sur les mœurs douces de M. de Beauvallon, attestées par de nombreux témoins au débat, par de plus nombreux témoins dans l'instruction ; il établit qu'il n'y avait pas chez de Beauvallon de haine contre Dujarier; que rien n'aurait pu motiver cette animosité ; que Beauvallon surtout n'a pas pu songer à se constituer le vengeur de contestations qui intéressaient une autre personne.

D'un autre côté, poursuit Me Berryer, on a parlé de mademoiselle Liévenne ; là encore je ne vois aucune cause d'animosité, car je ne sache pas que de Beauvallon ait dit autre chose que ceci : « M. Dujarier a tort. »

Quant à ce qu'on a dit de madame Albert, je ne crois pas qu'on puisse un seul instant prétendre qu'elle est la cause du duel.

La véritable cause, elle se trouve dans les faits qui ont suivi le dîner et la partie de jeu. La Cour peut être sûre que je n'attaquerai en rien M. Dujarier, je raconterai tout simplement les faits.

Après avoir raconté la scène du coup douteux dans le dîner du 7 mars, et avoir justifié la conduite de M. de Beauvallon dans cette circonstance, Me Berryer s'écrie : Eh ! je l'avoue, je me serais cru flétri si, après le mot : *Prenez-le comme vous voudrez,* on m'eût fait ce que Dujarier a fait à M. de Beauvallon. Comment ! Dujarier veut payer M. de Beauvallon seul, et il emprunte pour cela l'argent qu'il n'a pas, et à qui ? au restaurateur ; oui, je vous le déclare, je me serais cru, il n'y a pas en France un homme qui ne se serait cru gravement offensé.

Mais M. Dujarier a bien senti qu'il avait offensé M. de Beauvallon : la preuve, c'est qu'il est rentré chez lui fort inquiet, c'est que mademoiselle Lola Montès l'a dit; il a dit encore : « J'ai passé une mauvaise nuit. »

Ne comprenez-vous pas que, de son côté, M. de Beauvallon ait été froissé ?
Ne comprenez-vous pas que, se rappelant des propos antérieurs, se rappelant,
si vous le voulez, cette espèce de rivalité qui peut naître de la concurrence
que se font deux journaux, se rappelant les scènes de jeu, il envoie deux de
ses amis demander des explications? On s'est beaucoup récrié contre cette
démarche, et, en vérité, je m'en étonne. Que porte, en effet, un règlement
de 1651, rendu par Louis XIV dans un temps où l'on savait vivre? Que
porte l'édit de 1679 ? Ces actes portent qu'en pareil cas Louis XIV entendait
qu'on demandât des éclaircissements par ses amis.

Les témoins vont demander des éclaircissements; comment sont-ils reçus ?
« Je ne connais pas M. de Beauvallon, Duvallon, Grandvallon, dit Dujarier;
je ne sais pas ce que c'est que ce monsieur-là ; au surplus, je vous enverrai
mes témoins. » Cette réponse, rapportée à M. de Beauvallon, lui a paru à bon
droit une aggravation d'offense. Il demande des excuses ou une déclaration
qu'on n'a pas voulu l'offenser. Il n'obtient rien. M. Dujarier se contente de dire:
« Je n'ai rien dit, je n'ai point offensé M. de Beauvallon, » et il a pénétré ses
témoins de cette idée. M. de Beauvallon est réduit à demander une réparation
par les armes.

Ainsi, le premier jour, demande d'explication ; le second, demande d'excuses ; le troisième, demande de réparation. Voilà la marche de l'affaire.

A ce moment-là, voyons l'attitude des deux partis. M. de Beauvallon est
décidé à obtenir une réparation ; il va chez Grisier, et lui dit : « J'ai une
affaire ; la moindre explication, l'explication la plus légère, aurait suffi..... on
me refuse, je me bats. Donnez-moi une leçon de désarmement. — Mais, lui
dit M. Grisier, y pensez-vous? En ne songeant qu'à désarmer votre adversaire, vous ne vous exposez pas moins... — Qu'importe ! reprend M. de Beauvallon, donnez-moi une leçon de désarmement. »

M. Dujarier a voulu le combat, et il n'a pas voulu de l'épée, il a choisi le
pistolet ; dans quelles conditions a-t-il accepté le combat, alors que M. de
Beauvallon faisait tout pour amener une solution pacifique ? Il n'y a eu de solution sérieuse entre les témoins, pour le combat, que le lundi, et il résulte
de la déclaration de mademoiselle Lola Montès que le dimanche déjà il était
question de duel ; cela a été rapporté formellement par mademoiselle Lola
Montès ; cela a été rapporté par d'autres témoignages.

On a entendu dans l'instruction M. Philippe Martinet, qui n'a pas été assigné par M. le procureur général. Je vais lire sa déposition.

M. LE PRÉSIDENT. — Il est bien entendu que cette lecture que j'autorise ne
peut être faite qu'à titre de renseignement.

Me BERRYER. — Pardon, monsieur le président, veuillez m'épargner...

M. LE PRÉSIDENT. — Je n'ai d'autre but que d'éviter une nullité en faisant
savoir à MM. les jurés que cette lecture ne peut être considérée que comme
un document.

Me BERRYER. — Pardon, monsieur le président, mais toutes ces interrup-
tions me gênent beaucoup pour ma discussion.

M. LE PRÉSIDENT. — Mais, maître Berryer, il est cependant utile que je
donne aux jurés l'avertissement conforme à la loi.

Me BERRYER, s'animant. — Je ne sais vraiment par quel malheur ma défense trouve ici des obstacles que je n'ai rencontrés devant aucune Cour royale.

M. LE PRÉSIDENT. — La loi veut qu'aucune pièce ne puisse être lue si elle n'est autorisée par le président, et je dois...

Me BERRYER. — L'avocat!... l'avocat!..., son droit serait limité! Mais en quelque endroit qu'il se trouve, en quelques archives qu'il soit caché, s'il croit un document utile à sa défense, il a droit de l'y aller prendre et de l'apporter à la lumière des débats.

Oui, il y a pour le ministère public, oui, il y a pour le magistrat des règles déterminées ; oui, ils ne peuvent lire les pièces étrangères au débat oral que conformément à certaines règles déterminées ; mais l'avocat prend les éléments de sa défense partout où il les trouve, dans le débat, hors du débat, dans les archives les plus secrètes, entre les mains de son adversaire, partout ! C'est un droit sacré, un droit qui m'appartient, qui touche aux plus hauts intérêts, un droit que je ne laisserai jamais affaiblir entre mes mains.

Ces quelques mots de Me Berryer, dits avec une chaleur, une animation, une noblesse dout on ne peut se faire idée si on ne les a entendus et si on n'a vu la figure si belle et si passionnée de l'éloquent avocat, produisent une profonde impression qui se traduit bientôt en un tonnerre d'applaudissements.

M. L'AVOCAT GÉNÉRAL. — Nous requérons formellement que la salle soit complétement évacuée.

M. LE PRÉSIDENT. — Je rappelle à l'auditoire le respect dû à la justice. Si pareille chose se renouvelle, j'userai du droit qui m'appartient et je ferai évacuer la salle. J'ordonne donc, dans l'intérêt même de la défense, aux sentinelles de veiller à ce que le silence ne soit plus troublé par aucun signe d'approbation ou d'improbation ; s'il en était autrement, que les personnes qui se permettraient de troubler l'ordre soient amenées devant la barre.

Me BERRYER. — Ainsi, le dimanche, M. Dujarier voulait se battre pour n'avoir pas dix duels sur les bras. Vous avez entendu M. Alexandre Dumas, dont la déposition a été très claire et très significative ; M. Dumas vous a dit que Dujarier lui avait parlé de la nécessité de se battre pour éviter d'avoir dix duels, ajoutant qu'il éviterait, en se battant avec un bon tireur comme M. de Beauvallon, d'avoir d'autres duels.

Ainsi, vous le voyez, de ce bref exposé il résulte, d'une part, que M. Dujarier fait tout pour se battre, d'autre part, que M. de Beauvallon fait tout pour éviter le combat ou pour le rendre le plus favorable possible à M. Dujarier.

On a parlé, je le sais, d'une provocation écrite. Qu'une note ait été écrite, cela est certain ; mais il ne faut pas se tromper sur sa portée et sur sa destination. Cet acte était fait pour mettre à l'abri de la justice les témoins. Mais qu'il y ait là un témoignage de provocation, cela n'est pas, cela ne peut pas se soutenir un seul instant.

Maintenant, comment les choses se sont-elles passées ? Ce qui est certain, c'est d'abord la pensée de faire prévaloir le duel à l'épée... ce qui est certain, c'est le désir qu'on a eu de faire prévaloir le duel avec des pistolets d'arçon. Les témoins de M. Dujarier, ou du moins un des témoins de M. Dujarier, refusa ces pistolets, en disant : « Mais vous voulez donc que ce combat ne soit pas sérieux? » Ce n'est pas tout, quand on est sur le terrain, que se passe-t-il encore?

Le témoin de M. de Beauvallon arrive et propose de mettre une quadruple charge. Quel en était le but? Il était évident pour tous : les pistolets ainsi chargés, le coup déviait, et la balle allait on ne sait où.

Cette proposition est encore refusée.

Voilà deux efforts faits pour que le duel n'ait pas de tristes conséquences. Par qui sont-ils faits? Par M. de Beauvallon. Ce n'est point tout : entre deux places dont l'une est moins bonne que l'autre, M. de Beauvallon choisit la plus mauvaise. Le coup part : M. Dujarier tombe bientôt : il est mort.

Que se passe-t-il?

Une instruction va se faire, et l'on voudra établir que M. de Beauvallon est un traître, que les armes sont frauduleuses! Frauduleuses! mais M. Dujarier a choisi les armes! Frauduleuses! mais c'est le sort qui a désigné les armes de M. de Beauvallon!

On dit : Vous connaissiez les armes. Qu'entendez-vous par là, connaître les armes? Est-ce les avoir vues? Non. Connaître des armes, c'est les avoir essayées. Or, a-t-on pu établir que ces pistolets eussent été essayés? A-t-on pu établir que ces pistolets eussent été pris à un tir? A-t-on pu établir que depuis plusieurs mois, que depuis plusieurs années M. de Beauvallon fût allé au tir? Et pourtant, que voyons-nous? L'avocat général vient nous dire : Oui, ces armes ont été essayées. Essayées! mais où? quand?

Que s'est-il passé pour ces pistolets? M. de Beauvallon est allé chez son beau-frère, M. de Cassagnac; il a demandé les pistolets. M. de Cassagnac les a envoyé chercher chez M. Devisme par un M. Heurteau qui n'a point été entendu, parce qu'il n'a pu être retrouvé. Voilà ce qui est conforme à la vérité, voilà ce qui s'est passé le lundi soir. Et remarquez que le combat au pistolet ayant été choisi le lundi seulement, il est impossible de supposer que M. de Beauvallon ait eu plus tôt les pistolets.

Arrivons à la journée du mardi.

La fille du portier constate que M. de Beauvallon est sorti vers les sept heures et demie.

Nous voici au matin du duel : M. de Beauvallon part à plus de sept heures, et va, de la rue Notre-Dame-de-Lorette où il demeure, à Chaillot où demeure l'un de ses témoins, M. d'Equevilley. L'adversaire veut supposer que sur la route, comme il a dû rencontrer plusieurs tirs au pistolet, il sera entré dans l'un d'eux; mais tous les témoignages démentent cette supposition gratuite.

Il arrive chez M. d'Equevilley; il est tout naturel qu'on s'assure si la lumière n'est pas bouchée, et M. d'Equevilley flambe les pistolets. M. de Beauvallon laisse les pistolets à M. d'Equevilley, et il ne les revoit plus que sur le terrain : je n'ai plus à m'en occuper, on ne peut plus dire qu'il va les essayer.

On a parlé de déloyauté!... de déloyauté! mon Dieu! Savez-vous où est la déloyauté? La déloyauté, elle est dans l'accusation qui menace la tête d'un homme dont on accuse l'honneur sur des faits qui sont injustifiés... La déloyauté, c'est cette conduite qui consiste à accuser un homme d'un fait qui ne repose sur rien, sur aucune preuve, ni forte, ni faible, ni directe, ni indirecte : voilà où est la déloyauté ; alors surtout que l'homme dont vous parlez a tout fait pour éviter le duel... Oui, voilà où est la déloyauté ! (L'illustre avocat parle en ce moment avec un entraînement merveilleux et l'éloquence la plus passionnée.) Quel que soit le caractère sacré de la personne au nom de qui se produit une pareille accusation, je dis que cela est déloyal ; je dis que, lorsqu'on vient demander aux jurés de venger la mort d'un homme, quand on parle au nom d'une mère, titre sacré qui donne le droit de demander justice à tort et à travers ; quand on peut dire : Voyez une mère éplorée qui crie vengeance contre le meurtrier de son fils... quand on remplit e pieux devoir, et qu'on fait ce que l'on a fait, je dis qu'on fait quelque chose de déloyal, d'injuste, de cruel, qui peut faire oublier qu'on parle au nom de la mère de Dujarier. (Mouvement dans l'auditoire.)

Où va M. de Beauvallon en quittant M. d'Equevilley ? Il retourne chez lui ; mais en passant, il entre à l'église Notre-Dame-de-Lorette : il ne m'en faut pas davantage. Oh ! non, ce n'est pas un meurtrier frauduleux, ce n'est pas un spadassin que l'homme qui, dans ce moment solennel, va se jeter aux pieds de Dieu, dont on ne se souvient pas toujours assez à travers le mouvement des affaires et des passions qui nous entraînent.

M. de Beauvallon rentre chez lui, il y trouve ses témoins qui l'attendent, change de vêtements parce qu'il était vêtu de gris, et l'on part. Ce n'est qu'aux Bains Chinois qu'on trouve une voiture : on prend des balles sur le boulevard des Italiens et l'on se rend sur le terrain.

Là, les pistolets sont flambés, les distances fixées, le signal donné ; Dujarier tire ; il manque...... Je vous le demande, messieurs, quand Dujarier avait tiré son coup de pistolet, Beauvallon pouvait-il tirer en l'air ? Non, il ne le pouvait pas, cela aurait été une insulte.

Ainsi voilà le duel, et c'est dans ce qui l'a déterminé, dans ce qui l'a précédé, dans les soins pris par les témoins, dans la manière dont les armes ont été choisies, dont les combattants ont été placés, dans le coup de feu, qu'on trouve aujourd'hui l'accusation !

J'arrive à la question de droit. M. l'avocat général a dit : « La loi punit l'homicide. » Je dis oui, quand les circonstances qui l'accompagnent font de l'homicide un meurtre ou un assassinat ; je dis oui, la loi punit cet homicide qui est un meurtre ou un assassinat, mais la loi ne peut pas et ne doit pas punir l'homicide par le duel, elle ne le punit pas.

L'homicide par le duel ne peut pas avoir le caractère du meurtre, de l'assassinat ; cela est évident ; aussi le duel, quand il était puni en France, l'était-il par des lois spéciales, par les édits sur le duel. On nous dit que le duel est rentré dans le droit commun. Expliquez-vous, qu'entendez-vous par le droit commun ? Est-ce qu'il n'y avait pas de droit commun quand les édits des rois étaient rendus ? Est-ce que sous Henri IV, est-ce que sous Louis XIII, sous Louis XIV, sous Louis XV, il n'y avait pas aussi un droit commun qui punissait le meurtre et l'assassinat ? Oui, mais on ne recourait pas aux subtilités, on ne demandait pas la tête d'un homme par des assimilations, on n'avait pas la déloyauté de croire qu'on pût punir un fait avec une loi qui ne le nomme même pas.

Qu'en résulte-t-il ? C'est que la prohibition de se battre en duel n'existe plus.

Mais, dites-vous, la religion et la morale s'opposent au duel. La religion... Laquelle ?

Dans l'état actuel de cette société, ne vous étonnez pas, quand vous me parlez de religion, que je vous réponde : Laquelle ? Ne vous étonnez pas, quand vous me dites que le duel est défendu par la civilisation.., par la religion ; ne vous étonnez pas que je vienne vous lire les paroles d'un homme profondément religieux dans toute l'acception du mot, qui a écrit les lignes suivantes :

« Les mœurs françaises sont chevaleresques... Elles sont élégantes, elles ont substitué le duel à l'assassinat... Quand l'honneur d'un homme ou d'une femme a été atteint, il faut une réparation... Le barbare a pour se venger, le guet-apens, le Français a le duel... En vain ferez-vous une législation, les hommes de cœur s'en moqueront. » Voilà ce qu'a dit récemment à la Chambre des Députés un homme grave, M. Guizot, ministre des affaires étrangères.

D'autres que M. Guizot ont tenu le même langage : lisez M. Monteil... lisez M. Brillat-Savarin, il a été trente ans membre de la Cour de cassation, et il écrivait des paroles semblables à celles de M. Guizot. J'ajouterai qu'il y a des écoles publiques où l'on apprend à tuer un homme avec l'épée ou le pistolet ; il y a dans tous les colléges des professeurs d'armes, et vous savez que les princes, comme les autres, apprennent les armes. Ne me dites donc pas que le duel est puni par la religion, je vous demanderais : laquelle ?

Oui, la loi de l'Évangile défend à l'homme de disposer de sa vie, et lui ordonne de rester sur terre pour accomplir un devoir mystérieux à travers toutes les misères de ce monde. Oui, les Papes, les conciles, la religion catholique, ont proscrit le duel, cela est vrai ; mais il importe de ne pas confondre les lois faites dans un temps de confusion d'idées avec celles faites sous l'autorité d'un principe. Ce n'est pas au nom du droit de l'homme sur l'homme que Henri IV, que Louis XIII, que Louis XIV, que Louis XV ont fait des édits contre le duel ; ils ont agi, pour rappeler leur expression, contre les transgresseurs des commandements de Dieu.

Il n'y a pas sur terre, il n'y a pas de Roi, il n'y a pas de juge qui ait le droit de dire à l'homme qu'il ne peut pas disposer de ses jours ; Dieu, la religion, l'Église ont seuls ce droit suprême ; aussi ce n'est pas comme législateurs humains que nos Rois punissaient le duel, mais comme ministres de Dieu, chargés de faire respecter ses commandements.

Voilà ce qu'on aurait dû comprendre. Et cela est si vrai, qu'autrefois on faisait ainsi, après sa mort, le procès à l'adversaire qui avait succombé ; on le traînait sur la claie. C'était en vertu du même principe qu'on punissait la profanation, le sacrilége, l'apostasie. Est-ce que tout cela serait punissable en vertu du droit de l'homme sur l'homme? Non, mais en vertu de l'autorité sacrée de Dieu. Vous avez effacé le principe ; les conséquences sont tombées avec lui. Est-ce que vous ne violeriez pas toutes les lois, est-ce que vous ne renverseriez pas toutes les bases de votre société, si vous vouliez prononcer une peine contre le suicide? Si vous ne pouvez pas poursuivre le suicide, comment pourriez-vous poursuivre le duel? .

Mais vous oubliez donc notre histoire, l'histoire de la noble France, non pas dans des temps de barbarie, mais dans des temps de gloire! Vous avez oublié qu'il y avait pour tribunal d'honneur un tribunal de maréchaux de

France ; que tous les baillages avaient leurs lieutenants dans MM. les maréchaux, chargés de prononcer sur toutes les plaintes ! Avant de poursuivre le
duel, rétablissez donc un tribunal d'honneur ; le jour où vous l'avez détruit,
vous vous êtes ravi le droit de faire condamner le duel au nom du droit de
l'homme sur l'homme.

Au point de vue moral, vous n'avez pas plus raison. Est-ce que la prostitu-
tion, passé l'âge de vingt et un ans, n'est pas en dehors des atteintes de la loi ?
N'en est-il pas ainsi de l'attentat à la pudeur sans violence sur une enfant de
plus de onze ans, parce que la loi a supposé qu'à cet âge on avait déjà la puissance morale de résister à de funestes entraînements ? Enfin l'adultère le plus
public ne reste-t-il pas impuni si le mari, maître de son honneur, ne juge pas
devoir poursuivre l'outrage qui lui a été fait ? Ce sont pourtant là de graves
atteintes à la morale, et vous êtes impuissants contre elles !

Vous vous servez de mots brillants : atteinte à la religion, à la morale...,
mais vous voyez quelle en est au fond la signification et la portée.

Je me résume : On veut réprimer un duel, et l'on vous déterminerait, pour
venger la morale, à prononcer une peine qui n'est pas inscrite, que n'a pas
inscrite, que n'a pas prévue le législateur, et qui n'est claire pour personne !

Ne savez-vous pas que tout le monde a voulu faire une loi sur le duel ? La
Constituante, la Convention, l'Assemblée des Cinq-Cents, la Restauration en
1816, la Restauration en 1828 ; deux fois, depuis 1830, on a voulu faire une
loi sur le duel ; en 1833 et ensuite en 1845, au sujet de la proposition de
MM. Dozon et Taillandier.

Il y a plus : des chanceliers, des ministres, des Cours royales ont déclaré
et déclarent que le duel n'est pas puni. Que décidait en 1838 la Cour de cassation ? Qu'il n'y avait pas de loi contre le duel, et qu'il fallait en faire une ; et
cela est tellement clair, tellement évident, qu'il n'y a pas eu encore jusqu'ici
une seule condamnation.

Et remarquez-le bien, ce ne sont pas seulement les jurés qui désirent punir
les duels suivis de mort, c'est la magistrature elle-même. Qu'avons-nous vu
récemment ? M. le duc d'Uzès s'est battu, et il n'a point été poursuivi ; M. le
maréchal Bugeaud a tué un de ses collègues, et il n'a point été poursuivi.
Dans d'autres duels encore, dans les duels les plus célèbres, il n'y a point eu
de poursuites.

Serait-ce qu'il y a des degrés dans la répression ? Non évidemment. Ce qui
a lieu prouve tout simplement qu'il n'y a pas de loi.

Et cela est tellement vrai, que vous n'avez pas traduit les témoins. Est-ce
parce qu'il y avait des excuses en leur faveur ? Non, c'était au jury à décider
ce point. Si vous n'avez pas traduit les témoins, c'est que vous saviez bien que
cette loi que vous alléguiez n'existe pas.

Ne vous y trompez pas, si vous voulez être logiques, dites que les faits qui
constituent la provocation, dites que les faits qui précèdent le duel doivent
être punis ; et vous n'osez pas le dire, sans cela vous reconnaîtriez qu'il n'y a
pas de meurtre, qu'il n'y a pas d'assassinat, vous reconnaîtriez qu'il n'y a
qu'un homicide, et l'homicide n'est pas puni.

Vous ne poursuivez, avez-vous dit, que les duels dans lesquels il y a mort ou
blessure ; eh bien ! à votre point de vue, vous violez la loi ; car il y a eu com-

mencement d'exécution, et s'il n'y a eu que commencement d'exécution, c'est que l'exécution a été arrêtée par des circonstances indépendantes de la volonté.

Au demeurant, quel est l'acte dont nous nous occupons? C'est un acte prévu par l'article 528; l'acte d'un homme qui répond à un coup par un coup, et qui n'est pas puni; il n'y a ni crime ni délit.

Mais, dit-on, il y a là un meurtre... il y a un homme qui a tué son semblable! La société est blessée, elle doit s'émouvoir! Soit, je le veux bien; mais n'y a-t-il pas des effets déplorables dont le société s'émeut, et qui ne sont point punis?...

Messieurs, je termine par un mot. Je lisais dernièrement les Capitulaires de Charlemagne, et j'y lisais que lorsque Dieu ne veut pas donner aux hommes le jugement d'une action, c'est qu'il en a réservé le jugement à son autorité suprême. Qu'il y ait moins d'orgueil chez le législateur, qu'il y ait moins d'orgueil chez les magistrats : tout ce qui s'accomplit sur cette terre n'est pas soumis à leur autorité.

Il est difficile de peindre l'effet qu'a produit la défense de M⁰ Berryer, et la profonde émotion qu'elle a causée.

L'audience, renvoyée à sept heures du soir, a été remplie par des répliques animées.

Le verdict rendu à minuit, est pour l'acquittement.

M. LE PRÉSIDENT ordonne la mise en liberté de M. Rosemond de Beauvallon.

M⁰ CARON, avoué, lit des conclusions tendantes à ce que M. de Beauvallon soit condamné à 30,000 fr. de dommages-intérêts, par corps.

M⁰ ROMIGUIÈRES, avocat, développe ces conclusions.

M⁰ BERRYER se borne à lire des conclusions tendantes au rejet des dommages-intérêts.

La Cour prononce, à une heure et demie du matin, un arrêt qui condamne M. de Beauvallon à 20,000 fr. de dommages-intérêts, et fixe à deux ans la durée de la contrainte par corps.

———

Ainsi que nous l'avons dit dans la Notice qui précède ce compte rendu, M. Rosemond de Beauvallon, acquitté par la Cour d'assises de la Seine-Inférieure sur le chef du duel, fut condamné pour faux témoignage à huit ans de réclusion, par la Cour d'assises de la Seine. Mis en liberté en 1848, sous le gouvernement provisoire, il s'est pourvu depuis en réhabilitation devant la Cour impériale de la Guadeloupe, qui, par sa *décision* du 11 janvier 1855, a déclaré qu'il n'y avait pas lieu d'examiner la demande au fond. M. de Beauvallon a déféré cette décision à la Cour de cassation, et la Cour suprême a rejeté le pourvoi par un arrêt du 21 avril 1855, dont voici les termes :

« Attendu que le demandeur, condamné pour faux témoignage par arrêt de la Cour d'assises de la Seine, du 9 novembre 1847, a formé, en 1854, une demande en réhabilitation ;

» Attendu que, par décision du 11 janvier 1855, la Cour impériale de la Guadeloupe (chambre des mises en accusation), sans avoir égard au désistement du demandeur, a été d'avis qu'en l'état il n'y avait pas lieu d'examiner au fond la demande en réhabilitation à elle présentée ;

» Attendu qu'aux termes de la loi du 3 juillet 1852, la décision rendue par une Cour impériale, en matière de réhabilitation, n'a ni le caractère ni la dénomination d'arrêt ;

» Que c'est un avis qui, dans aucun cas, n'a rien de définitif ;

» Que si cet avis est contraire au demandeur, celui-ci peut renouveler sa requête après un délai de deux ans ; s'il est favorable, il appartient au chef de l'État de statuer souverainement, sur le rapport du ministre de la justice ;

» Attendu que la décision de la Cour, n'étant pas un arrêt, ne peut, aux termes de l'article 442 du Code d'instruction criminelle, être déférée à la Cour de cassation ;

» Que le pourvoi ne pourrait être exercé que dans les conditions tracées par l'article 441 du même Code ;

» Attendu que les divers articles 177, 211, 299, 408 et 413, qui règlent les formes et les délais du pourvoi contre les décisions judiciaires aux divers degrés, ne comprennent pas le cas de réhabilitation ;

» Attendu que la procédure administrative qui doit éclairer l'avis de la Cour, l'examen auquel les magistrats doivent se livrer sur la conduite du condamné, depuis l'expiration de la peine, sur les garanties morales que son repentir peut offrir, indiquent suffisamment que cet avis ne pouvait avoir un autre caractère que celui qui lui est donné par la loi ;

» Que, dans l'espèce, les raisons de droit sur lesquelles s'appuie la Cour de la Guadeloupe ne changent pas la nature de l'acte.

» Que si, dans un cas quelconque, le pourvoi était ouvert au demandeur en réhabilitation, dont la requête a été rejetée par la Cour, il faudrait que, dans le cas de l'avis favorable, cette voie fût également ouverte au ministère public, partie nécessaire dans la décision de cette Cour ;

» Que cependant cette conséquence est inadmissible, en présence des dispositions qui lui enjoignent d'adresser, dans le plus bref délai, les pièces au ministre de la justice, pour que l'affaire reçoive la solution déterminée par la loi ;

» Déclare le pourvoi non recevable. »

MORT DE M. PAILLET.

A peine l'année judiciaire 1855-1856 venait de s'ouvrir, qu'un douloureux événement a attristé le Palais, et le deuil du Palais s'est promptement étendu sur la ville tout entière. L'avocat le plus accompli, le plus occupé, le plus aimé, M. Paillet, qui souvent avait dit : *le vendredi me tuera* (1), succombait à la barre le vendredi 16 novembre, heureux comme le soldat qui, les armes à la main, tombe sans dou-

---

(1) C'était le jour où il était le plus surchargé d'affaires.

leur sous la balle inconnue qu'il n'a pas vue venir. Il plaidait devant
la 1re chambre présidée par M. Debelleyme, une cause littéraire. On
s'était aperçu vers les dernières phrases que ce cerveau si lucide se
couvrait d'un nuage, que cette parole si nette, si précise, devenait
hésitante, embarrassée ; il paraissait avoir hâte de finir. Il s'arrête,
il s'assied, ou plutôt il s'affaisse sur lui-même, sa tête se renverse,
sa bouche se contracte, ses yeux se ferment... il avait perdu connaissance. On s'empresse autour de lui, le tribunal lève l'audience,
on le transporte dans une pièce voisine de la chambre du conseil,
un médecin est appelé, une saignée pratiquée... Vains efforts ! Cette
belle intelligence assoupie ne doit plus se réveiller, ou si elle se
réveille un instant encore (1), ce ne sera que pour jeter une rapide
et dernière lueur avant de s'éteindre pour jamais. Frappé vers une
heure, M. Paillet expirait à six heures. Le lendemain, à cette nouvelle, les présidents de toutes les chambres nonçaient que les cours
et les tribunaux ne siégeraient pas le jour de ses obsèques, rendant
ainsi un hommage, jusque-là sans exemple, à la mémoire de l'homme
de bien plus encore qu'à l'éminence du talent.

Les obsèques ont lieu le lundi 19. Peu de convois ont réuni un
concours spontané si considérable et si divers. L'église Saint-Roch
est pleine, et plusieurs centaines de personnes, qui n'ont pu y trouver
place, en assiégent les degrés. Ministres, hauts dignitaires de l'État,
anciens pairs de France, anciens députés, magistrats, avocats, avoués,
gens de robes, gens d'épée, gens de lettres, hommes et femmes du
peuple, sont là confondus dans les mêmes rangs, réunis par le même
sentiment. Quel mobile les a fait accourir ainsi de tous les points
de Paris ? Est-ce le besoin de faire acte de présence, le désir d'être
vus ? Non ; celui dont ils entourent le cercueil a perdu tout son pouvoir en y descendant, mais il était bon, secourable, désintéressé,
toujours prêt à défendre le faible contre le fort, et la vertu exerce
encore parmi nous cet empire de courber tous les fronts au moins
sur la tombe de ceux qui l'ont pratiquée.

Après une messe chantée en musique, le char funèbre se dirige vers
le Père-Lachaise, par les rues de Rivoli, Saint-Antoine et de la Ro-
quette. Derrière le char viennent à pied environ quatre cents avocats
en robe, précédant une longue et silencieuse colonne de citoyens.
Le cercueil est descendu dans le tombeau de la famille. C'est là
que l'honorable bâtonnier, M. Bethmont, s'était réservé l'honneur
d'adresser au *bon confrère* un dernier adieu. Mais malade, obligé de
quitter le convoi à la sortie de Saint-Roch, il avait remis à M. Marie,

---

(1) Selon M. Paillard de Villeneuve (*Gazette des Tribunaux* du 18 novembre), il aurait repris connaissance à l'arrivée du curé de Saint-Roch, et aurait pu être administré   avant d'expirer.

le manuscrit de son discours. M. Marie, entouré des membres de l'Ordre, lit d'une voix émue, souvent suffoquée par les larmes, les belles paroles que voici :

« Messieurs,

» Celui dont la mort soudaine nous a frappés d'un saisissement si cruel, et répand sur la cité entière un profond sentiment de deuil, était un simple citoyen.

» Avocat, il a exercé pendant trente ans son ministère devant la justice. C'est parce que nous avons partagé les travaux de sa vie, parce que nous l'avons compté entre nos chefs les plus éminents, que m'est échu, au nom de mon Ordre, l'honneur bien douloureux, hélas ! de lui dire un suprême adieu.

» Au moment où sa tombe se ferme, où la terre nous reprend ce qu'il y eut en lui de périssable, je viens vous entretenir de son intelligence, de son âme, qui ne périssent pas ; puisse ma parole vraie, quoique pieusement amie, vous peindre fidèlement, pour la consolation de la famille qui pleure, pour l'édification de tous, cette vie qui fut une lutte sans repos et sans trêve pour le devoir, cette vie simple et grande, comme est la vertu !

» Alphonse Paillet est né le 17 novembre 1796 ; il est mort le 16 novembre, quand l'amour des siens se préparait à fêter l'anniversaire de sa naissance.

» Son père était notaire à Soissons, homme de bien ; et le fils, dans ses causeries familières, aimait à raconter les enseignements de probité rigide qu'il avait reçus de lui.

» Il fut envoyé à Paris, pour faire ses études au lycée Charlemagne, qui lui a donné bien des couronnes.

» Cependant, après qu'il eut conquis tous les grades, et consacré ses premières années à la cléricature, il revint à Soissons et y fit ses débuts d'avocat.

» Un vieux praticien, dont il a gardé toujours un souvenir reconnaissant, devina dans ses débuts son brillant avenir, et l'encouragea à rechercher un plus vaste champ d'épreuves.

» Il s'était marié ; il était père ; son patrimoine était léger.—Il vint courageusement à Paris. — Il était modeste ; mais la modestie est une pudeur qui n'ôte pas au talent la conscience de sa force.

» Paillet fut inscrit au Barreau de Paris en décembre 1824.

» Dans ce même temps, un acte abominable, ou de fureur ou de démence, venait de terrifier la ville. Un homme avait égorgé deux jeunes enfants ; cet homme était livré à la justice criminelle, et la famille vint confier à Paillet cette difficile défense.

» L'attention publique était vivement excitée; les magistrats les plus élevés suivaient l'audience. Paillet, qu'animait une conviction profonde, voulait arracher le monomane à l'échafaud. — Son talent se révéla dès lors avec tous ses germes de logique puissante, de raison élevée, de langage pur et correct qui, plus tard, devaient lui donner le premier rang.

» Mais, dans cette carrière, la pente est rude et longue à gravir. Paillet, malgré l'éclat de sa première plaidoirie, resta huit ou dix ans à se faire connaître, à se faire accepter. — Le patrimoine du jeune avocat s'était peu à peu dépensé; les épreuves avaient été cruelles; son courage fut infatigable. Nous le vîmes marcher d'un pas ferme sur cette route péniblement frayée. — C'était en 1834. — La clientèle s'attachait à lui, pour ne l'abandonner plus. On avait jugé le maître : sa famille du Barreau lui tendait la main pour le porter à son faîte.

» Il fut élu bâtonnier en 1839.

» Depuis cette époque, on l'a vu toujours au premier rang, — au criminel comme au civil. — Les plus grandes causes sont venues à lui, et il n'a été inférieur à aucune.

» Dois-je ici vous parler des richesses merveilleuses de son intelligence? Que vous dirais-je? Exposait-il la cause, il n'y avait plus de complications, de ténèbres : il trouvait un fil dans tous les dédales, une clarté pour toutes les ombres. Et, quand il discutait, quelle solidité dans le savoir, quelle sagacité dans le jugement, quelle dialectique puissante, inévitable dans la lutte!

» Mais je ne songe qu'aux beautés de son intelligence : vous me reprochez d'oublier celles de son cœur.

» Que pouvez-vous apprendre? — Son cœur n'est-il pas, depuis trente ans, un livre ouvert devant les magistrats, devant ses rivaux, devant tous, pour tous?...

» Oui, l'orateur qui, tous les jours, à la barre, dans les luttes les plus diverses sur les intérêts qui divisent les hommes, sur les devoirs sacrés de la famille, sur les lois éternelles de la morale, fait sans cesse l'émission de sa pensée, l'expansion de ses sentiments, celui-là réalise le vœu du philosophe : il vit dans une maison de verre; chacun peut lire dans son âme; et, je vous atteste, qu'avez-vous lu dans la sienne, sinon l'amour du bon et du beau ; une sainte ardeur pour la justice, des sentiments élevés, généreux, et l'inépuisable bienveillance dont sa vie est si empreinte que, quand on oublie ses autres vertus, elle semble à elle seule définir et constituer son caractère?

» Paillet prit part aux mouvements de notre vie politique. Il fut élu en 1846 par deux colléges; il fut rappelé dans l'Assemblée légis-

lative en 1849. La droiture, l'unité, la modération d'un tel caractère, garantissaient d'avance qu'il apporterait dans ces grandes
assemblées l'amour élevé des idées libérales, auxquelles il est toujours resté fidèle.

» Les travaux des Chambres ne sont pas éloignés de ceux du
Palais. — Sa puissante organisation, son infatigable ardeur au travail suffisaient à tout.

» Mais, en 1849, sa santé avait reçu de graves atteintes. Il les
combattit avec succès, et bientôt nous l'avons revu plus actif, plus
chargé d'affaires, et, chose qui nous confondait, avec un talent qui
grandissait toujours.

» C'était, hélas! le dernier triomphe de l'énergie morale sur une
constitution épuisée.

» Il a eu, toute cette année, l'intuition de sa mort; il nous disait
avec un mélancolique pressentiment : « Je mourrai à la Barre. » Et
pourtant, souffrances cruelles, pressentiments funestes, rien n'a pu
vaincre l'ardeur fiévreuse qui l'entraînait au travail.

» Il est mort à deux heures, au milieu d'une plaidoirie commencée
avec un esprit plein de grâce. Tout d'un coup, un nuage de mort a
passé sur cette belle intelligence ; cette voix, si ferme toujours, a
balbutié, et il s'est affaissé sur lui-même.

» La justice s'est arrêtée. Le chef de la magistrature s'est précipité de son siége pour tendre la main au soldat judiciaire qui défail-
lait. Inutile secours! Il tombait mort, et, suivant ses prophétiques
paroles, sa robe était son linceul.

» Ainsi s'est brisée dans le combat sa noble vie.

» Et maintenant, repose, lutteur infatigable, qui n'as voulu le
repos que dans la tombe; tu as été parmi nous le type du talent, de
la probité, des mœurs confraternelles : tu fus l'objet de notre culte,
tu resteras celui de nos éternels regrets ! »

Le lendemain des funérailles, M. H. Cauvain publiait dans le
Constitutionnel un article qui a été très remarqué. Nous avons pensé
que nos lecteurs seraient bien aises de le retrouver ici.

« M. PAILLET.

» Le 16 novembre, la première chambre du tribunal de la Seine
s'occupait d'un procès tout littéraire. M. Paillet était chargé des intérêts de l'une des parties. Durant son plaidoyer, son adversaire, les
avocats présents à la barre, les magistrats, tout en écoutant, avec

leur attention accoutumée sa parole ordinairement si sûre d'elle-
même, remarquèrent une certaine altération dans ses traits. Ses
yeux brillaient d'un éclat fébrile ; son visage s'était empourpré. Sa
diction, d'une netteté si admirable, s'embarrassait par moments.
Lui qui gouvernait avec tant d'aisance le mouvement toujours réglé
de sa pensée et de sa diction, semblait, par intervalles, faire un effort
pénible pour rassembler ses idées et pour disposer sa phrase. Quelques mots surtout ne sortaient de sa bouche qu'au prix de laborieuses fatigues. On eût dit qu'il avait hâte de terminer. Il cessa de
parler et tomba sur un banc comme saisi d'un étourdissement. On
s'empressa autour de lui. Le président, M. Debelleyme, le tribunal
tout entier manifestèrent la plus touchante sollicitude. On le condui-
sit, soutenu par ses confrères, dans un petit salon réservé aux avocats. Là, à peine assis dans un fauteuil, il se renversa en arrière,
une sorte de convulsion ouvrit ses lèvres et son visage se décomposa.
Il avait perdu connaissance. Les secours de l'art lui furent prodigués, mais en vain. On put le transporter à sa maison ; à six heures,
après avoir reçu les sacrements de l'Eglise, il rendit le dernier soupir. Telle a été la fin de cet avocat éminent, qu'un coup soudain a
frappé à la barre, et qui a été emporté du Palais, encore vêtu de sa
toge, comme un soldat atteint sur le champ de bataille est enlevé dans
son armure.

» Nous n'essaierons pas de peindre la consternation, les angoisses,
les douleurs de sa famille. De telles souffrances se devinent : on ne
les raconte pas. Cette catastrophe si imprévue et si cruelle, par une
coïncidence singulière, arrivait le jour même où M. Paillet avait cinquante-neuf ans, le jour même où l'on célébrait la fête de madame
Paillet : double solennité qui devait se changer en un deuil irréparable. Au Palais, dès que la fatale nouvelle s'est répandue, dès qu'on
a appris ce qui venait de se passer à la première chambre, la désolation a été générale. On aimait encore à espérer ; on disait que le
song avait coulé abondamment sous la lancette du chirurgien et que
la science médicale pouvait encore triompher d'une crise passagère.
On n'acceptait point cette idée affreuse que cette noble et belle intelligence s'était éteinte comme un flambeau que souffle un vent d'orage,
et que cet homme, encore si jeune d'aspect et d'humeur, qu'on avait
vu une heure auparavant rayonnant de vigueur et de santé, avait
reçu une atteinte mortelle. Sa demeure, pendant toute la soirée, a
été littéralement assiégée par une foule de confrères, d'amis, de
clients, d'officiers ministériels, de magistrats. Tous, on peut le dire,
se plaisaient à croire que le sacrifice ne s'était point accompli. Tous
ont appris avec stupeur que la mort n'avait point lâché sa proie.
Parmi ces visiteurs qui accouraient, l'âme inquiète et qui s'en retour-

naient navrés de douleur, il y avait les parents, des amis intimes, venus pour s'associer à la joie d'un double anniversaire, et qui n'ont trouvé, au lieu des fêtes douces et paisibles du foyer domestique, qu'une famille éperdue pleurant auprès d'un cercueil.

» Le lendemain, le Palais, pour l'observateur le moins attentif, présentait une physionomie inaccoutumée. On lisait la tristesse sur tous les visages, on voyait des larmes dans tous les yeux. Dans ce monde judiciaire qui a ses passions, ses rivalités, ses préférences et ses rancunes, il n'y avait plus qu'une voix et qu'une âme. Il semblait que ce coup de foudre eût enlevé à chacun de nous un parent, un ami, un camarade, un de ces compagnons dévoués de notre vie, que nous ne pouvons voir disparaître sans que notre cœur se brise et saigne. Jamais regrets, peut-être, n'ont été plus unanimes, jamais deuil plus universel !

» Ce concert d'éloges et de plaintes ne saurait surprendre. M. Paillet était une des gloires du barreau. C'était un talent supérieur, et il n'y a rien au Palais qui conquière plus sûrement l'admiration que le véritable talent, que ce talent de bon aloi, qui ne doit ses succès ni aux fantaisies de la vogue, ni aux artifices du charlatanisme et qui est sorti heureusement de toutes les épreuves, même de celle du succès. De plus, cette supériorité reconnue, acceptée de tous, n'était point blessante ; elle ne pesait à personne. Aussi affable envers le plus humble de ses confrères qu'à l'égard des maîtres de la parole, M. Paillet avait, sans affectation, cette modestie sincère et vraie qui est une parure pour le mérite. Plaidait-il contre un jeune avocat, il ne prenait point ces airs vainqueurs du géant qui va terrasser un pygmée. Prodigue d'encouragements avec son adversaire, il lui faisait même l'honneur de redouter ses coups. La victoire ou la défaite le trouvaient toujours le même, plein de calme et d'aménité, indulgent aux autres, esquivant la louange, louant volontiers le prochain, réservé sans morgue, courtois avec discernement, aimable pour tous en évitant la banalité, prompt à rendre service, ouvrant sa main et son cœur à qui avait besoin d'un conseil ou d'un appui. On admirait son talent ; on estimait son caractère ; on aimait sa personne. Ne nous étonnons point si autour de lui il n'y avait ni jalousie, ni haine, ni méfiance, et si sa perte prématurée et soudaine a soulevé dans ce Palais rempli de son souvenir, une douleur si profonde et de si vifs regrets.

» M. Paillet était inscrit au barreau de Paris depuis 1824. Il avait alors vingt-huit ans, et il avait passé les premiers temps de sa jeunesse dans un barreau de province, où les qualités brillantes et solides de son esprit s'étaient déjà fait distinguer. Sa réputation date de 1825. Il suffisait, en cet heureux temps, d'une occasion pour mettre en relief un jeune avocat. M. Paillet avait été chargé de la défense de cet homme étrange et fatal qu'on appelait Papavoine, et qui, poussé, ce semble, par une pensée infernale, avait égorgé, on ne savait pourquoi, deux enfants sous les yeux de leur mère. On agitait alors une thèse que la science médicale a souvent accueillie et qne la justice a repoussée toujours. On se demandait si certains crimes, demeurés inexplicables, n'étaient point des actes de folie, et si les auteurs de ces méfaits ne devaient point être traités comme des maniaques, au lieu d'être condamnés comme des criminels. En effleurant ces questions brûlantes, M. Paillet, fidèle à sa nature contenue et discrète, demeura dans les limites du bon sens et des convenances. Son plaidoyer attira l'attention bienveillante des maîtres du barreau, qui s'empressèrent, à l'envi, de soutenir par leurs encouragements et par leurs conseils ce jeune homme en qui se révélait déjà un talent sérieux et brillant.

» On peut remarquer, d'ailleurs, comme une circonstance curieuse, que c'est par un succès de cour d'assises que commença le renom de cet avocat, qui a dû ses plus beaux triomphes aux audiences civiles. Par la nature de son talent de même que par la pente de son esprit, M. Paillet n'était point destiné aux émotions ardentes, aux brusques péripéties, aux luttes périlleuses des procès criminels. Il y portait, sans doute, son bon sens exquis, sa clarté merveilleuse, sa profonde connaissance des hommes et des choses, son expérience consommée, son habileté d'autant plus puissante qu'elle semblait s'ignorer elle-même, et cette parole vive, alerte, ingénieuse, qu'on écoutait sans fatigue et qui éveillait la sympathie. Toutefois, M. Paillet, pour être jugé dans toute sa valeur, devait être entendu dans une affaire civile. Là, tous les dons de son intelligence, toutes les qualités de son talent se développaient à l'aise dans leur force et dans leur éclat. Ne posons point cette règle, cependant, sans laisser place aux exceptions. Nul n'a oublié assurément que M. Paillet, dans les débats d'un procès jugé par la cours des pairs, a trouvé, en plaidant pour un misérable assassin, pour Quenisset, les inspirations de la plus entraînante éloquence.

» Quand on écoutait à l'audience M. Paillet, et que, tout en admirant sa parole, on l'étudiait avec attention, il n'était pas difficile, selon nous, de surprendre la raison de ses succès oratoires. Parmi ses rivaux, parmi ses émules, il y en avait, sans doute, plus d'un qui l'emportait sur lui par telle ou telle partie spéciale de l'orateur. L'un possède plus que lui le don du pathétique et le secret des larmes. L'autre aiguise d'une main plus savante les flèches de l'épigramme. Celui-ci s'élance avec plus d'ampleur sur les sommets de la philosophie. Celui-là serre avec plus de vigueur la chaîne du raisonnement. Mais

M. Paillet, à un degré moindre il est vrai, mais avec une pondération parfaite de ces facultés diverses, les réunit toutes dans un ensemble harmonieux. Il sait émouvoir; il manie avec facilité, avec grâce, l'arme de l'ironie; il peut au besoin agrandir son style avec son sujet, et devenir, quand il le faut, un dialecticien nerveux et fort. Ces qualités, pour être plus mitoyennes, si l'on peut parler ainsi, n'en sont pas moins d'une trempe fine et distinguée. Elles s'équilibrent à merveille, de façon à faire valoir l'une par l'autre, loin de se neutraliser ou de se nuire. La modération dans la force, tel est le caractère propre de son talent. Ecoutez-le; il ne vous éblouit point, mais il ne vous égarera jamais; il n'a point ces mouvements passionnés et ardents qui font courir le frisson sur l'auditoire; mais son style sera toujours égal et élégant. S'il égaie la discussion par une plaisanterie, soyez sûrs qu'il ne dira jamais ni une méchanceté, ni une inconvenance. Sa parole ne brûle pas; mais elle échauffe, elle éclaire. Et puis, quel enchaînement lumineux dans ses idées! quelle méthode dans son exposition! quel choix exquis d'arguments et de preuves! quel souffle d'honnêteté et de conviction dans cette parole tempérée et maîtresse d'elle-même, qui ne cherche jamais le scandale, qui repousse les ornements inutiles et les vaines subtilités, qui charme et qui séduit d'autant mieux qu'elle est simple, naturelle et facile!

» Si nous voulions préciser encore davantage la nature particulière du talent de M. Paillet, nous dirions qu'à notre sens, il était de ceux qui doivent inspirer au juge la sécurité et la confiance. On peut se placer à plus d'un point de vue pour apprécier la parole d'un avocat. Il y a souvent dans une salle d'audience des amateurs d'émotions, qui ne recherchent que des effets oratoires et qui ne se laissent toucher que par le luxe des métaphores et par le cliquetis des mots. Que l'orateur ait une bonne voix, qu'il sache défiler le chapelet interminable de périodes sonores, qu'il entremêle ses harangues de quelques clameurs et qu'il remue à souhait la tête et les bras, ces auditeurs bénévoles sont émerveillés, et, en sortant du prétoire, ils se regardent les uns les autres, étourdis d'admiration. On rencontre aussi, mais plus rarement, un petit nombre de connaisseurs délicats et difficiles qui ne voient dans une plaidoirie qu'une œuvre d'art, qui se préoccupent, non de l'intérêt des parties, mais du mérite de la forme, et qui ne demandent à l'orateur que la pureté du goût et l'éloquence de la diction. Au milieu de cet auditoire désintéressé, il faut faire la part du plaideur : celui-là veut surtout que l'on épouse sa querelle, que l'on serve ses rancunes, que l'on flatte ses préjugés. Admirable sera pour lui l'avocat qui tonnera contre son adversaire, alors même que la cause devrait sombrer dans la tempête. Mais, au-dessus de ces curiosités et de ces passions, se trouve le juge ; — le juge qui veut en conscience remplir son devoir, qui cherche dans une discussion la lumière de la vérité, et qui a la ferme intention de rendre à chacun bonne et exacte justice.

» Plaçons-nous, par la pensée, sur le siége du juge, et nous comprendrons quelles sont ses pensées quand l'avocat plaide devant lui. Si l'avocat est obscur, s'il parle mal, s'il ne sait point son affaire, le juge souffre, sans doute ; mais encore pourra-t-il demander le dossier et juger sur pièces. Le péril sera peu grave pour sa conscience de magistrat. Si l'avocat, au contraire, a du talent, plus d'un écueil se présente. Le juge sera disposé à se méfier des artifices du langage. Il se tiendra en garde contre une dextérité trop manifeste, contre des raisonnements trop subtils, contre une parole trop captieuse. Une épigramme, plus vive que de raison, lui inspirera de l'inquiétude. Il craindra qu'un mouvement oratoire n'entraîne sa sensibilité. On le verra se roidir, en un mot, contre tout cet appareil d'éloquence qui éblouit le spectateur indifférent, mais qui n'ébranle guère le magistrat pénétré de la sainteté de sa mission. Le juge, en définitive, le juge, c'est pour lui que l'avocat parle, et parfois l'avocat se préoccupe de tout le monde, hormis de celui que sa parole doit éclairer et convaincre. Heureux l'orateur qui a, comme on dit, l'oreille du juge, qui sait captiver et retenir son attention bienveillante, qui lui inspire en même temps sympathie et confiance, et qui est accepté par lui comme un auxiliaire de la justice.

» Tel était par excellence M. Paillet. Toujours clair, toujours précis, sachant toujours ses affaires (1), il avait surtout l'art de les exposer avec un rare bonheur. Presque constamment son exposition était si nette, si concluante, si lumineuse, qu'elle le dispensait des lenteurs du commentaire et des fatigues de la discussion. Son extrême réserve, sa modération constante, la fermeté souvent courageuse avec laquelle il mettait à l'écart les passions du client, étaient autant de raisons pour croire à ses affirmations, qui ne se produisaient jamais sous une forme tranchante et absolue, pour accepter ses appréciations, qui n'avaient jamais rien d'exagéré ni d'extrême, pour s'abandonner sans crainte et sans remords au charme pénétrant de sa parole pleine de tact et de mesure. Voilà, si nous ne nous trompons, pourquoi M. Paillet, tout en plaisant à l'auditoire, avait des

---

(1) Les procédés de travail de Mᵉ Paillet expliquent ses succès constants. Jamais avocat ne donna moins au hasard. Il ne se présentait à la barre qu'armé de notes si bien faites, qu'au besoin un de ses confrères eût pu s'en servir pour plaider. On raconte qu'un jour M. le premier président Séguier répondit à Mᵉ Paillet, *intimé*, qui s'excusait de plaider en l'absence de son adversaire, *appelant*, « Plaidez toujours, maître Paillet, quand on vous a entendu on connaît le système des deux parties. »

» succès si éclatants auprès du juge. Voilà pourquoi c'était un avocat si utile, si autorisé, si redoutable à ses adversaires.

» La mort de M. Paillet laissera au Palais un vide qui ne sera point rempli. Il appartenait à cette forte génération d'avocats que des circonstances exceptionnelles ont créés et qui ne sauraient être remplacés. Après la Révolution, après l'Empire, une société nouvelle a été refaite. La fortune territoriale a été remaniée ; la fortune mobilière a pris naissance. En même temps, un corps de droit nouveau avait été inauguré. Il fallait interpréter le Code et fonder la jurisprudence. De cette situation a jailli une foule de grands procès. Les avocats alors étaient peu nombreux. Ils ont pu se former, jeunes encore, grâce aux occasions merveilleuses qui leur étaient offertes. Leur talent a grandi au milieu des encouragements de toute nature qui leur étaient prodigués. De nos jours, la jurisprudence est fixée sur un grand nombre de points. L'argent va aux actions industrielles. Les affaires, les belles affaires, celles qui font les orateurs, deviennent rares. Le niveau des intelligences n'a pas baissé, mais le mouvement judiciaire s'est ralenti. Tel avocat qui aurait eu, en d'autres temps, des triomphes oratoires, est obligé de laisser assoupir son talent dans les luttes mesquines de la cinquième chambre, ces limbes du jeune barreau. Comment deviendrait-on Paillet ou Philippe Dupin, quand on passe dix ans de son existence à plaider des causes sommaires ?

» Au moins M. Paillet n'était pas de ceux qui voient cet état de choses d'un œil insensible. Il n'a rien épargné pour ouvrir la carrière aux avocats de mérite et d'avenir. Son cabinet a été une véritable pépinière de talents jeunes et sérieux. Pendant le temps de son bâtonnat, il a donné la plus vive impulsion aux travaux utiles de la conférence. Ses conseils, non plus que sa cordiale obligeance, n'ont jamais fait défaut à personne. En même temps que sa vie était pour tous un exemple et un encouragement, son appui bienveillant était acquis à tous ceux qui le réclamaient. La sûreté de son commerce, la douce familiarité de ses relations sont vantées par ses amis, par ses camarades que l'âge et la position rapprochaient de lui. Le jeune barreau regrettera en lui un guide plein d'affabilité, un maître qui n'a jamais fait sentir à qui que ce soit le joug de son autorité.

» Mais à quoi bon ces éloges ? Le fait éclatant dont Paris a été témoin le 19 novembre vaut mieux que tous les panégyriques. La mort inattendue de M. Paillet a été un événement ; ses funérailles seront pour le barreau une date mémorable. La présence des avocats, tous revêtus de leurs insignes professionnels, leur a donné le caractère d'une imposante manifestation. La magistrature y avait marqué sa place. En apprenant la mort de M. Paillet, M. le premier président Delangle avait annoncé que la Cour ne tiendrait pas d'audience le jour de ses obsèques afin que la magistrature pût y assister : touchant hommage rendu à l'avocat de talent, à l'homme de bien, et d'autant plus précieux que le chef éminent de la Cour a été l'une des lumières de notre barreau. Les avocats à la Cour de cassation, les notaires, les avoués de première instance et d'appel y étaient représentés par leurs chambres disciplinaires. On retrouvait enfin dans le cortége funèbre, parmi une foule empressée de clients et d'amis, les avocats que le barreau a cédés à la politique, aux affaires, à la magistrature : M. Abbatucci, M. Delangle, M. Baroche, M. Billault, M. Boinvilliers, M. Duvergier. On peut le dire sans exagération : le monde judiciaire tout entier était debout auprès de cette tombe, prématurément ouverte, pour honorer la mémoire de M. Paillet et pour s'associer au deuil de sa famille.

» Henri Cauvain. »

TRIBUNAL CIVIL DE LA SEINE
1re chambre.

PRÉSIDENCE DE M. PASQUIER.

AFFAIRE CRETAINE ET FAILLITE GAUTHIER
(Henrionnet, syndic).

Contre ORSI, en présence de LECAMUS.

Audiences des 6, 13 et 20 décembre 1855.

État de la cause :

M. Cretaine, prétendant avoir vendu à MM. Gauthier et Lecamus une concession de onze lieues carrées de terre en Californie, au prix de 100,000 fr., demande le paiement de cette somme ou la résolution de la vente.

M. Gauthier et M. Henrionnet, syndic de sa faillite, ont appelé en garantie M. Orsi, à qui ils prétendent avoir revendu la concession, moyennant 900,000 fr., dont ils demandent le paiement.

Après quelques explications préliminaires, fournies par Me Rivière, avocat de M. Cretaine; par Me Pouget, avocat de M. Lecamus, et par Me Crémieux, avocat de MM. Gauthier et Henrionnet, qui annonce ne pouvoir engager utilement le débat qu'après avoir entendu la réponse de **M.** Orsi aux actes qu'on lui oppose, M. GRÉVY, avocat de ce dernier, prend la parole.

PLAIDOIRIE DE Me GRÉVY.

Messieurs,

On fait à M. Orsi un procès inique. On veut le rendre, malgré lui, malgré les conventions, malgré les actes, acquéreur d'une propriété en Californie, au prix modeste de 900,000 fr.

Quelle est cette propriété? quels sont les titres de ceux qui prétendent l'avoir vendue à M. Orsi? C'est un point de fait sur lequel mes adversaires ont été, et pour cause, très sobres d'explications. Il doit être éclairci, cependant; car il deviendra bientôt une des bases de la discussion.

En 1846, M. Cretaine était allé, comme tant d'autres l'ont fait depuis, chercher fortune en Californie. C'était avant la découverte de l'or, et M. Cretaine, errant à l'aventure sur cette terre alors avare et célant encore ses trésors, en fut réduit, dans sa détresse, à se mettre à la suite de l'armée du Mexique, qui était en guerre avec les États-Unis pour la possession de la Californie. Quels services pouvait rendre dans cette armée M. Cretaine, qui n'était ni militaire ni médecin? Il l'a dit modestement lui-même : il soignait les soldats lorsqu'ils étaient malades, et il les servait lorsqu'ils se portaient bien.

Cette guerre ne fut, on le sait, qu'une déroute, et le résultat d'une seule campagne fut pour le Mexique la perte de la Californie.

Au dernier moment de la lutte, lorsque l'armée des États-Unis était déjà maîtresse de la capitale et de presque tout le pays, le général Pio Pico, qui commandait l'armée mexicaine, ne pouvant plus disputer aux ennemis la conquête de la Californie, voulut au moins leur ravir la propriété privée des terres, et, posant l'épée pour la plume, il se mit à partager la Californie en concessions de dix, de quinze, de vingt lieues carrées, et à les distribuer, sous sa tente, à ceux qui l'entouraient, avec la libéralité d'un homme qui dispose de choses qu'il ne peut plus retenir et qui vont passer en des mains ennemies. M. Cretaine accourut à la distribution, comme tous les autres, et il reçut, dit-il, pour sa part, en rémunération des services que vous savez, une concession de onze lieues carrées de terres situées le long de la rivière *la Porciuncula* et sur les bords du lac *Tularès*.

Et quelles terres! Il faut entendre ici mes adversaires eux-mêmes. Avant de songer à doter M. Orsi de cette propriété, ils l'ont offerte au public, au moyen d'une société par actions, dans le prospectus et les statuts de laquelle on lit des choses comme celles-ci :

« La partie la plus élevée est couverte de chênes verts, de sycomores, de sapins,
» de vignes. Le reste du terrain est une plaine, où le maïs, le melon, la canne à
» sucre, etc., croissent sans culture. Des cerfs et des daims, des bœufs et des che-
» vaux y paissent par bandes de plusieurs mille. La rivière, comme le lac, sont
» très abondants en poissons, surtout en saumons et en truites. Il y a aussi beau-
» coup de castors. C'est dans cet espace que sont compris les terrains aurifères. On
» en trouve des dépôts et des gisements tant dans la rivière Porciuncula que dans
» le lac Tularès. On peut voir, au siége social, un fragment de caillou roulé retiré
» du lit de cette rivière, du poids total de 385 grammes, dont 262 grammes or
» pur et 83 grammes roche porphyrique. »

A l'aspect de ces merveilles, on se demande comment M. Cretaine a pu se résigner à les quitter et surtout à les vendre pour une misérable somme de 100,000 fr., qu'il n'a pas même touchée et qu'il n'aura jamais.

C'est que M. Cretaine se sentait alors un peu moins sûr de sa concession qu'il ne paraît l'être aujourd'hui. Du chiffon de papier qu'il dit avoir reçu du général Pio Pico à la propriété véritable des terres concédées il y a loin, et le gouvernement des États-Unis le lui fit bien voir. Ce gouvernement, vous le présumez bien, ne prit pas au sérieux cette distribution de terres de la Californie faite *in extremis* et si judicieusement par Pio Pico en déroute. Il institua une commission chargée de reviser toutes les concessions antérieures à la conquête. Par là se trouva déjoué le calcul du général Pio Pico, et ses libéralités suprêmes furent virtuellement infirmées. Ceux des concessionnaires qui eurent l'espoir de se faire maintenir dans leurs concessions durent se pourvoir devant la commission et justifier tant de leurs titres à la faveur qu'ils avaient obtenue, que de l'accomplissement des conditions uniformément imposées à tous les concessionnaires.

Et, d'abord, justifier de leurs titres ; car, en Amérique pas plus qu'ailleurs, on ne donne des terres au premier venu. Il faut, pour en obtenir, avoir quelque droit à ce privilége, soit par des services rendus, soit à tout autre titre. Il faut être en position de faire fructifier les terres concédées ; il faut prouver qu'on y peut mettre les capitaux nécessaires ; il faut surtout, et c'est une condition de rigueur, s'être fixé sur le sol américain, en être résident, selon l'expression des lois du pays.

J'en trouve la preuve dans un document qui a un caractère officiel. Le consul de France à San-Francisco, témoin des tromperies dont sont victimes les Européens auxquels on vend des terres, qu'à raison de leur qualité d'étrangers ils ne peuvent ni acquérir ni posséder en Californie, a écrit à ce sujet au gouvernement français, le 31 janvier 1855, une lettre pleine de sages avertissements, dans laquelle je lis ce qui suit :

« J'ai appelé à plusieurs reprises l'attention du gouvernement sur les mécomptes » auxquels on s'expose en envoyant des fonds de France en Californie, pour y cher- » cher des placements fructueux. Tout ce que j'ai dit à cette occasion est de la plus » rigoureuse exactitude et mérite d'être porté à la connaissance du public parisien, » trop enclin à écouter les rapports qu'on transmet de San-Francisco. On a orga- » nisé depuis quelque temps un genre d'industrie sur lequel je crois devoir appeler » particulièrement l'attention. Il s'agit de la vente des maisons et des terres à San- » Francisco, effectuées à des Français qui, n'étant pas domiciliés dans cet État, ne » peuvent, sous l'empire de la constitution de la Californie, y posséder des biens- » fonds légalement. Je crois devoir reproduire l'article de la Constitution qui » crée cette incapacité :

» *Les étrangers qui sont ou qui pourront devenir par la suite résidents* bona » *fide de cet État jouiront des mêmes droits, quant à la possession, la jouissance* » *et l'héritage des biens immobiliers, que les citoyens de naissance.* » (Art. 1er, § 17.)

» Suivant M. l'avocat général de San-Francisco, que j'ai consulté, et suivant » tous les avocats du pays, nul étranger non résident ne peut, sous l'empire de » cet article, se faire reconnaître un droit de possession ou de propriété sur un » immeuble. »

Ainsi donc, services rendus, position convenable, capitaux suffisants, résidence en Californie, tels sont les titres dont M. Cretaine eût dû pouvoir justifier pour se présenter devant la commission de révision. Or, vous savez si, à cet égard, il était en mesure. Des services? Ceux qu'il avait rendus à la suite de l'armée mexicaine n'étaient de nature ni à toucher beaucoup le gouvernement des États-Unis, ni à expliquer une si magnifique rémunération. Une position? Il errait en aventurier. Des capitaux? Il était dans un dénûment qu'atteste assez le parti extrême auquel il s'était résigné. Un établissement, une résidence en Amérique? Il n'en avait nulle part.

Il eût eu, en outre, à prouver devant la commission de révision, qu'il avait rempli les conditions imposées aux concessionnaires. Ces conditions, pour ne parler que des principales, sont au nombre de deux : 1° l'approbation de la concession par l'assemblée départementale ; 2° la prise de possession des terres concédées.

Cette prise de possession n'est pas chose aisée. Depuis que la découverte de l'or attire en Californie les aventuriers de tous les pays, on rencontre partout des bandes armées qui s'établissent où il leur plaît. Va-t-on prendre possession d'une concession? On les y trouve installées ; elles reçoivent le concessionnaire à coups de fusil ; il faut les déloger par le même moyen. Ce n'est pas une petite affaire que cette prise de possession *manu militari*. Aussi le faible gouvernement de la Californie s'en décharge-t-il sur les concessionnaires, auxquels il impose, comme condition de leurs concessions, l'obligation de les conquérir sur les bandes d'aventuriers qui les infestent. Les concessionnaires assez forts pour faire cette conquête sont assez forts pour la garder, et c'est autant de gagné pour la police impuissante de ce singulier pays.

Est-il nécessaire d'ajouter que M. Cretaine n'a point rempli ces conditions, dont l'inexécution cependant a toujours été pour la commission de révision une cause de refus de ratification, ainsi que le montrent ses nombreuses décisions? (*L'avocat lit quelques-unes de ces décisions.*)

Ne pouvant justifier d'aucun titre à la concession qu'il prétend avoir obtenue, n'ayant rempli aucune des conditions imposées aux concessionnaires, M. Cretaine ne songea pas un instant à se pourvoir devant la commission de révision, et voyant bien qu'il ne pouvait rien faire en Amérique de ce qu'il appelle aujourd'hui son titre, il crut qu'il en tirerait mieux parti en France, où l'on sait fort mal ce qui se fait en Californie, et il repassa l'Atlantique pour venir chercher non des acheteurs sérieux, il n'en eût point trouvé, mais des spéculateurs qui voulussent *monter une affaire*, comme ils disent, et ceux-là ne manquent jamais.

Il rencontra MM. Gauthier et Lecamus, qui lui achetèrent sa concession au prix de 100,000 fr. Les conditions de cette vente sont instructives; elles montrent bien ce que pensaient acheteurs et vendeur des droits de M. Cretaine sur la chose vendue.

« Le vendeur, porte cet acte, garantit expressément son droit à la concession
» dont il s'agit et même à l'objet concédé, mais en ce sens seulement que si le gou-
» vernement des États-Unis ou toute autre autorité compétente refusait de recon-
» naître et ratifier cette concession, le présent contrat serait considéré comme nul
» et non avenu, et les choses seraient rétablies dans leur premier état. En consé-

» quence, l'effet de la présente cession est expressément suspendu, jusqu'à la rati-
» fication dont il s'agit, pour ne se produire définitivement qu'à l'événement de
» cette condition, dont la réalisation sera suffisamment constatée par une simple
» déclaration des acheteurs. Ces derniers feront à leurs frais les diligences néces-
» saires auprès des autorités compétentes pour obtenir la ratification et se faire
» mettre en possession juridique des terrains concédés.

» La présente vente est faite moyennant la somme de 100,000 fr. de prix princi-
» pal, que les acquéreurs s'obligent de payer au vendeur dans les trois mois de
» l'obtention de la ratification de la concession, à la charge par eux de la poursuivre
» et de l'obtenir. »

Vous voyez par ces conventions étranges que le vendeur, loin de s'engager à rapporter la ratification de la concession qu'il vend, se décharge, au
contraire, de cette obligation sur les acheteurs, c'est à-dire qu'au lieu de les
rendre propriétaires, comme c'est son devoir, il les charge de le devenir eux-
mêmes. En retour, les acquéreurs ne s'engagent à payer le prix qu'après la
ratification dont la poursuite est abandonnée à leur soin et, par conséquent, à
leur volonté ; de telle sorte que, d'après ce singulier contrat, les acheteurs
deviendront propriétaires comme ils pourront, et ils paieront le prix quand ils
voudront. N'est-ce pas le cas de dire : Qui trompe-t-on ici? C'est le public
qu'on trompe, ou du moins qu'on voulait tromper ; car il eut cette fois, par
exception, le bon sens de ne pas s'y laisser prendre.

Suivant acte authentique du 28 février 1850, MM. Gauthier et Lecamus
mirent en société, au capital de 2,500,000 fr., la concession qu'ils venaient
d'acquérir. 2,500,000 fr. pour ce qu'ils avaient acheté, je ne dis pas payé,
100,000 fr. ! Bénéfice net : 2,400,000 fr. ! C'est honnête.

Malheureusement le public, comme aujourd'hui M. Orsi, ne voulut point,
malgré les splendeurs du prospectus, se laisser enrichir, et la société mourut
en naissant, faute d'actionnaires.

Rebuté de cet échec, M. Lecamus se retira de l'affaire ; mais M. Gauthier
persévéra courageusement. Battu à Paris, il transporta à Londres le théâtre de
ses opérations.

Après avoir usé sans succès trois ou quatre intermédiaires, il fit avec
M. Willmar, le 24 août 1850, une convention dont voici un court extrait :

« M. Gauthier donne mission à M. Willmar de vendre la propriété qu'il a achetée
» de M. Cretaine.

» Cette vente peut se faire, soit à un particulier solvable, soit à une compagnie
» formée ou à former pour l'exploitation des richesses minérales et agricoles de la
» Californie.

» Le prix sera de cent cinquante mille livres sterling (1,250,000 fr.), payables
» dans Londres.

» M. Gauthier offre à M. Willmar, pour rémunération de ses peines et dépenses,
» une commission de dix pour cent sur la somme de cent cinquante mille livres
» sterling, laquelle commission sera perçue au fur et à mesure du paiement de la
» somme principale et en les mêmes valeurs. »

Voilà donc M. Willmar chargé de tenter à Londres ce qui n'a pu réussir à
Paris, la vente ou la mise en société de la fameuse concession. Il échoua à
son tour.

Ce qui paraissait faire obstacle au succès des négociations, c'est que ni M. Gauthier ni M. Willmar n'étaient assez bien posés à Londres. Les Anglais, qui concluent si facilement entre eux les plus grandes affaires, se montrent très difficiles et très circonspects lorsqu'elles leur sont présentées par des gens qui ne sont pas connus dans la Cité. Force fut donc de chercher un nouvel intermédiaire accrédité en Angleterre. On songea à M. Orsi, qui avait une maison importante à Londres, où il jouissait d'une haute réputation d'honneur et de solvabilité. M. Gauthier chargea M. Darcy, son homme d'affaires et de confiance, de faire une ouverture à M. Orsi, et M. Darcy écrivit, le 12 août 1851, sous la dictée de M. Gauthier, la lettre suivante :

« *A Monsieur Orsi, à Londres.*

» Conformément à ce qui a été convenu entre nous, lors de notre dernière entre-
» vue, je viens vous entretenir par écrit d'une affaire importante qui intéresse un
» de mes clients et que vous pourriez, je l'espère, conduire à bonne fin, en y trou-
» vant naturellement une rémunération honorable pour vos bons offices. Voici ce
» dont il s'agit : »

Suivent de longs détails sur la mission précédemment donnée à MM. Feuchère, Meslin et Willmar, sur les griefs de M. Gauthier contre les deux premiers, et sur son désir de les remplacer par M. Orsi. Puis M. Darcy continue :

« Je me suis chargé de cette négociation, comptant sur votre habileté pour la
» faire arriver à bien. Il faut, avant tout, s'entendre avec M. Willmar. M. Willmar
» est évidemment, avec la connaissance approfondie qu'il a de l'affaire, le seul à
» même de bien juger de la véritable marche à suivre pour retirer sans inconvé-
» nient à MM. Meslin et Feuchère les pouvoirs temporaires dont ils sont investis.
» Dans cette combinaison, les 133,000 fr. accordés conditionnellement à M. Feu-
» chère et les 200,000 fr. accordés pareillement à M. Meslin seraient partagés entre
» M. Willmar, M. Gauthier, vous et moi, dans une proportion telle, qu'il revînt à
» M. Willmar 100,000 fr. de plus qu'il ne lui est alloué présentement, à vous,
» monsieur, 33,000 fr., à moi tout autant; le restant appartiendrait à M. Gau-
» thier.
» Le désir de M. Gauthier est de reprendre l'affaire à nouveau, sur les bases que
» j'indique, en vous laissant seuls maîtres à l'avenir, M. Willmar et vous, de la
» direction définitive à imprimer à l'opération pour la conduire à une heureuse
» solution. »

Tout avait été habilement arrangé pour faire croire à M. Orsi que, dans la négociation dont on lui proposait d'être l'intermédiaire, il s'agissait d'une affaire sérieuse et honorable. On se garda bien de lui laisser voir qu'on n'avait ni titre régulier, ni prise de possession réelle. On lui persuada, au contraire, qu'un autre mandataire de M. Gauthier, un M. de la Perrière, était parti pour l'Amérique, porteur des titres originaux, avec mission de prendre possession des terres concédées et d'obtenir la ratification de la concession. On ajouta que des négociations entamées avec une secte célèbre et puissante en Angleterre étaient poussées déjà au point qu'un de ses chefs était parti pour l'Amérique, dans le double but de visiter la concession et de presser la ratifi-

cation. C'est dans cette persuasion que M. Orsi accepta la proposition qui lui
était faite, et répondit la lettre suivante, où l'on trouve, avec l'expression de
son opinion sur l'affaire, la preuve de sa droiture et de sa bonne foi.

« Pendant les deux heures que nous sommes restés ensemble, hier, M. Willmar
» m'a fait connaître le passé et le présent de l'affaire dans tous ses détails, en s'ap·
» puyant, pour la partie législative, sur ce qui a eu lieu dans le congrès américain
» à ce sujet. Rien n'est plus clair ni plus convaincant.....
» Pour ce qui regarde les relations entre M. Meslin et M. Willmar, ce dernier
» m'a dit qu'il n'avait pas à se plaindre de M. Meslin dans l'acception stricte du
» mot ; mais qu'il le jugeait trop léger pour s'occuper de cette affaire avec des
» Anglais, et trop peu au fait des usages du pays et de la place de Londres pour
» être d'une grande utilité à M Gauthier.....
» Il me reste à vous parler de mes rapports avec M. Willmar. Après avoir lu
» attentivement la lettre que vous m'avez adressée, il a exprimé la satisfaction qu'il
» éprouverait d'être en relation avec moi, comme mandataire de M. Gauthier ;
» qu'il ne convenait pas à lui, M. Willmar, de suggérer officiellement une marche
» à suivre pour me substituer à la place de M. Meslin, et qu'il ne pensait même pas
» qu'il fût prudent de mettre de côté M. Meslin sans lui réserver un bénéfice dans
» l'affaire. M. Willmar pense que le meilleur plan à suivre serait que M. Gauthier
» s'appuyât sur ce que M. Meslin n'ayant rempli aucune de ses promesses, sa
» mission serait finie ; que d'ailleurs une personne résidant à Londres, ayant des
» affaires dans le pays, en connaissant la langue, lui paraîtrait à lui, M. Gauthier,
» bien plus influente et plus utile à ses intérêts qu'un étranger ne possédant aucun
» de ces avantages. Cependant, prenant en considération le temps perdu et quel-
» ques sacrifices d'argent, M. Gauthier réserverait à M. Meslin une bonne part dans
» l'affaire, en cas de succès, et sans qu'il eût besoin de s'en occuper. Les vues de
» M. Willmar me paraissent justes.....
» En résumé, je suis d'avis que tout est sérieux dans cette affaire, hommes et
» choses ; que l'affaire est en bon train et en de très bonnes mains, et qu'il ne fau-
» dra pas plus de trois mois pour la bien terminer. Pour ce qui regarde M. Willmar,
» je suis convaincu que les intérêts de M. Gauthier ne pourraient être confiés à une
» personne plus honorable, plus intelligente et plus capable de conduire l'affaire à
» bonne fin. Mes rapports avec lui, j'en suis sûr, seront sur un pied de plus en
» plus amical, dans le cas où vous croiriez pouvoir me confier les intérêts de
» M. Gauthier. »

Ce qu'il importe de retenir de ces deux lettres, c'est que M. Gauthier fait
demander à M. Orsi s'il veut s'entremettre pour négocier de concert avec
M. Willmar l'aliénation de la concession, et que M. Orsi y consent. C'est donc
un contrat de mandat qui va se former. Nous verrons si plus tard ce contrat
change de nature ; mais, au début, c'est bien un mandat qui est offert et
accepté.

Il s'agissait de le régulariser ; quelle forme prendrait-on ?

Puisqu'on ne s'était adressé à M. Orsi que pour que l'affaire pût être présentée sous son nom au public, on s'arrêtera tout naturellement à la pensée
de faire un acte fictif de vente par M. Gauthier à M. Orsi. De là l'acte authen·
tique du 1ᵉʳ octobre 1851, dont il vous a été donné lecture.

J'aurai à revenir sur quelques dispositions de cet acte dans la discussion

rapide qui suivra cet exposé. En ce moment, je ne veux fixer votre attention
que sur la clause suivante :

« Si, dans un an de ce jour et malgré tous ses efforts, M. Orsi n'avait pu obtenir
» la ratification du gouvernement américain, le vendeur aura le droit de se faire
» rétrocéder, à ses frais, la propriété desdits terrains, avec remise de tous titres et
» pièces, sans être tenu de faire compte à M. Orsi de toutes les impenses par lui
» faites sur lesdits terrains, dont le vendeur profitera à titre d'indemnité. »

Le but de cette clause était de limiter à un an la durée du mandat de
M. Orsi et de retirer de ses mains le droit et le moyen d'aliéner la concession,
si dans un an il n'avait pu réussir. C'est cette clause, devenue gênante, qui,
dans un an, donnera naissance au second acte authentique qui, selon mes adversaires, a fait de M. Orsi un acquéreur sérieux et définitif.

A côté de cet acte fictif, je place la contre-lettre qui lui donne son vrai
caractère et qui remet les parties dans leurs positions réelles. Cette contre-
lettre est, comme l'acte authentique, du 1ᵉʳ octobre 1851.

En voici la teneur :

ART. 1ᵉʳ. M. Orsi conclura, aussitôt que faire se pourra, la vente projetée avec
M. Scoble par l'intermédiaire de M. Léo Willmar des dix-neuf mille hectares
environ de terrains situés en Californie, district de Mariposa, dont s'agit audit acte,
moyennant le prix fixé déjà d'accord avec les parties, et tel qu'il est établi au traité
signé à Boulogne entre MM. Gauthier et Willmar, le vingt-six décembre mil huit
cent cinquante, que M. Guibert ès nom déclare bien connaître.

ART. 2. Il revient à M. Gauthier, sur ce prix, la somme de un million quatre
cent trente-sept mille cinq cents francs, laquelle somme sera répartie de la manière
suivante, sans que ladite répartition puisse faire titre à l'égard des personnes qui y
sont indiquées, sauf à l'égard de MM. Willmar, Cretaine, Orsi et Marie Darcy,
pour lesquels le présent acte vaudra délégation définitive.

RÉPARTITION.

1° A M. Léo Willmar, cent soixante-dix-neuf mille cent soixante-
sept francs, ci. . . . .   179,167 fr.
2° A M. Cretaine, ancien vendeur desdits terrains, cent mille francs, ci.   100,000
3° A M. Orsi lui-même, cinquante mille francs, ci.   50,000
4° A M. Marie Darcy, cinquante mille francs, ci.   50,000
5° A M. De la Perrière, soixante-quinze mille francs, ci   75,000
6° A M. Lucien Malézieux, négociant à Saint-Quentin, cinquante-
quatre mille quatre cent cinquante-deux francs, ci.   54,452
7° Au même M. Lucien Malézieux, douze mille francs, ci.   12,000
8° A M. Mollet, à Southampton, vingt-cinq mille francs, ci.   25,000
9° A M. Emile Lecamus, dix mille francs, ci.   10,000
10° A MM. Joliclerc (Elie) et Bouquet, demeurant à Paris, vingt-
cinq mille francs, ci.   25,000
11° A MM. Maucomble et Delépine, à San-Francisco, cinq mille
francs, ci   5,000
12° Enfin, à M. Gauthier, huit cent cinquante-et-un mille huit cent
quatre-vingt-un francs, ci.   851,881
                                                              ____
Total égal . . . . 1,437,500 fr.

Art. 6. *La mission de M. Orsi* a en outre pour objet de négocier, soit dès à présent, soit aussitôt qu'il le jugera convenable et au mieux des intérêts de M. Gauthier, la portion d'intérêt de huit cent cinquante-et-un mille huit cent quatre-vingt-un francs, qui lui revient aux termes des fixations ci-dessus, mais après avoir fait agréer par M. Gauthier les conditions de cette négociation.

Art. 7. Si M. Orsi ne terminait pas avec M. Scoble, il aurait le droit de former une autre société d'exploitation ou de vendre comme il l'entendra lesdits terrains, à la charge par lui d'assurer tant à M. Gauthier qu'à ses délégataires, et ce en espèces, le paiement intégral de un million quatre cent trente-sept mille cinq cents francs, prix de vente indiqué ci-dessus.

Art. 8. Dans le cas où la concession définitive des terrains ne serait pas confirmée par la Commission américaine d'examen, il ne serait rien dû par M. Gauthier à M. Orsi pour ses soins, peines, démarches, déboursés et frais généralement quelconques.

Tel est l'acte qui fixe la vraie position des parties. Selon cet acte, M. Orsi est chargé de mener à fin les négociations entamées avec M. Scoble ; s'il n'y peut réussir, il devra tenter, soit de vendre à d'autres, soit de former une société. Dans tous les cas, le prix à retirer de l'aliénation de la concession ne devra pas être au-dessous de 1,437,500 fr. Ce prix appartiendra à M. Gauthier, puisque c'est pour son compte que l'affaire se négocie. Sur ce prix, M. Orsi, lorsqu'il l'aura touché, devra compter certaines sommes déterminées à certains délégataires désignés. Le reste, au minimum 851,884 fr., sera remis à M. Gauthier. Quant à M. Orsi, il aura 50,000 fr., à titre de rémunération ou de commission, s'il réussit ; s'il échoue, il n'aura rien à réclamer, ni pour ses frais, ni pour sa peine.

Ce n'est donc qu'un simple contrat de mandat qui s'est formé entre M. Gauthier et M. Orsi par les actes du 1er octobre 1851.

Aussi tel est bien le caractère que leur attribue M. Darcy, le conseil de M. Gauthier et le rédacteur de ces actes, lorsqu'il en rend compte à M. Orsi, qui, resté à Londres, les a signés de confiance par l'intermédiaire d'un mandataire :

« A l'égard de M. Gauthier, lui écrit M. Darcy, le 21 octobre 1851, vous êtes » l'homme des conventions de l'acte sous seings privés du 1er octobre, le mandataire ; » aux yeux du tiers, vous êtes l'homme des conditions de l'acte authentique du » même jour, c'est-à-dire, l'acquéreur sérieux du domaine de Tularès. Vous n'avez » pas la position étroite et subordonnée de M. Meslin, simple mandataire de » M. Gauthier pour suivre l'opération Scoble seulement ; votre mandat a pour » objet la suite et la conclusion de cette opération d'abord, mais aussi la formation » de toute autre société en dehors de M. Willmar, s'il y a moyen d'en monter » une. »

Telle est également la portée que M. Gauthier lui-même donne à ces actes, lorsque, le jour même de leur signature, il les porte à la connaissance de M. Willmar. Je n'ai pas sa lettre, mais j'en trouve la substance dans la réponse de M. Willmar, datée du 15 octobre 1851, dans laquelle je lis :

« Mon cher monsieur Gauthier,
« J'ai eu l'avantage de recevoir votre lettre du 1er de ce mois, par laquelle vous » m'annoncez le choix que vous avez fait de M. Orsi, pour représenter vos intérêts

» dans l'affaire de Tularès, et ce au lieu et place de MM. Feuchère et Meslin. Je
» ne puis que me féliciter de me trouver en rapports suivis avec M. Orsi, et, quels
» que soient mes sentiments personnels à l'égard de M. Meslin, je n'ai pas le droit de
» critiquer la mesure que vous avez prise à son égard. La seule observation que je
» me permettrai dans l'intérêt de tous, c'est que ces fréquents changements de man-
» dataires ne peuvent produire qu'un très fâcheux effet sur l'esprit de M. Scoble
» et de ses amis, etc. »

Je pourrais multiplier ces preuves en puisant presque au hasard dans la
volumineuse correspondance qui remplit mon dossier; je ne citerai plus
qu'une autre lettre de M. Gauthier à M. Darcy, lettre datée du 20 novembre 1851 et dans laquelle, à propos d'un remaniement des sommes déléguées,
M. Gauthier s'exprime ainsi :

« Les nouvelles dispositions prises par M. Orsi, et que vous avez approuvées en
» mon nom, détruisent tout ce que j'avais cru devoir proposer à MM. Obert et
» Dunlop. Je vous dirai plus bas ce que je leur écris aujourd'hui. Pour le moment,
» parlons de la position qui me serait faite par la nouvelle combinaison. Il paraît
» que M. Orsi ne s'est pas séparé de M. Willmar, il faut donc que ce dernier con-
» serve la part qu'il avait dans le traité projeté avec M. Scoble. Cette part s'éle-
» vait à. . . . .   179,167 fr.
» A mon avis, il est de toute justice que M. Orsi prélève. . . .   100,000
» Enfin il me paraît équitable que M. Guibert et vous, preniez
» ensemble.   100,000
» Le prix attribué aux terrains étant de. 1,750,000
» Il resterait. 1,370,833
           » De cette somme il faut déduire :
» 1° Le montant des délégations faites au profit de MM. Cre-
» taine, de la Perrière, Malézieux, Mollet, Lecamus, Joliclerc,
» Bouquet et Délepine, ensemble.   306,452
» 2° La réserve pour désintéresser MM. Meslin et Feuchère.   133,081
» Il me reviendrait par conséquent. . . . .   930,500 fr.

Puisque le prix, déduction faite des sommes qu'il a déléguées, doit revenir
à M. Gauthier, c'est donc pour lui qu'on négocie ; il n'a donc pas vendu ;
M. Orsi n'est donc pas son acheteur, mais son mandataire.

C'est ce qui ressort également d'un autre acte, du 5 mai 1852, dont je
vous épargne la lecture superflue, et dans lequel M. Gauthier répète non
moins explicitement que la concession lui appartient et que le produit de la
négociation doit lui revenir.

Munis ainsi des pouvoirs de M. Gauthier, MM. Orsi et Willmar se mirent
à l'œuvre. Ils s'y mirent avec ardeur, car ils étaient de bonne foi. S'ils ne
croyaient pas à tous les contes bleus du prospectus, à ces troupeaux de daims
et de cerfs, de bœufs et de chevaux, paissant par bandes de plusieurs milles ;
à ces cailloux d'or pur pesant 385 grammes; à cette terre fortunée qui ouvre
spontanément son sein, comme au temps de Saturne et de Rhée, pour produire d'elle-même le sucre, le vin, les céréales ; si, dis-je, MM. Orsi et Willmar ne croyaient pas à toutes ces merveilles, enfants de l'imagination vraimen
orientale de M. Gauthier, ils croyaient du moins à la réalité de la concession,
au droit de propriété de MM. Cretaine et Gauthier sur ces onze lieues carrées

de terres. Pendant un an, ils s'épuisèrent en efforts infructueux. Les Anglais sont froids et positifs. Ils demandaient toujours les titres de propriété, des titres réguliers ; on ne pouvait jamais en produire, et toutes les négociations se rompaient.

Sur ces entrefaites, M. Orsi, découragé, vint fixer sa résidence à Paris, où l'appelaient d'importantes entreprises dans lesquelles il était engagé. A partir de ce moment, il resta personnellement étranger à la suite des négociations ; il en laissa tout le soin à M. Willmar, que l'insuccès ne rebutait pas et qui marchait d'échec en échec avec une intrépidité digne d'une meilleure fortune.

Un an s'était passé ainsi, et l'acte fictif de vente ne pouvait plus servir à de nouvelles négociations, par la raison que le terme d'une année, au bout duquel M. Gauthier pouvait user de la clause de rétrocession, étant expiré, M. Orsi n'avait plus sur la concession, aux yeux de ceux à qui on l'offrait, qu'un droit précaire et résoluble. Cette caducité du titre apparent de M. Orsi était une difficulté de plus ajoutée à toutes les autres. M. Willmar n'avait plus en main des pouvoirs suffisants ; il regardait ceux de M. Orsi comme expirés, et il en demandait la prorogation avec une vive insistance.

Depuis trois mois, il ne cessait d'écrire lettres sur lettres à M. Darcy, à M. Gauthier, à M. Orsi, pour demander que les pouvoirs de ce dernier fussent prorogés au moyen d'un nouvel acte authentique. Voici vingt lettres de lui, qui toutes reviennent instamment sur la même demande. Je ne puis me dispenser d'en lire quelques courts passages ; j'en ai besoin pour vous montrer dans son origine, dans sa pensée et dans le besoin qui l'a fait naître, le nouvel acte dont j'ai à vous entretenir.

Après de nombreuses lettres que je passe, M. Willmar écrit, le 13 janvier 1853, à M. Gauthier :

    » Mon cher monsieur Gauthier ,

» Nous sommes arrêtés par l'absence de la pièce authentique que je vous de-
» mande depuis trois mois, et qui a pour but de prolonger les pouvoirs de M. Orsi.
» Le retard que vous mettez à me l'envoyer est pour moi chose inconcevable. Vous
» êtes le plus intéressé à une prompte et bonne solution, et vous arrêtez et com-
» promettez tout par un simple refus de ratification ; car la prolongation vous me
» l'avez déjà donnée. Répondez-moi par un oui ou un non. Si vous ne voulez pas
» envoyer cette pièce, il est inutile que je perde mon temps et me compromette
» pour cette affaire. J'aime autant vous renvoyer immédiatement toutes vos pièces
» qui, depuis la nouvelle de l'incendie des titres primitifs, ne valent plus le port
» que vous paierez pour les recevoir de Londres. »

Le 31 janvier 1853, c'est à M. Darcy qu'il s'adresse, et il lui dit :

« J'insiste de nouveau sur l'envoi aussi prompt que possible de la pièce qui
» rende à M. Orsi les pouvoirs qu'il a perdus depuis le 4 octobre. » Et plus loin il
ajoute : « Je ne puis rester plus longtemps dans la fausse position où me place
» l'absence de la pièce officielle qui rende à M. Orsi, que je suis censé représenter,
» le droit de disposer de cette affaire. »

Dans une dernière lettre à M. Orsi, M. Willmar s'écrie :

« Ce que je demande à cor et à cri, c'est l'acte public légalisé qui vous rende » vos droits. Sans cet acte, impossible de rien conclure. »

Après vingt lettres semblables, M. Gauthier se décide enfin à donner à M. Willmar la prorogation des pouvoirs de M. Orsi.

Ce que demande M. Willmar, c'est un nouvel acte authentique. Quel acte va-t-on lui donner ? Je recommande ce point à toute votre attention. C'est ici que prend naissance le prétexte de cet odieux procès.

Pourquoi l'acte du 1ᵉʳ octobre 1851 ne pouvait-il plus servir aux négociations ? Parce qu'il était devenu caduc. Et pourquoi était-il devenu caduc ? Parce qu'il renfermait une clause de rétrocession dont la condition était accomplie. C'était donc uniquement cette clause de rétrocession qui faisait obstacle à la continuation des négociations. Le remède était bien simple : il n'y avait qu'à la faire disparaître, en la rayant de l'acte qu'elle viciait. C'est le moyen qui se présenta naturellement.

M. Gauthier fit donc ajouter par son notaire, à la suite de la minute de l'acte du 1ᵉʳ octobre 1851, et sous la date du 2 février 1853, un acte rectificatif, ainsi conçu :

« Suivant acte reçu par Mᵉ Dumas, notaire à Paris, en date du 1ᵉʳ octobre 1851, » dont la minute précède, M. Gauthier a vendu à M. Orsi dix-neuf mille hectares » de terres situés sur les bords du lac Tularès, district de Moriposa (Californie). » Aux termes de cette acte, M. Gauthier s'était réservé le droit de se faire » rétrocéder à ses frais la propriété desdits terrains dans un an, du jour de ladite » vente, et ce, dans certain cas énoncé audit acte. M. Gauthier était sur le point » d'exercer ce droit, lorsque M. Orsi lui a exposé qu'il était tombé d'accord sur la » vente desdits terrains par l'intermédiaire de MM. Hill et Plowright, solicitors à » Londres, avec une compagnie anglaise, ayant pour objet l'exploitation aurifère et » agricole de ladite propriété, et qu'en conséquence, pour donner à ses acquéreurs » toute sécurité et certitude de possession, il priait M. Gauthier de se départir de » la faculté de rétrocession qu'il s'était réservée par l'acte de vente sus-énoncé. » Obtempérant à cette demande de M. Orsi, M. Gauthier, pour donner toute » sécurité aux acquéreurs de M. Orsi, déclare renoncer purement et simplement » au droit de rétrocession stipulé à son profit, dans l'acte de vente du 1ᵉʳ octobre » 1851, voulant qu'au moyen du présent acte, celui du 1ᵉʳ octobre 1851 soit dé-» finitif et que, par suite, M. Orsi ou ses acquéreurs restent dès aujourd'hui pro-» priétaires incommutables des terrains dont s'agit, mais à la charge de payer le » prix, suivant ce qui a été convenu entre MM. Gauthier et Orsi. »

Tel est, dans son origine, dans son but et dans sa teneur, ce fameux acte du 2 février 1853, qui, selon mes adversaires, a rendu acheteur M. Orsi, de mandataire qu'il avait été jusque là. Nous verrons si ce simple acte rectificatif, écrit à la suite de la minute de l'acte du 1ᵉʳ octobre 1851, auquel il s'incorpore, pour le modifier seulement dans une de ses dispositions, peut avoir le sens et la portée qu'on voudrait lui donner.

Ce qui est certain, c'est qu'en le signant, M. Orsi était loin d'y voir ce qu'on y veut mettre aujourd'hui. Il songeait si peu à acheter lui-même la concession de M. Gauthier, que, désespérant de la vendre pour le compte de celui-ci, il avait depuis longtemps abandonné les négociations. Cependant, comme elles continuaient sous son nom, il ne voulut pas le retirer, et il signa par complaisance, sans examen, sans soupçon, le nouvel acte qu'on lui demandait. Il ne lui vint même pas à la pensée d'exiger une nouvelle contre-lettre ; la première lui parut suffisante, et elle l'est effectivement, puisque le second acte se confond avec le premier.

Quant à M. Gauthier, l'événement prouve aujourd'hui qu'il y mit plus de finesse et qu'il fit cet honnête calcul : « Ou le succès viendra enfin couronner les derniers efforts de M. Willmar, et alors ma fortune est faite ; ou M. Willmar échouera jusqu'au bout, et, dans ce cas, mon acte à la main, je pourrai un jour me retourner contre M. Orsi et le rançonner par la menace d'un procès. » En attendant, cet acte était pour M. Gauthier un instrument de crédit. Il s'en servait, comme on le voit par sa correspondance, pour tromper un personnage qu'il désigne et auquel il tirait de l'argent, en se présentant à lui comme créancier réel et sérieux du prix de 900,000 francs porté dans l'acte fictif de vente.

Cet acte du 2 février 1853 signé et expédié, M. Gauthier l'envoie lui-même à M. Willmar. La lettre d'envoi est précieuse ; elle montre clairement ce qu'était alors cet acte pour M. Gauthier, comme pour tout le monde. Voici cette lettre.

Paris, 26 février 1853.

« Mon cher monsieur Willmar,

» Je suis allé passer trois jours à Montauger pour faire poser divers appareils ; » mais avant de quitter Paris, je recommandai bien qu'on vous adressât sans re- » tard l'expédition que vous attendez depuis si longtemps. A mon arrivée j'ap- » prends que cet envoi est encore à faire, et cela par l'effet de la négligence du clerc » de M. Darcy. Je m'empresse de vous adresser moi-même ci-joint cette pièce, et je » désire qu'elle produise le prompt résultat sur lequel vous comptez. Je vous re- » nouvelle ma prière de m'envoyer, aussitôt que vous le pourrez, mon contingent » sur la négociation que vous espérez effectuer. »

Ainsi, cet acte du 2 février 1853 que M. Gauthier envoie à Londres à M. Willmar, c'est la pièce que celui-ci attend depuis si longtemps pour reprendre les négociations suspendues ; M. Gauthier désire qu'elle produise le prompt résultat sur lequel compte M. Willmar ; il prie celui-ci de lui envoyer le plus tôt possible son contingent dans le produit de la négociation que M. Willmar espère effectuer, c'est-à-dire le prix de la vente de la con-cession, déduction faite des sommes déléguées. M. Gauthier, après comme avant l'acte du 2 février 1853, parlait donc toujours en maître de la con-cession ; c'était donc toujours pour lui qu'on en négociait la vente en Angle-terre ; c'était donc toujours lui qui devait toucher le produit de cette négo-ciation... et il ose soutenir aujourd'hui que par ce même acte il a vendu la concession à M. Orsi !

Nanti enfin de cette pièce si vivement sollicitée et si longtemps attendue, M. Willmar se remit à l'œuvre avec la même ardeur, mais, hélas ! avec le même insuccès. L'affaire n'ayant rien de sérieux n'attirait que des gens sans consistance. M. Willmär s'en plaint souvent dans ses lettres avec une malicieuse naïveté : « Je me suis trouvé, écrit-il, en présence d'une bande de majors et de colonels criblés, non de blessures, mais de dettes, qui auraient mis tout l'Exchange en déroute. » Après les majors et les colonels, l'acheteur qui se présente, c'est, dit-il, « une compagnie aquatique qui n'a pas de quoi boire de l'eau. »

Tout espoir de vendre l'invendable concession s'étant évanoui, M. Gauthier tomba en faillite. C'est alors qu'il songea à tirer parti contre M, Orsi des actes fictifs intervenus entre eux. Il se rendit chez M. Darcy qui, au commencement, lui avait déjà servi d'intermédiaire. Il parla de sa détresse, de la situation prospère de M. Orsi, du procès qu'il pouvait lui faire, de l'intérêt de M. Orsi à éviter ce procès. « Qu'est-ce pour M. Orsi que quinze ou vingt mille francs, dit-il, tandis que pour moi ce serait beaucoup ? »

Cette tentative d'extorsion ayant été reçue avec le mépris qu'elle méritait, M. Gauthier réalisa sa menace et le procès actuel fut intenté.

De la part de M. Gauthier un tel procès ne doit pas étonner ; il est des hommes et des situations dont il faut tout attendre. Mais que penser de M. Henrionnet, le syndic de sa faillite, l'homme honoré de la confiance de la justice, lorsqu'on le voit reprendre des mains de M. Gauthier un tel procès ? Si M. Henrionnet l'a fait sans examen, quel nom mérite une telle légèreté ? s'il l'a fait en connaissance de cause, comment qualifier une telle action ?

Je ne crains pas, messieurs, que vous favorisiez jamais une spéculation si honteuse, ni que vous condamniez un homme à payer 900,000 francs pour une propriété qu'il n'a point achetée et qui n'existe pas. MM. Gauthier et Henrionnet en seront pour leur mauvaise action ; mais il leur restera la ressource, puisque ce n'est que de l'or qu'il leur faut, d'aller ramasser eux-mêmes, comme *Candide* et *Cacambo*, ces cailloux d'or pur pesant 385 grammes, dont les bords de leur rivière et de leur lac sont semés.

Avec les faits et les documents que j'ai déroulés sous vos yeux, il ne me sera pas difficile de démontrer :

1° Qu'à aucune époque M. Orsi n'a cessé d'être mandataire pour devenir acheteur ;

2° Qu'en supposant même que de M. Gauthier à M. Orsi il y eût eu une vente sérieuse, elle serait nulle comme vente de la chose d'autrui, ni M. Crétaine ni M. Gauthier n'ayant jamais eu l'ombre d'un droit de propriété sur les terres qu'ils prétendent avoir vendues ;

3° Que cette vente, ne fût-elle pas nulle pour cette cause, serait sujette à résolution pour défaut d'exécution de la principale obligation du vendeur, c'est-à-dire pour défaut de délivrance de la chose vendue ;

4° Enfin, que la vente ne fût-elle ni fictive, ni nulle, ni résoluble, le prix n'en serait point exigible, et que, de plus, le payement de ce prix ne pourrait être poursuivi contre M. Orsi personnellement.

Que le tribunal ne s'effraie pas de cette division : aucun de ces quatre points n'exige une longue discussion.

I. Que M. Orsi ne se soit jamais rendu sérieusement acquéreur de la concession, c'est ce qui ressort invinciblement de tous les documents de la cause.

Il n'en est devenu acquéreur ni par l'acte du 1er octobre 1851 ni par celui du 2 février 1853.

Il n'est pas devenu acquéreur le 1er octobre 1851; c'est un premier point que j'ai mis, je crois, au-dessus de toute controverse. L'ouverture faite à M. Orsi par M. Darcy; la correspondance, échangée entre eux, qui précède et prépare l'acte authentique du 1er octobre 1851 et qui en révèle l'esprit et le but; la contre-lettre du même jour, qui, rétablissant la sincérité des positions, fait de cette vente une convention fictive et de M. Orsi, non un acquéreur, mais un mandataire; la correspondance qui vient après et qui montre à chaque page M. Gauthier comme le maître de la concession et M. Orsi comme son négociateur; enfin l'acte du 5 mai 1852, cette nouvelle contre-lettre dans laquelle M. Gauthier, figurant toujours comme propriétaire de la concession, modifie les instructions données à ses mandataires MM. Willmar et Orsi; tout démontre que la vente authentique du 1er octobre 1851 n'est qu'une fiction et qu'à cette première époque, au moins, M. Orsi n'est point acquéreur.

L'est-il devenu le 2 février 1853? A-t-il changé, à cette seconde date, sa qualité de mandataire contre celle d'acquéreur?

Oui, répondent mes adversaires: si l'acte du 1er octobre 1851 n'a fait de M. Orsi qu'un acquéreur apparent, l'acte du 2 février 1853 en a fait un acheteur réel.

Eh quoi! A cette époque du 2 février 1853, lorsque M. Orsi, découragé de tant d'échecs et dégoûté de cette affaire, s'en était retiré depuis longtemps; lorsque seize mois de stériles négociations l'avaient convaincu que cette concession, au moins problématique, était absolument invendable, il l'aurait achetée 900,000 francs ! Il était donc fou !

Messieurs, le 2 février 1853, M. Orsi n'a pas plus acheté la concession qu'il ne l'avait fait antérieurement. L'acte de ce jour n'a pas altéré sa position; il n'a pas rendu M. Orsi acquéreur de mandataire qu'il était. Cet acte n'a eu ni un tel but ni un tel effet.

Quel était le but de l'acte du 2 février 1853 ? C'était, vous l'avez vu par la correspondance, de proroger le mandat de M. Orsi et de fournir à M. Willmar, qui le demandait si instamment, le moyen de mener à fin les négociations commencées. L'acte fictif de vente du 1er octobre 1851 étant devenu caduc par l'événement de la condition mise à l'exercice du droit de rétrocession, il fallait le purger de cette cause de caducité, en faisant disparaître la clause de rétrocession, et tel a été le but, l'unique but de l'acte du 2 février 1853.

Aussi, est-ce M. Gauthier qui envoie lui-même ce nouvel acte à M. Willmar, son mandataire. Pourquoi se charge-t-il de cet envoi, de quoi se mêle-t-il, si désormais la concession est à M. Orsi?

Et comment parle-t-il de cet acte dans la lettre d'envoi? En parle-t-il comme d'une vente faite à M. Orsi ? Dit-il à M. Willmar que c'est désormais pour le compte de M. Orsi qu'il négocie? La chose en vaut bien la peine. Ou ne donne-t-il, au contraire, cette pièce que comme celle que demandait M. Willmar pour la prorogation du mandat de M. Orsi et la continuation des négociations? Ecoutez : « Je m'empresse de vous adresser moi-même, écrit-il, la » pièce que vous attendez depuis si longtemps. Je désire qu'elle produise le prompt résultat sur lequel vous comptez. Je vous renouvelle ma prière de m'envoyer, aussitôt que vous le pourrez, mon contingent sur la négociation que vous espérez effectuer. » Est-ce le langage d'un homme qui a vendu sa propriété? N'est-ce pas toujours la même situation qu'auparavant? N'est-ce pas toujours pour le compte de M. Gauthier que M. Willmar continue à négocier? N'est-ce pas toujours M. Gauthier qui doit toucher le produit de la négociation dont il réclame si vivement le prompt envoi? Il ne pense donc pas avoir vendu à M. Orsi? Dans son intention, l'acte du 2 février 1853 n'a donc point eu pour but de rendre M. Orsi acquéreur réel de la concession?

Si à cet aveu de M. Gauthier il était nécessaire d'ajouter un autre témoignage, je pourrais invoquer celui de M. Willmar, qui, à la nouvelle de ce procès, écrivait à M. Orsi :

« Je suis occupé à rechercher toutes les lettres de M. Gauthier qui peuvent être
» utiles à M. Darcy, dans le mémoire qu'il prépare pour prouver, ce qui est clair
» comme le jour, que votre acte de vente, ou plutôt d'achat, n'a jamais été qu'un
» acte de procuration. »

Dans la pensée de tout le monde, comme dans la réalité des choses, l'acte du 2 février 1853 n'a donc pas eu pour but de faire de M. Orsi un acquéreur.

J'ajoute que, même à l'isoler de l'intention avérée des parties et à ne le considérer qu'en lui-même et dans ses dispositions textuelles, l'acte du 2 février 1853 n'a point eu pour effet de changer le caractère de celui du 1ᵉʳ octobre 1851, et de faire d'une fiction une réalité.

Il suffit, pour s'en convaincre, de rapprocher l'un de l'autre les deux actes du 1ᵉʳ octobre 1851 et du 2 février 1853.

Le premier est une convention fictive, détruite par une contre-lettre. La vente n'est qu'apparente ; le mandat seul est réel. C'est dans cette situation qu'on arrive au 2 février 1853.

A cette date, quel est le nouvel acte qui va intervenir ? Est-ce un acte isolé, sans lien avec le premier ? Un acte qui forme un tout et qui renferme en lui-même les conventions d'une nouvelle vente? Nullement. C'est un acte écrit à la suite de la minute du premier; c'est un acte complémentaire ou rectificatif, qui devient partie intégrante de celui du 1ᵉʳ octobre 1851 et qui se confond avec lui, pour ne former qu'un seul et même contrat. C'est à proprement parler un nouvel article ajouté à l'acte du 1ᵉʳ octobre 1851.

Et que porte ce second acte, ou plutôt cet article nouveau ajouté à l'acte primitif? En quoi le modifie-t-il ? En un point, en ce seul point, qu'il en fait disparaître la clause de rétrocession. Il n'y a rien de plus, il n'y a rien de moins dans l'acte rectificatif du 2 février 1853. Je le relis (l'avocat en donne une seconde lecture).

N'est-il pas manifeste que, sauf la clause de rétrocession qui est annulée, l'acte du 1ᵉʳ octobre 1851 reste debout tout entier avec son caractère originaire, c'est-à-dire avec son caractère fictif? L'acte rectificatif ne touche point à ce caractère; il ne dit point que l'acte auquel il s'incorpore devient sérieux de fictif qu'il était. Il dit seulement que la clause de rétrocession, qui fait

<table><tr><td>I.</td><td>22</td></tr></table>

obstacle à la vente projetée par l'intermédiaire de MM. Hill et Plowright, est supprimée. C'est exactement comme si cette clause de rétrocession n'avait pas été écrite primitivement. Or, que cette clause eût ou n'eût pas été introduite dans l'acte du 1er octobre 1851, cet acte n'en eût pas moins été fictif, car ce qui l'a rendu tel, ce n'est pas la clause de rétrocession, qui est indifférente à ce point de vue et qui n'avait pas cet objet, mais bien l'intention des parties de ne faire de cette pièce qu'un instrument de négociation.

Du reste, en montrant que l'acte du 2 février 1853 s'absorbe dans celui du 1er octobre 1851, dont il n'est qu'un article rectificatif, j'ai montré que la contre-lettre qui régit le premier régit par là même le second ; ce qui explique comment, au 2 février 1853, personne n'a songé qu'une nouvelle contre-lettre fût nécessaire.

Il faut donc conclure sur ce premier point que, ni au 1er octobre 1851, ni au 2 février 1853, ni dans l'intention des contractants, ni aux termes des actes, M. Orsi n'a été pour M. Gauthier un acquéreur sérieux ; qu'il n'a jamais été qu'un mandataire.

II. Et quand MM. Gauthier et Henrionnet parviendraient à faire considérer comme réelle une vente qui n'a jamais été qu'apparente, ils n'en seraient pas plus avancés ; car cette vente serait nulle, ni M. Cretaine ni M. Gauthier n'ayant jamais eu la propriété des terres qu'ils prétendent avoir vendues,

Où est le titre qui consacre les droits de M. Cretaine sur les terres qu'il a vendues à M. Gauthier et que celui-ci veut avoir revendues à M. Orsi? Où est l'acte portant concession de ces terres à M. Cretaine? Qui de vous trois a cette pièce dans son dossier? Personne. Où est-elle donc? Si vous interrogez l'acte de vente de M. Cretaine à M. Gauthier, le titre original a été confié à M. De la Peirière, envoyé en Amérique pour solliciter la ratification de la concession. Si vous consultez l'acte du 1er octobre 1851 entre M. Gauthier et M. Orsi, le titre est aux mains de M. Willmar. Si vous en croyez M. Lecamus et les lettres écrites de la Californie, il a péri dans un de ces incendies qui dévorent périodiquement San-Francisco. N'en reste-t-il nulle trace ? — Il a été inscrit sur les livres divers ? — Qu'est-ce que *les livres divers ?* — Nous ne savons. — N'en pouvez-vous au moins produire l'extrait?—Impossible.—En résultat, ou le titre portant concession n'a jamais existé (et cette hypothèse ne paraît pas la plus invraisemblable, quand on considère que sur le sort de ce titre chacun a sa version, que les actes authentiques eux-mêmes se contredisent, que personne, excepté bien entendu M. Cretaine et M. Gauthier, n'a jamais vu cet acte mystérieux, et que chacun s'efforce de rejeter sur son voisin l'obligation de trouver cette pièce introuvable); ou le titre original, s'il a existé, n'existe plus et il n'en reste aucune trace. Il est donc fort douteux que M. Cretaine ait jamais eu un titre portant concession ; mais ce qui est certain, c'est qu'il n'en a point aujourd'hui et qu'il ne peut justifier d'aucun droit de propriété sur les terres qu'il a vendues.

Mais M. Cretaine ou M. Gauthier représentât-il un de ces précieux papiers distribués par le général Pio Pico, qu'il manquerait toujours à un pareil titre, pour qu'il eût de la valeur, d'avoir été ratifié par la commission de révision.

Il est vrai que, par une précaution significative, M. Cretaine a mis à la charge de M. Gauthier, et M. Gauthier à la charge de M. Orsi, le soin d'obtenir cette ratification ; mais encore fallait-il que la demande en fût possible. Or, elle ne l'a jamais été ; car, il eût fallu commencer par produire un acte de concession, et il n'y en a point. Il eût fallu, ensuite, justifier des titres de M. Cretaine à cette concession, ne fût-ce que de sa résidence légale en Amérique, et cette justification était impossible. Il eût fallu, enfin, prouver que les conditions imposées au concessionnaire, particulièrement l'approbation de l'assemblée départementale et la prise de possession des terres concédées, avaient été remplies, et elles ne l'ont point été. La ratification de la concession ne pouvait donc être ni obtenue ni même demandée, et c'est pourquoi chaque vendeur a été si attentif à laisser cette tâche à son acheteur.

Il n'en reste pas moins acquis qu'il n'y a point de titre, partant point de concession ; qu'y eût-il une concession, il n'y a point de ratification.

S'il n'y a ni concession ni ratification, il n'y a point de propriété ; et s'il n'y a point de propriété, la vente est nulle.

III. Supposons-la valable, comme nous l'avons déjà supposée sérieuse ; elle sera encore, dans cette hypothèse, sujette à résolution, pour inexécution de la principale obligation du vendeur.

Le vendeur doit délivrer la chose vendue ; c'est sa première obligation (art. 1603). S'il ne fait pas la délivrance, l'acheteur peut faire résoudre le contrat (art. 1610), et n'est, par conséquent, point tenu de l'exécuter.

L'article 1605 ajoute que, lorsqu'il s'agit d'immeubles, la délivrance consiste dans la remise des titres de propriété.

Du rapprochement de ces articles il résulte que le vendeur d'un immeuble doit remettre à l'acheteur les titres de propriété, s'il veut pouvoir exiger le paiement de son prix.

Si donc M. Gauthier veut absolument avoir vendu à M. Orsi onze lieues carrées de terres en Californie, il faut qu'il lui en fasse la délivrance, c'est-à-dire qu'il lui remette un titre régulier à la propriété de ces terres. Or, comme une telle remise est impossible par la solide raison que vous connaissez, M. Gauthier ne peut être reçu à demander l'exécution d'un contrat qu'il n'exécute pas lui-même, le paiement d'une chose qu'il ne peut délivrer.

IV. Enfin, messieurs, cette vente fût-elle sérieuse, fût-elle valable, fût-elle exécutée par le vendeur, le prix n'en serait point actuellement exigible et ne pourrait, d'ailleurs, être réclamé à M. Orsi personnellement.

Le prix n'en serait point exigible ; car, aux termes de l'acte, il n'est payable qu'après la ratification de la concession.

« La présente vente (porte l'acte du 1er octobre 1851, auquel celui du 2 février
» 1853 se réfère pour le paiement du prix) est faite moyennant la somme de
» 900,000 fr. de prix principal, que M. Guibert, audit nom, oblige M. Orsi à payer
» dans les trois mois de la notification qui serait faite par M. Gauthier à M. Orsi,
» de la décision du commissariat américain, contenant confirmation définitive de
» la concession. »

J'ajoute que, en tout cas, le paiement du prix ne pourrait être poursuivi contre M. Orsi personnellement ; car l'acte de vente porte :

« Il est expressément convenu et stipulé que M. Gauthier ne pourra exercer que
» les droits réels qui découlent de la présente vente pour le recouvrement du prix,

» en principal et intérêts, tant que M. Orsi n'aura pas disposé des terrains vendus ;
» mais que, dans le cas où il en disposerait en tout ou partie par hypothèque,
» vente, ou autrement et même par la mise en société de ces terrains, il sera alors
» tenu du paiement de son prix, non-seulement sur les biens vendus, mais encore
» sur tous ses autres meubles et immeubles, et personnellement. »

Or, comme les négociations de MM. Willmar et Orsi n'ont pu aboutir ni à la vente de la concession ni à son apport en société, il en résulte que M. Orsi ne doit point personnellement le prix pour le paiement duquel il est cependant poursuivi.

Pour me résumer :

La vente dont on requiert l'exécution contre M. Orsi est fictive ; M. Orsi n'a jamais été acquéreur ; il n'a été que mandataire.

Cette vente, fût-elle sérieuse, serait nulle, le vendeur n'étant point propriétaire de la chose vendue.

Ne fût-elle pas nulle, le vendeur, ne pouvant faire la délivrance, serait inadmissible à exiger le paiement du prix.

En tous cas, le prix n'est point exigible et le recouvrement ne pourrait, d'ailleurs, en être poursuivi contre M. Orsi personnellement.

Toutes ces raisons se réunissent, et la moindre d'entre elles suffirait pour repousser l'injuste action de MM. Gauthier et Henrionnet, et pour couvrir de confusion l'auteur et l'agent de ce procès déloyal.

PLAIDOIRIE DE Me CRÉMIEUX.

Comment ! vous disait tout à l'heure mon contradicteur, il s'est rencontré un syndic de faillite assez hardi pour prêter son concours aux manœuvres qu'on vous a décrites, pour demander le paiement d'une somme de 100,000 fr. , prix d'une propriété vendue dans un pays fabuleux ? C'est ce que l'on croirait, je l'avoue, très difficilement, si la centième partie de ce qu'on vous a dit était vrai. Mais si je vous démontre qu'il n'y a rien de plus réel et de plus sérieux que cette concession ; qu'en tout temps nos adversaires ont connu l'état des choses, et notamment, en dernier lieu, quand M. Orsi a traité ; que les titres existants ont été remis à M. Orsi ; que l'acte de 1853 est un acte définitif, et qu'il a abrogé, par la volonté écrite d'Orsi, l'acte de 1851 ; que M. Orsi est bien acheteur et non mandataire, et qu'en cette qualité il doit payer son prix ; qu'enfin, si l'affaire a manqué, ce n'a pas été par la faute de M. Gauthier ; si je vous démontre tout cela, alors, messieurs, vous cesserez de vous étonner, et mon client vous semblera moins téméraire.

Voyons le premier point essentiel. Est-ce que nous avons créé à plaisir un pays chimérique ? Ah ! s'il en est ainsi ; si nous ne sommes pas en Californie, mais dans un pays des *Mille et une Nuits ;* si, à une époque où la vapeur rapproche les distances et offre des moyens si faciles de vérification, nous avons eu l'audace de mettre sur un prospectus ce qui n'existe même pas sur la carte, il faut nous chasser de cette enceinte. Nous ne méritons pas d'y être écoutés ; c'est dans une autre qu'il faut que nous soyons flétris. Mais vous savez bien vous-mêmes qu'il n'en est pas ainsi, et que le pays de Tularès est le plus

riche, le plus fécond, le plus magnifique de la Californie. Écoutez d'abord
cet extrait d'un journal anglais, *the Alta California*, du 31 mars 1855 :

« Samedi dernier, cinquante hommes et cinq attelages ont passé par cette
ville, venant de San-Bernardino et se rendant aux mines de la rivière Kern.
Ceux-ci n'étaient que l'avant-garde d'une grande Compagnie qui se forme
pour la prochaine saison. Tout porte à croire que cette population dévelop-
pera grandement la richesse du minerai que cette nation renferme. »

Dans son numéro du 18 août dernier, ce même journal nous apprend « qu'il
n'y a pas moins de dix-sept compagnies formées pour travailler les quartz
aurifères qui abondent dans ces lieux. »

Voulez-vous des documents plus sérieux encore? Tenez : voici un article
du *Moniteur universel*, qui, sous ce rapport du moins, ne sera pas taxé
d'invention :

On écrit de San-Francisco, 15 juin 1853 :
« ..... Dans toute la partie de la contrée qui longe la route de San-Francisco
au pueblo de San-José, le nombre des fermes a tellement augmenté depuis
six mois, que les côtes de la baie de San-Francisco (en passant par la mission de
Santa-Clara, le pueblo de San-José, la mission de San-José, San-Antonio,
Oakland, jusqu'à l'extrémité de San-Pablo) offrent actuellement, sur une
distance de plus de 120 kilomètres, une suite presque noninterrompue de
champs en culture et parfaitement cultivés. Une très grande quantité de terres
ont été mises en culture cette année, et comme la saison a été très favorable, les
récoltes de plusieurs espèces de céréales, telles que l'orge et la pomme de terre,
seront plus que suffisantes pour les besoins du pays.
» La partie appelée Contra-Costa est une lisière de terre d'une longueur
de 60 à 70 kilomètres sur une largeur de 4 à 10 kilomètres, bordée à l'est par
des montagnes de 150 à 650 mètres d'élévation, et à l'ouest par la baie de
San-Francisco. Elle commence à la mission de San-José et se termine à la
baie de San-Pablo, formant comme une continuation de la plaine de San-José.
Les terres en sont généralement très fertiles et propres à toute espèce de
culture. Jusqu'en 1851, ces terres ne servaient encore que de pâturages pour
les troupeaux d'une douzaine de fermiers californiens. Aujourd'hui, un tiers
au moins du sol est cultivé, et les habitations, les hameaux, les villages s'y
multiplient en même temps que la population.
» Après la ville ou pueblo de San-José et l'établissement de la mission de
Santa-Clara qui a beaucoup gagné depuis six mois, des villages se sont formés
près de la mission de San-José, à San-Antonio, à Oakland et à San-Pablo.
Mais Oakland seul, jusqu'à présent, a l'apparence et mérite le nom d'une petite
ville. Située en face de San-Francisco, à une distance de 10 milles, elle communique avec cette dernière ville par des services de petits vapeurs qui font
régulièrement, en 50 à 75 minutes, plusieurs voyages par jour.
» Ce district est l'un des plus beaux et des mieux situés des environs de
San-Francisco. Une pointe basse, couverte de chênes, d'où le nom d'*Oakland*,
y forme un petit port assez profond et parfaitement abrité ; mais une barre de

sable, située à l'entrée du canal qui conduit au port, n'en permet l'entrée qu'avec des bâtiments du plus faible tirant d'eau. Les Français forment à Oakland un tiers au moins de la population. »

Ajoutant à la description du *Moniteur*, M. Lecamus traçait à son tour un tableau enthousiaste de la vallée de Tularès. On disait à la dernière audience que M. Lecamus est un Parisien pur sang, et l'on avait raison : sa plume élégante et facile trahit son origine.

« Lorsqu'on arrive, dit-il, au lac Tularès, on retrouve la riche végétation des tropiques, ces terres étonnantes qui donnent à leurs heureux possesseurs des trois ou quatre moissons par année : c'est avec cette vallée, qui se trouve presque en face de Monterey, que se faisait autrefois tout le commerce des Californies; c'est dans ces vastes prairies que le chasseur indien allait attendre dans les herbes qui le cachaient tout entier, lui et son cheval, le passage des buffles, des bœufs sauvages et des nombreux quadrupèdes de toute espèce, dont il allait échanger les peaux, le suif et les cornes contre la poudre, les balles et surtout l'eau-de-vie, qui est la passion de ces peuples, et pour laquelle on peut leur faire entreprendre toute espèce de travaux.

» Leurs mœurs sont d'ailleurs douces; ils quittent peu les environs où leur tribu s'est une fois fixée, et ils contribueront beaucoup à faciliter le développement agricole de cette contrée, dont on peut dire, comme de la Touraine pour la France, que c'est le jardin de l'Amérique du Nord... »

Ce n'est donc pas un rêve : c'est un pays enchanté, sauf, je le veux bien, les désenchantements qui attendent ceux qui se figurent qu'il n'y a qu'à se baisser pour ramasser l'or. Voilà ce qu'il était à l'époque où le contrat a été passé?

Ce qu'il est aujourd'hui même au moment où nous plaidons, vous allez l'apprendre par une preuve irrécusable, qui ne permettra plus le doute, l'incertitude :

« Le soussigné, délégué de l'État de Californie près l'Exposition universelle présentement à Paris, — consulté sur la valeur des propriétés de la vallée des Tulares, et particulièrement sur celles situées sur la rivière de Porciuncula, aujourd'hui Kern river, suivant la carte relevée en 1855 par le lieutenant Williamson, ingénieur top. des États-Unis, — déclare que dans le commencement de l'année 1855, des gisements aurifères d'une grande importance ont été découverts sur Kern river (Porciuncula), que cette découverte a produit une grande sensation dans toute la Californie et qu'un grand nombre de mineurs ont abandonné les anciens gisements pour se rendre sur ces nouveaux placers; — que des steamers se sont mis en ligne entre San-Francisco et Los Angeles spécialement pour le transport des mineurs se rendant dans cette nouvelle partie de la Californie, qui jusqu'à cette époque était restée inexploitée par les *mineurs;* — que des services de voitures ont été également organisés entre Stockton et Kern river par Mariposa, le Fresno et Fort Miler, pour le transport des outils et provisions qui, dans les premiers temps, étaient à des prix exorbitants; — que les journaux de San-Francisco, de Los Angeles et Mariposa ont souvent parlé de la grande richesse des mines de surface de cette localité, et depuis, en août de cette année, ils ont rendu compte de la richesse des mines de quartz qui y ont été découvertes, et sur lesquelles treize compagnies étaient déjà en exploitation.

» Que la présence des veines de quartz aurifères (qui sont la prolongation de la grande veine dont j'ai parlé dans mes *Études géologiques et minéralogiques de la Californie*, et que j'ai suivie jusqu'à peu de distance des sources de Kern river), donne une grande valeur aux propriétés de la vallée des Tulares non-seulement sous le rapport minier, mais plus encore sous le rapport de l'agriculture, qui prendra bientôt de grandes proportions, comme cela a déjà lieu dans les vallées du Sacramento et San-Juaquin.

» Que quant à la bonté des terrains de la vallée des Tulares, elle est la même que celle des terrains des vallées du Sacramento et San-Juaquin, c'est-à-dire de la plus grande fertilité. Toutes les semences de France y viennent admirablement, et les récoltes obtiennent des proportions inconnues par les agriculteurs d'Europe. Ces terres sont particulièrement propres à la culture du blé, de l'orge, de l'avoine, du maïs, des pommes de terre, haricots, etc. La plantation de la vigne y réussit parfaitement. »

Ainsi, lors de la concession, plus tard, aujourd'hui, le pays de *Tularès* était, il est encore une magnifique contrée.

Voyons maintenant l'acte même de cette concession qu'on se plaît aujourd'hui à traiter d'une façon si dédaigneuse. On vous a fait un tableau d'histoire contemporaine : on vous a montré le général Pio Pico distribuant sous sa tente, après la défaite, le sol devenu la proie de l'étranger. Concession vaine et illusoire! s'écrie-t-on. Mais il y a au dossier des lettres de Wilmar, de Massot et d'autres personnages, qui déclarent que les autres concessions qui ont été ratifiées se trouvaient dans les mêmes conditions que la nôtre. On a été jusqu'à nier cette concession même. Eh bien! voici, non pas l'original, on sait ce qu'il est devenu, mais une copie authentique de ce titre contesté :

« Pio Pico, gouverneur constitutionnel du département de la Californie ;

» Attendu que le sieur Julio Cretaine, étranger naturalisé de cette ville, a demandé pour son propre usage onze lieues carrées sur la rive droite de la rivière Porciuncula, qui se jette dans le lac de Tularès, ayant préalablement rempli les formalités requises conformément aux lois et aux règlements à cet effet ;

» Dans l'exercice des pouvoirs à moi conférés, et au nom de la nation mexicaine, je concède maintenant les onze lieues carrées situées au lieu mentionné, soumises à la très excellente assemblée départementale, et sous les conditions suivantes :

» 1° Il jouira, sans être troublé, des chemins, routes et servitudes ; il jouira librement et exclusivement du privilége des eaux de la Porciuncula comme un de ses habitants propriétaires, employant et mettant en culture telle partie de la concession qu'il jugera convenable, mais il doit l'occuper dans le terme d'un an.

» 2° Il doit requérir de l'autorité compétente la possession légale desdites terres, en vertu de la présente concession, dont les bornes seront marquées par l'autorité, et dans les limites de laquelle il devra planter, pour ligne de démarcation, des arbres fruitiers ou des arbres de quelque utilité.

» 3° L'espace entre ces limites, dont la concession est faite, contient onze lieues carrées. Le juge qui le mettra en possession fera mesurer ledit terrain suivant la loi, commençant à mesurer au bord de ladite rivière de la Porciuncula au lac de Tularès, et terminant, après avoir mesuré onze lieues, sur une de large, sur la rive droite de ladite rivière, qui est dans la part dont le concessionnaire est mis en possession.

» En conséquence, j'ordonne que le présent titre soit tenu pour ferme et légal, et qu'il soit enregistré au registre à ce destiné, et remis à la partie intéressée pour sa sûreté et aux fins.

» Donné en la city of etre Angelo, sur papier ordinaire, à défaut de papier timbré, le 6 mai 1846.   » Signé : PIO PICO.

» La présente concession a été enregistrée au registre à cet effet.

                                      » Signé : MORENO. »

Ce n'est pas tout : lorsque M. de Laperrière s'est rendu sur les lieux, il a fait insérer l'acte suivant, conformément aux usages du pays :

« A tous ceux à qui ces présentes parviendront :

» Attendu que, autrefois, c'est-à-dire le 6 mai de l'année de Notre-Seigneur 1846, une certaine concession de terre a été faite par Pio Pico, etc...

» Maintenant qu'il soit notoire que le terrain, avec toutes ses parties et décrit comme il a été dit ci-dessus dans ladite concession, appartient maintenant et est possédé par lesdits François-Louis-Émile Lecamus et André-Jacques-Armand Gauthier, et par le présent il est fait notification à tous, et il est défendu de s'établir sur ledit terrain, d'en prendre possession et de l'occuper, soit en tout, soit en partie, sans en avoir obtenu la permission dudit Lecamus et dudit Gauthier, ou d'Auguste de Laperrière, leurdit mandataire. Et toutes personnes qui tenteront de s'établir sur ledit terrain ou de l'occuper, seront considérées comme ayant transgressé la loi et traitées en conséquence... »

Ainsi la concession était complète, et M. Massot, un des jurisconsultes et des hommes compétents du pays, le reconnaissait ; M. de Laperrière, au reste, l'a complétée autant que possible en faisant, suivant l'usage, construire une maisonnette comme signe de la prise de possession. C'est ainsi que cela se pratique en Algérie : on s'établit, on se fortifie contre les peuplades indigènes ; celles-ci vous chassent si elles sont les plus fortes, sinon vous restez propriétaire en vertu du droit d'occupation. Au reste, dans son certificat, le délégué de la Californie près de l'Exposition universelle déclare que les choses se sont toujours passées ainsi. Il s'exprime en ces termes :

« Le soussigné certifie également que le gouvernement de Washington a nommé une commission chargée d'examiner tous les titres des concessions faites par le gouvernement mexicain antérieurement à la prise de possession de la Californie par les États-Unis. — Que cette commission a commencé ses travaux en 1853, qu'elle a vérifié tous les titres qui lui ont été présentés et a reconnu la validité de tous ceux qui se sont trouvés réguliers. »

La concession est donc sérieuse, réelle, et ce n'est pas la faute de M. Gauthier si elle n'est pas aujourd'hui dans les mains de ses acquéreurs.

Qu'est-ce maintenant que M. Gauthier? quel est l'homme qu'on a si violemment et si injustement attaqué?

Avant d'être, jusqu'en février 1853, le représentant de la concession dont il s'agit au procès, M. Gauthier était à la tête d'une industrie sucrière dans le Puy-de-Dôme. La loi qui vint frapper cette industrie frappa sa fortune.

A cette époque, un ingénieur arriva à Paris, porteur des plus magnifiques espérances sur la découverte qu'il avait faite lui-même de plusieurs mines très importantes sur le territoire de la république de Grenade et de l'isthme de Panama. Tout ce qu'il disait était merveilleux; mais il venait du pays des merveilles, il ne fallait s'étonner de rien. Il avait vu, notamment à Porto-Ricco, des mines de mercure. Vous savez combien peu il faut de ce métal pour faire de grandes fortunes. Il avait vu, ailleurs, deux rivières charriant un sable aurifère, c'était encore une source de fortune. Enfin, il avait vu une mine de cuivre très abondante.

Cet ingénieur s'adressa à plusieurs grands personnages, auxquels il déclara que, s'ils voulaient l'aider, il y aurait de magnifiques spéculations à faire. On y consentit ; une somme de 300,000 francs fut réunie, et une association formée; mais ces espérances ne se réalisaient pas vite. L'un des hommes, qui était à la tête de cette opération, et qui connaissait particulièrement M. Gauthier, lui propose de se rendre lui-même sur les lieux et de se charger de l'exploitation, moyennant une subvention très belle qui lui serait faite. M. Gauthier accepta; il partit immédiatement pour le pays indiqué. Il arriva à Porto-Ricco, et la première chose dont il fut convaincu, c'est que la compagnie était dans l'erreur la plus évidente. Il y avait du mercure en effet, mais dont l'origine n'était pas une mine; la navigation espagnole, transportant du mercure en Amérique, et venant se reposer à Porto-Ricco, en avait perdu une assez grande quantité dans un long laps de temps; c'est ce qui avait fait croire à l'existence d'une mine.

Il suffit à M. Gauthier d'un rapide examen pour être certain qu'il n'y en avait pas et il ne lui fut pas possible de s'assurer de l'existence du sable aurifère. En conséquence, il écrivit à ses commettants qu'il ne fallait pas compter sur les richesses qu'on leur avait promises. Mais il y avait un capital pour l'exploitation de la mine, et l'idée vint à M. Gauthier de l'employer à établir une sucrerie qui serait d'un grand produit pour la société. Il fut autorisé à l'établir, et puis il rentra en France pour rendre compte de ses opérations. Il arriva le 24 février 1848; le 24 février, éclatait la révolution : aussitôt tous ceux qui avaient voulu se jeter dans cette affaire perdirent courage. Ils proposèrent à M. Gauthier de s'en charger tout seul, ce qu'il fit; il liquida l'opération ; personne n'y perdit rien, lui-même se chargea d'aller exploiter à Panama la sucrerie qu'il y avait établie.

Voilà, Messieurs, une première affaire qui vous indique comment M. Gauthier se décidait plus tard à devenir l'acquéreur de M. Cretaine. Le voilà déjà en Amérique pour la seconde fois. A cette époque (nous sommes en 1849), la Californie promettait de grandes richesses à la fortune publique et privée.

C'est alors qu'a lieu l'opération de M. Gauthier avec M. Cretaine. Qu'était-ce que M. Cretaine? Je n'en sais rien. Vous en avez fait un homme à la suite de l'armée de Pio Pico, je le veux bien. Mais M. Cretaine était propriétaire légitime, en vertu d'un acte apparent et que nous savons sérieux, de cette concession située sur les bords du lac Tularès, où se trouvaient les gisements aurifères que vous connaissez, et M. Gauthier savait très bien la valeur de ces terrains ; il savait très bien que 100,000 fr. ne les payaient pas trop cher.

M. Cretaine était d'ailleurs naturalisé dans le pays. MM. Gauthier et Lecamus achetèrent. Mais bientôt M. Lecamus, qui avait montré une grande activité, quand il s'était agi de mettre à exécution un plan d'association, M. Lecamus ne se soucie plus de rester dans l'association, et sur la proposition qui lui est faite par M. Gauthier, ou de prendre pour lui toute la concession, ou de la lui laisser, il est convenu que M. Gauthier s'en chargera seul. M. Gauthier, par conséquent, est substitué seul à l'affaire de M. Cretaine, et il est certain qu'il y eut entre Cretaine et lui une vente que personne ne peut contester. Il était dit dans cette vente que Cretaine serait payé aussitôt qu'on aurait obtenu la ratification légale. C'est la stipulation que nous retrouverons tout à l'heure dans l'acte de 1851 ; mais l'acte de 1851 n'est pas le terrain véritable de la lutte entre mon adversaire et moi.

Un M. Feuchère se présenta d'abord à M. Gauthier, et lui promit que, s'il voulait venir avec lui à Londres, il lui ferait placer ses actions, tous les regards étant alors tournés vers la Californie et l'Australie. Voilà M. Gauthier en Angleterre, et si M. Feuchère ne lui procure pas des actionnaires, il lui procure un agent pour la correspondance. Des rapports s'établissent entre M. Willmar et M. Gauthier ; il intervient entre eux, à la date du 24 août 1850, un acte dont il vous a été donné lecture, et qu'il est inutile de remettre sous vos yeux, car le débat n'est pas entre M. Willmar et M. Gauthier, mais entre M. Gauthier et M. Orsi. M. Willmar, qui devait faire vendre la propriété de M. Cretaine, devenue celle de M. Gauthier, ne réussit pas mieux que M. Feuchère ; mais ses lettres étaient si positives, que M. Gauthier dut croire sa fortune faite. Il s'imaginait que c'était une affaire finie avec M. Scoble, avec lequel il était en négociations ; M. Scoble lui-même paraissait très content. Il trouvait l'affaire magnifique.

Vous savez que M. Scoble, placé, pour ainsi dire, à la tête du parti religieux qui se dévoue en Angleterre à l'abolition de l'esclavage et à la propagation de la foi protestante, jouissait à la fois d'une éminente considération et d'un éminent crédit. C'est M. Orsi que l'on présente à M. Gauthier comme ayant des relations parfaites avec M. Scoble ; M. Gauthier est un homme très riche, avec lequel on pouvait traiter. On traita, en effet, le 1er septembre 1851. On vous a dit que ce premier traité, sous forme de vente, n'était qu'un acte fictif. J'en conviens ; aussi je ne le mentionne que pour ne pas intervertir l'ordre des faits : il est sans importance au procès. Le traité sur lequel vous devrez attacher toute votre attention est celui de 1853, et l'article que je vous recommande plus spécialement est celui-ci : « M. Orsi aura dès aujourd'hui la PLEINE PROPRIÉTÉ ET JOUISSANCE des 19,000 hectares de terres dont il s'agit, à la condition d'en payer le prix, fixé à 900,000 francs, trois mois après la notification de la ratification. Jusqu'à cette époque, il ne paiera aucun intérêt, etc. »

Cette clause, dont mon adversaire tire un si grand parti, vous la verrez abolie par une lettre d'Orsi, écrite le jour même du contrat.

Mais comment l'acte de 1853 a-t-il été substitué à celui de 1851 ? Deux ans s'écoulent ; et tous les projets de M. Scoble s'évanouissent. Après lui, d'autres sont venus, qui n'ont pas mieux réussi.

M. Gauthier, vous le comprenez, était horriblement lassé de toutes ces promesses, qui lui étaient faites tous les jours, et qui, le lendemain, étaient remplacées par d'autres. C'était aujourd'hui un projet avec M. Scoble, c'en était un autre demain avec M. Hill, après-demain avec un M. Plowright, et rien ne finissait. Comme il avait déclaré que si l'on ne terminait pas, il rentrerait dans sa propriété, on lui écrivait lettres sur lettres pour obtenir de lui qu'il prorogeât les pouvoirs de M. Orsi ; ces pouvoirs allaient expirer, puisque à la fin de l'année, M. Gauthier pouvait lui retirer la propriété. On lui disait : « Si vous ne voulez pas lui accorder de prolongation de pouvoirs, tout est perdu. » M. Gauthier répondait : « Non, je ne prorogerai jamais ; achetez-moi, et alors je ferai les actes que vous voudrez. »

C'est ainsi qu'on est arrivé au 2 février. Alors est intervenu un nouvel acte, par lequel on a obtenu de M. Gauthier, non pas qu'il prorogeât les pouvoirs qu'il avait précédemment donnés, non pas qu'il confirmât purement et simplement l'acte du 1er octobre, mais qu'il consentît une vente sérieuse et irrévocable.

Vous vous rappelez qu'il avait été stipulé, dans l'acte du 1er octobre, que M. Orsi ferait les diligences nécessaires pour obtenir la consécration définitive de la concession, que le temps s'était écoulé, sans que jusque-là M. Orsi eût rien fait.

Eh bien, M. Gauthier ne voulait plus attendre ; il disait : Que la compagnie qui achète se mette en possession, je veux être payé immédiatement. C'est dans ces termes qu'il consentira le contrat, non autrement ; ce sera une vente, non un engagement conditionnel.

En conséquence, par l'acte du 2 février 1853, pour donner toute sécurité à M. Orsi ou à ses acquéreurs, M. Gauthier déclare renoncer au droit de rétrocession stipulé à son profit dans l'acte du 1er octobre 1851, mais il veut qu'au moyen du présent acte, celui du 1er octobre soit définitif, et que M. Orsi ou ses acquéreurs restent dès aujourd'hui propriétaires incommutables des terrains dont il s'agit, à la charge d'en payer le prix.

Qu'objectez-vous à cela ? Que c'est un acte fictif, et que vous ne l'auriez pas accepté, s'il y avait eu réellement 900,000 francs à payer ? Mais vous avez déclaré de la manière la plus expresse dans vos lettres, que vous étiez parfaitement en mesure, que votre Société était définitivement, complétement organisée, qu'il n'y avait plus qu'à lui livrer les terrains que vous aviez déjà vendus, quand vous veniez me demander une prolongation de pouvoir pour les vendre, prolongation que je vous ai refusée. Il y avait deux conditions dans l'acte de 1851 : l'une que vous ne seriez que mandataire, l'autre que vous ne vous obligiez à payer qu'après avoir reçu la ratification du commissariat. J'ai exigé que les deux conditions disparussent de l'acte de 1853, et elles ont disparu : la première d'une manière explicite et formelle, par cette clause spéciale : « au moyen du présent acte, celui du 1er octobre » sera définitif, et M. Orsi sera propriétaire incommutable. » La seconde condition a été annulée par votre propre volonté ; vous avez renoncé vous-même à la ratification du commissariat, et il a été bien entendu que je serais payé immédiatement. Vous niez ; vous dites que l'acte de 1853 contient la condition de la ratification ; mais vous oubliez votre lettre du même jour. Écoute-zen les termes :

Paris, 8 février 1853.

« Mon cher monsieur Gauthier,

» Quoique par l'acte du 1er octobre 1851 il soit dit que le prix de vente des terrains de Tularès vous sera payé *après la décision du commissariat américain*, néanmoins la compagnie devra en effectuer le paiement *aussitôt après sa mise en possession*, LAQUELLE AURA LIEU AU PLUS TÔT.

» Agréez, mon cher monsieur Gauthier, l'assurance de mon amitié,

» JOSEPH ORSI. »

Ne confondons pas les époques et les dates. En 1851, vous avez exigé une contre-lettre, et vous la produisez aujourd'hui pour dire que vous n'êtes que mon mandataire. L'acte de 1851, par lui-même, était tel que vous l'avez exigé, mais celui de 1853 était tel que je l'ai conçu et que je l'ai voulu. C'est un acte définitif, car je vous ai dit bien formellement que je ne voulais pas de prorogation, que je voulais vendre d'une manière définitive, et vous avez accepté mes conditions ; de mandataire que vous étiez, vous êtes devenu acquéreur incommutable.

En présence de ces preuves invincibles, que fait mon adversaire ? La seule chose qu'il puisse faire, il cherche à jeter de la confusion, à me parler de l'acte de 1851, quand je demande l'exécution de celui de 1853. Mais encore une fois, en 1851, vous m'avez demandé une contre-lettre, et je vous l'ai donnée ; en 1853, vous n'avez pas obtenu de moi une déclaration par laquelle vous puissiez prouver que vous n'avez été que mon mandataire. Vous n'avez rien exigé de moi, et j'ai exigé de vous : à côté de l'acte définitif, j'ai voulu encore quelque chose, j'ai voulu l'abolition de la clause de 1851, par laquelle je ne devais être payé qu'après la ratification, et vous l'avez abolie. Les conditions dans lesquelles nous traitions nous paraissaient également favorables : si j'entendais réaliser de beaux bénéfices dans une belle opération, vous entendiez en réaliser aussi ; cessez de m'adresser un reproche qui retombe sur vous autant que sur moi.

Maintenant, votre vente a manqué, et vous voulez que la mienne manque ; vous venez m'injurier, parce que vous vous êtes trompé, et vous vous étonnez que M. Henrionnet ait pu soutenir un tel procès.

Non-seulement je vous ai donné une chose sérieuse, mais si bonne, que vous avez trouvé à la revendre, et que vous l'avez revendue.

Je ne veux pas, sur ce point, retenir plus longtemps l'attention du tribunal. Je crois avoir démontré que l'acte du 2 février 1853 était un acte sérieux ;

je vous défie de faire la preuve contraire, de produire quelque titre que ce soit qui indique chez moi la volonté de n'avoir voulu faire de vous qu'un mandataire. Contre ce titre qu'on ne produit pas, qu'on ne produira jamais, voilà mon acte, et j'ajoute que toutes les circonstances qui l'environnent sont des preuves qui viendraient à l'appui, sil'acte avait besoin d'être appuyé.

J'arrive au dernier point du débat. Vous voulez que je vous montre mes titres ; vous les connaissez comme moi. Vous savez parfaitement que mon acte de concession est perdu avec beaucoup d'autres, qu'il a été brûlé, mais vous savez aussi que cela est sans importance au procès, car ce titre n'était pas un original, c'était une simple copie du titre. Le titre original avait été déposé dans le registre de la commission de révision où étaient établies les concessions. Vous ne doutez pas de son existence, elle ne peut pas être mise en question, et vous venez me dire que vous ne pouvez me payer qu'après la ratification ! C'était vrai en 1851, ce n'est pas vrai en 1853.

Vous étiez mon mandataire en 1851, et vous avez perdu tout votre temps jusqu'en 1853, sans rien faire pour moi. La ratification que vous me demandez aujourd'hui, vous vous étiez chargé de l'obtenir. Vous êtes resté dans l'inaction, et vous voulez que j'en supporte les conséquences ! Il vous a plu de ne rien faire, et vous m'imputez votre inaction ! vous étiez mandataire, vous ne vous êtes pas un instant préoccupé de votre mandat, vous n'avez songé qu'à vendre ; et parce que votre vente ne s'est pas réalisée, c'est moi qui devrais souffrir de ce mécompte ! Non, la faute est à vous et non à moi, les conséquences vous regardent et non pas moi. Depuis le 2 octobre 1851, vous n'avez rien fait, et c'était à vous de tout faire, puisque je vous avais substitué à ma place. Si donc ma chose avait péri dans vos mains, vous m'en devriez compte à ce titre.

Voilà le procès, Messieurs ; jugez-le tout à la fois avec la conscience et le droit ; il est évident que j'ai fait une vente sérieuse, légitime, d'objets qui m'appartenaient. Que si Cretaine avait vendu 100,000 fr. ce dont je retirais 800,000 fr., cela tient non pas à moi, non pas à la vente elle-même, mais à toutes les circonstances qui se sont développées depuis 1849, et qui promettaient des trésors aux nouveaux propriétaires. J'ai vendu, je dois recevoir le prix de ma vente, et je demande l'exécution de mon contrat.

CONCLUSIONS DE M. L'AVOCAT IMPÉRIAL PINARD.

Les faits de cette affaire vous ont été complétement exposés, Messieurs, par les défenseurs. J'arrive tout de suite au point important du débat. Deux demandes vous ont été soumises : la demande principale, c'est celle de Cretaine contre Gauthier ; la demande subsidiaire ou l'appel en garantie, c'est celle de Gauthier contre Orsi. Je n'ai point à parler bien entendu de Lecamus, qui n'apparaît un instant que pour céder à Gauthier tous ses droits, et pour se retirer immédiatement d'une entreprise où il entrevoyait peu de bénéfices et beaucoup de chances de ruine. Connaître exactement la situation juridique que les actes et les faits donnent aux trois parties, c'est-à-dire à Cretaine, à Gauthier et à Orsi, c'est donc avoir toute la solution de ce long procès.

Cretaine est le vendeur originaire. C'est lui qui le premier met en circulation ces vallées merveilleuses et fécondes dont personne aujourd'hui ne veut le sol, mais dont tout le monde réclame le prix. C'est à lui que je m'adresse et je le somme de produire ses titres originaires. Il a vendu : qui donc l'a investi le premier ? Son titre, c'est une concession. Voyons la valeur de cette concession.

Dix-neuf mille hectares ou onze lieues carrées de terrains fertiles avaient été accordés à Cretaine par le général Pio Pico, le dernier représentant de l'autorité mexicaine en Californie. Soit : je ne conteste ni l'étendue ni la magnificence de la concession. J'admets la réalité des promesses qui ont rempli les programmes et les journaux parlant de ce splendide pays. Oui, les vallées que revendique Cretaine ont des troupeaux de cavales indomptées, des mines de quartz et d'or, des moissons fécondes, des vignes qui produisent sans culture. Je n'émets de doute ni sur la beauté du ciel ni sur la fertilité de ces rives enchantées du Tularès. Seulement si le pays est si beau et si la concession est si large, il est une question préjudiciable que tout le monde se pose : Quels sont donc les éminents services que M. Cretaine a rendus pour avoir onze lieues carrées dans cet Eldorado du nouveau monde dont il décrit si bien les merveilles ? Cette cause morale ou politique de la concession, je la cherche et je ne la trouve pas. Il y a seulement une date significative qui me frappe. C'est en 1846 que Cretaine obtint sa concession ; c'est en 1846 que Pio Pico est battu et chassé par les Américains. Rien ne fut prompt comme cette conquête de la Californie par les États-Unis. Tout le monde sait que si l'armée ennemie mit un mois à aborder dans le pays, elle n'eut besoin que de quinze jours pour le conquérir. C'est donc la veille ou le lendemain de la défaite que la concession fut ramassée par Cretaine sur le champ de bataille. Si pour un soldat qui ne se battait pas ou qui s'était fait battre, le général Pio Pico se montrait si généreux ; si au dernier de ceux qui suivaient son armée, il donnait onze lieues carrées de ce pays merveilleux qu'on vous a décrit, je me demande ce qu'il eût fait après une victoire ; il eût fallu distribuer alors non plus la Californie, mais les deux hémisphères. Avouons, Messieurs, que tout est fabuleux dans ce singulier pays. Chez nous, c'est aux vainqueurs qu'on donne les dépouilles opimes ; c'est ainsi qu'agissait Rome et que faisaient les Germains. Là-bas, c'est aux vaincus qu'on accorde les concessions. Les terres ne paient pas la victoire, elles consolent de la défaite.

J'ai voulu vous montrer, Messieurs, dans quelles étranges conditions se présentait la concession qui fait le titre de Cretaine. Je reconnais toutefois que la discussion juridique doit porter ailleurs, et que s'il a été sérieusement investi de la possession de ces magnifiques domaines, je n'ai point à lui demander quel était le nombre ou quel était l'éclat des services qui ont motivé la concession. Voyons donc s'il y a en droit titre véritable.

Le titre originaire serait un décret ou un arrêté du général Pio Pico. Pio Pico était un Président constitutionnel ; il a dû prendre une pareille mesure avec toutes les formalités que prescrivait la constitution du pays ; l'arrêté a dû être rendu dans des formes solennelles ; les archives de l'État doivent en conserver la trace. Or, M. Cretaine ne produit aucun original, il ne fournit que des copies déniées par l'adversaire, et vous avez entendu le défenseur d'Orsi réputer problématique l'existence du titre lui-même.

Je n'arrêterai pas néanmoins M. Cretaine par une pareille fin de non-rece-voir. J'admettrai qu'il n'a pu se faire délivrer l'original : Qui sait ? Le général Pio Pico, qui jouait de malheur, a pu perdre le même jour et son armée, et la présidence, et ses archives. Dans le tumulte de la défaite, un titre s'égare si facilement ! M. Cretaine a donc égaré son titre, et je l'admets sérieusement et sans réserve, les copies sont authentiques et font foi. Eh bien, tout en me plaçant à ce point de vue, je lui oppose encore un argument insurmontable, et cet argument le voici : *La concession est radicalement nulle.*

Elle est nulle au point de vue de la constitution qui régit la Californie. Rappelez-vous, Messieurs, les lettres de M⁰ Dillon, consul général de France à San-Francisco. Il donne ces avertissements réitérés que le gouvernement a fait reproduire par la voie des journaux : « Les étrangers qui ne résident pas, qui n'ont pas fixé leur établissement dans le pays, sont incapables de posséder le sol et d'acquérir des droits réels immobiliers. » Cretaine a quitté la Californie, il n'est pas résidant *bona fide*; il ne l'a jamais été depuis la conquête des États-Unis, s'il faut en croire les documents du procès. Donc il n'a jamais eu la capacité nécessaire pour la validité d'une concession.

La seconde condition prescrite à titre de nullité, pour qu'une concession devienne définitive, c'est la culture. Le gouvernement ne se contente pas d'une prise de possession fictive opérée par un bornage illusoire ou une déli-mitation bien vague ; il veut que les terres concédées soient exploitées et défendues contre les Indiens par d'énergiques travailleurs. Cretaine depuis plusieurs années habite tranquillement la France sans songer à tracer un sillon dans le bienheureux pays qu'il abandonna si promptement. Il n'a jamais cultivé les vallées qu'arrose le Tularès, ni par lui-même ni par autrui. La seconde condition exigée de tout concessionnaire a donc manqué ici : la prise de possession par la culture ne s'est pas réalisée.

Enfin, à un troisième point de vue, la concession est encore nulle, parce qu'elle n'a point été ratifiée par le nouveau gouvernement, et que l'occupation sera impossible pour tous les acquéreurs successifs auxquels les prétendus droits de Cretaine ont été cédés. Dès que les États-Unis furent maîtres de la Californie, leur premier soin fut d'instituer des concessions départementales pour liquider le passé. Toute personne se prétendant concessionnaire dut présenter son titre à l'une de ces commissions et le faire régulariser sous peine de nullité. Si le titre était authentique, si le demandeur était soit régni-cole, soit étranger, résidant *bona fide*, et s'il avait cultivé, la concession était irrévocablement acquise. Si l'une de ces trois conditions manquait, rien n'était ratifié. Or Cretaine n'a point comparu devant la commission départementale. Il ne l'a saisie d'aucune demande; ni lui, ni ses fondés de pouvoir ne l'ont mise en demeure de statuer. Et aujourd'hui après avoir longtemps fonctionné, les commissions départementales sont dissoutes, le délai fatal est expiré, nul ne peut plaider maintenant devant elles une cause qu'on n'osait point leur sou-mettre autrefois.

A un triple point de vue la concession est donc *nulle : nulle*, parce que le concessionnaire étranger qui ne réside pas dans le pays ne peut y avoir la pro-priété du sol ; *nulle*, parce qu'il n'a pas cultivé ; *nulle*, parce qu'il n'a demandé au gouvernement actuel ni investiture ni ratification. Or, si j'ai raison sur cette question d'origine, le procès est entendu et la solution est trouvée. Il ne s'agit plus pour les parties d'invoquer pour défaut d'exécution la résolution des ventes successives qui se sont produites. Il n'y a plus lieu de demander des titres ou la délivrance. C'est la nullité radicale de tous les contrats qu'il faut prononcer : nullité de la vente de Cretaine à Gauthier, parce que Cretaine n'a jamais été propriétaire sérieux ; nullité de la vente de Gauthier à Orsi, parce que Gauthier n'a jamais eu plus de droits que Cretaine sur ces fertiles et lointaines vallées du Tularès. On ne vend pas des droits inexistants ; on ne cède pas à prix d'argent des prétentions impossibles. Pour qu'il y ait contrat de vente obligatoire, il faut un vendeur d'une part, un acheteur de l'autre, et surtout un objet sérieux dont le prix stipulé traduise la valeur. Ici je vois bien des vendeurs et des acheteurs ; mais je ne trouve pas l'objet du contrat. On peut vendre des droits litigieux, soit ; mais on ne cède pas des droits inexistants, des promesses ou des espérances. Cretaine n'a rien cédé, Gauthier n'a rien cédé ; je conclus d'une manière absolue à la nullité de tous les contrats.

Tel est, Messieurs, le résultat inflexible auquel je crois devoir arriver. Vous irez aussi jusque-là ; mais voulant prévoir toutes les hypothèses, même celle où vous admettriez Cretaine comme un concessionnaire sérieux vendant à Gauthier des droits déterminés, je vous dirais encore : Gauthier, lui, n'a point réellement vendu à Orsi les biens qu'on lui cédait, il n'a fait que lui donner un mandat pour arriver à fonder une société commerciale. Il ne peut donc que lui demander compte de l'exécution du mandat, et non lui réclamer la somme énorme de 900,000 francs, stipulée comme prix de vente des terres californiennes.

Pour soutenir la réalité de la vente consentie par Gauthier à Orsi, on m'oppose les deux actes authentiques du 1er octobre 1851 et du 2 janvier 1853. Présomption, je le sais, est due aux titres ; mais il ne s'agit pas de s'inscrire en faux contre eux : les notaires n'ont fait que consigner exactement les déclarations qui leur étaient faites par les parties : ceci est évident. Seulement la nature même des clauses qu'on insère aux actes, la contre-lettre produite et la correspondance n'indiquent-elles pas d'une manière évidente qu'Orsi n'a jamais été que l'agent direct de Gauthier ? Chargé de trouver à tout prix des actionnaires et de fonder une société, il emportait à Londres ces actes authentiques dont on parle pour inspirer confiance au public dont il fallait demander les fonds. Froids et prudents en affaires, les Anglais n'auraient apporté qu'une médiocre attention aux paroles d'un homme qui n'aurait joué vis-à-vis d'eux que le rôle d'un mandataire sans importance. Gauthier inconnu à Londres ne pouvait y fonder lui-même la société, il ne se présentait d'ailleurs qu'avec l'acte de vente consenti par Cretaine et qui ne lui cédait les terrains de Californie qu'au prix si mince de 100,000 francs. Orsi, au contraire, plus en relations que Gauthier avec le public anglais, voyait naître devant lui des chances plus favorables ; mais ces chances, qui s'affaiblissaient s'il ne se présentait que comme le mandataire d'un tiers inconnu, grandissaient évidemment s'il était d'une manière apparente le propriétaire de ces magnifiques domaines, et s'il était censé les avoir achetés au prix élevé de 900,000 francs. Voilà pourquoi il fallait à Orsi, pour séduire les Anglais, persuader M. Scoble, attirer les capitalistes et jeter sur les bourses de Paris et de Londres les actions d'une société naissante, des actes authentiques établissant qu'il avait acheté sérieusement et qu'il payait argent sonnant. Voilà ce que Orsi déclare publiquement aujourd'hui, et tout démontre qu'il a dit vrai.

Voyez en effet l'acte du 1er octobre 1851. S'il contient une vente sérieuse faite aux conditions ordinaires, et si sous ces formes apparentes il n'y a pas un mandat conféré, pourquoi ces clauses insolites en vertu desquelles l'acheteur et non pas le vendeur doit postuler la ratification et faciliter la délivrance? Pourquoi le prix n'est-il exigible qu'après l'obtention de la ratification? Pourquoi surtout Orsi est-il dispensé de payer jusqu'au jour où il vendra les terrains qu'il achète, ou jusqu'à celui où il pourra les mettre en société? Pourquoi enfin cette faculté de rétrocession stipulée au profit de Gauthier, si dans le délai d'un an Orsi n'a ni vendu ni payé! Tout cela s'explique si Orsi n'est que le mandataire de Gauthier. Tout devient au contraire étrange s'il est acquéreur sérieux.

Puis le même jour les parties signent une contre-lettre qui donne à cet acte du 1er octobre 1851 son véritable caractère. Vous en connaissez les termes, Messieurs, dans la prévision du succès on se partage les bénéfices. Gauthier le mandant dicte en souverain les conditions auxquelles on fondera la société, et il se fait sur le capital social la véritable part du lion. Orsi le mandataire stipule seulement ses épaves, soit 50,000 francs. Puis tous ceux qui de près ou de loin doivent contribuer à la formation de cette société si désirée ont aussi leur part fixée à l'avance : on peut être généreux et large; on rêve un capital social de 2,500,000 francs, assis sur ces terres californiennes que Cretaine vendait, dix-huit mois auparavant, 100,000 francs, et qui triplaient, quadruplaient, quintuplaient naturellement de valeur entre des mains habiles et parisiennes.

La contre-lettre du 1er octobre, rapprochée de l'acte authentique du même jour, établit donc nettement pour tous que Orsi n'est au début que le mandataire de Gauthier. C'est dans ce sens qu'il agit à Londres de 1851 à 1853, et cette existence du mandat était tellement connue, que Wilmar écrivait à Gauthier : « Orsi a donc succédé à Ellelin. Je souhaite qu'il réussisse; mais prenez garde, vous changez trop souvent de mandataire, cela fera mauvais effet vis-à-vis de M. Scoble. »

En 1853, la société n'est point encore fondée, les tentatives ont échoué, Orsi revient à Paris et signe avec Gauthier l'acte du 2 janvier 1853. Cet acte est le grand argument des adversaires. Ils reconnaissent jusqu'à un certain point l'existence du mandat en 1851, en 1852, au commencement même de 1853. Comment le nier en effet en présence de la contre-lettre? Mais l'acte de 1853 a anéanti tout le passé, disent-ils, et a donné d'une manière définitive à Orsi le titre et la situation d'un propriétaire incommutable. Eh bien non, c'est là l'erreur capitale qu'il s'agit de détruire. L'acte de 1853 n'a qu'un but: abroger la faculté de rétrocession stipulée au profit de Gauthier. Toutes les clauses de l'acte de 1851 restent debout; c'est le même prix stipulé, le même objet vendu, les mêmes conditions fixées; tout demeure, tout subsiste, excepté la clause de rétrocession. Ne dites donc pas que vous avez anéanti le passé; le passé reste avec la contre-lettre qui l'éclaire et le mandat qui l'explique. Ah! si vous aviez rédigé l'acte de 1853 pour détruire toutes les conventions antérieures, vous auriez procédé autrement. On ne met point à néant un acte, quand on se borne à modifier une seule de ses clauses, quelque importante qu'elle soit. On écrit, on stipule à nouveau, on dit : « Sont et demeurent » abrogés les actes antérieurs et la contre-lettre qui nous lient, etc... » Ah ! si vous n'avez pas pris cette forme et si claire et si simple, c'est que vous vouliez laisser au passé sa force et à vos relations le même caractère. C'est que vous n'écriviez l'acte de 1853 que pour les tiers ; c'est que vous n'abrogiez cette faculté gênante de la rétrocession que pour dégager la situation de Orsi, pour faciliter l'accomplissement du mandat et arriver plus vite à la fondation de cette société toujours rêvée et jamais constituée. Cette faculté de rétrocession au profit de Gauthier n'était-elle pas en effet une épée de Damoclès pour ceux qui devaient traiter avec Orsi ? N'entravait-elle pas son crédit ? Ne faisait-elle pas douter de ses promesses ? Que cette clause gênante disparaisse et Orsi est censé propriétaire incommutable et il peut agir et parler en maître. Un homme qui a acheté seul et qui possède d'une manière irrévocable une terre de 900,000 francs a doublé sa puissance ; il peut fonder des sociétés et gagner des millions.

Voulez-vous enfin une dernière preuve de l'existence du mandat après comme avant l'acte de 1853. Lisez cette lettre de Gauthier à Orsi, dans laquelle on parle toujours de la constitution de la société. « Tâchez de réussir, » dit-il, et envoyez-moi *mon contingent*. » C'est après l'acte de 1853 qu'on écrit ces lignes. Est-ce là le langage d'un vendeur sérieux qui réclame son prix, que la spéculation de l'acheteur réussisse ou non ? N'est-ce pas le mot du mandant qui n'a d'espoir que dans la réussite promise et qui demande sa part sociale, son dividende éventuellement fixé, *son contingent*, pour me servir de cette expression qui a tout dit dans la lettre que je cite.

Tels sont, Messieurs, les deux points de vue sous lesquels je devais considérer cette affaire. En remontant à l'origine des titres, j'arrive à prouver la nullité de la concession, et par conséquent celle de tous les actes qui lui ont succédé. En ne m'attachant qu'à la situation spéciale que les titres invoqués font à Gauthier et à Orsi, j'établis subsidiairement qu'il n'est intervenu entre eux qu'un contrat de mandat.

Et maintenant que doit-il rester des détails minutieux de ces longs débats ? un souvenir et une leçon. Oui, on se souviendra de cette facilité déplorable avec laquelle on jette un leurre au public. Tout le dit bien haut dans ce procès : c'est Lecamus rédigeant pour les journaux de magnifiques programmes et venant les désavouer publiquement à l'audience, ayant tour à tour deux opinions contraires, celle du journaliste intéressé à la fondation de la société, celle du plaideur voulant se retirer sans bourse déliée ; ce sont trois acquéreurs successifs donnant à la propriété d'abord une valeur de 100,000 francs, l'achetant ensuite 900,000 francs, et voulant la mettre en actions au capital de 2,500,000 francs. Pourquoi cette valeur si mince à l'origine s'élevait-elle à ces proportions gigantesques ? Les vallées du Tularès avaient-elles été cultivées dans ce court espace de temps ? La ratification de la concession avait-elle été obtenue ? Non ; mais on exploitait habilement les promesses que donnaient les programmes, on escomptait promptement l'avenir, et chacun était décidé à toucher le prix sans jamais aller voir le sol.

Le péril est donc moins dans ces espérances un peu vagues que donnent aujourd'hui les richesses du nouveau monde que dans les manœuvres de ceux qui exploitent ces espérances mêmes. Ceux-là sans doute ne commettent pas tous l'escroquerie ; mais ils la côtoient, si vous me permettez l'expression, ils la préparent aujourd'hui, ils la consommeront demain. Aujourd'hui c'est un article de journal qu'on rédige pour la spéculation d'un ami ; on y met le vrai et le faux, le certain et le douteux ; cela s'appelle faire une réclame, dorer les contours ou rendre service. Un autre jour on se rend ce service à soi-même ; les récits hasardés augmentent, le mensonge et la manœuvre ont pris toute la place de la vérité. Ici, je le veux bien, on n'a point été jusque-là : je ne serai sévère pour personne ; mais on se mettait sur cette pente glissante où les catastrophes sont possibles et les chutes probables.

Pour empêcher les spéculateurs émérites de devenir des coupables, et pour mettre le public en garde contre de dangereuses illusions, le devoir de la justice, Messieurs, est d'être sévère sur l'authenticité des titres qu'on nous rapporte du nouveau monde. Vous le serez dans l'intérêt de tous, vous le serez pour l'honneur de ces contrées lointaines et pour celui de notre propre pays. N'accordez donc ni à Cretaine les 100,000 francs qu'il demande, ni à Gauthier les 900,000 francs qu'il réclame, et s'il faut aux plaideurs comme aux affligés une espérance qui les console, laissez-leur seulement l'espoir et la faculté de retourner dans ces vallées qu'ils trouvaient si fertiles, de revoir les rives enchantées du Tularès, de convoquer s'il y a lieu cette commission départementale qui statuait autrefois sur la validité des concessions, et de plaider, s'ils le veulent à nouveau, devant des juges américains, ce procès qu'ils doivent perdre dès à présent devant des tribunaux français.

JUGEMENT.

« Attendu que Cretaine ne justifie pas avoir jamais eu la propriété des terres par lui vendues à Gauthier et Lecamus, suivant acte du 19 février 1850, reçu par Esnée, notaire ;

» Que la concession prétendue qui aurait fait passer ces terres aux mains de Cretaine n'est pas établie ;

» Que les titres n'en sont pas produits et ne peuvent pas l'être, ce qui, en supposant même que la vente prétendue eût été sérieuse, suffirait pour faire considérer ladite vente comme non avenue, aux termes de l'acte même qui la constate, lequel acte dispose expressément qu'en cas de perte des titres de concession, la vente sera nulle, sans indemnité de part ni d'autre ;

» Attendu que Gauthier, n'ayant pas acquis la propriété, n'a pas pu la transmettre à Orsi, et que, sous ce premier rapport, la demande formée par Gauthier et Henrionnet, syndic de la faillite, ne saurait être accueillie ;

» Attendu, d'ailleurs, que les actes authentiques passés devant Dumas et son collègue, notaires à Paris, à la date des 1er octobre 1851 et 2 février 1853, invoqués par Gauthier comme établissant la vente dont il excipe, n'ont été faits, en réalité, que pour faciliter à Orsi l'exécution du mandat qu'il avait reçu de Gauthier, et qui avait pour objet de vendre à des capitalistes anglais les terres dont Gauthier prétendait avoir acquis la propriété ;

» Que cela s'induit avec évidence non-seulement des faits de la cause et de la *correspondance* des parties, mais encore de l'acte sous-seing privé du 1er octobre 1851, dont l'enregistrement aura lieu en même temps que celui du présent jugement, acte qui, convenu entre les parties et fait par elles, à la date même du premier contrat reçu par Dumas, établit le caractère fictif de ce dernier contrat, et, par la force des choses, de celui du 2 février 1853, qui n'est que la conséquence du précédent, dans lequel il s'absorbe, et établit que de Gauthier à Orsi il n'y a pas eu, au sujet des terres dont il s'agit, d'autres relations que celles de mandant à mandataire;

» Qu'ainsi, et sous ce nouveau rapport, la prétention de Gauthier et Henrionnet ès noms n'est nullement fondée;

» Par ces motifs, déclare Cretaine mal fondé dans sa demande contre Henrionnet ès nom et Lecamus, et l'en déboute; admet, au contraire, la demande reconventionnelle de Lecamus, et, en conséquence, déclare sans objet et nulle la vente consentie, le 19 février 1850, par Cretaine à Gauthier et Lecamus.

» Déclare Gauthier et Henrionnet ès noms également mal fondés dans leurs demandes, tant principales qu'en garantie, contre Orsi;

» Ordonne, en conséquence, la discontinuation des poursuites commencées par Henrionnet ès nom contre Orsi;

» Sur le surplus de leurs demandes et conclusions, met les parties hors de cause;

» Fait masse des dépens, et dit qu'ils seront supportés par Henrionnet ès nom et Cretaine, chacun pour moitié, sauf l'enregistrement de la contre-lettre du 1er octobre 1851, qui reste à la charge d'Henrionnet ès nom, et fait distraction desdits dépens aux avoués qui l'ont requise. »

⚬⚬⚬

VARIÉTÉS.

ÉTUDE SUR M. PAILLET.

Summa sequar fastigia rerum.

Nous avions eu l'espérance que dans ce recueil un hommage digne de M. Paillet serait rendu à sa mémoire. L'honorable M. Dufaure, chez qui le caractère est à la hauteur du talent, avait bien voulu promettre un article à la *Tribune judiciaire*; mais il n'a pas tardé à s'apercevoir qu'ayant à faire connaître tout à la fois un confrère du palais et un ami politique, il ne pouvait pas se borner à parler de l'avocat éminent, et le domaine politique est interdit à notre mode de publication. Nous ne venons point entreprendre ici un travail dont nous avions décliné et la difficulté et l'honneur, mais qu'il nous soit permis, sans sortir de notre humble rôle de *Reporter*, de chercher et de faire connaître le secret d'une des plus belles et des plus pures réputations de ce temps.

Lorsque, pour en rassembler les éléments, nous avons voulu remonter aux vraies sources, c'est-à-dire consulter les plaidoyers de M. Paillet, la plume nous est tombée des mains. Croirait-on qu'une nation, toujours prête à élever des statues aux hommes qui ont bien mérité d'elle dans les diverses carrières de la vie, néglige de tous les monuments précisément le plus utile, le seul durable, le seul éternel, si quelque chose pouvait l'être en ce monde; nous voulons parler de la conservation de leurs œuvres, qui est en quelque sorte l'action non interrompue de leur pensée, la continuation, la perpétuité de leur existence ?

Quelques jours à peine nous séparent de M. Paillet, et déjà nous en sommes réduits à dire de lui ce que dit l'histoire d'un autre grand avocat : « A telle époque il y eut à Rome un orateur nommé Hortensius, qui était le rival de Cicéron; malheureusement ses oraisons ne sont point parvenues jusqu'à nous (1). » Mais Rome est excusable; elle n'avait pas l'imprimerie, et ses orgueilleuses collines ont été visitées par les hordes étrangères dont les pires ravages ne sont pas toujours le sac des villes et le massacre des populations.

Quant à nous, qui recueillons dans nos bibliothèques, avec un zèle qui devient un scandale, les drames les plus dépourvus d'esprit et de style, les romans les plus immoraux comme les plus ridicules, nous montrons généralement beaucoup de froideur et d'indifférence pour les œuvres sérieuses qui ne se recommandent que par la sévérité du sujet et du style. Que la masse du public préfère les extravagances de la littérature courante aux belles productions de l'éloquence, cela se conçoit; les drames sanglants de nos théâtres l'y ont accoutumée, et la plupart de nos écrivains travaillent depuis cinquante ans à fausser son esprit, à dépraver son goût, à pervertir ses sentiments. Que cette masse oublie ou ignore que la barre fut, avec la chaire, le berceau et quelquefois le champ d'asile de la parole libre; qu'elle se soucie peu de l'éloquence judiciaire en particulier, nous le comprenons à merveille; nous comprendrions moins que le barreau lui-même, peu jaloux de conserver ses traditions, les laissât tomber dans l'oubli (2).

---

(1) Il n'a été imprimé, à notre connaissance, que cinq plaidoyers authentiques de M. Paillet, et deux sont peu importants.

(2) Plusieurs publications judiciaires, recommandables à divers titres, bien qu'elles n'eussent pas pour objet d'enregistrer et de conserver la parole même des orateurs, ont été essayées à diverses reprises, et toutes sont tombées parce qu'elles n'ont pas pu trouver cinq cents lecteurs dans toute la France.

Ce serait là un symptôme alarmant, car les nations civilisées ne vivent que par leur histoire, et lorsque l'histoire cesse d'être lue, il devient également superflu et de l'écrire et de s'y faire remarquer. Or, l'histoire littéraire d'un peuple est sa première histoire, par la raison qu'il vaut mieux faire connaître l'homme qui éclaire que l'homme qui tue.

Funeste dans tous les temps, l'indifférence que nous signalons serait mortelle à une époque où la barre des tribunaux est devenue le seul refuge de l'art de Démosthène et de Cicéron. Ce n'est pas le moment, selon nous, de méconnaître les services qu'il a rendus. N'oublions pas que, lorsqu'il y a quelques années, le mandat électoral semblait conférer le talent de la parole avec le droit de parler, et que la tribune nationale était menacée de voir le jargon de toutes les provinces usurper la place de la langue française, l'éloquence était encore dignement représentée par le barreau, qui jamais n'avait compté autant d'hommes distingués, parmi lesquels plusieurs étaient illustres (1). Il formait comme un bataillon sacré luttant seul contre les barbares, et n'ayant pu les empêcher d'envahir la patrie, les empêchant du moins de s'y établir. Mais la magistrature a enlevé plusieurs de ces héroïques soldats, la mort éclaircit leurs rangs tous les jours, et si nous voyons bien qui vient occuper leurs places, nous ne voyons pas toujours qui les remplit. L'éloquence judiciaire s'en va donc comme s'en sont allées tant d'autres branches de notre littérature des deux grands siècles.

On dit autour de nous qu'elle se perd parce que le nombre des causes diminue, le nombre des grandes causes surtout. Serait-il donc vrai qu'à mesure que nous devenons moins éclairés, nous devinssions plus sages; que les transactions fussent plus loyales, les caractères mieux assortis, la foi conjugale mieux gardée, et que les hautes classes de la société eussent légué à la vile multitude le monopole du scandale, de l'infamie et du crime? S'il en était ainsi, il faudrait en rendre grâces à Dieu, dût le barreau, dût la magistrature elle-même devenir ce que sont devenues nos grandes routes depuis l'établissement des chemins de fer, des superfétations à peine utiles à conserver.

Mais est-il bien exact de dire que le talent ne puisse se former que dans les grandes affaires? M. Paillet est une éclatante preuve du contraire. Qui ne sait d'ailleurs que les avocats agrandissent les causes plutôt que les causes ne grandissent les avocats? Ce n'est donc pas l'aliment qui manque à l'art de la parole, c'est le goût du travail et des fortes études, et pour tout dire, l'obstacle contre lequel un grand

---

(1) Le barreau ne fournissait pas tous les bons orateurs assurément, puisque M. Guizot ne lui appartenait pas, et que M. Thiers lui avait fort peu appartenu, mais il en fournissait la grande majorité.

nombre vient se briser, c'est la vanité suffisante, c'est l'appétit prématuré des honoraires se substituant à l'amour de la profession qu'il faut aimer pourtant, si l'on veut y réussir, moins pour ce qu'elle rapporte immédiatement que pour les nobles plaisirs qu'elle procure et la considération qu'elle donne. Au milieu de ces symptômes trop évidents de décadence, la conduite de M. Paillet, ses efforts obscurs d'abord, sa persévérance invincible toujours, et enfin l'éclat de ses succès, sont un modèle admirable qui se présente à l'imitation des jeunes gens; c'est le phare lumineux qui s'élève au milieu de la nuit et de l'orage, et qui signale au navigateur les écueils de sa route et lui montre le port.

Alphonse-Gabriel-Victor Paillet naquit à Soissons, le 17 novembre 1796. Son père était notaire; il avait exercé pendant la révolution les fonctions de procureur syndic. C'était un des derniers représentants de cette vieille bourgeoisie française, qui avait le bon goût de préférer sa probité héréditaire à des titres de noblesse dont l'origine, souvent douteuse, n'était pas toujours un acte de vertu. Le notaire de Soissons poussait la rigidité de ces principes à un point qui ferait sourire plus d'un de ses successeurs d'aujourd'hui (1); mais ce n'est pas de cela quil s'agit.

Il envoya son fils au lycée Charlemagne, et le jeune Alphonse en fut un des meilleurs élèves. Les récompenses qu'il y obtint, ses succès éclatants au concours général (2) préludaient ainsi à ceux qui l'attendaient sur un théâtre plus élevé. Pendant qu'il suivait le cours de droit de la Faculté de Paris, il étudiait la procédure chez M. Masson, avoué à la Cour. Cette étude si différente de celle des belles lettres, était peu de son goût. A cette époque où l'autographie n'existait pas encore, les clercs étaient chargés de la copie des pièces. Un jour, M. Paillet, après avoir fait un grand nombre de copies d'un cahier de charges, sans avoir été même aperçu de son patron; dégoûté d'ailleurs d'une carrière pour laquelle il ne se sentait aucune aptitude, déserta l'étude et voulut s'engager comme soldat. On eut quelque peine à l'en empêcher.

---

(1) A sa mort on trouva des valeurs considérables qui lui avaient été confiées à des époques reculées par des clients pour la plupart inconnus de ses héritiers. Les sacs n'avaient pas été ouverts; les pièces d'or et d'argent avaient été deux ou trois fois démonétisées depuis le dépôt. Une simple étiquette faisait connaître la date du dépôt, la somme. la nature des espèces et le nom du client. Dans ce temps-là, disait M. Paillet en racontat cette anecdote paternelle, un notaire se serait cru déshonoré de donner un reçu. Il ne faisait pas fructifier le bien d'autrui; il le laissait intact. — Les mêmes faits dans des circonstances analogues se sont reproduits dans l'étude de M. Lherbette, notaire à Paris, père de l'ancien et honorable député de ce nom.

(2) Il aimait à raconter qu'invité un jour, comme premier prix de vers latins, à dîner chez M. de Fontanes, grand maître de l'Université, il eut la douleur, à peine entré dans les salons, d'être obligé de se retirer par suite d'une inflammation très grave des yeux, causée par un excès de travail.

A chaque pas qu'il faisait vers la carrière qu'il devait si bien remplir, il rencontrait un obstacle. Son mariage était arrêté; on n'attendait plus pour le célébrer que le diplôme d'avocat bien prochain dans la pensée de tous, puisque M. Paillet avait toutes ses inscriptions. Un célèbre professeur lui en fait perdre neuf d'un seul coup, et rien ne peut, pendant sept mois, fléchir sa rigidité. Cependant l'intervention d'un ami et la demande de quelques leçons particulières du professeur aplanirent enfin ces difficultés. M. Paillet fut admis à passer en quinze jours son troisième et son quatrième examen, ainsi que sa thèse. L'unanimité des boules blanches qu'il obtint prouva ou que le professeur avait été un peu sévère sept mois auparavant, ou que ses leçons avaient eu le mérite de réparer promptement beaucoup de temps perdu ou mal employé.

Reçu avocat, M. Paillet revint dans sa ville natale étudier encore la procédure chez M. Tétard avoué, où il avait déjà été clerc et dont il conserva toujours le plus tendre souvenir. M. Tétard, homme très distingué lui-même, avait deviné son aptitude au barreau et lui avait prédit son brillant avenir. M. Paillet débuta devant le tribunal de Soissons. Le hasard voulut que, dans la dernière cause qu'il y plaida, il eût pour adversaire M. Chaix d'Est Ange, âgé alors de vingt-quatre ans. Tous deux se firent remarquer par l'esprit et la verve qu'ils déployèrent dans cette affaire, et de cette première lutte vive, ardente, passionnée, naquit entre les deux jeunes contradicteurs une amitié qu'il était réservé à la mort seule de pouvoir briser.

Vers la fin de 1824, cédant, malgré sa famille, à cette impulsion intérieure qui nous pousse à notre insu vers nos destinées, M. Paillet vint à Paris. Il y avait du courage dans cette détermination. Il était déjà père de famille; son patrimoine était léger et toutes les avenues du palais occupées par des hommes qui s'appelaient Dupin, Mauguin, Hennequin, Mérilhou, Barthe, Berryer.

Pour pénétrer dans cette citadelle si bien gardée, il fallait deux choses : un succès éclatant d'abord et du temps. L'occasion du succès ne se fit pas attendre. Le jour même où M. Paillet arrivait à Paris, un de ces crimes inouis qui défient l'intelligence comme la conscience humaine arrachait à la France un cri de terreur. Louis Papavoine, ancien sous-commissaire de marine, alors directeur d'une manufacture de draps à Mouy, homme intelligent, lettré, mais sombre, insociable, querelleur (1), venait régler une fourniture qui lui avait été accordée par le ministre de la guerre.

____

(1) Des personnes qui l'ont bien connu, dont quelques-unes ont monté le même vaisseau que lui, assurent que mauvais camarade en mer, il provoquait tout le monde chaque fois que l'on débarquait. Les choses en étaient venues à ce point, qu'il ne trouvait plus à se battre. On le fuyait.

Cet homme étrange, traversant d'aventure la forêt de Vincennes, aperçoit deux jeunes enfants qui jouent sur l'herbe : il les fixe du regard, va au village voisin acheter un couteau, revient et les égorge l'un sur l'autre sous les yeux de leur mère. Dans sa prison, il se précipite sur un de ses compagnons de captivité que l'on ne peut arracher de ses mains que sanglant et déchiré. Il était effrayant à voir, ont dit les gardiens, il avait les yeux hagards et les cheveux *littéralement dressés*. Tel est l'homme dont la défense est confiée à M. Paillet. Cette tâche l'effraie ; il va frapper à la porte d'Hennequin, mais Hennequin refuse de l'assister.

Ici se présente une objection que nous avons entendu faire. M. Paillet a dû sa réputation surtout à sa fidélité au principe *vir bonus dicendi peritus :* comment donc a-t-il pu se charger d'une défense aussi évidemment détestable que celle de Papavoine ?

Le danger pour un avocat défendant une mauvaise cause est de faire acquitter un coupable ; le danger pour un avocat refusant de défendre une cause en apparence mauvaise, est de laisser condamner un innocent. Dans le doute, la raison et l'humanité sont d'accord pour commander la défense. Les tribunaux eux-mêmes, cruellement avertis par leurs erreurs dont Sirven, Calas, Lesurque et tant d'autres, n'ont pas été les seules victimes, l'ont si bien compris, qu'ils ont la sage précaution de nommer des défenseurs d'office. Est-il d'ailleurs toujours si facile de décider *à priori* de l'innocence ou de la culpabilité d'un accusé ? L'opinion publique ne se laisse-t-elle donc jamais égarer par l'engouement ou la passion ? Que d'honnêtes gens parmi ses proscrits et que de scélérats parmi ses héros ?

Papavoine, après tout, pouvait n'être qu'une de ces bêtes féroces que l'on garde dans des cages de fer. On ne tue pas les hydrophobes, on les met hors d'état de nuire. Le danger pour la morale et pour l'ordre public n'est pas de soutenir la thèse aussi incontestable que philanthropique de la monomanie de l'homicide, le danger serait d'en faire une théorie élastique à l'usage des assassins, de nier chez eux le libre arbitre, de transformer une exception heureusement très rare en une catégorie d'êtres dégradés irrésistiblement poussés au crime, par conséquent irresponsables. M. Paillet ne commet pas cette faute, nous voulons dire cette mauvaise action. Mais que sa tâche est difficile et redoutable ! Qu'on se représente la plus imposante assemblée que jamais prétoire de cour d'assises ait réunie. M. Hardouin préside ; M. de Peyronnet, fils du garde des sceaux, occupe le siége du ministère public ; il a fait entendre une voix foudroyante ; l'accusé avoue son crime. Au pied de la cour sont les vêtements sanglants de ses deux victimes ; on vient d'emporter de l'audience leur malheureuse mère évanouie ; le public, les jurés, les magistrats fré-

missent d'indignation et d'horreur. Que va dire pour calmer les flots
de cette tempête le jeune homme au maintien timide et embarrassé
qui se lève du banc de la défense, et dont tout le monde se demande
à l'oreille le nom ? Écoutez-le.

Il déclare tout d'abord que s'il ne peut pas ne pas invoquer la démence, du moins il n'en cherchera pas la preuve, comme on le fait
habituellement dans les faits mêmes qui donnent lieu à la poursuite.
Loin de lui « cette ressource banale et obligée d'une défense aux
abois. » Il partira de principes certains, dont la raison, l'humanité,
le respect au malheur ne permettent pas de s'écarter. Il dira que
l'intelligence a, comme le corps, ses maladies, ses accès de fièvre et
de délire. Il se présentera « avec le cortége de faits graves et nombreux, de faits antérieurs étrangers à ceux du procès, de faits prouvés jusqu'à la dernière évidence. »

Et, en effet, il montre Papavoine sombre et mélancolique dès ses
premières années. Cette disposition de son esprit « attestée par tous
ceux qui eurent avec lui les rapports même les plus fugitifs, le rendait capable d'ailleurs d'une application plus soutenue. » Il fait d'excellentes études ; entre dans l'administration de la marine en 1804 ;
prend part à plusieurs campagnes sur mer, et paie de sa personne
dans diverses rencontres. Il était d'une probité sévère, d'une conduite
irréprochable, d'une exactitude scrupuleuse à remplir ses devoirs ; sa
comptabilité était citée par ses chefs comme un modèle d'ordre et de
régularité.

Tout à coup un irréparable malheur vient frapper sa famille.
M. Bernard, frère de sa mère, meurt insolvable après avoir emprunté
100,000 francs au nom de son beau-frère, M. Papavoine père, dont
il avait la procuration la plus étendue. M. Papavoine ne survit pas à
la perte de sa fortune, et l'accusé donne sa démission de commis
principal de la marine à Brest, pour venir au secours de sa mère :
c'était déjà un acte de démence.

« S'il avait eu les idées plus saines, les désastres de sa famille, loin de lui inspirer
une telle résolution, l'auraient au contraire plus fortement attaché à cette place,
devenue pour lui plus utile et plus précieuse. »

A partir de ce moment :

« Son caractère devient plus sombre et plus mélancolique, sa vie plus solitaire...
Il s'imagine que tout le monde s'est ligué contre lui. Il se croit environné d'ennemis qui ont juré sa perte. Ces premiers désordres de l'esprit ne tardent pas à se
changer en une véritable affection mentale. Des ennemis secrets et invisibles le
poursuivent sans relâche ; de là des terreurs continuelles, mêlées des provocations
les plus violentes. On lui reproche, dit-il, d'avoir un frère au bagne, bien que ce
frère soit mort en Espagne. Une tumeur légère qu'il a sur la poitrine communique

au cœur et le menace d'une fin prochaine. Un verre d'eau sucrée lui est suspect de poison. Des fantômes lui apparaissent, partageant sa chambre, le chassant de son lit. »

Toutefois un traitement convenable parvient, sinon à dissiper entièrement, du moins à calmer ces sombres illusions. Il reprend ses occupations et continue de diriger la manufacture de draps militaires de son père.

Mais une décision administrative réduit de quinze pour cent le prix des fournitures et exclut des adjudications les maisons de second ordre comme la sienne. Cette exclusion le ruine; d'ailleurs, après la réduction, il ne pourrait plus fabriquer qu'à perte. Il cherche alors à rentrer dans l'administration de la marine, mais sa demande est repoussée, et ainsi s'évanouit sa dernière espérance.

« Dès lors sa mélancolie et son désespoir sont au comble... plus d'appétit, plus de sommeil; le jour et la nuit se passent en promenades solitaires, sous une sombre allée de tilleuls, qui se prolonge dans le jardin de la maison. On retrouvait le matin dans sa chambre la lumière qu'il avait laissée en la quittant pendant la nuit... Ses yeux offraient parfois l'expression la plus effrayante. L'usage immodéré du thé, sans pouvoir étancher une soif dévorante, contribuait à irriter cette continuelle effervescence. Toute personne, même sa mère, importunait le malade... Ses propos décousus, incohérents, annonçaient à la fois la crainte qu'on attentât à sa vie et le besoin d'y attenter lui-même. Une épée nue, un fusil et des pistolets chargés, tels étaient les objets qui frappaient d'abord la vue de quiconque entrait dans sa chambre. Sa mère, effrayée, avait cessé de manger avec lui... « Ah! j'ai » bien peur, s'écriait-elle, que mon pauvre Auguste ne soit atteint de la maladie » de son père, mais à un bien plus fort degré! »

Enfin, un vomitif administré intempestivement lui donne le délire et le vertige.

« Il se présente brusquement à sa mère, la figure tout égarée, et lui dit d'une voix qui n'était plus la sienne : « Vous ne savez pas ! mon oncle Bernard et mon père » ne sont pas morts ! » Sa mère veut le détromper... Il insiste, et pour la convaincre, il lui présente un papier sur lequel il avait tracé quelques caractères indéchiffrables et un petit trait à l'encre rouge; c'est là qu'était la preuve de ce qu'il avançait. »

En un mot, ses idées n'ont plus de suite; ses yeux ne voient plus que des spectres ou des monstres, et c'est peu de jours après cet accès qu'il vient à Paris, et qu'arrive la catastrophe de Vincennes;

De cette exposition, habilement calquée sur les dépositions de plusieurs témoins, la conclusion est facile à tirer : Papavoine avait eu toute sa vie d'évidentes dispositions à la monomanie, il ne fallait plus qu'un événement pour la faire éclater, et cet événement s'est produit. Telle est l'opinion de tous les médecins sur les causes naturelles ou accidentelles de la monomanie. Ici le défenseur se fait un rempart de divers passages des œuvres de Pinel, de Marc, de Fodéré, d'Esquirol, de Metzer, etc. Il ajoute que les dispositions naturelles équivalent à la certitude de la maladie pour qui s'informe, comme le veut Orfila dans son *Traité de médecine légale*, « s'il existe ou s'il a existé des aliénés parmi les propres parents de l'individu sur l'état duquel il s'agit de prononcer. Or, le père de Papavoine était atteint de l'affection mentale la mieux caractérisée.

« Les témoins l'ont dépeint comme un homme d'une défiance excessive, qui brisait les objets de son ménage, et en accusait les autres; sujet aux aberrations mentales les plus fréquentes, s'abandonnant sans motif aux actes de la plus grande fureur. »

A ce point que madame Papavoine n'osait plus coucher dans la même chambre que son mari.

« Peut-on douter, après cela, que l'accusé ne portât en lui-même le germe inné de cette cruelle maladie..., *seul héritage, hélas! que son père lui ait transmis!* »

Toute la défense est là: Papavoine a agi dans un accès de monomanie; donc son acte n'a pas été prémédité; donc il n'a pas été même volontaire. Un mot, il est vrai, pouvait la détruire, mais ce mot n'est pas prononcé. Bien loin de là, l'acte d'accusation, après avoir examiné sous toutes ses faces l'hypothèse de *complicité* et l'avoir soumise à la discussion la plus scrupuleuse, conclut par ces mots remarquables : « *Il y a absurdité dans la supposition.* »

Ce plaidoyer, dont nous n'avons pu faire connaître que la charpente, révélait chez le jeune avocat un art tout particulier de grouper et d'exposer les faits et un style déjà remarquable par la netteté, la précision, la sobriété. La défense de Papavoine, quoique évidemment retouchée depuis, manque cependant de cette fermeté, de cette aisance, de ce *mentis compos* qui ont fait de M. Paillet, dans l'âge mûr, un homme tout à fait à part. Mais on y remarque des traits d'une grande beauté, celui-ci, par exemple :

« J'entends encore une objection : Pourquoi frapper des enfants plutôt que de grandes personnes ?

» Et moi je dis à la foudre : Pourquoi as-tu frappé tel édifice plutôt que tel autre. »

Ailleurs, défendant l'accusé contre toute comparaison avec un monstre nommé Léger, qui tuait de jeunes enfants pour assouvir sur leurs cadavres la plus abominable des passions, il fait entre ces deux hommes un parallèle éloquent dans lequel il montre une élévation d'esprit et une chaleur de sentiment qu'on lui a peut-être trop généralement contestées.

« On le (Papavoine) compare à Léger!

» Eh bien, soit, j'accepte la comparaison; mais il faut qu'elle soit complète; et alors que verrons-nous?

» Dans Léger, un homme dépourvu de toute éducation, livré dès l'enfance à tous les écarts de l'instinct le plus dépravé, de l'immoralité la plus profonde; un homme qui, dans les derniers temps, avait rompu avec l'espèce humaine tout entière, pour se retirer au fond des bois; qui d'ailleurs n'avait jamais donné aucun signe de folie. Cet homme (s'il faut lui conserver ce nom) cherchait sa proie; il l'aperçoit un jour, il la guette, il fond sur elle à l'improviste, la saisit, la porte dans son antre, et là, sur un cadavre devenu sa pâture, il se livre à tous les excès de la plus atroce brutalité, excès que plus tard il révèle, il raconte à la justice avec une sorte de candeur et de complaisance, comme si le souvenir était pour lui une jouissance nouvelle!.....

» Mais ici, grand Dieu! que voyons-nous?

» Un homme de l'éducation la plus distinguée, des mœurs les plus douces, de la conduite la plus pure; mais aussi un homme atteint des dispositions maniaques naturelles et acquises les mieux avérées. De nombreux symptômes présagent une explosion prochaine; elle éclate tout à coup: deux enfants en sont les victimes; mais aussitôt le malheureux détourne la vue et fuit précipitamment, comme si la conscience, se faisant jour à travers le délire, lui reprochait une action dont son cœur ne fut pourtant pas le complice.

» Eh bien, messieurs les jurés, voilà deux événements, voilà deux hommes qu'on voudrait confondre! Ainsi, plutôt que d'excuser un fou dont le délire n'est pas moins constaté que son irréprochable moralité, on voudrait en faire un cannibale, un vampire, pour le livrer au bourreau!

» Organes de la morale publique, ne regretteriez-vous pas vous-mêmes un pareil triomphe!!! »

Un murmure général d'étonnement et d'admiration accueillit cet éloquent plaidoyer. L'audience fut suspendue; M. Berryer vint embrasser le jeune défenseur et M. Bellart le complimenta. Le lendemain, il l'invita à dîner avec les principaux membres du conseil, voulant honorer l'Ordre tout entier dans la personne de l'avocat de talent qui venait de se révéler.

Papavoine, condamné à mort après vingt minutes de délibération, se pourvut en cassation, et là encore M. Paillet lui prêta le secours de sa parole, refusant, quoique pauvre, les honoraires qui lui étaient offerts, ne consentant à accepter que le remboursement de ses frais de voyage et de quelques autres déboursés occasionnés par l'instruction de l'affaire.

Malgré le retentissement de ce procès et l'éclat qui en rejaillit sur le défenseur, les causes ne venaient point en foule, et, pendant six ou sept ans encore, M. Paillet fut obligé de vivre sur son patrimoine, qui allait de jour en jour diminuant, et dont trop de confiance lui avait fait perdre, d'un seul coup, la majeure partie. Ajoutons qu'on abusa longtemps de sa trop grande réserve à faire valoir ses services. « Souvent, racontait-il dans l'intimité, les honoraires s'arrêtèrent en route. »

Que faisait-il pendant ces longues années d'épreuves? Il continuait de se livrer aux études générales les plus sérieuses et à l'étude spéciale de sa profession, qu'il aimait par passion autant que par devoir. N'attendez en général rien de grand de l'homme indifférent et mobile, qui suit une carrière comme on fait un métier, et auquel on ne demande prosaïquement que ses résultats matériels. Une des erreurs les plus dangereuses de notre temps, c'est que le talent et l'aptitude sont tout, que nous naissons ce que nous devons être, et qu'il faut laisser au hasard des événements le soin de marquer notre place dans le monde. Notre place dans le monde n'est jamais que ce que nous la faisons. Il n'est pas rare de voir de bons jeunes gens se comparer modestement aux hommes les plus éminents et dire, avec une naïveté plaisante : J'ai autant de talent que M. tel et tel, il ne me manque que l'occasion de le montrer. On pourrait leur répondre : Il vous manque ce qui manquait aux délicates Athéniennes pour avoir la beauté, la vigueur, le courage, le caractère, la vertu des femmes de Sparte : les exercices du corps, les assauts du gymnase, les applaudissements du peuple assemblé. Il vous manque l'étude des modèles qui donne de la souplesse, de la justesse, de l'étendue à l'esprit, qui développe et agrandit l'âme par le culte des nobles sentiments, et l'exercice des passions généreuses. Il vous manque cela, et c'est pour ne pas daigner l'acquérir que, pouvant être des hommes distingués, célèbres, illustres peut-être, vous resterez dans l'ornière où croupit la médiocrité. César ne fut pas seulement le plus grand homme de guerre de son siècle, il en fut aussi l'homme le plus instruit, et des personnes bien informées assurent que le génie du grand capitaine des temps modernes s'était développé dans Plutarque plus encore qu'à l'école de Brienne.

M. Paillet étudiait en silence l'intelligence et la pratique des affaires, l'art qu'il a porté si loin d'être d'une clarté admirable dans les procès les plus chargés de détails et d'incidents, d'être toujours maître de ses impressions comme de sa parole, parce qu'il savait ce qu'il avait à dire, et prévoyait ce qu'on pourrait lui répondre; de ne donner à chaque cause que son importance réelle, de n'exagérer jamais ni les faits, ni les moyens; de paraître rester toujours en deçà au lieu d'aller au delà, et enfin le secret plus difficile et plus rare d'être court et de sembler l'être encore davantage. Il s'exerçait, en un mot, à faire ces *notes d'audience* qui resteront des modèles, où pas une phrase n'est écrite, mais où tout est si bien indiqué, qu'après les avoir lues, chacun aurait pu plaider sa cause, non comme il l'aurait plaidée lui-même assurément, mais d'une manière suffisante pour éclairer le juge. Nous avions soupçonné son procédé, et M. Poyet, son gendre, nous a confirmé dans nos soupçons. M. Paillet écoutait d'abord le client, non sans impatience quelquefois ; il lisait ensuite les pièces avec une grande attention, puis il consignait sur de petits papiers ses observations, y ajoutant quelquefois un plan d'ensemble de l'affaire, se faisant, comme Jean-Jacques, une mémoire de papier. Les faits, les arguments, se classaient ainsi dans son cerveau, et lorsqu'il *savait* l'affaire, lorsqu'il la connaissait dans ses moindres détails, comme les meubles de sa chambre, et la place qu'ils y occupaient, il jetait ses notes dans un cahier presque toujours sans ratures, parce que tout était présent et ordonné dans son esprit. Elles ne portaient que sur le fond de l'affaire ; l'exorde et la péroraison étaient imprévus. A l'audience, le plus souvent, pendant la plaidoirie de son adversaire, il prenait pour ces deux parties de la sienne des notes au crayon sur une feuille de papier à part, et ces petites notes, toutes différentes des grandes, se composaient de commencements de phrases dont il s'écartait assez fréquemment.

Cependant, si les grandes causes ne venaient point encore, si le nom de M. Paillet était rarement imprimé dans les journaux, les avoués, témoins de sa manière de plaider, commençaient à prendre le chemin de son cabinet, et lui portaient de loin en loin quelques-unes des affaires pour lesquelles les clients n'exigeaient pas les avocats les plus en faveur auprès de l'opinion publique.

La révolution de 1830 ayant éclairci les hauts rangs du barreau, en ouvrant à plusieurs de ses chefs ceux de la représentation nationale, M. Paillet se trouva naturellement appelé à être un de leurs héritiers. A partir de 1833 jusqu'à sa mort, nul ne fut plus occupé que lui, et ne mérita davantage de l'être.

C'est une opinion assez accréditée au palais qu'au premier rang dans les affaires civiles, M. Paillet avait peu d'aptitude aux causes criminelles, pour lesquelles, dit-on, la chaleur de sentiment est mille fois préférable à la froide raison.

Nous avouons, en toute humilité, que nous ne nous rendons pas bien compte de cette opinion. Veut-on dire que le jury, souvent composé d'hommes peu éclairés ou distraits, n'est accessible qu'aux coups de théâtre, qu'aux éclats d'une voix vibrante, qu'à la pantomime de l'acteur ? Cela peut arriver ; mais qui oserait soutenir que ce soit la règle générale? Supposons, au contraire, que le hasard ait composé un jury d'élite, non pas même un jury d'élite, mais qu'il soit sorti de l'urne deux ou trois hommes de bon sens, lesquels, à coup sûr, entraîneront les autres : quelle impression fera sur eux l'avocat dont le principal talent consistera dans la vigueur des poumons et le jeu des bras? Et, dans l'incertitude de cette composition du jury, que devra faire l'accusé? Son intérêt ne lui commande-t-il pas de préférer le dialecticien à l'acteur? Nous comprendrions la préférence de ce dernier si le jury pouvait être composé de femmes impressionnables, chez lesquelles l'ébranlement nerveux peut tenir lieu de décision réfléchie; mais en présence de douze citoyens honnêtes, qu'un égal devoir oblige de condamner le coupable et d'absoudre l'innocent, nous pensons qu'il faut raisonner et discuter au lieu de jouer la comédie. Et même, s'il fallait opter entre deux défenseurs, habiles d'ailleurs, mais dont l'un l'emporterait par la dialectique et l'autre par la chaleur, nous croirions prudent de confier au premier notre vie et notre honneur.

Il ne faut pas perdre de vue que l'élocution est le plus petit côté d'une défense criminelle, que la difficulté principale est dans la composition du système général, dans la stratégie, dans le choix du terrain, dans la direction des débats, dans l'art de grouper les témoignages ou de les détruire les uns par les autres; dans cette présence et cette perspicacité d'esprit, qui voit tout, saisit tout, profite de tout, ne laisse rien échapper, et dans cet imperturbable sang-froid qu'aucun aveu, aucune révélation, aucun incident imprévu n'étonne et ne détourne de sa voie. Sans doute les mouvements passionnés, les accents d'un cœur profondément ému, le cri de la pitié et les larmes contribuent à déterminer des convictions ébranlées; mais ce ne seront là que des qualités accessoires toutes les fois qu'on aura affaire à un jury intelligent, qui écoute et qui raisonne. Sont-ce, d'ailleurs, les natures ignorantes et grossières qui sont le plus accessibles au pouvoir de l'éloquence?

Si ces réflexions sont vraies, peu d'avocats au criminel l'ont emporté sur M. Paillet. Il serait difficile de défendre Papavoine mieux et autrement qu'il n'a été défendu par lui, et cette défense n'est pas la plus difficile dont il ait été chargé.

En 1840, un autre grand procès, qui tint l'Europe entière en suspens, mit le sceau à sa réputation, et fit celle de deux jeunes talents, dont l'un, M. Lachaud, a tenu depuis tout ce qu'il promettait alors; dont l'autre, M. Théodore Bac, emporté par le vent de la politique, est trop longtemps, pour sa fortune, resté éloigné du barreau.

Une femme du monde élégant, madame Lafarge, était accusée

d'avoir empoisonné son mari, et rien ne manquait à l'horreur du crime. Le 14 décembre 1839 elle envoyait à M. Lafarge, alors à Paris pour solliciter un brevet d'invention, des gâteaux, qu'elle lui recommandait de manger le 17, à onze heures du soir, en prenant le thé, lui promettant d'en faire autant à la même heure au Glandier : c'est ce qu'on a appelé le souper *sympathique*. Or ces gâteaux étaient empoisonnés. A peine Lafarge y a-t-il goûté qu'il est pris de coliques et de vomissements, et que tous les symptômes de l'empoisonnement se manifestent. Il revient au Glandier le 3 janvier; il se couche pour ne plus se relever. Là il est plongé pour ainsi dire dans une atmosphère de poison : breuvages, médicaments, tout est saturé d'arsenic, dont madame Lafarge a fait, à plusieurs reprises, ample provision. Il succombe le 14 janvier. Madame Lafarge est arrêtée; les témoignages les plus accablants et les plus unanimes s'élèvent contre elle. Cependant les entrailles de la victime avaient été soumises à deux expertises, et la présence de l'arsenic n'avait pas été constatée. C'est à ce moment que M. Paillet accepta la défense de l'accusée. Mais pendant les débats une nouvelle expertise fut ordonnée, et cette fois l'appareil de Marsh révéla la présence de l'arsenic.

On a trouvé défectueux dans cette affaire le rôle de M. Paillet; on l'a blâmé surtout dans sa stratégie, ordinairement si savante et si habile. Pourquoi, a-t-on dit, ne pas s'opposer à cette expertise insolite, dont le résultat a été décisif?

On oublie, ce nous semble, que la direction des débats n'était pas confiée au défenseur de l'accusée, et que la cour pouvait passer outre à son opposition. Il avait, il est vrai, le droit de se retirer, mais on pouvait lui substituer un défenseur d'office, et telle était l'exaltation d'une partie de l'opinion, qu'elle aurait applaudi à cette mesure, et trouvé que madame Lafarge voulait fuir le débat. Mais il y a mieux à dire : les deux premières expertises ayant été négatives, on pouvait présumer que la troisième le serait aussi, et alors l'acquittement était presque certain. Combattre l'expertise dans cette hypothèse, c'était montrer une crainte imprudente et se priver d'un moyen de succès à peu près infaillible. On voit que l'habileté stratégique commandait à M. Paillet de faire précisément ce qu'il a fait; mais les événements déjouent quelquefois les calculs les plus sages de la prudence humaine.

Quoi qu'il en soit, la défense de madame Lafarge, déjà bien difficile, était devenue impossible après la découverte de l'arsenic. M. Paillet se vit obligé d'abandonner tout le système qu'il avait préparé et d'en improviser un nouveau. Il ne fallait plus songer à prou-

I.   24

ver l'innocence de l'accusé, mais se résigner à plaider le doute qui pouvait encore la sauver. Nous allons voir avec quel art admirable il procède, avec quelle adresse il combat l'accusation pied à pied en détail, ne pouvant l'attaquer dans son ensemble et de front. Il rencontrait un premier obstacle, d'un côté, dans l'influence que l'accusée passait pour exercer au dehors et au dedans, de l'autre dans la prévention qui s'attachait à elle d'une manière d'autant plus ardente qu'il s'agissait d'une de ces femmes *incomprises* auxquelles on avait pu pardonner de faire mauvais ménage, mais qu'il était urgent d'arrêter sur la route de l'assassinat. Voici l'exorde entier de ce plaidoyer le plus habile, selon nous, et le plus éloquent qu'ait improvisé M. Paillet :

« MESSIEURS LES JURÉS,

» Après huit mois de captivité, de douleur et de résignation, madame Lafarge peut enfin faire entendre devant ses juges une voix amie, et le premier reproche qu'elle rencontre dans cette enceinte, c'est de s'y présenter à vous protégée par des influences extérieures qu'on n'a pas même signalées.

» Étrange préoccupation du ministère public! Imprudent démenti donné à l'évidence et à la notoriété publique! Qui ne le sait au contraire! Tandis que madame Lafarge gémissait seule dans le silence, quelle activité déployée contre elle au dehors! Que de mauvaises passions soulevées! Que de faits mensongers, calomnieux, romanesques, parcourant la France d'un bout à l'autre avec la rapidité de l'éclair, accueillis ou commentés par la légèreté ou la malveillance! Que d'outrages prodigués à une femme faible, souffrante et sans défense!

» Hélas! messieurs, pourquoi faut-il que la justice elle-même, dont les formes graves et nobles font tout à la fois notre sécurité et notre admiration, se soit écartée en cette occurrence de ses traditions constantes comme pour donner à la prévention un aliment nouveau.

» Vous rappellerai-je, par exemple, cette interversion inouïe, puis, en dernier lieu, ce mélange essayé devant vous de deux procédures, l'une correctionnelle, l'autre criminelle, sans liaison, sans contact possible entre elles, aussi différentes par leur nature que par les juridictions que la loi leur avait données?

» Vous rappellerai-je ces communications précoces, indirectes, toujours hostiles à l'accusée? Toutes les pièces du procès accessibles à qui en a voulu, puis livrées une à une à cette dévorante curiosité, qu'elles irritaient sans pouvoir la satisfaire? Enfin, pour dernier scandale, cet acte d'accusation à double édition et à variantes notifié au public longtemps avant de l'être à l'accusée, connu de tous, excepté de la seule personne qui eût droit et intérêt à le connaître?

» Et l'on osé, après cela, parler d'influences, craignant sans doute la réaction favorable que doit opérer dans tous les cœurs honnêtes ce tableau si imparfait encore des persécutions que cette femme a déjà subies.

» Des influences! mais n'est-ce pas à nous seuls de nous en plaindre? Et d'où vient-elle donc cette prévention qui entoure nos juges, comme une atmosphère funeste, et qui les poursuit jusque sur leurs siéges?

» La prévention, messieurs, l'ennemie la plus dangereuse de la justice et de la vérité!

» La prévention, qu'un de nos plus grands magistrats, procureur général aussi,

d'Aguesseau, nommait « l'erreur de la vertu et, pour ainsi dire, le crime des gens
» de bien. » Puis il ajoutait... Écoutez :

« Être exempt de toute acception de personne, c'est une vertu plus rare qu'on
» ne pense ; mais ce n'est pas encore assez pour le magistrat.

« Les causes mêmes portent avec elles leurs préventions. Nous en sommes
» frappés selon que le premier coup d'œil leur est contraire ou favorable, et sou-
» vent nous en jugeons, comme des personnes, par la seule physionomie.

» Qui croirait que cette première impression peut décider de la vie où de la
» mort; et pouvons-nous assez déplorer ici les tristes et funestes effets de la pré-
» vention ! *Un amas fatal de circonstances qu'on dirait que la fortune a rassem-
» semblées pour faire périr un malheureux ;* une foule de témoins muets, et par
» là plus redoutables, semblent déposer contre l'innocence. Le juge se prévient ;
» son indignation s'allume et son zèle le séduit. Moins juge qu'accusateur, il ne
» voit plus que ce qui sert à condamner, et il sacrifie au raisonnement de l'homme
» celui qu'il aurait sauvé s'il n'avait admis que les preuves de la loi. Un événe-
» ment imprévu fait éclater quelquefois dans la suite l'innocence accablée sous le
» poids des conjectures, et dément ces indices trompeurs dont la fausse lumière
» avait ébloui l'esprit du magistrat. La vérité sort du nuage de la vraisemblance ;
» mais elle en sort trop tard : le sang de l'innocence demande vengeance contre la
» prévention de son juge, et le magistrat est réduit à pleurer toute sa vie un mal-
» heur que son repentir ne peut plus réparer. »

» Messieurs, ceux que d'Aguesseau appelait magistrats alors, nous les appelons
jurés aujourd'hui. Et quant à cet *amas fatal de circonstances que la fortune
semble avoir ramassées pour faire périr un malheureux.....* d'Aguesseau avait-il
donc deviné le procès Lafarge ?

» Ah ! je lui rends grâces de vous avoir signalé ainsi la fausse route où vos consciences auraient pu s'égarer..... »

Après cet exorde insinuant dont tous les mots sont calculés, non-
seulement il ne reste plus rien du reproche d'influence exercée par
les amis de l'accusée, mais le reproche contraire se dresse désormais contre l'accusation elle-même. Le passage emprunté à d'Aguesseau est de nature à faire réfléchir, à vivement inquiéter, à mettre
sur leurs gardes des consciences honnêtes qui auraient eu le tort de
se laisser prévenir, et de s'exposer ainsi elles-mêmes à commettre un
crime.

Nous connaissons l'accusation ; le défenseur va nous faire connaître l'accusée : quelle est-elle ?

« C'est la fille d'un colonel d'artillerie de la vieille garde, un de ces braves qui
ont porté si haut et si loin la gloire du nom français. M. Collard, son aïeul maternel, comptait parmi les hommes les plus recommandables du département de
l'Aisne, et fut longtemps honoré du mandat populaire dans nos assemblées légis-
latives. Heureux vieillard dont la vie s'est éteinte avant qu'il eût pu voir ce triste
spectacle, et celle dont il avait rêvé le bonheur aux prises avec une si grande
infortune !

» Vingt-trois ans, tout ce que la nature peut donner d'intelligence, d'esprit, d'imagination à une créature privilégiée, une éducation brillante, des grâces que le chagrin n'a pas encore effacées : telle était Marie Capelle. Joignez-y un patrimoine modeste, mais suffisant, comme il convient à la fille d'un vieil officier. »

Le curé de Villers-Hellon, qui ne l'a pas perdue de vue un seul instant depuis sa tendre enfance, a parlé avec enthousiasme et au nom du pays tout entier, de la candeur de son caractère, de la bonté de son cœur, de l'affabilité de ses manières et de sa charité inépuisable dont il fut si souvent le confident et le ministre. Ce témoignage si honorable, si grave, si imposant par celui qui le rend, est confirmé par les gens du monde, et quelles gens ! par M. le marquis de Mornay, député de l'Oise, gendre de M. le maréchal Soult, et ancien ami du père de l'accusée ; par madame la vicomtesse de Montesquiou, femme aussi éminente par sa position sociale que par son caractère et ses vertus ; par madame la comtesse de Valence ; par M. le maréchal Gérard, etc., et le défenseur s'écrie :

« En est-ce assez, messieurs, et connaissez-vous bien maintenant cette jeune fille que bientôt nous allons appeler, hélas ! madame Lafarge. »

A la grâce de ce portrait dont aucune ombre ne vient voiler la pureté des lignes et que M. Paillet n'a eu garde de paraître embellir, un défenseur d'un goût moins délicat n'eut pas manqué d'opposer avec une grande prodigalité de couleurs sombres le portrait enlaidi de Lafarge. M. Paillet ne provoque pas ainsi la susceptibilité d'un juge prévenu. Chez lui, point de contrastes heurtés ; il aime les demi-teintes, les couleurs nuancées et fondues ; il continue son récit sur un ton de simplicité et de bonhomie qui est le comble de l'habileté. Il ne montre pas, il se contente de laisser voir, en quelque sorte malgré lui, comme à travers une gaze indiscrète, précisément ce qu'il veut que l'on voie bien. Il sait que l'imagination s'exaltant va toujours beaucoup plus loin que les yeux.

Pendant que la jeune fille, enjouée et folâtre, se préparait à marcher à l'autel où elle était attendue, Lafarge produisait un état, tout entier de sa main, qui élevait le revenu net de ses propriétés et de son établissement industriel de 30 à 40,000 francs ; « il y joignait un plan de Glandier propre à captiver tous les regards et où les ruines étaient un charme de plus pour ce merveilleux séjour. » Il fixait ses apports mobiliers à 90,000 francs ; il décrivait avec complaisance ses immeubles, sa forge, etc., et, quelques jours auparavant, il avait fait de faux billets et une fausse lettre pour inspirer confiance à un de ses créanciers.

« Périlleux expédients d'un débiteur aux abois qui l'auraient amené bientôt à la place même que sa femme occupe en ce moment! »

Le mariage, mené en poste par le futur mari, a lieu le 12 août, et le 15, selon l'accusation, la femme avait déjà conçu l'idée et arrêté le plan de l'assassinat. Elle avait écrit à son mari une lettre de menaces qui est l'œuvre d'un génie infernal, où le germe du crime est déposé, où l'on reconnaît la main qui doit, au mois de janvier suivant, présenter à la victime les breuvages empoisonnés.

En effet, cette lettre qui semble projeter une lueur lugubre sur le drame de Glandier, le défenseur ne peut la nier, comment l'expliquera-t-il? C'est ici que la difficulté commence à devenir insurmontable et la justification presque audacieuse. Ne nous pressons cependant pas de juger. La lettre n'est pas de la femme aimable et spirituelle que nous connaissons ; non, elle est l'œuvre de délire d'un cerveau malade, d'où le sang enflammé a banni l'intelligence et le sentiment.

« Et d'ailleurs ne trouve-t-elle pas son explication naturelle, la seule possible dans les circonstances qui l'ont précédée? Rappelez-vous ce mariage improvisé, ce brusque départ qui arrache tout à coup, et pour la première fois, l'accusée à sa famille et à ses amis ; ce long tête-à-tête en chaise de poste avec un homme qu'elle connaissait à peine, qui n'avait encore du mari que *le nom et le sentiment de ses droits*...., montrant plus d'autorité et d'emportement que de ménagement et de délicatesse ; un temps affreux, des chemins plus affreux encore ; une fièvre croissant avec la fatigue du voyage ; et, pour couronner tout cela, l'apparition du Glandier, de cette vieille chartreuse, de ses ruines, de ses longs corridors, de ses voûtes obscures, de tout cet ensemble retraçant par la puissance même des contrastes à cette imagination si jeune et si vive les riants paysages de la Picardie : et qu'on s'étonne de la lettre du 15 août, tracée rapidement dans un tel lieu, dans un tel moment, sous de telles influences ! »

Le défenseur corrobore cette explication par la lecture de plusieurs lettres contemporaines dans lesquelles madame Lafarge se loue auprès de M. Garat, de madame de Montesquiou, de M. de Mornay, de M. Elmore, de madame de Martens, etc., de sa situation au Glandier, de la tendresse de son mari, de celle de sa belle-mère. Il lit toute une correspondance entre les époux pendant le voyage de Lafarge à Paris, d'où il résulte que le ménage, tant qu'il a duré, a été un bon ménage ; que l'union, la sympathie, les échanges de bons procédés, les attentions les plus délicates, qu'en un mot, l'affection la plus vraie n'a pas cessé un seul instant de régner ; puis il s'écrie :

« La lettre du 15 août est désormais effacée du procès. Je me trompe, il faut qu'elle y reste, mais pour donner un démenti éclatant à ce reproche de dissimulation et d'hypocrisie dont on voudrait faire la base du caractère de l'accusée. Qui n'y voit, en effet, que c'est ici un de ces caractères de premier mouvement, une de ces âmes expansives tout en dehors, où les impressions se trahissent à l'instant même comme dans un miroir; un de ces cœurs avec lequel une femme peut être dans le monde légère, inconséquente, si l'on veut, mais capable d'un crime odieux, d'une préméditation de six mois cachée sous le rire et les caresses, puis d'une exécution froide, lente et cruelle, non, jamais! jamais! »

Nous n'en sommes pas encore au nœud de l'accusation ; mais que dites-vous de ces préparations, de cette marche savante qui a déjà fait taire les rumeurs de la foule, disposé les juges à tout entendre et à se demander déjà avec inquiétude s'ils n'auraient pas puisé leur prévention personnelle dans les commérages du dehors plutôt que dans les faits du procès ?

Ces premiers retranchements emportés, le défenseur attaquera le corps de la place, éclairant toujours sa marche, renversant à droite et à gauche tout ce qui pourrait gêner la liberté de ses mouvements, n'attaquant jamais deux positions à la fois, mais enlevant toujours celle qu'il a devant lui. C'est ainsi que sa dialectique tour à tour fine, mordante, enjouée, serrée, se montre dans toute sa dextérité et toute sa vigueur.

L'accusée a-t-elle envoyé à son mari des gâteaux empoisonnés ? Est-ce elle qui, abusant de l'empire qu'elle exerçait sur le cœur de Lafarge, a conçu la première l'idée de cet horrible festin *sympa-thique*? Est-ce pour mieux tromper sa victime et pour préparer des armes à sa défense future qu'elle a voulu que madame Lafarge mère joignît à l'envoi des gâteaux une lettre dans laquelle elle déclarait les avoir confectionnés elle-même?

D'abord est-il possible que des gâteaux empoisonnés aient été envoyés, puisque les gâteaux partis du Glandier ont été faits par madame Lafarge mère?

Y aurait-il eu substitution ? Cela n'est pas probable ; mais ce serait à la rigueur possible. Où la substitution aurait-elle été faite? Ce n'est pas au Glandier, plusieurs personnes assistaient à l'emballage de la caisse. Où auraient été préparé les gâteaux empoisonnés? Au Glandier? Non, personne n'aurait pu les y faire à l'insu de madame Lafarge mère. Seraient-ils venus du dehors? D'où? Qui les aurait apportés? La substitution n'aurait donc pu avoir lieu qu'en route, ainsi que semblerait l'indiquer l'état de désordre de la caisse à son arrivée et les clous d'épingle mis à la place des crochets qui la fermaient. Mais, dans ce cas, ce n'est pas l'accusée que la responsa-bilité de ce fait pourrait atteindre.

A la vérité, le garçon de l'hôtel qui a ouvert la caisse a déposé qu'il ne s'y trouvait qu'un seul gâteau ; mais les propres lettres de Lafarge attestent qu'il y en avait plusieurs. D'ailleurs, pourquoi un gâteau de grande dimension au lieu de plusieurs petits gâteaux ? Serait-ce pour que le poison fût moins concentré ? Serait-ce pour que le gâteau ne fût pas mangé en entier et qu'il en restât des traces accusatrices ? Mais la sœur de madame Lafarge, madame de Violaine, sur le point d'accoucher, devait prendre part au souper sympathique.

« Que l'accusation choisisse donc : ou l'envoi du Glandier était parfaitement innocent, ou bien madame Lafarge voulait empoisonner du même coup son mari, sa sœur et l'enfant qu'elle portait dans son sein. »

Lafarge revient au Glandier le 3 janvier et expire le 14. Est-il mort empoisonné ? Oui, le corps du délit existe ; car là où les deux premières expertises n'avaient su rien voir, la troisième, présidée par le *prince de la science*, a trouvé des traces d'arsenic *infinitésimales*..... »

» O science humaine ! qu'es-tu donc avec tes incertitudes et tes contradictions !!!

» L'avouerai-je maintenant ? Lorsque MM. les chimistes de Paris vous ont annoncé dans leur rapport verbal qu'ils vous présentaient l'arsenic sur une assiette, je m'attendais, dans l'illusion de mon ignorance, à le voir apparaître sous forme de lingot, peut-être même, pardonnez-moi l'expression, de dragées de baptême. Au lieu de cela, qu'avons-nous vu ? Des taches au fond de l'assiette, ou, si l'on veut, une sorte de firmament parsemé d'étoiles, *soi-disant* arsenicales, et qui exigent une certaine température, sous peine de s'évanouir pour ne plus reparaître.

» Puis, quand je demande ce que cela peut peser, on me répond : à peine un demi-milligramme, c'est-à-dire la millionième partie d'une livre, environ la cent dixième d'un grain (vieux style) ; ou plutôt cela est impondérable, ou ne se pèse que dans l'imagination : cela appartient à la famille des infiniment petits, des atomes, des riens ; cela n'a pas de corps, c'est une apparence, une couleur seulement. Et voilà pourquoi Lafarge est mort empoisonné, et voilà tout ce que la chimie la plus habile a pu extraire de corps *nourri pendant quinze jours d'arsenic*, suivant l'heureuse expression du témoin Denis ! Honneur à l'appareil de *Marsh* qui enfante de tels prodiges ! Seulement il faut convenir qu'il est un peu capricieux, puisqu'il s'en était dispensé dans les deux expertises précédentes.

» Qui ne tremblerait, messieurs, à l'idée qu'une accusation capitale peut reposer comme ici, sur cette quantité *infinitésimale* d'arsenic, si laborieusement découverte dans un cadavre où l'on devait s'attendre à le retrouver pas *masses*, dans le système de l'accusation ? Et combien de causes accidentelles ou naturelles suffiraient pour expliquer ce *soupçon* d'arsenic, sans recourir à la supposition d'un crime odieux ? Ainsi, par exemple, il est hors de doute que les hommes attachés par leur industrie, comme Lafarge, aux usines où le fer se travaille et s'exploite, y absorbent infailliblement, par les pores et la respiration, des miasmes où l'arsenic se mêle aux émanations ferrugineuses.

» Mais voici bien autre chose vraiment. C'est une vérité chimique hors de toute controverse que la nature fait à chaque homme sa part d'arsenic, en sorte que chacun de mes auditeurs est sûr d'avoir la sienne ; nos juges eux-mêmes, comme celui qui a l'honneur de leur parler en ce moment. C'est ce que nos savants nomment l'arsenic *normal*, de très bonne qualité d'ailleurs, comme celui du commerce, et très propre à donner la mort, si on le transporte d'un corps à l'autre. Pourquoi donc ne serait-ce pas à ce phénomène que l'appareil de *Marsh* aurait emprunté cette *nuance arsenicale* dont on fait si grand bruit dans le procès ?

» Veut-on une autre possibilité (et que nous faut-il de plus ?) puisée dans des circonstances de la cause ? Nous rappellerons cette autopsie faite au Glandier même, dans la chambre mortuaire, avec cette sorte de *laisser-aller* qui a provoqué les remontrances de M. le président. Or ne serait-ce pas possible, à part même toute intention malveillante alors, que dans cette maison, surtout dans cette chambre où l'arsenic se montrait de toute part comme par enchantement et avec une certaine ostentation, une parcelle imperceptible s'en fût communiquée aux parties extraites du cadavre, ne fût-ce que par l'agitation de l'air au milieu de toutes les allées et venues, par l'effet d'une porte ou d'une fenêtre ouverte, ou enfin par leur contact avec un des meubles ? Nous le disons donc hardiment, il y aurait plus que de la témérité à conclure de la dernière expertise, après son chétif résultat, au fait même de l'empoisonnement.

» Du reste, il est une réflexion qui naît tout naturellement ici des faits déjà connus. Lafarge avait eu à Paris de « forts vomissements, » comme il l'écrivait à sa femme le 20 décembre. Il arrive malade chez lui le 3 janvier. Les mêmes accidents se reproduisent dès lors et continuent jusqu'à son dernier jour. Or, de deux choses l'une, ou ils avaient à Paris une cause naturelle, et dans ce cas pourquoi en supposer une autre au Glandier ? ou bien ils provenaient d'une tentative d'empoisonnement qui avait eu lieu à Paris, et alors Lafarge avait donc déjà le poison dans le sein à son retour au Glandier, ce qui suffit pour expliquer cette quantité d'arsenic, si *minime d'ailleurs*, que la dernière expertise a signalée. Mais à quoi, à quelle main attribuer l'empoisonnement de Paris ? Au gâteau ? J'ai prouvé que c'était impossible et absurde. A un simple accident ? Peut-être ! Qui sait ! Peut-être aussi à l'inimitié, à la jalousie, à la convoitise que son brevet avait excitées autour de lui, ou bien enfin à un projet de suicide ? Pourquoi non, si l'on songe à l'état désespéré de ses affaires, à ces titres faux qu'il avait lancés dans toutes les directions, à cette vie toute d'aventures et de dangers, à cette exclamation échappée de sa plume : « Personne n'a plus de soucis que moi !!! »

Après avoir fait naître le doute et l'incertitude en discutant avec la même verve, la même lucidité d'esprit les autres chefs de l'accusation, qui, par la sobriété extrême avec laquelle ils sont traités, échappent à l'analyse, le défenseur arrive à l'appréciation des témoignages. Le plus important et le plus acusateur de tous les témoins, est madame Lafarge mère ; quelle est sa moralité, sa délicatesse ?

Dépositaire du testament cacheté de sa bru en faveur de son fils, elle brise le sceau et le communique à un homme de loi pour savoir s'il *est bien fait et s'il n'y manque rien*. Elle sait que son fils aussi a fait un testament en faveur de sa femme, et elle n'a de repos qu'elle ne l'ait fait annuler et n'en ait obtenu un au profit de sa fille, madame Bussières. Elle fait forcer un secrétaire et enlever, en présence du cadavre de son fils, des papiers bien précieux sans doute, et qui peut-être auraient dissipé tout à coup les ténèbres de cette déplorable affaire.

> « Qu'est-ce donc, juste ciel ! que cette amosphère du Glandier ? Qu'est-ce que cette famille au sein de laquelle toutes ces choses se font naturellement, couramment, et par la seule force de l'instinct ou de l'habitude ! »

D'ailleurs, madame Lafarge mère avait un intérêt direct et personnel comme héritière de son fils, au succès de l'accusation, pour anéantir la donation d'usufruit que renferme le contrat de mariage des époux.

Un autre témoin à double nom, s'appelant tantôt *Denis*, tantôt *Barbier*, selon l'occasion, a joué dans le procès un singulier rôle.

> « Où trouver, dit le défenseur, un homme qui possède mieux, qui emploie avec plus d'intelligence, qui expose avec plus de naïveté les ressources de la capitale dans un certain genre ? Comment, par exemple, saurions-nous sans lui qu'on s'y procure très facilement des signatures sur des billets de commerce, à 25 centimes pièce, prix fixe ? N'avons-nous pas même la preuve matérielle qu'ils avaient eu l'art, lui et Lafarge, d'économiser encore sur la dépense par des signatures purement imaginaires ? Ai-je besoin de vous rappeler ce mystérieux voyage à Paris pendant le séjour de Lafarge, en décembre, et ce mot non moins étrange qui lui échappe au retour : *Maintenant je suis le maître !*.... Rendons-lui du moins ce témoignage à lui-même, qu'il n'a su que balbutier ici, où il s'est présenté la face pâle, l'œil éteint, les jambes fléchissant sous lui... Mais un tel homme dans le sanctuaire de la justice, admis à y prêter serment ! O honte ! ô scandale ! »

En définitive, quel aurait été le mobile de l'accusée ? L'intérêt ? Au moment où Lafarge est mort, sa femme avait, au contraire, le plus grand intérêt à prolonger son existence, car le brevet qui pouvait être une occasion de fortune n'était pas encore obtenu, et obtenu, elle n'aurait pas eu besoin du testament de son mari pour en conquérir le bénéfice, son contrat de mariage suffisant pour lui en assurer la moitié en toute propriété, et la jouissance exclusive du superflu. Elle avait donné à son mari 30,000 francs le jour de son contrat de mariage ; elle lui avait donné depuis une procuration générale pour disposer de tous ses biens, en vertu de laquelle il avait emprunté 25,000 fr. ; enfin, le 13 janvier, veille de la mort de Lafarge, elle donnait sa signature pour éteindre 32,000 fr. de lettres de change fausses. Cette signature n'ayant pas paru régulière au créancier, elle la renouvelle le lendemain de la mort. Est-ce là la conduite d'une femme que l'intérêt aurait poussée à l'assassinat ?

Si ce n'est pas l'intérêt qui l'a portée au crime, serait-ce la haine ? Non. Toutes ses lettres à son mari, à ses parents, à ses amis, sont la protestation la plus énergique, la plus décisive contre la possibilité du crime qui lui est imputé.

A ceux qui contestent à M. Paillet les mouvements oratoires et les accents pénétrants du cœur, nous demandons la permission d'opposer la péroraison de ce plaidoyer :

« Le voilà donc, messieurs les jurés, le voilà tout entier ce procès grave, auquel la position sociale de l'accusée, son âge, son esprit, des épisodes bizarres, voisins du merveilleux, et par-dessus tout la prévention et une publicité longtemps hostile, ont donné un retentissement inaccoutumé.....

» Tout a semblé se réunir contre cette femme isolée et mourante. Tout (car le malheur a ses superstitions), jusqu'aux souvenirs qui se rattachent au *Glandier*, à ce lieu maudit où la persécution a commencé pour elle. N'est-ce pas là, en effet, qu'une femme jeune, pure, vertueuse, a péri jadis victime d'une trame odieuse et d'une noire calomnie? Vos vieilles chroniques nous l'assurent! Ah! gardez-vous, messieurs, gardez-vous d'ajouter une page de plus aux lugubres légendes du Glandier.....

» Qui donc pourrait vous retenir encore ? Comment ne répéteriez-vous pas avec moi dans toute la sincérité de vos consciences : Non, cette femme n'est pas coupable, car elle ne peut pas l'être... Mais, hélas! c'est là tout ce que vous pouvez pour elle ; ce que vous ne pouvez pas, c'est de faire refleurir désormais cette existence flétrie pour toujours ; ce que vous ne pouvez pas, c'est de faire que cette femme ne soit pas la plus malheureuse de toutes les femmes de la terre ! Car, voyez, fut-il jamais destinée plus lamentable que la sienne?

» Orpheline de bonne heure, elle trouvait du moins, sous le nom glorieux que son père lui avait légué, dans un patrimoine honorablement acquis, dans une famille irréprochable, dans une éducation brillante, dans ses grâces personnelles, l'espoir d'un heureux avenir. Lafarge paraît !.... A Dieu ne plaise que je vienne en ce moment affliger encore sa mémoire par des reproches légitimes : elle me désavouerait ; mais vous savez comment il a obtenu sa main ; cette position qu'il s'était donnée, vous savez trop ce qu'elle était réellement. Et bientôt, grâce à ce fatal mariage, bonheur, fortune, espérances, illusions, santé même, tout s'est évanoui pour elle, évanoui sans retour.

» Voilà, messieurs, ce que vous ne lui rendrez pas ; mais ce que vous pouvez, ah! faites-le du moins ; hâtez-vous de rendre à la tendresse et aux soins de sa famille ce que la lente agonie de la prison nous a laissé de cette jeune femme, naguère encore si brillante et si digne d'envie, réduite maintenant à ce déplorable état qui doit être pour ses ennemis eux-mêmes un objet de douleur et de pitié.

» Courage pourtant, courage, pauvre Marie ! j'ai l'espoir que la Providence, qui vous a si miraculeusement soutenue dans les longues épreuves, ne vous abandonnera pas à l'avenir. Non, vous vivrez pour votre famille qui vous aime tant, pour vos amis nombreux ; vous vivrez pour vos juges eux-mêmes ; vous vivrez comme un témoignage glorieux pour la justice humaine, quand elle est confiée à des mains pures, à des esprits éclairés, à des âmes sensibles et compatissantes. »

A peine entrée dans sa chambre, madame Lafarge écrit à M. Paillet :

« Mon noble sauveur, je vous envoie ce que j'ai de plus précieux au monde, la croix d'honneur de mon père. »

Après sa condamnation, elle lui écrivait encore :

« Je ne veux pas mêler une larme à votre douce réunion de famille ; mais la
» pauvre Marie a besoin d'apporter à son noble défenseur un souvenir, une béné-
» diction. Oh ! je vous en prie, pensez au bien que vous m'avez fait, ne regrettez
» pas celui que vous auriez pu me faire. Si votre loyale et sublime éloquence n'a
» point détruit de haineuses préventions, elle a trouvé des échos parmi de hautes
» intelligences, parmi de bons et simples cœurs ; et si je suis condamnée, ne vous
» dois-je pas d'être restée aimée, pleurée par quelques-uns ? Adieu, monsieur, le
» succès n'aurait pu ajouter à mon intime reconnaissance ; votre noble et sainte
» défense restera l'ange gardien de mon honneur. »

Cette appréciation de la défense par la personne qui y avait le plus
d'intérêt, et qui était d'ailleurs si capable d'en juger, n'a pas désarmé
la critique. On prétend que M. Paillet, dont le goût était si sûr et le
tact si fin, avait eu tort de lire celles des lettres de madame Lafarge
où se trouvaient quelques épigrammes à l'adresse de MM. les
Limousins.

Nous avons recherché ces lettres, et voici les épigrammes que
nous y avons remarquées :

« Figure-toi un orage affreux, des chemins devenus torrents et une arrivée dans
» une maison..... limousine ; ce qui se traduit en français par sale, déserte, atro-
» cement froide, sans meubles, ni portes, ni fenêtres fermantes... Je me mis à
» fondre en larmes en entrant dans le beau salon, qui est une vaste chambre à
» alcôve avec cinq chaises parsemées le long d'un papier qui réunit toutes les
» nuances jaunes existantes, une commode couverte d'un tapis de pied rehaussé
» par cinq belles oranges monstres ; une cheminée avec deux flambeaux contenant
» une belle chandelle luxueusement intacte, et une lampe de nuit où Adam et Ève
» s'entrelaçaient orgueilleusement sans péché, mais aussi sans feuilles.
» La cuisine est la seule chose civilisée... C'est horrible, mais enfin, quand ce
» sera propre, je ne renonce pas à l'espoir de te voir bien près de nous.....
» ...... Je suis à Glandier, c'est-à-dire dans le lieu le plus sauvage, le mieux par-
» tagé par la nature, le plus oublié par la civilisation. Imaginez-vous quelque chose
» qui n'a ni portes, ni fenêtres, ni fauteuils, rien en un mot, et cependant un des
» plus commodes séjours du Limousin.....
» J'ai de petites montagnes, des vallées, une rivière, et pas une bonne chaise,
» pas une table, rien de ce que les hommes ont fait ; tout me vient directement de
» la main de Dieu.
» ..... Nous avons ici des légendes charmantes, les mœurs les plus primitives et
» les plus originales. Les hommes se marient à dix-huit ans, et les femmes de quinze
» à seize. On a des enfants annuellement, comme un revenu ; on dort beaucoup,
» on mange immensément, et l'on va droit au ciel par un chemin aussi long
» qu'ennuyeux.....
» ..... Ce sera propre, très propre, quand vous viendrez ; et pour quelque
» temps, il n'est pas trop ennuyeux de reculer de deux cents ans, et de vivre *primi-
» tivement.* »

Voilà, s'il faut en croire la critique, ce que les susceptibilités locales ont pu ne pas pardonner. Nous rendrons plus de justice à l'intelligence et à la loyauté de ce pays. S'il était vrai que quelques plaisanteries sur la tenue de leurs maisons et sur leur manière un peu solide de vivre eussent pu obscurcir la conscience des jurés, ce ne serait pas le défenseur qu'il faudrait blâmer, ce serait les juges qu'il faudrait plaindre, en priant Dieu de nous garder de la justice limousine.

Pour nous, qui avons très attentivement relu toutes les pièces de cet immense et célèbre procès, notre opinion bien arrêtée est que si le talent et l'habileté eussent pu sauver madame Lafarge, elle aurait été sauvée par M. Paillet, qui jamais ne se montra aussi fécond en ressources et plus véritablement éloquent.

Défendant d'office devant la chambre des Pairs Boireau, accusé de complicité dans l'affaire Fieschi, il trouva toute sa défense dans un mot, et ce mot lui fut fourni par le système qu'il avait adopté, de réduire ses causes aux proportions les plus exactes de leur importance, souvent de les amoindrir.

« Qu'est-ce que Boireau ? Un ouvrier ferblantier. Ne voilà-t-il pas vraiment un conspirateur bien dangereux, une influence bien redoutable ? Quant à ses opinions républicaines, vous y attachez peu d'importance ; *des opinions républicaines à vingt ans, cela se conçoit, mais cela ne tire pas à conséquence.* »

Boireau aurait pu porter sa tête sur l'échafaud ; il fut condamné à vingt années d'emprisonnement ; il a été gracié depuis.

Dans la défense de Quénisset, qui avait tiré sur les princes, et que rien ne pouvait justifier, pas même ses aveux les plus complets, là où un avocat ordinaire aurait tourné pendant une heure, en suant sang et eau, dans un cercle de lieux communs et de banalités, M. Paillet sut s'inspirer de hautes considérations philosophiques et morales, s'élever à un beau mouvement oratoire, et trouver des paroles prophétiques qu'un prochain avenir devait voir s'accomplir. On nous permettra de citer un court passage de ce morceau, qui peint moins l'avocat que l'homme lui-même, la droiture, la modération de son caractère, timide peut-être dans quelques occasions, à coup sûr honnête, loyal, chevaleresque toujours.

« Je dirai à ceux qui nous gouvernent, je leur dirai, les révélations de Quénisset à la main : Songez avant tout aux classes ouvrières ; écoutez leurs plaintes, leurs vœux légitimes ; qu'elles soient constamment l'objet de votre sollicitude, de vos soins empressés, de votre protection paternelle.

» Les révélations de Quénisset à la main, je dirai aux hommes indifférents et à ceux que divisent seulement des nuances d'opinion sur les hommes et sur les choses : Ne comprenez-vous pas maintenant la situation ? ne comprenez-vous pas la nécessité de vous unir et de fondre enfin, dans le grand sentiment de l'unité nationale, vos querelles politiques plus apparentes que réelles ?

» Et pourtant, à ceux que ces tristes spectacles découragent outre mesure, et qui seraient tentés de désespérer de la chose publique, je leur dirai : Le mal est grand, sans doute, mais n'exagérons rien. Par les révélations de Quénisset, il nous a été donné de pénétrer dans ces associations menaçantes, de voir de près leurs hommes, leurs chefs, leurs ressources ; et, grâce au ciel, l'édifice de nos institutions n'est pas à ce point chancelant et décrépit, qu'il doive s'écrouler devant les recrues de l'émeute et les tribuns de cabaret.

» Enfin, armé toujours des révélations de Quénisset, je m'adresserai aussi à tous les ouvriers honnêtes qui peuplent nos grandes villes, et je leur dirai : Voyez de quel côté sont vos véritables ennemis..... Vos ennemis, ce ne sont pas ces pères de famille laborieux qui ne doivent leur aisance qu'à leur travail, à leurs habitudes d'ordre et d'économie, qui vous ont montré le chemin par leurs exemples, trop heureux de vous tendre la main dans l'occasion, et de vous aider à le parcourir à votre tour.

» Vos ennemis véritables sont ceux qui vous bercent de folles espérances, qui font briller à votre imagination éblouie un état de choses qu'ils savent impossible ; qui, par exemple, vous promettent leurs ateliers nationaux, où l'on ajoutera au salaire tout ce que l'on ôtera à la durée du travail.

» Vos ennemis sont ceux qui, par leurs intrigues, par leurs prédications incendiaires, écrites ou prêchées, entretiennent au sein du pays un état de perturbation incompatible avec tout progrès réel, avec toute amélioration sérieuse.

» Vos ennemis sont ceux qui vous arrachent à vos familles pour vous affilier à leurs associations ténébreuses, où vous rencontrerez sur le seuil de la porte, et comme condition première de votre initiation, un serment horrible, impie, se résumant dans l'alternative ou de donner la mort ou de la recevoir.

» Vos ennemis sont ceux à qui six semaines suffisent pour pétrir leurs adeptes, selon l'expression de Quénisset, pour les façonner à l'exécution de leurs desseins sanguinaires, et faire d'un ouvrier honnête et laborieux un fanatique et un assassin.

» Vos ennemis, enfin, sont les hommes qui vous entraînent dans leurs manifestations à main armée, et qui vous poussent dans les voies criminelles, où vous ne trouverez, je vous le prédis, d'autre issue que l'anarchie par l'assassinat, ou le déshonneur par l'échafaud !

» Voilà, messieurs les pairs, à quel point de vue j'envisage les révélations de Quénisset, voilà comment elles me semblent s'élever à toute la hauteur d'un service public ; voilà pourquoi, par une équitable compensation, elles recommandent celui qui les a faites à votre humanité et à votre clémence.

» Que si pourtant, messieurs les pairs, ma parole était impuissante dans cette enceinte, si elle devait s'y briser contre les tables de la loi, eh bien ! je dirais à cet homme de ne pas désespérer encore, et j'oserais lui promettre d'autres défenseurs plus éloquents et plus heureux devant un autre tribunal. Ces défenseurs, quels sont-ils ? Vous les avez déjà nommés : ce sont les jeunes princes eux-mêmes, contre qui l'on a bien pu diriger son bras, quand il ne les connaissait pas encore, mais qu'il connaîtra bientôt à la manière dont ils se vengeront de lui. Oui ce sont eux qui plaideront en sa faveur, avec cette autorité et ce droit que leur donne en quelque sorte le danger personnel auquel ils ont échappé. Oui, ils nous prouveront qu'ils partagent les sentiments d'humanité et de haute philanthropie de leur père, comme ils partagent avec lui cette protection providentielle qui l'a soustrait tant de fois déjà aux balles des assassins.

» Voilà, messieurs les pairs, à quels autres avocats, dans mon impuissance, je léguerai à mon tour le client que vous m'avez donné. »

Parmi les autres affaires importantes qu'a plaidées M. Paillet et qui se présentent au hasard à notre mémoire, nous citerons le *procès du pont des Arts*, en 1831. Toutes les passions politiques qu'avait soulevées la révolution de juillet mugissaient encore, et leurs flots menaçants venaient se briser jusqu'au pied de la Cour. Au milieu de ces voix tumultueuses et confuses « une voix se fait entendre, calme, mesurée, impartiale, dit un biographe (1) : la justice attentive respirait avec joie des émotions qui étaient venues troubler son sanctuaire, et M. Paillet prouvait une fois de plus que la force est dans la modération. »

En 1836, dans l'affaire Seguin, passant du rôle de la défense à celui de l'accusation, il flétrissait, en termes énergiques, deux faussaires, et les marquait du fer rouge au front.

Mais c'est principalement dans les affaires civiles qu'excellait M. Paillet. On se souvient que, plaidant en 1852 pour la famille d'Orléans, il sut tout à la fois rester fidèle aux grandeurs tombées qui ne peuvent plus rien, et faire entendre un langage respectueux, mais digne, aux grandeurs debout qui peuvent tout.

Excepté dans l'affaire de la *Biographie universelle* de MM. Michaud, contre la *Biographie universelle* de MM. Didot, nous ne sachions pas qu'il ait été publié un seul des nombreux plaidoyers civils de M. Paillet, car il ne faut pas considérer comme ses œuvres des comptes rendus plus ou moins spirituellement arrangés d'après ses notes. M. Paillet n'écrivait rien, ne revoyait rien ; il poussait à cet égard la modestie à un point où elle change de nom. Il était envers lui-même d'une injustice révoltante, et manquait ainsi, sans s'en douter, à cette bienveillance si parfaite qu'il avait pour tous ses jeunes confrères, auxquels il n'était pas toujours donné de l'entendre et de profiter de ses leçons. Pour indiquer sa manière de traiter les affaires civiles, nous ne pouvons donc citer, quant à présent, qu'un seul procès un peu remarquable parmi ceux que nous conservons inédits dans notre portefeuille.

En 1849, une jeune fille du monde financier avait apporté dix

---

(1) Notice biographique sur M. Paillet, par M. L. R., dans la *Revue générale biographique, politique et littéraire* de M. E. Pascallet.

millions à un homme du monde aristocratique qui lui avait donné en échange son nom. Pendant quatre ans la vie conjugale avait été tolérable, quoique fréquemment agitée. Vers le milieu de la cinquième année, des tempêtes avaient éclaté, et la femme venait demander sa séparation ; le mari la combattait avec énergie, il y opposait *in extremis* une demande reconventionnelle. Les griefs principaux de la femme portaient sur l'incompatibilité des caractères, sur des injures graves et même des voies de fait dont à trois reprises différentes elle aurait été l'objet. Le mari reprochait à la femme des habitudes de prodigalité et une disparition de trois semaines à la suite d'une scène violente dans laquelle sa raison s'était égarée, dit-on. Du reste, pas un mot, pas un soupçon sur la pureté de ses mœurs et la régularité de sa conduite. C'était là, comme on voit, le procès le plus vulgaire du monde. Mais M. Berryer, soutenant la demande de la jeune femme, avait élevé le débat à la hauteur de son talent, et M. Paillet l'avait suivi dans ces hautes régions. On eût dit un duel à mort (hélas ! ce devait être l'avant-dernier !) entre l'orateur le plus éloquent et l'avocat le plus consommé des temps modernes.

La multiplicité des faits rend impossible une analyse exacte de ce procès. Mais comme il ressemble beaucoup aux pièces à tiroir, on peut en extraire certains épisodes qui nous permettront d'apprécier le rôle de M. Paillet, sans nous obliger à faire connaître l'ensemble de l'affaire.

Les premiers griefs de madame de X... avaient pris dans l'imagination ardente et passionnée de M. Berryer un éclat de couleurs qui faisait de M. de X... le plus abominable des maris, et de la femme, la plus à plaindre des victimes. M. Paillet n'amoindrit pas les faits pour en avoir plus facilement raison ; il les aborde de front, et répond fièrement :

« Suivant la requête, M. de X... n'aurait épousé mademoiselle Z... que pour sa fortune ; dès le lendemain du mariage, il se serait montré le plus âpre, le plus impitoyable des spéculateurs. Une jeune fille qui avait eu le malheur de naître avec une fortune de 9 à 10 millions s'étant rencontrée sur son chemin, cet homme l'aurait alléchée par son titre de naissance ; et ensuite, nanti de sa fortune, il aurait épuisé contre elle le vocabulaire de l'injure, lui reprochant sa naissance, son éducation, s'oubliant jusqu'à porter la main sur cette riche héritière. Voilà comment on vous a dépeint M. de X... Qu'à mon tour il me soit permis de vous montrer de quelle manière se sont passées les quatre années du mariage. D'après vous, ce ménage offre le plus affreux tableau qu'on puisse présenter ; mais les faits vous donnent le démenti le plus éclatant que jamais requête ait reçu. Madame de X... a écrit des lettres que je vais vous lire, et après cette lecture, il ne restera de vos griefs que la honte de les avoir formulés. »

Ici M. Paillet encadre si bien dans son exposition quelques passages piquants de la correspondance filiale et conjugale de madame de X..., il les enchâsse avec tant d'art dans des réflexions tout à la fois pleines d'ironie et de bonhomie, que l'auditoire, tout à l'heure indigné, sourit, et semble voir d'énormes montagnes dégénérer en bulles de savon.

Commençons, dit-il, par les lettres adressées au beau-père, qui n'aurait pas eu envers sa bru de bien meilleurs procédés que M. de X··· envers sa femme. Voilà ce qu'elle lui écrivait à l'époque où elle aurait eu le plus à se plaindre de lui :

« Mon cher et bon papa,

» J'ai une grande nouvelle à vous annoncer, la plus ennuyeuse par sa durée, la plus heureuse par son » résultat, la plus risible et la plus respectable, la plus embarrassante à vous dire... » (Cela rappelle madame de Sévigné... pas tout à fait pourtant. — Sourire dans l'auditoire.) « ... enfin ma mère, le médecin R... et » moi, avons le soupçon, très légitimement conçu, qu'au mois d'août 1850, vous serez..... (Je veux vous » laisser tourner la page avant de vous le dire), vous serez.... Grand Papa ! Vous ne vous attendiez guère » à cela, je suis sûre..... Je ne puis pas vous exprimer tous les sentiments de reconnaissance qui se pressent » dans mon cœur, quand je pense à tout ce que vous faites pour moi. »

» Dans une autre lettre, arrivent les commissions au *cher cher et bon papa*, et qui vont le faire voyager dans tous les quartiers de Paris pour trouver ce qu'il y a de plus beau et de plus nouveau en fait de robes. (Sourires.)

« Vous avez si bon goût..... Nous avons les mêmes idées en fait de toilette... » (Il est bon de s'entendre. — Nouveaux sourires.) « ... Vous prendrez 10 mètres... » (Il ne manque rien à la commission.) « ... et vous les enverrez, etc.
» Mon cher papa, je ne puis vous dire combien je me réjouis tous les matins en me réveillant, de penser » qu'avant six semaines je serai auprès de vous..... Quel bonheur ! cette pensée-là me rend gaie comme un » enfant. Roger... » (C'est le nom du mari.) « ...rentre à l'instant ; après m'avoir fait mille caresses, etc.»

» Il paraît que ce n'est pas ce jour-là qu'il lui a jeté une serviette à la figure. (On rit.) Voilà le malheur de ne pas mettre de précision dans les faits. Nous aurions dû connaître la date de ces serviettes jetées à la tête.
» Enfin c'est une femme qui parle toujours de ses joies et de ses plaisirs. Des injures de son mari, des griefs qu'elle a contre lui, rien, pas un mot. Au contraire, elle prend la défense de ce dernier contre les vivacités de son beau-père et ses violences épistolaires à l'égard de son fils.

« Voyez-vous, mon cher papa, parce que vous avez quelque chose à reprocher à Roger, il ne faut pas » pour cela que votre imagination exagère tout, et vous fasse voir le mal où il n'y en a pas..... Vous vous » êtes imaginé des montagnes, des choses qui eussent été infâmes là où, au contraire, il n'y avait que déli- » catesse et désir de vous plaire, etc.»

» Cette lettre est un plaidoyer auquel il n'y a pas moyen de résister. Dans cette circonstance, comme dans tant d'autres, madame de X... se constitue le défenseur d'office de son mari, et parvient à ce résultat toujours heureux de convaincre celui auquel elle s'adresse. Voulez-vous savoir en quels termes elle écrit à son mari lui-même, à cet homme indigne et brutal qui l'outrage et qui la bat ? Écoutez :

« Cher, tout petit chéri Mizapouf... » (Hilarité générale.) *Mizapouf*... [tout à l'heure ce sera un *rat* (nouvelle hilarité) ... est une de ces appellations tendres qui ne se trouvent pas dans le vocabulaire,

mais qui ont leur intérêt].…. « Cher tout chéri petit Mizapouf, je viens de me réveiller. Je suis si triste
» depuis ton départ que ce matin en me réveillant, je me suis tournée du côté de ton lit et je n'ai vu
» personne, de sorte que je n'ai pu m'empêcher de pleurer beaucoup. Pense donc que je n'ai que toi, mon
» cher chéri, et que c'est bien triste de se voir séparée du seul être qu'on chérisse au monde. Quand j'ai vu
» hier la diligence s'élan cer, ça été plus fort que moi, les larmes me sont venues aux yeux, etc. »

« Voilà cet intérieur conjugal qu'on vous a présenté sous de si sombres couleurs.
Et ce n'est encore rien ; écoutez :

 « Mon cher chéri, petit rat rouge (hilarité), j'avais bien du chagrin quand tu m'as quittée, l'année dernière,
» mais celui que j'éprouvai hier en te voyant partir était incomparable, car mon affection augmente….. »
(Elle n'est donc pas battue !) « … Peu s'en est fallu que je ne misse à pleurer… » (Elle pleure, mais
c'est de bonheur, comme vous le voyez.) « … Quel bonheur ! j'ai une grande nouvelle à t'apprendre : le
» petit rat bleu (C'est d'elle apparemment qu'elle parle.) « … le petit rat bleu a du *lolo!!!*
 » Cher chéri rat rouge, trésor, bijou, amour (hilarité prolongée), je rentre à l'instant d'une charmante
» promenade en calèche au bois de Boulogne. M. B… » (C'est le médecin.) « … qui est venu ce matin,
» m'a ordonné de sortir… Il m'a trouvée en parfaite santé, ainsi que Baby… » (Elle désigne ainsi sa petite
fille.) « … qui ne fait que rire et dormir. Elle n'a pas pleuré un quart d'heure depuis que tu es parti. »

 « Voilà des écrits et des détails qui indiquent que les scènes et les mauvais traitements laissaient encore un peu de place aux tendres sentiments. »

Et toutes ces tendresses naïves d'un cœur qui s'est donné sans réserve, M. Paillet les lit d'un ton, non-seulement sérieux ; mais presque fâché, qui veut dire : En vérité, faut-il que j'aie à prouver qu'une femme aimante et si aimée n'a pas pu être battue !

Dans une autre lettre, madame de X… presse son tout petit chéri Mizapouf de laisser ses affaires pour revenir au plus tôt embrasser son petit chat qui l'aime tant.

 « Enfin elle a fait dire une messe pour remercier Dieu de lui avoir donné un si bon mari….. Assurément ce n'est pas le mari qui lui jette des serviettes à la tête (on rit), qui la persécute, qui l'humilie à tout propos, qui lui reproche son extraction ; ce ne peut pas être celui-là….. C'est lui pourtant, et il faut bien que la correspondance ait menti ou que ce soit la requête. »

Délaissée par son mari, que le Jockey-Club, l'élève de ses chevaux, l'éducation de ses chiens, l'ameublissement de sa terre, les réparations de son château et les devoirs de la chasse, absorbaient presque entièrement, madame de X… s'était, comme beaucoup d'autres jeunes et jolies femmes, laissé tenter par le démon féminin qui se tient à l'étalage des lingères et des marchandes de modes. Les 18,000 fr. par an qui lui étaient alloués pour sa toilette n'avaient pas suffi ; elle avait contracté des dettes pour 50 à 60,000 fr. ; elle avait même souscrit des billets. A l'échéance elle ne peut pas payer, elle est obligée de faire des aveux ; grand bruit dans le ménage. On paie cependant, mais non sans vives remontrances et gros mots ; si même il faut en croire la requête, madame de X… aurait reçu, non plus cette fois une serviette à la tête, mais un bel et bon soufflet en pleine figure de la noble main de son époux, qui avait cessé d'être le cher chéri Mizapouf et le bon petit rat rouge. On lui aurait fait, en outre, signer l'engagement suivant :

« Je donne ma parole d'honneur à mon mari de ne plus dépenser, à partir » de ce jour jusqu'au 1er juillet, ni d'acheter aucune marchandise. Signé..... » de X... »

Mais, nonobstant cette parole d'honneur plus ou moins volontairement donnée, cédant toujours au lutin de la tentation, et songeant aussi peut-être quelque peu à son immense fortune de 9 à 10 millions qu'administrait son mari, madame de X... avait contracté de nouvelles dettes qui, additionnées avec les précédentes, s'élevaient au chiffre d'environ 110,000 fr. Elle avait, comme la première fois, souscrit des billets, et ces nouveaux billets avaient été, comme les premiers, protestés à leur échéance. A bout de ressources, éperdue, elle avait vendu, pour faire face à ses engagements, tous ses bijoux, et même les diamants héréditaires de la haute et puissante maison de X...

Cette découverte est un coup de foudre pour M. de X... Sa colère augmente encore d'un cran, et dans une violente discussion qu'il a avec sa femme, il lui donne un coup de cravache. A cet outrage, madame de X..., la tête égarée, part avec la nourrice de son enfant, sans savoir où elle va, se jette dans un wagon du chemin de fer, et reste près de trois semaines absente du domicile conjugal.

C'est ici que se présente la demande reconventionnelle du mari, et que M. Paillet, changeant de rôle, devient accusateur à son tour.

« Savez-vous, madame, qu'à l'heure qu'il est, je suis la femme et vous le mari ? Savez-vous que si la femme a le droit d'attaquer le mari en séparation, le mari a bien le droit aussi de dire à la femme : Vous mentez à la justice..... Pourquoi avez-vous quitté Versailles lorsque vous pouviez trouver un asile assuré chez votre mère ? Si vous aviez peur de votre mari, vous pouviez venir à Paris, et les toits hospitaliers se seraient disputé le bonheur de vous recevoir. Est-ce que vous n'aviez pas la famille D...? est-ce que vous n'aviez pas votre oncle D...? est-ce que vous n'aviez pas dix portes ouvertes pouvant être fermées à votre mari ? Pourquoi ne confier à aucun membre de votre famille la nécessité où vous prétendiez être de fuir le domicile conjugal ? Et puis, pourquoi un mois d'absence, sans nouvelles, sans relations avec qui que ce soit au monde, pas même avec vos parents les plus près qui vous soutiennent dans ce procès, si même ils n'en sont pas les seuls instigateurs ? Comment n'aviez-vous pas songé à savoir ce qu'était devenue votre fille ! Comment, madame, vous si curieuse, si susceptible, si sensible à l'outrage, que vous le voyez partout et en tout, vous n'avez pas eu cette curiosité pendant trois semaines de faire demander des nouvelles de votre enfant abandonnée aux bras endormis d'une jeune servante ! Votre enfant aurait pu périr, et vous ne l'auriez pas su ! Ah! savez-vous que ceci change un peu la position ; que vous n'en serez pas quitte pour faire dire : Madame de X... est partie parce qu'elle avait peur ; elle a été longtemps absente, mais elle est revenue volontairement (volontairement, nous verrons !). Il faut avouer que si vous êtes très impressionnable, la terreur est un sentiment qui se prolonge bien longtemps chez vous.

» J'admettrais (la concession serait absurde) que partie émue, éperdue, madame de X... eût pris la direction du chemin de fer comme elle aurait pu en prendre une autre ; j'admettrais même qu'elle ne fût pas allée chez sa mère, que, dans le moment de son trouble, elle eût oublié qu'elle avait une mère....; mais dès le lendemain, le surlendemain, ayant respiré le grand air, n'aurait-elle pas dû se demander dans quelle étrange situation elle se trouvait, écrire à sa mère, à son oncle, leur demander des conseils, les prier de la diriger, précisément parce que la vivacité de ses impressions l'empêche de se diriger elle-même ? Non ! elle a eu peur durant trois semaines, et peut-être aurait-elle peur et serait-elle absente encore, n'était la police qui a été curieuse de savoir ce qu'était devenue madame de X...

» On vous disait tout à l'heure : il n'est rien de mystérieux dans l'absence de madame de X...; si vous n'avez pas su où elle était, c'est que vous n'avez pas voulu le savoir. Mais si madame de X... fuyait devant l'ennemi que son imagination s'était créé, elle ne se serait pas souciée d'être si facilement découverte. Je dirai ensuite qu'il ne peut pas y avoir d'absence plus mystérieuse que celle qu'il est impossible de pénétrer... C'était un grand événement que l'absence de madame de X... On s'en est ému, on a écrit aux directeurs de toutes les maisons religieuses, non-seulement en France, mais en Belgique. Toutes les recherches sont restées infructueuses ; la police elle-même s'est un moment avouée vaincue. Et alors voilà les commentaires qui circulent : une grosse dot, une immense fortune... c'est singulier..... Enfin (je n'ai pas besoin d'entrer plus avant dans cette idée) cela voulait dire que la famille de X... l'avait fait disparaître, et que peut-être on ne la retrouverait jamais, vivante ou morte. M. de X... s'est adressé au chef de l'État, et lui a fait connaître l'impuissance des efforts des deux familles et leur désolation. Eh bien, je suis heureux de le dire, cet appel a été entendu ; séance tenante, le préfet de police a été mandé ; ordre lui a été donné de retrouver dans quelques heures, dans quelques jours au plus tard, madame de X..., et madame de X... a été retrouvée. Où cela ? Est-ce par exemple dans un hameau obscur où elle se serait réfugiée depuis trois semaines ? Non, elle a été trouvée dans un hôtel à Orléans. Y était-elle depuis le 17 avril ? Oh! non, depuis trois jours seulement, c'est-à-dire depuis le 8 mai. Mais du 17 avril au 8 mai, il y a vingt et un jours. Qu'avez-vous fait pendant cet intervalle ? Quelle a été votre résidence avant celle-ci ? Quel a été l'emploi de votre temps ? Nous avons le droit de vous le demander, la justice aussi. Jamais absence ne fut plus mystérieuse. Elle est mystérieuse pour mon adversaire lui-même à l'heure où je parle. Est-ce que vous n'avez pas remarqué tout à l'heure sa pantomime embarrassée lorsqu'après avoir cherché sans doute dans la géographie des environs de Paris, il vous disait : Elle a été à *Ou.....*, *Oudon*, *Oudan.....*

» Ah ! vous croyez avoir donné satisfaction à la juste curiosité de la société, de la justice et du mari, après avoir dit que vous avez été à Oudan ou à Oudon, depuis votre départ de Versailles jusqu'au moment où vous avez été retrouvée à Orléans ? Désabusez-vous ; ni la justice, ni l'opinion publique, ni le mari, qui compte encore pour quelque chose dans ce voyage de sa femme, ne se contentent d'une pareille explication. Je vous prie donc, au nom de votre dignité et de l'honneur, de vouloir bien nous dire, d'une manière un peu circonstanciée, où vous êtes allée le jour de votre départ, ce que vous êtes devenue pendant vos séjours successifs, ce que vous avez fait, dans quelle compagnie vous vous êtes trouvée ; je vous le demande, au nom de la cause, au nom du procès téméraire que vous avez engagé. »

A cette voix rude et menaçante, succèdent bientôt des accents plus doux, car M. de X... fait bon marché de sa demande reconventionnelle; ce qu'il veut éviter, à tout prix, c'est la séparation, et il essaie ici, comme dans d'autres circonstances, d'intimider une nature douce et craintive.

« Je pourrais m'arrêter là, poursuit M. Paillet; j'en ai dit assez, je crois, pour montrer que la demande en séparation est absurde, qu'elle est une dérision. Mais j'ai deux petits documents à faire connaître, presque contemporains de la crise qui a séparé les époux, et je suis heureux d'ailleurs de les citer, parce qu'ils sont favorables à madame de X..... : défendre M. de X..... en honorant sa femme, en lui faisant plaisir à lui-même, j'en suis sûr, c'est avoir double bonheur et remplir ma tâche comme j'aime à la remplir. » (Murmure d'approbation.)

L'orateur cite complaisamment ces deux épisodes qui révèlent, en effet, les attentions les plus délicates et les sentiments les plus tendres de madame de X... pour son mari. Il la présente ensuite comme le jouet involontaire des rancunes de sa famille, ou plutôt des deux familles : La guerre n'est pas entre le mari et la femme, elle est entre leurs parents, entre l'aristocratie de fortune et l'aristocratie nobiliaire, que l'intérêt et la vanité peuvent allier, que séparera toujours la haine, car l'une ose tout et l'autre n'oublie rien. Enfin, il demande si le tribunal, composé de magistrats pères de famille, consentira à séparer, pour des torts qui ne sont pas les leurs, deux jeunes cœurs que la naissance d'une charmante enfant a liés d'un lien plus intime encore, parce qu'il est plus dans la nature que celui du mariage lui-même ; s'il exposera, en un mot, une femme de vingt-deux ans aux dangers d'un veuvage anticipé, et s'il laissera le gouvernement d'une fortune immense à cette conquête de l'esprit tentateur, qui administre comme on sait, et à laquelle la justice devrait se hâter de donner un tuteur, si son cœur ne lui eût donné un époux.

Les fragments que nous avons reproduits, et qui représentent à peine quelques minutes de cette plaidoirie de quatre heures, suivie d'une réplique de trois heures, ne peuvent indiquer que très imparfaitement ce qu'elle fut, et l'effet qu'elle produisit, mais ils font connaître la manière de M. Paillet dans les causes de cette nature, et cela suffit.

M. Paillet avait la taille élevée, les traits amaigris mais distingués, le maintien calme et d'une réserve qui pouvait passer pour de la froideur, qui n'était que de la timidité. La simplicité de ses manières n'était pas sans élégance, et il avait la politesse exquise de l'homme de bonne compagnie. Sa conversation piquante, enjouée, caustique, atteignait la malignité, jamais la méchanceté. Sa bienveillance et son indulgence le faisaient aimer. Sa modestie désarmait l'envie, tous oubliaient sa supériorité. Il eut le bonheur bien rare de compter beaucoup d'amis et pas un seul ennemi.

Nous sommes témoins tous les jours de l'impression que sa mort si tragique a laissée au barreau ; nous y distinguons le souvenir de son affectueuse bonté, de ses relations loyales et charmantes, autant que de sa belle intelligence et de son talent si élevé. M. Paillet sera longtemps regretté comme un ami, comme un frère, par ceux qui l'ont le plus connu ; ils n'occuperont, à la première chambre du tribunal, la place où il s'est assis pour la dernière fois, qu'avec une douloureuse émotion et en se rappelant ces paroles touchantes de Cicéron sur l'orateur Crassus : *Ejus vocem quasi expectantes, post interitum veniebamus in curiam, ut vestigium illud ipsum in quo ille postremum institisset contueremur.*

A un esprit net, clair, précis et prompt, plutôt que subtil, il joignait une haute raison et un bon sens si remarquable qu'il passait encore pour de l'esprit.

Sa parole correcte, châtiée, élégante dans sa simplicité, colorée, incisive quelquefois, mais généralement aiguisée plutôt qu'acérée, visait plus au pittoresque de l'expression qui peint souvent d'un trait toute une situation (1), qu'aux grands mouvements oratoires pour lesquels il ne semblait pas fait. Il évitait le sarcasme et l'épigramme, mais il maniait l'ironie avec beaucoup de grâce et de dextérité (2).

Un très habile et très spirituel écrivain, M. Oscar Pinard, aujourd'hui conseiller à la cour impériale de Paris, écrivait dans le *Droit*, en 1841 (3), « qu'il (M. Paillet) atteint ses adversaires, mais sans leur » faire de mal. On dirait qu'il a été la balle de son pistolet. » C'est presque dire qu'il se battait avec un pistolet de paille. Nous ne pouvons pas plus nous représenter M. Paillet dirigeant une balle aveugle et brutale qu'un casse-tête ou un bâton à la main. C'est une fine lame à la riche poignée qui convenait à sa main gantée, et qu'il maniait

---

(1) Dans nous ne savons plus quelle circonstance, faisant allusion aux nombreux procès soutenus par M. Sax, à l'occasion de ses instruments de cuivre, il disait : « Dans l'affaire Sax, *affaire très retentissante,* etc. »

(2) Il s'était surtout formé en lisant les poëtes latins. Il les a lus jusqu'à la fin de sa carrière. Pendant les vacances qui ont précédé l'année de sa mort, il avait emporté à la campagne Perse et Juvénal, dont il se proposait de donner une traduction.

(3) *Le Droit* a reproduit cet article dans son numéro du 22 novembre 1855.

avec une adresse, une souplesse infinie, désarmant le plus souvent son adversaire, se contentant de le toucher légèrement quand il aurait pu le blesser, ou de le blesser quand il aurait pu le tuer ; toujours courtois, toujours chevaleresque, n'offensant jamais et se faisant pardonner le mal qu'il avait fait, eu égard à celui qu'il aurait pu faire.

Il est une partie du Discours dans laquelle M. Paillet était sans rival. Son exposition des faits était si claire, si limpide, si bien fondue avec le système de son argumentation, qu'une cause par lui *exposée* était, comme on la dit, une cause *plaidée* (1). L'art consommé de cette *exposition* nuisait à la discussion qui, quoique toujours nerveuse et sobre chez M. Paillet, semblait longue, parce qu'elle était inutile. Les magistrats et l'auditoire avaient deviné ce qu'il y avait à dire, et le procès était jugé dans les esprits sur le simple historique qui venait d'en être fait.

M. Paillet parlait plus à l'esprit qu'au cœur, plus à la conviction qu'à l'imagination, et le reproche qui lui a été fait à cet égard, est mérité, car c'était chez lui acte volontaire et péché d'habitude. Cet esprit si juste, parce qu'il était maître de lui-même, ne voulait pas s'abandonner aux dangers du sentiment et de l'émotion. Quand, malgré lui, il sentait monter les larmes, il lui arrivait parfois de s'infliger une vive douleur physique pour faire diversion en quelque sorte à la douleur morale (2).

Il avait, comme homme, une qualité qui devenait un défaut de l'avocat jugé au point de vue des moyens, nous voulons parler de sa sincérité. Naturellement sceptique et rebelle à la conviction, chaque fois qu'un doute s'élevait dans son esprit, il le laissait entrevoir. Il faisait plus, il l'exprimait, disant en quelque sorte aux juges : Voilà les arguments pour et contre ; je m'en rapporte à votre sagesse et à vos lumières. Nous croyons être certain qu'il lui est arrivé d'abandonner en appel des causes que les débats de première instance lui avaient révélées mauvaises. Cette droiture, cette probité stoïque le rendaient redoutable à la magistrature elle-même, qui, ayant peu à se défier de la sûreté de son jugement et jamais de l'honnêteté de sa parole, subissait naturellement l'empire qu'exerce toujours un homme de bien.

---

(1) « On raconte qu'un jour M. le premier président Séguier répondit à M. Paillet *intimé* qui se » plaignait de plaider en l'absence de son adversaire appelant : « Plaidez toujours, maître Paillet, quand » on vous a entendu on connaît le système des deux parties. » (M. Henri Cauvain, 5ᵉ livraison de la *Tribune*.)

(2) Diderot recommande que le moment où l'auteur semble le plus égaré par la passion, soit précisément celui où il s'abandonne le moins. (Voyez la *Correspondance de Grimm*.)

Maintenant, quel rang convient-il de lui assigner parmi ses confrères?

Nous rencontrons en première ligne un homme à qui la nature a prodigué sans mesure toutes les qualités de l'orateur. Mémoire imperturbable, force de tête qui le dispense d'arrêter ses plans d'avance, et de faire d'autres notes que de simples indications; imagination féconde et puissante, mouvements soudains et imprévus; timbre de voix unique qui donne à ses paroles un sens et une portée qu'elles n'ont plus en passant par d'autres bouches; accent pénétrant qui, s'il ne porte pas toujours la conviction dans l'esprit, porte au moins le trouble dans le cœur; un homme, en un mot, à qui il n'a peut-être manqué, pour être Démosthène, que ce qui a fait de M. Paillet un avocat de premier ordre: les loisirs des premières années et la patience du travail.

Viennent après lui plusieurs orateurs que nous n'avons pas la téméraire prétention de classer, que nous prenons au fur et à mesure qu'ils se présentent sous notre plume.

Celui-ci est doué de l'organisation la plus délicate et la plus subtile, d'une mobilité de caractère charmante qui le rend apte aux rôles les plus divers et les plus opposés, d'une impressionnabilité merveilleuse; plein de ressources dans l'esprit, d'esprit dans la parole; réunissant les cordes les plus vibrantes; le cœur gros de soupirs, la voix pleine de larmes quand il défend, agressif, cruel quelquefois quand il attaque, redoutable toujours par la promptitude avec laquelle il se dresse et lance l'épigramme.

La parole de celui-là est toujours pure, élégante, élevée, sympathique, parée des images les plus belles, téméraire sans audace; aussi peut-il tout vous dire, vous étonnant souvent, ne vous blessant jamais, quelle que soit votre susceptibilité. Ce n'est pas un torrent qui sort de son lit en ravageant, c'est un fleuve majestueux qui roule ses ondes azurées, tantôt lentes, tantôt pressées, les ralentissant complaisamment aux contours des courbes qu'il décrit, en embellissant le paysage, n'en offensant jamais les bords.

Celui-ci, plus écrivain qu'orateur, et qui a pris pour modèle Juvénal plus encore que Tacite, aiguise son poignard avant de se mettre en route, et frappe d'une main toujours assurée. On ne nomma jamais de blessés parmi ceux qu'il atteignit.

Un autre sème en se jouant les doctrines philosophiques les plus délicates, s'élève aux théories les plus hardies dans la langue de

Buffon, désespérant, par l'élégance et l'irréprochable correction de sa parole improvisée, les hommes les plus exercés à châtier leur style dans le silence du cabinet. Il marche aussi toujours armé d'un carquois rempli des flèches les plus acérées qu'il décoche en passant d'un œil inexorablement sûr, quelle que soit la distance où il vise, ou l'imperceptibilité de l'objet qu'il veut frapper.

Voici venir une organisation tout à fait à part, qui pourrait aussi caresser la parole et prétendre à toutes ses faveurs, mais qui la dédaigne, la fait esclave, la réduit à l'état de simple instrument, ne lui demandant que la netteté, la précision, une exactitude mathématique. Vieilli dans d'autres combats, il a soutenu sur d'autres champs de bataille l'effort de tout ce que la France a compté pendant vingt ans d'athlètes vigoureux ou agiles. Il se distingue par un talent de synthèse et une puissance de dialectique à laquelle rien ne résiste. C'est la locomotive jetée sur les rails à toute vapeur, ne déviant jamais ni à droite ni à gauche, suivant la ligne droite que lui a tracée le génie, renversant, pulvérisant tout sur son passage, mais ne se brisant pas elle-même, et arrivant toujours.

D'autres, jurisconsultes profonds, se frayant des routes inconnues en introduisant la science dans le sanctuaire de la justice, ont fait du procès en contrefaçon un vaste domaine qui sera longtemps leur domaine exclusif, car les connaissances spéciales qu'il exige ne sont pas de celles qui s'acquièrent en un jour.

Eh bien, quelle est au milieu de ces talents divers la place que doit occuper M. Paillet? On pourrait dire de lui, en ce qui concerne la profession d'avocat, ce qu'on a dit de Voltaire pour tous les genres de compositions littéraires (1) : il a excellé dans le plus grand nombre. Si dans aucun il n'a atteint le premier rang, il en a obtenu un à part très élevé qu'on n'oserait pas affirmer être le second.

La nature avait refusé à M. Paillet les facultés éclatantes dont une seule suffit pour faire un homme éminent, mais elle lui avait donné, dans une juste mesure et dans un équilibre parfait, toutes celles dont la réunion peut constituer un grand avocat.

Ce n'était pas un de ces instruments de premier ordre sur lesquels

---

(1) « Cet homme extraordinaire, dont le génie aussi hardi qu'universel s'est essayé dans presque tous les genres de compositions littéraires, excelle dans la plupart ; il est agréable et instructif dans tous ; je regrette seulement qu'il n'ait pas respecté davantage la religion. » (ROBERTSON, *Introduction à l'Histoire de Charles-Quint*, t. II de la traduction française.) Voy. le *Tableau littéraire du XVIIIe siècle*, par Victorin Fabre, t. II, de ses œuvres.

on exécute des morceaux de fantaisie, c'était un instrument d'ensemble dont les cordes, parfaitement d'accord, peuvent tenir lieu d'orchestre et exprimer la plus savante comme la plus ravissante musique.

En exaltant ces facultés ordinaires, en les élevant à leur plus haute puissance, M. Paillet a appris à ceux qui voudront marcher sur ses traces, comment par le travail on illustre son nom, et, ce qui vaut mieux, comment on conquiert l'indépendance de sa vie (1).

J. SABBATIER.

---

(1) Les sources où nous avons puisé sont :

1° La *Notice sur Paillet*, de M. L.-H. Moulin, dans les *Annales du barreau*. Cette notice, qui a été écrite en 1840, a le double mérite d'apprécier très bien M. Paillet tel qu'il était alors, et de prédire jusqu'où il s'élèverait.

2° L'article de M. Oscar Pinard, dans *le Droit*.

3° L'article de M. Frédéric Thomas, dans l'*Estafette*, répété dans les *Petites causes célèbres*.

4° L'article de M. Henri Cauvain qui a paru dans le *Constitutionnel* et dans la 5° livraison de la *Tribune judiciaire*.

5o La *Revue générale, biographique, politique et littéraire*, de M. E. Pascallet.

6° Les souvenirs de M. Poyet, gendre de M. Paillet, et surtout ceux de M. Beaupré, son principal secrétaire.

TABLE DES MATIÈRES

CONTENUES DANS LE TOME Ier.